Das Internet und die klassischen Medien

Europäische Hochschulschriften
Publications Universitaires Européennes
European University Studies

Reihe XL
Kommunikationswissenschaft und Publizistik

Série XL Series XL
Media et Journalisme
Communications

Bd./Vol. 79

PETER LANG
Frankfurt am Main · Berlin · Bern · Bruxelles · New York · Oxford · Wien

Julian Weiss

Das Internet und die klassischen Medien

Konvergenz - Konkurrenz oder Komplementierung?

Eine medienpolitische Betrachtung

PETER LANG
Europäischer Verlag der Wissenschaften

Bibliografische Information Der Deutschen Bibliothek
Die Deutsche Bibliothek verzeichnet diese Publikation in der Deutschen Nationalbibliografie; detaillierte bibliografische Daten sind im Internet über <http://dnb.ddb.de> abrufbar.

Zugl.: Mainz, Univ., Diss., 2002

D 77
ISSN 0176-3725
ISBN 3-631-50514-0

www.peterlang.de

Meinen Eltern

VORWORT

Das Internet erlebte zum Ende des 20. Jahrhunderts einen rasanten Aufstieg. Die Geschwindigkeit, mit der sich das Internet in den Gesellschaften der industrialisierten Länder verbreitete, wurde bislang in der Geschichte der Kommunikation von keinem klassischen Medium erreicht. Als Prototyp und Motor eines „digitalen Zeitalters" galt das Internet als treibende Kraft für grundlegende Veränderungen - nicht nur in der klassischen Individual- und Massenkommunikation, sondern darüber hinaus in allen gesellschaftlichen Bereichen: Wirtschaft, Politik, Bildung und Wissenschaft. Ausgelöst durch exponentielle Wachstumsraten des Internets, die zugleich unrealistische Hochrechnungen dieses Wachstums und beschwingt durch die Phantasie des technisch Möglichen wurde in der zweiten Hälfte der 90er Jahre eine Euphorie ausgelöst, die je nach Perspektive als „Informationszeitalter", „Wissensgesellschaft", „New Economy" oder „Börsenboom" tituliert wurde. Der nicht seltenen Behauptung, das digitale Zeitalter verkehre alle Gesetze des Marktes, der Wissenschaft, der Geschichte und der Kommunikation in ihr Gegenteil, folgte eine ernüchternde Erkenntnis. Die Euphorie über ein neues Zeitalter ist zu Beginn des 21. Jahrhunderts einer Depression gewichen, die „Spekulationsblase" ist geplatzt, der „Hype" ist vorbei: Die Gegenwart wird mit den Begriffen „Konsolidierung", „Marktbereinigung" oder „One Economy" umschrieben. Zwar steht die Entwicklung keineswegs am Ende; die Emotionalität und Übertreibung, die Euphorie der einen und die Befürchtungen der anderen scheinen vorerst gedämpft.

Der Zeitpunkt scheint geeignet, eine realistische, rationale Betrachtung und Bewertung der bisherigen Veränderungen im Medienbereich anzustellen. Die vorliegende Arbeit konzentriert sich auf den publizistisch relevanten und interessanten Bereich des Internets im Vergleich zu den klassischen Medien. Parallel zu den zitierten Übertreibungen wurde die Zukunft der Medien unter dem Schlagwort „Konvergenz" subsumiert - häufig ohne zu differenzieren. Die unterschiedliche, einseitige oder undifferenzierte Verwendung des Begriffs der Konvergenz führte jedoch zu falschen Annahmen über die Entwicklung des Medienbereichs. Viele Prognosen basierten auf dem technisch Machbaren, ohne den Menschen, seine Gewohnheiten und Bedürfnisse, in die Überlegungen einzubeziehen. In Folge erwiesen sich viele Innovationen im Konvergenzbereich von klassischen Medien und Internet als spannend und theoretisch machbar, praktisch aber kaum an den Bedürfnissen der Masse orientiert. Hierzu gehören beispielsweise die ausdruckbare Internet-Zeitung, das Internet-Fernsehen am Schreibtisch-PC oder mobile Internet-Dienste im WAP-Format. Dennoch haben sich ebenso eine Vielzahl elektronischer Dienste durchsetzen und etablieren können. So etwa publizistische Informationsdienste, wie etwa die Internetangebote der klassischen Medien, die sich durch einen höheren, teils massenkommunikativen, teils individualkommunikativen Nutzen auszeichnen. Auch die vielfältigen Möglichkeiten, sich über die Länder- und Staatsgrenzen hinaus zu informieren oder zu kommunizieren gehört zu den Erfolgsgeschichten des Internets. Für den einzelnen Nutzer der neuen Dienste ist somit Kultur *nicht* mehr Ländersache. Ob und inwieweit die neuen Dienste im Konvergenzbereich von Internet und klassischen Medien die traditionelle, föderale Medienstruktur und ihre Ordnung durchdringen, ist in der vorliegenden Arbeit zu untersuchen.

DANKSAGUNG

Allen, die zur Entstehung dieser Arbeit beigetragen haben, gilt mein herzlicher Dank: Meinen Eltern, Karin Emmig (Weiss-Hohenadel) und Dr. Claus-Thomas Emmig, Ruth Weiss und Karl-Bernd Weiss, danke ich für ihre liebevolle Unterstützung, die sie mir in jeder Hinsicht während einer arbeitsreichen Zeit gaben. Ganz besonders danke ich auch meinem Doktorvater, Herrn Prof. Dr. Reinhart Ricker, der mir die Bearbeitung eines spannenden und aktuellen medienpolitischen Themas ermöglichte und meine Arbeit betreute.

Die Aktualität und Tiefe der vorliegenden Untersuchung wäre ohne Unterstützung einzelner Personen und verschiedener Institutionen nicht in diesem Umfang möglich gewesen. Mein Dank gilt den zahlreichen persönlichen Gesprächs- und Interviewpartnern aus Politik, Medien und Wirtschaftsunternehmen. Ihre persönlichen Anregungen und Ansichten sowie die Informationsmaterialien, die mir - zum Teil vor ihrer Veröffentlichung - zur Verfügung gestellt wurden, haben maßgeblich zur Bandbreite dieser Arbeit beigetragen.

Die wissenschaftliche Literaturrecherche bildet das Fundament der vorliegenden Arbeit. Ich danke daher allen Personen und Institutionen für ihre mittelbare und unmittelbare Hilfe. Besonderer Dank gilt der Landesmedienanstalt Berlin-Brandenburg für die Benutzung ihrer Hausbibliothek und ihres aktuellen, umfangreichen Fachzeitschriftenarchivs, das der Aktualität der vorliegenden Arbeit zugute kam. Auch den hilfsbereiten Mitarbeitern der Deutschen Bibliothek in Frankfurt, der Staatsbibliothek in Berlin und der British Library in London gilt mein Dank. Die internet-basierten Recherche- und Bestellsysteme der Bibliotheken ermöglichten das breite Literatur-Fundament der vorliegenden Arbeit. Es bleibt anzumerken, dass diese Arbeit nicht nur über das Internet, sondern auch mit Hilfe des Internets entstanden ist. Die Vielfalt wissenschaftlicher Informationen, ihre Aktualität und Globalität, wäre ohne das „neue“ Medium im vorliegenden Umfang kaum zu leisten.

Julian Weiss, Berlin / Gütersloh im April 2003

INHALTSÜBERSICHT

INHALTSVERZEICHNIS

II. ABSCHNITT: MEDIENPOLITIK UND KONVERGENZ – GRUNDLAGEN, SPANNUNGSFELDER, HANDLUNGSTRÄGER UND POSITIONEN

III. ABSCHNITT: MEDIENRECHT UND KONVERGENZ - DIE ABGRENZUNGSPROBLEMATIK ZWISCHEN INTERNET UND KLASSISCHEN MEDIEN

ABBILDUNGSVERZEICHNIS

ABKÜRZUNGSVERZEICHNIS

Abb.	Abbildung
Abk.	Abkürzung
Abs.	Absatz
AfP	Zeitschrift für Medien- und Komm.recht (Archiv für Presserecht)
AG	Aktiengesellschaft
ALM	Arbeitsgemeinschaft der Landesmedienanstalten
ARD	Arbeitsgemeinschaft der öffentlich-rechtlichen Rundfunkanstalten
Art.	Artikel
Bd.	Band
BetrVerG	Betriebsverfassungsgesetz
BGB	Bürgerliches Gesetzbuch
BITKOM	Bundesverband Informationswirtschaft, Telekomm., neue Medien
BLM	Bayerische Landeszentrale für neue Medien
BMWi	Bundesministerium für Wirtschaft
bspw.	beispielsweise
BT-Drs.	Bundestags-Drucksache
BVerfG	Bundesverfassungsgericht
BVerfGE	Amtliche Entscheidung des Bundesverfassungsgerichts
bzw.	beziehungsweise
CD	Compact Disc (Speichermedium)
CDU	Christlich Demokratische Union
DLF	Deutschlandfunk
DLM	Direktorenkonferenz der Landesmedienanstalten
DSL	Digital Subscriber Line
DW	Deutsche Welle
E-Commerce	Electronic Commerce (Elektronischer Geschäftsverkehr)
EG	Europäische Gemeinschaft
EGV	Vertrag zur Gründung der Europäischen Gemeinschaft
EGMR	Europäischer Gerichtshofs für Menschenrechte
E-Mail	Electronic Mail (Elektronische Post)
EMRK	Europäische Menschenrechtskonvention
endg.	endgültig
Engl.	Englisch
epd	Evangelischer Pressedienst
et al.	et aliter
EU	Europäische Union
EuGH	Europäischer Gerichtshof
EuGRZ	Europäische Grundrechte-Zeitschrift
FAZ	Frankfurter Allgemeine Zeitung
FDP	Freie Demokratische Partei
Fn.	Fußnote

FSF	Freiwillige Selbstkontrolle Fernsehen
FSK	Freiwillige Selbstkontrolle der Filmwirtschaft
GfK	Gesellschaft für Konsumforschung
GG	Grundgesetz
GjS	Gesetz über die Verbreitung jugendgefährdender Schriften
GmbH	Gesellschaft mit beschränkter Haftung
GVBl.	Gesetz- und Verordnungsblatt
GWB	Gesetz gegen Wettbewerbsbeschränkungen
Hrsg.	Herausgeber
Hs.	Halbsatz
HTML	Hypertext Markup Language
HTTP	Hypertext Transport Protocol
IAB	Internet Architecture Board
ICANN	Internet Corporation for Assigned Names and Numbers
i.d.R.	in der Regel
i.e.S.	im engeren Sinne
IETF	Internet Engineering Task Force
insb.	insbesondere
IP	Internet Protocol
IRTF	Internet Research Task Force
i.S.d.	im Sinne des
ISOC	Internet Society
ISP	Internet Service Provider
i.S.v.	im Sinne von
i.w.S.	im weiteren Sinne
IuKDG	Informations- und Kommunikationsdienstegesetz
IuK-Dienste	Informations- und Kommunikationsdienste
ITU	International Telecommunications Union
IVW	Informationsgemeinschaft zur Feststellung der Verbreitung von Werbeträgern
JMM	International Journal on Media Management
Kap.	Kapitel
KEF	Kommission zur Ermittlung des Finanzbedarfs der öffentlich-rechtlichen Rundfunkanstalten
KEK	Kommission zur Ermittlung der (Medien-)Konzentration
K&R	Zeitschrift für Kommunikation und Recht
LAN	Local Area Network (lokales Netzwerk)
LfR	Landesanstalt für Rundfunk Nordrhein-Westfalen
lit.	Buchstabe
LMA	Landesmedienanstalt
LMG	Landesmediengesetz
LPG	Landespressegesetz
MAN	Metropolitan Area Network (Netzwerk in Stadtgröße)
MDStV	Mediendienstestaatsvertrag

M&K	Medien und Kommunikationswissenschaft
MMR	Zeitschrift für Multimedia & Recht
MPEG-4	Motion Pictures Expert Group
NJW	Neue Juristische Wochenschrift
o.O.	ohne Ortsangabe
o.S.	ohne Seitenzahlen
o.V.	ohne Verfasser
PC	Personal Computer
PDS	Partei des demokratischen Sozialismus
PlPr.	Plenarprotokoll
RändStV	Rundfunkänderungsstaatsvertrag
RegPT	Regulierungsbehörde für Post und Telekommunikation
RfGebStV	Rundfunkgebühren-Staatsvertrag
Rn.	Randnummer
Rs.	Rechtssache (beim EuGH)
RStV	Rundfunkstaatsvertrag
PC	Personal Computer
S.	Seite
Slg.	Sammlung
sog.	so genannt
SPD	Sozialdemokratische Partei Deutschlands
Sps.	Spiegelstrich
StGB	Strafgesetzbuch
StPO	Strafprozessordnung
StV	Staatsvertrag
TDG	Teledienstegesetz
TLD	Top-Level Domain
TKG	Telekommunikationsgesetz
u.Ä.	und Ähnliches
UMTS	Universal Mobile Telephone Standard
UrhG	Urheberrechtsgesetz
u.v.a.	und viele andere
VDZ	Verband Deutscher Zeitschriftenverleger
Vgl.	Vergleiche
VoI	Voice-over-Internet (Internet-Telefonie)
VPRT	Verband Privater Rundfunk und Telekommunikation
WAN	Wide Area Network (Überregionales Netzwerk)
WAP	Wireless Application Protocol (zur leitungslosen Übertragung)
WWW	World Wide Web
ZDF	Zweites Deutsches Fernsehen
Ziff.	Ziffer
ZPO	Zivilprozessordnung
ZUM	Zeitschrift für Urheber- und Medienrecht

EINFÜHRUNG: FRAGESTELLUNG, ZIELSETZUNG UND VORGEHENSWEISE

Die vorliegende Dissertation will einen wissenschaftlichen Beitrag zur Diskussion der *„Medienpolitik im digitalen Zeitalter"* leisten. Auf Grundlage aktueller Entwicklungen im Internet-Sektor sowie der tatsächlichen Konvergenzentwicklung zwischen Internet und klassischen Medien untersucht die nachfolgende Arbeit die Herausforderungen an das Regulierungsregime der Massenmedien in der Bundesrepublik Deutschland und diskutiert die medienpolitischen Handlungsalternativen sowie medienrechtliche Kernprobleme.

Medienpolitik bezeichnet grundsätzlich politisches Handeln, das auf eine Ordnung der Massenmedien zielt. Dabei basiert Medienpolitik auf der Vereinbarkeit von medienpolitischen Zielen mit den Grundlagen und Strukturen eines politischen Systems. Die besondere Bedeutung der medienpolitischen Ordnung liegt in der immanenten Funktion der Massenmedien, durch Massenkommunikation auf die Willens- und Meinungsbildung einer Gesellschaft Einfluss zu nehmen. Aufgabe und Rolle der Massenmedien in einer repräsentativen, freiheitlichen Demokratie sind die Bildung öffentlicher Meinung durch pluralistische Meinungsvielfalt. Die konkurrierende Willensbildung, also die Freiheit, sich aus allgemein zugänglichen Quellen ungehindert zu unterrichten, ist im Grundgesetz der Bundesrepublik Deutschland (Art. 5 Abs.1 S. 2 GG) und in den Landesverfassungen verankert. Ihr normativer Charakter ist Grundlage und Maßstab für die Beurteilung des Mediensystems und eventuell notwendiger Veränderungen durch medienpolitisches Handeln. Die weitere Ausgestaltung der Medienpolitik übernehmen insbesondere das Presse- und Rundfunkrecht. In zunehmendem Maß wirken sich auch gemeinschaftsrechtliche Entscheidungen auf die Ausgestaltung der Medienordnung aus. Weniger die normativen Grundsätze als vielmehr die Ausgestaltung des ordnungspolitischen Regulierungsrahmens steht durch die Konvergenzentwicklung in digitalen Zeitalter im Vordergrund der medienpolitischen Diskussion.

Das *digitale Zeitalter* führt durch graduelle Überschneidungen zwischen Individual- und Massenkommunikation zu strukturellen Veränderungen des traditionellen Mediensystems und seiner Ordnung. Ziel der vorliegenden Arbeit ist, die tatsächliche Konvergenzentwicklung zwischen Internet und klassischen Medien systematisch zu analysieren, die strukturellen Veränderungen sowie medienpolitische Regulierungs-Konzepte zu diskutieren und die bestehende medienrechtliche Ordnung und ihre Defizite zu untersuchen: Das Konvergenzphänomen zwischen Internet und klassischen Medien erfordert eine differenzierte und integrative Betrachtung, die die Interdependenzen der technologischen, wirtschaftlichen und inhaltlich-funktionalen Entwicklung einbezieht. Die wissenschaftliche Evaluierung des Konvergenzphänomens ist Voraussetzung, um die bestehende Medienordnung sowie medienpolitische Positionen auf der Grundlage der bislang tatsächlich eingetretenen Konvergenzentwicklung zu beurteilen. Sowohl auf nationaler als auch auf europäischer Ebene führt die Konvergenzentwicklung zu rechtlichen Abgrenzungsproblemen zwischen Individual- und Massenkommunikation. Die Veränderung der klassischen Medienstruktur wirkt sich somit unmittelbar auf den ordnungspolitischen Rahmen und die Kompetenzverteilung zwischen Ländern, Bund und Europäischer Gemeinschaft aus. Traditionelle Grenzziehungen, an denen sich ordnungspolitisches Handeln bislang orientierte, werden durch das Internet als Prototyp der Konvergenzentwicklung an verschiedenen Schnittstellen aufgelöst. Die medienrechtliche Untersuchung der Abgrenzungsproblematik konzentriert sich daher sowohl auf das nationale Rundfunk- und Presserecht als auch auf den europäischen Kontext, die Kompetenzen und Richtlinien der Europäischen Union im Konvergenzbereich von Kommunikation und Medien.

In der wissenschaftlichen Literatur hat das Konvergenzphänomen zwischen Internet und Medien zu einer interdisziplinären Diskussion geführt, die die Interdependenzen zwischen der publizistikwissenschaftlichen, rechtswissenschaftlichen und wirtschaftswissenschaftlichen Betrachtung des Konvergenz wiederspiegelt. Aufgrund der Entwicklungsdynamik des Medienbereichs, insb. der publizistisch relevanten Internetangebote, und der verhältnismäßig jungen Rechtsetzung im Bereich der Konvergenz (z.B. MDStV, IuKDG, EU-Richtlinien) fehlt bisher eine wissenschaftliche Evaluierung der strukturellen Veränderungen des Mediensystems, die im Rahmen einer medienpolitischen Betrachtung den Zusammenhang zwischen Konvergenzphänomen, Medienpolitik und Medienrecht untersucht. Die vorliegende medienpolitische Untersuchung konzentriert sich weniger auf die Sachdiskussion eines einzelnen rechtlichen Tatbestands, sondern vielmehr auf eine aktualitätsbezogene Gesamtbetrachtung der grundlegenden medienpolitischen Probleme und medienrechtlichen Zusammenhänge.

VORGEHENSWEISE: AUFBAU UND STRUKTUR DER ARBEIT

Die Arbeit gliedert sich in 4 zentrale Abschnitte, die insgesamt 10 thematische Kapitel umfassen. Die ersten drei Abschnitte beinhalten die Untersuchung der vorliegenden Fragestellung, der vierte Abschnitt dient der Subsumtion und Bewertung der gewonnenen Erkenntnisse.

- Der erste Abschnitt (Kap. 1-3) untersucht die historischen, technischen, inhaltlich-funktionalen und wirtschaftlichen Grundlagen, die zur medienpolitischen Beurteilung des Konvergenzphänomens zwischen Internet und klassischen Medien relevant sind
- Der zweite Abschnitt (Kap. 4-5) stellt die medienpolitischen Grundsätze dar und analysiert die strukturellen Auswirkungen der Konvergenz auf Medienpolitik und Medienordnung. Weiterhin werden die Träger der Medienpolitik

benannt und aktuelle ordnungspolitische Regulierungs-Konzepte unterschiedlicher Akteure skizziert und erörtert.

- Der dritte Abschnitt (Kap. 6-8) analysiert die einschlägigen rundfunkrechtlichen, presserechtlichen sowie gemeinschaftsrechtlichen Regelungswerke im Konvergenzbereich von Internet und klassischen Medien. Weiterhin werden die publizistisch relevanten Internetangeboten von Presse und Rundfunk, in denen sich die Konvergenz zwischen Internet und klassischen Medien exemplarisch manifestiert, auf die Anwendbarkeit rundfunkrechtlicher, presserechtlicher und gemeinschaftsrechtlicher Bestimmungen geprüft.
- Der vierte Abschnitt (Kap. 9-10) subsumiert die wissenschaftlichen Ergebnisse der vorangegangenen Untersuchungen und formuliert das Ergebnis der medienpolitischen Betrachtung.

„Der Rundfunk wäre der denkbar großartigste Kommunikationsapparat des öffentlichen Lebens, ein ungeheures Kanalsystem, das heißt, er wäre es, wenn er es verstünde, nicht nur auszusenden, sondern auch zu empfangen, also den Zuhörer nicht nur hören, sondern auch sprechen zu machen und ihn nicht zu isolieren, sondern ihn in Beziehung zu setzen."

(Bertolt Brecht, 1932)[1]

I. ABSCHNITT: KONVERGENZ ZWISCHEN INTERNET UND KLASSISCHEN MEDIEN – HISTORISCHE, TECHNISCHE UND INHALTLICH-FUNKTIONALE GRUNDLAGEN

Der nachfolgende Abschnitt untersucht und beschreibt in drei thematischen Kapiteln die historischen, technischen, inhaltlich-funktionalen und wirtschaftlichen Grundlagen, die zur medienpolitischen Beurteilung des Konvergenzphänomens zwischen Internet und klassischen Medien relevant sind: Zunächst werden die historischen und technischen Wesensmerkmale des Internets beschrieben sowie die multimedialen Möglichkeiten dargestellt (Kap.1). Anschließend wird das inhaltliche Angebot der klassischen Medien im Internet unter besonderer Berücksichtigung medienpolitisch relevanter Kriterien analysiert (Kap. 2). Weiterhin werden die grundlegenden Konvergenztendenzen aus technischer, inhaltlich-funktionaler und wirtschaftlicher Perspektive auf der Grundlage aktueller Entwicklungen und wissenschaftlicher Erkenntnisse erarbeitet. Dabei werden die Schnittstellen von Internet und klassischen Medien nach den Kriterien der Komplementierung oder Konkurrenz (Substitution) untersucht und bewertet (Kap. 3).

1 Das Internet

Das nachfolgende Kapitel beschreibt die grundlegenden Charakteristika des Internets und ihre Bedeutung für die publizistische Nutzung: Ausgehend von der Definition des „Internets" und seiner Wesensmerkmale (Kap. 1.1) wird die Entwicklungsgeschichte des Internets beschrieben, um die Evolution des Netzes und seine heutige Ausprägung einordnen zu können (Kap. 1.2). Anschließend werden die technischen Grundlagen und Funktionsweisen des Internets wie Struktur, Aufbau und Netzarchitektur, Protokolle, Netzwerkkomponenten, Netzwerktopologien, Dienste und Adressierung im Internet in der gebotenen Kürze vorgestellt (Kap. 1.3). Weiterhin werden die für die vorliegende Arbeit besonders relevanten technischen Probleme und Voraussetzungen für multimediale Internetangebote beschrieben (Kap. 1.4) und die internationalen Selbstverwaltungs-Institutionen für das Internet sowie ihre Kompetenzen dargestellt (Kap. 1.5). Abschließend geben aktuelle Nutzungszahlen Auskunft über

[1] Aus Bertolt Brecht: Radiotheorie. 1932. In: Berthold Brecht: Gesammelte Werke. Band 8. Frankfurt am Main 1975

den Status Quo des Internets und komplementieren den Diskurs rund um das Internet (Kap. 1.6). Ziel der nachfolgenden Darstellung ist, die grundlegenden Wesensmerkmale und aktuellen Entwicklungen des Internets festzustellen, um ordnungspolitische und medienrechtliche Ansätze realitätsbezogen und pragmatisch beurteilen zu können.

1.1 Definition, Grundbegriffe und Wesensmerkmale des Internets

Der anglizistische Begriff „Internet“ steht abgekürzt für die Wortkombination „Interconnecting Networks“[2] oder „Inter-Network“.[3] Er bezeichnet die Verknüpfung lokaler, regionaler, nationaler und internationaler Computernetzwerke, die den gegenseitigen Datenaustausch durch Verwendung eines gemeinsamen Standards ermöglicht. Um einzelne Computer mit unterschiedlichen Betriebssystemen oder Computernetzwerke mit unterschiedlicher Netzwerktechnologie miteinander vernetzen zu können, wurde ein technisches Protokoll – eine gemeinsame Sprache des Internets – entwickelt und als Internet-Standard definiert.[4] Für die Verknüpfung der Computer oder Computernetzwerke werden breitbandige Glasfaserleitungen, analoge und digitale Telefonleitungen, Satellitenverbindungen, Richt- und Mobilfunk eingesetzt.[5]

Die Bezeichnungen Intranet und Extranet sind vom Internet abzugrenzen. Während der Begriff Intranet lediglich ein lokales Computernetzwerk innerhalb einer Institution (z.B. Unternehmen, Hochschulen etc.) bezeichnet, beschreibt das Extranet den Teil eines Intranets, der an das Internet angeschlossen ist und damit auch für die Allgemeinheit einsehbar wird.[6] Synonym für den Begriff Internet werden in der Literatur häufig die Begriffe “Web“, „Netz“, „Online-Medien“ oder „Online-Netzwerk“[7], „interaktive Medien“[8], „Neue Medien“[9], „World Wide Web (WWW)“[10] oder „Multimedia“[11] gebraucht.[12] Ledig-

---

[2] Engl. Abk. für „miteinander verbundene Netzwerke“

[3] Vgl. Uyless Black: Internet-Technologien der Zukunft (Original: Advanced Internet Technologies), München 1999. S. 27

[4] Der sog. TCP/IP-Standard wird entwicklungsgeschichtlich in Kapitel 1.2 und technisch in Kap. 1.3 erläutert.

[5] Vgl. Alexander Klett: Urheberrecht im Internet aus deutscher und amerikanischer Sicht. Baden-Baden 1998. S. 19

[6] Vgl. Andreas Holzinger: Basiswissen Multimedia. Band 1: Technik. Würzburg 2000. S. 208

[7] Der Begriff „online“ wird u.a. häufig in der ökonomisch-pragmatischen sowie in der rechtlichen Diskussion verwendet und verweist auf eine temporäre oder permanente Verbindung zwischen EDV-Einheiten. Vgl. Sebastian Vesper: Das Internet als Medium. Auftrittsanalysen und neue Nutzungsoptionen. Bardowick 1998. S. 10 (siehe auch dort zitierte Literatur)

[8] Der Begriff „interaktive Medien“ bezieht sich lediglich auf ein Nutzungs-Merkmal, das nicht zwangsläufig internetbasiert sein muss: Auch CD-Roms und nicht vernetzte Computer können interaktive Elemente enthalten.

[9] Der Begriff „Neue Medien“ erscheint ungeeignet und für die medienrechtliche Betrachtung zu unpräzise, da u.a. bereits in den neunziger Jahren das Kabelfernsehen oder BTX als „Neue Medien“ bezeichnet wurden. Der Begriff „neu“ bezieht sich auf den Zeitpunkt des Betrachters und ist damit ermessensabhängig. Vgl. Ernst W. Fuhr / Walter Rudolf / Klaus Wasserburg (Hrsg.):

lich die Begriffe „(Das) Netz“ und „(Das) Web“ (auch als Abkürzung für das World Wide Web) werden in dieser Arbeit synonym für das Internet verwendet. Alle anderen Begriffe sollen in dieser Arbeit nur in ihrer inhärenten Bedeutung benutzt werden, nicht aber als (missverständliches) Synonym für das Internet.

Mit der technologischen Entwicklung haben sich weitere anglizistische Grundbegriffe im Computer- und Internetbereich – wie zum Beispiel Router, Gateways, Hosts, Server, Provider etc.- durchsetzen können.[13] Die technischen Grundeigenschaften des Internets ergeben sich aus der Struktur und Organisation des Netzes: Das Internet ist ein globales, dezentral organisiertes Netzwerk von Computern, sog. Hosts. Die Vermittlung der Daten zwischen den einzelnen Netzen und Hosts übernehmen Router und Gateways. Die Begriffe Router oder Gateway beschreiben Computerknoten, die ausschließlich für die Weiterleitung von Daten zwischen den Netzen verantwortlich sind und den Datenverkehr im Internet verwalten. Der sog. Internet Service Provider (ISP) bietet Zugangsdienstleistungen an und ermöglicht Privatpersonen oder Institutionen die Internet-Nutzung.

ABB. 1: INTERNETTECHNOLOGIE: STILISIERTES NETZWERK VON NETZWERKEN

Quelle: Eigene Darstellung in Anlehnung an: Uyless Black: Internet-Technologien der Zukunft. München 1999. S. 20

Abb. 1 illustriert vereinfacht das grundlegende Prinzip des Internets als Netzwerk von Netzwerken. Jedes Computer-Netzwerk ist durch die Anbindung an das Internet Teil des ganzen Netzes und dennoch ein eigenständiges Netzwerk. Die Verbindung der einzelnen Computernetze erfolgt mittels leitungsgebundener oder leitungsloser Datenübertragung. Vergleichbar mit dem Telefon-

Recht der Neuen Medien. Heidelberg 1989. S. V (Vorwort); Günter Herrmann: Rundfunkrecht: Fernsehen und Hörfunk mit Neuen Medien. München 1994. S. 12 ff.

10 Die Begriffe Internet und World Wide Web (WWW) werden meist synonym verwandt: Das World Wide Web bezeichnet jedoch lediglich einen Dienst im Internet – neben anderen Diensten wie E-Mail, FTP oder Usenet. Siehe auch unten Kap. 1.2.3, 1.3

11 Der Begriff „Multimedia“ bezieht sich auf die Konvergenz der Medien durch das Internet und wird in Kap. 1.4 präzisiert.

12 Vgl. Sebastian Vesper: a.a.O., S. 10 f.; Thomas Foscht: Interaktive Medien in der Kommunikation. Verhaltenswissenschaftliche und systemtheoretische Analyse der Wirkung neuer Medien. Wiesbaden 1998. S. 15 ff., S. 119 ff.; Peter Klau: Das Internet. 3. aktualisierte Auflage. Bonn 1998. S. 117 ff.

13 Weitere wichtige Grundbegriffe werden an Ort und Stelle definiert oder erklärt.

system verwendet das Internet ein hierarchisches Adressierungssystem, das zunächst das Hauptnetz identifiziert (z.B. das jeweilige Land) und für jedes weitere, untergeordnete Subnetz bis hin zum Zielcomputer weitere Adress-Informationen addiert (z.B. das Computernetzwerk einer Universität bis hin zum speziellen Server eines Fachbereichs). Dieses Adressierungssystem ist weltweit unter dem Begriff Domain Name System (DNS) standardisiert, um den globalen Datenaustausch zu gewährleisten[14] Zu den vier technischen Basiseigenschaften des Internets gehören:[15]

ABB. 2: TECHNISCHE EIGENSCHAFTEN DES INTERNETS

DATENÜBERTRAGUNG IM INTERNET			
SCHWERPUNKT DATEN-ANWENDUNGEN	ADAPTIVES ROUTING	VERBINDUNGSLOSE STRUKTUR	„BEST-EFFORT"[16]-TRANSPORTPRINZIP

Quelle: Eigene Darstellung in Anlehnung an: Uyless Black: Internet-Technologien der Zukunft. München 1999. S.20

Das Internet wurde entwickelt, um Daten zwischen Computern und Netzwerken mittels adaptivem Routing auszutauschen. Adaptives Routing, ein grundlegendes Prinzip des Internets, beschreibt die Übertragung der Daten über unterschiedliche Routen im Netz - abhängig von den aktuellen Netzbedingungen, wie z.B. Ausfällen, Überlastungen und freien Kapazitäten. Das Internet ist ein verbindungsloses System, das im Gegensatz zum klassischen Telefon keine stabilen Verbindungen zwischen Ausgangs- und Zielrechner aufbaut. Das „Best-effort" –Transportprinzip bedeutet, dass sich das Internet einerseits um die Übertragung aller gesendeten oder angeforderten Daten bemüht, andererseits aber Daten automatisch löscht, die z.B. beschädigt sind oder deren Adressierung sich als falsch oder unvollständig erweist.

Neben den technischen Basismerkmalen des Internets lassen sich vier grundlegende Eigenschaften des heutigen Internets herausstellen, die in der wissenschaftlichen Literatur zur Definition des Internets angeführt werden: Während in der publizistik- und medienwissenschaftlichen Literatur insbesondere die Merkmale Interaktivität und Integration (Multimedia) hervorgehoben werden,[17] findet sich in der Informatik vor allem das Merkmal der Digitalität

[14] Siehe unten Kap. 1.3
[15] Vgl. Uyless Black: Internet-Technologien der Zukunft. a.a.O., S. 21 f.
[16] Singemäß übersetzt: „bestmögliches Bemühen"
[17] Vgl. Sebastian Vesper: a.a.O., S. 7, S. 20 ff., Thomas Foscht: Interaktive Medien in der Kommunikation. Verhaltenswissenschaftliche und systemtheoretische Analyse der Wirkung neuer Medien. Wiesbaden 1998. S. 15 ff., S. 119 ff., Peter Klau: Das Internet. 3. aktualisierte Auflage. Bonn 1998. S.117 ff.; Wolfgang Peiser: Folgen der Digitalisierung aus kommunikationswissenschaftlicher Sicht. In: Matthias Schumann / Thomas Hess (Hrsg.): Medienunternehmen im digitalen Zeitalter. Neue Technologien, neue Märkte, neue Geschäftsansätze. Wiesbaden 1999. S. 123-136, S. 124 f.; u.a.

und Interoperabilität.[18] Das Merkmal Globalität wird in der juristischen und wirtschaftswissenschaftlichen Literatur erwähnt, findet sich aber auch in der Literatur anderer Fachrichtungen.[19] Eine Zusammenfassung der vier unstrittigen Merkmale des Internets erlaubt eine Präzisierung des Begriffs, wenn auch eine genaue Definition aufgrund der hohen Entwicklungs-Dynamik nicht abschließend zu formulieren ist:

ABB. 3: WESENSMERKMALE DES INTERNETS

DIE VIER WESENSMERKMALE DES INTERNETS			
INTERAKTIVITÄT	INTEGRATION	DIGITALITÄT	GLOBALITÄT

Quelle: Eigene Darstellung

1.1.1 Merkmal der Interaktivität

Der Begriff der Interaktion stammt aus der Soziologie und bezeichnet die symmetrische, reziproke Kommunikation im direkten, personalen Kontakt.[20] Das Merkmal der Interaktivität hingegen erweitert den Begriff der Interaktion um die non-personale Komponente[21] und beschreibt die Auflösung der klassischen Sender-Empfängerstruktur durch Rückbezüglichkeit[22], bzw. Rückkoppelung. Der Grad der Interaktivität, der je nach interaktiver Anwendung im Internet unterschiedlich ausgeprägt sein kann, bestimmt, inwieweit der Mediengebrauch individualisiert wird, wie weit die Sender-Empfänger-Struktur aufgelöst oder umgekehrt wird und wo Massen-, Gruppen- oder Individualkommunikation stattfindet.[23] Das Merkmal der Interaktivität spielt insbesondere in der medienrechtlichen Bewertung des Internets eine große Rolle, weil sie die Grenze zwischen massen- und individualkommunikativen Anwendungen, sowie zwischen Empfänger und Sender relativiert.

---

[18] Vgl. Steve Heath: Multimedia and Communications Technology. Oxford 1999. S. 16 ff., S. 176 f., Ian Foster / Carl Kesselmann (Eds.): The Grid: Blueprint for a New Computing Infrastructure. San Francisco 1999, Chwan-Hwa Wu / David J. Irwin: Emerging Multimedia Computer Communication Technologies. Upper Saddle River 1998. S. 34 ff., u.a.

[19] Vgl. Thomas Köster: Urheberkollisionsrecht im Internet – Aufweichung des „Territorialitätsprinzips" durch das europäische „Ursprungslandprinzip"? In: Horst-Peter Götting (Hrsg.): Multimedia, Internet und Urheberrecht. Dresden 1998. S. 153-168, S. 153 f.; Hanno Beck / Aloys Prinz: Ökonomie des Internet. Eine Einführung. Frankfurt/Main, New York 1999. S. 187, Nicola Sennewald: Massenmedien und Internet. Zur Marktentwicklung in der Pressebranche. Wiesbaden 1998. S. 9 f.; u.a.

[20] Vgl. Winfried Schulz: Kommunikationsprozeß. In: Elisabeth Noelle-Neumann / Winfried Schulz / Jürgen Wilke (Hrsg.): Fischerlexikon Publizistik/ Massenkommunikation. Frankfurt am Main 1994. S. 140-170

[21] Vgl. Joachim R. Höflich: Technisch vermittelte interpersonale Kommunikation. Opladen 1996. S. 62

[22] Eine umfassende Diskussion des Interaktivität-Paradigmas befindet sich in: Thomas Foscht: a.a.O., S. 16 f.

[23] Vgl. Haack, Johannes: Interaktivität als Kennzeichen von Multimedia und Hypermedia. In: Issing, Ludwig J. / Paul Klimsa (Hrsg.): Information und Lernen mit Multimedia. Weinheim 1995. S. 152

1.1.2 Merkmal der Integration

Das Merkmal der Integration, auch als „Multimedialitäts-Paradigma" bezeichnet,[24] bezieht sich auf die integrative Verwendung verschiedener Medientypen. Integrativ lassen sich im Internet dynamische Publikationsformen wie Video- oder Audiosequenzen mit statischen Formen wie Text und Bilder kombinieren.[25] Das Merkmal der Integration ist von besonderer Relevanz für die Konvergenzbetrachtung, da im Internet die unterschiedlichen Darbietungsformen von Rundfunk und Presse zusammengeführt werden können. Die vom Gesetzgeber gezogene Grenze zwischen Presse und Rundfunk wird somit relativiert.

1.1.3 Merkmal der Digitalität

Digitalität, d.h. die Umwandlung von Information in binäre Codes, ist das Grundprinzip der Computertechnologie. Zugleich ist das Merkmal der Digitalität die Grundvoraussetzung für das Konvergenzphänomen: Erst die Digitalisierung von Information oder Kommunikation und die Kompression von Daten ermöglicht multimediale Anwendungen im Konvergenzbereich von Computertechnologie, Telekommunikation und Medien und erlaubt die Speicherung, Abrufbarkeit und Nachbearbeitung von Daten.[26]

1.1.4 Merkmal der Globalität

Die Durchsetzung eines weltweit gültigen Übertragungsstandards für das Internet führt zur Interoperabilität unterschiedlicher Computersysteme und Computernetzwerke. Damit hat sich das Internet als globales, dezentrales und offenes Netzwerk der Netzwerke etablieren können.[27] Auch die globale Dimension des Internets ist entscheidend in der medienrechtlichen Diskussion, insbesondere in der Frage der pragmatischen Um- und Durchsetzbarkeit von Regulierungsvorhaben.

1.2 Historische Entwicklung des Internets und des World Wide Web

Die historische Entwicklung des Internets gibt Aufschluss über die technischen Wesensmerkmale und Besonderheiten des Internets. Bis heute liegt in der etwa 30jährigen Entwicklungsgeschichte des Internets die systemimmanente Struktur begründet. Die ursprüngliche technische Organisation und Funktionsweise des Internets übt grundlegenden Einfluss auf die inhaltlichen

---

[24] Vgl. Sebastian Vesper: a.a.O., S. 23

[25] Vgl. Booz, Allen & Hamilton (Hrsg.) in Zusammenarbeit mit dem Büro für Technikfolgen-Abschätzung beim Deutschen Bundestag: Zukunft Multimedia. Grundlagen, Märkte und Perspektiven in Deutschland. Frankfurt am Main 1997. S. 29

[26] Vgl. ebd.

[27] Vgl. Wolfgang Müller-Michaelis: Die Informationsgesellschaft im Aufbruch. Perspektiven für Wachstum, Beschäftigung und Kommunikation. Frankfurt am Main 1996. S.40, 65ff., 132f., Vinton G. Cerf: Computer Networking. Global Infrastructure for the 21st Century. Im Internet unter: http://www.cs.washington.edu/homes/lazwska/cra/networks.html, Stand: 16.08.2000, u.a.

Angebotsformen und Angebotsprobleme aus. Die Geschichte des Internets zeigt die schrittweise Veränderung vom textbasierten Datenservice zu einer Multimedia-Netzarchitektur mit wachsender Angebotsvielfalt.[28] Drei grundlegende Phasen kennzeichnen die Entwicklung des Internets:[29] Die militärische Entwicklung eines Computernetzwerkes, die wissenschaftliche Weiterentwicklung und Nutzung und die kommerzialisierte Nutzung durch Entwicklung des World Wide Web (WWW).

1.2.1 Die militärische Phase des Internets

In Folge des weltweit überraschenden, erfolgreichen Starts des sowjetischen Satelliten „Sputnik" im Jahr 1957 gründete das U.S.-amerikanische Verteidigungsministerium die sog. „Defense Advanced Research Projects Agency"[30] (DARPA), um durch ständigen technologischen Vorsprung der Bedrohung durch die sowjetische Militärtechnologie begegnen zu können. Im Rahmen der DARPA-Forschungsarbeiten wurde unter anderem das SAGE-Projekt[31] entwickelt, ein Frühwarnsystem gegen sowjetische Interkontinental-Raketen, das zu einer Reihe wichtiger Hardware-Computerkomponenten für das spätere Internet führte, wie zum Beispiel den Vorläufer der heutigen Computermaus, interaktive Bildschirmsysteme und die ersten Modems.[32]

Die erste Phase des heutigen Internets begann 1969 mit der Beauftragung der DARPA[33] durch das US-Verteidigungsministerium, ein computerbasiertes Kommunikationsnetz zu entwickeln, das den Informationsaustausch zwischen Rüstungsindustrie und Militär auch im Falle einer Beschädigung von Teilkomponenten durch einen atomaren Angriff oder gezielte Sabotage des Telefonnetzes gewährleisten sollte. Die Entwicklung des ersten Computer-Netzwerkes bestand aus vier Computern, die über Telefonleitungen miteinander verbunden wurden.[34] Das interaktive Netzwerk-Prinzip ermöglichte die Datenübertragung auch bei Ausfall einer oder mehrerer Komponenten.

---

[28] Vgl. Uyless Black: Internet-Technologien der Zukunft (Original: Advanced Internet Technologies), München 1999. S. 20 f.

[29] Vgl. Sebastian Vesper: Das Internet als Medium. Auftrittsanalysen und neue Nutzungsoptionen. Bardowick 1998. S. 12. Andere (z.B. Summa, 1996) unterscheiden lediglich das Internet der ersten Generation (Militär und Wissenschaft) und der zweiten Generation (Kommerzialisierung).

[30] Übersetzung sinngemäß: Agentur für fortschrittliche Verteidigungs-Forschungsprojekte

[31] Engl. Abk. für Semi-Automatic Ground Environment

[32] Vgl. Joseph R. Dominick / Barry L. Sherman / Fritz Messere (Hrsg.): Broadcasting, Cable, the Internet, and Beyond. An Introduction to Modern Electronic Media. Boston 2000. S. 37 f., S.44

[33] Ende der sechziger Jahre wurde auf den Zusatz „Defense" (Verteidigung) verzichtet und die Forschungsgruppe als „Advanced Research Projects Agency" (ARPA) bezeichnet. Das Netzwerk wurde dementsprechend ARPAnet genannt.

[34] Vgl. Walt Howe: A Brief History of the Internet. 24.10. 1998. Im Internet unter: http://www.delphi.com/navnet/faq/history.html Stand: 10.05.2000

ABB. 4: DAS PRINZIP DER INTERAKTIVEN VERNETZUNG AM BEISPIEL DES „ARPANET“

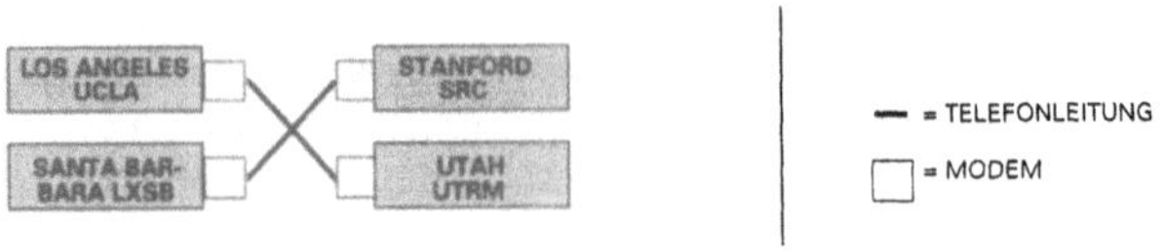

Quelle: Eigene Darstellung

Das ARPAnet, das die Struktur des Internets und spätere Übertragungsstandards entscheidend prägte, war dezentral konzipiert und auf die asynchrone, d.h. nicht-zeitgleiche (engl. „non-realtime“) Übertragung von textbasierten Daten ausgerichtet.[35] Es ermöglichte zum einen den Zugriff auf andere Computer durch die Entwicklung des Dienstes „TELNET“, zum anderen die Übertragung von Daten auf andere Rechner durch den Dienst „FTP“. Entsprechend war es möglich, Daten auf nur einem Computer abzulegen und von jedem vernetzten Computer zuzugreifen.

Die grundlegende Technik der ersten Phase waren das Prinzip der Paketvermittlung und das standardisierte Übertragungs-Protokoll NCP (Network Control Protocol), Vorläufer des heute noch verwendeten Internet-Standards TCP/IP (Transmission Control Protocol/Internet Protocol).[36] Auch heute basiert das Internet auf dem Verfahren der Paketvermittlung (engl. Packet Switching), das im Gegensatz zu leitungsvermittelten Netzdiensten wie dem klassischem Telefonnetz (engl. Circuit Switching) *keine* permanente physikalische Verbindung benötigt und folglich bei der Datenübertragung zwischen zwei Kommunikationspartnern keine Leitung vollständig belegt. Bei der Paketvermittlung werden die Ursprungsdaten in einzelne Daten-Pakete (Datagramme) zerlegt, nummeriert, adressiert und anschließend über unterschiedliche, vorher nicht festgelegte Computer-Verbindungen übertragen. Auf dem Zielrechner werden die eintreffenden Datagramme in ihrer ursprünglichen Reihenfolge geordnet und zur Ursprungsinformation zusammengefügt (Abb. 5).

35 Vgl. Uyless Black: a.a.O., S. 26 ff.

36 Weitere technische Grundlagen der Internet-Netzwerkarchitektur werden in Kapitel 1.3 erläutert, um die Möglichkeiten, Grenzen und Probleme des Internets aus technischer Sicht zu vertiefen und auf zukünftige Entwicklungen zu schließen.

ABB. 5: INTERNETTECHNOLOGIE: DAS PRINZIP DER PAKETVERMITTLUNG

Quelle: Eigene Darstellung

Das Prinzip der Paketvermittlung lässt sich mit einer Analogie zur Briefpost darstellen: Vergleichbar mit einer Postkarte haben die einzelnen Datenpakete eine maximale Größe. Daher müssen Daten, die die Maximal-Größe eines Paketes überschreiten, in mehrere Pakete aufgeteilt werden. Das Internet-Protokoll übernimmt die Aufgabe eines Briefumschlages mit Adressierung und Absender, um die Postkarte unabhängig von ihrem Inhalt und dem Übertragungsweg zum Zielort zu befördern. Auch wenn die einzelnen Pakete über Telefonleitungen übertragen werden, unterscheidet sich das traditionelle Telefonsystem durch seinen leitungsorientierten Aufbau wesentlich vom paketorientierten, verbindungslosen System des Internets. Während das Telefonsystem dem Benutzer einen bestimmten Teil des Netzwerks ausschließlich zuweist und damit eine festgelegte Punkt-zu-Punkt-Verbindung ermöglicht, nutzt das paketorientierte Netzwerk des Internets keine vordefinierten Verbindungen im Netz, sondern überträgt die Pakete vieler Nutzer je nach freier Netzkapazität über unterschiedliche Leitungen.[37] Das paketorientierte System des Internets ermöglichte damit auch eine wesentlich höhere Auslastung der knappen Netzwerksressourcen in der frühen Phase des Internets.[38]

Dieses grundlegende Prinzip der Datenübertragung über das Internet ist von zentraler Bedeutung, weil es bis heute die Basisarchitektur des Internets prägt. Nicht nur die Übertragungs-Bandbreiten, sondern auch die „historische" Architektur des Internets erschweren insbesondere multimediale Angebote, weil das Prinzip der Paketvermittlung nicht auf eine synchrone Übertragung von Sprach- oder Videodaten in Echtzeit ausgelegt ist, wie sie zum Beispiel für die sog. Internet-Telefonie (Voice-over-Internet, VoI), die Live-Übertragung von Bewegtbildern (Video-Streaming) und den Rundfunk über das Internet notwendig ist.[39]

Parallel zum Ausbau des ARPAnet durch weitere nationale Netzwerkknoten wurden auch auf betrieblicher oder institutioneller Ebene Einzelcomputer mit (schmalbandigen) Kupferkoaxialkabeln zu sog. „Local Area Networks" (LAN)

[37] Vgl. Ed Kroll: Die Welt des Internet. Handbuch und Übersicht. Bonn 1995. S. 26 f.
[38] Vgl. ebd., S.28
[39] Vgl. Uyless Black: a.a.O., S. 15, S. 93 ff.

zusammengeschlossen, die durch die neu entwickelte Ethernet-Technik[40] vernetzt wurden. Durch die Vernetzung einzelner LANs wiederum entstanden in den siebziger Jahren institutionenweite Netzwerke, sog. „Wide Area Networks" (WAN).[41] Die Zusammenführung der unterschiedlichen LAN und WAN mit dem militärischen ARPAnet führte im nächsten Schritt zum heutigen Internet zur „Akademisierung" des Netzwerks.

1.2.2 Die wissenschaftliche Phase des Internets

Die zweite Entwicklungsphase in den siebziger und achtziger Jahren war durch die Öffnung des militärischen Netzes für zivile Anwendungen, insbesondere im Bereich der Universitäten und Forschungszentren, gekennzeichnet.[42] Bereits Mitte der siebziger Jahre entstanden neben dem ARPAnet weitere Computernetzwerke und Netzwerk-Technologien, die die Vorzüge der Vernetzung von Computern - insbesondere „Electronic Mail-"Dienste (E-Mail) – für einzelne Institutionen nutzten. Zu den bedeutenden frühen Netzwerken gehörten das MFEnet[43] und HEPnet[44], finanziert durch das amerikanische Energieministerium[45], das SPAN der N.A.S.A.[46] und das CSnet[47], das von der amerikanischen National Science Foundation (NSF) als Netzwerk für die Computerwissenschaften aufgebaut wurde und als Vorläufer des „akademischen" Internets gilt.[48] Ende der siebziger Jahre entstand auch das USEnet, das erstmals akademischen Fakultäten und Studenten vieler Universitäten Zugang zu einem Computernetzwerk ermöglichte. Vergleichbar mit einem „Schwarzen Brett"[49] gehören die sog. „Newsgroups" zu den frühen Diensten im Internet. Geordnet nach unterschiedlichen Themen steht dem Nutzer ein elektronisches Diskussions-Forum zum Austausch textbasierter Kommunikation zur

---

[40] Der Wissenschaftler Bob Metcalfe entwickelte das Ethernet im Palo Alto Research Center (PARC) 1973, um lokal Computer zu vernetzen. Die Ethernet-Technik ist bis heute der meist verbreitete Standard für lokale Netze (z.B. in Unternehmen etc.) mit Übertragungsraten von 10Mbit/s, 100 Mbit/s oder 1Gbit/s. Vgl. Andreas Holzinger: Basiswissen Multimedia. Band 1: Technik. Würzburg 2000. S. 213; Uyless Black: a.a.O., S. 36

[41] Vgl. Sebastian Vesper: Das Internet als Medium. Auftrittsanalysen und neue Nutzungsoptionen. Bardowick 1998. S. 12

[42] Vgl. Peter Klau: Das Internet. Bonn 1998. S. 18

[43] Engl. Abk. für Magnetic Fusion Energy - NetzwerkU.S.

[44] Engl. Abk. für High Energy Physicists - Netzwerk

[45] Engl. Abk. für Department of Energy (DoE)

[46] Vgl. National Aeronautics and Space Administration (Hrsg.): History of NASA. Im Internet unter http://history.nasa.gov Stand: 28.02.2000

[47] Engl. Abk. für Computer Science Network

[48] Vgl. Barry M. Leiner/ Vinton G. Cerf / David D. Clark / Robert E. Kahn u.a.: A Brief History of the Internet. In: Internet Society (ISOC), USA August 2000 S. 4 ff. (siehe auch in: http://www.isoc.org/internet/history/brief.*HTML*, Stand: 16.08.2000)

[49] Engl. Abk. für Bulletin Boards

Verfügung. Neben akademischen und (computer-) wissenschaftlichen Themen etablierten sich schnell Bereiche rund um die Themen Politik, Musik und Sex.[50]

Mit Ausnahme des BITnet und des USEnet standen die jeweiligen Netzwerke (und auch das ARPAnet) einem ausschließlich fach- oder institutionenbezogenen Nutzerkreis zur Verfügung. Die einzelnen Netzwerke waren untereinander weitestgehend inkompatibel und konnten nicht miteinander kommunizieren.[51] Die Integration der entstandenen Computernetzwerke auf lokaler, nationaler und teils internationaler Ebene in ein gemeinsames Netzwerk der Netzwerke setzte einen systemoffenen Standard voraus, der eine Übertragung von Daten unabhängig von Dateninhalt, Netzwerktechnik sowie der Computersysteme von Sender und Empfänger möglich machte. Mit der Entwicklung des Übertragungs-Protokolls TCP/IP[52] durch die amerikanischen Wissenschaftler Vinton Cerf und Robert Kahn[53] gelang es, unterschiedliche Netzwerke durch einen solchen, systemoffenen Übertragungsstandard zusammenzuschließen. Neben dem TCP/IP Standard wurde insbesondere in Europa und in zahlreichen, kommerziellen Netzwerken in den Vereinigten Staaten auch das Übertragungsprotokoll x.25 verwendet.

Ein entscheidender Wendepunkt der Internetgeschichte war die endgültige Abspaltung des militärischen Netzes in ein eigenes Netzwerk (MILNET) im Jahre 1983 und die generelle Öffnung des ARPAnets für die gesamte akademische Nutzerschaft an den Universitäten.[54] Damit lag die weitere Entwicklung des Internets nicht mehr in militärischer Hand, sondern wurde durch akademische Institutionen, insbesondere durch die amerikanische National Science Foundation (NSF), vorangetrieben. Wenig später wurde das ARPAnet aufgelöst und in das wissenschaftliche NSFnet integriert. Im Jahr 1985 beschloss die NSF, ausschließlich das systemoffene TCP/IP als Übertragungsstandard durchzusetzen und dem wachsenden Datenverkehr, sowie der geschaffenen Kompatibilität der Netzwerke durch den Aufbau eines „Backbones", eines Rückgrats des Netzwerkes, gerecht zu werden. Dieser erste Backbone des sog. NSFnet verband sechs „Supercomputer",[55] die separate Netzwerke zusammenschlossen und den Datenverkehr zwischen den Netzwerken weiterleiteten. Der 1988

[50] Vgl. Joseph R. Dominick / Barry L. Sherman / Fritz Messere (Hrsg.): Broadcasting, Cable, the Internet, and Beyond. An Introduction to Modern Electronic Media. Boston 2000. S. 40 f.

[51] Vgl. Barry M. Leiner/ Vinton G. Cerf / David D. Clark / Robert E. Kahn u.a.: A Brief History of the Internet. In: Internet Society (ISOC), USA August 2000, S. 4 ff. (siehe auch in: http://www.isoc.org/internet/history/brief.*HTML*, Stand: 16.08.2000)

[52] Engl. Abk. für Transmission Control Protocol/Internet Protocol; siehe unten Kap. 1.3

[53] Vgl. Vinton G. Cerf: Computer Networking. Global Infrastructure for the 21st Century. In: http://www.cs.washington.edu/homes/lazwska/cra/networks.*HTML*, Stand: 16.08.2000

[54] Vgl. Jochen Zimmer: Die Entwicklung von Internet und Onlinediensten in globaler Perspektive. In: Hans-Bredow-Institut für Medienforschung an der Universität Hamburg (Hrsg.): Internationales Handbuch für Hörfunk und Fernsehen 2000/2001. Baden-Baden 2000, S. 46-61, S. 46

[55] Vgl. Gerhard Laga: Internet im rechtsfreien Raum? Unveröffentlichtes Dissertations-Manuskript. Wien 1998. o.S.

verfasste Bericht „Towards a National Research Network“[56] überzeugte den damaligen Senator Al Gore, weitere finanzielle Mittel für den Aufbau eines Hochgeschwindigkeits-Netzwerks, den sog. „Information Superhighway“[57], bereitzustellen.[58] Das auf Glasfasertechnologie basierte Hochgeschwindigkeitsnetz NSFnet verband weitere Computer über breitbandige Datenleitungen, die ein Vielfaches der bisherigen Übertragungsgeschwindigkeit ermöglichten.

Die „wissenschaftliche“ Phase des Internets legte das technische Fundament, das bis heute die Struktur des Internets prägt: Durch den systemoffenen TCP/IP Übertragungsstandard, der in seiner Grundkonzeption nach wie vor das zentrale Übertragungsprotokoll des Internets ist, wurde der Grundstein für die Integration lokaler und nationaler Netzwerke zu einem internationalen Netzwerk der Netzwerke gelegt. In Europa adaptierte man den TCP/IP Standard, der sich durch die amerikanische Dominanz im Internet-Bereich gegenüber anderen Standards weltweit durchsetzen konnte, und schloss sich dem akademischen Netzwerkskonzept an, das die Amerikaner durch hohe staatliche Investitionen[59] entwickelt hatten. Nach Frankreich, England und den nordeuropäischen Ländern schaffte Deutschland 1989 den Anschluss mit einer festen Verbindung des Deutschen Wissenschaftsnetzes (WIN) zum amerikanischen Forschungsnetz.[60] Die exponentielle Steigerung der Bandbreiten und der Aufbau eines Backbones, der den sprunghaften Anstieg des Datenverkehrs zwischen den einzelnen Netzwerken übernehmen konnte, war entscheidend für das heutige Internet. Der Begriff „Internet“ löste die Bezeichnung „ARPAnet“ in den späten achtziger Jahren ab.

1.2.3 Die kommerzielle Phase des Internets

Die dritte Phase der Internetentwicklung ist durch die Kommerzialisierung und Privatisierung des Internets gekennzeichnet. Das exponentielle Wachstum des Internets wurde durch das synergetische Zusammenwirken mehrerer Faktoren ermöglicht: Die massenhafte Verbreitung des Personal Computers (PC) in Privathaushalten, die Entwicklung des Internet-Dienstes „World Wide Web“ (WWW) und der Vertrieb kostenloser Anwendungssoftware mit vereinfachter, grafischer Benutzeroberfläche, dem sog. „Browser“, führten zusam-

[56] Der Aufsatz (übersetzt: „Auf dem Weg zu einem nationalen Forschungsnetzwerk.“) wurde vom amerikanischen National Research Council Committee unter Vorsitz der Wissenschaftler Kleinrock, Kahn und Clark verfasst.

[57] In Deutschland wurde zur gleichen Zeit von den „Datenautobahnen“ gesprochen.

[58] Vgl. Barry M. Leiner/ Vinton G. Cerf / David D. Clark / Robert E. Kahn u.a.: A Brief History of the Internet. In: Internet Society (ISOC), USA August 2000 S.5 (siehe auch: http://www.isoc.org/internet/history/brief.HTML, Stand: 16.08.2000)

[59] $200 Millionen wurden alleine zwischen 1986 – 1995 in das NSFnet Programm aus staatlichen Quellen investiert. Vgl. Barry M. Leiner/ Vinton G. Cerf / David D. Clark / Robert E. Kahn u.a: a.a.O., S. 6

[60] Vgl. Jochen Zimmer: Die Entwicklung von Internet und Onlinediensten in globaler Perspektive. In: Hans-Bredow-Institut für Medienforschung an der Universität Hamburg (Hrsg.): Internationales Handbuch für Hörfunk und Fernsehen 2000/2001. Baden-Baden 2000. S. 46-61, S. 47

men mit immensen Investitionen der Computer-, Telekommunikations- und Medienunternehmen zur schnellen, massenhaften Verbreitung des Internets – sowohl geographisch als auch quantitativ und qualitativ.[61]

Die kommerzielle Phase des Internets begann 1987 mit der Übertragung des NSFnet-Backbones an ein privates Firmenkonsortium aus IBM, MCI und Merit, das der wachsenden Nachfrage durch einen konsequenten Ausbau der Kapazitäten begegnete. Bis 1989 waren mehr als 80.000 Computer an das Internet angeschlossen, die überwiegend zu amerikanischen Universitäten, staatlichen Einrichtungen und Forschungsinstituten gehörten.[62] 1991 waren international 376.000 Computer an das Netzwerk angeschlossen, 1995 bereits 5,8 Millionen.[63] Im April 1995 zog sich die amerikanische National Science Foundation (NSF) gänzlich aus der öffentlichen Finanzierung des Internet-Backbones zurück und übertrug das NSFnet privaten Telefongesellschaften, die neue Backbones mit immer höheren Durchleitungskapazitäten aufbauten.[64] Zur gleichen Zeit entwickelten Computerunternehmen in den USA weitere kommerzielle Produkte im Soft- und Hardwarebereich, die auf den Charakteristika des Internet-Standards TCP/IP basierten. Die zunehmende Verbreitung von PCs - auch in privaten Haushalten – ermöglichte kommerziellen Internet Service Providern (ISPs) - wie AOL und später T-Online in Deutschland – den Zugang zum Internet auch Privatpersonen gegen Entgelt anzubieten. Das wachsende Informationsangebot im Internet erforderte neue Dienste (Computerprogramme), die den Inhalt des Internet nach Stichworten durchsuchten und die zunehmende Flut an Information strukturierten und brauchbar machten. Wissenschaftler und Computerfirmen entwickelten Ende der achtziger Jahre unter anderem die Dienste „FTP“[65], „Archie“, „Gopher“ und „WAIS“[66], um die Suche und Nutzung von Informationen zu vereinfachen.[67]

Den entscheidenden Durchbruch des Internets zum Massenmedium aber, die sog. Killer-Applikation,[68] war die Entwicklung des Dienstes World Wide Web (WWW) und die kostenfreie Verbreitung der entsprechenden Software. Das

---

[61] Vgl. Vinton G. Cerf: Computer Networking. Global Infrastructure for the 21st Century. Im Internet unter: http://www.cs.washington.edu/homes/lazwska/cra/networks.html, Stand: 16.08.2000

[62] Vgl. Ingo Steinhaus / Ray Mary Rosdale / Dirk de Pol / Rene Schauecker: Basiswissen Internet. München 1999. S. 17

[63] Vgl. Morgan Stanley Dean Witter (Hrsg.): The European Internet Report. Multi-Industry Overview. Juni 1999. S. 340

[64] Vgl. Joseph R. Dominick / Barry L. Sherman / Fritz Messere (Hrsg.): a.a.O. S.42 und Ed Kroll: Die Welt des Internet. Handbuch und Übersicht. a.a.O., S. 23 f.

[65] FTP steht für „File Transfer Protocol“ und wird bis heute insbesondere für den Download größerer Datenmengen genutzt.

[66] Engl. Abk. für Wide Area Information System

[67] Vgl. Joseph R. Dominick / Barry L. Sherman / Fritz Messere (Hrsg.): ebd.

[68] Ein Begriff aus der Betriebswirtschaftslehre, den Vinton Cerf u.a. verwenden, um die Markt-Überlegenheit und damit den schnellen Erfolg des neuen Dienstes zu beschreiben. Vgl. Vinton G. Cerf: Computer Networking. Global Infrastructure for the 21st Century. ebd.

WWW wurde von 1989 bis 1990 durch den Wissenschaftler Tim Berners-Lee am Kernforschungszentrum CERN in Genf entwickelt[69] und erstmals 1991 auf Computersystemen in den USA und Europa installiert.[70] Das World Wide Web vereinfachte die Bedienung und steigerte die Massenattraktivität durch drei entscheidende Faktoren: Erstens war es durch die Seitenbeschreibungssprache HTML[71] (Hypertext Markup Language) erstmals möglich, Grafiken, Farbe, Typografie und Bilder in einem definierten Seitenlayout darzustellen. Zweitens ermöglichte das HTTP (Hypertext Transfer Protocol), beliebige Web-Seiten über sog. Hyperlinks zu verknüpfen und damit den Nutzer per Mausklick zur „nächsten" Seite zu bringen.[72] Drittens erlaubte das WWW die Integration der oben genannten Neuerungen (Grafik und Hyperlinks) in einer grafischen Benutzerfläche mittels eines sog. Browsers, einem Anwendungsprogramm, das HTML-Dokumente auf dem Bildschirm des Nutzers visualisiert und Befehle übersetzt.[73] Dem ersten WWW-Browser „Mosaic", der von Marc Andreesen am National Center for Supercomputer Applications (NCSA) entwickelt wurde, folgte 1994 der kommerzielle Browser Netscape Navigator, der neben dem Microsoft Internet Explorer bereits 1995 kostenlos distribuiert wurde und sich so weltweit in kürzester Zeit verbreitete.[74] Die Nutzerschaft des Internets wandelte sich von einer kleinen Gruppe akademischer oder technikbegeisterter Nutzer zu breiteren Nutzerschichten.[75] Die Veränderung der soziodemografischen Zusammensetzung der Nutzerschaft führte Mitte der neunziger Jahre zur raschen Erweiterung des meist akademischen und technikbezogenen Inhaltes durch eine heterogene Vielfalt unterschiedlicher Angebote, Dienste und Inhalte.[76] Das heutige Internet hat in seiner Verbreitung, seiner inhaltlichen Vielfalt und seiner Leistungskapazität kaum noch etwas mit dem wissenschaftlichen Netz der siebziger und achtziger Jahre gemein. Das technische Prinzip und die Struktur hingegen basieren bis heute auf den frühen Entwicklungen.

1.3 Technische Grundlagen des Internets

Die technische Struktur des Internets ist äußerst komplex und beinhaltet vielfältige, komplizierte informationstechnische Prozesse. Nachfolgend werden die technischen Basismerkmale des Internets dargestellt, soweit sie für die

---

[69] Vgl. Jochen Zimmer: a.a.O., S. 47

[70] Vgl. Joseph R. Dominick / Barry L. Sherman / Fritz Messere (Hrsg.): a.a.O., S. 43

[71] HTML bezeichnet eine Computersprache, die den Seitenaufbau einer Website beschreibt.

[72] Die Einfachheit der Bedienung und die fortschreitende, nahezu unendliche Verknüpfung von Webseiten führte zum Begriff des „Surfens" im Internet.

[73] Siehe unten Kap. 1.3.4; vgl. Thomas Kind: Türen zum Internet – Browser und ihre immanente Struktur. In: Helmut Schanze / , Manfred Kammer (Hrsg.): Interaktive Medien und ihre Nutzer. Band 2. Zugangsoberflächen: Türen zum Netz. Baden-Baden 1998. S. 30 f.

[74] Vgl. Joseph R. Dominick / Barry L. Sherman / Fritz Messere (Hrsg.): a.a.O., S. 43 f.

[75] Siehe unten Kap. 1.6 für aktuelle Nutzer- und Nutzungszahlen

[76] Vgl. Sebastian Vesper:: a.a.O., S. 13; Cornelia Fries/ Franz Büllingen: Offener Zugang privater Nutzer zum Internet – Konzepte und regulatorische Implikationen unter Berücksichtigung ausländischer Erfahrungen. Bad Honnef 1998. S. 3

publizistische Betrachtung des Internets relevant und für eine sachverständige medienrechtliche Beurteilung unabdingbar sind. Zu den technologischen Grundkenntnissen gehören die sog. Internetschichtenarchitektur, die einzelnen Netzwerkkomponenten des Internets, unterschiedliche Netzwerktopologien, die meist genutzten Internet-Dienste, das Domain-Name-System (DNS) und die wichtigsten Internet-Protokolle.

1.3.1 Die Internetschichtenarchitektur und wichtige Internet-Protokolle

Die Kommunikation zwischen Computern setzt sowohl auf Hardware- als auch auf Software-Seite standardisierte Parameter voraus, die das gegenseitige „Verstehen" der einzelnen Computer ermöglichen. Auf Hardware-Seite ist die Kompatibilität der Schnittstellen („Interfaces") von Bedeutung, während auf Software-Seite sog. Protokolle über die Art und Weise des Informationsaustausches vereinbart werden müssen. Sowohl Schnittstellen als auch Protokolle müssen auf verschiedenen „Schichten" mit unterschiedlichen informationstechnischen Aufgaben kompatibel sein, um die interaktive Kommunikation zwischen Computern herzustellen.[77] Jede einzelne Schicht übernimmt eine Aufgabe im Datenverkehr des Internets und ermöglicht die Kompatibilität unterschiedlicher Computer- oder Netzwerksysteme durch gemeinsame Schnittstellen und Protokolle.[78]

ABB. 6: OSI-REFERENZMODELL: KOMMUNIKATION UND KOMPATIBILITÄT DER SCHICHTEN

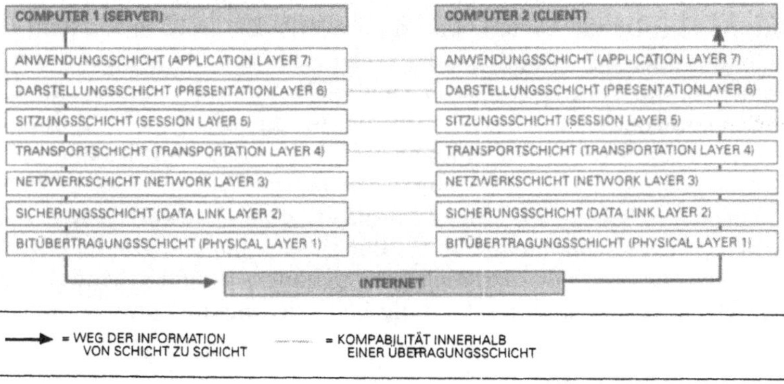

Quelle: Eigene Darstellung nach: Andreas Holzinger: Basiswissen Multimedia. a.a.O, S. 211; Andy Covell: Digital Convergence. a.a.O., S. 114

[77] Vgl. Arnold Picot: Internet-Ökonomie (3). Die Bedeutung von Standards in der Internet-Ökonomie. Selbstorganisation ersetzt den hoheitlichen Akt. In: FAZ, Nr. 267 (2000), S. 30
[78] vgl. Harald Orlamünder: High-Speed-Netze. Kommunikationsinfrastruktur der Zukunft: Internet, ATM, Multimedia. Heidelberg 2000. S. 239 f., S. 616 ff.

Um das Internet-Schichtenmodell zu standardisieren, normierte die International Standardization Organisation (ISO) bereits 1977 ein Referenzmodell, das sog. „Open-Systems-Interconnection“-Modell (Abb. 6).[79] Das ISO-OSI-Schichtenmodell basiert auf sieben Schichten, sog. Layers, und unterteilt die Internetarchitektur in vier transportorientierte Schichten (Layer 1-4) und drei datenverarbeitungsorientierte Schichten (Layer 5-7). Die vier transportorientierten Schichten unterteilen sich in die Schichten 1 und 2, die die Koordination des physikalischen Netzwerkes übernehmen, und die Schichten 3 und 4, die ausschließlich für den Datentransport verantwortlich sind.[80]

Die Anwendungsschicht (Layer 7) enthält Protokolle, die für die Anwendungsprogramme der Endbenutzer notwendig sind. Zu den wichtigsten Diensten dieser Schicht gehören das SMTP (Simple Mail Transfer Protocol), DNS (Domain Name System), TELNET und verschiedene Multimedia-Protokolle.[81] Die Darstellungsschicht (Layer 6) übernimmt die Beschreibung einheitlicher Datenformate im Netz, die Datenkompression oder Verschlüsselung und die Darstellung der Information (z.B. ASCII etc.). Die Sitzungsschicht (Layer 5) ist für die Ablaufsteuerung und Ablaufkoordination zwischen den Rechnern verantwortlich. Die Transportschicht (Layer 4) übernimmt die Verwaltung der Transportverbindungen, die Adressierungssteuerung und die direkte Kommunikation der Endgeräte. Das Transport Control Protocol TCP, Bestandteil des Internetstandards TCP/IP, vermittelt dabei zwischen der Netzwerkschicht und der Anwendungsschicht. Das TCP legt die Unterteilung der Datenpakete fest, übernimmt ihre Nummerierung und sorgt für die originäre Zusammensetzung der eintreffenden Datenpakete beim Empfänger.[82] Die Netzwerkschicht (Layer 3) entscheidet über das „Routing“, die Wegewahl, und übernimmt die Auslastungskontrolle, die Verknüpfung von Teilstrecken und die Statuskontrolle der Pakete. Das Internet Protocol IP, der zweite Bestandteil des TCP/IP-Standards, ist ein verbindungsloses Protokoll und ermöglicht somit die Leitung der Datenpakete ohne vordefinierte Route oder vorherigen Verbindungsaufbau. Bei Verlust einzelner Pakete, z.B. durch Überlastung an Netzwerkknoten mit eingeschränkter Warteschlangenlänge (Puffer),[83] werden die Daten mittels IP-Adresse des sendenden und empfangenden Rechners erneut gesendet.[84] Die Sicherungsschicht (Layer 2) unterstützt die Weiterleitung des Datenverkehrs und

[79] Vgl. Andreas Holzinger: a.a.O., S. 210 f.

[80] Vgl. Andy Covell: Digital Convergence. How the Merging of Computers, Communications, and Multimedia is Transforming Our Lives. Newport/Rhode Island 2000. S. 114 f.

[81] Vgl. Uyless Black: a.a.O. S.55, siehe auch unten Kap. 1.3.4, 1.3.5 und 1.4.2

[82] Vgl. Peter Klau: Das Internet. 3. Aktualisierte Auflage. Bonn 1998. S. 30 f.

[83] Die genaue Funktionsweise des IP (Internet Protocol) ist detailiert nachzulesen bei: Uyless Black: a.a.O., S. 21, S. 44, S. 212 ff.

[84] Die IP-Adresse ermöglicht die Identifizierung jedes an das Internet angeschlossenen Computers. IP-Adressen bestehen aus vier durch Punkte getrennte Zahlenreihen (z.B. 194.25.242.193) und werden durch das DNS (Domain Name System) in Domain-Namen übersetzt. Vgl. Peter Klau: a.a.O., S. 32; siehe unten Kap. 1.3.5

ermittelt Übertragungsfehler. Die Übertragungsschicht (Layer 1) definiert die physikalische Verbindung, etwa Synchronisations- und Zeitvorgänge in den physikalischen Netzen.

Aus der Architektur des Internets, also dem Schichtenkonzept, folgt bis heute, dass der Datenverkehr im Internet verzögert wird, wenn die Datenpakete in unterschiedlicher Reihenfolge eintreffen, Datenpakete verloren gehen oder bei überlasteten Routen gelöscht werden.[85] Diese Faktoren stellen die größten, technischen Hindernisse dar, die das Internet auf dem Weg zum Multimedia-Netz mit rundfunkähnlicher Übertragung zu überwinden hat.

1.3.2 Netzwerkkomponenten des Internets

Das Internet setzt sich aus unterschiedlichen Netzwerkkomponenten zusammen, die verschiedene technische Kriterien und Netzarchitekturen aufweisen. Drei Kriterien dienen der Klassifizierung eines Netzwerkes: Die Netzwerkgröße, die Übertragungs-, bzw. Netzwerktechnologie und die Netzwerktopologie.

ABB. 7: KLASSIFIZIERUNG DER NETZWERKE NACH ENTFERNUNG DER PROZESSOREN

ENTFERNUNG	PROZESSOREN LIEGEN IM...	NETZBEZEICHNUNG (BEISPIELE)
1M	...SELBEN COMPUTERSYSTEM	BUS
100M	...SELBEN RAUM, SELBEN GEBÄUDE	LAN (LOCAL AREA NETWORK)
10KM	...SELBEN STADTGEBIET	MAN (METROPOLITAN AREA NETWORK)
100KM	...SELBEN LAND	WAN (WIDE AREA NETWORK)
10.000KM	...SELBEN PLANETEN	INTERNET

Quelle: Andreas Holzinger: Basiswissen Multimedia. a.a.O., S. 212

Die *Netzwerkgröße* ist durch die Entfernung miteinander kommunizierender Prozessoren und die maximale Verzögerungszeit definiert. Die „kleinste" Netzwerkkomponente des Internets sind Local Area Networks (LANs), die wiederum zu MANs oder WANs zusammengeschlossen sein können (Abb. 7). Da elektrische Signale nur eine begrenzte Distanz über physikalische Leitungen zurücklegen können, ohne Leistung zu verlieren, wirkt sich die Netzwerkgröße auch auf die angewandte Übertragungstechnologie aus.

Die *Übertragungstechnologie* richtet sich nach den Anforderungen an Schnelligkeit, Datendurchsatz und Datenmengen, sowie nach der Netzwerkgröße und der Entfernung der kommunizierenden Rechner (Prozessoren-Entfernung). Während große Netzwerke wie MANs und WANs die glasfaserbasierte ATM (Asynchronous Transfer Mode)-Technologie und den TCP/IP-Standard nutzen, basieren kleine Netzwerke wie LANs überwiegend auf dem

[85] Vgl. Harald Orlamünder: High-Speed-Netze. a.a.O., S. 57 ff.; Uyless Black: a.a.O., S. 92

Ethernet-Standard, der Übertragungsraten von 10 Mbit/s, 100 Mbit/s und 1Gbit/s über Kupferleitungen ermöglicht.[86]

Die *Netzwerktopologie* wirkt sich unmittelbar auf die Anwendungsmöglichkeiten und Funktionen eines Netzwerks aus. Netzwerktopologien bezeichnen die Struktur der zwischen den Knoten eines Netzes vorhandenen Übertragungswege. Diese Netzknoten (z.B. Router) sind die Schnittstelle zwischen Rechnern und leiten den Informationsaustausch entweder als Punkt-zu-Punkt-Verbindung oder Mehrfach-Verbindung.[87] Das Internet, ein Netzwerk der Netzwerke, vereint oder verbindet folgende Netzwerktopologien: Stern-, Linien-, Bus-, Ring- und Maschennetz. Insbesondere der Interaktivitätsgrad ist von der Netzwerktopologie abhängig, da sie einen Hin- und Rückkanal voraussetzt. Das Sternnetz (Abb. 8) verbindet Computer durch Punkt-zu-Punkt-Verbindungen mit einem zentral operierenden Rechner verbunden, der auch übergeordnete Aufgaben (z.B. Gateway zum Internet) wahrnimmt. Sternnetze werde häufig in kleinen Netzwerken, wie Firmen-Intranets, eingesetzt, um das Netzwerk über nur einen Rechner an das Internet anzubinden und so Sicherheitslösungen (z.B. Firewall) zwischen das Intranet und das Internet schalten zu können. Die Skalierbarkeit von Sternnetzen ist möglich, da weitere Computer in das Sternnetz integriert werden können.

ABB. 8: NETZWERKTOPOLOGIEN: DAS STERNNETZ

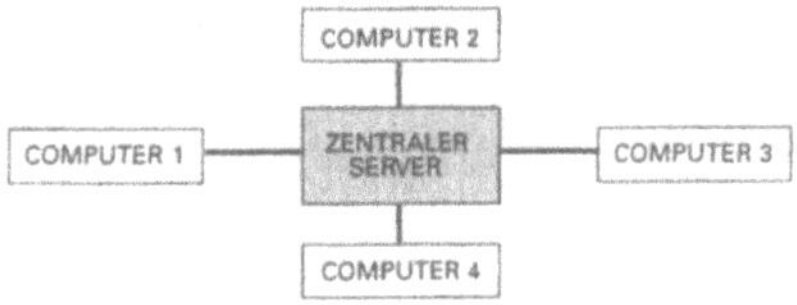

Quelle: Eigene Darstellung nach Fridhelm Bergmann / Hans-Joachim Gerhardt (Hrsg.): Taschenbuch der Telekommunikation. München, Wien 1999. S. 134

Das Liniennetz (Abb. 9) verbindet Computer in einer Reihenschaltung mit Punkt-zu-Punkt-Verbindungen, so dass die Kommunikation von Rechner zu Rechner übertragen werden muss. Liniennetze finden sich in kleinen Netzwerken, um Endgeräte an eine Vermittlungsstelle anzubinden. Die Busstruktur (Abb. 10) unterscheidet sich vom Liniennetz durch die Option, in Reihe geschaltete Computer direkt zu erreichen und vermeidet somit die Überlastung anderer Rechner durch Transportaufgaben. Informationen werden nur von dem Computer aufgenommen, an den sie adressiert wurden. Die Busstruktur findet insbesondere in LANs oder kleinen Intranets Anwendung.

[86] Vgl. Andreas Holzinger: a.a.O., S. 213 f.

[87] Vgl. Fridhelm Bergmann / Hans-Joachim Gerhardt (Hrsg.): Taschenbuch der Telekommunikation. München, Wien 1999. S. 134 ff.

ABB. 9: NETZWERKTOPOLOGIEN: DAS LINIENNETZ

Quelle: Eigene Darstellung nach: Fridhelm Bergmann / Hans-Joachim Gerhardt (Hrsg.): a.a.O., S. 135

ABB. 10: NETZWERKTOPOLOGIEN: DIE BUSSTRUKTUR

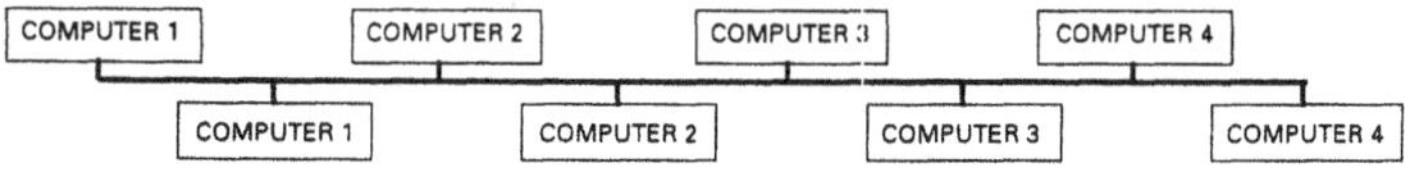

Quelle: Eigene Darstellung nach: Fridhelm Bergmann / Hans-Joachim Gerhardt (Hrsg.): a.a.O., S. 135

Das Maschennetz (Abb. 11) verbindet alle Computer untereinander und besitzt daher optimale Kommunikationseigenschaften bei der Übertragung von Information. Das frühe Internet basierte auf dem Prinzip des Maschennetzes, um beim Ausfall von Verbindungswegen Ersatzwege über andere Computer herstellen zu können. Merkmale des Maschennetzes sind Dezentralität und Komplexität durch eine Vielzahl von Mehrfach-Verbindungen. Das Ringnetz (Abb. 12) ermöglicht Punkt-zu-Punkt-Verbindungen in Form eines in sich geschlossenen Rings und entspricht einem Liniennetz, dessen Enden zusammengeschaltet sind. Ringnetze werden insb. bei großen geografische Entfernungen eingesetzt und kennzeichen die Netzstruktur im sog. Backbone-Bereich.

ABB. 11: NETZWERKTOPOLOGIEN: DAS MASCHENNETZ

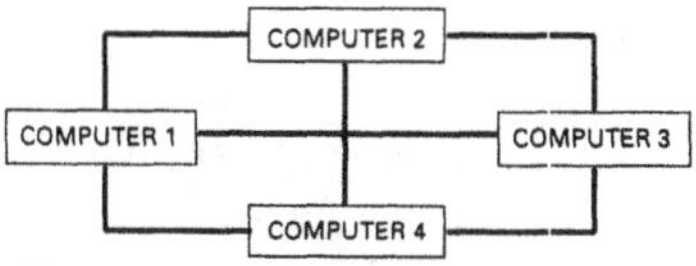

Quelle: Eigene Darstellung nach: Fridhelm Bergmann / Hans-Joachim Gerhardt (Hrsg.): a.a.O., S. 135

ABB. 12: NETZWERKTOPOLOGIEN: DAS RINGNETZ

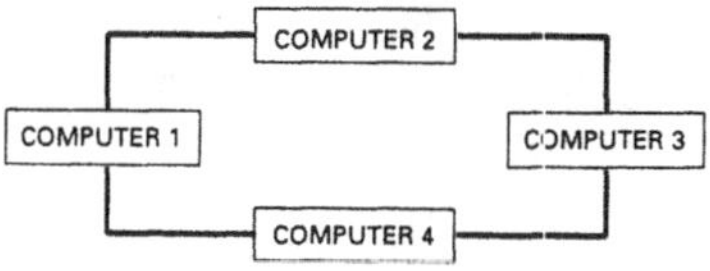

Quelle: Eigene Darstellung nach: Fridhelm Bergmann / Hans-Joachim Gerhardt (Hrsg.): a.a.O., S. 135

Das Baumnetz (Abb. 13) geht von einem zentralen Rechner aus, von dem aus sich weitere Computer verzweigen. Das Baumnetz basiert folglich auf einer Sender-Empfänger-Struktur. Diese Netzwerktopologie ist insbesondere für die frühen Breitbandkabelnetze charakteristisch. Da weder Rückkanäle noch Zwischenverbindungen zwischen den einzelnen Computern (bzw. *Set-Top-Boxen* oder Fernsehern) bestehen, ist interaktive Kommunikation nur durch Umrüstung des Kabelnetzes zum rückkanalfähigen Netz unter Einbindung anderer Netzwerktopologien möglich.

ABB. 13: NETZWERKTOPOLOGIEN: DAS BAUMNETZ

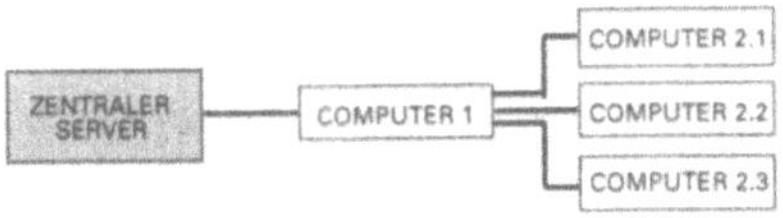

Quelle: Eigene Darstellung nach: Fridhelm Bergmann / Hans-Joachim Gerhardt (Hrsg.): .): a.a.O., S. 135

Die verwendete Netzwerktopologie ist neben der Netzwerkgröße und der Übertragungstechnologie ein wesentliches Kriterium für die Funktionsweise, die Angebotsmöglichkeiten und Übertragungsgeschwindigkeiten im Internet.

1.3.3 Informationstechnische Dienste im Internet

Mit dem exponentiellen Wachstum des Internets in den neunziger Jahren differenzierten sich auch die Nutzungsmöglichkeiten des Netzes aus und brachten eine Vielzahl unterschiedlicher technischer Dienste mit verschiedenen Anwendungen hervor. Auch wenn es inzwischen mehr als 400 Dienste im Internet gibt, genießen nur einige wenige größere Bedeutung: Zu den meist genutzten Standard-Diensten im Internet gehören die grafische Benutzeroberfläche World Wide Web (WWW), die elektronische Post (E-Mail), Nachrichtengruppen und Diskussionsforen (Usenet/Newsgroups), die Übertragung mittels FTP, Internet Relay Chat (IRC) und die Fernbedienung entfernter Computer (Telnet).[88] Zu den neueren Diensten gehören vor allem multimediale Anwendungen, wie Video-Streaming (TV über Internet), Internetradio, Internet-Telefonie (VoI) u.a., [89] die für die ordnungspolitische Konvergenz-Diskussion erhebliche Bedeutung haben.

Der Dienst *„World Wide Web"* (WWW), 1989 am Genfer Kernforschungsinstitut CERN entwickelt, wurde zum bedeutendsten interaktiven Informationssystem im Internet, so dass die Begriffe „Internet" und „WWW" im Sprach-

[88] Vgl. Jochen Zimmer: Die Entwicklung von Internet und Onlinediensten in globaler Perspektive. In: Hans-Bredow-Institut für Medienforschung an der Universität Hamburg (Hrsg.): a.a.O. S.46-61. S.47
[89] Siehe unten Kap. 1.4

gebrauch häufig synonym verwendet werden.[90] Das WWW basiert auf dem Hypertext-Konzept, das bereits in den sechziger Jahren unter anderem von den Wissenschaftlern Douglas Engelbart, Ted Nelson und Bill Atkinson entworfen wurde und 1989 von dem Physiker Tim Berners-Lee für das Internet adaptiert, weiterentwickelt und unter dem Namen World Wide Web publiziert wurde.[91] Das Hypertext-Konzept des WWW, das auf der plattformunabhängigen Programmiersprache HTML (Hypertext Markup Language) basiert, ist durch zwei Wesensmerkmale charakterisiert: Das WWW ermöglicht zum einen, den Nutzer durch sog. Hyper- Links[92] direkt auf andere Internet-Inhalte zu verweisen, zum anderen unterschiedliche statische und dynamische Darstellungsformen oder andere Dienste auf einer Website zu integrieren.[93] Das WWW wurde so zu einem weltweiten, interaktiven Netzwerk miteinander verknüpfter Dokumente, die aus Text, Bildern, Audio oder Video bestehen können.[94] Computerprogramme, sog. Internet-Browser übersetzen die HTML-Daten und bieten eine anwenderfreundliche Benutzeroberfläche (Abb. 14).[95] Durch die Entwicklung des Wireless Application Protocol (WAP) im Jahr 1999 lässt sich das WWW in vereinfachter Darstellung auf Mobiltelefone übertragen.

ABB. 14: BENUTZEROBERFLÄCHE EINES WWW-BROWSERS AM BEISPIEL YAHOO.DE

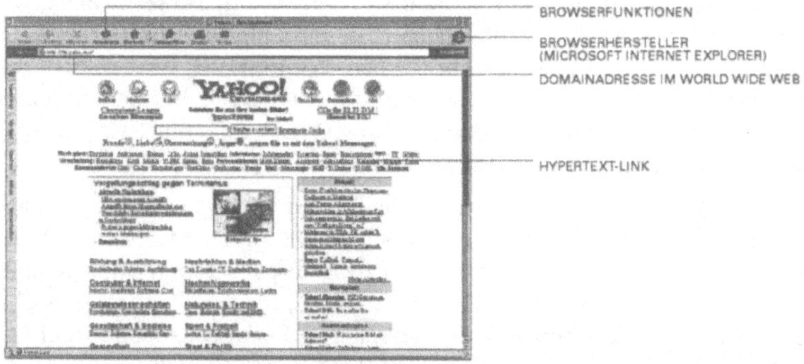

Quelle: Eigene Darstellung der Homepage der Internet-Suchmaschine yahoo! (http://www.yahoo.de)

---

[90] Vgl. Ray Mary Rosedale: Das WWW. Ein neues Informationssystem. In: Ingo Steinhaus / Ray Mary Rosdale / Dirk de Pol / Rene Schauecker (Hrsg.): Basiswissen Internet. München 1999. S. 32 und S. 157 ff.

[91] Vgl. ebd. S. 139

[92] Das „Klicken" auf einen Hyperlink sendet einen Computerbefehl an den Server, der mit Hilfe der sogenannten URL-Adresse (Universal Resource Locator) identifiziert wird, und sendet die angeforderten Daten sofort zurück auf den Bildschirm des anfragenden Computers. Die verknüpfte Information kann dabei auf einem anderen Server gespeichert sein.

[93] Vgl. Andreas Holzinger: Basiswissen Multimedia. Band 1: Technik. Würzburg 2000. S. 208

[94] Vgl. ebd. S.210f., Eine detaillierte Erklärung der Nutzungsoptionen des WWW befindet sich insbesondere bei Sebastian Vesper: Das Internet als Medium. Auftrittsanalysen und neue Nutzungsoptionen. Bardowick 1998, S. 35 ff.

[95] Vgl. Eberenz, Mathias: Internet. Erfurt 1998. S. 17

Die elektronische Post, *E-Mail,* bezeichnet einen ebenfalls häufig genutzten Dienst im Internet, der das Versenden und Empfangen digitaler Daten über den Computer ermöglicht. Mit entsprechender Adressierung können sowohl Texte und Grafiken, als auch Ton- und Videodokumente an andere E-Mail-Adressaten versandt werden. E-Mail-Adressen setzen sich aus einer persönlichen Nutzerkennung (z.B. dem eigenen Namen) und dem Domainnamen des Servers (z.B. t-online.de) zusammen, auf dem der Inhalt gespeichert wird und dann vom Empfänger abgerufen werden kann. Das „@"-Zeichen[96], bereits 1972 von Ray Tomlinson zur E-Mail-Adressierung verwendet, trennt den persönlichen Nutzernamen vom Domain (Server-) Namen und wurde zum Symbol der Internet-Welt.[97] Auch das Abrufen von E-Mails über das Telefon ist durch sprachaktivierte Internetdienste möglich und erlaubt dem Nutzer, sich E-Mails vorlesen zu lassen.[98] Eine schnellere und direktere Variante der elektronischen Post (E-Mail) ist der Dienst *Instant Messaging* (IM*)*[99], der maßgeblich durch das Unternehmen AOL Inc. entwickelt wurde und das zeitgleiche Austauschen von Nachrichten im Bereich der Individualkommunikation ermöglicht. Instant Messaging gilt im Internet als textbasiertes Äquivalent zum herkömmlichen Telefongespräch, weil Nachrichten im Gegensatz zur elektronischen Post (E-Mail) nicht auf einem Server zwischengespeichert, bzw. vom Empfänger abgerufen werden müssen. Bei Instant Messaging werden Datenpakete direkt zwischen zwei oder mehreren Rechnern übertragen, so dass ein unmittelbarer, individualkommunikativer Kontakt entsteht.[100] Die Popularität des relativ jungen Dienstes IM verzeichnet sowohl im privaten, als auch im Geschäftsbereich starken Zuwachs.[101] Ähnlich funktioniert der Dienst Internet Relay Chat (IRC), der mehrere kommunizierende Teilnehmer zulässt.

Der Dienst *Usenet* wurde bereits in der frühen wissenschaftliche Phase des Internets entwickelt und bezeichnet ein weltweites Informations- und Diskussionsforum. Das Usenet besteht aus sog. Newsgroups, offenen oder geschlossenen (d.h. Passwort-geschützten) Diskussionsforen, die sich bestimmten Themen widmen. Teilnehmer können sowohl Artikel, sog. Postings, veröffentlichen oder sich als Leser zu ausgesuchten Themen informieren. Die Usenet-Foren bauen sich hierarchisch auf und ermöglichen so eine gezielte Suche nach Themengebieten: So verbirgt sich etwa hinter der Usenet-Adressierung „comp.ms-

---

[96] Das @-(„at")-Zeichen, auch „Klammeraffe" genannt, gab es bereits auf den Schreibmaschinen-Tastaturen und diente bis dato als altes, kaufmännisches Symbol im Sinne von 1pound@3Dollars, „1Pfund zu 3 Dollar".

[97] Vgl. Joseph R. Dominick / Barry L. Sherman / Fritz Messere (Hrsg.): Broadcasting, Cable, the Internet, and Beyond. An Introduction to Modern Electronic Media. a.a.O. S.39 und S.41

[98] Vgl. Stefan Lemke: Die E-Mail lernt sprechen. 10.10.2000. Im Internet unter: http://www.spiegel.de/netzwelt/telekommunikation/0,1518,97390,00.html, Stand: 25.10.2000

[99] Übers. „sofortiges Mitteilen"

[100] Vgl. o.V.: Vom digitalen Kaffeeklatsch zum wichtigen Kommunikationsmittel. Streit um einen Standard beim Instant Messaging. In: FAZ Nr. 211 (2000), S. 24

[101] Vgl. o.V.: Vom digitalen Kaffeeklatsch zum wichtigen Kommunikationsmittel. Streit um einen Standard beim Instant Messaging. In: FAZ Nr. 211 (2000), S. 24

windows.programmer.tools" ein spezialisiertes Diskussionsforum zum Thema Software-Tools (tools) für die Untergruppe Programmierer (.programmer) innerhalb der Gruppe Microsoft-Windows (.ms-windows) im übergeordneten Forum mit dem Schwerpunkt Computer (.comp).[102]

Das *File Transfer Protocol*, bzw. der Dienst FTP, unterstützt den Dateitransfer zwischen zwei Rechnern und wird insbesondere beim Herunterladen, sog. Downloads, von frei verfügbaren Informationen oder Daten mit größeren Volumina verwendet. Der Dienst Telnet erlaubt dem Nutzer eine Fernsteuerung angeschlossener Computer vom eigenen PC aus und wird noch in der Datenbankrecherche oder bei Bibliotheksabfragen angewendet. Die frühen Dienste Archie und Gopher wurden durch das WWW abgelöst und haben keine massenrelevante Bedeutung.

1.3.4 Das Domain-Name-System (DNS) im Internet

Jeder direkt an das Internet angeschlossene Computer (z.B. Hosts, Server) ist durch eine eindeutige Adresse, die IP-Nummer,[103] gekennzeichnet. Somit kann grundsätzlich jeder vernetzte Computer angesprochen und Inhalte abgerufen werden. Bereits Mitte der achtziger Jahre wurde ein benutzerfreundlicheres System zur genauen Identifizierung und Adressierung von Computern eingeführt: Das Domain-Name-System (DNS). Das DNS basiert auf dem Uniform Resource Locator (URL)[104] und übersetzt die schwer merkbaren Zahlenkolonnen der IP-Adressierung in Domainnamen aus Buchstaben oder Zahlen. So ist es zum Beispiel möglich die IP-Adresse „194.25.242.193" durch den Domainnamen „(http://www.)netscape.com" zu umschreiben.[105] Das Domain-Konzept unterteilt den Domain-Namen eines Computers in einzelne Teile, die vergleichbar mit dem Postsystem (Straße, Stadt, Land) den Standort des Computers innerhalb des Internets beschreiben. Die durch einen Punkt separierten Komponenten eines Domainnamens bestehen aus Top-Level-Domain, Second-Level-Domain und gegebenenfalls aus einer Subdomain.

ABB. 15: DOMAINADRESSEN: DER AUFBAU EINER DOMAIN-ADRESSE

	PROTOKOLL://DIENST	SUBDOMAIN.	SECONDLEVELDOMAIN.	TOPLEVELDOMAIN
BEISPIEL 1	HTTP://WWW.	VERWALTUNG.	UNI-MAINZ.	.DE
BEISPIEL 2	HTTP://WWW.		YAHOO.	.COM

Quelle: Eigene Darstellung

Top-Level-Domains (TLD) bezeichnen die Buchstaben-Abkürzung am Ende des Domain-Namens. Zu unterscheiden sind organisationsbezogene und län-

[102] Vgl. Ingo Steinhaus / Ray Mary Rosdale / Dirk de Pol / Rene Schauecker: Basiswissen Internet, a.a.O., S. 28 f.
[103] Siehe oben Kap. 1.3.1
[104] Siehe oben Kap. 1.3.3

derspezifische TLD-Endungen: Organisationsspezifische Top-Level-Domain-Namen stammen aus der wissenschaftlichen Phase, in der das Internet vornehmlich in den USA genutzt wurde. Zu den Endungen gehören gegenwärtig „.com“ (commercial organisation, z.B. Unternehmen), „.edu“ (educational institution, z.B. Universitäten), „.net“ (Netzwerkorganisationen), .“org“ (nichtprofitorientierte Organisationen), „.gov“ (government, z.B. Behörden), „.mil“ (military, z.B. militärische Einrichtungen). Organisationsspezifische Domains werden zwar nur in den USA vergeben, die Endungen „.com“, „.org“ und „.net“ können jedoch auch von Nicht-Amerikanern registriert und verwandt werden. Länderspezifische Top-Level-Domains bestehen immer aus zwei Buchstaben, die den jeweiligen Landesnamen abkürzen, z.B. „.de“ für Deutschland, „.fr“ für Frankreich, „.ch“ für die Schweiz oder die begehrte Endung „.tv“ für die südpazifische Insel Tuvalu.[106] Auch eine Kombination aus organisations- und länderspezifischen Top-Level-Domains existiert, z.B. in Großbritannien mit der Endung „.uk“ für „United Kingdom“ und dem vorgestellten „.co.“ für kommerzielle Angebote, z.B. „apple.co.uk“. Für die medienpolitische Diskussion ist die Tatsache entscheidend, dass die Endung des Domainnamens zwar auf die staatliche Zugehörigkeit hinweist, das inhaltliche Angebot jedoch auf einem Server in einem anderen Staat gespeichert und von dort abrufbar sein kann, so dass sich der Inhalt nationaler Gesetzgebung weitestgehend entzieht.[107]

Vor der Top-Level-Domain befindet sich die Second-Level-Domain, die auf den jeweiligen Host-Computer verweist und den eigentlichen Namen der Domain-Adresse ausmacht: Die Second-Level-Domain „uni-mainz(.de)“ würde demnach auf die Website der Johannes-Gutenberg-Universität Mainz in Deutschland verweisen und - aus technischer Sicht - den zentralen Server der Universität Mainz in Deutschland abrufen. Second-Level-Domains werden nur einmal durch die entsprechende Vergabeorganisation[108] unter einer jeweiligen Top-Level-Domain registriert und vergeben werden. Folglich können unter verschiedenen Top-Level-Domains identische Second-Level-Domains registriert werden, wie zum Beispiel: „novartis.com“ oder „novartis.ch“ oder „novartis.de“.[109] Bei der Vergabe gilt das Prinzip „first come, first served“, das dem ersten, der eine Second-Level-Domain unter einer gewählten Top-Level-

---

[105] Vgl. Ray Mary Rosedale: a.a.O., S. 162

[106] Eine komplette Aufstellung aller länderspezifischen Top-Level-Domains befindet sich im Internet unter:
http://www.iana.org/cctld/cctld-whois.htm

[107] Es ist beispielsweise möglich, eine deutsche Domain-Adresse registrieren zu lassen und den den Nutzer direkt auf eine Website mit verfassungsfeindlichen (z.B. rechtsradikalen) Inhalten weiterzuleiten, die auf einem amerikanischen Server abgelegt sind. Die liberalere Auslegung der Meinungsfreiheit in den USA duldet die Verbreitung rechtsextremistischen Gedankenguts.

[108] Siehe unten Kap. 1.5

[109] Die Vergabepraxis bringt häufig rechtliche Probleme im Bereich des Namens- und Markenrecht mit sich: So war z.B. bis 1999 unter dem Domain-Namen „novartis.ch“ nicht das Unternehmen Novartis, sondern eine Website der Umweltorganisation „Greenpeace“ zu finden.

Domain registrieren lässt, die Rechte am Domain-Namen zukommen lässt.[110] Die Vergabepraxis der Second-Level-Domains führte zu einer Vielzahl von Streitigkeiten im Bereich des Namens- und Markenrechts (Markenschutz).[111]

Subdomains, die vor der Second-Level-Domain angeführt werden können, ermöglichen eine weitere Spezifizierung der Domain-Adresse und erlauben eine Weiterleitung zu einem untergeordneten Host-Computer, wenn sich unter einer Second-Level-Domain mehrere Hosts befinden. Der Domainname „klinik.uni-mainz.de" verweist demnach auf den Server der Universitätsklinik innerhalb des Netzwerkes der Universität Mainz in Deutschland. Um Sub-Domain-Namen entsteht in der Regel kein Rechtsstreit.[112]

In Deutschland sind bis Ende August 2000 mehr als drei Millionen „.de"-Domain-Namen vergeben.[113] Weltweit wurden bis zum Oktober 2000 30 Millionen Domainnamen registriert. Mehr als 18 Millionen enden auf „.com".[114] Aufgrund der Vielzahl registrierter Domain-Adressen und dem steigenden Bedarf an weiteren Domain-Namen wurden im November 2000 erstmals seit den achtziger Jahren weitere Top-Level-Domains von der Internet-Verwaltungsbehörde ICANN beschlossen.[115] Zu den sieben neuen Top-Level-Domains, die im Jahr 2001 freigeschaltet werden, gehören die Endungen „.biz" (für business, also Einkaufsangebote), „.info" (für Informationsdienste), „.name" (für private, personenbezogene Websites), ".pro" (für professionals, also freie Berufe wie Ärzte und Anwälte), „.aero" (für Luftfahrtunternehmen), „.museum" (für Museen) und „.coop" (für Genossenschaften). Diese Endungen der Domainadresse sollen sich spezifischen Anbietergruppen zuordnen lassen. Nach bisheriger Vergabepraxis ist es jedoch jeder Person möglich, Domain-Adressen mit entsprechender Endung (z.B. „.de", „.com", „.org") zu reservieren. Das Prinzip der Anbieter-Kennzeichnung durch die TLD ist somit obsolet.

---

110 Vgl. Konrad Bähler: Internet Domainnamen – Funktion, Richtlinien zur Registrierung, Rechtsfragen. Zürich 1997. S. 28 ff., Ursula Widmer / Konrad Bähler: Rechtsfragen beim Electronic Commerce: Sichere Geschäftstransaktionen im Internet. Bern 1997. S. 25 ff., S. 42

111 Vgl. Ursula Widmer / Konrad Bähler: Rechtsfragen beim Electronic Commerce: a.a.O., S. 43 ff.

112 Vgl. ebd. S. 28

113 Vgl. Denic (Hrsg.): Deutsche Domainnamen überschreiten Drei-Millionen-Grenze. 31. August 2000 Im Internet unter: http://www.denic.de

114 Vgl. Reuters (Hrsg.): Wordl's 30 millionth Net name registered. 05.10.2000 Im Internet unter: http://www.totaltele.com/vprint.asp?txtID=32426 Stand: 30.10.2000

115 Vgl. Europäische Kommission: Schaffung von .EU als Internet-Bereichsnamen oberster Stufe. 02.02.2000. Im Internet unter: http://www.icann-forum.de/inhalte/Dokumente/EU-ISPO/doteude.pdf, Stand: 09.10.2000 und ICANN: The Creation of the .EU Internet Top Level Domain. Analysis of Responses to Commission Working Paper. 02.02.2000. Im Internet unter: http://www.icann-forum.de/inhalte/Dokumente/EU-ISPO/Analysis_of_responses.html, Stand: 09.10.2000. Die eingereichten Vorschläge für neue Top-Level-Domains finden sich im Internet unter: http://www.icann.org, Stand: 16.10.2000

Die Vergabe neuer Top-Level-Domains wird markenrechtliche Konflikte verschärfen und das Auffinden von Inhalten komplizieren.[116]

1.4 Multimediale Darstellungsformen im Internet

Das Internet wandelt sich seit der Entwicklung des Dienstes World Wide Web vom textbasierten Datennetz zu einem Netzwerk, das alle medialen Darstellungsformen, sowohl statische als auch dynamische Publikationsformen, unterstützt. Unter dem Stichwort „Multimedia" verbirgt sich eine heterogene Vielzahl von inhaltlichen und technischen Implikationen, die für die Konvergenz der klassischen Medien und des Internets von erheblicher Bedeutung sind.

1.4.1 Definition des Begriffs „Multimedia"

Der Begriff „Multimedia", eine Wortkombination aus dem lateinischen „multi" (viele, vielfach) und „media" (Vermittler), wurde in der Vergangenheit stark strapaziert und aufgrund seiner interdisziplinären Nutzung sehr unterschiedlich ausgelegt. Auch wenn es derzeit keine allgemeingültige medienrechtliche, ordnungspolitische oder publizistische Definition des Begriffs „Multimedia" gibt, sollen eine Reihe von Definitionsversuchen und Wesensmerkmale des Begriffs vorgestellt werden, um anschließend die wesentlichen Charakteristika darzulegen.

Die Unternehmensberatung Booz, Allen & Hamilton und das Büro für Technikfolgen-Abschätzung beim Deutschen Bundestag definieren den Begriff „Multimedia" als „Oberbegriff für eine Vielzahl neuartiger Produkte und Dienste aus dem Computer-, Telekommunikations- und Medienbereich."[117] Sie ordnen dem Begriff „Multimedia" drei gemeinsame Merkmale zu: „interaktive Nutzung", „integrative Verwendung verschiedener Medientypen" und „digitale Technik". Das Bundeswirtschaftsministerium betont im Bericht der Bundesregierung von 1996, dass „Multimedia" kein neues, isoliertes Medium, sondern vielmehr eine Grenzverwischung zwischen den traditionellen Medien ist. Weiter heißt es, multimediale Dienste könnten entweder massenkommunikativ wirken oder individualkommunikativen Charakter besitzen.[118] Das führende Gremium für die Entwicklung weltweit gültiger Standards in der Telekommunikation ITU[119] definiert Multimedia-Dienste als „die gleichzeitige Übermittlung

---

[116] Vgl. Wolfgang Wischmeyer: Umbau im Cyberspace. Kritik an der ersten großen Domain-Erweiterung seit Mitte der achtziger Jahre. In: FAZ Nr. 272 (2000), S. 13

[117] Booz, Allen & Hamilton (Hrsg.) in Zusammenarbeit mit dem Büro für Technikfolgen-Abschätzung beim Deutschen Bundestag: Zukunft Multimedia. Grundlagen, Märkte und Perspektiven in Deutschland. Frankfurt am Main 1997, S. 29

[118] Vgl. Bundesministerium für Wirtschaft BMWi (Hrsg.) / Bericht der Bundesregierung: Info 2000. Deutschlands Weg in die Informationsgesellschaft. Bonn 1996. S. 14 f.

[119] Abk. für International Telecommunications Union mit Sitz in Genf

mehrerer Informationsarten“[120] und nennt beispielhaft die audiovisuellen Dienste Bildfernsprechen und Videokonferenz, sowie Multimedia-, Dokumentübermittlungs- und Abrufdienste.

Martin Bullinger und Ernst-Joachim Mestmäcker entwerfen in ihrem Rechtsgutachten über sog. Multimediadienste von 1996 eine „vorläufige rechtliche“ Definition.[121] Demnach ermöglichen „Multimediadienste im Zwischenbereich zwischen Rundfunk und individueller Telekommunikation jedermann, jederzeit Informationen für jedermann zu individueller Auswahl anzubieten oder aufzusuchen und dabei mehrere technische oder inhaltliche Mittel überindividueller Kommunikation zu verknüpfen oder im Wechsel zu nutzen.“[122] Ausdrücklich ausgenommen werden der massenkommunikative Rundfunk und reine Individualkommunikation. Der Publizistikwissenschaftler Winfried Schulz betont, dass Multimedia „die Grenzen zwischen Massenkommunikation, Telekommunikation und Nachrichtendiensten unschärfer werden lässt“[123] Die Konvergenztendenz sei auf die Computertechnologie und digitale Verarbeitung von Daten zurückzuführen.

Zur präzisen Kategorisierung multimedialer Anwendungen entwickelte das Prognos-Institut im Auftrag der Bayrischen Landeszentrale für Neue Medien (BLM) und der Landesanstalt für Rundfunk Nordrhein-Westfalen (LfR) die folgenden vier Unterscheidungskriterien: Publizistischer Inhalt, Entgelt- oder Finanzierungsform, Grad der Interaktivität und technische Vertriebsform.[124] Aus informationstechnischer Sicht definieren Peter A. Henning, Andreas Holzinger u.a. Multimedia als sukzessive „Verschmelzung von Kommunikationskanälen“, die unterschiedliche menschliche Sinne ansprechen.[125] Henning weist auf vier Merkmale von Multimedia-Daten hin: hohes Datenvolumen, Übertragung oder Darstellung in Echtzeit, Synchronisierbarkeit und Zuschnitt auf die Interaktions- und Wahrnehmungsfähigkeiten der Nutzer.[126] Holzinger und Black sehen im Internet die bedeutendste Plattform zur Übertragung multimedialer Ange-

---

[120] Fridhelm Bergmann / Hans-Joachim Gerhardt (Hrsg.): Taschenbuch der Telekommunikation. München, Wien 1999. S. 477, S. 487

[121] Vgl. Martin Bullinger / Ernst-Joachim Mestmäcker: Multimediadienste. Rechtsgutachten im Auftrag des Bundesministers für Bildung, Wissenschaft, Forschung und Technologie. Bonn 1996; In: Martin Bullinger / Ernst-Joachim Mestmäcker: Multimediadienste. Struktur und staatliche Aufgaben nach deutschem und europäischem Recht. Baden-Baden 1997, S. 15 ff., S. 31

[122] Ebd., S. 31

[123] Winfried Schulz: Kommunikationsprozeß. In: Elisabeth Noelle-Neumann / Winfried Schulz / Jürgen Wilke (Hrsg.): Fischerlexikon Publizistik / Massenkommunikation. Frankfurt am Main 1994. S. 140-170, S. 143

[124] Vgl. Klaus Schrape: Digitales Fernsehen. Marktchancen und ordnungspolitischer Regelungsbedarf. Ein Bericht der Prognos AG im Auftrag der Bayerischen Landeszentrale für Neue Medien (BLM) und der Landesanstalt für Rundfunk Nordrhein-Westfalen (LfR). München 1995. S. 24 ff.

[125] Vgl. Andreas Holzinger: Basiswissen Multimedia. Band 1: Technik. a.a.O., S. 19 f., Peter A. Henning: Taschenbuch Multimedia. Leipzig 2000, S. 17

[126] Peter A. Henning: ebd., S. 18 f.

bote und heben die Bedeutung des Dienstes World Wide Web für die zunehmende Integration von Text, Grafik, Audio, Video und Interaktion hervor.[127]

Die Vielzahl an Definitionen zum einen und die hohe Dynamik des Multimedia-Bereichs zum anderen machen deutlich, dass sich der Begriff „Multimedia“ weiterentwickelt und je nach wissenschaftlichem Blickwinkel nicht eindeutig abgrenzbar ist. Zusammenfassend lässt sich Begriff „Multimedia“ durch folgende vier Wesensmerkmale charakterisieren: 1. Multimedia ist durch die Integration ehemals getrennter Medientypen (massen- und individualkommunikativ) gekennzeichnet und damit ein wesentliches Merkmal der Medienkonvergenz. 2. Multimedia umfasst eine Vielzahl sehr unterschiedlicher Angebote und Anwendungen und kann daher nur als Oberbegriff verwendet werden. 3. Multimedia basiert auf dem Prinzip der Digitalisierung und ist damit theoretisch plattform-unabhängig sowie übertragungsunabhängig. 4. Das Internet gilt derzeit als Plattform für multimediale Anwendungen mit weiterem Entwicklungspotenzial.

1.4.2 Technische Voraussetzungen multimedialer Darbietungen im Internet

Multimediale Anwendungen, die über das Internet übertragen werden, erfordern die Standardisierung von Kompressions- und Dekompressionstechnologien sowie Übertragungstechniken. Die Integration von Text, Bild, Audio und Video setzt unterschiedliche Dienste und Protokolle voraus.

1.4.2.1 Text im Internet

Text, die einfachste und originäre Darstellungsform des Internets, basiert auf der Programmiersprache HTML (Hypertext Markup Language), die das Internet durch Verknüpfungen zum interaktiven Netzwerk werden lässt. Das Prinzip des Hypertexts im Internet besteht in der Vernetzung von Text mit Computerbefehlen, die auf andere Quellen im Internet verweisen. Diese Verknüpfungen (sog. Links) führen den Nutzer mit einem Mausklick zur entsprechend programmierten Quelle. Erst durch Erweiterungen (sog. Extensions, Plug-ins) lässt sich die relativ einfache Programmiersprache HTML zur Darstellung und Integration multimedialer Inhalte ausbauen.[128]

1.4.2.2 Bilder im Internet

Bilder und Grafiken gehören wie die Textdarstellung zu den statischen Elementen eines Internetangebots und lassen sich in eine HTML-Seite einbinden. Da Bilder aber je nach Farbtiefe und Bildauflösung bereits ein Vielfaches an Datenvolumen erzeugen, werden Kompressionsverfahren zur Datenreduktion eingesetzt. Im Internet finden vor allem die zwei Kompressionsformate JPEG (Joint Photographic Experts Group) und GIF (Graphics Interchange Format)

[127] Vgl. Andreas Holzinger: ebd. S. 21 und Uyless Black: a.a.O., S. 38, S. 291 ff.
[128] Vgl. Andy Covell: Digital Convergence. a.a.O., S. 167

Anwendung. Das Format JPEG wird meist bei photografischen Bilddarstellungen mit hoher Farbtiefe eingesetzt, um das Datenvolumen durch die Löschung redundanter Bildinformation zu reduzieren. Das Format GIF erlaubt eine Datenkompression ohne Qualitäts-Verluste und eignet sich vor allem für Grafiken und Bilder mit nur wenigen Farben. Das sog. „animated“ (animierte) GIF beinhaltet eine Reihe von GIF-Bildern, die durch sukzessives Abspielen der Bilder einen Filmeffekt erzielen. Das animierte GIF wird häufig in Internet-Werbebannern angewandt.[129]

1.4.2.3 Audio im Internet

Audio-Daten, die über das Internet übertragen werden, unterscheiden sich durch das angewandte Übertragungsverfahren und das Kompressionsformat. Das Internet bietet zwei grundsätzliche Möglichkeiten der Übertragung von Audio-Daten: „Download“ und „Streaming“.

„Download“ bezeichnet das Herunterladen und Kopieren einer Datei vom Server auf den eigenen PC. Diese Funktion wird auch als „Audio-on-Demand“ („Audio auf Abruf“) bezeichnet. Die abgerufene Audio-Datei kann mit Hilfe eines Zusatzprogramms wie eine CD auf dem PC abgespielt, vervielfältigt oder weiterverbreitet werden.

„Streaming“ (dt. Strömen) hingegen bezeichnet ein technisch komplizierteres Verfahren, dass die Echtzeit-Übertragung der (Audio-)Daten vom Server zum Nutzer (Client) über das Internet ermöglicht. Eine dauerhafte Speicherung der „gestreamten“ Daten auf dem heimischen Rechner findet dabei nicht statt. Da das Internet keine feste Verbindung zwischen Sender und Empfänger aufbaut, sondern die Daten in kleine Pakete aufteilt und über unterschiedliche Routen verschickt,[130] scheint eine Übertragung in Echtzeit und in der richtigen Datenreihenfolge problematisch. Streaming-Technologie nutzt daher das sog. „Buffering“, ein kurzes Zwischenspeichern der Daten auf dem PC des Anwenders, um die eintreffenden Daten-Pakete in der richtigen Reihenfolge zusammenzubauen und sofort abzuspielen.[131] Im Gegensatz zum linearen Übertragungsvorgang beim klassischen Rundfunk, der dem Nutzer keine Möglichkeit der Einflussnahme auf das gesendete Programm gibt, erlaubt das Streaming die interaktive Einflussnahme auf den Verlauf der Übertragung, z.B. die „Pause“-Funktion oder „Vor- und Rückspielen“.[132] Diese Einflussnahme ist nur dann ausgeschlossen, wenn ein Audio-Programm mittels Live-Streaming zeitgleich übertragen wird, wie z.B. das Streaming klassischer Hörfunkprogramme im Internet.[133] Die bekanntesten Streaming-Technologien werden gegenwärtig von den US-

---

[129] Vgl. ebd., S. 162 f.
[130] Siehe oben Kap. 1.2, 1.3
[131] Vgl. ebd., S. 178 f.
[132] Vgl. Stefan Tiersch: Ein Strom von Bild- und Tondaten. „Streaming Media“ - Motor der Medienkonvergenz. In: Kommunikation und Medien, Beilage der FAZ Nr. 200 (2000), S. B10
[133] Inhaltlich-funktional unterscheidet sich die Übertragung nicht vom klassischen Hörfunk.

Firmen Real Networks (Realplayer), Microsoft (Mediaplayer) und Apple (Quicktime Player) angeboten. Auch die Sprachkommunikation über Internet („Voice-over-IP", „Internet-Telefonie") funktioniert in einem ähnlichen Streaming-Verfahren. Streaming-Technologie eignet sich sowohl zur Übertragung von Live-Ereignissen, als auch zum Abrufen bereits aufgezeichneter Daten ohne Speicherung derselben.

Neben dem Übertragungsverfahren ist die Datenkompression oder Codierung insbesondere bei Audio und Video entscheidend, um das zu übertragende Datenvolumen zu verringern. Bei der Datenkompression werden redundante oder nicht wahrzunehmende Teile aus dem Datenstrom entfernt. Grundsätzlich wird in verlustfreie und verlustbehaftete Datenkompression unterschieden.[134] Zu den wichtigsten Kompressionsarten gehören die jeweiligen Streaming-Kompressionsarten der genannten Firmen, das MPEG-1 Format und seine bekanntere Ausprägung MPEG-3, bekannt als MP3, sowie eine Reihe von Standards, die für das Telefonieren über das Internet von der International Telecommunications Union (ITU) festgelegt wurden (z.B. G.711, G.728, G.723, H.261 u.a.).

1.4.2.4 Video im Internet

Die Übertragung audiovisueller Daten via Internet erfordert die höchsten technischen Ansprüche an Bandbreite und digitale Kompression. Um ein analoges Videosignal zu digitalisieren und in TV-Qualität darzustellen ist ein Bildformat von 720 x 480 Pixel, eine Farbtreue durch Verwendung des YcbCr-Farbsystems (digitales RGB-Äquivalent) und eine Bildfolge von etwa 30 Bildern pro Sekunde notwendig. Aufgrund fehlender Bandbreite und PC-Leistung ist die Darstellung audiovisueller Daten über das Internet bisher oft von diesen Ideal-Werten entfernt.

Grundsätzlich lassen sich bei der Video-Übertragung - wie auch bei Audio-Daten - die Übertragungsverfahren „Download" oder „Streaming" anwenden. Um die häufig willkürliche Verwendung der Begriffe „TV über Internet" oder „Video über Internet" zu vermeiden, erscheint eine Abgrenzung notwendig: Abgeleitet von der klassischen Begriffsdefinition des „Fernsehens" und des „Videos" bezeichnet in dieser Arbeit der Begriff „Internet-Video" (auch „Video-on-Demand über Internet", „Video-Download") das Herunterladen eines Films auf Abruf und die Speicherung auf der Festplatte des Nutzers. Der Begriff „Internet-TV", synonym für „Fernsehen über Internet", „Web-TV" oder „Web-Cast", bezeichnet das Streaming der audiovisuellen Daten. Der grundlegende Unterschied zwischen „Internet-Video" und „Internet-TV" liegt folglich darin, dass nur bei „Internet-Video" die Daten beim Anwender gespeichert werden,

[134] Vgl. Peter A. Henning: Taschenbuch Multimedia. a.a.O., S. 36 f.

während sie beim Internet-TV übertragen, abgespielt und sofort wieder gelöscht werden.[135]

Auf dem PC werden audiovisuellen Daten durch entsprechende Zusatz-Programme oder durch ein entsprechendes Plug-In im Browser auf dem Bildschirm dargestellt. Um das hohe Datenvolumen audiovisueller Darstellungen zu reduzieren, werden Kompressionsverfahren angewandt, die Redundanzen zwischen den aufeinanderfolgenden Einzelbildern („Frames") und nicht hörbare Audiofrequenzen herauskürzen.[136] Zu den Kompressionstechnologien zählen die Standards Real-Video, MPEG-4 (Motion Pictures Expert Group), VDO-Live, ASF und eine Vielzahl neuer Kompressionsarten, die vom Nutzer durch sog. „Codecs"[137] ver- bzw. entschlüsselt werden können.[138]

Mit Steigerung der Übertragungsraten und zunehmend massenhafter Verbreitung breitbandiger Internetzugänge, insb. der DSL-Technologie, ist die Rundfunkübertragung über Internet in gewohnter TV-Qualität aus technischer Sicht zukünftig möglich. Ob sich jedoch traditionelle TV-Gewohnheiten vom Fernseher auf den Computer oder andere Geräte übertragen lassen, bleibt zweifelhaft.[139] Die medienpolitische Diskussion ist folglich nicht auf das technisch Machbare zu reduzieren, sondern auf die tatsächliche Nutzung der Angebote zu richten.[140]

1.5 Internationale Regulierungsinstitutionen für das Internet

Das Internet als Ganzes befindet sich weder im Besitz einer Person, eines Unternehmens oder eines Staates, noch wird es von einer zentralen Stelle betrieben oder organisiert. Vielmehr ist das Internet ein wachsendes Gebilde aus eigenständigen Computernetzen oder Einzelrechnern, die durch kompatible Standards miteinander verbunden sind. Die einzelnen Bestandteile des Internets, wie z.B. Computer, Datenleitungen und technische Dienste, befinden sich jedoch in privatem Besitz. Seit das Internet und seine Infrastruktur im Jahre

---

[135] Diese Unterscheidung ist unter urheberechtlichen Gesichtspunkten relevant.

[136] Dazu wird der Videostrom in Referenz- und Folge-Frames aufgeteilt. Ein Referenz-Frame steht als voll codiertes Bild am Anfang einer Sequenz, alle Folgebilder werden lediglich durch die Veränderungen gegenüber dem Referenz-Frame codiert.

[137] Ein "Codec" (abg. Coder/Decoder) ist eine Software zur Kompression und Dekompression von Daten.

[138] MPEG-4 und Real-Video gelten als Favoriten zukünftiger audiovisueller Übertragungen über das Internet. Vgl. Jörg Luther: Kino auf Mausklick. In: internet world, Nr. 7 (2000), S. 52-54; Stefan Tiersch: Ein Strom von Bild- und Tondaten. „Streaming Media" – Motor der Medienkonvergenz. a.a.O., S. B10; Barbara Mayerle: Wie die Bilder laufen lernen. Streaming – Die Technik, die das Netz bewegt. In: Net-Business, 3.08.2001, S. 20; Almar Latour: Have a Ball – If You Pay. Philips and Others plan Shows as Lucrative Web-TV bridges. In: The Wallstreet Journal Europe. 07.12.2000. S. 23

[139] Eine weiterführende Übersicht über die Möglichkeiten audiovisueller Darstellungen im Internet ist nachzulesen bei: Klaus Goldhammer / Axel Zerdick: Rundfunk Online. Entwicklung und Perspektiven des Internets für Hörfunk- und Fernsehanbieter. Schriftenreihe der Landesmedienanstalten Band 14. Berlin 1999. S. 16 ff., S. 33, S. 38 ff., S. 151 ff.

1987 vollständig aus staatlicher, amerikanischer Hand gegeben wurde, investierten eine Vielzahl kommerzieller Anbieter aus den Bereichen Telekommunikation, Informations- und Computertechnologie in die Infrastruktur des Internets und entwickelten neue Technologien. Nach dem „Verursacherprinzip" liegt die Verantwortung für den technischen Betrieb bei den Betreibern der jeweiligen Rechner oder Rechnernetze.[141] Das Selbstverwaltungsprinzip im Internet wird von einer Reihe von nicht-staatlichen Institutionen und Organisationen gesichert, die für die Koordination, Administration, Standardisierung, Domainvergabe und technische Spezifikation des Internets verantwortlich sind.[142]

1.5.1 Das Internet Architecture Board (IAB)

Das Internet Architecture Board (IAB)[143] wurde 1983 unter seinem ursprünglichen Namen „Internet Activities Board" von der amerikanischen Regierung eingesetzt, um ein unabhängiges Experten-Komitee aus Wissenschaftlern über die Weiterentwicklung des Internets, die Netzarchitektur und administrative Probleme entscheiden zu lassen.[144] Zu den frühen Aufgaben des IAB gehörten insbesondere das Festlegen von Internet-Standards, die Veröffentlichung von wissenschaftlichen Dokumenten (RFCs)[145], die langfristige Planung von Entwicklungsfaktoren und die Koordination weiterer Internet-Forschungsinstitutionen. Unterstützt wurde das IAB durch zwei unabhängige Institutionen, die Internet Engineering Task Force (IETF) und die Internet Research Task Force (IRTF), die durch die Internet Engineering Steering Group (IESG) im IAB vertreten wurden.[146] Durch Gründung der Organisationen Internet Society (ISOC) im Jahre 1992 und die Internet Corporation for Assigned Names and Numbers (ICANN) im Jahre 1998[147] wurden ein Teil der ursprünglichen Aufgaben des IAB verlagert oder gänzlich abgegeben. Die im Mai 2000

[140] Siehe unten Kap. 4 ff.

[141] Vgl. Raymund Werle: Innovationspotenziale im Internet – Selbstregelung auf Strukturebene. In: Wolfgang Hoffmann-Riem: Innovation und Telekommunikation. Rechtliche Steuerung von Innovationsprozessen in der Telekommunikation. Baden-Baden 2000, S. 141-160, S. 151 ff.; Ingo Steinhaus / Ray Mary Rosdale / Dirk de Pol / Rene Schauecker: Basiswissen Internet. a.a.O., S. 13 f.

[142] Vgl. Joseph R. Dominick / Barry L. Sherman / Fritz Messere (Hrsg.): Broadcasting, Cable, the Internet, and Beyond. An Introduction to Modern Electronic Media. a.a.O., S. 125 f.; Raymund Werle: Innovationspotenziale im Internet – Selbstregelung auf Strukturebene. a.a.O., S. 151 ff.

[143] Im Internet unter: http://www.iab.org

[144] Vgl. Brian Carpenter: What Does the Internet Architecture Board (IAB) Do? 1996. Im Internet unter: http://www.iab.org/connexions.html, Stand: 09.10.2000

[145] Das System der sogenannten „Requests for Comments" (RFC) Dokumente, 1969 von Stephen D. Crocker entwickelt und von Jonathan B. Postel verwaltet, ermöglichte den wissenschaftlichen Austausch über das Internet.

[146] Vgl. Vinton G. Cerf: The Internet Activities Board (IAB). May 1990. Im Internet unter: http://www.rfc-editor.org/rfc/rfc1160.txt, Stand: 09.10.2000; Vinton G. Cerf: IETF and ISOC. 18.7.1995. Im Internet unter: http://www.isoc.org/isoc/related/ietf/, Stand: 08.07.2000

[147] Siehe unten Kap. 1.5.2, 1.5.3

verabschiedete neue Satzung des IAB sieht die zwei Kernfunktionen der Organisation in der Koordination der Aktivitäten der IETF und der Beratung der Internet Society (ISOC) in technischen Fragen, Verfahrensfragen und politischen Angelegenheiten.[148] Zu den fünf Aufgabenbereichen des IAB gehören die Nominierung von Kandidaten für freie Sitze im IETF-Vorstand und für den Vorsitz der IESG, die Beaufsichtigung der Internetarchitektur und seiner Protokolle, Beaufsichtigung der Standardisierungsprozesse, Organisation und Verwaltung des wissenschaftlichen Austauschs über RFC-Dokumente, Beratung der ISOC in technischen Fragen, Repräsentation der IETF und ISOC in technischen Angelegenheiten gegenüber anderen Internet-Organisationen.[149] Nach wie vor koordiniert das IAB die zwei unabhängigen Organisationen IETF[150] und IRTF[151], die beide - wie auch das IAB - unter der Schirmherrschaft der Internet Society (ISOC) stehen.

1.5.2 The Internet Society (ISOC)

Die ISOC (Internet Society)[152] wurde 1992 als gemeinnützige, internationale Organisation gegründet, um anderen Organisationen, Unternehmen und an der Entwicklung des Internets interessierten Personen ein offenes Forum zu bieten. Als Dachorganisation für andere Internet-Organisationen, z.B. der IETF,[153] dient die ISOC der globalen Kooperation und Koordinierung des Internets, der Netzwerk-Technologien und Internet-bezogener Initiativen.[154] Kernfunktion der ISOC, wie sie im „Mission Statement" vom Juni 1999 definiert wurde, ist,

---

[148] Vgl. Brian Carpenter: Charter of the Internet Architecture Board (IAB). May 2000. Im Internet unter: http://www.rfc-editor.org/rfc/rfc2850.txt, Stand: 16.10.2000

[149] Vgl. ebd.

[150] Die Internet Engineering Task Force (IETF) ist ein Gremium zur kurzfristigen Durchsetzung technischer Standards und dient der Entwicklung, Spezifizierung und Überprüfung neuer Internet-Protokolle oder Internet-Anwendungen durch eine breite, internationale Forschungs-Gemeinschaft von Wissenschaftlern, Netzwerkadministratoren und –operatoren sowie Unternehmern aus der IT-Wirtschaft. Acht Arbeitsgebiete gliedern die Tätigkeit der IETF: Software-Anwendungen, Internet, IP-Protokoll „Next Generation", Netzwerk Management, Operative Anforderungen, Routing, Sicherheit und Nutzer Services. Vgl. IETF: Overview of IETF. Im Internet unter: http://www.ietf.org/overview.html; Gary Malkin / IETF: The Tao of IETF – A Guide for New Attendees of the Internet Engineering Task Force. Im Internet unter: http://www.ietf.org/tao.html#What_Is_IETF, Stand: 09.10.2000

[151] Die Internet Research Task Force (IRTF) dient der Förderung von Forschungsarbeit zur Weiterentwicklung des Internets. Die IRTF bildet und koordiniert einzelne Forschungsgruppen, die gezielt in den Bereichen Internet-Protokolle, Anwendungen, Architektur und Technologie eingesetzt werden.[151] Vgl. IRTF: Overview of IRTF. Im Internet unter: http://www.irtf.org/, Stand: 09.10.2000; Raymund Werle: Innovationspotenziale im Internet – Selbstregelung auf Strukturebene. a.a.O., S. 152

[152] Im Internet unter: http://www.isoc.org

[153] Vgl. IETF (Internet Engineering Task Force): The Tao of IETF – A Guide for New Attendees of the Internet Engineering Task Force. Im Internet unter: http://www.ietf.org, Stand: 09.10.2000

[154] Vgl. ISOC (Internet Society): All about the Internet Society. Im Internet unter: http://www.isoc.org/isoc/general, Stand: 09.10.2000; ISOC: ISOC Internet Standards and Protocol Programs. Im Internet unter: http://www.isoc.org/standards, Stand: 17.10.2000; Raymund Werle: Innovationspotenziale im Internet – Selbstregelung auf Strukturebene. a.a.O., S. 154

„die offene Entwicklung, die Evolution und die Nutzung des Internets zum Wohl aller Menschen weltweit zu sichern."[155] ISOC engagiert sich als Interessensverband auf drei Kerngebieten: Standardisierung, Erziehung (Medienkompetenz) und (Internet-)Politik. Mehr als 150 Organisationen und 8.600 individuelle Mitglieder aus etwa 170 Nationen gehören der ISOC an. In Deutschland ist die Internet Society als Verein unter dem Namen „ISOC German Chapter e.V." eingetragen und versteht sich als Interessenvertretung von Internet-Nutzern und Anbietern, mit dem Ziel soziale, wirtschaftliche und politische Veränderungen zu begleiten, die durch das Internet ausgelöst wurden.[156] Die wachsende globale Bedeutung des Internets in den neunziger Jahren erforderte eine Institution, die international und eigenständig die bisher informellen Strukturen der technischen Internet-Verwaltung koordiniert. Mit Gründung der „Internet Corporation for Assigned Names and Numbers" (ICANN) verlor die ISOC ihre führende Position als Dachorganisation der Internet-Organisationen und Gremien.

1.5.3 Internet Corporation for Assigned Names and Numbers (ICANN)

Die Selbstverwaltungsorganisation „Internet Corporation for Assigned Names and Numbers" (ICANN), im November 1998 als Nachfolgeorganisation der U.S.-regierungsnahen Internet Assigned Namens Authority (IANA) gegründet,[157] gilt als bedeutendste, international anerkannte Organisation zur technischen Koordination des Internets und wurde bereits als „UNO des Informationszeitalters"[158] und „Internet-Regierung"[159] tituliert. Unter Mitwirkung der EU

---

155 Übersetzt aus ISOC (Internet Society): Internet Society Mission Statement. June 1999. Im Internet unter: http://www.isoc.org/isoc/mission/, Stand: 09.10.2000

156 Vgl. ISOC (Internet Society) German Chapter: Satzung ISOC.DE e.V. 09.11.1999. Im Internet unter: http://www.isoc.de/Welcome.html Stand: 30.10.2000

157 Bis zu Gründung von ICANN war die IANA für die Verwaltung wichtiger Internet-Parameter und Protokoll Spezifikationen, sowie die Vergabe von Domain-Adressen verantwortlich war. Die U.S.-Regierung, die bisher die Finanzierung der IANA übernahm und generell als Aufsichtsbehörde für deren Internetaufgaben diente, sprach sich im Juni 1998 in einem „White Paper" für eine unabhängige, nicht-staatliche Organisation aus, um der gewachsenen internationalen Bedeutung des Internets und den vielfältigen kommerziellen Interessen durch eine eigenständige Selbstverwaltungs-Institution gerecht zu werden.
Vgl. ICANN: Articles of Incorporation of Internet Corporation for Assigned Names and Numbers. 21.11.2000. Im Internet unter: http://www.icann.org/general/articles.htm, Stand: 25.10.2000; Milton Mueller: ICANN and the Internet Governance. Sorting through the debris of self-regulation. In: info. Journal of policy, regulation and strategy for telecommunications, information and media. Vol.1, No. 6, December 1999. Page 497-520; Department of Commerce / NTIA: Statement of Policy: Management of internet names and addresses. In: Federal Register, Vol. 63, No. 111, 10.06.1998. S. 31741; Jürgen Eder: ICANN-Forum. Neuregelung im Domain-System.17.07.2000. Im Internet unter: http://www.icann-forum.de, Stand: 10.08.1999

158 Vgl. Christian Ahlert: ICANN ist die Uno des Informationszeitalters. 16.05.2000 Im Internet unter: http://www.spiegel.de/-netzwelt/politik/0,1518,76492,00.html Stand: 28.10.2000; Andreas Unfried: United Nations statt ICANN. 12.05.2000 Im Internet unter: http://www.spiegel.de/netzwelt/politik/0,1518,76246,00.html Stand: 28.10.2000

159 K.-H. Twele: ICANN, EU-Domain und die Demokratiefarce im Netz. In: Net-Business. 09.10.2000, S. 12

und weiterer Staaten wurden ihre Aufgaben durch einen Vertrag mit der US-Regierung an die neugegründete Organisation ICANN übertragen.[160] Die Satzung der ICANN nennt als Zielsetzung, die Betriebsstabilität des Internets zu wahren, eine breite Vertretung der internationalen Internet-Gemeinde zu gewährleisten sowie Selbstregulierung und Wettbewerb im Internet zu fördern.[161] Während zu Beginn des Internets die technische Grundlagenforschung im Vordergrund stand, rücken seither kommerzielle Interessen in den Mittelpunkt, z.B. bei der Domain-Vergabe oder der Standardisierung von kommerziell entwickelter Software.[162] ICANN ist ausdrücklich nicht beauftragt, das Internet zu „betreiben" oder zu „regieren", sondern dient der neutralen, zentralen Koordinierung der technischen, unternehmerischen und strategischen Entwicklungen auf globaler Ebene.[163]

Zu den Aufgaben der ICANN gehören die Koordination des Domain-Name-Systems (DNS), die Vergabe von IP-Adressen, die Entwicklung neuer Standards und Protokolle, sowie Organisation und Betrieb des Root-Server-Systems. Während es bei der Vergabe von Domain-Adressen vorrangig um kommerzielle Interessen geht, ist die Verwaltung des A-Root-Servers auf globaler Ebene von völkerrechtlicher Bedeutung. Da der A-Root-Server, auch „Herz" der Internet-Kommunikationsinfrastruktur tituliert, als zentrale Datenbank im Internet funktioniert,[164] kommt der Kontrolle des Root-Servers eine besondere Stellung zu. Der Kontrollinstanz des A-Root-Servers, seit 1998 der ICANN, wäre es theoretisch möglich, die Erreichbarkeit von Internetadressen an gewisse Prinzipien oder Regeln zu koppeln, z.B. Copyright, Markenschutz oder auch an die Meinungsfreiheit. Ein Ausschluss vom A-Root-Server hätte zur Folge, dass der entsprechende Computer, sein Inhalt oder sogar ganze Staaten unter ihrer Top-Level-Domain (z.B. „.de") im weltweiten Internet nicht mehr auffindbar wären.[165] Die Tragweite dieser Möglichkeit ist ein Streitpunkt in der Diskussion um Ziele, Befugnisse und demokratische Organisation der ICANN.

---

[160] Vgl. U.S. Department of Commerce / ICANN: Memorandum of Understanding between the U.S. Department of Commerce and ICANN. 1998 Im Internet unter: http://www.ntia.doc.gov/ntiahome/domainname/icann-memorandum.htm, Stand: 25.10.2000

[161] ICANN (Hrsg.): Bylaws for ICANN. A California Nonprofit Public Benefit Corporation. Letzte Fassung vom 16.07.2000. Im Internet unter: http://www.icann.org/general/bylaws.htm Stand: 28.10.2000

[162] Vgl. Milton Mueller: ICANN and the Internet Governance. Sorting through the debris of self-regulation. a.a.O., S. 516 f.

[163] Vgl. ICANN-Forum (Hrsg.): Fakten zur ICANN. Im Internet unter: http://www.icann-forum.de, Stand: 10.10.2000; Milton Mueller: ICANN and the Internet Governance. a.a.O., S. 499 ff.; Raymund Werle: Innovationspotenziale im Internet – Selbstregelung auf Strukturebene. a.a.O., S. 154 f.

[164] Sämtliche Abrufe über das Internet werden über das zentrale Adressregister (URL-Datenbank/Primary Domain Server) des A-Root-Server geleitet. Somit ist der A-Root-Server Anfangspunkt jeglicher Kommunikation im Internet.

[165] Vgl. Democratic Internet / Stiftung Bertelsmann: Weitere Informationen über ICANN. Der Root-Server. Im Internet unter: http://www.democratic-internet.de Stand: 28.10.2000

ABB. 16: INSTITUTIONELLE ORGANISATION DER ICANN

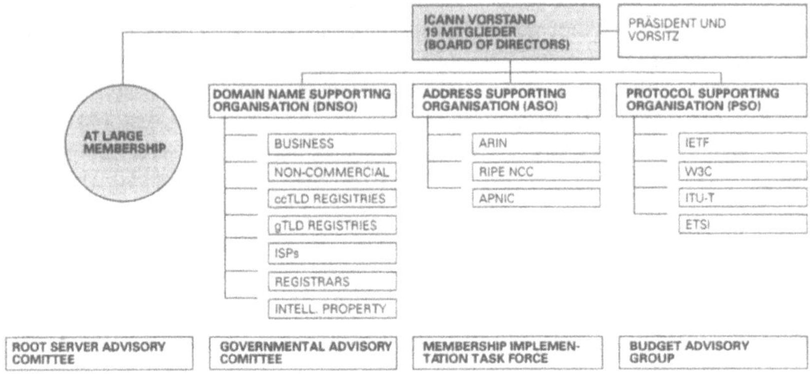

Quelle: ICANN, 2000. Im Internet unter http://www.icann.org, Stand: 16.10.2000

Die Struktur der Organisation (Abb. 16) spiegelt die unterschiedlichen Aufgabenbereiche wieder und repräsentiert die verschiedenen, internationalen Vertreter aus Wirtschaft, Technik, Forschung und der Gemeinde der Internet-Nutzer. Als „nonprofit public benefit corporation" gemäß der §§ 5110-6910 des California Corporation Code[166] ist die ICANN eine juristische Person des Privatrechts, die einen nicht wirtschaftlichen Gesellschaftszweck verfolgt. Jedes I-CANN-Organ trägt in seinem Aufgabenbereich zur Förderung des in der Satzung definierten Gesellschaftszwecks bei.[167] Die Organisationsstruktur der ICANN gliedert sich in die „At Large Membership" (ortsungebundene, freie Mitgliedschaft), das „Board of Directors (Vorstand), die „Officers" (leitende Angestellte) und drei „Supporting Organizations" (unterstützende Organisationen).[168] Das 19-köpfige Direktorium der ICANN setzt sich aus zunächst fünf[169] und ab 2002 paritätisch aus neun von der „At Large"-Mitgliedschaft gewählten Vorstandsmitgliedern, neun Vorstandsmitgliedern aus den Reihen der „Supporting Organizations" und einem Präsidenten zusammen.[170] Die „At Large"-

[166] Die Rechts- und Handlungsfähigkeit folgt insbesondere aus § 5140 des California Corporation Code (California Non-profit Public Benefit Corporation Law). Der Begriff „nonprofit corporation" darf nicht als Gewinnerzielungsverbot verstanden werden, sondern schliesst lediglich die Gewinnerzielungsabsicht aus.

[167] Vgl. Stefan Hanloser: Die ICANN – Legislative, exekutive und judikative Selbstverwaltung im Internet. In: Maximilian Herberger (Hrsg.): JurPC. Internet-Zeitschrift für Rechtsinformatik. Web.Dok 158/2000, 28.08.2000. Im Internet unter: http://www.jurpc.de/aufsatz/20000158.htm Stand: 28.10.2000, insb. Abs. 4-7

[168] Stefan Hanloser: Die ICANN – Legislative, exekutive und judikative Selbstverwaltung im Internet. a.a.O., Abs. 8-18

[169] Vgl. Christian Ahlert: ICANN-Treffen in Yokohama. Ein erfolgreiches Desaster? 19.07.2000 Im Internet unter: http://www.spiegel.de Stand: 28.10.2000

[170] Vgl. Florian Niedlich: Das ICANN-Direktorium. Im Internet unter:

Mitgliedschaft steht weltweit jedem Internet-Nutzer offen, der auf die Fortentwicklung des Namens- und Adressraumes Einfluss nehmen möchte. Gemäß der Satzungsänderung vom 16.07.2000 in Kairo sind die Vorstandsmitglieder direkt durch registrierte ICANN-Mitglieder zu wählen.[171]

Etwa 158.000 Internet-Nutzer ließen sich weltweit zwischen Februar und Juli 2000 auf der Homepage von ICANN registrieren, um Anfang Oktober 2000 die ersten fünf Vorstandsmitglieder, je eines für jeden Kontinent, direkt zu wählen.[172] Zu den drei „Supporting Organizations", die die ICANN unterstützen, gehören die Address Supporting Organisation (ASO), die Domain Name Supporting Organisation (DNSO) und die Protocol Supporting Organisation (PSO).[173] Die DNSO ist für das Domain-Name-System und die Ausweisung neuer Top-Level-Domains (z.B. „.eu") zuständig,[174] Die ASO ist für technische Problemlösungen im Bereich der IP-Adressierung zuständig, die die eindeutige Identifizierung und Adressierung von Netzwerk-Rechnern ermöglicht.[175] Die PSO ist für die Entwicklung der Internet-Protokoll-Parameter und die Standardisierung technischer Normen zuständig. Der PSO liegt ein „Memorandum of Understanding"[176] der ICANN, der IETF, des WWW Consortium (W3C), der International Telecommunications Union (ITU) und des European Telecommunications Standards Institute (ETSI) zugrunde. Neben den „Supporting Organizations" wird ICANN durch sog. „Advisory Committees" (Beratungsgremien) beraten.[177]

---

http://www.politik-digital.de Stand: 28.10.2000

[171] Vgl. Marion G. Müller: Das ICANN-Wahlverfahren. Im Internet unter: http://www.politik-digital.de/text/netzpolitik/icann/wahlverfahren.shtml Stand: 28.10.2000

[172] Vgl. Frank Patalong: ICANN-Direktor Müller-Maguhn. Im Internet unter: http://www.spiegel.de Stand: 25.10.2000; Carolin Weizel: ICANN. Müller-Maguhn macht das Rennen in Europa. 11.10.2000. http://www.politik-digital.de Stand: 29.10.2000

[173] Vgl. ICANN (Hrsg.): Supporting Organisations. Background. Im Internet unter: http://www.icann.org/support-orgs.htm; ICANN (Hrsg.): Structural Overview. Im Internet unter: http://www.icann.org/general/structure.htm Stand: 09.10.2000

[174] Zu den sieben Arbeitskreisen der DNSO gehören die „Business Entities" (kommerzielle Domainnutzer), die „Non-Commercial Domain Name Holders" (nicht-wirtschaftliche Domainnutzer), die „ccTLD Registries" (Registrierungsstellen für Länderdomains), die „gTLD Regisitries" (Registrierungsstellen der spartenbezogenen Domains, z.B. „.com")[174], die „Internet Service Provider", die „Registrars" (kommerzielle Annahmestellen für Registrierungsanträge), die „Intellectual Property, Trademark and anti-counterfeiting Interests" (Schutzgruppe für Kennzeichen- und Urheberrechte). Das Vorschlagswesen der Arbeitskreise wird im „Names Council" (Namensrat) gebündelt. Vgl. DNSO (Hrsg.): Constitution of the Domain name Supporting Organisation (DNSO) of ICANN. Im Internet unter: http://www.dnso.icann.org, Stand: 10.10.2000

[175] Mitglieder der ASO sind die drei Regionalen Internet Registraturen (RIR) für den amerikanischen (ARIN)[175], europäischen (RIPE NCC) und asiatisch-pazifischen (APNIC) Raum. Organ der ASO ist das „Address Council" (Adressrat). Vgl. Stefan Hanloser: Die ICANN – Legislative, exekutive und judikative Selbstverwaltung im Internet. a.a.O., Abs. 15

[176] Vgl. PSO / ICANN (Hrsg.): Memorandum of Understanding. 14.07.1999 Im Internet unter: http://www.icann.org/pso/pso-mou.htm Stand: 28.10.2000

[177] Zu den Beratungsgremien gehören das „Root *Server* Advisory Committee" (Beratungsgremium für Root *Server* und DNS), „Governmental Advisory Committee" (Beratungsgremium und Lobby der nationalen Regierungsinteressen), die „Membership Implementation Taskforce" (Be-

ICANN gilt als Versuch der Selbstregulierung des Internets in globalem Maßstab, indem es das technische Management des Internets von Regierungen und Organisationen wie der ITU und IANA übernimmt.[178] Zwei weltpolitische Entwicklungen spiegeln sich in der Einsetzung der Organsiation wieder: Die Internationalisierung staatlicher Aufgaben einerseits, die durch grenzüberschreitende Sachprobleme im (technischen) Internetbereich zu globalen Konzepten führt, und die Privatisierung staatlicher Aufgaben andererseits, um konsensfähige Lösungen zu erreichen und die Entwicklung der Markt- und Wettbewerbsdynamik zu überlassen. Das Modell der ICANN als globale „Selbstregulierungs-Organisation" des Internets findet auch in der medienpolitischen Diskussion Beachtung.[179] Kontrovers diskutiert werden die undurchsichtigen Vergabekriterien der neuen Top-Level-Domains[180], das semi-demokratische Nominierungsverfahren bei der Kandidatenwahl,[181] der Verdacht der Einflussnahme durch die U.S.-Regierung und die technischen Pannen bei der direkten Wahl der nominierten Kandidaten durch die „At Large"-Gemeinschaft.[182]

1.6 Nutzung des Internets

Die Nutzung des Internets ist durch exponentielles Wachstum in den neunziger Jahren bis heute gekennzeichnet. Zu den wichtigsten Faktoren des dynamischen Wachstums zählen die schnelle Verbreitung von PCs in Privathaushalten, die wachsende Bedienerfreundlichkeit der Computerkommunikation durch das World Wide Web sowie die Deregulierung, Privatisierung und Liberalisierung relevanter Märkte. Im Vergleich der Wachstumsraten anderer Massenmedien wird die schnelle Verbreitung des Internets deutlich: Während das Radio etwa 38 Jahre benötigte, um weltweit 50 Millionen Nutzer zu erreichen, das Fernsehen 13 Jahre, das Kabelfernsehen 10 Jahre, der PC 16 Jahre, überschritt das WWW bereits Anfang 1999 nach vier Jahren diese Schwelle.[183] In

---

ratungsgremium für Mitgliedsfragen) und die „Budget Advisory Group" (Beratungsgremium für Finanzierungsfragen). Vgl. ICANN: Structural Overview. Im Internet unter: http://www.icann.org, Stand: 09.10.2000

[178] Vgl. Christian Ahlert: Interview mit ICANN-Direktor Kraaijenbrink – „ICANN soll keine repräsentative Demokratie sein.". 20.06.2000. Im Internet unter: http://www.spiegel.de/netzwelt/politik/0,1518,81720,00.html Stand: 25.10.2000

[179] Vgl. Wolfgang Kleinwächter: ICANN: „Blaupause" für ein neues Politikmodell? In: MMR Nr. 9 (2000), S. 313-314; Steve Bickerstaff: Risks for the Internet: the Era of Network Computing. In: MMR Nr. 6 (2000), S. 321-322; Raymund Werle: Innovationspotenziale im Internet – Selbstregelung auf Strukturebene. a.a.O., S. 151 ff.

[180] Vgl. Eike Schäfer: ICANN vor der Qual der Wahl. In: Net-Business. 09.10.2000. S. 9

[181] Vgl. P. Stradtmann / C. Welzel: ICANN-Wahlen. Kandidaten bringen sich in Stellung. In. Net-Business. 24.07.2000, S. 8

[182] Vgl. Jörg Tauss: ICANN. Der Flaschenhals im Internet. 02.05.2000 Im Internet unter: http://www.spiegel.de/netzwelt/-politik/0,1518,74759,00.html; Andreas Unfried: United Nations statt ICANN. 12.05.2000 Im Internet unter: http://www.spiegel.de; Eike Schäfer: ICANN vor der Qual der Wahl. a.a.O., S. 9; Christian Ahlert: ICANN-Treffen in Yokohama. Ein erfolgreiches Desaster? 19.07.2000 Im Internet unter: http://www.spiegel.de Stand: 28.10.2000

[183] Vgl. Mary Meeker / Mark Mahaney: Internet: New media and eCommerce and PC Software. In: Morgan Stanley Dean Witter (Hrsg.): The Global Internet Primer. Vol. 1, Juni 2000. S. 11-26;

kurzer Zeit ist der Nutzerkreis des Internets und seiner Dienste einer Nischenanwendung von Wissenschaftlern und Technikern entwachsen und zu einem von breiten Gesellschaftsschichten genutzten, heterogenen Medium geworden. Eine Vielzahl wissenschaftlicher und kommerzieller Studien untersucht die quantitativen und qualitativen Nutzungsmerkmale des Internets. Nachfolgend werden quantitative und qualitative Erkenntnisse ausgewählter Studien vorgestellt, um einen konzisen Überblick über den Status Quo der Internetentwicklung zu geben und aktuelle Entwicklungs-Tendenzen anzudeuten.[184]

1.6.1 Nutzung des Internets im internationalen Vergleich

Die Quantifizierung der weltweiten Internetnutzung divergiert erheblich je nach Studie, Erhebungsmethode und Definition eines Internetnutzers. Somit gelten Angaben zur weltweiten Internetnutzung lediglich als Richtwert. Im Jahr 1999 wurde von verschiedenen Forschungsinstituten die Gesamtzahl auf etwa 200 Mio. Internetnutzer geschätzt.[185] Das amerikanische Forschungsinstitut Nua Ltd. errechnet monatlich die weltweite Nutzung anhand nationaler Nutzungsstudien und schätzt die Zahl der Internetnutzer im August 2001 auf

---

o.A.: Zahl der Internetnutzer hat sich binnen Jahresfrist fast verdoppelt. In: Handelsblatt 22.08.2000, o.S.

[184] Vgl. GWP Online-Marketing (Hrsg.): Handelsblatt Internet-Trend I/2001. Die wichtigsten Trends und Zeitreihen der WWW-Benutzer-Analyse W3B. Düsseldorf 2001; Interessensgemeinschaft zur Feststellung der Verbreitung von Werbeträgern IVW (Hrsg.): Online-Nutzungsdaten August 2001. Bonn 2001; Gesellschaft für Konsumforschung GfK: GfK-Online-Monitor 2000. Nürnberg 2000; IfD Allensbacher (Hrsg.): Allensbacher Werbeträgeranalyse (AWA) 1999 / 2000; IfD Allensbach (Hrsg.): Allensbacher Computer- und Telekommunikationsanalyse (ACTA) 2000; ARD/ZDF (Hrsg.) / Enigma Institut für Sozialforschung: ARD/ZDF-Online-Studie 1998; ARD/ZDF (Hrsg.) / Enigma Institut für Sozialforschung: ARD/ZDF-Online-Studie 1999; ARD/ZDF (Hrsg.): ARD/ZDF-Online-Studie 2000. Gebrauchswert entscheidet über Internetnutzung. Entwicklung der Online-Medien in Deutschland. In: Media Perspektiven Nr . 8 (2000). S. 338-349; Christa-Maria Ridder / Bernhard Engel: Massenkommunikation 2000: Images und Funktionen der Massenmedien im Vergleich. In: Media Perspektiven Nr. 3 (2001), S. 102-125; MediaGruppe Digital (Hrsg.): @facts – Basics IV. Quartal 1999. München 2000; MediaGruppe Digital (Hrsg.): @facts Monthly – Januar – September 2000. München 2000; MediaGruppe Digital (Hrsg.): @facts – Newsletter: Online-Nutzung in den Sinus-Milieus. 06.12.1999. München 1999; MediaGruppe München (Hrsg.): TV Guide. Zahlen, Fakten, Hintergründe. 2000; MMXI Europe (Hrsg.): MMXI-Multi-Country-Report - März 2000. München 2000; Morgan Stanley Dean Witter (Hrsg.): The Internet Company Handbook – v.2.0, June 2000. London 2000; Morgan Stanley Dean Witter (Hrsg.): The Global Internet Primer. Vol. 1, June 2000. London 2000; Ovum Ldt. UK (Hrsg.): Global Internet Growth 1998-2005. London 1999; Diebold Unternehmensberatung (Hrsg.) / Marc Ziegler / Andreas Becker: Studie - Strategiekompass für erfolgreiches Internet-Business im Verlagsumfeld. September 1999; EITO (Hrsg.): European Information Technology Observatory. Frankfurt am Main 1998; European Commission / Achieve / KPMG (Hrsg.): Economics of New Media. Best Practice in Online Publishing. May 1998. Berlin/Zürich 2000; Fraunhofer Institut für Systemtechnik und Innovationsforschung et al. (Hrsg.): Medienzukunft 1995/2005. Mediennutzung der Zukunft im privaten Sektor. Karlsruhe 1998; ARD/ZDF (Hrsg.): ARD/ZDF-Offline-Studie 2000. Nichtnutzer von Online: Zugangsbarrieren bleiben bestehen. Entwicklung der Online-Medien in Deutschland. In: Media Perspektiven Nr. 8 (2000). S. 350-358; u.a.

[185] Vgl. Nua Internet Surveys / ITU (Hrsg.): Sample Graphs. September 1999. Im Internet unter: http://www.itu.org oder http://www.nua.net/surveys Stand: 28.12.2000

513,41 Mio.[186] Andere Studien schätzen die Nutzerzahl konversativer ein und gehen erst im Jahr 2005 von 350[187] bis 520 Mio.[188] Nutzern aus.

Die relative Verbreitung des Internets auf den Kontinenten zeigt, dass das Internet bisher nur ein potenziell globales Medium ist: Massenhafte Verbreitung erreicht das Internet im August 2001 lediglich in den westlichen Industrieländern, angeführt von den USA (Abb. 17). Während auf dem nordamerikanischen Kontinent im September 1999 noch über die Hälfte der weltweiten Nutzerschaft (57,0 %) zu finden war, ging der relative Anteil auf 35,2 % im August 2001 zurück. Insbesondere Europa und der asiatisch-pazifische Raum (inkl. Australien und Neuseeland) holten in der Internetnutzung auf: Europa steigerte seinen weltweiten Nutzungsanteil von 23,8 % im September 1999 auf 30,1 % und stellt somit den zweitgrössten Anteil der weltweiten Nutzerschaft. Der asiatisch-pazifische Raum verzeichnet den stärksten Zuwachs gegenüber September 1999 (15,1 %) und kommt auf etwa 28 % weltweiten Anteil. Geringere Bedeutung kommt dem Internet in Lateinamerika 4,9 % (1999: 3 %) zu, während im Mittleren Osten mit 0,9 % (1999: 0,5%) und auf dem afrikanischen Kontinent mit 0,8 % (0,9%) die wenigsten Internetnutzer zu finden sind.

ABB. 17: DIE GEOGRAFISCHE VERBREITUNG DES INTERNETS, SEPT. 1999 / JUNI 2001

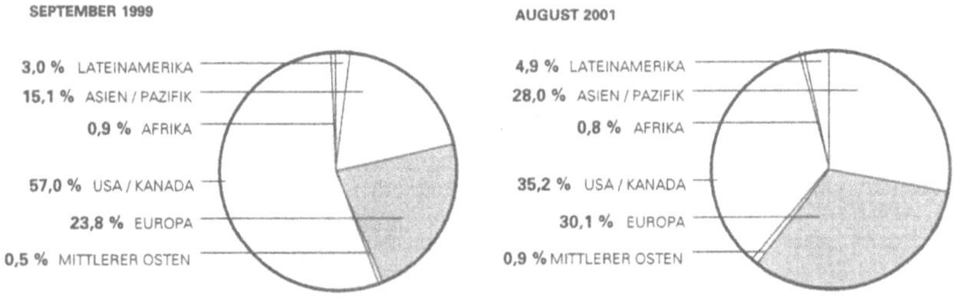

Quelle: Eigene Darstellung und prozentuale Berechnung nach: Nua (Hrsg.): Internet Surveys. How many are online? Im Internet unter: http://www.nua.com/surveys/how_many_online/world.html Stand: 10.10.2001

In Folge der Kommerzialisierung des Internets entstand eine Vielzahl von massenattraktiven Angeboten, deren Reichweiten für die Werbewirtschaft gemessen werden. Das AOL-Netzwerk bietet gegenwärtig den Internet-Auftritt mit der höchsten internationalen Reichweite. Mehr als 66% der Internet-Nutzer in sechs Schlüsselmärkten der Welt besuchten die Seiten dieses Anbieters.[189] Auf Folgeplätzen finden sich Suchmaschinen und Kataloge wie Yahoo und Lycos, gefolgt von englischsprachigen Informationsdiensten wie NBC In-

[186] Nua (Hrsg.): How many are online? Im Internet unter: http://www.nua.com Stand 10.10.01
[187] Morgan Stanley Dean Witter (Hrsg.): The Global Internet Primer. Vol. 1, Juni 2000
[188] Ovum Ldt. (UK): Global Internet Growth 1998-2005. London 1999

ternet und dem Online-Händler Amazon. Der deutsche Anbieter T-Online findet sich mit 5,6% internationaler Reichweite auf Platz 29.[190]

Auf dem europäischen Kontinent lässt sich generell ein Gefälle der Internetnutzung zwischen West- und Ost-Europa, sowie zwischen Nord- und Südeuropa feststellen. In absoluten Nutzerzahlen streiten Deutschland und England um die meisten Internetnutzer. Gemessen an der Bevölkerungszahl liegen die bevölkerungsärmeren, nordeuropäischen Länder an der Spitze der Internet-Nutzung, angeführt von den skandinavischen Staaten mit einer Nutzung von weit über 50% der Gesamtbevölkerung über 15 Jahre.[191] Durchschnittlich nutzten 34% der europäischen Bevölkerung das Internet zu Beginn des Jahres 2000. Abb. 18 zeigt die Nutzung in den europäischen Staaten, geordnet nach der prozentualen Verbreitung von Internet-Zugängen, der Nutzung in den letzten 2 Wochen und der bisherigen E-Commerce-Nutzung.

ABB. 18: QUANTITATIVE INTERNET-NUTZUNG IN EUROPA

LÄNDER	EINWOHNER AB 15 JAHREN (IN MILLIONEN)	INTERNET-ZUGANG	NUTZUNG IN DEN LETZTEN 2 WOCHEN	BEREITS ÜBER DAS INTERNET GEKAUFT
SCHWEDEN	6,4	65,2%	53,3%	23,6%
NORWEGEN	3,6	59,1%	46,9%	13,1%
DÄNEMARK	5,0	54,0%	43,0%	17,9%
FINNLAND	3,9	53,5%	41,1%	12,5%
SCHWEIZ	6,9	49,2%	37,2%	17,2%
NIEDERLANDE	12,8	47,8%	36,7%	13,2%
GROßBRITANNIEN	59,0	45,6%	34,6%	13,1%
ÖSTERREICH	6,5	39,7%	29,1%	8,1%
DEUTSCHLAND	**64**	**34,0%**	**23,7%**	**9,8%**
FRANKREICH	46,7	31,6%	19,1%	3,7%
ITALIEN	47	28,7%	18,1%	2,9%
BELGIEN	8,3	24,9%	17,0%	3,4%
IRLAND	2,9	26,4%	15,0%	3,1%
SPANIEN	37,7	12,4%	7,3%	1,8%
PORTUGAL	7,5	11,4%	6,3%	0,3%
GESAMT	**318,2**	**34,1%**	**24,0%**	**7,8%**

SOURCE: Pan European Internet Monitor, Pro Active International, Mai 2000 In: e-Market Nr. 22 (2000)

[189] Schlüsselmärkte: Australien, Deutschland, Frankreich, Großbritannien, Kanada, USA
[190] Vgl. Morgan Stanley Dean Witter (Hrsg.): The Internet Company Handbook – v.2.0, June 2000, und MMXI Europe, MMXI-Multi-Country-Report in: FAZ Nr. 154 (2000)
[191] Vgl. Morgan Stanley Dean Witter (Hrsg.): The European Internet Report. Multi-Industry Overview, June 1999

1.6.2 Quantitative Nutzung des Internets in Deutschland

Die Quantifizierung der deutschen Nutzerschaft des Internets divergiert je nach Studie und Erhebungsmethode (Abb. 19). Die Zahl der deutschen Internetnutzer variiert im Vergleich von zwölf Studien, die etwa zeitgleich im Jahr 2000 von Forschungsinstituten durchgeführt wurden, zwischen 8,3[192] und 23,6[193] Millionen.[194] Die signifikanten Unterschiede zwischen den Ergebnissen sind mit unterschiedlichen Definitionen eines Internetnutzers, der Erhebungsmethode, der Stichprobenanlage, der unteren und oberen Altersgrenze sowie dem Erhebungszeitraum zu erklären.[195]

ABB. 19: ZWÖLF STUDIEN ÜBER DIE INTERNET-NUTZUNG IM VERGLEICH

STUDIE	HERAUSGEBER/INSTITUT	FELDPHASE	GRUNDGESAMTHEIT	INTERNETNUTZER
EURO.NET	INFRATEST	18.05. – 16.06.2000	AB 14 JAHRE	23,6 MIO (37 %)
ARD/ZDF ONLINE-STUDIE	ARD, ZDF	02.03 – 24.04.2000	AB 14 JAHRE	18,3 MIO (29 %)
GFK-ONLINE-MONITOR	GFK	24.05. – 05.07.2000	14 – 69 JAHRE	18,0 MIO (34 %)
AT-FACTS (8/2000)	SEVENONE INT./FORSA	KONTINUIERLICH	AB 14 JAHRE	17,9 MIO (28 %)
E-COMMERCE-REPORT	TNS EMNID	10.05–15.05.2000	AB 14 JAHREN	17,9 MIO (28 %)
PAN EUROPEAN INTERNET MONITOR	PRO ACTIVE INTERNATIONAL	01.05. – 31.05.2000	AB 15 JAHREN	15 MIO (24 %)
MEDIA.VISION	FRAUNHOFER IN./EMNID	21.07. – 31.07.2000	AB 14 JAHREN	13,7 MIO (21 %)
TRENDPROFILE 8	GRUNER & JAHR	14.06. – 28.06.2000	AB 14 JAHRE	13,4 MIO (21 %)
AWA	IFD ALLENSBACH	18.02.1999 – 02.05.2000	AB 14 JAHREN	10,3 MIO (16 %)
ACTA	IFD ALLENSBACH	01.01. – 01.08.2000	14 – 64 JAHRE	8,6 MIO (17 %)
TYPOLOGIE DER WÜNSCHE	BURDA, GFK, IFAK, INRA, IPSOS, U.A.	25.04. – 21.06.2000	AB 14 JAHRE	10,2 MIO (16 %)
VERBRAUCHER-ANALYSE	BAUER / SPRINGER VER.	01.04.1998 – 31.03.2000	AB 14 JAHRE	8,0 MIO (13 %)
DURCHSCHNITT 14,6 MIO (22,3 %)				

Quelle: Eigene Darstellung und Berechnung in Anlehnung an: Joachim Scholz: Das Zahlenspiel. Studien im Vergleich. In: e-Market. Im Internet unter: http://www.emar.de Stand: 10.10.2001

192 ARD/ZDF (Hrsg.): ARD/ZDF-Online-Studie 2000. Gebrauchswert entscheidet über Internetnutzung. Entwicklung der Online-Medien in Deutschland. In: Media Perspektiven Nr. 8 (2000), S. 338-349

193 Infratest (Hrsg.): Euro.net. Internet-Studie. August 2000

194 Vgl. Joachim Scholz: Das Zahlenspiel. Studien im Vergleich. In: e-Market. Im Internet unter: http://www.emar.de Stand: 10.10.2001

195 Vgl. ebd.

Im Durchschnitt der zwölf angeführten Studien waren in Deutschland in der Jahresmitte 2000 etwa 14,6 Millionen oder 22,3% der Gesamtbevölkerung über 14 Jahre Nutzer des Internets. Im Juni 2001 ergab die seit Dezember 1998 kontinuierlich durchgeführte Untersuchung des Forsa-Instituts („@-Facts-Studie“, SevenOne Interactive) eine Nutzungszahl von insgesamt 26,0 Millionen Internet-Nutzern über 14 Jahre. Damit überschritt die Nutzung laut Forsa erstmals 40% der Gesamtbevölkerung über 14 Jahre. Im einzelnen nutzten im Juni 2001 etwa 9,1 Millionen Deutsche (14,2 %) das Internet täglich, ebenso viele mehrmals in der Woche. 3,7 Millionen (5,8 %) gehen einmal pro Woche online, 6,5 Millionen seltener (Abb. 20).[196] Vergleichbare Ergebnisse liefert die 7. Untersuchungswelle des GfK-Online-Monitors von Dezember 2000 bis Januar 2001: Laut GfK zählten zum Jahreswechsel 2000/2001 etwa 24,2 Millionen Deutsche zwischen 14 und 69 Jahren zum weitesten Nutzerkreis des Internets, bzw. 46 % der 52,5 Millionen Privathaushalte mit Telefonanschluss.[197] Pro Woche nutzen 35 %, pro Tag 21 % der Bevölkerung das Internet mit einer durchschnittlichen Dauer von 63 Minuten. Die Ergebnisse der @-Facts Studie (SevenOne Interactive/Forsa) und des Online-Monitors (GfK) deuten auf weiterhin zunehmende Nutzerzahlen, eine regelmäßigere Nutzung sowie ansteigende Nutzungsdauer des Internets hin.[198]

ABB. 20: INTERNET-NUTZER IN DEUTSCHLAND, JUNI 2001

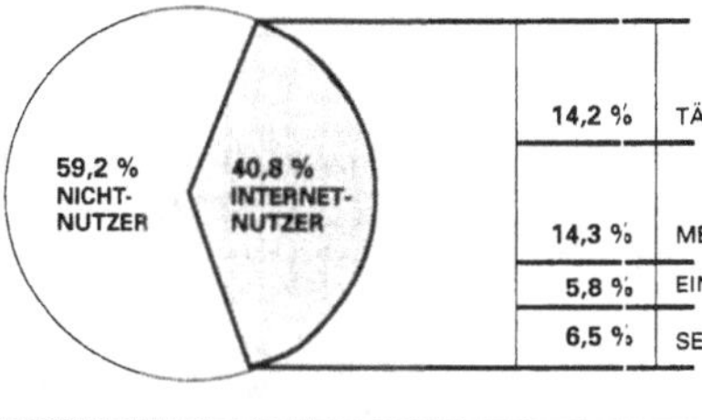

Quelle: SevenOne Interactive / Forsa (Hrsg.): @facts Studie. September 2000 (Basis:10.008; ab 14 Jahre)

Prognosen der Forschungsinstitute über den weiteren Verlauf der Internet-Nutzung divergieren. Eine koordinierte Hochrechnung unterschiedlicher Institute rechnet mit einem Anstieg auf mehr als 30 Millionen deutschen Nutzern bis zum Jahr 2004 (Abb. 21).

196 Vgl. SevenOne Interactive (Hrsg.)/ Forsa: @-Facts Monthly. Juni 2001. München 2001
197 Vgl. GfK (Gesellschaft für Konsumforschung): GfK-Online-Monitor. Ergebnis der 7. Untersuchungswelle. März 2001. Im Internet unter: http://www.gfk.de Stand: 10.10.2001
198 Vgl. ebd.

ABB. 21: PROGNOSE DER INTERNET-NUTZUNG IN DEUTSCHLAND (1998-2004)

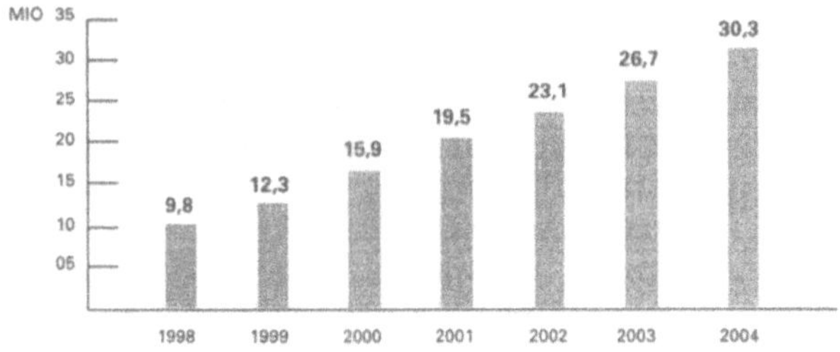

Quelle: GfK, IDC, BA&H in: Telecom Investor Nr. 11 (2000), S. 4

Die quantitative Reichweitenmessung, die seit der Nutzung des Internets als Werbeträger die exakten Abrufszahlen der massenattraktiven Inhaltsangebote ermittelt, gibt Auskunft über die Nutzungsprioritäten. Die reichweitenstärksten deutschen Internetangebote sind Suchdienste (z.B. Yahoo, Lycos), webbasierte E-Mail-Dienste (z.B. Web.de, GMX.de), Online-Shopping-Angebote (z.B. Amazon.de), Finanzdienste (z.B. Consors.de) und publizistische Informationsdienste.[199] Unter den publizisitschen Informationsdiensten zählen die Angebote der klassischen Medien Fernsehen und Presse zu den reichweitestärksten Inhalten im Internet (Abb. 22).[200]

ABB. 22: REICHWEITE PUBLIZISTISCHER ANGEBOTE IN DEUTSCHLAND IM SEPT. 2001

ANGEBOT (DOMAIN)	SEITENAUFRUFE (VISITS)	SEITENAUFRUFE (PAGE IMPRESSIONS	VERÄNDERUNG GEGENÜBER VORMONAT IN %
RTL.DE	39.429.882	201.648.818	+ 24,43 %
SPIEGEL.DE	20.310.196	81.443.844	+ 87,43 %
FOCUS.DE	12.507.330	60.681.386	+ 19.51 %
BILD.DE	12.254.857	59.812.600	+ 21,07 %
COUPE.DE	8.424.171	62.249.972	+ 0,43 %
SAT1.DE	7.741.143	53.628.588	- 13.47 %
TVSPIELFILM.DE	7.474.479	12.105.701	- 28,99 %
N-TV.DE	7.084.178	34.626.125	+ 247,96 %
CHIP.DE	6.498.807	32.282.848	+ 20,65 %
PRALINE.DE	6.432.558	45.634.390	- 1,02 %

[199] Vgl. SevenOne Interactive (Hrsg.)/ Forsa: @-Facts Monthly. Juni 2001. München 2001; Jupiter MMXI (Hrsg.): MMXI-Multi-Country-Report. In: FAZ Nr. 154 (2000), S. 24

[200] Vgl. Friedrich Krotz: Mediennutzung in der Bundesrepublik. In: Hans-Bredow-Institut für Medienforschung an der Universität Hamburg (Hrsg.): Internationales Handbuch für Hörfunk und Fernsehen 2000/2001. Baden-Baden 2000. S. 223-237; o.V.: RTL ist beliebteste Medienseite im Internet. In: Frankfurter Allgeine Zeitung Nr. 36 (2001), S. 26; siehe auch unten Kap. 2

SPORT1.DE	6.401.296	34.907.359	+ 2,59 %
WELT.DE	5.411.461	15.745.416	+ 73,51 %
SUEDDEUTSCHE.DE	5.332.147	19.128.433	+ 60.04 %

Quelle: IVW (Hrsg.): Nutzungsdaten September 2001. Im Internet unter http://www.ivw.de Stand: 10.10.2001

Die exponierte Bedeutung des Internets als Informationsmedium wird durch den signifikanten Anstieg der Reichweiten sowie der Nutzungsdauer von Internetangeboten klassischer Medien in Folge der Terroranschläge des 11. September 2001 bestätigt.[201] Nach Untersuchungen des amerikanischen Forschungsinstituts Jupiter MMXI und der deutschen IVW verzeichneten die Nachrichten-Internetangebote der Fernsehsender (z.B. n-tv.de, n24.de) trotz Dauerberichterstattung auf fast allen TV-Kanälen Steigerungen bei den Zugriffen von bis zu 300 % (Abb. 22). Für einen sprunghaft gestiegenen Informationsbedarf in Folge der Attentate sprechen auch deutliche Zuwächse bei den Zeitungsangeboten und Publikumszeitschriften im Internet, die bis zu 73 % (z.B. Welt.de), respektive 87 % (z.B. Spiegel.de) mehr Abrufe ihrer Seiten melden. Rückläufig zeigen sich hingegen die Zugriffszahlen bei den meisten Angeboten mit reinem Entertainment-Charakter.[202]

1.6.3 Qualitative Nutzungsmerkmale des Internets in Deutschland

Die wissenschaftliche Betrachtung qualitativer Nutzungsmerkmale konzentriert sich die auf die soziodemografische Struktur der Nutzerschaft sowie ihre Nutzungsgewohnheiten, Nutzungssituationen und Bedürfnisse. Analog zu den quantitativen Nutzungszahlen divergieren auch die qualitativen Ergebnisse der unterschiedlichen Studien. Nachfolgend werden qualitative, soziodemografische Ergebnisse der vier kontinuierlich fortgeführten Studien GfK-Online-Monitor (GfK, März 2001), „@facts" (SevenOne Interactive/Forsa, Juni 2001), „ACTA" (Allensbacher Computer- und Telekommunikationsanalyse des IfD Allensbach, 2000) und W3B (WWW-Benutzer-Analyse, Fittkau & Maß, 2000/2001) dargestellt.

Die drei zitierten Studien belegen, dass sich die soziodemografischen Strukturen der Internet-Nutzerschaft immer stärker an die der Bevökerung annähern. Die 7. Untersuchungswelle des GfK-Online-Monitors von Dezember 2000 bis Januar 2001 ergibt im Vergleich zu den 6 vorausgegangenen Befragungswellen[203], dass sich der Nutzeranteil der Frauen von 29 % (1997/98) stetig auf 42 % (2000/01) erhöhte. Ähnliche Ergebnisse finden sich für den Juni 2001 in

[201] Vgl. Jupiter MMXI (Hrsg.): Amerikanische Newssites verdoppelten ihre tägliche Besucherzahl innerhalb einer Woche. Pressemitteilung, 24.09.2001; IVW (Hrsg.): Page Impressions im Zeichen des Terrors. Pressemitteilung vom 09.10.2001. Im Internet unter: http://www.ivw.de Stand: 10.10.2001

[202] Vgl. IVW (Hrsg.): Online-Nutzungsdaten September 2001. Im Internet unter: http://www.ivw.de Stand: 10.10.2001

[203] Vgl. GfK (Hrsg.): GfK Online-Monitor 1.-7 Welle, 1997-2001. Nürnberg 2001

der @Facts-Studie (Abb. 23). Die Alterstruktur der deutschen Internet-Nutzer zeigt im relativen Vergleich eine starke Akzeptanz des Internets bei den jüngeren Altersgruppen (14-19 und 20-29 Jährigen), gefolgt von den 30-39 und 40-49 Jährigen. Die Gruppe der 50-59 jährigen Internet-Nutzer liegt zwar im relativen Vergleich darunter, reicht aber in absoluten Zahlen an die jüngeren Gruppen heran (Abb. 23). Die bevölkerungsstärkste Gruppe der 30-39 Jährigen zählt in absoluten Zahlen die meisten Internetnutzer. Das größte Wachstum an neuen Nutzern verzeichnet laut GfK die Gruppe der über 40-Jährigen. Laut Forsa ist der Unterschied zwischen Ost- und Westdeutschland mit 37, 1 %, bzw. 41,7 % Internetnutzern marginal (Abb. 23). Das Merkmal der Bildung der Nutzer indiziert laut GfK ebenfalls eine fortschreitende Angleichung der Internetnutzer an die demografische Bevölkerungsstruktur (Abb. 24). Zwar ist die Internetnutzung bei den Bevökerungsgruppen mit Abitur (15 %) oder Studium (21 %) im relativen Vergleich stärker vertreten, die breiteste Nutzerschaft bildet jedoch mit Abstand die Gruppe mit Mittlerer Reife (39 %), gefolgt von der Gruppe mit Volks- und Hauptschulabschluss (30 %). Die starke Zunahme breiter Bevölkerungsschichten wird auch durch die Ergebnisse der elften W3B-Benutzeranalyse im November 2000 bestätigt. Im Vergleich zur ersten W3B-Studie (1995) wird deutlich, dass nur noch die Hälfte der deutschsprachigen Internetnutzer das Abitur aufweist, nach 95 % im Jahr 1995.[204] Die soziodemografischen Entwicklungstendenzen zeigen, dass das Internet in alle Bevölkerungsschichten diffundiert. Etwa 30 Millionen Deutsche gaben im Jahr 2000 jedoch an, das Internet nicht in naher Zukunft nutzen zu wollen.[205]

ABB. 23: INTERNET-NUTZUNG NACH DEMOGRAFISCHEN GRUPPEN IM JUNI 2001

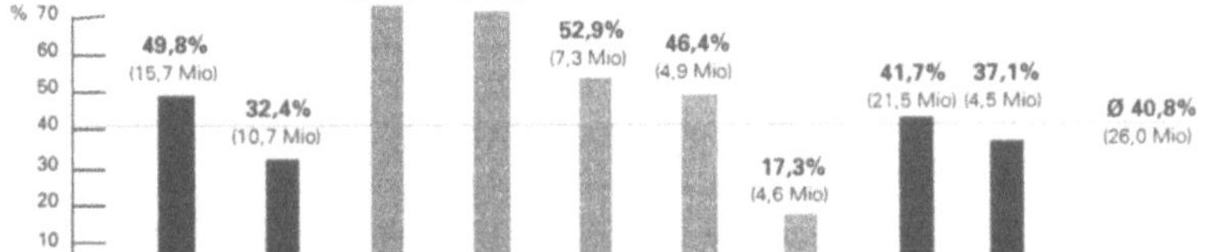

Quelle: @facts Mediagruppe Digital / forsa, Oktober 2000; Lesebeispiel: 20,5% aller Frauen ab 14 Jahre nutzen das Internet

[204] Vgl. GWP Online-Marketing (Hrsg.): Handelsblatt Internet-Trend I/2001. Die wichtigsten Trends und Zeitreihen der WWW-Benutzer-Analyse W3B. Düsseldorf 2001, S. 10 f.

[205] o.V.: Ungebrochenes Wachstum der Internet-Nutzung in Deutschland. In: FAZ Nr. 194 (2000) S. 18

ABB. 24: INTERNETNUTZUNG UND BILDUNGSABSCHLUSS IM BEVÖLKERUNGSVERGLEICH

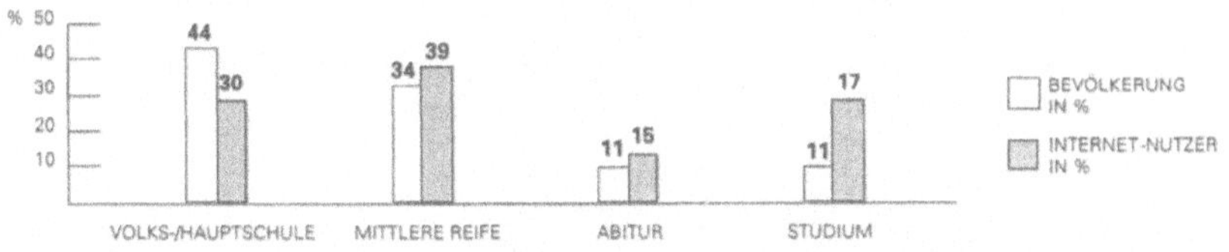

Quelle: GfK (Hrsg.): Online-Monitor. Ergebnisse der 7. Untersuchungswelle. März 2001

Die Untersuchung der Nutzungssituationen zeigt, dass das Internet in Deutschland zunehmend privat und laut GfK und Forsa von etwa 30 % zuhause genutzt wird. Etwa 19 % nutzen das Internet laut GfK am Arbeitsplatz, in der Universität oder Schule, 15 % bei Freunden und Verwandten. Der Nutzung an öffentlichen Orten kommt mit 4 % geringe Bedeutung zu.[206] Die durchschnittliche Nutzungsdauer des Internets pro Tag lag Mitte 2000 bei 58 Minuten. Durch neue Internetzugangs-Angebote ohne zeitgebundene Abrechnung (sog. „Flat-Rate") wird sich die Nutzungsdauer weiter erhöhen. Inwieweit die Internetnutzung die Nutzungsdauer der klassischen Massenmedien Fernsehen, Radio und Presse beeinflusst, wird unterschiedlich beurteilt. Eine Studie der ARD deutet darauf hin, dass die Internetnutzung einen verhältnismäßig kleinen Teil der Fernseh- und Radionutzung substituiert, bisher aber kaum Einfluss auf die Nutzungsdauer von Tageszeitung und Zeitschriften zeigt.[207] Studien über das Medien-Nutzungsverhalten amerikanischer Schüler und Studenten zeigen, dass diese Gruppe Fernsehen und Internet häufig parallel nutzen und im Internet eher eine Angebots-Komplementierung, weniger eine Substitution sehen.[208] In Deutschland zeigt sich im Wettbewerb der Medien um die Nutzungsdauer, dass das Internet besonders bei Jugendlichen (14-29 J.) Marktanteile vom Fernsehen und einigen Pressemedien gewinnt. Laut Allensbacher Markt- und Werbeträgeranalyse 2001 haben Informationsdienste im Internet das Fernsehen und die Presse als wichtigste Informationsquelle für Jugendliche überflügelt.[209]

[206] Vgl. MediaGruppe Digital (Hrsg.): @facts Monthly - Januar - September 2000. München 2000; MediaGruppe Digital (Hrsg.): @facts - Newsletter: Online-Nutzung in den Sinus-Milieus. 06.12.1999. München 1999

[207] Vgl. Uli Gleich / ARD-Forschungsdienst: Entwicklung und Nutzung neuer Medien. In: Media Perspektiven Nr. 7 (2000), S. 326-333, S. 326, S. 330; vgl. weiterführend: Christa-Maria Ridder / Bernhard Engel: Massenkommunikation 2000: Images und Funktionen der Massenmedien im Vergleich. In: Media Perspektiven Nr. 3 (2001), S. 102-125, S. 110 f.

[208] Vgl. Elizabeth M. Perse / Debra Greenberg Dunn: The utility of home computers and media use: Implications of multimedia and connectivity. In: Journal of Broadcasting and Electronic Media, Nr. 42 (1998), S. 435-456; Carolyn A. Lin: Exploring personal computer adoption dynamics. In: Journal of Broadcasting and Electronic Media, Nr. 42 (1998), S. 95-112, S. 111 f.

[209] Vgl. o.V.: Jugendliche ersetzen das Fernsehen durch das Internet. In: FAZ Nr. 162 (2001), S. 22

ABB. 25: TOP 10 AKTIVITÄTEN DER INTERNET-NUTZUNG

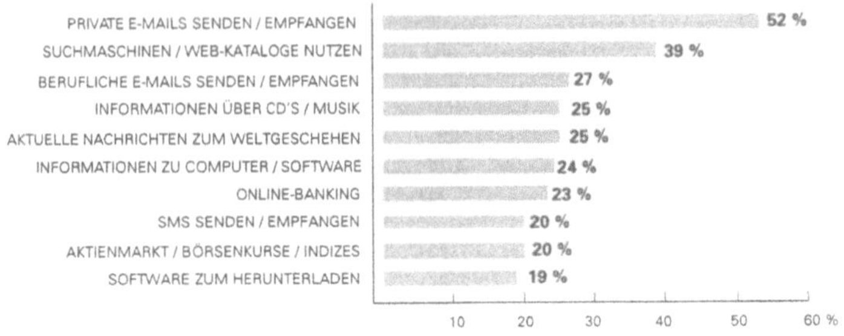

Quelle: GfK (Hrsg.): Online-Monitor. Ergebnisse der 7. Untersuchungswelle. März 2001

Die Untersuchung der inhaltlichen Nutzungspräferenzen erfordert eine differenzierte Betrachtung aufgrund der heterogenen Nutzungsmöglichkeiten: Laut ACTA 2000 wird der privatgenutzte PC zunächst für Textverarbeitung, Spielen, Kalkulation und erst an vierter Stelle für das Internet genutzt. Das Versenden privater E-Mails (68%), das Surfen zum Vergnügen (62%), das Abfragen aktueller Information (43%) und Dienste wie Online-Banking oder Brokerage (20%) stehen laut ACTA 2000 im Vordergrund der Internet-Nutzung.[210] Auch die Untersuchung der GfK bestätigt, dass individualkommunikative Dienste wie E-Mail und Suchdienste zu den meist genutzten Aktivitäten gehören. Die Nutzung publizistischer Angebote folgt an fünfter Stelle (Abb. 25). Unter den nachgefragten Inhalten im Internet werden die Themen Technologie, Wirtschaft und Finanzen, Unterhaltung sowie Wissenschaft präferiert (Abb. 26).[211]

ABB. 26: NACHGEFRAGTE INHALTE IM INTERNET

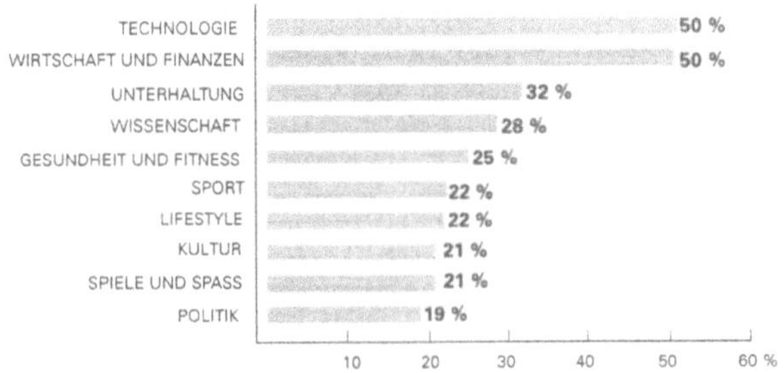

Quelle: Forschungsgemeinschaft Content-Studie. In: Frankfurter Allgemeine Zeitung Nr. 21 (2001), S. 30

210 IfD Allensbach (Hrsg.): Allensbacher Computer- und Telekommunikationsanalyse (ACTA) 2000. Allensbach 2000

211 Vgl. Forschungsgemeinschaft Content-Studie. In: FAZ Nr. 21 (2001), S. 30

2 Das Angebot der klassischen Medien im Internet

Die Konvergenz von Internet und klassischen Medien manifestiert sich bislang vor allem in den Angeboten der klassischen Medien im Internet. Grundsätzlich ist festzustellen, dass nahezu alle klassischen Massenmedien mit einem Angebot im Internet vertreten sind. Die Internetangebote der klassischen Massenmedien divergieren jedoch in ihrer inhaltlich-funktionalen Ausprägung. Für die medienpolitische Fragestellung der vorliegenden Arbeit ist die medienrechtliche Einordnung der Angebote von Bedeutung. Um aber die Internetangebote der klassischen Medien anhand medienrechtlich relevanter Kriterien in Abschnitt III[212] zu untersuchen, ist eine systematische und aktualisierte Betrachtung der tatsächlich von den klassischen Medien angebotenen Inhalte im Internet erforderlich. Die rechtliche Beurteilung ist maßgeblich von der tatbestandlichen Frage abhängig, inwieweit die Inhalte publizistischer Ausprägung sind, in welchem Umfang eindeutig individualkommunikative Dienste angeboten werden und welche Finanzierungsformen auszumachen sind.

Zu diesem Zweck wurden zwischen 1. Dezember 2000 und 31. Januar 2001 die jeweils sechs reichweitenstärksten[213] Internetangebote der klassischen Medien Tageszeitung, Publikumszeitschrift, Fachzeitschrift, öffentlich-rechtliches und privates Fernsehen, öffentlich-rechtlicher und privater Hörfunk systematisch untersucht. Die Kategorien „publizistischer Inhalt", „interaktive Dienste", „Werbung" und „E-Commerce" dienten dabei der tatbestandlichen Analyse der Inhalte und Funktionen. Die Methodik und Zähleinheiten der vorliegenden Inhaltsanalyse sind im Anhang unter I. nachzulesen. Die Detail-Ergebnisse sind nach Mediengattung aufgeschlüsselt ebenfalls im Anhang unter II. bis VI. dargestellt. Weiterhin wurde zur wissenschaftlichen Dokumentation der untersuchten Angebote die jeweilige Startseite (Homepage) als Abbild festgehalten (Anhang II. bis VI.). Die Abbildung der jeweiligen Homepage ist zumindest ein Indiz für etwaige zukünftige Veränderungen und vereinfacht folgenden wissenschaftlichen Studien den Vergleich.[214]

Die Problematik einer wissenschaftlichen Systematisierung der Internetangebote klassischer Massenmedien führte Christoph Neuberger bereits in seiner Studie „Massenmedien im Internet 1999"[215] auf drei Gründe zurück: Die Intransparenz des Internets, die schwierige Dokumentation der Angebote und

---

[212] Siehe unten Kap. 6.4, 7.4, 8.4

[213] Aktuelle Nutzungsdaten gibt die Informationsgemeinschaft zur Feststellung der Verbreitung von Werbeträgern (IVW) heraus. Im Internet unter: http://www.ivw.de/data/index.html Stand: 30.11.2000

[214] Eine Dokumentation der Einzelinhalte in Form einer Aufzeichnung aller verfügbaren und untersuchten Internetseiten des jeweiligen Angebots ist weder technisch noch quantitativ zu leisten. Daher wird nur die Startseite (die sog. Homepage) des jeweiligen untersuchten Angebots im Anhang dokumentiert.

[215] Christoph Neuberger: Massenmedien im Internet 1999. Angebote, Strategien, neue Informationsmärkte. Untersuchung an der Katholischen Universität Eichstätt. In: Media Perspektiven, Nr. 3 (2000), S. 102-109.

die Definition der Zähleinheiten.[216] Ein weiterer, vierter Faktor, der insb. die Halbwertszeit der Ergebnisse betrifft, ist die Geschwindigkeit, mit der sich das Internet, seine Möglichkeiten und Angebotsformen weiterentwickelt. Zielsetzung der vorliegenden Inhaltsanalyse ist es daher *nicht*, allgemeingültige Aussagen über das Internetangebot der einzelnen Mediengattungen zu treffen, sondern zunächst eine systematische, aktuelle Bestandsaufnahme der Angebote der Presse (Kap. 2.1) und des Rundfunks (Kap. 2.2.) zu erstellen. Die Ergebnisse der Inhaltsanalyse werden nachfolgend für jede Mediengattung vorgestellt. Jeweils anschließend werden wissenschaftliche Erkenntnisse vorausgegangener Studien dargestellt. Der Vergleich aktueller und vorausgegangener Ergebnisse ermöglicht, Entwicklungstendenzen der Angebote festzustellen.

2.1 Die Internetangebote der Presse in Deutschland

Der Bereich der Presse umfasst nach der publizistikwissenschaftlichen Definition die periodischen Druckwerke Tages- und Wochenzeitungen, Publikums- und Fachzeitschriften sowie Anzeigenblätter.[217] Bis auf die Anzeigenblätter sind alle Presseprodukte mit publizistischen Inhalten im Internet vertreten. Das sog. „elektronische Publizieren" reicht von der Zweitverwertung publizistischer Inhalte des originären Presseproduktes bis zu Angeboten, die durch eine eigenständige Online-Redaktion betrieben und durch internetspezifische Zusatzdienste ergänzt werden.[218]

2.1.1 Das Internetangebot der Tageszeitungen

Wesentliche publizistische Merkmale der Tageszeitung sind nach Definition von Walter J. Schütz die Merkmale Aktualität, Periodizität, Universalität und Publizität.[219] Themenschwerpunkte der Tageszeitung sind dabei aktuelle Berichte und Hintergrundsinformationen über Politik, Wirtschaft, Kultur und Sport. Die Internetangebote der überregionalen Tageszeitungen und vieler regionaler sowie lokaler Zeitungen[220] erfüllen zunächst die vier klassischen Merkmale der Tageszeitung. Unterschiede bestehen neben der körperlosen (elektronischen) Verbreitung vor allem in den individualkommunikativen Zusatzdiensten, die von den Verlagen im Internet angeboten werden.

---

216 Vgl. ebd., S. 102; Gerhard Rank: Entwicklung und Akzeptanz multimedialer Zeitschriften. München 1999, S. 5 ff., S. 143 ff., S. 229

217 Siehe unten Kap. 7.1 zur rechtlichen Definition des Begriffs „Presse" und „Druckwerke"

218 Vgl. Andreas Vogel: Verlage und Electronic Publishing. Stand, Trends und Konsequenzen des Offline- und Onlineengagements. In: Media Perspektiven Nr. 2 (1999), S. 73-81, S. 79 f.

219 Vgl. Walter J. Schütz: Zeitungen in der Bundesrepublik Deutschland. In: Bundeszentrale für politische Bildung (Hrsg.): Die Presse in der deutschen Medienlandschaft. Band 6. Bonn 1985, S. 13-24, S. 23 f.; Hans Bohrmann: Zeitschrift. In: Werner Faulstich (Hrsg.) : Kritische Stichwörter zur Medienwissenschaft. München 1979, S. 356-372, S. 356 ff.

220 Eine Auflistung der Domain-Adressen aller deutschen Tageszeitungen wird vom BDZ herausgegeben. Im Internet unter: http://www.bdzv.de/online/index.htm, Stand: 04.01.2001

2.1.1.1 Ergebnisse der Inhaltsanalyse

Die Inhaltsanalyse konzentrierte sich auf die Internetangebote sechs überregionaler Tageszeitungen[221], die in den Kategorien „Publizistischer Inhalt", „Interaktive Dienste", „Werbung" und „E-Commerce" untersucht wurden. Eine Vielzahl regionaler Tageszeitungen betreibt ebenfalls Internetangebote, die vergleichbar mit den Inhalten und Zusatzleistungen überregionaler Zeitungen sind und durch regionale oder lokale Nachrichten ergänzt werden.[222]

Die Auswertung der Kategorie „Publizistischer Inhalt" zeigt, dass sich das redaktionelle Internetangebot der überregionalen Tageszeitungen aus zwei Komponenten zusammensetzt: Zum einen werden die Inhalte der gedruckten Zeitung über das Medium Internet publiziert (Zweitverwertung), zum anderen wird das journalistische Nachrichten-Angebot durch eigenständige Online-Redaktionen ergänzt sowie mit Ausnahme des Tagesspiegels fortlaufend aktualisiert. Drei der sechs untersuchten Online-Angebote betreiben einen „Newsticker", der minütlich aktuelle Nachrichten und nur unwesentlich überarbeitete Informationen der Nachrichtenagenturen bereitstellt und damit die Tagesaktualität der gedruckten Zeitung übertrifft. Eine eindeutige Trennung des journalistischen Produkts von gedruckter Zeitung und eigenständigem Online-Nachrichtenangebot lässt sich bei den vier Tageszeitungen FAZ, Süddeutsche Zeitung, Tagesspiegel und Handelsblatt ausmachen. Die Welt und Frankfurter Rundschau publizieren keine separate Online-Version ihres Pesseproduktes, integrieren jedoch die journalistischen Inhalte der Printversion in ihr publizistisches Angebot. Bisher betreibt ausschließlich die FAZ ein komplementierendes (cross-mediales) Angebot und bietet eine Internet-Version ihres Radiosenders „F.A.Z. 93,6 Berlin / München".

Die Kategorie „Interaktive Dienste" zeigt, dass alle Angebote elektronische Leistungen anbieten, die über das publizistische Angebot hinausreichen und überwiegend individualkommunikativen Charakter besitzen. Individuelle Recherchedienste, Suchfunktionen sowie kostenfreie Volltext-Archive bieten alle untersuchten Tageszeitungen an - mit Ausnahme der FAZ, die ein kostenpflichtiges Archiv betreibt. Personalisierte Zusatzleistungen, wie z.B. Informationsdienste zum persönlichen Aktien-Portfolio oder die personalisierte Einstellung der Themen auf der Startseite, bietet vor allem das erst im Januar 2001 veröffentlichte Angebot der FAZ. Weiterhin werden dort auch individual-

---

[221] Siehe Anhang II.; untersuchte Angebote: FAZ, Welt, Süddeutsche Zeitung, Frankfurter Rundschau, Tagesspiegel, Handelsblatt.

[222] Vergleichbar mit dem publizistischen Mantel der gedruckten Ausgaben bündeln Zeitungsverlage auch ihre Internetangebote. Z.B ist unter der Domain-Adresse „www.main-rheiner.de" das Internetangebot der regionalen Tageszeitungen Allgemeine Zeitung (Mainz u.a.), Main-Spitze, Rheingauer Bürgerfreund, Untertaunus Kurier, Wiesbadener Kurier, Wiesbadener Tagblatt, Wormser Zeitung, Idsteiner Zeitung, Aar Bote zusammengefasst. Vgl. Zeitungs Marketing Gesellschaft ZMG (Hrsg.): Zeitungen im Internet. Im Internet unter: http://www.zmg.de Stand:

kommunikative Dienste, wie z.B. kostenfreie E-Mail-Adressen, angeboten. Bis auf Frankfurter Rundschau und Tagesspiegel bieten vier der sechs Zeitungen einen Newsletter, der per E-Mail an registrierte Nutzer verschickt wird.

In der Kategorie „Werbung", die die Angebote auf die internetspezifischen Werbeformen Banner-Werbung, Pop-up-Werbung sowie Online-Kleinanzeigen und Personalanzeigen untersuchte, wird ersichtlich, dass alle Angebote zumindest Banner-Werbung auf ihren Internetseiten zeigen. Einen Kleinanzeigenteil sowie Personalanzeigen bieten bis auf FAZ und Welt alle Zeitungen im Internet an. Im Unterschied zur Druckversion werden Klein- und Personalanzeigen für Nutzer und Anbieter kostenfrei angeboten. Abonnement-Gebühren oder Nutzungsentgelte für Inhalte werden von keinem Verlag erhoben. Versuche, Gebühren für die Nutzung von Inhalten einzuführen, scheiterten bislang an der fehlenden Zahlungsbereitschaft.[223]

Die Kategorie „E-Commerce" untersucht eine zweite Finanzierungsform der Internetangebote. Der Verkauf über die Internetseite gilt als wichtige Finanzierungs-Komponente.[224] Grundsätzlich sind zwei unterschiedliche Formen des E-Commerce zu beobachten: Der Verkauf eigener Produkte und die Verkaufsvermittlung. Verkaufsangebote mit eigenen Produkten (z.B. Bücher aus Eigenverlag, Merchandising u.a.) bieten Süddeutsche, Handelsblatt und Frankfurter Rundschau im Internet an. Die Vermittlung von Shopping-Angeboten findet sich bei vier der sechs untersuchten Zeitungen. Bis auf Frankfurter Rundschau und Tagesspiegel gehen alle Tageszeitungen Kooperationen mit Online-Händlern ein. So ermöglicht z.B. die Welt in der Online-Rubrik „Buch des Tages" den Nutzern, das entsprechende Buch direkt bei dem Internet-Buchhändler bol.de (Bertelsmann) zu bestellen, während die FAZ in ähnlicher Weise mit dem Buchhändler „Buch Habel" kooperiert. Eine Ausweitung der E-Commerce-Angebote auf die Sparten Reise, Technik oder Musik ist zu erwarten. Die Vermischung kommerzieller Interessen und journalistischer Arbeit erscheint bedenklich, da der MDStV ein Gebot der Trennung von Werbung und redaktionellem Inhalt vorsieht.[225]

16.01.2001; Walter J. Schütz.: Deutsche Tagespresse 1999. Ergebnisse der fünften gesamtdeutschen Zeitungsstatistik. In: Media Perspektiven Nr. 1 (2000), S. 8-24, S. 8 ff.

[223] Vgl. Heiko Dilk: „SZ" im Netz nur schwer verkäuflich. 28.03.2001. Im Internet unter: http://www.netzeitung.de Stand: 28.03.2001; u.a.

[224] Vgl. Udo Röbel im Interview mit Konstantin von Hammerstein: „Ich wechsle in die Zukunft." Bild-Chef Udo Röbel über seine neue Aufgabe als Chefredakteur des Online-Angebots bild.de. In: Der Spiegel Nr. 44 (2000), S. 190; Klaus Schweinsberg: Zeitung und Internet. Navigator durch das Datenmeer. In: Financial Times Deutschland. 21.02.2000, S. 10

[225] Vgl. Klaus Beck / Peter Glotz / Gregor Vogelsang: Die Zukunft des Internet. Internationale Delphi-Befragung zur Entwicklung der Online-Kommunikation. Konstanz 2000, S. 71 f.

2.1.1.2 Ergebnisse vorausgegangener wissenschaftlicher Studien

Eine umfangreiches Forschungsprojekt an der Universität Eichstätt zum Thema „Online - Die Zukunft der Zeitung“[226] untersuchte bereits im Zeitraum von November 1996 bis Juli 1998 das Engagement deutscher Tageszeitungen im Internet. Christoph Neuberger weist in einem Vergleich der gedruckten Zeitung mit dem jeweiligen Online-Äquivalent darauf hin, dass die „Bearbeitung der Artikel meist geringfügig und die Vernetzung mit themenverwandten Angeboten selten“ ist und „Multimedialität und Interaktivität in diesem Bereich nicht stattfinden“.[227] Die Probleme der statistischen Erhebung und Ermittlung der publizistischen Vielfalt im Internet sehen Neuberger u.a. in der „Verfügbarkeit des Untersuchungsmaterials“, in der inhaltliche Abgrenzung zeitungsähnlicher Internetangebote, der „Vielfaltserweiterung durch Verknüpfungen“ (links), in der Archivierung von Internetangeboten und in den „diagonalen Verflechtungen“ einzelner Medientypen im Internet.[228]

Rüdiger Schulz sieht in der „Zeitung der Zukunft“ weniger das verkörperte oder körperlose Trägermedium (Papier oder elektronisch), sondern vielmehr die Aufgabe, „dem Menschen in einer immer komplexeren und komplizierteren Welt durch verlässliche Informationen, vertiefende Hintergrundberichte und Analysen wertvolle Orientierungshilfe, Mehrwert in Form von besserem Durchblick zu verschaffen.“[229] Ähnlich folgert Wolfram Peiser aus der begrenzten kognitiven Kapazität des Menschen bei gleichzeitiger Vervielfachung des Informationsangebotes, „dass es im Zeitalter digitaler Medien verstärkt auf Auswahl- und Vermittlungsleistungen, auf Dienstleistungsorientierung, Zuverlässigkeit und Glaubwürdigkeit ankommt.“[230] In einer Studie des IfD Allensbach betont Schulz, dass die „psychologische Bindung an die Zeitung bei den 14 bis 29-Jährigen nach lässt“[231] und sich gerade diese Zielgruppe zunehmend „gleich aus dem Internet informiert.“[232]

---

[226] Christoph Neuberger / Jan Tonnemacher (Hrsg.): Online - Die Zukunft der Tageszeitung? Das Engagement deutscher Tageszeitungen in Internet. Opladen, Wiesbaden 1999

[227] Christoph Neuberger: Nachrichten-Recycling oder Online-Journalismus? Print- und Onlineversion von Tageszeitungen im Vergleich. In: Christoph Neuberger / Jan Tonnemacher (Hrsg.): Online - Die Zukunft der Tageszeitung? Das Engagement deutscher Tageszeitungen in Internet. Opladen, Wiesbaden 1999, S. 265-281, S. 261

[228] Vgl. Christoph Neuberger / Florian Dötterl / Jan Pawlofsky: Statistik der Webangebote von Tageszeitungen. Methodenprobleme und erste Ergebnisse. In: Christoph Neuberger/ Jan Tonnemacher (Hrsg.): Online - Die Zukunft der Tageszeitung? Das Engagement deutscher Tageszeitungen in Internet. Opladen, Wiesbaden 1999, S. 242-264, S. 266 f.; Christoph Neuberger: Massenmedien im Internet 1999. Angebote, Strategien, neue Informationsmärkte. In: Media Perspektiven Nr. 3 (2000), S. 102-109, S. 102

[229] Rüdiger Schulz: Die Zukunft der Zeitung. In: 150 Jahre Allgemeine Zeitung, Beilage der AZ Mainz (2000), S. 40

[230] Wolfram Peiser: Folgen der Digitalisierung aus kommunikationswissenschaftlicher Sicht. In: Matthias Schumann / Thomas Hess (Hrsg.): Medienunternehmen im digitalen Zeitalter. Neue Technologien, neue Märkte, neue Geschäftsansätze. Wiesbaden 1999, S. 123-136, S. 131

[231] Rüdiger Schulz: Internet statt Zeitung. In: Das Pfeifen der Blattmacher. 18.10.2000. Im Internet unter: http://www.spiegel.de/-netzwelt/medien/0,1518,98555,00.html Stand: 25.10.2000

Rüdiger Theilmann sowie Sundar Shyam untersuchten im Jahr 1999 die Nutzungsmotive der Online-Leser und betonen, dass sich Online-Nachrichten in Hypertextform von linearen Zeitungs- (oder Fernseh-) Nachrichten darin unterscheiden, dass der Nutzer selbst aktiv werden muss. Vorteilhaft für den Nutzer der Internetangebote seien die individuelle, interessensgesteuerte Informationsauswahl und die höhere Aktualität. Nachteilhaft wirkten sich mangelnde Medienkompetenz und Vertrauensdefizite in der Glaubwürdigkeit von Informationen im Internet aus.[233] Ungewöhnlich hoch mit etwa 22% ist der Anteil der Nutzer aus dem Ausland, die zu drei Vierteln ihren Wohnsitz zuvor im Verbreitungsgebiet der jeweiligen Tageszeitung hatten. Für diese Nutzerschaft bietet die Internet-Ausgabe der Tageszeitung oftmals die einzige Möglichkeit, sich über das nationale, regionale oder lokale Geschehen in der Heimat zu informieren.[234]

2.1.1.3 Zusammenfassung und Bewertung

Zusammenfassend ist festzustellen, dass frühere Forschungsergebnisse bereits zum Teil relativiert werden müssen. So zeigen die Ergebnisse der Inhaltsanalyse im Januar 2001 im Gegensatz zu den Erkenntnissen Neubergers aus den Jahren 1996-1999, dass die „Vernetzung mit themenverwandten Gebieten", die Nutzung Internet-inhärenter Funktionen und Möglichkeiten, sowie eingeschränkt „Multimedialität und Interaktivität" Einzug in das Angebot der Tageszeitungen erhalten haben. Auch der Grad der Individualisierung von Inhalten wächst durch die Personalisierung von Internetangeboten, z.B. der themenbezogenen Voreinstellung der Startseite (FAZ) oder durch individuelle Suchfunktionen. Das „Newsletter"-Angebot der untersuchten Tageszeitungen individualisiert ebenfalls die Inhalte, indem der regisitrierte Nutzer seine Themen-Präferenzen angibt und somit individuelle Informationen per E-Mail erhält. Die Aktualität der Internetangebote geht über das der gedruckten Zeitungen hinaus und findet seinen weitestgehenden Ausdruck in den minütlich aktualisierten Newstickern, die unselektiert die Nachrichten der Agenturen publizieren. Die Integration unterschiedlicher Medienformen zeichnet sich bisher nur am Beispiel des FAZ-Radios ab.[235]

---

232 Ebd.

233 Vgl. Sundar S. Shyam: Exploring receivers' criteria for perception of print and online news. In: Journalism Quaterly Nr. 76 (1999), S. 373-386, S. 376 ff.; Rüdiger Theilmann: Individuell, aber unverständlich? Eine Untersuchung zur Rezeption von Online-Nachrichten. In: Werner Wirth / Wolfgang Schweiger (Hrsg.): Selektion im Internet. Empirische Analysen zu einem Schlüsselkonzept. Opladen 1999, S. 200-219, S. 201 f.

234 Birgit Stark / Michael Schenk: Die Rezeption der Online-Medien-Angebote – erste Trends. In: Matthias Schumann / Thomas Hess (Hrsg.): Medienunternehmen im digitalen Zeitalter. Neue Technologien, neue Märkte, neue Geschäftsansätze. Wiesbaden 1999, S. 91-108, S. 101

235 Vgl. Martin Recke: Frequenzsammler von der „Frankfurter Allgemeinen Zeitung" In: Net Business, 19.02.2001, S. 34

2.1.2 Das Internetangebot der Publikumszeitschriften

Zahlreiche Versuche, die Zeitschrift in einer allgemeinen Definition zusammenzufassen, zeigen, dass sich die Zeitschrift weder in ihrer historischen Entwicklung, noch in ihrer inhaltlichen Heterogenität, noch in Anlehnung an den publizistischen Grundbegriff der Zeitung einer fest umrissenen Kategorie zuordnen lässt. In der Publizistikwissenschaft werden Zeitschriften als Druckschriften bezeichnet, die durch die Merkmale der Periodizität uneingeschränkt, in ihrer Publizität und Aktualität eingeschränkt und fallweise durch Universalität charakterisiert sind.[236] Das Internetangebot der Publikumszeitschriften unterscheidet sich von dieser traditionellen Begriffsbestimmung nicht nur durch die körperlose Verbreitungsform, sondern auch durch das Merkmal der uneingeschränkten Aktualität der publizistischen Inhalte.[237]

2.1.2.1 Ergebnisse der Inhaltsanalyse

Die Untersuchung der sechs reichweitenstärksten Internetangebote im Segment Publikumszeitschriften[238] zeigt analog zu den Tageszeitungen, dass sich das Angebot aus publizistischen Inhalten einerseits und einer Reihe zusätzlicher, zumeist individualkommunikativer Dienste andererseits zusammensetzt. Die sechs untersuchten Internetangebote mit den höchsten Reichweiten im Dezember 2000 repräsentieren die Segmente der Nachrichten-Magazine (Der Spiegel, Focus), das Segment der Aktuellen Illustrierten (Stern), das Segment Rundfunkprogrammzeitschriften (TV Spielfilm, TV Today) sowie das Segment Special-Interest- bzw. Erotik-Magazine (Praline).[239]

In der Kategorie „Publizistischer Inhalt“ ist zu erkennen, dass sich die Internetangebote der Publikumszeitschriften inhaltlich am gedruckten Äquivalent orientieren. Bis auf TV Spielfilm und Praline Interaktiv stellen die Zeitschriften den Inhalt der aktuellen, gedruckten Ausgabe nahezu vollständig und kostenfrei zur Verfügung. Eine ersichtliche Trennung des publizistischen Inhalts der gedruckten Zeitschrift und des Internetangebotes nehmen alle Titel bis auf TV Spielfilm und Praline vor. Alle untersuchten Zeitschriften bieten redaktionell eigenständige Beiträge im Internet an. Mit Ausnahme des Angebots der Zeitschrift Praline und im Unterschied zur jeweiligen gedruckten Ausgabe publizieren alle Angebote tagesaktuelle Informationen. Insbesondere die hohe Aktu-

---

236 Vgl. Elisabeth Noelle-Neumann / Jürgen Wilke: Pressegeschichte. Zeitschriften. In: Elisabeth Noelle-Neumann / Winfried Schulz / Jürgen Wilke (Hrsg.): a.aO., S. 294-313, S. 294

237 Siehe oben Kap. 2.1.1; einen weiterführenden Definitionsansatz für „multimediale Zeitschriften“ entwickelt: Gerhard Rank: Entwicklung und Akzeptanz multimedialer Zeitschriften. München 1999, S. 18 ff.

238 Siehe Anhang III.; untersuchte Angebote: TV Spielfilm, Focus Online, TV Today Network, Praline Interaktiv, Spiegel Online, Stern.de; vgl. IVW (Hrsg.): Online-Reichweitem, Dezember 2000.

239 Vgl. zur Segmentierung: Jürgen Wilke: Presse. In: Elisabeth Noelle-Neumann / Winfried Schulz / Jürgen Wilke (Hrsg.): Fischerlexikon Publizistik/ Massenkommunikation. Frankfurt am Main 1994, S. 382-417, S. 403 ff.

alität ist als wesentlicher, inhaltich-funktionaler Unterschied zu den gedruckten Zeitschriften festzustellen. Die Internetangebote der Zeitschriften erfüllen somit teilweise eine Informations-Funktion, die bisher den Tageszeitungen vorbehalten war.

In der Kategorie „Interaktive Dienste“ zeigt sich ein heterogenes Bild im Angebot der sechs untersuchten Publikumszeitschriften. Lediglich Recherchemöglichkeiten (Suchfunktion) und Diskussionsforen, sog. Chatrooms, werden von allen Verlagen angeboten. Bis auf die zwei Rundfunkprogrammzeitschriften stellen die übrigen Internetangebote ein kostenfreies Volltext-Archiv zur Verfügung. Keine der untersuchten Websites bietet ein Internet-Radio oder das Abrufen von Audio-Daten an. Den Abruf von audiovisuellen Beiträgen, also Internet-Video, bieten bereits vier der sechs Internetangebote - TV Spielfilm, Focus, Spiegel und Stern - an. Während sich TV Spielfilm auf Video-Ausschnitte zum TV-Programm beschränkt, lassen sich bei Focus, Spiegel und Stern vollständige TV-Beiträge des jeweilig gleichnamigen TV-Magazins als Internet-Video abrufen.

In der Kategorie „Werbung“ zeigt sich, dass ein Teil der Refinanzierung der Internetangebote durch Bannerwerbung und bis auf die Nachrichtenmagazine auch durch Pop-up-Werbung sichergestellt wird. Kleinanzeigen (z.B. Gebrauchtwageninserate), die traditionell in Tageszeitungen angeboten werden, finden sich als kostenloser Dienst auch bei den Rundfunkprogrammzeitschriften.

Analog zu den Tageszeitungen finanziert sich das Internetangebot neben den Werbeeinnahmen auch durch E-Commerce-Angebote im Internet. Bis auf TV Today bieten alle untersuchten Websites Einkaufsmöglichkeiten, die durch Kooperationspartner (sog. Online-Shops) ausgeführt werden, und realisieren somit Einnahmen aus Vermittlungserlösen. Das Angebot an Waren ist vielschichtig und reicht von der Vermittlung von Reisen (z.B. Focus), Kleidung (z.B. TV-Spielfilm) oder Erotik-Artikeln (Praline) bis zum Verkauf von Büchern, CDs und Videofilmen über Kooperationspartner. Spiegel, Stern und Praline vertreiben zusätzlich eigene Verlags-Produkte über ihre Website.

2.1.2.2 Ergebnisse vorausgegangener wissenschaftlicher Studien

Das Internetangebot der Publikumszeitschriften ist bisher wissenschaftlich deutlich seltener untersucht worden als das der Tageszeitungen, obwohl die untersuchten Zeitschriften im Dezember 2000 höhere Online-Reichweiten als die meisten Zeitungen erreichten. Christoph Neuberger, der die Tageszeitungen im Internet von 1996-1998 wissenschaftlich untersuchte[240], geht in seiner

[240] Christoph Neuberger / Jan Tonnemacher (Hrsg.): Online – Die Zukunft der Tageszeitung? a.a.O.

empirischen Forschungsstudie „Massenmedien im Internet 1999“[241] auch auf die Internetangebote der Publikumszeitschriften ein. Wie bei den Tageszeitungen sieht Neuberger zwei grundlegende Zielsetzungen bei der Verknüpfung von „altem“ und „neuem“ Medium: Zum einen bieten die Internetangebote der Zeitschriften eine „funktionale Ergänzung und inhaltliche Vertiefung“, zum anderen sprechen sie den Probenutzer an, der „für das jeweilige Muttermedium gewonnen werden soll.“[242] In der wachsenden Zahl „der Crossmedia-Konzepte, die das Internet und die traditionellen Medien verknüpfen,“ sieht Neuberger „erste Anzeichen für eine Umkehrung der Medienlogik, eines Primats des Inhalts vor dem Medium.“[243] Den Erfolg der Zeitschriften im Internet führt Neuberger neben der „Mehrfachverwertung von redaktionellen Inhalten“ und der „gegenseitigen Stärkung von Muttermedium und Online-Angebot“ auf den gemeinsamen Internet-Auftritt von „Markenfamilien mit einer Publikumszeitschrift als Kern“[244] zurück. Die These Neubergers ist durch die Ergebnisse der aktuellen Inhaltsanalyse zu belegen. So führen z.B. Spiegel, Focus und Stern ihre Print- und TV-Aktivitäten im Internet zusammen, während die untersuchten Fernsehzeitschriften mit einzelnen Sendeformaten aus dem TV-Bereich (z.B. TV Spielfilm mit SAT1/girlscamp.tv) kooperieren.

Auch der Verband der Publikumszeitschriften VDZ konstatierte unter Berufung auf eine Studie der Unternehmensberatung McKinsey, dass die „Digitalisierung die Inhalte vom Trägermedium gelöst und damit unabhängig von Zeit und Ort gemacht hat“. Die inhaltliche „Unterscheidung hieße nicht mehr Printmedien oder elektronische Medien, sondern: Interesse.“[245] Die Empfehlung des VDZ, die „Online-Angebote (der Publikumszeitschriften) auch zu Marketing-Plattformen auszubauen“, um „durch den Verkauf verlagsfremder Produkte oder durch die Vermittlung dieses Verkaufs“[246] am „E-Commerce-Geschäft“ teilzuhaben, bestätigt sich in der aktuellen Inhaltsanalyse vom Januar 2001 in den vielfältigen Einkaufsmöglichkeiten, die über die Websites der Publikumszeitschriften vermittelt werden. Die Erhebung einer Nutzungsgebühr zur Refinanzierung der Internetangebote wird zwar vielfach gefordert, ist bisher aber nicht festzustellen.[247]

---

[241] Christoph Neuberger: Massenmedien im Internet 1999. Angebote, Strategien, neue Informationsmärkte. In: Media Perspektiven Nr. 3 (2000), S. 102-109
[242] Ebd., S. 106
[243] Ebd., S. 108
[244] Ebd., S. 104
[245] Karl Dietrich Seikel: Thesen zur Medienentwicklung. Rede auf der Mitgliederversammlung des VDZ. Berlin 23.11.1999; Frieder Stein: Demokratie, Konvergenz, und Koexistenz - Die Leitbegriffe für Medien im 20. Jahrhundert. In: VDZ (Hrsg.): Die Zeitschriften 2000. Themen, Thesen Standpunkte. Bonn 1999, S. 6-7; Karl Dietrich Seikel: Vermeintliche Totengräber. Online-Medien: Ohne Print keine starke Marke. In: Kommunikation und Medien, Beilage der FAZ Nr. 200 (2000), S. B4
[246] Karl Dietrich Seikel: Thesen zur Medienentwicklung. a.a.O.
[247] Hans Wachtel: Entwicklung des Online-Markts. In: VDZ (Hrsg.): Die Zeitschriften 2000. Themen, Thesen Standpunkte. Bonn 1999, S. 14-15; Wolfgang Fürstner: König des Inhalts. Her-

2.1.2.3 Zusammenfassung und Bewertung

Sowohl aus den Forschungsergebnissen, die sich aus dem Bereich der Tageszeitungen auf den gesamten Pressebereich übertragen lassen, als auch aus den genannten früheren Studien zu den Publikumszeitschriften ist im Vergleich zu den Ergebnissen der aktuellen Inhaltsanalyse die eindeutige Tendenz festzustellen, das Zeitschriftenverleger den publizistischen Inhalt des Internetangebots nicht mehr auf Leseproben oder unvollständige Artikel des Presseproduktes beschränken. Vielmehr nutzen die Anbieter den Inhalt der gedruckten Ausgaben, um durch sukzessiv veröffentlichte Zweitverwertung die Attraktivität ihrer Internetangebote zu erhöhen. Zusätzlich bieten alle untersuchten Publikumszeitschriften internet-exklusive publizistische Inhalte an, die durch eigenständige Redaktionen fortlaufend aktualisiert werden. Dieses Ergebnis korreliert mit den Bestrebungen der Verlage, die Internetangebote unter dem Markennamen des Zeitschriftentitels zu wirtschaftlich und inhaltlich unabhängigen Einheiten auszubauen.[248] Analog zur Ausweitung der Zeitschriften-Marke auf andere Mediengattungen (z.B. TV-Formate) wird das Internetangebot nicht als substituierende Konkurrenz zum gedruckten, sondern eher als inhaltlich-funktional komplementäres Medium betrachtet. In allen untersuchten Fällen bieten die Publikumszeitschriften ein Internetangebot, dass primär *nicht* mehr der Werbung oder Verkaufsförderung für das gedruckte Medium gilt, wie es Neuberger 1999 noch für einen Teil der Zeitschriften im Internet darstellte,[249] sondern vielmehr die Marke, die Popularität und Glaubwürdigkeit des gedruckten Mediums für ein autarkes Angebot nutzt.[250] Mangelnder Refinanzierbarkeit der Internetangebote treten die Verlage durch die Ausweitung des Bereichs „E-Commerce" entgegen, um stagnierende Erlöse aus Online-Werbeeinahmen auszugleichen. Einer Studie der Universität Eichstätt im Jahr 1999 zufolge scheiterte das Angebot multimedialer Inhalte „am Personalmangel und an der noch zu gering erachteten Übertragungskapazität im Internet."[251] Eine Tendenz zur Integration statischer und audiovisueller Inhalte ist jedoch in den Ergebnissen der Inhaltsanalyse erkennbar. Zusammenfassend zeigt die Untersuchung der Publikumszeitschriften im Januar 2001, dass die Verlage zunehmend eine medienübergreifende Verwertung ihres publizistischen Produktes betreiben, das Internetangebot durch individualkommunikative Dienste ergänzen und als inhaltlich komplementäres Medium begreifen.

---

ausforderungen und Chancen für Zeitschriftenverlage. In: Kommunikation und Medien, Beilage der FAZ Nr. 193 (2001), S. B8

[248] Als Beispiel der wirtschaftlichen Unabhängigkeit lässt sich das Internetangebot des Nachrichten-Magazins Focus anführen, dass bereits unter dem Namen „Focus Digital" als eigenständige AG firmiert.

[249] Christoph Neuberger: Massenmedien im Internet 1999. a.a.O., S. 104

[250] Vgl. Holger Busch: Den Online-Markt strategisch erschließen. In: VDZ (Hrsg.): Die Zeitschriften 1999. Themen, Thesen Standpunkte. Bonn 1998, S. 36-37

[251] Axel Heyer: Verlage Online. Im Internet unter: http://www.vdz.de Stand: 06.02.2001

2.1.3 Das Internetangebot der Fachzeitschriften

Die Begriffe Fachpresse oder Fachzeitschriften werden teilweise unterschiedlich definiert. Laut Definition des VDZ und der Deutschen Fachpresse werden unter dem Begriff „Fachzeitschriften" alle periodischen Druckwerke verstanden, die mit der Absicht eines zeitlich unbegrenzten Erscheinens mindestens viermal jährlich herausgegeben werden und sich in erster Linie mit beruflich relevanten Inhalten befassen. Fachzeitschriften schließen nicht konfessionelle Zeitschriften, wissenschaftliche Zeitschriften, Kundenzeitschriften, Titel der Wirtschaftspresse sowie Special Interest-Zeitschriften, Partworks, Loseblattsammlungen von Gesetzen, aus Remittenden aufgebundene Einzelbände und dergleichen ein.[252] Diese Begriffsbestimmung lässt sich im teleologischen Sinne auf das Internetangebot der Fachzeitschriften anwenden, sofern publizistische Inhalte abrufbar sind.

2.1.3.1 Ergebnisse der Inhaltsanalyse

Die Untersuchung der sechs reichweitenstärksten Internetangebote im Segment Fachzeitschriften[253] im Januar 2001 ist aufgrund der publizistischen Vielzahl an Fachzeitschriften weder repräsentativ noch empirisch evident für den gesamten Fachpresse-Markt. Sie gibt jedoch über die meist genutzten Angebote der Fachpresse Auskunft und erlaubt eine inhaltlich-funktionale Einordnung publizistisch relevanter Angebote. Die untersuchten Angebote stammen aus den Segmenten „Medien, Marketing, Werbung" (Kress, W&V, Horizont), „Chemie, Gesundheit, Ernährung" (Lebensmittelzeitung), „Medizin" (Ärzte Zeitung) und „Wirtschaft, Finanzen" (Platow).[254]

In der Kategorie „Publizistischer Inhalt" zeigt sich eine homogene Angebotsstruktur. Zwar divergieren die fachbezogenen Inhalte und Zielgruppen, keine der untersuchten Fachzeitschriften stellt aber - im Unterschied zu den Tageszeitungen und Publikumszeitschriften - die aktuelle, gedruckte Ausgabe im Internet bereit. In allen Fällen bieten die untersuchten Fachzeitschriften tagesaktuelle Nachrichten, redaktionell eigenständige Beiträge sowie aktuelle Inhalte zum jeweiligen Fachgebiet an. Im Gegensatz zu den gedruckten Ausgaben, die insbesondere Fach- und Hintergrundinformationen publizieren, liegt der Schwerpunkt des Internetangebotes aller untersuchten Fachzeitschriften eindeutig auf Tagesaktualität, Adhoc-Publikationen und den individualkommunikativen Zusatzdiensten. Komplementierende Medienformen, wie Internet-Video oder Internet-Radio, werden ausschließlich von Kress angeboten.

---

[252] Vgl. VDZ: Wichtige Definitionen. Im Internet unter: http://www.vdz.de/daten/fachpresse/-definitionen.html, Stand: 10.10.2000; Deutsche Fachpresse (Hrsg.) / Forschungsinstitut Emnid: Fachpresse-Statistik, Trendumfrage, 1999

[253] Siehe Anhang IV.; untersuchte Angebote: Kress Report Online, Werben & Verkaufen Online, Lebensmittelzeitung Net, Ärzte Zeitung Online, Horizont Net und Platow Online; vgl. IVW (Hrsg.): Online-Reichweitem, Dezember 2000

[254] Vgl. Jürgen Wilke: Presse. a.a.O., S. 402, S. 410 f.

Die „Interaktiven Dienste“ tragen im Segment der Fachzeitschriften auch zur Finanzierung des Angebotes bei. Bis auf Kress Report Online und Horizont Net, die ein kostenfreies Internet-Archiv betreiben, bieten die Titel einen kostenpflichtigen Zugang zum Archiv an. Drei der sechs untersuchten Angebote - Lebensmittelzeitung, Ärzte Zeitung und Platow Brief - betreiben zusätzlich einen kostenpflichtigen, personalisierten Mitglieder-Bereich. In diesem Bereich werden dem Nutzer weitere individualisierte Funktionen zur Verfügung stellt.

Die Kategorie „Werbung“ zeigt die Dominanz der Bannerwerbung auf allen Internetseiten. Bis auf die Ärzte-Zeitung und den Platow Brief für Wirtschaftsinformation bieten alle Angebote einen Online-Stellenmarkt an. In der Kategorie „E-Commerce“ wird deutlich, dass bis auf Ärzte Zeitung und Lebensmittel Zeitung alle untersuchten Angebote beide Finanzierungsformen anbieten, sowohl den Verkauf verlagseigener Produkte als auch die Vermittlung von Produkten externer Anbieter.

2.1.3.2 Ergebnisse vorausgegangener wissenschaftlicher Studien

Der Verband Deutsche Fachpresse trennt im Bereich des elektronischen Publizierens in den Offline-Bereich (CD-ROM) und in den Online-Bereich (Internet). Eine Umfrage des VDZ und der Deutschen Fachpresse e.V. im Jahr 1998 ergab, dass in wenigstens einer der beiden Varianten 48% (1997: 44%) aller Fachpresse-Verlage und bereits 75% (1997:64%) der größeren Verlage mit über 5 Millionen DM Fachpresse-Umsatz tätig waren. Die entsprechenden Werte im Offline-Bereich ergaben 35% (1997: 33) % und 61% (1997: 51) %., im Online-/Internetbereich: 35% (1997: 28%) % und 54% (1997: 42%).[255]

Eine wissenschaftliche Studie, die das Engagement der Fachverlage im Internet inhaltlich-funktional untersucht, gibt es im deutschsprachigen Raum bisher nicht. Dennoch wird das Segment der Fachverlage in einer Reihe von Studien angesprochen. Eine Studie der Schweizer Forschungsgruppe „Achieve“[256] in Zusammenarbeit mit der Unternehmensberatung KPMG Deutschland und der Europäischen Kommission untersuchte im Jahr 1999 den Bereich des „Online-Publishing“.[257] Die Verfasser der Studie stellen fest, dass das elektronische Publizieren nicht mehr bedeutet, „eine Zeitung oder einen Fernsehkanal anzubieten, sondern vor allem nützliches Material und darüber hinaus verbundene Dienstleistungen.“[258] Im Bereich der Fachinformationen sehen die Autoren die Notwendigkeit, die Informationen im Internet „auf andere Art und Weise, mit besserer Nutzbarkeit, Funktionalität oder durch zusätzliche Inhalte

[255] Deutsche Fachpresse (Hrsg.) / Forschungsinstitut Emnid: Fachpresse-Statistik. Trendumfrage. 1999

[256] Im Internet unter: http://www.achieve.ch

[257] Christian Petschke / KPMG (Hrsg.): Online-Publishing – Business der Zukunft? Profile und Perspektiven. Frankfurt 1998; European Commission / Achieve / KPMG (Hrsg.): Economics of New Media. Best Practice in Online Publishing. Mai 1998. Berlin/Zürich 2000

[258] European Commission / Achieve / KPMG (Hrsg.): a.a.O., S. 11

angereichert zu präsentieren“ und auch „bestehende Inhalte durch individuellen Zugriff, Interaktivität, Datenbankformate und ständige Verfügbarkeit“[259] Zu den klassischen Aufgaben des Verlegers, der Informationserstellung, zielgruppenspezifischer Anzeigenplatzierung und Druck,[260] folgten somit im Segment des Internetangebotes „auch die hinteren Stufen der Wertschöpfungskette“, „Bereiche wie Bestellung, Lieferung und Bezahlung von elektronischen oder physischen Gütern“.[261]

Eine Studie der Unternehmensberatung Diebold untersuchte im Jahr 1999 die Internet-Aktivitäten im Verlagsumfeld.[262] Marc Ziegler und Andreas Becker betonen die Synergieeffekte zwischen Technologie und Internet-Inhalt, die „innovative Services und individualisierte Informationsangebote ermöglichen“.[263] Die Studie zeigt auf, dass die Fachverlage im Internet nicht nur auf ihr eigenes, journalistisches Produkt zurückgreifen, sondern vor allem zu „Brokern von Informationen und Dienstleistern“[264] werden. Die Autoren prognostizieren zugleich eine Nivellierung des „Publikationszyklus durch das Internet und der Grenzen zwischen den einzelnen (Print-) Medien.“ Verlage müssten „sich mit Service-, Technologie- und Medienpartnern vernetzen, um eine Chance auf eine dauerhafte Etablierung im Internet zu haben.“[265] Das Internet verlange von Verlagen eine Neuausrichtung der bestehenden Geschäftsmodelle, da die herkömmlichen Erlöse, z.B. der Verkauf des gedruckten Produkts oder Abonnements, abnehmen. Die Diskussion, ob Fachzeitschriften ihren publizistischen Inhalt kostenfrei im Internet anbieten sollten, wurde auf dem Kongress der Deutschen Fachpresse zum Thema „Strategien und Trends von Online-Diensten in der Fachverlagsbranche“ im Mai 2000 kontrovers diskutiert.[266] Einerseits wurde der Standpunkt vertreten, den Inhalt nicht kostenfrei im Internet anzubieten, um die Wertschätzung der Information zu erhalten und Erlöse aus dem Verkauf der redaktionellen Beiträge zu erzielen, auf der anderen Seite die Meinung, den Inhalt kostenfrei anzubieten, um Online-Reichweite zu steigern und Transaktionsumsätze oder Werbeerlöse zu maximieren. Auf einem Medienforum zum Thema „Die Zukunft der Medien – Medien der Zukunft. Verdrängen elektronische Dienste das gedruckte Wort?“ betonte Hans-Wolfgang Pfeifer 1997, dass „Fachzeitschriften in hervorragender Weise the-

[259] Ebd., S. 16
[260] Christian Petschke / KPMG (Hrsg.): Online-Publishing – Business der Zukunft? a.a.O., S. 26
[261] Ebd., S. 28
[262] Diebold Unternehmensberatung (Hrsg.) / Marc Ziegler / Andreas Becker: Studie - Strategiekompass für erfolgreiches Internet-Business im Verlagsumfeld. September 1999
[263] Ebd., S. 156
[264] Ebd., S. 16
[265] Ebd., S. 159 f.
[266] Vgl. Rebecca Pini: Deutsche Fachverlage. Für viele ist es fünf vor zwölf. In: Net-Business, 29.05.2000, S. 73

men- und gruppenspezifisch informieren" und „nicht dem Zwang tagesaktueller Berichterstattung unterliegen."[267]

2.1.3.3 Zusammenfassung und Bewertung

Die Inhaltsanalyse des Internetangebots der sechs ausgewählten Fachzeitschriften im Januar 2001 lässt erkennen, dass die Fachverlage ähnliche Strategien im Angebot von Inhalten, aber unterschiedliche Finanzierungsmethoden verfolgen. Aus den Erkenntnissen der angeführten Studien und der aktuellen Analyse der meist genutzten Angebote der Fachpresse geht hervor, dass im Unterschied zur Tageszeitung und Publikumszeitschrift keine publizistischen Inhalte der gedruckten Ausgabe im Internet bereit gestellt werden. Die Substitutionsgefahr, in der Ökonomie als „Kannibalisierungseffekt" bezeichnet, wird folglich bei Fachinformationen als höher eingeschätzt.[268] Entgegen vorausgegangener Untersuchungen zeigt die aktuelle Inhaltsanalyse jedoch, dass die Fachpresse im Internet in erheblichem Umfang tagesaktuelle Informationen anbietet und sich wie die Publikumszeitschriften in diesem Merkmal der traditionellen Funktion der Tageszeitungen nähert. Im Gegensatz zu Tageszeitung und Publikumszeitschrift ermöglicht der fachbezogene Leserkreis den Fachzverlagen, individualisierte und personalisierte Zusatzdienste als kostenpflichtigen Mitgliederbereich einzurichten. Der Zugang zu einem kostenfreien Grundangebot erscheint jedoch auch bei der Fachpresse unumgänglich, um die Attraktivität des Angebots für Nutzer zu erhöhen.

2.2 Die Internetangebote des Rundfunks in Deutschland

Der Begriff „Rundfunk" ist einfachgesetzlich in § 2 Abs. 1 RStV der Länder als „die für die Allgemeinheit bestimmte Veranstaltung von Darbietungen aller Art in Wort, Ton und in Bild unter Benutzung elektromagnetischer Schwingungen ohne Verbindungsleitung oder längs oder mittels einer Leitung"[269] definiert. Unter den Rundfunkbegriff fallen sowohl im rechtlichen als auch im wissenschaftlichen Sinne die Massenmedien „Hörfunk" und „Fernsehen", bzw. die anglizistischen Synonyme „Radio" und „Television (TV)".[270] Ob und unter welchen Voraussetzungen auch die Internetangebote der Sender als Rundfunk zu qualifizieren sind, wird in der Medienpolitik kontrovers diskutiert und ist Teil

---

[267] Hans-Wolfgang Pfeifer: Die Zukunft der Medien – Medien der Zukunft. Verdrängen die elektronischen Medien das gedruckte Wort? In: Volker Beuthien / Georgios Gounalakis / Frank Meik (Hrsg.): Marburger Medienbeiträge. Frankfurt/Main 1997, S. 36

[268] Vgl. auch Christian Petschke / KPMG (Hrsg.): Online-Publishing – Business der Zukunft? a.a.O., S. 34 ff.

[269] § 2 Abs. 1 RStV in der Fassung des 5. Rundfunkänderungsstaatsvertrages

[270] Der verfassungsrechtliche und einfachgesetzliche Rundfunkbegriff wird in Kap. 6, ausführlich untersucht, um seiner zentralen Bedeutung für diese Arbeit unter medienpolitischen und medienrechtlichen Gesichtspunkten gerecht zu werden. Vgl. zum wissenschaftlichen Rundfunkbegriff: Wolfgang Donsbach / Rainer Mathes: Rundfunk. In: Elisabeth Noelle-Neumann / Winfried Schulz / Jürgen Wilke (Hrsg.): a.a.O., S. 475-518

der Fragestellung dieser Arbeit.[271] Nachfolgend werden zunächst die Erkenntnisse der inhaltlich-funktionalen Analyse im Januar 2001 wertfrei dargestellt.[272]

2.2.1 Das Internetangebot der Fernsehsender

Das Internetangebot der Fernsehsender ist stärker diversifiziert als das der gedruckten Medien im Internet. Fernsehsender betreiben im Internet sowohl Angebote, die unter dem eigenen Sender- bzw. Programmnamen abzurufen sind (z.B. „RTL world"), als auch eigenständige Websites für einzelne Sendungen und Programmformate, die in der Regel in Zusammenarbeit mit den jeweiligen Produktionsfirmen betrieben werden (z.B. „BigBrother.de").

2.2.1.1 Ergebnisse der Inhaltsanalyse

Die Untersuchung der Internetangebote im Segment der TV-Sender im Januar 2001 umfasste insgesamt 18 Internetangebote: Im einzelnen wurde das Internetangebot der sechs reichweitenstärksten privaten Sender analysiert.[273] Weiterhin wurden sechs öffentlich-rechtliche Fernsehprogramme ausgewählt, für die mangels Werbung keine IVW-Online-Reichweiten ermittelt werden.[274] Egänzend wurden sechs formatbezogene Internetangebote, die unter dem Titel einer bestimmten Fernsehsendung abzurufen sind, in die Inhaltsanalyse einbezogen.[275]

Die Kategorie „Publizistischer Inhalt" zeigt grundsätzlich ein heterogenes Bild an publizistischen Inhalten und Darbietungsformen. Gemeinsam ist allen Angeboten die Dominanz statischer Inhalte in Wort und Bild, während audiovisuelle, rundfunkähnliche Darbietungen nur in einigen Fällen als zusätzliches Angebot abrufbar waren. Im allgemeinen zeigt die Untersuchung, dass zwischen den privaten und öffentlich-rechtlichen Internetangeboten keine signifikanten, inhaltlichen und publizistischen Unterschiede auszumachen sind.

Die Startseite (Homepage) der Internetangebote lässt bereits erkennen, dass der publizistische Angebotsschwerpunkt auf der statischen Darbietungsform in Wort und Bild basiert. Tagesaktuelle Nachrichten in Wort und Bild, die durch eigenständige Online-Redaktionen zusammengestellt und betreut werden, bieten bis auf Pro7 und RTL2 vier private Sender sowie bis auf arte und Kinder-

[271] Siehe unten Kap. 5 zu den medienpolitischen Positionen sowie Kap. 6, 7 und 8 zur medienrechtlichen Problematik

[272] Siehe Anhang a) zur Methodik, e) und f) zu den Detailergebnissen

[273] Siehe Anhang; untersuchte Angebote: RTL, Sat1, Pro Sieben, RTL2, n-tv, MTV Home; vgl. IVW (Hrsg.): Online-Reichweiten, Dezember 2000

[274] Siehe Anhang; untersuchte Angebote: ARD (Das Erste Online), ZDF, 3sat, arte, phoenix, Kinderkanal

[275] Siehe Anhang; untersuchte Angebote (privat): Big Brother (RTL/Endemol), TV Total (Pro Sieben/Brainpool), NBC-Giga (NBC); untersuchte Angebote (öffentlich-rechtlich): Etage Zwo (ZDF), Tagesschau (ARD), Heute/ZDFmsnbc (ZDF/Microsoft Network/NBC)

kanal vier öffentlich-rechtliche Sender an. Auch die Internetangebote der untersuchten Sendungen bieten bis auf das Format „Etage Zwo" tagesaktuelle Beiträge. Generelle Programminformationen zu Sendungen und Uhrzeiten, sog. Programmguides, werden von allen Fernsehsendern in Wort und Bild angeboten. Weiterhin aktualisieren die privaten Sender sowie die öffentlich-rechtlichen Sender 3sat und arte die programmbegleitenden Informationen in Wort und Bild zeitlich parallel zum laufenden Fernsehprogramm. Auch die Angebote der Sendungen beinhalten sendungsbegleitende Informationen in Wort und Bild, die bis auf „Tagesschau" und „heute" durch interaktive Funktionen, zum Beispiel „Voting" (interaktives Abstimmen/Wählen) ergänzt werden.

Die Übertragung des tatsächlichen TV-Programms über das Internet mittels Streaming-Technologie[276] wurde im Januar 2001 auf der Website der privaten Spartenprogramme n-tv (Nachrichten) und M-TV (Musik), sowie beim öffentlich-rechtlichen Spartensender Phoenix angeboten. Die Internetangebote der sechs untersuchten Sendungen bieten keine Live-Übertragung des Fernsehformats über das Internet. Lediglich die Jugendsendung NBC-Giga basiert auf der Integration von Live-TV-Sendung und interaktiver Internet-Sendung. Die Reality-Soap Big Brother, die durch zahlreiche ähnliche Formate kopiert wurde, verbreitet zwar nicht die Fernsehsendung über das Internet, bietet aber eine fortlaufende audiovisuelle Live-Übertragung, bei der sich der Internet-Nutzer entweder eine Kamera-Perspektive auswählt oder die vorgegebene, sog. „Directors"-Version anschaut. Der Abruf von Internet-Videos bereits gesendeter TV-Beiträge, war bei den privaten Sendern n-tv und MTV, sowie bei vier der sechs untersuchten öffentlich-rechtlichen Sendern (bis auf 3sat und Kinderkanal) zumeist in verkürzter Form möglich. Alle Internetangebote der untersuchten Sendungen bieten die Möglichkeit, gesendete Beiträge als Internet-Video abzurufen. Als cross-mediales Angebot stellen drei der zwölf Sender (SAT1, MTV, ARD) sowie eine Sendung (Big Brother) ein Internet-Radio zur Verfügung.

Unabhängig von der Darbietungsform (audiovisuell oder in Wort/Bild) findet eine klare, inhaltliche Trennung von TV-bezogenen und internetspezifischen Angeboten nur bei RTL und Pro Sieben, sowie bei ARD, ZDF und 3 sat statt. Alle anderen Angebote trennen die Inhalte des klassischen Mediums nicht eindeutig von den für das Internet produzierten Inhalten. Bei den Sendungen trennt lediglich die Tagesschau den klassischen TV-Inhalt von internetspezifischen Beiträgen. Als Pilotprojekt sind die Konvergenz-Formate der Sender RTL („Zwischen den Stunden") und ZDF („Etage Zwo") zu betrachten, die jeweils eine sog. „Websoap" produzieren. Diese Unterhaltungs-Formate integrieren interaktive Inhalte mit dem klassischen Fernsehen. Der Musiksender MTV produziert internet-exklusive Video-Clips und animierte Filme in der Programmiersprache Flash.

---

[276] Siehe oben Kap. 1.3

Die Untersuchung der „Interaktiven Dienste“ zeigt analog zur Presse eine Erweiterung des publizistischen Inhaltes durch zusätzliche Funktionen und individualkommunikative Leistungen. Bis auf den „Kinderkanal“ bieten alle untersuchten Sender und Sendungen individuelle Such- und Recherchemöglichkeiten für das eigene Internetangebot an. Ein Video-Archiv, das zurückliegende TV-Beiträge als Internet-Video-on-Demand in archivierter Form bereitstellt, wird von einem privaten Sender (n-tv) und von den öffentlich-rechtlichen Sendern ARD, ZDF, arte und Phoenix angeboten. Kein Video-Archiv erfüllt jedoch den Anspruch auf Vollständigkeit und archiviert das gesamte gesendete Fernsehprogramm. Bei den Internetangeboten der Sendungen bieten alle bis auf „Etage Zwo“ und „Heute“ ein Video-Archiv an, das entweder vollständige Sendungen oder aber einzelne gesendete Beiträge auf Abruf bereitstellt. Ein Volltext-Archiv der internet-exklusiven, redaktionellen Beiträge betreibt der private Sender n-tv sowie die öffentlich-rechtlichen Sender ARD, ZDF, arte und Phoenix. Bis auf TV Total und NBC Giga bieten auch die Angebote der Sendungen den kostenfreien Abruf archivierter Textbeiträge an. Individualkommunikative Dienste, wie z.B. kostenfreie E-Mail-Adresse oder SMS-Dienste, werden ausschließlich von den privaten Sendern (bis auf RTL2) angeboten. Diskussionsforen finden sich sowohl bei den privaten Sendern, als auch bei vier der sechs untersuchten öffentlich-rechtlichen Sender (bis auf 3sat und Kinderkanal) sowie bei allen untersuchten Sendungen. Newsletter, die den registrierten Internet-Nutzer per E-Mail informieren, verschicken bis auf RTL2 alle privaten Sender, sowie ARD und ZDF und alle Sendungen bis auf Etage Zwo.

Die Kategorie „Werbung“ zeigt eine signifikante Trennung der werbefinanzierten Angebote privater Sender und der gemäß RStV ausschließlich gebührenfinanzierten öffentlich-rechtlichen Internetangebote. Das Gemeinschaftsangebot von ZDF, Microsoft und NBC „zdfmsnbc.de“, das auch unter dem Domainnamen „heute.de“ aufzurufen war und Werbung enthielt,[277] wurde eingestellt und im August 2001 durch eine werbefreies Angebot in Kooperation mit T-Online ersetzt. Die unterschiedliche Finanzierungsform privater und öffentlich-rechtlicher Internetangebote wird auch in der Kategorie „E-Commerce“ deutlich. Während alle privaten Sender Shopping-Angebote über Fremddienstleister vermitteln, findet sich bei den öffentlich-rechtlichen Sendern ZDF, ARD und arte ausschließlich der Vertrieb eigener Merchandising-Produkte.

2.2.1.2 Ergebnisse vorausgegangener wissenschaftlicher Studien

Neuberger geht in seiner Forschungsstudie „Massenmedien im Internet 1999“[278] auch auf die Internetangebote der Fernsehsender ein. Während im

---

[277] Vgl. Christoph Degenhart: Online-Angebote öffentlich-rechtlicher Rundfunkanstalten. Frankfurt am Main 1998, S. 4 ff.

[278] Christoph Neuberger: Massenmedien im Internet 1999. a.a.O.

Jahr 1999 bereits alle öffentlich-rechtlichen Anstalten sowie ihre Kooperationsprogramme im Internet präsent waren, betrieben erst zwei Drittel der privaten TV-Veranstalter ein Internetangebot. Im Segment der tagesaktuellen Information betont Neuberger, dass „die Mehrheit der öffentlich-rechtlichen Anbieter“ und „vor allem die Fernsehvollprogramme“[279] aktuell im Internet informieren. Eine stärkere Diversifikation der Internetangebote entstehe dabei durch die Nutzung von sendungsspezifischen Domainadressen wie etwa „heute.de“, „Tagesschau.de“ oder „GutenAbendRTL.de“, die vergleichbar mit dem Markennamen einer Tageszeitung oder Zeitschrift für ein bestimmtes Angebot und Qualität stünden. Im Rahmen des Forschungsprojekts „Online - Die Zukunft der Zeitung?“ untersuchte Birgit van Eimeren im Jahr 1998 Konkurrenz- und Komplementierungsaspekte in der Nutzung von Rundfunk und Internet.[280] Die Autorin sieht in der Bereitstellung von „Online-Angeboten, die über die vertiefende Programminformation hinaus einen konkreten und progammunabhängigen Nutzwert aufweisen, wie zum Beispiel Verbraucher- und Service-Angebote,“ die Möglichkeit, „neue oder verlorengegangene Publikumssegmente an die eigentlich TV-Programm heranzuführen.“[281] In der inhaltlichen Ausgestaltung der Internetangebote vermisst die Autorin „den Nutzwert für die Mehrheit der potentiellen Rezipienten“ in den Bereichen „Unterhaltung und Entspannung sowie Orientierung in einer komplexer werdenden Umwelt.“[282]

Mit der Bezeichnung „Tele-Webbing“ definiert eine amerikanische Studie den Trend zur zeitlich parallelen Nutzung von Fernsehen und Internet, der vor allem bei (amerikanischen) Jugendlichen beobachtet wurde.[283] Auch in Deutschland entwickeln einige Fernsehsender Programmformate, die TV und Internet kombinieren. NBC sendet werktäglich die fünfstündige Show NBC-Giga parallel im Internet und Fernsehen und erreicht einen hohen Marktanteil unter Jugendlichen. Auch sog. Web-Soaps, die von RTL und ZDF erstmals im Jahr 2000 angeboten wurden, erproben inhaltliche Konzepte, die auf der gleichzeitigen Nutzung von Fernsehen und Internet basieren. Dennoch divergieren die Nutzungsmotive unterschiedlicher Gruppen und damit auch die Inhalte der Medien Fernsehen und Internet signifikant, wie zwei amerikanische Studien im

---

[279] Ebd., S. 105

[280] Birgit van Eimeren: Online oder „On air“? Rundfunk und Internet – konkurrierend oder komplementär? In: Christoph Neuberger / Jan Tonnemacher (Hrsg.): Online – Die Zukunft der Tageszeitung? Das Engagement deutscher Tageszeitungen in Internet. Opladen, Wiesbaden 1999, S. 219-239

[281] Ebd., S. 237; vgl. auch: Thomas Mrazek: Rundfunk vom PC. In: Journalist Nr. 1 (2000), S. 67-68

[282] Ebd., S. 238

[283] Vgl. Horst Stipp: Nutzung alter und neuer Medien in den USA. Neue Erkenntnisse über die Wechselwirkung zwischen Online- und Fernsehkonsum. In: Media Perspektiven Nr. 3 (2000), S. 127-137, S. 132 ff.; Alexander Kissler: Mein Cola-Automat fühlt sich heute nicht so. Daumenkino mit Standleitung: Die Internet-Soaps von ZDF, RTL und T-Online ködern uns kräftig. In: FAZ Nr. 271 (2000), S. 62

Jahr 1999 und 2000 erforschten.[284] Die jährliche Online-Studie der ARD/ZDF-Medienkommission betont, dass „die meisten Online-Nutzer mit Ausnahme der Jugendlichen das Internet vornehmlich funktional-pragmatisch einsetzen" und damit „Fernsehen, Radio und Internet einander ergänzen."[285]

Sabine Trepte, Eva Baumann und Kai Borges untersuchten im Jahr 2000 die „Substitutions- und Komplementärbeziehungen der Fernseh- und Online-Nutzung" am Beispiel des Sendeformats „Big Brother", das erstmals TV und Internet systematisch verknüpfte.[286] Die Autoren kommen in ihrer Studie zum Ergebnis, dass „Internet- und TV-Angebot (bei Big Brother) gleich häufig und dauerhaft genutzt werden" - mit den „gleichen Motiven, nämlich Infotainment, Orientierung und Zeitvertreib."[287] Inhaltlich sehen die Autoren im Internetauftritt des Showformats ein Angebot, das über die „Reproduktion der Fernsehinhalte hinaus" dem Rezipienten Zugang zu weiteren Angeboten, wie Hintergrundinformationen, Spiele, Abstimmungen und Chat sowie die Beobachtung der Container-Bewohner „via Livestreams rund um die Uhr"[288] bietet. Die „bimediale Strategie des Formates Big Brother" setze auf das „Zusammenspiel von Internet und Fernsehnutzung als eine komplexe Wechselbeziehung" und lasse nicht den Schluss zu, „dass beide Angebote durch vergleichbare Nutzungsmotive substituiert würden."[289] Knut Hickethier stellt in seiner Darstellung des deutschen Rundfunkmarktes im Jahr 1999 fest, dass sich „neben der Tendenz zur Ausdifferenzierung in Spartenprogramme auch gegenläufige Tendenzen zur Verkoppelung (...) und Vernetzung der diversen Angebote zeigen, für die dann elektronische Programmguides etabliert werden."[290] Christian Breunig sieht in einer Studie zu „Programmbouquets im digitalen Fernsehen"[291] ebenfalls einen Trend zur fortschreitenden Differenzierung der Angebote im TV-Bereich durch fortschreitende Digitalisierung und Ausweitung auf

[284] Vgl. Carolyn A. Lin: Online Service Adoption Likelihood. In: Journal of Advertising Research Nr. 39 (1999), S. 79-89; Douglas Ferguson / Elizabeth M. Perse: The World Wide Web as an alternative to television. In: Journal of Broadcasting & Electronic Media Nr. 1 (2000), S. 155-174

[285] ARD/ZDF (Hrsg.): ARD/ZDF-Online-Studie 2000. Gebrauchswert entscheidet über Internetnutzung. Entwicklung der Online-Medien in Deutschland. In: Media Perspektiven Nr. 8 (2000), S. 338-349, S. 347

[286] Sabine Trepte / Eva Baumann / Kai Borges: „Big Brother": Unterschiedliche Nutzungsmotive des Fernseh- und Webangebots? Ergebnisse einer Studie zu Substitutions- und Komplementärbeziehungen der Fernseh- und Online-Nutzung. In: Media Perspektiven Nr. 12 (2000), S. 550-561

[287] Ebd., S. 560

[288] Ebd., S. 551

[289] Ebd., S. 561

[290] Knut Hickethier: Rundfunkprogramme in Deutschland. In: Hans-Bredow-Institut für Medienforschung an der Universität Hamburg (Hrsg.): Internationales Handbuch für Hörfunk und Fernsehen 2000/2001. Baden-Baden 2000, S. 208-222

[291] Christian Breunig: Programmbouquets im digitalen Fernsehen. Marktübersicht, Inhalte und Akzeptanz von digitalem Free-TV und Pay-TV in Deutschland. In: Media Perspektiven Nr. 9 (2000), S. 378-394

individualkommunikative und interaktive Dienste, die Video-on-Demand und Internet-Telefonie einschließen.[292]

Zwei weitere Studien widmen sich speziell dem öffentlich-rechtlichen Rundfunk und seinen Internetangeboten. In einem Rechtsgutachten zum Online-Angebot der öffentlich-rechtlichen Rundfunkanstalten untersuchte Christoph Degenhart im Jahr 1998 insbesondere die Kooperation des ZDF mit The Microsoft Network (MSN), einem gemeinsamen Unternehmen von Microsoft und NBC.[293] Degenhart betont, dass das Internetangebot des ZDF über programmbezogene Zusatzinformationen hinausgeht und bereits seit 1996 redaktionell eigenständige Inhalte ohne Programmbezug im Internet anbietet. In Kooperation mit Microsoft und NBC gehe es „nicht etwa nur darum, ein Programm in einem elektronischen Speicher abzulegen und auf Zugriff order Abruf bereitzuhalten, sondern vielmehr um substantiell neue Formen erweiterter, vertiefender und individualisierter telekommunikativen Dienstleistung.“[294] Im August 2001 wurde die Partnerschaft mit MSN durch eine Kooperation mit T-Online abgelöst, um gemäß RStV ein werbe- und sponsoringfreies Nachrichtenportal zu betreiben.[295] Renate Ehlers untersuchte im Jahr 2000 den „öffentlich-rechtlichen Rundfunk und Multimedia“ am Beispiel des Hessischen Rundfunks[296] und sieht „weniger in der Kombinierbarkeit von Texten, Bildern und Tönen das Neue am WWW, sondern vielmehr in der Möglichkeit der zeit- und ortsunabhängigen Nutzung, hin zum Abrufmedium sowie die Vernetzbarkeit der Information untereinander.“[297] Das Live-Streaming, also „die Live-Ausstrahlung von vorhandenen Fernsehkanälen“ und die Übertragung der „sequentiellen Produktions- und Verbreitungslogik“ auf das Internet, konterkariere die „hochattraktive Möglichkeit für den Nutzer, zu jedem selbstbestimmten Zeitpunkt auf Unterhaltung oder Information zuzugreifen“, und sei daher lediglich „als Zusatzangebot sinnvoll.“[298] Abgeleitet von den staatsvertraglichen Vorgaben und dem öffentlich-rechtlichen Auftrag nennt Ehlers drei Ziele für das öffentlich-rechtliche Internetangebot: „Programme begleiten, Orientierung bieten, Qualitätsmaßstäbe setzen“[299] Durch das Werbe- und Sponsoringverbot sieht Ehlers die Möglichkeiten des öffentlich-rechtlichen Rundfunks, im Multi-

---

[292] Ebd., S. 393

[293] Christoph Degenhart: Online-Angebote öffentlich-rechtlicher Rundfunkanstalten. Frankfurt am Main 1998

[294] Ebd., S.16 f., S. 89; auf die rechtliche Problematik dieses öffentlich-rechtlichen Internetangebots soll an dieser Stelle nicht eingegangen werden, siehe hierzu unten Kap. 6.5

[295] Vgl. o.V.: ZDF liefert exklusiv Nachrichten für T-Online. Eigenes Portal. In: FAZ Nr. 68 (2001), S. 22

[296] Renate Ehlers: Öffentlich-rechtlicher Rundfunk und Multimedia. Strategie und Organisation am Beispiel des Hessischen Rundfunks. In: Media Perspektiven, Nr. 8 (2000), S. 369-374

[297] Ebd., S. 370

[298] Ebd.

[299] Ebd., S. 369

media-Wettbewerb mitzuhalten, eingeschränkt und fordert daher, sich an erkennbaren Publikumsinteressen und Finanzierbarkeit zu orientieren."[300]

2.2.1.3 Zusammenfassung und Bewertung

Aus den zahlreichen Studien und den Ergebnissen der aktuellen Inhaltsanalyse im Januar 2001 lassen sich Rückschlüsse auf Entwicklungstendenzen der Internetangebote der Fernsehsender ziehen: Grundsätzlich ist festzustellen, dass sich die vielfach angekündigte Konvergenz von Fernsehen und Internet unter inhaltlich-funktionalen Aspekten nur langsam und sporadisch entwickelt. Nicht die audiovisuellen Inhalte, sondern die statische Darbietung in Wort und Bild stehen weiterhin im Vordergrund des publizistischen Angebots im Internet. In den meisten Fällen unterscheidet sich das Internetangebot der Fernsehsender nicht signifikant von dem der Presse, da der Nutzer publizistische Inhalte individuell und selektiv aus einem breiten Angebot auswählt. Die Fernsehsender verbreiten demnach *nicht* in erster Linie das klassische Fernsehprogramm über das Internet. Aufgrund des technischen Qualitätsdefizits und der aktiven Nutzungsparadigmen des Internets ist das sog. Internet-TV als Nischen-Darbietung einzuordnen, die sich an Nutzer „außerhalb des normalen Rundfunks" richtet.[301] Vielmehr bauen die Sender ihre Internetangebote zu internetspezifischen, interaktiven Diensten aus, die teils publizistischer Ausprägung, teils ausschließlich individualkommunikativer Natur (z.B. SMS, Chat, E-Mail) sind. Die „Darbietung aller Art in Wort, Ton und in Bild" i.S.d. § 2 RStV wird bei den Internetangeboten weniger vom Sender vorgegeben, sondern ist vom Nutzer selbst durch Auswahl oder Interaktion zu bestimmen. Weiterhin ist besonders bei den privaten Sendern die Fortentwicklung des Internetangebots von der ausschließlichen Programmergänzung hin zum eigenständigen, komplementären Medienangebot mit einer Vielzahl internetspezifischer Inhalte und interaktiver Dienste festzustellen.[302] Das Angebot unter der Sender-Adresse (z.B. RTL.de) nimmt zunehmend eine Portal-Funktion ein, die den Nutzer zu den für ihn interessanten Informations- oder Unterhaltungsangeboten einzelner Sendungen weiterleitet (z.B. SAT1.de/Schmidt.de). In Folge ist eine Diversifizierung der Internetangebote zu beobachten. Bei den öffentlich-rechtlichen Internetangeboten steht der (durch den RStV vorgegebene) programmbegleitende oder -ergänzende Charakter stärker im Vordergrund. Darüber hinaus betreiben die öffentlich-rechtlichen Sender werbe- und sponsoringfreie[303] Informationsangebote mit tagesaktuellen Nachrichten in Wort und Bild. Audiovisuelle Inhalte spielen eine untergeordnete Zusatzrolle.

---

[300] Ebd., S. 373

[301] Vgl. Craig A. Copetas: Web Jolts Sports World. Sports' Business Leaders to Open Conference on Internet Broadcasts. In: The Wall Street Journal Europe, 04.12.2000, S. 25-28, S. 25

[302] Vgl. o.V.: Kirch New Media investiert dreistelligen Millionenbetrag in Internet-Portal. In: Handelsblatt, 26.07.2000; Renate Ehlers: Öffentlich-rechtlicher Rundfunk und Multimedia. a.a.O., S. 369

[303] Vgl. § 4 Abs. 3 S. 1 ARD-StV, ZDF-StV

Sowohl private als auch öffentlich-rechtliche Sender entwickeln Programmformate, die auf unterschiedliche Weise klassisches Fernsehen und Internet komplementär miteinander kombinieren. Diese Formate zielen nicht auf die „rundfunkähnliche“ Verbreitung eines Fernsehprogramms über das Internet, sondern nutzen vielmehr interaktive und individualisierte Funktionen des Internets als Ergänzung oder Teil der Sendung. Die Komplementärbeziehung zwischen Internetangebot und Fernsehen drückt sich sowohl in Unterhaltungsformaten wie z.B. „TV Total“ (Pro7/Brainpool), „BigBrother.de“ (RTL/Endemol), „Girlscamp.tv“ (SAT1/MME) oder „Wer wird Millionär?“ (RTL/Endemol) aus,[304] als auch in den komplementär strukturierten Nachrichtenangeboten. Die These einiger Studien, das Internet sei für den Informationsabruf, weniger aber für Unterhaltung geeignet, ist aufgrund des Erfolgs der komplementären Unterhaltungsangebote nicht uneingeschränkt zu bestätigen.[305] Alle Angebote der TV-Sender bieten Programmführer an, die als Prototyp zukünftiger Programmführer im interaktiven Fernsehen gelten.[306]

2.2.2 Das Internetangebot der Hörfunksender

2.2.2.1 Ergebnisse der Inhaltsanalyse

Das Angebot der Hörfunksender im Internet wird in der Fachliteratur mit den Begriffen „Internet-Radio“ oder „Online-Hörfunk“ beschrieben. Die Untersuchung von sechs Internetangeboten des Hörfunks, drei aus dem Bereich des

---

304 Seit Februar 2001 bietet die RTL-Sendung „Wer wird Millionär?“ (RTL/Endemol) parallel zur TV-Sendung eine Internet-Spiel an, die das interaktive Teilnahme am aktuell gesendeten Quiz am Computerbildschirm ermöglicht. Um in den Werbepausen der TV-Sendung nicht mit der Internet-Nutzung der Zuschauer zu konkurrieren, wird das Internet-Spiel während der Werbepause ebenfalls unterbrochen. Vgl. Alexander Kissler: Mein Cola-Automat fühlt sich heute nicht so. Daumenkino mit Standleitung: Die Internet-Soaps von ZDF, RTL und T-Online ködern uns kräftig. In: FAZ Nr. 271 (2000), S. 62; Sonja Zekri: Das Ende der geschichten ist nahe. Wie im deutschen Fernsehen Quizshows und Reality-TV die Fiktion verdrängen. In: FAZ Nr. 25 (2001), S. 54; Marcus Theurer: In Deutschland läßt die Fernsehzukunft auf sich warten. Interaktive Dineste eröffnen Umsatz-Chancen. In: FAZ Nr. 275 (2000), S. 24; Claus Morhart: Damit „Big Brother“ läuft wie geschmiert. In: FAZ Nr. 218 (2000), S. 62; Lothar Mikos: Im Auge der Kamera – Das Fernsehereignis „Big Brother“. Berlin 2000; Tilman Baumgärtel: Exkurs über Zlatko. Fernsehwissenschaftler beschäftigen sich mit dem Phänomen „Big Brother“. In: Berliner Zeitung Nr. 222 (2000), S. 21

305 Vgl. Carolyn A. Lin: Online Service Adoption Likelihood. a.a.O.; Renate Ehlers: Öffentlich-rechtlicher Rundfunk und Multimedia. a.a.O.; Alexander Kissler: Ist Polen nun offen –oder was? Sex im Aquarium und ab nach Kenia: Das Ende des Reality-Wahns. In: FAZ Nr. 42 (2001), S. 48; Birgit van Eimeren: Online oder „On air“? Rundfunk und Internet – konkurrierend oder komplementär? a.a.O.

306 Vgl. Michael Stadik: Der Fernseher macht TV-Zeitschriften überflüssig. Digitale TV-Guides sollen den Zuschauer durch das Sender-Dickicht leiten. In: Financial Times Deutschland. 26.04.2000, S. 5; Torde Löding: Ein Standard für alle: TV und Internet aus einer Box. In: Net-Business Nr. 15 (2000), S. 14

privaten und drei aus dem öffentlich-rechtlichen Rundfunk,[307] zeigt jedoch, dass das tatsächliche Angebot über die auditiven Inhalte weit hinausgeht.

Der publizistische Inhalt der Internetangebote des Hörfunks ist durch zwei mediale Erscheinungsformen charakterisiert: Das „klassische" auditive Angebot und ein redaktionelles Angebot in Wort und Bild. Fünf der sechs untersuchten Hörfunksender (bis auf Hit Radio Antenne) nutzen das Audio-Streaming zur Verbreitung ihres Radioprogramms über das Internet und sind somit weltweit empfangbar.[308] Zusätzlich bieten fünf Angebote die Möglichkeit des Abrufs bereits gesendeter Beiträge. Bis auf das Klassik Radio bieten ebenfalls fünf Angebote redaktionelle Inhalte in Wort und Bild, die durch eigenständige Online-Redaktionen betreut und aktualisiert werden. Die klare Trennung von „klassischen" Hörfunk-Inhalten und internetspezifischen Beiträgen war in fünf Fällen (bis auf Hit Radio Antenne) zu erkennen. Audiovisuelle Beiträge werden lediglich von der Deutschen Welle, die auch ein Fernsehprogramm veranstaltet, im Internet angeboten.[309]

„Interaktive Dienste" ergänzen auch das Internetangebot der Hörfunksender. Alle Internetangebote bieten dem Nutzer Recherchemöglichkeiten und Suchfunktionen, um individuell gewünschte Informationen abzufragen. Ein Archiv mit auditiven Beiträgen betreiben ausschließlich die drei untersuchten öffentlich-rechtlichen Sender. Deutschlandradio und der Südwestrundfunk bieten zusätzlich ein kostenfreies Volltext-Archiv an, in dem die Beiträge recherchiert werden können. Einen personalisierten Bereich sowie Diskussionsforen, die bei den Rundfunksendern häufig als „Club" bezeichnet werden, bieten die beiden privaten Sender Antenne Bayern und Hit Radio Antenne, sowie das öffentlich-rechtliche Angebot SWR3.

Die Kategorie „Werbung" zeigt analog zum Fernsehen eine Unterschiede zwischen werbefinanzierten privaten und den werbe- und sponsoringfreien öffentlich-rechtlichen Angeboten. Ausnahme ist die öffentlich-rechtliche Anstalt Deutsche Welle, die mit Verabschiedung des neuen Gesetzes über den deutschen Auslandsrundfunk Ende 1997 berechtigt ist, Werbeflächen – auch

---

[307] Siehe Anhang; untersuchte Angebote: Antenne Bayern, Hit Radio Antenne, Klassik Radio Online (privater Hörfunk), Deutschen Welle, Deutschlandradio, SWR3 (öffentlich-rechtlich). Die Auswahl der sechs Internetangebote wurde nicht nach Reichweiten vorgenommen, da keine vergleichbaren IVW-Online-Reichweiten publiziert wurden.

[308] Der breitbandige Internetzugang ermöglicht UKW-vergleichbare Stereo-Qualität. Zu den „Klangqualitäten im Internet" vgl. auch: Karl Breithaupt / Erich Fletterer: Der digitale Hörfunk – Stand und künftige Entwicklungen. a.a.O., S. 206

[309] Die Deutsche Welle ist eine vom Bund finanzierte öffentlich-rechtlich organisierte Rundfunkanstalt mit dem Auftrag, durch Radio- und Fernseh-Programme dem Ausland ein umfassendes Bild des politischen, wirtschaftlichen und kulturellen Lebens in Deutschland zu vermitteln und die deutschen Auffassungen zu wichtigen Fragen darzustellen. Vgl. Deutsche Welle: Über uns. Im Internet unter: http://www.dwelle.de/dw/intern/Welcome.html Stand: 21.02.2001

im Internet als Bannerwerbung - anzubieten.[310] Auch „E-Commerce“ trägt zur Finanzierung der privaten Internetangebote bei. Antenne Bayern und Hit Radio Antenne bieten Einkaufs-Möglichkeiten in Kooperation mit Online-Shops. Das Angebot der öffentlich-rechtlichen Sender Deutschlandradio[311] und SWR3 beschränkt sich gemäß RStV auf den Vertrieb sog. Merchandising-Produkte.

2.2.2.2 Ergebnisse vorausgegangener wissenschaftlicher Studien

Karl Breithaupt und Erich Fletterer gehen in ihrer Analyse zum „Stand und künftigen Entwicklungen im digitalen Hörfunk“[312] aus dem Jahr 1999 auch auf „Radio und Internet“ ein. Die Autoren nehmen eine inhaltliche Trennung des Hörfunks im Internet in die Kategorien „Online-Hörfunk“ und „Radio on Demand“ vor.[313] Unter Online-Hörfunk verstehen Breithaupt und Fletterer das Hören von Radioprogrammen im Internet, ergänzt durch interaktive „Zusatzdienste wie Hintergrundinformationen, spezielle Netzwerke oder Foren.“[314] Als „Radio on Demand“ bezeichnen die Autoren die Möglichkeit, verpasste Sendungen über das Internet nachträglich anzufordern. Auch das individuelle Zusammenstellen von MP3-Angeboten als „eigenes Wunschprogramm“ sei ein „spezielles Radio on Demand“.[315] Die Autoren prognostizieren, dass sich das „Internet wohl als viertes Medium in der Rundfunk-Medienwelt etablieren“[316] wird. Auch Ernst Elitz betont den Aspekt der weltweiten Verbreitung der Hörfunk-Programme durch Internet-Streaming. Den Vorteil des Internets für den Hörfunk sieht Elitz in „Audio-on-Demand-Angeboten, die das reguläre Programm ergänzen und bereits ausgestrahlte Sendungen dauerhaft verfügbar halten.“[317] Zugleich sei das Internet-Radio ein „Begleitmedium der Computer- und Internet-Nutzung.“[318]

---

[310] Zur rechtlichen Stellung der Deutschen Welle siehe auch: Dieter Dörr: Die verfassungsrechtliche Stellung der Deutschen Welle: Rechtsgutachten im Auftrag der Deutschen Welle. München 1998, S. 20 ff.; Albrecht Hesse: Rundfunkrecht. München 1999, S. 56; Deutsche Welle: Über uns. Im Internet unter: http://www.dwelle.de Stand: 21.02.2001

[311] Das Deutschlandradio ist ein Radio aller Bundesländer, das mit zwei Programmen im ganzen Bundesgebiet zu empfangen ist. In ihm sind die früher eigenständigen Sender RIAS, Deutschlandsender Kultur (beide Berlin) und Deutschlandfunk (Köln) zusammengelegt worden. Die neue Hörfunkanstalt hat den gesetzlichen Auftrag, „zur Vollendung der deutschen Einheit beizutragen, Mauern in den Köpfen einzureißen und Vorurteile in Ost und West abzubauen.“ Vgl. GVBl. Bay. 1993, S. 1017

[312] Karl Breithaupt / Erich Fletterer: Der digitale Hörfunk – Stand und künftige Entwicklungen. In: Hans-Bredow-Institut für Medienforschung an der Universität Hamburg (Hrsg.): Internationales Handbuch für Hörfunk und Fernsehen 2000/2001. Baden-Baden 2000, S. 201-207

[313] Ebd., S. 205 ff.

[314] Ebd., S. 206

[315] Ebd.

[316] Ebd., S. 207

[317] Ernst Elitz: Radio – so alt und doch wie neu. In: Kommunikation und Medien, Beilage der FAZ Nr. 200 (2000), S. B2

[318] Ebd.

Christof Barth und Thomas Münch untersuchten in ihrer 2001 veröffentlichten Studie „Webradios in der Phase der Etablierung" Angebote, Nutzung und Inhalte des Hörfunks im Internet.[319] Die Autoren sehen in der „Entwicklung von Verfahren zur Audioübertragung über das Internet nicht nur zusätzliche Konkurrenz, sondern zugleich die Möglichkeit, das Radio in einer neuen medialen Umgebung zu etablieren und neue programmliche Formen zu entwickeln."[320] Im Dezember 2000 seien 21 öffentlich-rechtliche Radioprogramme von elf Sendeanstalten im Netz präsent, „von denen keines ausschließlich Internet-Radio war."[321] Im Bereich des privatwirtschaftlichen Hörfunks seien nicht die etablierten Radioanbieter führend, sondern vielmehr die internet-exklusiven Radiosender, die sich um zusätzliche terrestrische Frequenzen bemühen.[322] Die Herausforderung für die Veranstalter von Radio-Vollprogrammen bestehe darin, „Synergien zwischen ihrem Hörfunkprogramm und anderen Medien so zu nutzen, dass sich für die Nutzer ein erkennbarer Mehrwert beim Webradiohören ergibt."[323]

Helmut Volpers, Christian Salwiczek und Detlef Schnier untersuchten im Jahr 2000 die „Kulturradioangebote der ARD im Internet"[324], zu denen sie Informations- und Nachrichtenprogramme, Klassikradioprogramme und kulturbetonte Programme der öffentlich-rechtlichen Anstalt zählen. Die Autoren sprechen diesen sog. Einschaltprogrammen die „größten inhaltlichen Ressourcen zu, denen sich im Internet eine komplementäre Plattform bietet." Weitere komplementäre Aspekte ergäben sich aus dem „unausgeschöpften Hörerpotential, das eine große Affinität zum Internet besitzt" und „in einem überdurchschnittlichen Maße informationsorientiert und kulturinteressiert"[325] ist. Zwischen dem „klassischen auditiven Radioprogramm" und den online zur Verfügung gestellten Inhalten ergäbe sich „durch den Internetauftritt eine Reichweitenerhöhung, welche die Legitimierung der Contenterstellung erhöht."[326] Die Autoren folgern aus den Ergebnissen ihrer Studie „intermediale Rückkoppelungsaspekte", in der amerikanischen Publizistikwissenschaft als „More-and-More-Effect"[327] bezeichnet, durch die die jeweils andere Angebotsform unterstützt wird, also auch durch Onlineangebote neue Hörer des klassischen Rundfunks gewonnen würden.

---

[319] Christof Barth / Thomas Münch: Webradios in der Phase der Etablierung. Angebote, Nutzung und Inhalte des Hörfunks im Internet. In: Media Perspektiven Nr. 1 (2000), S. 43-50

[320] Ebd., S. 43

[321] Ebd., S. 44

[322] Ebd.

[323] Ebd., S. 49

[324] Helmut Volpers / Christian Salwiczek / Detlef Schnier: Kulturradioangebote der ARD im Internet. Ein medialer Verbund mit Zukunft. In: Media Perspektiven Nr. 1 (2001), S. 31-42

[325] Ebd., S. 42

[326] Ebd.

[327] In Anlehnung an: Paul Lazarsfeld / Bernard Berelson / Hazel Gaudet: The People's Choice. How the Voter makes up his mind in a presidential campaign. New York, London 1944

2.2.2.3 Zusammenfassung und Bewertung

Die genannten Studien und die Ergebnisse der Inhaltsanalyse im Januar 2001 lassen die Tendenz zu einer komplementären inhaltlichen Ergänzung des Hörfunks durch seine Internetangebote erkennen. Generell ist festzustellen, dass der Hörfunk das einzige klassische Massenmedium ist, das seine originären Inhalte, das Radioprogramm, in inhaltlich und qualitativ unveränderter Form im Internet bereitstellt. Diese Funktion wird von den meisten Anbietern genutzt. Das Internet wäre demnach lediglich ein weiterer Übertragungsweg, vergleichbar mit der terrestrischen Übertragung oder der Verbreitung über Kabelnetze. Lediglich die sendetechnische Aufbereitung des Radiosignals, die Digitalisierung der auditiven Inhalte, unterscheidet sich bei der Übertragung über Internet. Erst durch die Ergänzung der Hörfunk-Internetangebote durch publizistische Inhalte in Wort und Bild und durch interaktive Dienste entsteht ein Nutzungs-Mehrwert, der inhaltlich-funktional über das klassische Angebot hinausgeht. Neben dem auditiven Angebot im Internet, das sich in Online-Hörfunk und abrufbare gespeicherte Inhalte gliedert, wird der publizistische Inhalte in Wort und Bild meist zur Programmbegleitung oder Programmvertiefung verwendet. Bei den privaten Internetangeboten deutet sich die wachsende Bedeutung des „E-Commerce"zu Finanzierierung der Angebote an. Analog zur Presse ist die Verknüpfung von Programm und Kaufangeboten auch im Hörfunk festzustellen. Beispielsweise zeigt die Verknüpfung von aktuell gespieltem Musiktitel und einem parallel angezeigten entsprechenden Kaufangebot von Tonträgern, dass die Trennung publizistischer und kommerzieller Interessen möglicherweise nicht gewährleistet ist.

3 Konvergenz zwischen Internet und klassischen Medien

Das nachfolgende Kapitel analysiert und systematisiert das Konvergenzphänomen zwischen Internet und klassischen Medien. Zunächst wird der Begriff der „Konvergenz" publizistikwissenschaftlich eingeordnet und definiert. Die Begriffe der „Konkurrenz" und „Komplementierung", die bereits in der Fragestellung dieser Arbeit auf unterschiedliche Ausprägungen der Konvergenz hinweisen, werden ebenfalls konkretisiert (Kap. 3.1). Anschließend werden die technischen (Kap. 3.2), inhaltlich-funktionalen (Kap. 3.3) und wirtschaftlichen (Kap. 3.4) Parameter der Konvergenzentwicklung dargestellt und hinsichtlich aktueller Entwicklungstendenzen bewertet

3.1 Wesensmerkmale von Konvergenz, Konkurrenz und Komplementierung

3.1.1 Der Begriff der „Konvergenz"

Der Begriff der „Konvergenz" wird in der Wissenschaft vielseitig und vielschichtig verwendet. Im mathematischen Sinne konvergiert eine unendliche Zahlenfolge oder- reihe immer dann, wenn für sie ein Grenzwert existiert, dem sie zustrebt.[328] Eine biologische Interpretation von Konvergenz konstatiert vergleichbares, wenn ein übereinstimmendes oder ähnliches Aussehen entfernt verwandter, bzw. genetisch verschiedener Lebewesen durch Anpassung an die gleichen Umweltbedingungen vorliegt.[329] In der Ökonomie beschreibt die wirtschaftliche Konvergenz das Angleichen der Pro-Kopf-Einkommen zwischen Wirtschaftsräumen[330] oder bezeichnet die Annäherung von Wirtschaftsordnungen oder –systemen.[331] Medizinisch liegt Konvergenz vor, wenn sich die Blicklinien beim Sehen eines Gegenstandes in unmittelbarer Nähe überschneiden. Gesellschaftspolitisch schließlich bezeichnet Konvergenz das Zusammengehen verschiedener Bereiche aufgrund allmählich sich als gemeinsam herausstellender Prinzipien.[332] Allen Definitionen gemeinsam ist der Aspekt der Annäherung, des Angleichens oder der Anpassung vormals getrennter Parameter.

Im publizistikwissenschaftlichen Sinne beschreibt der Begriff „Konvergenz" eine Strukturveränderung des Mediensystems, die durch Grenzverwischung vormals getrennter Mediengattungen charakterisiert ist. In den Blickwinkel des medienpolitischen Interesses rückte der Begriff der „Konvergenz" im Jahr 1997 durch die Veröffentlichung des „Grünbuchs zur Konvergenz der Branchen Telekommunikation, Medien und Informationstechnologie und ihre ordnungspolitischen Auswirkungen."[333] Dieses Grünbuch der Europäischen Kommission setzte in Folge einen breiten Konsultationsprozess in Gang.[334] Seither steht der Begriff der „Konvergenz" im weitesten Sinne für das Zusammenwachsen der ehemals getrennten und separat regulierten Sektoren Telekommunikation, Medien und Informationstechnologie, im folgenden als „TMI" abgekürzt.[335] Der Begriff der „Konvergenz" wurde zunächst universell als

---

[328] Vgl. Stefan Fröhlich / Bader H.: Einführung in die Mathematik für Volks- und Betriebswirte. München 1973, S.18

[329] Vgl. Friedrich L. Sell: Wirtschaftliche Konvergenz in der wirtschaftstheoretischen Diskussion. In: Bernhard Fischer / Thomas Straubhaar (Hrsg.): Ökonomische Konvergenz in Theorie und Praxis. Baden-Baden 1998, S.33-48, S.35

[330] Vgl. Konrad Lammers: Wirtschaftliche Konvergenz in der wirtschaftspolitischen Diskussion. In: Bernhard Fischer / Thomas Straubhaar (Hrsg.): Ökonomische Konvergenz in Theorie und Praxis. Baden-Baden 1998, S.195-205, S.207; Thomas Straubhaar: Wirtschaftliche Konvergenz: Was, wie, wozu? In: ebd., S. 11 ff.

[331] Vgl. Friedrich L. Sell: a.a.O., S. 36

[332] Vgl. Niklas Mahrdt: Strategische Allianzen bei digitalen Informations- und Kommunikationsdiensten: Eine wettbewerbspolitische Untersuchung. Baden-Baden 1998, S. 42

[333] Europäische Kommission (Hrsg.): Grünbuch der Konvergenz der Branchen Telekommunikation, Medien und Informationstechnologien und ihre ordnungspolitischen Auswirkungen. Brüssel 1997

[334] Das Grünbuch gliedert sich in einen Diskussionskontext ein, der mit einer Veröffentlichung der OECD 1992 und dem Bangemann Report 1994 seinen Anfang nahm und vor allem auf einer Studie der Unternehmensberatung KPMG von 1996 basierte.
Vgl. KPMG (Hrsg.): Public Policy Issues. 1996; OECD (Hrsg.): Telecommunications and Broadcasting: Convergence or Collision? Reihe ICCP Information, Computer and Communications Policy. Band 29. Paris 1992

[335] Andere verwenden synonym die Begriffe Kommunikation (für Telekommunikation), Rundfunk (statt Medien) und Computer (für Informationstechnologie). Vgl. Niklas Mahrdt: a.a.O., S.

Angleichung oder Annäherung der TMI-Sektoren verwendet und erst in der einsetzenden Diskussion um Regulierung oder Deregulierung in unterschiedliche Bereiche der Konvergenz unterteilt, etwa technische oder wirtschaftliche Konvergenz.[336] Konvergenz zwischen Internet und klassischen Medien ist demnach auf unterschiedlichen Ebenen zu beobachten und erfordert eine Segmentierung in unterschiedliche Betrachtungsebenen.[337]

3.1.2 Formen der Konvergenz

Drei grundsätzliche Ausprägungen der Konvergenz werden in der vorliegenden Arbeit unterschieden, um eine systematische Darstellung des Konvergenzphänomens zu gewährleisten: Technologische Konvergenz, inhaltlich-funktionale Konvergenz und wirtschaftliche Konvergenz (Abb. 27). Technologische Konvergenz bezieht sich entweder auf die Netzinfrastruktur oder auf die technischen Möglichkeiten im Endgeräte-Sektor. Der Bereich der inhaltlich-funktionalen Konvergenz umschließt die Konvergenz der Medieninhalte (Text, Bild, Ton, Video) und der Funktionen (Individual- oder Massenkommunikation). Wirtschaftliche Konvergenz drückt sich auf der Markt- und Unternehmensebene durch die zwei Ausprägungen Kooperation oder (Verdrängungs-)Wettbewerb aus. Zwischen den drei Konvergenzbereichen besteht eine Vielzahl komplexer Interdependenzen.

ABB. 27: AUSPRÄGUNGEN DER KONVERGENZ

KONVERGENZ ZWISCHEN INTERNET UND KLASSISCHEN MEDIEN					
TECHNOLOGISCH		INHALTLICH-FUNKTIONAL		WIRTSCHAFTLICH	
NETZE TECHNOLOGIE	ENDGERÄTE	INHALTE	FUNKTIONEN	KOOPERATION/ KOEXISTENZ	WETTBEWERB VERDRÄNGUNG

Quelle: Eigene Darstellung

Neben der Art der Konvergenz ist auch die zeitliche Dimension sowie die Geschwindigkeit von Bedeutung, mit der sich Konvergenz vollzieht. Der Begriff

15 u.a., vgl. auch Martin Ulbrich: Konvergenz der Medien auf europäischer Ebene. In: Kommunikation und Recht K&R (1998), S. 100 ff.; Andreas Bartosch: Das Grünbuch über Konvergenz: Ein Beitrag zur Diskussion auf dem Weg in die Informationsgesellschaft. In: ZUM (1998), S. 209 ff.; Katharina Scheja: Das Grünbuch der Konvergenz. In: CR (1998), S. 358 ff.

336 Vgl. Wolfgang Schulz / Thorsten Held: Schnittstellen (3). Neue Rezepte, frische Zutaten. Was die Konvergenz erfordert. In: epd-Medien Nr. 30 (2000), S. 8-13, S. 9; Wolfgang Schulz: Stellungnahme zur Anhörung „Konvergenz und Medienordnung" des Unterausschusses für Kultur und Medien. Berlin 2000; Europäische Kommission: Arbeitsdokument der Kommission - Zusammenfassung der Ergebnisse der öffentlichen Konsultation zum Grünbuch der Konvergenz der Branchen Telekommunikation, Medien und Informationstechnologien. SEC (1998) 1284

337 Vgl. Deutscher Bundestag (Hrsg.): Schlußbericht der Enquete-Kommission "Zukunft der Medien in Wirtschaft und Gesellschaft. Deutschlands Weg in die Informationsgesellschaft." Drucksache13/11004. Bonn 1998; Ekkehardt Oehmichen / Christian Schröter: Fernsehen, Hörfunk, Internet: Konkurrenz, Konvergenz oder Komplement? Schlussfolgerungen aus der ARD/ZDF-Online-Studie 2000, S. 359 f.

„Konvergenz" lässt sich als Zustand, im Sinne eines Status Quo („konvergent") oder als Prozess („konvergierend") verstehen. In der vorliegenden Arbeit wird der Begriff in letzterem Sinne als evolutiver (und weniger revolutionärer) Prozess des Zusammenwachsens beschrieben, ohne dabei zu werten, ob sich die Konvergenzentwicklung eines Bereichs am Anfang oder im fortgeschrittenen Stadium befindet.[338] Im Gegensatz zur Konvergenz umschreibt der begriff der Divergenz eine gegenläufige Entwicklung, die sich in Diversifikation und Fragmentation ausdrückt. Das Phänomen der Diversifikation ist im Bereich der Endgeräte sowie im Bereich der Inhalte und Funktionen festzustellen.[339]

3.1.3 Die Begriffe „Konkurrenz" und „Komplementierung"

Die Begriffe „Konkurrenz" und „Komplementierung", die im Titel dieser Arbeit als Fragestellung formuliert sind, drücken zwei grundlegende Ausprägungen der Konvergenz von Internet und klassischen Medien aus und ermöglichen die Bewertung des Konvergenzphänomens.[340]

Unter dem Begriff der „Konkurrenz" werden in dieser Arbeit substituierende Aspekte beschrieben, die aus der Konvergenz von Internet und klassischen Medien hervorgehen. Substitution bezeichnet dabei das Verdrängen oder Ersetzen eines technischen, inhaltlich-funktionalen oder wirtschaftlichen Aspekts durch eine Alternative. Die Wirtschaftswissenschaftler Greenstein und Khanna definierten bereits 1997 die „konkurrierende Konvergenz als Substitutions-Paradigma, das dann auftaucht, wenn Produkte oder Dienstleistungen untereinander austauschbar werden, um bestimmte Bedürfnisses eines Nutzers durch das Bündeln von Funktionen zu erfüllen."[341]

Der Begriff der „Komplementierung" charakterisiert in der vorliegenden Arbeit die Ergänzung, Erweiterung oder Erhöhung, die sich aus der Konvergenz von Internet und klassischen Medien ergeben kann. Komplementarität beschreibt im Gegensatz zur Konkurrenz, bzw. Substitution, additive Aspekte, die nicht zur Verdrängung, sondern zur Koexistenz oder Kombination klassischer

---

338 Vgl. Arbeitsdokument der Europäischen Kommission - Zusammenfassung der Ergebnisse der öffentlichen Konsultation zum Grünbuch der Konvergenz der Branchen Telekommunikation, Medien und Informationstechnologien. SEC (1998) 1284, S.3 f.; Axel Zerdick et al.: Die Internet Ökonomie. a.a.O., S. 129 f.

339 Siehe unten Kap. 3.2.3, 3.3; vgl. Deutscher Bundestag (Hrsg.): Schlußbericht der Enquete-Kommission "Zukunft der Medien in Wirtschaft und Gesellschaft. Deutschlands Weg in die Informationsgesellschaft." Drucksache13/11004. Bonn 1998, Kap. 2

340 Vgl. S. Greenstein / T. Khanna: What does industry convergence mean? In: D.B. Yoffie (ed.): Competing in the age of digital convergence. Boston 1997, o.S.

341 Im Original: „Competitive Convergence as a „Substitute Paradigm" occurs when products and services become interchangeable one for another to fulfill a set of certain user needs through bundling of functions."
Vgl. Greenstein, S. / T. Khanna: a.a.O.

Strukturen führen. Durch komplementäre Kombination entstehen dabei neue Funktionalitäten, die keine der Komponenten alleine erbringen könnte.[342]

Die Beurteilungskriterien „Konkurrenz“ und „Komplementierung“ sind nicht immer eindeutig der jeweiligen Konvergenzentwicklung zuzuordnen. Je nach Betrachtungsebene der Konvergenz können sowohl substituierende als auch komplementäre Aspekte kombiniert auftreten. In allen drei Konvergenzbereichen - Technologie, Inhalt und Wirtschaft - zeigen sich überwiegend komplementierende aber auch konkurrierende Aspekte.

3.2 Technologische Konvergenz zwischen Internet und klass. Medien

Als Ursprung des Konvergenzphänomens im gesamten TMI-Bereich gelten die technologischen Innovationen in der Informations- und Computertechnologie. Die sukzessive Digitalisierung bildet die Basis für die technologische Konvergenz der zu unterschiedlichen Zeitpunkten entstandenen Branchen Telekommunikation (ab 1890), Rundfunk (ab 1930) und Informationstechnologie, insbesondere Computertechnologie für private Haushalte (ab 1980).[343] Die amerikanischen Wissenschaftler Peter Bane et al. sehen den technologischen Konvergenzprozess durch drei Entwicklungen begünstigt: Quantensprünge in der Verarbeitungskapazität von Computern (z.B. Prozessoren), die signifikante Verbilligung von Verarbeitungs- und Speichertechnologie durch Massenproduktion und Fortschritte in der Übertragungstechnologie (z.B. Glasfasernetz und Datenkompression).[344] Auf Grundlage dieser Innovationen wurde das World Wide Web entwickelt, das dem Computernetzwerk Internet den Durchbruch in den privaten Bereich ermöglichte (ab 1995).[345] Das Internet ist aus technischer Sicht *theoretisch* in der Lage, sämtliche Medienformen in sich aufzunehmen sowie alle individual- und massenkommunikativen Dienste und Inhalte in digitaler Form zu integrieren – potenziell von der Sprachtelefonie bis zum Rundfunk. Die Integration von Zeichen, Text, Farbe, Bild, Ton, Animation und Video in einer Darbietung erhöht sukzessive das Datenvolumen und somit den Bedarf an Übertragungsbandbreite.[346] Breitbandiger Zugang zum Internet ist somit die Voraussetzung für die Konvergenz zwischen Internet und klassischen Medien. Unterschiedliche Breitbandtechnologien, sog. Übertragungs-

[342] Vgl. Peter Stamm / Franz Büllingen: Das Internet als Treiber konvergenter Entwicklungen – Relevanz und Perspektiven für die strategische Positionierung der TIME-Player. Bad Honnef 1999, S. 8 f.

[343] Vgl. Joseph R. Dominick et al. (Hrsg.): Broadcasting, Cable, the Internet, and Beyond. a.a.O., S. 49

[344] Vgl. Peter W. Bane / S.P. Bradley / D.J. Collis: Winners and losers – Industry structure in the converging world of Telecommunications, Computing and Entertainment. In: D.B. Yoffie (Ed.): Competing in the age of digital convergence. Boston 1997

[345] Siehe oben Kap. 1.2

[346] Vgl. Booz, Allen & Hamilton (Hrsg.) in Zusammenarbeit mit dem Büro für Technikfolgen-Abschätzung beim Deutschen Bundestag: Zukunft Multimedia. Grundlagen, Märkte und Perspektiven in Deutschland. a.a.O., S. 98 ff.; siehe oben Kap. 1.4 zu multimedialen Darstellungsformen im Internet

plattformen, ermöglichen den Zugang zu den elektronischen Diensten (Kap. 3.2.1). Technologische Konvergenz zwischen dem Internet und den klassischen Medien lässt sich auf zwei Kernfeldern beobachten, die bereits 1949 von den Wissenschaftlern Shannon und Weaver unterschieden wurden:[347] Konvergenz der Übertragungsplattformen (Kap. 3.2.2) und Konvergenz auf Ebene der Endgeräte (Kap. 3.2.3).

ABB. 28: TECHNOLOGISCHE KONVERGENZ

TECHNOLOGISCHE KONVERGENZ ZWISCHEN INTERNET UND KLASSISCHEN MEDIEN					
BREITBANDIGE ÜBERTRAGUNGSPLATTFORMEN			ENDGERÄTE		
NETZE (Z.B. TELEFON-LEITUNG, GLASFASER, DRAHTLOS)	TECHNOLOGIE (Z.B. DSL, 862MHZ KA-BEL, ATM, UMTS)	STANDARDS (Z.B. PAL, TCP/IP, MHP)	COMPUTER (PC) (Z.B. MIT DSL-MODEM, KA-BEL-MODEM)	TV + SET-TOP-BOX (Z.B. INTEG-RIERT ODER SEPARAT)	MOBILE GERÄ-TE (Z.B. HANDY, ORGANISER ETC.)

Quelle: Eigene Darstellung

3.2.1 Breitbandtechnologien

Breitbandtechnologien ermöglichen im Gegensatz zur schmalbandigen Übertragung multimediale Individual- und Massenkommunikation in vollem Umfang. Die Verfügbarkeit von breitbandigen Zugängen zu elektronischen Diensten ist die technologische Voraussetzung der Konvergenzentwicklung. Ursprünglich wurde das Telefon-Kupferkabel als schmalbandiger Übertragungsweg, das TV-(Kupferkoaxial)-Kabel und Glasfaserleitungen als Breitband bezeichnet. Diese Kategorisierung lässt sich durch die Entwicklung neuer Übertragungstechnologien wie z.B. DSL oder UMTS *nicht* mehr aufrecht erhalten.[348] Die breitbandige Übertragung ist demnach unabhängig von einer bestimmten Netz-Infrastruktur. Die Telefon- und Mobilfunknetze wurde ursprünglich - ihrem Basiszweck entsprechend - der Individualkommunikation zugerechnet, während Koaxial-, Satelliten- und terrestrische Netze aufgrund ihrer ursprünglichen Netztopologie ausschließlich der einseitigen Übermittlung von Inhalten von einem Sender an eine Vielzahl von Empfängern diente und

---

[347] Vgl. C. Shannon/ W. Weaver: The Mathematical Model of Communication. Urbana/Illinois 1949, S. 23

[348] Der Begriff „Breitband“, im englischen „Broadband“, und „Schmalband“, englisch „Narrowband“, wird in der wissenschaftlichen Literatur nicht einheitlich verwendet. Aus informationstechnischer Sicgt gilt meist ein Grenzwert zwischen schmalbandiger und breitbandiger Übertragung von etwa 2 Mbit/s. Vgl. Fridhelm Bergmann / Hans-Joachim Gerhardt (Hrsg.):a.a.O., S.136; Michael Müller: Bandbreite in Datennetzen. Durchflußkapazität einer Datenleitung. 1998 Im Internet unter: http://www.bwl.fh-heilbronn.de/wi2/wan/wanbreite.html Stand: 05.03.2001.

ohne Rückkanal angelegt war. Auch diese traditionelle Einteilung wird durch die Entwicklung oder Aufrüstung der Netze obsolet.[349]

Breitbandtechnologien, auch als sog. (Übertragungs-)Plattform bezeichnet, setzen sich aus zwei Komponenten zusammen: Dem physikalischen Netz (z.B. Kupferkabel-Netz) und der verwendeten Übertragungstechnologie (z.B. DSL).[350] Im Netzbereich lassen sich fünf Übertragungsmedien unterscheiden: Kupferkabel, Koaxialkabel, Glasfaserkabel, drahtlose Anschlusstechnologie (terrestrischer Richtfunk, terrestrischer Rundfunk und Mobilfunk) und Satellitenübertragung.[351] Erst die jeweilige Übertragungstechnologie ermöglicht die breitbandige Nutzung des Netzes: Abb. 29 zeigt, dass z.B. die Übertragungskapazität des ursprünglich schmalbandigen Kupferkabels (Telefonleitung) durch unterschiedliche Technologien um ein Vielfaches gesteigert werden kann – je nachdem, ob eine analoge Verbindung (Modem), eine digitale Verbindung (ISDN) oder eine digitale, hochfrequentige Verbindung (DSL) zwischen Nutzer und Zugangsanbieter hergestellt wird.

Prognosen über die Verbreitung breitbandiger Internetzugänge divergieren erheblich. Während das amerikanische Institut Jupiter MMXI eine langsame Verbreitung der Breitbandtechnologie in Europa von etwa 14 % bis zum Jahr 2005 prognostiziert, schätzt eine unabhängige Studie der Europäischen Kommission, dass im Jahr 2005 etwa 50 % der europäischen Internetzugänge mittels Breitbandtechnologie erfolgen könnten.[352] Einigkeit herrscht in einer Vielzahl von Studien, dass die Problematik mangelnder Bandbreite mittel- bis langfristig gelöst wird.[353] Unterschiedlich wird die Perspektive der verschiede-

---

349 Vgl. Axel Zerdick / Arnold Picot / Klaus Schrapeu.a. (Hrsg.): European Communication Council Report. Die Internet Ökonomie. Strategien für die digitale Wirtschaft. Berlin, Heidelberg, New York 1999, S. 61 f.

350 Ein Beispiel für eine vollständige Übertragungs-Plattform ist die Telefonleitung (Netz), DSL (Netztechnologie), das TCP/IP (Übertragungsstandard). Der Kompressionsstandard (z.B. MPEG4) kann ebenfalls zu einer standardisierten Plattform gehören.

351 Vgl. Booz, Allen & Hamilton (Hrsg.) in Zusammenarbeit mit dem Büro für Technikfolgen-Abschätzung beim Deutschen Bundestag: Zukunft Multimedia. Grundlagen, Märkte und Perspektiven in Deutschland. a.a.O., S. 102 f.

352 Vgl. Jupiter MMXI (Hrsg.): Nur 10 Millionen (europäische) Haushalte werden bis zum Jahr 2003 Breitband-Zugang haben. April 2000. Im Internet unter: http://www.jupitermmxi.com, Stand: 05.10.2001; Presse-Mitteilung der Kommission IP/01/1386 vom 9.10.2001 - Studie der Kommission: Breitband-Internetzugang in Europa auf dem Vormarsch;

353 Vgl. Gerd Tenzer: Breitbandig in die Zukunft. Ob Mobil- oder Festnetz – der Bedarf an Übertragungskapazität explodiert. In: Beilage CeBIT 2001, FAZ Nr. 67 (2001), S. B16; Carsten Knopp: Der Sieger im Rennen um die Gigabits. In: FAZ Nr. 248 (2000), S.24; Morgan Stanley Dean Witter (Hrsg.): The Technology Primer. Vol. VII, May 2000. London 2000; Morgan Stanley Dean Witter (Hrsg.): The Global Internet Primer. Vol. 1, June 2000. London 2000; Price Waterhouse Coopers (PWC) Deutsche Revision (Hrsg.): Der Breitbandkabel-Markt Deutschland-Vom Kabelnetz zum Full-Service-Network – Eine Industriestudie. Frankfurt am Main 2000; Presse-Mitteilung der Kommission IP/01/1386 vom 9.10.2001, a.a.O..; Jupiter MMXI (Hrsg.): Nur 10 Millionen (europäische) Haushalte werden bis zum Jahr 2003 Breitband-Zugang haben. a.a.O.

nen Breitbandtechnologien und ihrer Übertragungsnetze bewertet. Nachfolgend werden sieben unterschiedliche Breitbandtechnologien dargestellt.[354]

ABB. 29: BANDBREITEN DER ÜBERTRAGUNGSNETZE UND -TECHNOLOGIEN

NETZ	TECHNOLOGIE	ÜBERTRAGUNGSRATE	ÜBERTRAGUNGSDAUER FÜR 1MIN VIDEO[1] (40MB)
TELEFONNETZ (KUPFERKABEL)	MODEM	BIS 56,6 KBIT/S	96,5 MIN
	ISDN	BIS 128,8 KBIT/S	42,4 MIN
	ADSL / SDSL	BIS 8 MBIT/S	41 SEC
KABELNETZ (KOAXIALKABEL)	KABELMODEM / ETHERNET	BIS 10 MBIT/S	33 SEC
GLASFASERNETZ	T 1	1,54 MBIT/S	3,5 MIN
	T 3	45 MBIT/S	7,3 SEC
	ATM	155 MBIT/S	2,1 SEC (ECHTZEIT)
MOBILFUNK	GSM/WAP	9,6 KBIT/S	568,8 MIN
	GPRS	54 KBIT/S	94 MIN
	UMTS (AB 2002)	2 MBIT/S	2,7 MIN
TERRESTRISCHER RICHTFUNK	LOCAL WIRELESS LOOP (LWL), LOCAL MULTIPOINT DISTRIBUTION SERVICE (LMDS)	2 MBIT/S	2,7 MIN
STROMLEITUNG (KUPFERKABEL)	POWERLINE	3 MBIT/S	1,8 MIN
SATELLIT	PILOTPROJEKTE	BIS 155 MBIT/S	2,1 SEC (ECHTZEIT)

Quelle: Eigene Darstellung und Berechnung; 1) Das Datenvolumen entspricht etwa 1 min audiovisueller Information in Fernsehqualität. Das Datenvolumen kann je nach Kompressionsart kleiner oder größer ausfallen. Vgl. Axel Zerdick et al.: Die Internet Ökonomie. a.a.O., S.86 und Scott Beardsley et.al.: Europe's high-speed mosaic. In a few years' time, Europe's broadband landscape may well be balkanized. In: The McKinsey Quarterly 2001 Nr. 1 (2001), S. 189-193

3.2.1.1 Kupferkabel (DSL)

DSL (engl. Digital Subscriber Line) bezeichnet eine digitale Übertragungstechnologie, die breitbandige Datenübertragung über das ursprünglich schmalbandige Doppelader-Kupferkabel der Telefonleitung ermöglicht. Die DSL-Technologie trennt die herkömmliche Telefonleitung in drei Frequenzkanäle: Ein Kanal bleibt für die Sprachtelefonie reserviert. Die beiden anderen Kanäle dienen als Down- und Upstream-Leitung (Hin- und Rückkanal) und ermöglichen breitbandige Datenübertragung durch ein erhöhtes Frequenzspektrum (etwa 1 MHz). Um eine DSL-Verbindung zu nutzen, benötigt der Anwender ein spezielles DSL-Modem und einen Splitter, der die Frequenzen der Telefonleitung auf drei Kanäle teilt.[355] Der Begriff „DSL" umfasst als Sammelbegriff

---

[354] Vgl. Booz, Allen & Hamilton (Hrsg.) in Zusammenarbeit mit dem Büro für Technikfolgen-Abschätzung beim Deutschen Bundestag: Zukunft Multimedia. Grundlagen, Märkte und Perspektiven in Deutschland. a.a.O., S. 102 f.

[355] Vgl. Jörg Luther: Kino auf Mausklick. In: Internet World Nr. 7 (2000), S. 52-54, S. 54

unterschiedliche Ausprägungen: SDSL (Symmetric DSL) ist durch identische Übertragungsraten im Hin- und Rückkanal gekennzeichnet. ADSL (Asymmetric DSL) steht für eine asymmetrische Übertragungstruktur, i.d.R. mit leistungsfähigerem Hinkanal. HDSL (High Data Rate DSL) und VDSL (Very high rate DSL) bezeichnen DSL-Technologien mit höheren Übertragungsraten von bis zu 2 Mbit/s (HDSL) und bis zu 52 Mbit/s (VDSL).[356] Seit 1999 werden in Deutschland ADSL-Anschlüsse an private Nutzer vermarktet. Da die Anbieter von ADSL die Vermittlungstechnik der bestehenden Telefonnetze aufrüsten müssen, ist ADSL bis Ende 2000 zu 60% und bis Ende 2001 in 90% aller deutschen Haushalte verfügbar. Der ADSL-Technologie werden aufgrund ihrer Leistungsfähigkeit, der schnellen Verbreitung durch günstige Preise (u.a. Flatrate-Tarife) und der Wirtschaftlichkeit durch Nutzung vorhandener Netze hohes Potential eingeräumt.[357]

3.2.1.2 Koaxial-(TV)-Kabel

Das TV-Kabel, ein Koaxial-Kupferkabel, kann ebenfalls für den breitbandigen Internet-Zugang mit Hilfe eines Kabelmodems oder einer internetfähigen Set-Top-Box verwendet werden. Der Internetzugang über TV-Kabel erreicht mit bis zu 30 Mbit/s ausreichende Übertragungsraten für alle medialen Angebotsformen. Da das TV-Kabelnetz in Deutschland traditionell auf einer Baumstruktur basiert, der klassischen Sender-Empfänger-Struktur[358], ist die Aufrüstung zum interaktiven Netz mit Rückkanal technisch und finanziell aufwendig. Das Kabelnetz wurde im März 2000 von 18,77 Millionen deutschen Fernsehhaushalten zur Übertragung des klassischen Rundfunks genutzt (technische Reichweite) und ist damit das bedeutendste Übertragungsmedium für den Rundfunk, gefolgt von 10,81 Haushalten mit Satelliten-Übertragung und 3,78 Millionen terrestrisch empfangenden Haushalten.[359] Aufgrund der hohen Investitionen in einen Umbau der Kabelnetzstruktur und der Konkurrenz durch die günstigere DSL-Technologie konnte sich das TV-Kabel bisher nicht

---

[356] Ein häufiger Fehler in Publikationen ist die Verwechslung von Bit und Byte und die falsche Verwendung des Einheitenvorsatzes k (Kilo) und M (Mega): 1 Kilobit sind 1000 Bit und 1 Megabit sind 1.000.000 Bit. Aber: Acht Bit sind ein Byte. Und ein Megabyte sind 1024 Kilobyte.

[357] In Deutschland wird ADSL von den Unternehmen Deutsche Telekom (T-Online), Arcor, 1&1, Mobilcom, AOL und QSC für private Nutzer angeboten. Bereits Mitte 2000 führte die Nachfrage zu Engpässen der Zulieferindustrie notwendiger Hardware-Komponenten, wie Splitter und DSL-Modems. Vgl. auch o.V.: Schnelle Datenübertragung stark gefragt. In: FAZ Nr. 259 (2000), S. 21; o.V.: Schnelle Internet-Zugänge werden günstig wie noch nie. In: FAZ Nr. 211 (2000), S. 26; Ron Sommer (im Interview mit Heinz Stüwe): AOL möchte sein Risiko bei uns abladen. In: FAZ Nr. 268 (2000), S. 19

[358] Siehe oben Kap. 1.3.2

[359] MediaGruppe München (Hrsg.): TV Guide. Zahlen, Fakten, Hintergründe. 2000. S. 6 f.; Price Waterhouse Coopers (PWC) Deutsche Revision (Hrsg.): Der Breitbandkabel-Markt Deutschland-Vom Kabelnetz zum Full-Service-Network – Eine Industriestudie. Frankfurt am Main 2000. S. 11 ff.

als zentrales Zugangsmedium zum Internet durchsetzen.[360] Eine Reihe von Pilotprojekten testet gegenwärtig die technischen Möglichkeiten, die Nutzer-Akzeptanz der unterschiedlichen Angebotsvarianten und die Investitionsanforderungen eines digitalen Kabelnetzes mit interaktiven Rückkanal-Möglichkeiten. Auch komplementäre Systeme, die das Kupferkabel der Telefonleitung (z.B. DSL) als Rückkanal für die Anforderung von Inhalten einsetzen, und die Übertragung der Inhalte zum Empfänger über das breitbandige (862 MhZ) Kabel realisieren, befinden sich in der Versuchsphase.[361] Planungsunsicherheiten bestehen für die Käufer der Kabelnetze (z.B. Callahan, Liberty) durch die Rechtslage im Konvergenzbereich von technischer Übertragung und Inhaltsangeboten. Die Stellung der Kabel-Betreibergesellschaften als Netzbetreiber *und* Programmanbieter ist Gegenstand der rundfunkrechtlichen Diskussion und wird voraussichtlich im sechsten Rundfunkänderungs-Staatsvertrag konkretisiert.[362]

3.2.1.3 Glasfaser / Fiber-LAN

Glasfaserkabel (engl. Optical Fibre / Lichtwellenleiter) ermöglicht die optoelektronische Datenübertragung und erreicht die höchsten Übertragungsraten. Nach 2,5 Mbit/s im Jahr 1995 wurden die Standard-Übertragungsraten durch neue Verfahren auf 10 Gigabit/s und seit dem Jahr 2000 bis auf 40 Gigabit/s je Glasfaserstrang gesteigert.[363] Unter Laborbedingungen können bereits Übertragungsraten von 6,4 Terabit/s[364] je Glasfaserstrang realisiert werden. Diese Übertragungsrate entspricht einer gleichzeitigen Übermittlung von 100 Millionen Telefongesprächen oder einer Million Videokanälen. Optische Glasfasernetze werden aufgrund ihrer hohen Übertragungskapazität im „Backbone"-

---

[360] Vgl. o.V.: Erster Vertrag über Kabelnetze unterzeichnet. In: FAZ Nr. 45 (2000), S. 25; MMXI Europe: MMXI-Multi-Country-Report, März 2000

[361] Eine Auflistung aller Pilotprojekte zum interaktiven Fernsehen befindet sich u.a. bei: Bernd Beckert / Herbert Kubicek: Multimedia möglich machen: Vom Pilotprojekt zur Markteinführung. In Media Perspektiven Nr. 3 (1999), S. 128-143; Klaus Schrape: Kabelfernsehmarkt Deutschland im Umbruch. Neue Geschäftsmodelle für Breitbandnetze. München 2000

[362] Zur medienpoltischen Diskussion über die Kontrolle der eingesetzten „Plattform" (Set-Top-Box/MHP), die Netzebene 4 („letzte Meile") sowie die sog. „Must-Carry"-Lösung vgl. Wernhard Möschel: Die Öffnung der Breitbandkabelnetze für den Wettbewerb. Die Sicht der Monopolkommission. In: In: MMR Nr. 2 (2001), Beilage, S. 13-19, S. 15, S. 18 f.; Hans Wolfert (im Interview mit Lukas Weber): Der Leipziger Fernsehzuschauer als Versuchskaninchen. Primacom-Musterprozeß um die Kanalbelegung. In: FAZ Nr. 266 (2000), S. 56; Raimund Schütz: Nutzung von Breitbandkabelnetzen im Spannungsfeld von Netzbetreiberfreiheit, offenem Netzzugang und hoheitlicher Kabellokation. In: MMR Nr. 2 (2001), Beilage, S. 20-27, S. 27; Christoph Wagner: Wettbewerb in der Kabekommunikation zwischen Transport- und Vermarktungsmodell. In: MMR Nr. 2 (2001) Beilage, S. 28-33, S.28 ff.; o.V.: Die Bundesländer legen die Kabelnetzbetreiber an die Leine. In: FAZ Nr. 231 (2001), S. 20

[363] Vgl. Jürgen Breyer: Datenverkehr mit Lichtgeschwindigkeit. In: Telekommunikation, Beilage der FAZ Nr. 253 (2000), S. B15

[364] 1 Gigabit/s = 1.000 Mbit/s, bzw. 1 Terabit/s = 1000Gigabit/s = 1.000.000 Mbit/s; Jüngste Untersuchungen britischer Universitäten („AN-Projekt") zielen eine nutzbare Kapazität von 25 Terabit/s und streben 100 Terabit/s an.

Bereich eingesetzt und bilden das Rückgrat der Internetarchitektur. Glasfasernetze und optimierte Übertragungstechnologien, wie z.B. ATM (Asynchronous Transfer Mode), Multiplexing und DWDM (Dense Wavelength Division Multiplex), tragen dem exponentiell wachsenden Bedarf an leitungsgebundener Übertragungskapazität Rechnung.[365] Die Verlegung von Glasfaserleitungen in einzelne Haushalte („Fibre to the Home") oder als lokales Netzwerk (LAN) erfordert hohe Investitionen und gilt bisher nicht als konkurrenzfähig, da alternative Technologien (z.B. DSL) auf vorhandene Netze zurückgreifen können.[366]

3.2.1.4 Satellit

Die Datenübertragung über Satelliten ist - ähnlich wie die des TV-Kabels – traditionell für die Einweg-Kommunikation bestimmt (Sender-Empfänger-Struktur). Übertragunsraten von bis zu 10 Mbit/s ermöglichen jedoch potenziell einen breitbandigen Datendurchsatz. Zur interaktiven Kommunikation lässt sich der fehlende Rückkanal entweder über alternative Übertragungsleitungen oder über Satellit durch Aufrüstung realisieren. Um einen Rückkanal über den Satelliten aufzubauen, ist neben den Systemveränderungen im Satelliten eine sendefähige Satellitenanlage beim Empfänger, bzw. Internet-Nutzer, notwendig.[367] Bisher gibt es insbesondere im Bereich des digitalen Fernsehens Pilotprojekte, die den Satelliten zur interaktiven Datenübertragung nutzen. Inwieweit die Satellitentechnik zum Zugangsmedium für das Internet wird, hängt von der Bereitstellung eines Rückkanals und der Konvergenzentwicklung von digitalem Fernsehen und Internet ab.

3.2.1.5 Mobilfunk (UMTS)

Der heutige europäische Mobilfunkstandard GSM ist auf die schmalbandige Datenübertragung mit maximal 9,6 kbit/s beschränkt. Seit August 2000 ermöglicht die Technologie GPRS (General Packet Radio Service) durch Kanalbündelung eine Übertragungsrate von 53,6 kbit/s, vergleichbar mit einem analogen Modem (Abb. 29).[368] Der Übertragungsstandard WAP (Wireless Application Protocol) übersetzt die Internetsprache HTML (Hypertext Markup Language) in die für Mobilfunkgeräte lesbare Sprache WML (Wireless Markup Language), die Internetseiten in reduzierter, meist bilderloser Version darstellt. WAP gilt als Vorreiter des multimedialen, mobilen Internets im UMTS-

---

[365] Vgl. Helmut Löw: Keine Datenstaus im Glasfaser-Netz. Das Hochgeschwindigkeits-Internet wird Realität- In: Telekommunikation, Beilage der FAZ Nr. 253 (2000), S. B8; o.V.: Wachstum des Internets erfordert leistungsfähigere Glasfaserkabel. In FAZ Nr. 258 (2000), S. 24

[366] Vgl. Booz, Allen & Hamilton (Hrsg.) in Zusammenarbeit mit dem Büro für Technikfolgen-Abschätzung beim Deutschen Bundestag: Zukunft Multimedia. Grundlagen, Märkte und Perspektiven in Deutschland. a.a.O., S. 103 ff.

[367] Vgl. ebd. S.107; Andreas Holzinger: Basiswissen Multimedia. a.a.O., S. 234

[368] Vgl. Michael Spehr: Erste Schritte mit dem neuen Datenprotokoll. GPRS macht die Funknetze schneller. In: FAZ Nr. 212 (2000), S. T6

Standard.[369] Voraussichtlich ab 2002 wird der dritte Mobilfunkstandard UMTS (Universal Mobile Telecommunications System) den GSM-Standard schrittweise ablösen und die breitbandige, drahtlose Kommunikation via Handy einführen. UMTS, auch 3G –„Third Generation"- Mobilfunk bezeichnet - erreicht eine Datenübertragungsrate von bis zu 2 Mbit/s. Somit wird die Übertragung multimedialer Angebote über das Internet ortsunabhängig möglich. Neben dem klassischen Internetzugang wird die Entwicklung neuer multimedialer Dienste erwartet, die sich zwischen mobiler Individual- und Massenkommunikation bewegen. Zu den möglichen Szenarien zählen Mobilfunkgeräte, die mit digitaler Video-Kamera, kleinem Bildschirm, Mikrofon und Lautsprecher ausgestattet sind und somit die Funktionen eines Übertragungswagens in einem Handy integrieren.[370] Die Lizenzen für UMTS-Frequenzen wurden in Deutschland für insgesamt 99,37 Milliarden D-Mark an sechs Unternehmen oder Konsortien versteigert.[371] Die Erlössumme deutet die Erwartung und Phantasie der Telekommunikationsunternehmen an und wird sich nur durch die schnelle, massenhafte Verbreitung amortisieren lassen.[372] UMTS wird dem Internet eine neue Angebots- und Nutzungs-Dimension geben, die nicht nur im mobilen Charakter der Endgeräte liegt, sondern in einer Vielzahl neuartiger Dienste.

3.2.1.6 Terrestrischer Richtfunk / LMDS

Terrestrischer Richtfunk, auch als „Local Multipoint Distribution Service" (LMDS) oder „Wireless Local Loop" (WWL) bezeichnet, ermöglicht den kabellosen, vollduplexen (symmetrischen) Internetzugang über Antenne und bietet Übertragungsraten von bis zu 155 Mbit/s. Terrestrischer Richtfunk überbrückt dabei die sog. „letzte Meile" vom Festnetz (Backbone) zum Haushalt oder Gebäudekomplex. Die Datenübertragung wird über bestimmte freigegebene Funkfrequenzen und ein Verschlüsselungssystem realisiert.[373] Richtfunk-Technologie setzt jedoch spezielle Sende- und Empfangsanlagen bei Anbieter und Anwender voraus und ist in Deutschland bisher Firmenkunden vorbehal-

---

[369] Vgl. André Borutta: Vielversprechende Ehe auf dem Kommunikationsmarkt. UMTS und WAP: Die Handys der Zukunft sind im Internet schneller als jeder PC. In: Finanzmärkte, Beilage der FAZ Nr. 219 (2000), S. B16; Fritz Jörn / Michael Spehr: Neues Datenprotokoll für das D- und E-Netz. Der Mobilfunk wird multimedial. GPRS macht die Funknetze flink. In: FAZ Nr. 170 (2000), S. T1; Fritz Jörn: Das Handy ist entscheidend, nicht die Datentechnik. In FAZ Nr. 218 (2000), S. T11

[370] Vgl. Walter Hühn: Was bringt UMTS? Hohe Übertragungsraten machen neue Dienste möglich. In: Telekommunikation, Beilage der FAZ Nr. 253 (2000), S. B11; o.V. Die neuen Lizenznehmer gehen auf Partnersuche für die UMTS-Dienste. In: FAZ Nr. 192 (2000), S. 16

[371] Lizenzen erwarben Deutsche Telekom (D1), Mannesmann Mobilfunk/Vodafone (D2), Viag Interkom, KPN (e-plus), Mobilcom und Group 3G (Sonera/Telefonica).

[372] Vgl. Eva Adelsgruber / Dieter Lange: Schwierige Bedingungen. Nach der UMTS-Versteigerung. In: Telekommunikation, Beilage der FAZ Nr. 253 (2000), S. B13

[373] Vgl. Heiko J. Wüst: Luftbrücke ins Festnetz. Richtfunktechnik als kostengünstige Umgehung der „letzten Meile". In: CeBIT 2001, Beilage der FAZ Nr. 67 (2001), S. B9; Andreas Holzinger: Basiswissen Multimedia. a.a.O., S. 233

ten.[374] Auch wenn die terrestrische Richtfunktechnologie als schnell und zuverlässig gilt, bleibt die terrestrische Übertragung für den Privatanwender auf absehbare Zeit dem Rundfunk vorbehalten. Ob sich der terrestrische Richtfunk nach Digitalisierung der terrestrischen Rundfunkübertragung auch als Internet-Zugangsmedium etablieren kann, ist nicht abzusehen.[375]

3.2.1.7 Stromkabel (Powerline)

Powerline Communication (PLC) bezeichnet eine Übertragungstechnologie, die die Stromnetze der Energieversorger, sog. Nieder- und Mittelspannungsnetze, zur breitbandigen Datenübertragung mit bis zu 3 Mbit/s nutzt. Die Daten (z.B. Sprachtelefonie, Internet) werden zum Ortsnetztrafo übertragen, dort in einer Basisstation in die örtlichen Niederspannungsnetze eingekoppelt, zum Endkunden geleitet und im Haushalt über die Steckdose und ein spezielles Modem mit dem PC verbunden.[376] In Deutschland unternehmen nahezu alle großen Energieversorger (u.a. EnBW, RWE, PreussenElektra) Feldversuche.[377] Die Erfolgsaussicht für die Powerline-Technologie läßt sich jedoch kaum abschätzen und wird auch von den Energieversorgern widersprüchlich beurteilt. Zwar birgt das Netz der Stromversorger großes Potential, weil es wie das Telefonkabel alle Haushalte erreicht und die sog. letzte Meile überbrücken kann. Problematisch sind aber netzimmante Störungen in Stromleitungen und hohe Frequenzen, die durch ungeschirmte Kabel Störsignale abstrahlen und empfindliche elektronische Geräte oder Funkdienste beeinträchtigen können. Auch nach geltendem Telekommunikationsrecht ist die Powerline-Technologie auf ein enges Frequenzband (10 und 150 kHz), das sog. Cenelec-Band, beschränkt und müßte zur breitbandigen Datenübertragung auf 1-30 MHz erhöht werden. Bis 2002 soll die Powerline-Technologie Marktreife erhalten.[378]

3.2.2 Konvergenzentwicklung der Übertragungsplattformen

Die sukzessive Digitalisierung aller Übertragungsnetze ermöglicht prinzipiell die Übermittlung aller Inhaltsformen und Dienstetypen über alle Netze. Im Idealfall wäre, so Michael Latzer 1997, jede Form der Informationsübertragung über jedes Netz möglich.[379] Die dargestellten Breitbandtechnologien indizieren,

---

374 Das Unternehmen Mediascape bietet breits Firmenkunden den Internetzugang via terrestrischem Richtfunk mit 2 bis 155 Mbit/s an.

375 Vgl. Scott C. Beardsley et. al.: Europe's high-speed mosaic. a.a.O., S. 191 f.

376 Vgl. o.V.: Kommt bald der Internet-Zugang über das Stromkabel? In: FAZ Nr. 229 (2000), S. 24; o.V.: Internet aus der Steckdose. In: FAZ Nr. 197 (2000), S. 24

377 Vgl. Peter Stamm: Entwicklungsstand und Perspektiven von Powerline Communications. Bad Honnef 2000, S. 7 ff., S. 26 f.; o.V.: Kommt bald der Internet-Zugang über das Stromkabel? In: FAZ Nr. 229 (2000), S. 24

378 Vgl. Jochen Horndasch: Die letzte Meile. Internetanschluß direkt aus der Steckdose. In: Energie, Beilage der FAZ, Nr.271 (2000), S. B10; o.V. : Powerline noch nicht startklar. In Telecom Investor Nr. 11 (2000), S. 10;

379 Vgl. Michael Latzer: Mediamatik – Die Konvergenz von Telekommunikation, Computer und Rundfunk. Opladen 1997, S. 76

dass aus technischer Sicht bislang typischerweise im schmalbandigen Bereich laufende Anwendungen (z.B. Sprachtelefonie) auch auf rückkanalfähigen Breitbandnetzen möglich werden, andersherum bislang typischerweise breitbandige Anwendungen (z.B. TV) auch auf schmalbandigen Netzen.[380] Übertragungsplattformen basieren auf drei technologischen Komponenten: Dem physikalischen Netz (z.B. Telefonleitung), der Netztechnologie (z.B. DSL) und dem Systemstandard (z.B. TCP/IP, MHP). Während die Faktoren Netz und Netztechnologie den breitbandigen Zugang zu elektronischen Diensten ermöglichen, gewährleistet der Systemstandard die Kompatibilität der Endgeräte mit den übertragenen Inhaltsformen und Dienstetypen. Die Konvergenzentwicklung der Übertragungsplattformen ist somit von diesen Faktoren abhängig.[381] Aus der Darstellung der unterschiedlichen Breitbandtechnologien geht hervor, dass im Bereich der breitbandigen Übertragungsplattformen sowohl konkurrierende Konzepte, als auch komplementierende Lösungen diskutiert, erprobt oder bereits vermarktet werden. Bislang ist nicht abzusehen, ob die Konvergenzentwicklung der Übertragungswege langfristig auf eine Koexistenz der Netze oder Übertragungsplattformen im Sinne der Komplementarität hinausläuft oder ob sich eine universale Übertragungsplattform durchsetzt, die alle Inhalte und Dienste (z.B. Rundfunk, Internet, Telefonie) in einem Netz zusammenführt:[382]

Konkurrierende (substitutive) Übertragungskonzepte gehen davon aus, dass sich langfristig eine universale Übertragungs-Plattform etabliert, die alle Anwendungen vom Rundfunk über breitbandiges Internet bis zur Individualkommunikation und Telefonie integriert. Voraussetzung ist demnach, dass die universale Plattform breitbandige Übertragung mit Hin- und Rückkanal ermöglicht und die Kompatibilität mit den Endgeräten standardisiert ist. Im führenden Breitbandmarkt, den USA, zeichnet sich ein substitutiver Wettbewerb um den breitbandigen Zugang zu elektronischen Diensten zwischen DSL und Koaxial-Kabel ab. In Europa wird ein vielschichtiger Wettbewerb prognostiziert, der neben DSL und Koaxial-Kabel fünf weitere Optionen für den breitbandigen Zugang einbezieht:[383] Lokale Glasfaser-Anbindung, UMTS-Mobilfunk, terrestrischer Richtfunk (LMDS/WWL), Satellit und Powerline-

[380] Siehe unten Kap. 3.2.2; vgl. Wolgang Hoffmann-Riem / Wolfgang Schulz / Thorsten Held: Konvergenz und Regulierung. Optionen für rechtliche Regelungen und Aufsichtsstrukturen im Bereich Information, Kommunkation und Medien. Baden-Baden 2000, S. 20

[381] Vgl. ebd.; Sigrid Schneiders: Internet der nächsten Generation. Die Verschmelzung von Web und Telefonnetz sorgt für neue Applikationen. In: CeBIT 2001, Beilage der FAZ Nr. 67 (2001), S. B30; Gabriele Kuhlenkampf: Der Markt für Internet-Telefonie – Rahmenbedingungen, Unternehmensstrategien und Marktentwicklung. Bad Honnef 2000, S. 3 ff., S. 86 f.

[382] Das Internet ist kein Netz im Sinne einer Übertragungsplattform, da es unabhängig vom physikalischen Netz ist. Der Internet-Standard (TCP/IP) ist als Systemstandard zu qualifizieren, der die Integration aller Dienste ermöglicht. Siehe oben Kap. 1.3, 1.4

[383] Vgl. Jon C. Garcia / Jon Wilkins: Cable is too much better to lose. In: The McKinsey Quarterly 2001 Nr. 1 (2001), S. 185-188, S. 188; Paul J. Roche: DSL will win where it matters. In: The McKinsey Quarterly 2001 Nr. 1 (2001), S. 180-184

Zugang über die Stromnetze.[384] Bisher substituiert die preisgünstige und breit verfügbare DSL-Technologie den Großteil der breitbandigen Internetzugänge, während das Koaxialkabel bisher dem Rundfunk vorbehalten ist. Mit Vermarktungsbeginn der internetfähigen Kabeldienste (z.B. „ish" von Callahan, TV-Kabelnetz), der Weiterentwicklung des systemoffenen Standards MHP 2.0, der Marktreife der Powerline-Technologie (Stromnetz) und der Einführung von UMTS (Mobilfunk) wird sich der substitutive Wettbewerb verschärfen.[385]

Komplementierende Übertragungsplattformen gehen von der Koexistenz oder Kombination unterschiedlicher Übertragungswege aus: Koexistenz verschiedener Übertragungsplattformen ist dann festzustellen, wenn unterschiedliche elektronische Dienste (z.B. Rundfunk, Internet, Telefonie) über unterschiedliche Plattformen übertragen werden. Diese Konstellation entspricht im wesentlichen der gegenwärtigen Situation der Übertragungsplattformen und spiegelt einen geringen Grad an Konvergenz wieder. Die zweite Form komplementierender Übertragungsplattformen, die Kombination unterschiedlicher Netze, ist dann festzustellen, wenn bestehende Netze durch Verknüpfung und Interoperabilität miteinander verbunden werden. Die Übertragung von Diensten und Inhalten erfolgt dabei über unterschiedliche Netze mit gemeinsamen Systemstandards, so dass der Endnutzer den Weg der Daten weder realisiert noch kennen müsste. Die dargestellten Breitbandtechnologien zeigen, dass eine Kombination von Übertragungsnetzen im Bereich der TV-Kabelnetze und der Satellitenübertragung denkbar ist, um den fehlenden Rückkanal durch rückkanalfähige Netze (Bsp. Telefonleitung) zu ergänzen.[386]

Die Konvergenzentwicklung der Übertragungsplattformen wird durch wirtschaftliche und regulatorische Faktoren bestimmt. Für den einzelnen Nutzer ist es hingegen irrelevant, über welchen Weg entsprechende Inhalte übertragen werden, sofern er die gewünschten Dienste auf seinem Endgerät nutzen kann. Nicht abzuschätzen ist, ob die bisherige Koexistenz der Übertragungswege im beginnenden substitutiven Wettbewerb tatsächlich durch eine universale Plattform abgelöst wird.

---

[384] Vgl. Scott C. Beardsley / Pär Edin / Patrick Loulou / Wilhelm A. Mohn: Europe's high-speed mosaic. In a few years' time, Europe's broadband landscape may well be balkanized. In: The McKinsey Quarterly 2001. Nr. 1 (2001), S. 189-193, S. 191 ff.

[385] Vgl. Institut de l'audivisuel et des télécommunications en europe IDATE: Development of Digital TV in Europe. 2000 Report Germany. Dezember 2000, S. 6 ff.; Torge Löding: Interaktives Fernsehen. Durchbruch, zweiter Anlauf. In: Net-Business Nr. 11 (2001), S. 31; Wolfgang Tunze: Zehn Jahre Medientechnik sind eine halbe Ewigkeit. In: FAZ Nr. 61 (2001), S. T1; Hans-Jost Weyandt: Neuer Standard für digitales Fernsehen. 15.03.2001. Im Internet unter: http://www.net-business.de Stand: 20.03.2001

[386] Vgl. Vgl. Scott C. Beardsley et al.: Europe's high-speed mosaic. a.a.O., S. 189 f.; Michael Latzer: a.a.O., S. 76 f.; Matthias Kose: Mit 2 Megabits ans Ziel. Kabel und Mobilfunk werden sich ergänzen. In: Kommunikation und Medien, Beilage der FAZ Nr. 193 (2001), S. B5; Martin Recke: Medienpolitik im digitalen Zeitalter. Zur Regulierung der Medien und der Telekommunikation in Deutschland. Berlin 1998, S. 28 ff.

3.2.3 Konvergenzentwicklung der Endgeräte

Im Bereich der Endgeräte wird die Konvergenzentwicklung von zwei Faktoren bestimmt: Technologische Innovationen einerseits, Nachfrage und Akzeptanz der Nutzer andererseits. Den Zusammenhang zwischen Bedürfnissen der Nutzer und der Konvergenzentwicklung beschreiben Firoz Kaderali und Markus Schneider als rekursives System (Abb. 30).[387] Demnach beeinflusst der Bedarf die technische Entwicklung. Umgekehrt können technische Innovationen zu neuen Bedürfnissen führen. Das rekursive Nutzer-Technik-System befindet sich in einem dynamischen Spannungsfeld, da sich einerseits Nutzer den Nutzwert neuer technischer Angebote nur bedingt vorstellen können und andererseits Anbieter den Bedarf an neuen Angeboten nicht abfragen können.

ABB. 30: DAS NUTZER-TECHNIK-VERHÄLTNIS ALS REKURSIVES SYSTEM

Quelle: Firoz Kaderali / Markus Schneider: Die Nutzerrolle bei der Entwicklung neuer Netze und Dienste. In: Helmut Schanze / Manfred Kammer (Hrsg.): Interaktive Medien und ihre Nutzer. Bd. 1. Baden-Baden 1998, S. 47-50, S. 47

Mit den Gesetzmäßigkeiten der Verbreitungsprozesse von Innovationen beschäftigt sich auch die Diffusionsforschung. Everett Rogers und (später) Philip Kotler entwickelten ein Modell, das die Adaption neuer Technologien durch die Bevölkerung idealtypisch in verschiedene zeitliche Phasen einteilt.[388] Die idealtypischen Kategorien bestehen aus bestimmten Bevölkerungsgruppen mit spezifischen Merkmalen.[389] Die Untersuchung der soziodemografischen Merkmale von Internet-Nutzern bestätigt, dass neue Technologien meist durch eine kleine Gruppe angenommen wird. Der entscheidende Durchbruch erfolgt durch folgende, breitere Nutzer- und Anwenderschichten.[390]

---

[387] Vgl. Firoz Kaderali / Markus Schneider: Die Nutzerrolle bei der Entwicklung neuer Netze und Dienste. In: Helmut Schanze / Kammer, Manfred (Hg.): Interaktive Medien und ihre Nutzer. Bd. 1. Voraussetzungen, Anwendungen, Perspektiven. Baden-Baden 1998, S. 47-50, S. 47 f.

[388] Vgl. Everett M. Rogers: Diffusion of Innovations. New York 1962, 1983, S. 84; Philip Kotler: Marketing Management. Analysis, Planning, Implementation and Control. Upper Saddle River, New Jersey 1997, S. 336 f.

[389] Zu den fünf Gruppen des „Adoption of Innovations"-Modells gehören die „Innovatoren" (innovators, ca.2,5% der Bevölkerung), die „Frühen Übernehmer" (early adopters, ca.13,5%), die „Frühe Mehrheit" (early majority, ca.43%), die „Späte Mehrheit" (late majority, ca.34%) und die „Nachzügler" (laggards, ca.16%). Originaltitel: „Adopter categorization on the basis of relative time of adoption of innovations."

[390] Vgl. Guido Fromm: Vergangene Zukunft – die neuen Medien der „ersten Generation" in Deutschland. Ein Rückblick auf die Prognosen und Entwicklungen der 70er und 80er Jahre. In: Media Perspektiven Nr. 6 (2000), S. 258-276; ARD/ZDF-Arbeitsgruppe Multimedia: Nichtnutzer von Online: Einstellungen und Zugangsbarrieren. Ergebnisse der ARD/ZDF-Online-Studie 1999.

ABB. 31: MODELL DES VERBREITUNGSPROZESSES VON INNOVATIONEN

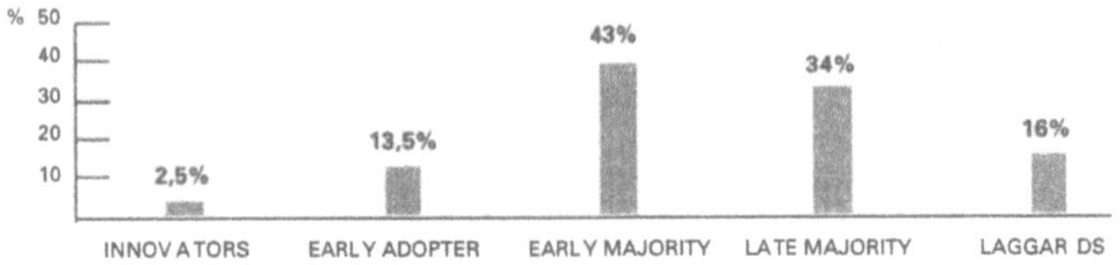

Quelle: Everett M. Rogers: Diffusion of Innovations. New York 1962, 1983

Grundsätzlich zeichnen sich drei Gerätetypen ab, die die technologische Konvergenz von Internet und Rundfunk ermöglichen: Der netzwerkfähige PC, der Fernseher mit externer oder integrierter Set-Top-Box und voraussichtlich UMTS-Mobilgeräte, die bis 2002/2003 verfügbar werden.[391] Analog zu den Übertragungsplattformen lässt sich die Konvergenzentwicklung im Bereich der Endgeräte ebenso in die (substitutive) Konkurrenz einerseits und die Komplementierung unterschiedlicher Systeme andererseits klassifizieren.[392]

Konkurrierende Konzepte gehen von der Substitution unterschiedlicher Systeme (z.B. PC, TV) durch ein universal nutzbares Endgerät aus: Zu Beginn der Konvergenzdiskussion wurde die Integration aller digitalen Dienste und Funktionen in einem digitalen Endgerät prognostiziert.[393] Die Zielvorstellung eines multifunktionalen Multimedia-Terminals, der in jedem Haushalt alle Endanwendungen in einem Gerät integriert, hat sich bislang nicht durchgesetzt. Bereits 1997 wiesen die amerikanischen Wissenschaftler Grant und Shamp darauf hin, dass es „keinen Grund gibt zu glauben, dass es zur Konvergenz (zwischen TV und PC) nur deshalb kommen wird, weil man zwei Funktionen in einem Gerät verschmilzt."[394] Auch die Enquete-Kommission des Deut-

In: Media Perspektiven Nr. 8 (1999), S. 415-422, S. 421 f.; John O'Connor / Galvin Eamonn: Marketing and Information Technology. The Strategy, Application and Implementation of IT in Marketing. London 1997, S. 95 ff.

391 Vgl. Horst Stipp: Convergence Now? In: The International Journal on Media Management Nr. 1 (1999), S. 10-13, S. 10; N. Blechner / Johannes Klostermeier: Statt grauer PC-Monitore leuchten UMTS-Displays. In: Cebit 2001 Special, Net Business, 12.03.2001, S. 41-42; Mitteilung der EU-Kommission: Einführung von Mobilkommunikationssystemen der dritten Generation in der Europäischen Union. Aktueller Stand und Vorgehensweisen. KOM (2001) 141 endg. vom 20.03.2001; Joachim Rawolle / Thomas Hess: New Digital Media an Devices. a.a.O., S. 90 f.

392 Vgl. zur wissenschaftlichen Systematisierung digitaler Endgeräte: Joachim Rawolle / Thomas Hess: New Digital Media an Devices. An Analysis for the Media Industry. In: The International Journal on Media Management Nr. 2 (2000), S. 89-99, S. 90 f.

393 Vgl. Klaus Schrape: Digitales Fernsehen. Marktchancen und ordnungspolitischer Regelungsbedarf. Ein Bericht der Prognos AG im Auftrag der BLM und LfR. München 1995, S. 38, S. 43, S. 116

394 Im Original: „There is no reason to believe that convergence will take place simply because two functions can be merged into a single device." Vgl. A.E. Grant / S.A. Shamp: Will TVs and PCs Converge? Point and Counterpoint. In: New Telecom Quarterly. No. 2 (1997), S. 31-37; Er-

schen Bundestages zur „Zukunft der Medien in Wirtschaft und Gesellschaft" läßt in ihrem Abschlussbericht im Juli 1998 eindeutig Zweifel erkennen, „ob der Fernseher in der Masse auch als Internet-Zugang genutzt wird und der Computer über das Internet die Rolle des Fernsehers und des Radios übernimmt."[395] Da bislang nicht einmal die Integration von Videorecorder und Fernseher in einem Gerät zu beobachten ist, wird die Nachfrage nach integrierten Multimedia-Endgeräten ebenfalls bezweifelt. In einer internationalen Delphi-Expertenbefragung zur Entwicklung der Medienintegration und Online-Kommunikation[396] wurde die Konvergenz stationärer Endgeräte, die Telefon, Fernseher und Computer in einem digitalen Gerät integrieren, nur noch von 20% der Befragten erwartet.[397] Im Bereich mobiler Endgeräte hingegen prognostizieren die befragten Experten zunehmende Konvergenz bis zur vollständigen Medienintegration (E-Mail, Telefon, WWW, Hörfunk, Fernsehen) in mobilen Geräten vor 2010.[398]

Komplementierende Konzepte gehen von der Koexistenz oder Kombinierbarkeit unterschiedlicher Endgeräte aus: Koexistenz der Endgeräte ist festzustellen, wenn separate Endgeräte wie TV, PC oder Mobilgerät unterschiedliche Funktionen und Anwendungen ermöglichen, ohne untereinander kompatibel zu sein. Die Kombination unterschiedlicher Endgeräte geht ebenfalls von unterschiedlichen Geräten aus, die jedoch durch gemeinsame Systemstandards untereinander kompatibel sind. Die Verbindung unterschiedlicher Endgeräte ist auf der funktionalen Seite mittels Standards wie „Bluetooth"[399] möglich, auf der inhaltlichen Ebene z.B. mittels Internet-Standard.[400]

Die Konvergenzentwicklung der Endgeräte steht erst am Anfang. Bislang dominiert die Koexistenz unterschiedlicher Endgeräte ohne Kompatibilität, z.B.

---

win Staudt: Mobiler Hypermarkt. Konvergenz von Internet und Mobilfunk wird Angebot enorm erweitern. In: CeBIT 2001, Beilager der FAZ Nr. 67 (2001), S. B6

[395] Deutscher Bundestag (Hrsg.): Schlußbericht der Enquete-Kommission "Zukunft der Medien in Wirtschaft und Gesellschaft. Deutschlands Weg in die Informationsgesellschaft." Drucksache13/10004. Bonn 1998, S. 19 f.

[396] Die Expertenbefragung wurde gemeinsam vom Lehrstuhl für Kommunikationswissenschaft der Universität Erfurt und der Unternehmens- und Technologieberatung Booz, Allen & Hamilton mit Unterstützung des Bundesministeriums für Wirtschaft und Technologie (BMWi) im Jahr 1998/199 durchgeführt. Vgl. Klaus Beck / Peter Glotz / Gregor Vogelsang: Die Zukunft des Internet. Internationale Delphi-Befragung zur Entwicklung der Online-Kommunikation. Konstanz 2000

[397] Vgl. ebd., S. 49 f.

[398] Vgl. ebd., S. 51 f.

[399] Bluetooth bezeichnet einen Kurzstreckenfunk, der unterschiedliche Apparate drahtlos miteinander verbindet und die mobile Steuerung und Vernetzung unterschiedlicher Dienste z.B. in Haushalten erlaubt. Vgl. Peter Waldleitner: König Blauzahn. Direkte Netzwerke machen dem Kabelsalat ein Ende. In: M-Business, Beilage der FAZ Nr. 74 (2001), S. B5

[400] Vgl. Holger Schmidt: Die wahre digitale Revolution steht noch bevor. Die Cebit zeigt den Weg: Das Internet ist immer und überall. In: FAZ Nr. 69 (2001), S. 1-2; Peter Mark Droste: Das Internet in der Hand. Mit mobilen Endgeräten durch den Cyberspace. In: M-Business, Beilage der FAZ Nr. 74 (2001), S. B3

zwischen PC und Fernsehen. Zwar sind die drei genannten Basis-Geräte netzwerkfähiger PC, Fernseher mit Set-Top-Box und UMTS-Mobilgeräte mittelfristig technisch in der Lage, alle elektronischen Dienste zu integrieren, doch gilt die Substitution der Systeme durch ein universales Endgerät aufgrund der Nutzungsgewohnheiten und Bedürfnisse als unwahrscheinlich.[401] Die Kombinierbarkeit der Geräte wird jedoch an Bedeutung gewinnen, um gemeinsame Inhalte und Anwendungen über unterschiedliche Geräte nutzen zu können. Ob die Masse der Nutzer jedoch Spielfilme oder Unterhaltungssendungen am PC anschaut oder Internetangebote auf dem niedriger auflösenden und typischerweise entfernt stehenden Fernseher nutzt, führt zur Frage der inhaltlich-funktionalen Konvergenz.

3.3 Inhaltlich-funktionale Konvergenz zwischen Internet und klass. Medien

Inhaltlich-funktionale Konvergenz zwischen Internet und klassischen Medien beschreibt die Integration ursprünglich separater Inhaltsformen (z.B. Text, Bild, Ton und Video) sowie die potentielle Überschneidung bisher getrennter Funktionen (z.B. Massen- und Individualkommunikation) durch die Digitalisierung der Medien.[402] Die inhaltlich-funktionale Konvergenzentwicklung ist durch graduelle Verschiebungen und Grenzverwischungen geprägt. Bisherige Unterscheidungen, wie die von Individual- und Massenkommunikation, werden demnach nicht obsolet, doch wird die Grenzziehung an einzelnen Stellen unscharf.[403] Im kommunikationswissenschaftlichen Sinne treten an die Stelle der ehemals separaten „One-to-one"- und „one-to-many"-Kommunikation neue, hybride Kommunikationsformen, die durch die Kombination aus Rundfunk und Telekommunikation entstehen.[404] Im Bereich der Inhaltsformen wird die Trennung von statischen und dynamischen Publikationsformen durch die sukzessive Digitalisierung unscharf (Abb. 32).

[401] Vgl. Horst Stipp: a.a.O., S. 12; Johannes Winkelhage: Computer und Netz sind untrennbar miteinander vereint. Zur Cebit 2001. In: FAZ Nr. 67 (2001), S. 17; Gillian Munson: Internet Devices and PC Hardware. In: Morgan Stanley Dean Witter (Hrsg.): The Global Internet Primer. Vol. 1, Juni 2000, S. 309-320, S. 319; Deutscher Bundestag (Hrsg.): Schlußbericht der Enquete-Kommission. a.a.O., S. 20

[402] Vgl. Bertelsmann Stiftung: Kommunikationsordnung 2010. Ein Zukunftspapier der Stiftung Bertelsmann. Gütersloh 2000. S. 20 f.; Cornelia Fries / Franz Büllingen: Offener Zugang privater Nutzer zum Internet – Konzepte und regulatorische Implikationen unter Berücksichtigung ausländischer Erfahrungen. Bad Honnef 1998, S. 8

[403] Vgl. Joachim Scherer / Frank Hölscher: Gestaltungsspielräume für eine Reform der Organisation der Telekommunikations- und Medienaufsicht unter dem Grundgesetz. Rechtsgutachten im Auftrag der Bertelsmann Stiftung. o.O. 1999, S. 13

[404] Vgl. Martin Bullinger / Ernst-Joachim Mestmäcker: Multimediadienste. Rechtsgutachten im Auftrag des Bundesministers für Bildung, Wissenschaft, Forschung und Technologie. Bonn 1996; nachzulesen in: Martin Bullinger / Ernst-Joachim Mestmäcker: Multimediadienste. Struktur und staatliche Aufgaben nach deutschem und europäischem Recht. Baden-Baden 1997, S. 22 ff.; S. 31; Niklas Mahrdt: a.a.O., S. 47 f.; OECD (Hrsg.): Telecommunications and Broadcasting: Convergence or Collision? a.a.O., S. 12 f.; Michael Latzer: a.a.O., S. 78 f.

ABB. 32: INHALTLICH-FUNKTIONALE KONVERGENZ

INHALTLICH-FUNKTIONALE KONVERGENZ ZWISCHEN INTERNET UND KLASSISCHEN MEDIEN					
INHALTSFORMEN			FUNKTIONEN		
STATISCHE INHALTE (Z.B. TEXT, BILD)	HYBRIDE INHALTE (Z.B. WEBSITES MIT AUDIOVISUELLEN INHALTEN, INTERAKTIVES FERNSEHEN)	DYNAMISCHE INHALTE (Z.B. AUDIO, VIDEO)	INDIVIDUALKOMMUNIKATIVE FUNKTIONEN (Z.B. TELEFON, E-MAIL, SMS)	HYBRIDE FUNKTIONEN (Z.B. INTERNETANGEBOTE, INTERAKTIVES FERNSEHEN)	MASSENKOMMUNIKATIVE FUNKTIONEN (Z.B. RUNDFUNK)

Quelle: Eigene Darstellung

Inhaltlich-funktionale Konvergenz führt zu neuen hybriden Inhaltsangeboten und Diensten, die sich durch das Merkmal der Interaktivität auszeichnen. Konvergenz der Inhaltsformen und der Funktionen resultiert weniger im Zusammenschmelzen, sondern vielmehr in der Fragmentation und Ausdifferenzierung der Dienste durch neue Angebotsmöglichkeiten.[405] Im allgemeinen ist demnach weniger die Substitution klassischer Medieninhalte durch Internetangebote festzustellen, sondern vielmehr die komplementäre Diversifikation der Inhalte und Funktionen.[406] Grundsätzlich ist festzustellen, dass die Konvergenzentwicklung auf inhaltlich-funktionaler Ebene bislang nicht zur Minderung der Pluralität, sondern zur Vervielfachung unterschiedlicher Angebote führt.

3.3.1 Entwicklungsfaktoren der inhaltlich-funktionalen Konvergenz

Der Prozess der inhaltlich-funktionalen Konvergenz zwischen Internet und klassischen Medien ist komplex und wird durch unterschiedliche interdependente Faktoren beeinflusst. Die explizite Trennung des Bereichs „inhaltlich-funktionale Konvergenz" in „Konvergenz des Angebots" und „Konvergenz der Nutzung", wie sie in einem Teil der Literatur vollzogen wird,[407] soll in der vorliegenden Arbeit nicht unternommen werden, um das ambivalente Verhältnis von Angebot (Inhalt und Funktion) und Nachfrage (Nutzung) zu unterstreichen.

Abb. 33 illustriert die Abhängigkeit der inhaltlich-funktionalen Konvergenz von mittel- und unmittelbaren Einflussfaktoren in einem schematischen Modell und stellt die wechselseitigen Interdependenzen dar. Zu den mittelbaren Einflussfaktoren des inhaltlich-funktionalen Konvergenzprozesses zählen technologische Innovationen und die regulativen Rahmenbedingungen. Technologische Innovationen bilden die Grundlage für potenzielle Angebote im Bereich

[405] Vgl. Niklas Mahrdt: a.a.O., S .48; Wolgang Hoffmann-Riem / Wolfgang Schulz / Thorsten Held: Konvergenz und Regulierung. a.a.O., S. 21 f.

[406] Vgl. Deutscher Bundestag (Hrsg.): Schlußbericht der Enquete-Kommission „Zukunft der Medien in Wirtschaft und Gesellschaft. Drucksache13/11004 vom 22.06.1998. a.a.O., S. 24

[407] Vgl. Wolfgang Schulz / Thorsten Held: Schnittstellen. a.a.O., S. 9; Ekkehardt Oehmichen / Christian Schröter: a.a.O., S. 359

der Endgeräte, der Systemstandards oder der Übertragungstechnologie.[408] Die regulativen Rahmenbedingungen geben den Spielraum der inhaltlichen Ausgestaltung elektronischer Dienste vor und sichern die Zugangsmöglichkeiten, z.B. durch Öffnung proprietärer Systeme. Ausgehend von Innovationen und Rahmenbedingungen lassen sich vier unmittelbare Einflussfaktoren herausstellen: Angebot und Nachfrage, Nutzung und Endgeräte. Diese unmittelbaren Faktoren üben direkten Einfluss auf den Bereich der Inhalte und Funktionen aus und entscheidet in seinem komplexen Zusammenwirken, ob oder inwieweit Inhalte oder Funktionen von Internet und klassischen Medien konvergieren.

ABB. 33: FAKTOREN DER INHALTLICH-FUNKTIONALEN KONVERGENZ

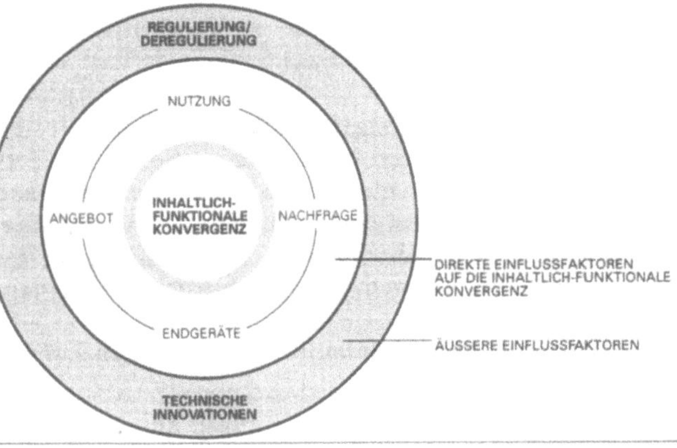

Quelle: Eigene Darstellung

Der Faktor „Angebot“ umfasst Inhaltsformen und Funktionen, die auf technologische Innovationen zurückgehen und auf dem Medienmarkt angeboten werden. Das Angebot eines Inhalts oder einer Funktion korreliert im wirtschaftlichen Sinne mit der Nachfrage und ist zugleich abhängig von Nutzung und Endgeräten.[409] Der Faktor „Nachfrage“ basiert auf bewussten oder unbewussten Bedürfnissen der Nutzer. Unter wirtschaftlichen Gesichtspunkten spielt die Nachfrage eine signifikante Rolle für den Konvergenzprozess, da sie nicht nur den Erfolg (oder Misserfolg) eines Inhaltes, sondern auch die Zahlungsbereitschaft der Nutzer für bestimmte Inhalte indiziert.[410] Nachfrage wird von den Nutzungsgewohnheiten und –situationen, sowie von den vorhandenen

[408] Vgl. Klaus Schrape: Hoffnung der Netzbetreiber richtet sich auf Internet und Online-Dienste. In: Tendenz. Magazin für Funk und Fernsehen der Bayerischen Landeszentrale für neue Medien. Nr. 4 (2000), S. 28-31

[409] Vgl. Ekkehardt Oehmichen / Christian Schröter: a.a.O., S. 359 f.

[410] Vgl. Bodo Thielmann / Michael Dowling: Convergence and Innovation Strategy for Service Provision in Emerging Web-TV Markets. In: JMM. The International Journal on Media Management Nr.1 (1999), S. 4-9, S. 4

Endgeräten bestimmt. Der Faktor „Endgeräte“ beeinflusst demnach die inhaltlich-funktionale Konvergenz durch entsprechende funktionale Spezifikationen. Ob sich ein Endgerät (z.B. digitale Fernseher, mobile Applikationen) durchsetzt, ist nicht nur von der Technologie und der Standardisierung abhängig, sondern maßgeblich von der Akzeptanz der Nutzer und dem Nutzungsverhalten.[411] Der Faktor „Nutzung“ umfasst Nutzungsverhalten, Nutzungsmotive, Nutzungszeiten und Nutzungssituation. Die Nutzungsforschung, die sowohl qualitative als auch quantitative Aspekte des Nutzerverhaltens von neuen und klassischen Medienangeboten untersucht,[412] erlaubt Rückschlüsse auf die inhaltlich-funktionale Konvergenz und die Entwicklung der Angebote.[413] Analog zum Uses-and-Gratifications-Modell wird angenommen, dass Rezipienten versuchen, ihre Bedürfnisse durch die Wahl eines Mediums oder Angebotes optimal zu befriedigen.[414] Diese Funktionstrennung spiegelt sich in spezifischen Endgeräten (Fernseher, PC und Mobilgeräte) wieder, die für unterschiedliche aktive oder passive Nutzungsschwerpunkte ausgelegt sind. Axel Zerdick u.a. unterscheiden vier Funktionsbereiche: Organisation und Alltagsleben, soziale Netzwerke, Unterhaltung und Entspannung sowie Nachrichten und Kommentare.[415] Im Bereich der Nutzungszeiten und der Nutzungsmotive konnten Studien nachweisen, dass die Nutzung des Internets trotz des starken Anstiegs weniger substitutiv als vielmehr komplementär erfolgt.[416] Das tägliche Zeitbudget, das für Medien im Zeitraum von 1995 bis 2005 aufgebracht wird, wird sich laut einer Studie des Frauenhofer Instituts um etwa 40 Minuten erhöhen und

---

[411] Vgl. Joachim Rawolle / Thomas Hess: a.a.O., S. 91 f.

[412] Siehe oben Kap. 1.6; vgl. weiterführend Ekkehardt Oehmichen / Christian Schröter: a.a.O., S. 359, S. 367 f.; Sabine Trepte et. al.: a.a.O., S. 550-561; Wolfgang Schweiger: Medienglaubwürdigkeit – Nutzungserfahrung oder Meidenimage? Eine Befragung der Glaubwürdigkeit des World Wide Web im Vergleich mit anderen Medien. In: Patrick Rössler / Werner Wirth (Hrsg.): Glaubwürdigkeit im Internet. Fragestellungen, Modelle, empirische Befunde. Münchne 1999, S. 89-110; ARD/ZDF (Hrsg.) / Enigma Institut für Sozialforschung: ARD/ZDF-Online-Studie 1998; ARD/ZDF (Hrsg.) / Enigma Institut für Sozialforschung: ARD/ZDF-Online-Studie 1999.; ARD/ZDF (Hrsg.): ARD/ZDF-Online-Studie 2000. Gebrauchswert entscheidet über Internetnutzung. Entwicklung der Online-Medien in Deutschland. In: Media Perspektiven Nr. 8 (2000), S. 338-349; ARD/ZDF (Hrsg.): ARD/ZDF-Offline-Studie 2000. Nichtnutzer von Online: Zugangsbarrieren bleiben bestehen. Entwicklung der Online-Medien in Deutschland. In: Media Perspektiven Nr. 8 (2000), S. 350-358; Carolyn A. Lin: Online Service Adoption Likelihood. In: Journal of Advertising Research 39 (1999), S. 79-89; Elizabeth M. Perse / Debra Greenberg Dunn: The utility of home computers and media use: Implications of multimedia and connectivity. In: Journal of Broadcasting and Electronic Media Nr. 42 (1998), S. 435-456

[413] Vgl. Klaus Goldhammer / Axel Zerdick: Rundfunk Online. a.a.O., S. 107 ff.

[414] Vgl. Lutz M. Hagen: Onlinemedien: Substitut oder Komplement? Zusammenhänge mit Nutzungsintensitäten und Reichweiten von Massenmedien. In: Manfred Knoche / Gabriele Siegert (Hrsg.): Strukturwandel der Medienwirtschaft im Zeitalter digitaler Kommunikation. München 1999, S. 125-146, S. 126 ff.; Lutz M. Hagen: Onlinenutzung und Nutzung von Massenmedien. In: Patrick Rössler (Hrsg.): Onlinekommunikation. Beiträge zur Nutzung und Wirkung. Opladen 1998, S. 105-122, S. 121 f.; Sabine Trepte et. al.: a.a.O., S. 550-561, S. 552

[415] Vgl. Zerdick et al.: Die Internet-Ökonomie. a.a.O., S. 217 ff.; Wolgang Hoffmann-Riem / Wolfgang Schulz / Thorsten Held: Konvergenz und Regulierung. a.a.O., S. 24 f.

zugunsten des Internets verschieben.[417] Bei amerikanischen Jugendlichen konnte die parallele Nutzung von TV und Internet nachgewiesen werden, die als „Tele-Webbing“ Einzug in die Nutzungsforschung erhalten hat.[418]

Die in Abb. 33 dargestellten Faktoren ermöglichen die Beurteilung der inhaltlich-funktionalen Konvergenzentwicklung, ohne eine einseitige – z.B. technologie-bezogene – Beurteilung vorzunehmen. Die Entwicklung der Inhalte und Funktionen ist jedoch aufgrund der Vielzahl beteiligter Faktoren schwer zu prognostizieren. Da die einzelnen Faktoren keinen systematischen Ursache-Wirkungs-Zusammenhang aufweisen, ist der Prozess der inhaltlich-funktionalen Konvergenz auch von Zufälligkeiten geprägt. Bislang ist festzustellen, dass sich inhaltlich-funktionale Konvergenz weniger im Verschmelzen der Angebote, sondern vielmehr in graduellen Überschneidungen, in der Fragmentation und Diversifizierung ausdrückt.

3.3.2 Konvergenzentwicklung von Rundfunk und Internet

Im Konvergenzbereich von Rundfunk und Internet entwickeln sich parallel verschiedene interaktive Angebote, die entweder auf der Plattform des klassischen Rundfunks basieren oder über das Internet abrufbar sind. Abb. 34 stellt die inhaltlich-funktionalen Konvergenzoptionen zwischen Internet und klassischem Fernsehen schematisch dar. Das Modell illustriert die Migration der Funktionen und Inhaltsformen (horizontal) und den Wechsel der Plattformen zwischen Internet und klassischem Rundfunk (vertikal).

ABB. 34: INHALTLICH-FUNKTIONALE KONVERGENZ ZWISCHEN INTERNET UND RUNDFUNK

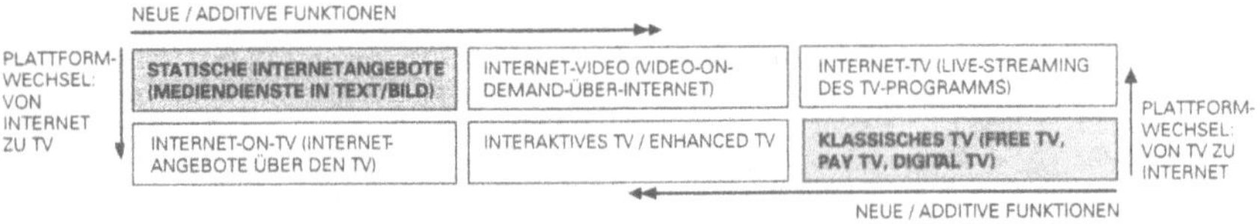

Quelle: Eigene Darstellung in Anlehnung an Bodo Thielmann / Michael Dowling: Convergence and Innovation Strategy for Service Provision in Emerging Web-TV Markets. In: JMM. The International Journal on Media Management. Nr.1 (1999), S .4-9, S. 5 und Michael Dowling et al.: Convergence. a.a.O., S. 32

---

416 Vgl. Wolfgang Schulz / Thorsten Held: Schnittstellen (3). Neue Rezepte, frische Zutaten. Was die Konvergenz erfordert. In: epd medien. Nr. 30 (2000), S. 8-13, S. 9

417 Vgl. Frauenhofer Institut für Systemtechnik und Innovationsforschung et al. (Hrsg.): Medienzukunft 1995/2005. Mediennutzung der Zukunft im priv. Sektor. Karlsruhe 1998, S. 10, S. 18

418 Vgl. Horst Stipp: Nutzung alter und neuer Medien in den USA. Neue Erkenntnisse über die Wechselwirkung zwischen Online- und Fernsehkonsum. a.a.O., S. 132 ff.; Alexander Kissler: Mein Cola-Automat fühlt sich heute nicht so. Daumenkino mit Standleitung: Die Internet-Soaps von ZDF, RTL und T-Online ködern uns kräftig. a.a.O., S. 62; Barbara Mayerle: Wie die Bilder laufen lernen. Streaming – Die Technik, die das Netz bewegt. In: Net-Business, 3.08.2001, S. 20

Die Konvergenzentwicklung zwischen Internet und Rundfunk zeigt zwei technisch mögliche, substitutive (finale) Ausprägungen: „Rundfunk über Internet" (z.B. Internet-TV, Internet-Radio) und „Internet (WWW) über Rundfunk" (z.B. Internet-on-TV). „Rundfunk über Internet" bedeutet, dass das Internet als Übertragungsplattform zur Verbreitung des klassischen Rundfunkprogramms genutzt würde. „Internet über Rundfunk" bedeutet umgekehrt, dass die Übertragungsplattform des klassischen Rundfunks zur Übertragung des Internets verwendet würde. Beide (finalen) Formen der Konvergenz sind in Deutschland bislang nicht festzustellen:

Die Untersuchung der Internetangebote des Rundfunks in Kap. 2.2 zeigt, dass die klassischen Fernsehsender mit einer Vielzahl elektronischer Angebote im Internet vertreten sind. Im Ergebnis der Inhaltsanalyse[419] wird jedoch deutlich, dass der Schwerpunkt der publizistischen Inhalte im Internet nicht auf der Verbreitung des klassischen Rundfunkprogramms („Rundfunk über Internet") liegt. Den Schwerpunkt des Angebots bilden vielmehr interaktive Dienste sowie publizistische Inhalte in Wort und Bild oder als Videobeitrag, die vom Nutzer *individuell* und *selektiv* abgerufen werden. Die Verbreitung des tatsächlichen Rundfunkprogramms über Internet ist als Zusatzangebot einzuordnen, sofern das Programm überhaupt abrufbar ist. Lediglich drei der zwölf untersuchten Fernsehsender (n-tv, Phoenix, MTV) verbreitet zusätzlich zum Gesamtangebot das klassische TV-Programm mittels Streaming sowie Videotext-Seiten (n-tv) über das Internet. Die Internetangebote der Rundfunksender sind somit aus inhaltlich-funktionaler Sicht überwiegend komplementierende Angebote, da sie in weiten Teilen ein eigenes publizistisches Angebot bereitstellen (Inhalt) und unterschiedliche Nutzungssituationen und Bedürfnisse ansprechen (Funktion).[420]

Die Möglichkeit, „Internet über Rundfunk" zu nutzen, wird bislang nicht angeboten. Mit Übernahme des TV-Kabelnetzes durch private Betreibergesellschaften (Liberty, Callahan, Kabel Hessen etc.), der Aufrüstung zum rückkanalfähigen Netz (510 und 862 MhZ), der Einigung auf den MHP-Standard sowie der Aufrüstung der Fernseher durch Set-Top-Boxen wird das Internet auch über den Fernseher zu nutzen sein. Auf der Plattform des digitalen Fernsehens befinden sich interaktive und internetbasierte Dienste in der Test- oder Pilotphase.[421]

Die bisherige inhaltlich-funktionale Konvergenzentwicklung zwischen Internet und Rundfunk ist keineswegs durch substitutive Konkurrenz gekennzeichnet. Während das klassische Rundfunkprogramm lediglich ein Zusatzangebot

---

[419] Siehe oben Kap. 2.2.1.3, 2.2.2.3

[420] Vgl. Helmut Volpers / Christian Salwiczek / Detlef Schnier: a.a.O., S. 41

[421] Vgl. Christian Breunig: Programmbouquets im digitalen Fernsehen. Marktübersicht, Inhalte und Akzeptanz von digitalem Free-TV und Pay-TV in Deutschland. In: Media Perspektiven Nr. 9

der publizistischen Internetangebote darstellt, wird sich voraussichtlich auch die Internetnutzung über den Fernseher als Zusatzangebot etablieren. Somit ist im Bereich der Inhalte und Funktionen ein komplementäres Verhältnis zwischen Rundfunk und (publizistischem) Internetangebot festzustellen.

3.3.3 Konvergenzentwicklung von Presse und Internet

Analog zu Rundfunk und Internet lässt sich die inhaltlich-funktionale Konvergenzentwicklung modellhaft darstellen. Abb. 35 deutet die inhaltlich-funktionalen Konvergenzoptionen zwischen klassischer und elektronischer Presse an. Das Modell illustriert die Addition der Funktionen (horizontal) und den Wechsel des Verbreitungsmediums zwischen Internet und Presse (vertikal). Im Unterschied zum Rundfunk findet kein Wechsel der elektronischen Plattform, sondern ein Wechsel des (physischen) Mediums von der „verkörperten" zur „körperlosen" Verbreitungsform statt.

ABB. 35: INHALTLICH-FUNKTIONALE KONVERGENZ ZWISCHEN INTERNET UND PRESSE

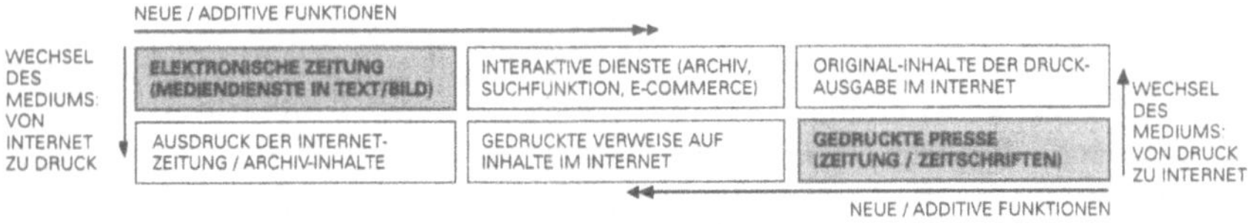

Quelle: Eigene Darstellung

Die inhaltlich-funktionale Konvergenzentwicklung zwischen Internet und Presse zeigt zwei mögliche, finale Ausprägungen: Die Original-Druckausgabe im Internet und die individuell ausgedruckte Internet-Zeitung. Die Original-Druckausgabe im Internet würde folglich das Internet zur „körperlosen" Verbreitung nutzen und die klassischen Zeitungsinhalte am Bildschirm darstellen. Umgekehrt würde die individuell ausgedruckte Internet-Zeitung den klassischen Druck zur verkörperten Darstellung elektronischer Inhalte verwenden. Zwar werden beide dargestellten (finalen) Formen der Konvergenz angeboten, finden aber in der Nutzer- und Leserschaft kein Interesse.

Die Inhaltsanalyse der Internetangebote der Presse in Kap. 2.1 ergibt, dass Verlage die Original-Inhalte ihrer Druckausgaben in den meisten Fällen anbieten. Im Vordergrund des publizistischen Internetangebots der Presse stehen jedoch internetspezifisch aufbereitete Inhalte, die sich durch höhere Aktualität, Individualisierung der Inhalte (z.B. Archivrecherche) und bildschirmgerechte

(2000), S. 378-394, S. 393; Mark Wössner: Vorlesungen zur Medienwirtschaft. (Sammlung der Präsentationfolien). St. Gallen 1999, S. 30

(gekürzte) Textkonzepte von den klassischen Inhalten unterscheiden.[422] Die elektronische Verbreitung der klassischen Presse als Druckdatei, die zum individuellen Ausdruck bestimmt ist, scheitert an den Nutzungsgewohnheiten, den Druckmöglichkeiten und Bedürfnissen der Leser.[423]

Analog zur inhaltlich-funktionalen Konvergenz von Rundfunk und Internet ist festzustellen, dass die inhaltlich-funktionale Konvergenz von Presse und publizistischen Internetangeboten durch ein komplementäres Verhältnis geprägt ist. Substitutive Konkurrenz zwischen gedrucktem Wort und elektronischen Inhalten ist entgegen vieler Prognosen nicht zu beobachten. Die Stabilität der Druckauflagen deutet ebenfalls darauf hin, dass die kostenfreie Bereitstellung der Original-Inhalte im Internet nicht in substitutive Konkurrenz zum klassischen Presse-Produkt tritt.

3.4 Wirtschaftliche Konvergenz zwischen Internet und klassischen Medien

Der Begriff der „wirtschaftlichen Konvergenz“ wird in der wissenschaftlichen Literatur auch als „industrielle Konvergenz“[424], „Konvergenz der Unternehmungen“ bzw. „Unternehmenskonvergenz“[425] bezeichnet. In der vorliegenden Arbeit steht der Begriff „wirtschaftliche Konvergenz“ für das Zusammenwachsen des Telekommunikations-, Medien- und IT-Sektors und fokussiert insbesondere das Verhältnis von klassischen Medien und Internet, respektive Medien- und Kommunikationsmarkt. Analog zur inhaltlich-funktionalen Konvergenz basiert die wirtschaftliche Konvergenzentwicklung auf der sukzessiven Digitalisierung des Telekommunikations-, Medien- und IT-Sektors, den technologischen Innovationen in der Computertechnologie und den (wettbewerbs-)rechtlichen Rahmenbedingungen. Besonderen Stellenwert messen Arnold Picot, Thomas Middelhoff u.a. der Kompatibilität von Schnittstellen bei, die durch die Schaffung von Standards ermöglicht wird und als Vorbedingung für die Konvergenz der Branchen gilt.[426] Nicht nur aus ökonomischer, sondern auch aus medienpolitischer Sicht ist die wirtschaftliche Konver-

---

[422] Vgl. Thomas Hess / Matthias Schumann: Das Internet setzt die Verlage unter Zugzwang. Mehrfachverwendung und Individualisierung der Inhalte. Serie der F.A.Z. zur Internetökonomie (13) In: FAZ Nr. 33 (2001), S. 27

[423] Laut Emnid-Instituts lesen 90 Prozent der Deutschen ihre Zeitung oder Zeitschrift lieber auf dem Papier; vgl. Bernhard Schreier: Zeitungen werden weiter beim Frühstück rascheln. Die klassische Druckindustrie auf dem Weg ins digitale Zeitalter. In: CeBIT 2000, Beilage der FAZ Nr. 44 (2000), S. B34; Detlef Gürtler: Thesen für ein Medium. Stärken-Schwächen-Analyse des Medienkanals Internet. In: Net-Business, 03.08.2001, S. 21

[424] Vgl. Europäische Kommission (Hrsg.): Grünbuch der Konvergenz der Branchen Telekommunikation, Medien und Informationstechnologien und ihre ordnungspolitischen Auswirkungen. Brüssel 1997, S. 2;

[425] Vgl. Niklas Mahrdt: a.a.O., S. 42

[426] Vgl. Arnold Picot: Internet-Ökonomie (3). Die Bedeutung von Standards in der Internet-Ökonomie. Selbstorganisation ersetzt den hoheitlichen Akt. In: FAZ Nr. 267 (2000), S. 30; Thomas Middelhoff: Entwicklung einer Multimedia-Strategie für Medienunternehmen. In: Die Betriebswirtschaft Bd. 57, Nr. 57 (1997), S. 411-422, S. 412 f.

genzentwicklung der TMI-Bereiche von Bedeutung, da sie die Parameter wirtschaftlicher Konzentration und Meinungsmacht im Medienmarkt verändert. Wirtschaftliche Konvergenz zwischen Internet und klassischen Medien ist auf der Ebene der Märkte und ihrer Wertschöpfungsketten sowie auf der Ebene der Unternehmen und ihrer strategischen Ausrichtung festzustellen.

3.4.1 Konvergenzentwicklung auf Marktebene

Auf Marktebene bezeichnet wirtschaftliche Konvergenz den evolutiven Prozess des Zusammenwachsens der ursprünglich weitgehend unabhängigen Industrien Telekommunikation, Medien und Informationstechnologie (Abb. 36). Ausgangspunkt der Konvergenzentwicklung waren die drei TMI-Märkte, die getrennt voneinander verschiedene Nachfragerbedürfnisse durch wertschöpferische Aktivitäten befriedigten.

ABB. 36: WIRTSCHAFTLICHE KONVERGENZ AUF MARKTEBENE

WIRTSCHAFTLICHE KONVERGENZ ZWISCHEN INTERNET UND KLASSISCHEN MEDIEN						
TELEKOMMUNIKATIONSMARKT		MEDIENMARKT			INFORMATIONSTECHN.-MARKT	
FESTNETZ	MOBILNETZ	RUNDFUNK	PRESSE	INTERNET	HARDWARE	SOFTWARE

Quelle: Eigene Darstellung

Bodo Thielmann et al. stellen in der Konvergenz dieser drei Teil-Märkte den Trend hin zu einem Gesamtmarkt fest, der sowohl durch substitutiven Wettbewerb („competition") als auch durch wirtschaftliche Komplementierung („complementarity") charakterisiert sei und in Folge entweder zu Konglomeraten oder zu neuen, ergänzenden Marktsegmenten führe.[427] Weiterhin betonen die Wirtschaftswissenschaftler, dass die komplementierende Marktentwicklung, insb. zwischen Fernsehen und Internet, häufiger als die Substitution von Marktsegmenten zu beobachten ist.[428]

Konvergenz der Märkte ist durch die Konvergenz der Wertschöpfungsketten geprägt: Im Zuge der fortschreitenden Digitalisierung entstehen strukturelle Koppelungen zwischen den beteiligten Wertschöpfungsketten im Telekommunikations-, Medien- und IT-Markt.[429] Diese Annäherung der TMI-Märkte wurde bereits 1992 von der OECD thematisiert[430] und führt seither zu grundlegenden Veränderungen in der ökonomischen Betrachtung dieser Sektoren. In der

[427] Vgl. Bodo Thielmann / Michael Dowling: Convergence and Innovation Strategy for Service Provision in Emerging Web-TV Markets. a.a.O., S. 4
[428] Vgl. Michael Dowling / Christian Lechner / Bodo Thielmann: Convergence – Innovation and Change of Market Structures between Television and Online Services. In: EM-Electronic Markets. Vol. 8, Nr. 4 (1998), S. 31-35, S. 34 f.
[429] Eine Übersicht der einzelnen Wertschöpfungsketten bietet Zerdick et al.: Die Internet-Ökonomie. a.a.O., S. 129 ff., insb. S. 132
[430] Vgl. OECD (Hrsg.): Telecommunications and Broadcasting: Convergence or Collision? Reihe ICCP Information, Computer and Communications Policy. Bd. 29. Paris 1992, o.S.

Wirtschaftswissenschaft überwiegt die Ansicht, dass eine horizontale Verkettung der Industrien Telekommunikation, Medien und Informationstechnologie die ursprünglich vertikale Struktur der drei Märkte ablöst.[431] Diese wertschöpferische Veränderung, die als „vertikale Integration" der Kommunikations-Industrien bezeichnet wird, ist bislang im amerikanischen Markt besonders ersichtlich.[432] Unter der Bezeichnung „Multimedia-Markt" werden in der ökonomischen Betrachtung die drei konvergierenden Teilmärkte zusammengefasst. Die Konvergenz der drei Wertschöpfungsketten lässt sich vereinfacht durch die sog. Multimedia-Wertschöpfungskette darstellen (Abb. 37).

ABB. 37: DIE MULTIMEDIA-WERTSCHÖPFUNGSKETTE

	INHALTE	PACKAGING	ZUSATZLEISTUNG	DISTRIBUTION	ENDGERÄTE	NUTZER/ KONSUMENT
KERNAUFGABE	GENERIERUNG UND PRODUKTION VON INHALTEN	BÜNDELUNG UND ZUSAMMENSTELLUNG DER INHALTE	ZUSÄTZLICHE SERVICES / DIENSTLEISTUNGEN	ÜBERTRAGUNG DER INHALTE	SCHNITTSTELLE ZUM KONSUMENTEN	
UNTERNEHMENSTYP	• NACHRICHTEN-AGENTUR • TV/FILM-PRODUKTION	• VERLAGE • TV-SENDER • ISP	• IT-DIENSTLEISTER • BERATUNGS-UNTERNHEMEN • SOFTWARE-HERSTELLER	• TELEKOMMUNIKATIONSUNTERNEHMEN • KABELNETZBETREIBER	• HARDWARE-HERSTELLER • SOFTWARE-HERSTELLER	
BEISPIELE	• DPA • BERTELSMANN • PEARSON • ENDEMOL	• FOCUS DIGITAL • AOL • RTL GROUP • (ZDF)	• IBM • BCG • LOTUS • EDS	• DT. TELEKOM • CALLAHAN • LIBERTY MEDIA • MEDIASCAPE	• NOKIA • SONY • NETSCAPE • MICROSOFT	

Quelle: Eigene Darstellung in Anlehnung an Bernd W. Wirtz: Convergence Processes, Value Constellations and Integration. Strategies in the Multimedia Business. In: The International Journal on Media Management Nr. 1 (1999), S. 14-22, S. 18

Die Multimedia-Wertschöpfungskette gliedert sich in fünf zentrale Wertschöpfungs-Segmente: „Inhalt", „Packaging", „Zusatzleistungen", „Distribution" und „Endgeräte". Abb. 36 fasst die Kernaufgaben der einzelnen Wertschöpfungsstufen zusammen und nennt beispielhaft eine Reihe von Unternehmen, die auf der jeweiligen Ebene dominieren. Das Segment „Inhalte" (engl. „Content") umfasst Generierung und Produktion sämtlicher Medieninhalte und Medienformen. Das zweite Segment „Packaging" (auch: „Aggregation")[433] umschreibt die Selektion der Inhalte, die Kombination und schließlich die Bündelung zu einem Angebot. Wertschöpferische Aufgabe des Packaging ist, die Medieninhalte zu einem Nutzer-orientierten Paket zu schnüren, z.B. ei-

[431] Vgl. P.W. Bane / S.P. Bradley / D.J. Collis: Winners and losers – Industry structure in the converging world of Telecommunications, Computing and Entertainment. In: D.B. Yoffie (Hrsg.): Competing in the age of digital convergence. Boston 1997; Michael Dowling / Christian Lechner/ Bodo Thielmann: a.a.O., S. 34; Axel Zerdick et al.: Die Internet Ökonomie. a.a.O., S. 134

[432] Vgl. Steve Bickerstaff: Telecommunications and Internet Law. Recent Developments in United States. In: MMR Nr. 2 (2001), S. 72-80, S. 73

nem TV-Programm, einer Zeitung oder einem Internetangebot, und eine ökonomisch sinnvolle Vermarktungsform, z.B. Werbung, Abonnementgebühr etc., zu finden. Das dritte Segment „Zusatzleistungen“ (auch engl. „Value Added Services“ oder „Processing“) umschließt alle Serviceleistungen, die zur Darbietung eines Inhaltes notwendig sind. Zu diesen Serviceleistungen zählen Beratung, Software-Entwicklung und Telefonservices (Callcenter-Lösungen) genauso wie Datenspeicherung (Hosting), Datensicherung, Zahlungssysteme und andere Komponenten. Das vierte Wertschöpfungssegment „Distribution“ (auch „Access“ oder „Transmission“) umfasst die Übertragung der Inhalte, das Netzwerk-Management, Übertragungs- und Netzwerk-Technologien und den Netz-Zugang. In den Bereich der Distribution fallen sowohl Backbone-Netze als auch die Zugangsmöglichkeiten auf der „letzten Meile“ zum Nutzer, unabhängig von den zu übertragenden Daten (TV, Internet etc.) oder Netzen. Das fünfte Segment „Endgeräte“ (auch: „Schnittstelle“, „Navigation“ oder engl. „Interface“) schließt den gesamten Soft- und Hardwarebereich ein, der dem Kunden die Nutzung und Navigation multimedialer Angebote ermöglicht. Zum Segment der Endgeräte gehören Geräte wie z.B. PC, Set-Top-Box, Modem, Server oder mobile Endgeräte genauso wie Navigationssoftware (Browser), Sicherheits- oder Spielesoftware.[434] Da die Wertschöpfungsstruktur im digitalen Zeitalter nicht mehr nur horizontal sondern zunehmend vertikal verläuft, tendieren Unternehmen zur Besetzung möglichst vieler der Wertschöpfungsstufen.[435]

3.4.2 Konvergenzentwicklung auf Unternehmensebene

Konvergenz der TMI-Märkte und -Wertschöpfungsketten führt zur Konvergenz auf Unternehmensebene. Die strukturelle Koppelung der ursprünglich getrennten Wertschöpfungsketten und die wirtschaftliche Konvergenz der TMI-Märkte wirkt sich auf die Unternehmen, ihre Geschäftsmodelle und ihre strategische Ausrichtung aus.[436] Wirtschaftliche Konvergenz auf Unternehmensebene

---

[433] Vgl. Bernd W. Wirtz: Convergence Processes, Value Constellations and integration. Strategies in the Multimedia Business. In: The International Journal on Media Management. Nr.1 (1999), S. 14-22, S. 18

[434] Vgl. ebd., S. 17 f.

[435] Vgl. Ernst-Joachim Mestmäcker: Unternehmenskonzentration und Urheberrechte in der alten und „neuen“ Musikwirtschaft. In: ZUM Nr. 3 (2001), S. 185-194, S. 190 f.

[436] Vgl. Bernd W. Wirtz: Markteintritts- und Migrationsstrategien bei Neuen Medien – Theoretische und empirische Aspekte zu neueren strategischen Verhaltensweisen. In: D. Oelsnitz (Hrsg.): Markteintrittsmanagement. Stuttgart 2000, S. 433 ff.; Jeffrey Rayport / Bernd Wirtz: Vergessen wir das „E“ und kehren zum Business zurück, um erfolgreich zu sein. Neuere Entwicklungen im elektronischen Handel. Tendenzen und Strategien in der Internet Economy. In: FAZ Nr. 69 (2001), S. 30; Christoph Schlueter-Langdon: Elektronische Märkte und Netze ändern Industriestrukturen. In: Internet-Ökonomie (9). Serie der FAZ Nr. 9 (2001), S. 23; Nelson Killius / Jens Mueller-Oerlinghausen: Innovative Geschäftsmodelle in digitalen Medien. In: Matthias Schumann / Thomas Hess (Hrsg.): Medienunternehmen im digitalen Zeitalter. Neue Technologien, neue Märkte, neue Geschäftsansätze. Wiesbaden 1999, S. 139-153; Insa Sjurts: Chancen und Risiken im globalen Medienmarkt – Die Strategien der größten Medien-, Telekommunikations- und Informationstechnologiekonzerne. In: Hans-Bredow-Institut für Medienforschung an

drückt sich in der horizontalen und vor allem in der vertikalen Verflechtung von ursprünglich getrennt operierenden Unternehmen aus.[437] Grundsätzlich lassen sich komplementierende und konkurrierende Konvergenzformen im Bereich der Unternehmen feststellen. Komplementierende Unternehmenskonvergenz spiegelt sich in strategischen Allianzen, Minderheitsbeteiligungen an anderen Unternehmen (z.B. Cross Ownership) und gleichberechtigten Fusionen der zuvor in getrennten Bereichen operierenden Unternehmen aus (z.B. AOL und Time Warner). Konkurrierende Aspekte der Unternehmenskonvergenz resultieren in einem substitutiven Verdrängungswettbewerb, der durch „freundliche" oder „feindliche" Übernahmen anderer Unternehmen oder durch die Verdrängung von Unternehmen aus einem Marktsegment charakterisiert ist. Röper fasst in seiner Studie „Formationen deutscher Medienmultis" die wichtigsten Entwicklungen der Jahre 1999/2000 bei den größten deutschen Medienunternehmen zusammen und analysiert die Beteiligungsstruktur der Medienhäuser Bertelsmann (RTL Group, Gruner+Jahr), Kirch-Gruppe, Axel Springer Verlag, Georg von Holtzbrinck, WAZ-Konzern, Bauer Verlagsgruppe und Hubert Burda Media. Die Studie verdeutlicht die crossmedialen, wirtschaftlichen Verflechtungen durch Beteiligungen oder Fusionen und stellt das starke Engagement der Medienunternehmen im Internet-Bereich dar.[438] Zu den wichtigsten Erlösquellen der Unternehmen im TMI-Bereich gehören die Erlöse aus Werbung, Gebühren (Pay-per-View, Abonnementgebühren, Nutzungsgebühren) und Vermittlungs-Provision.[439]

ABB. 38: WIRTSCHAFTLICHE KONVERGENZ AUF UNTERNEHMENSEBENE

WIRTSCHAFTLICHE KONVERGENZ ZWISCHEN INTERNET UND KLASSISCHEN MEDIEN					
KOOPERATION (KOMPLEMENTÄRE KONVERGENZ)			WETTBEWERB (KONKURRIERENDE KONVERGENZ)		
STRATEGISCHE ALLIANZEN	CROSS-OWNERSHIP	FUSIONEN (EINGESCHRÄNKT)	FREUNDLICHE ÜBERNAHME	FEINDLICHE ÜBERNAHME	VERDRÄNGUNGS-WETTBEWERB

Quelle: Eigene Darstellung

Niklas Mahrdt unterscheidet in seiner wissenschaftlichen Untersuchung strategischer Allianzen im TMI-Bereich zwei grundlegende Formen der Unter-

der Universität Hamburg (Hrsg.): Internationales Handbuch für Hörfunk und Fernsehen 2000/2001. Baden-Baden 2000, S. 31-45

[437] Vgl. Thomas Middelhoff: Strategien für einen Medienkonzern im 21. Jahrhundert. Rede auf dem 7. Deutschen Multimedia Kongreß, Stuttgart, April 1999; Karl Dietrich Seikel: Thesen zur Medienentwicklung. Rede auf der Mitgliederversammlung des Verbands Deutscher Zeitschriftenverleger VDZ. Berlin 23.11.1999; Monika Ermert: Medientraum: Alles in einer Hand. Kabelnetze. In: Net Business 15.05.2000, S. 37

[438] Vgl. Horst Röper: Formationen deutscher Medienmultis 1999/2000. Entwicklungen und Strategien der größten deutschen Medienunternehmen. In: Media Perspektiven Nr. 1 (2001), S. 2-30

nehmenskonvergenz: Kooperative und konzentrative Unternehmenszusammenschlüsse. Als Abgrenzungsmerkmal führt Mahrdt die Bindungsintensität sowie den Grad der verbleibenden wirtschaftlichen Selbständigkeit zweier Unternehmen an. Kooperative Unternehmenskonvergenz, zu denen neben der strategischen Allianz auch die Überkreuzbeteiligung, die Einbringung in eine gemeinsame Neugründung und bedingt die Fusion zweier Unternehmen zählen, drückt sich in der wirtschaftlichen Selbständigkeit und unternehmerischen Eigenständigkeit beider Gesellschaften aus. Ein konzentrativer Unternehmenszusammenschluss führt hingegen zur Aufhebung der wirtschaftlichen Selbständigkeit von mindestens einem der beteiligten Unternehmen.[440] Hierzu gehören die Übernahme oder der mehrheitliche Anteil an einer neuen Gesellschaft. Die wirtschaftlichen Motive für die Konvergenz der Unternehmungen sind vielfältig. Mahrdt nennt als wichtigste, in der wirtschaftswissenschaftlichen Literatur diskutierten Motive: Globalisierung, technologischer Wandel, Ausschöpfung von Größenvorteilen (Economies of scale), Nutzung von Verbundvorteilen (Economies of scope), Aufwendungen für Forschung und Entwicklung, Innovationskosten, Technologietransfer, Kapitalintensität der Produktion, Konkurrenz unterschiedlicher Standards und Normen, Transaktionskosten, Überwindung von Markteintrittsbarrieren und Lernprozesse.[441]

3.4.3 Konvergenzentwicklung der strategischen Wertschöpfung

Die Konvergenz der Wertschöpfungskette im TMI-Bereich ermöglicht den Unternehmen die Ausweitung ihres Wirkungskreises durch Expansionsstrategien in angrenzende oder sinnvoll verknüpfbare Geschäftsfelder. Abb. 39 führt die Konvergenz der Märkte, die in Abb. 37 als Multimedia-Wertschöpfungskette zusammengefasst wurde, und die Konvergenz der Unternehmen in einem Modell zusammen, um die strategischen Entwicklungstendenzen im TMI-Markt zu indizieren. Das Modell beschreibt die strategische Ausrichtung der Unternehmen – unterteilt in Kernkompetenz und partielle Kompetenz. Vertikale Strategien der Unternehmen zeigen sich in den Bestrebungen, neue Segmente der Wertschöpfungskette zu besetzen.

[439] Vgl. Margherita Pagani: Interactive Television: A Model of Analysis of Business Economic Dynamics. In: The International Journal on Media Management. Vol. 2, Nr. 1 (2000), S. 25-37, S. 34 f.

[440] Vgl. Niklas Mahrdt: a.a.O., S. 49, S. 58 ff.

[441] Vgl. ebd., S. 50-57; Michael J. Mandel / Robert D. Hof: Rethinking the Internet. Special Report. In: Business Week. 26.03.2001, S. 43-61

ABB. 39: WERTSCHÖPFUNGSKETTEN UND MIGRATIONSTENDENZEN

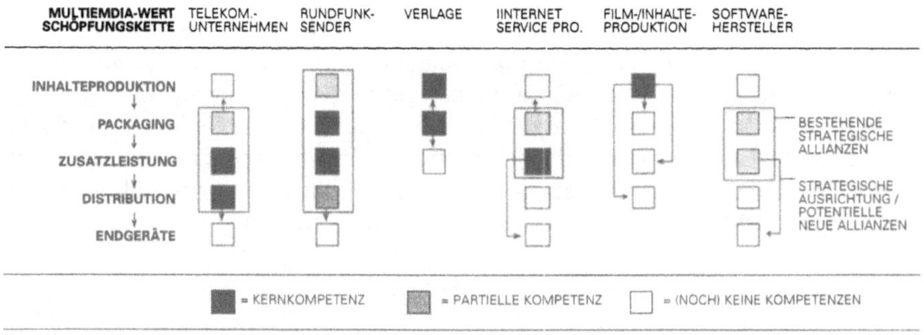

Quelle: Erweiterte und aktualisierte Darstellung in Anlehnung an Margherita Pagani: Interactive Television: A Model of Analysis of Business Economic Dynamics. In: The International Journal on Media Management Bd. 2, Nr.1 (2000), S. 25-37, S. 28; u.a.

In den Migrationstendenzen der Unternehmen wird deutlich, dass medienfremde Marktanbieter eine vertikale Ausweitung ihres Kerngeschäfts betreiben und in den branchenfremden Bereich der klassischen Medienindustrie dringen.[442] Umgekehrt diversifizieren Medienunternehmen ihr Geschäft sowohl innerhalb des Mediensektors (horizontal), als auch über das Kerngeschäft hinaus (vertikal). Insbesondere die horizontale Diversifizierung führt zur unternehmerischen Konzentration im Mediensektor. Alle großen Medienunternehmen verfügen heute über ein Beteiligungs- und Verwertungsnetzwerk, dass sowohl klassische Medien als auch Internet einschließt.[443]

Die wirtschaftliche Konvergenzentwicklung des TMI-Marktes ist nicht nur unter wirtschafts- und wettbewerbspolitischen Aspekten von Bedeutung, sondern auch medienpolitisch relevant. Die Konvergenz der Märkte, der Unternehmen und ihrer Wertschöpfung führt zu Veränderungen wirtschaftlicher Konzentration. Im Medienbereich führt wirtschaftliche Konzentration zur Medien- bzw. Meinungskonzentration. Um einer „vorherrschenden Meinungsmacht" entgegenzutreten wurde mit dem Niedersachsen-Urteil des Bundesverfassungsgerichts dem Gesetzgeber das Gebot auferlegt, Medienkonzentration im Sinne der „vorherrschenden Meinungsmacht" zu verhindern.[444] We-

---

[442] Vgl. Nelson Killius / Jens Mueller-Oerlinghausen: Der Medienstandort Deutschland holt auf. In: FAZ Nr. 181 (2000), S. 25

[443] Vgl. Dieter Stolte / ZDF (Hrsg.): Die Dynamik nationaler und internationaler Zusammenschlüsse auf dem Medien- und Kommunikationssektor und ihre Bedeutung für den öffentlich-rechtlichen Rundfunk. Vorlage an der Fernsehrat. Mainz 2000, S. 16 ff.; Will Teichert: Deutschland, Österreich, Schweiz. In: Ingrid Hamm (Hrsg.): Verantwortung im freien Medienmarkt. Internationale Perspektiven zur Wahrung professioneller Standards. Gütersloh 1996, S. 129-175, S. 137 ff.

[444] BverfGE 73, 118, 173; vgl. weiterführend: Peter Mailänder: Konzentrationskontrolle zur Sicherung von Meinungsvielfalt im privaten Rundfunk. Eine vergleichende Untersuchung der

niger die verfassungsrechtliche Vorgabe als vielmehr die Umsetzung des Gebotes steht im Mittelpunkt der medienpolitischen Diskussion.[445] Somit scheinen die Wettbewerbsverzerrungen und Innovationshemmungen, die sich aus dem komplexen Zusammenhang von unterschiedlichen Produktionsstufen im Kommunikationsmarkt einerseits und unterschiedlich ausgeprägter staatlicher Regulierung andererseits ergeben, zunächst legitimiert.[446] Unterschiedliche medienpolitische Konzepte stellen sich den dynamischen Veränderungen durch wirtschaftliche Konvergenz und Internationalisierung der Unternehmen und entwickeln sehr unterschiedliche - teils wettbewerbsorientierte, teils staatlich regulierte - Ansätze zur Sicherung des Meinungspluralismus.[447]

Rechtslage in Deutschland, Frankreich, Italien, Großbritannien, Spanien, Österreich sowie den Niederlanden und im Europäischen Recht. Baden-Baden 2000, S. 150 ff., S. 158

[445] Vgl. Reimut Jochimsen: Medienaufsicht in der Kontroverse – Konzentration, Kontrolle und KEK. In: Kommunikation und Recht Nr. 10 (1999), S. 433-444; Uwe Kammann: Just in time?- Zur Fusionsankündigung von AOL / Time Warner. In: epd medien Nr. 2 (2000), S. 3-5; Bärbel Altes: Paradigmenwechsel in der europäischen Fusionskontrolle? Steigende Medienkonzentration in Deutschland und Europa: Gefahr für den Pluralismus. In: Media Perspektiven Nr. 11 (2000), S. 482-490

[446] Vgl. Bernd-Peter Lange: Ökonomie der Kommunikation. In: Gerhard W. Wittkämper / Anke Kohl (Hrsg.): Kommunikationspolitik. Einführung in die medienbezogene Politik. Darmstadt 1996, S. 130-145, S. 132 ff.; Niklas Mahrdt: a.a.O., S. 153 ff., S. 183 ff.; Ernst-Joachim Mestmäcker: Unternehmenskonzentration und Urheberrechte in der alten und „neuen" Musikwirtschaft. In: ZUM Nr. 3 (2001), S. 185-194, S. 190 f.

[447] Siehe unten Kap. 5.2

„Systeme sind offen, wenn eine Änderung ihres Repertoires keine Änderung ihrer Struktur erfordert; im entgegengesetzten Fall sind sie geschlossen. (...) Rundfunksysteme sind offene Spiele, Netze geschlossene Spiele. An Rundfunksysteme lassen sich beliebig viele Empfänger – aber nicht Sender! – anschließen, ohne dass sich deren Struktur ändern müsste. Will man jedoch die Anzahl der an einem Netz Beteiligten erhöhen, zeigen sich immer wieder Schwellen, von denen ab die Struktur des Systems eine Reformulierung erfordert."

(Vilém Flusser, 1974)[448]

II. ABSCHNITT: MEDIENPOLITIK UND KONVERGENZ – GRUNDLAGEN, SPANNUNGSFELDER, HANDLUNGSTRÄGER UND POSITIONEN

Die Veränderungen der klassischen Medienstruktur durch das Konvergenzphänomen wirken sich unmittelbar auf den ordnungspolitischen Rahmen sowie die medienpolitische Diskussion aus: Traditionelle Grenzziehungen, an denen sich ordnungspolitisches Handeln bislang orientierte, werden durch das Internet als Prototyp der Konvergenzentwicklung an verschiedenen Schnittstellen aufgelöst.[449] Der nachfolgende Abschnitt stellt die medienpolitischen Grundsätze dar und analysiert die Auswirkungen der Konvergenz auf Medienpolitik und Medienordnung (Kap. 4). Anschließend werden die Träger der Medienpolitik benannt und aktuelle ordnungspolitische Regulierungs-Konzepte unterschiedlicher Akteure untersucht (Kap. 5). Ziel des nachfolgenden Abschnitts ist, die unterschiedlichen medienpolitischen Konfliktbereiche im Spannungsfeld der Konvergenz von Kommunikation und Medien darzustellen. Zugleich werden die strukturellen Veränderungen der ordnungspolitischen Grundlagen skizziert und medienpolitische Handlungsalternativen aufgezeigt.

4 Medienpolitische Grundsätze und Konfliktfelder im Zeichen der Konvergenz

Die Konvergenzentwicklung wirkt sich unmittelbar auf Medienpolitik und Medienordnung aus. Ausgehend von der Definition des Begriffs „Medienpolitik" sowie einer Abgrenzung vom Begriff der „Kommunikationspolitik" (Kap. 4.1) werden zunächst die normativen Grundsätze und Ziele deutscher Medienpolitik vorgestellt (Kap. 4.2). Anschließend werden die grundlegenden Veränderungen der traditionellen Struktur der Medienordnung, insbesondere durch TDG und

[448] Vilém Flusser: Für eine Phänomenologie des Fernsehens. (1974) In: Vilém Flusser: Medienkultur. Frankfurt/Main 1997, S. 118

[449] Erkki Liikanen: The European Union Telecommunications Policy. Speech on Telecommunications Seminar. SPEECH/01/356, 16 July 2001, Sarajevo, S. 4

MDStV, dargestellt (Kap. 4.3) und die medienpolitischen Konfliktzonen aufgezeigt (Kap. 4.4).

4.1 Definition von Medien- und Kommunikationspolitik

Eine „medienpolitische Betrachtung" des Konvergenzphänomens, wie sie im Untertitel der vorliegenden Arbeit angekündigt wird, stößt zunächst auf die Schwierigkeit einer eindeutigen Abgrenzung verschiedener Politikfelder und die Existenz zweier Begriffe, die ähnliche Sachverhalte beschreiben: „Medienpolitik" und „Kommunikationspolitik". In der öffentlichen Debatte werden die Begriffe „Medienpolitik" und „Kommunikationspolitik" häufig synonym verwendet - ersterer vorwiegend in der (partei-)politischen Debatte, letzterer häufiger in der Wissenschaft. In der wissenschaftlichen Diskussion herrschen höchst unterschiedliche, teils divergierende oder kontrastierende Definitionen der beiden Begriffe.[450] Daher werden im folgenden die gängigsten Definitionen und Abgrenzungen der Begriffe dargestellt, um anschließend den Begriff der „Medienpolitik" für die vorliegende Arbeit publizistikwissenschaftlich zu definieren und einzugrenzen.

4.1.1 Definitionsansätze in der wissenschaftlichen Literatur

Hans J. Kleinsteuber unterscheidet in seinem Definitionsversuch zunächst die Wesensmerkmale der Begriffe „Kommunikation" und „Medien".[451] „Kommunikation" charakterisiert Kleinsteuber als den umfassenderen Begriff, der sich „neben den (Massen-)Medien auch auf alle Formen vermittelter oder direkter menschlicher Kommunikation bezieht."[452] „Medien" - im Sinne der Massenmedien - hingegen bezeichnet er als „auf technischen Übertragungsformen basierende Kommunikation", die sich „an ein großes und disperses Publikum richtet."[453] Ausgehend von der Hypothese, dass „sich fast alle Beiträge zum Bereich Kommunikations- bzw. Medienpolitik mit denselben politisch relevanten Massenmedien beschäftigen"[454], kategorisiert Kleinsteuber die Begriffe „Kommunikationspolitik" und „Medienpolitik" nach ihrer wissenschaftlichen Zugehörigkeit: Kleinsteuber ordnet den Begriff der Kommunikationspolitik der Kommunikationswissenschaft zu, den Begriff der Medienpolitik der „praktischen Politik"[455] und Politikwissenschaft. Demnach unterscheidet

[450] Die wirtschaftswissenschaftliche Bedeutung des Begriffs „Kommunikationspolitik", der die Kommunikationsstrategie eines Unternehmens mittels Werbung, Public Relations und anderen Marketingaktivitäten bezeichnet, wird hier außer Acht gelassen.

[451] Vgl. Hans J. Kleinsteuber: Kommunikationspolitik: Herangehensweisen und Theorien. In: Gerhard W. Wittkämper / Anke Kohl (Hrsg.): Kommunikationspolitik. Einführung in die medienbezogene Politik. Darmstadt 1996, S. 17-37, S. 18 f.

[452] Ebd., S. 18

[453] Ebd.

[454] Ebd., S. 19

[455] Ebd., S. 18; „praktische Politik" drückt sich laut Kleinsteuber in Parteiprogrammen und Verbandserklärungen aus, die überwiegend den Begriff „Medienpolitik" verwenden.

Kleinsteuber zwischen der „kommunikationswissenschaftlichen Kommunikationspolitik" und der „politikwissenschaftlichen Medienpolitik." Kommunikationspolitik im interdisziplinären wissenschaftlichen Dialog definiert Kleinsteuber als „politisch motiviertes und intendiertes Handeln, das sich auf die Organisation, die Funktionsweise, die Ausgestaltung sowie die materielle und personelle Situation der Massenmedien bezieht."[456]

Abweichend definieren Schütz, Ronneberger, Kepplinger, Glotz u.a. den Unterschied zwischen Kommunikations- und Medienpolitik. Walter J. Schütz bezeichnet die Kommunikationspolitik als „den umfassenderen Begriff", während die Medienpolitik als wesentlicher Teil der Kommunikationspolitik auf die Ordnung der Massenmedien ausgerichtet sei.[457] Schütz betont, dass die verschiedenen Definitionen der Begriffe Medien- und Kommunikationspolitik auf die Unterschiedlichkeit der Vorstellungen über die Ziele der Medienpolitik und die „Vielzahl der Handelnden mit ganz unterschiedlichen Zielsystemen"[458] verweise. Schütz leitet aus den untersuchten Zielen, den Handlungsträgern und ihren Interessen drei Wesensmerkmale des medienpolitischen Handelns ab: Erstens versteht Schütz medienpolitisches Handeln als „politisches Handeln zur Herstellung einer (...) optimalen Kommunikations- bzw. Medienstruktur in einem politisch/gesellschaftlichen System; zweitens als Versuch, die Medienfreiheit und die Informations- und Meinungsfreiheit zu erhalten; und drittens als interessenspolitisches Handeln."[459] Franz Ronneberger, der die Medienpolitik weiter unterordnet und als Subkategorie der Kommunikationspolitik begreift, sieht im medienpolitischen Handeln „alle jene Zielvorstellungen und Maßnahmen, die der Pflege der gegenwärtig bestehenden Massenmedien dienen, einschließlich der Konkurrenzbeziehungen zwischen ihnen."[460] Peter Glotz und Hugo Pruys präzisieren den Unterschied zwischen den Begriffen durch die Trennung von Individual- und Massenkommunikation und den Aspekt des gesellschaftspolitischen Handelns: Demnach sind „unter Medien(-politik) die auf die Massenkommunikationsmittel (Medien) selber gerichteten staatlichen oder gesellschaftlichen Maßnahmen zu verstehen, während die Kommunikationspolitik im übergreifenden Sinne die Gesamtheit der Aktivitäten staatlicher Organisationen, die sich auf die Regelungen des Prozesses der gesellschaftlichen Kommunikation richten, meint."[461] Ebenfalls ausgehend von einer eindeutigen Trennung der Massen- und Individualkommunikation definiert Hans-Mathias Kepplinger den Begriff der „Medienpolitik" als Teil der Kommunikationspoli-

[456] Ebd., S. 17
[457] Vgl. Walter J. Schütz: Medienpolitik. Dokumentation der Kommunikationspolitik in der Bundesrepublik Deutschland von 1945 bis 1990. Konstanz 1999, S. 15 f.
[458] Ebd., S. 17
[459] Ebd., S. 18
[460] Franz Ronneberger: Kommunikationspolitik. Mainz 1978, 1980, 1986, S. 20
[461] Peter Glotz / Hugo Pruys: Kommunikationspolitik. In: Kurt Koszyk / Karl Hugo Pruys (Hrsg.): Handbuch der Massenkommunikation. München 1981, S. 117-122

tik[462] und bezeichnet die Kommunikationspolitik als „jenes Handeln, das auf die Durchsetzung rechtsverbindlicher Regeln für die Individual- und Massenkommunikation zielt", während der Begriff der „Medienpolitik" als enger gefasst zu verstehen sei. Medienpolitik bezeichne nur „jenes Handeln, das auf eine Ordnung für die Massenmedien zielt, wodurch die Massenmedien als eigentliches Objekt und ihre Ordnung als eigentliches Ziel erscheinen."[463]

Den Begriff der „Kommunikationspolitik" präzisiert Gerhard W. Wittkämper durch die Unterteilung in „Kommunikationsordnungspolitik" und „Kommunikationsinfrastrukturpolitik".[464] Kommunikationspolitik im weiten Sinne habe „also mit Medientechnik, Telekommunikationstechnik, Medienmärkten, Telekommunikationsmärkten sowie einem Ensemble von Kommunikationsgrundrechten zu tun (...)."[465] Im Sinne der Kommunikationsgrundrechte betont auch Jan Tonnemacher den normativen Charakter der Kommunikationspolitik, der sich in der verfassungsrechtlichen Vorgabe der Kommunikationsfreiheit widerspiegele, und definiert Kommunikationspolitik mit „hohem Allgemeinheitsgrad"[466] als „geplantes und zielorientiertes Handeln zur Schaffung, Durchsetzung oder Erhaltung von Normen im Bereich der Information und Kommunikation im öffentlichen oder im eigenen Interesse."[467]

„Medienpolitik" formulierte die Bundesregierung bereits 1978 in ihrem Medienbericht als „verfassungsrechtliche Verpflichtung, den für die Demokratie unerlässlichen Informations-, Meinungs- und Willenbildungsprozess durch ein plurales Angebot an Informationen und Meinung zu gewährleisten oder – wo dieses plurale Angebot verlorengegangen sein sollte – dieses wiederherzustellen."[468] Bernhard Wilhelm unterstreicht die verfassungsrechtliche Komponente der Medienpolitik, die sich „in der Freiheit und der Unabhängigkeit (der Medien) vom Staat, von anderen gesellschaftlichen Machtgebilden oder von privaten Monopolen"[469] manifestiere, und konkretisiert: „Sie (die Medienpolitik) hat die Informations- und Meinungsvielfalt zu sichern und ein plurales Angebot der Massenmedien nach Programm und Inhalt zu gewährleisten. Unvereinbar hiermit und als Missbrauch zu verwerfen wären dagegen alle Versuche, mit

---

462 Vgl. Franz Ronneberger: a.a.O., S. 20

463 Vgl. Hans Mathias Kepplinger: Kommunikationspolitik. In: Elisabeth Noelle-Neumann / Winfried Schulz / Jürgen Wilke (Hrsg.): a.a.O., S. 116-140, S. 116 ff.

464 Gerhard W. Wittkämper: Kommunikationspolitik: Eine Grundlegung. In: Gerhard W. Wittkämper / Anke Kohl (Hrsg.): Kommunikationspolitik. Einführung in die medienbezogene Politik. Darmstadt 1996, S. 1-16, S. 4

465 Ebd., S. 3

466 Jan Tonnemacher: Kommunikationspolitik in Deutschland. Eine Einführung. Köln 1996, S. 18

467 Ebd.

468 Bundesregierung, Die (Hrsg.): Bericht der Bundesregierung über die Lage von Presse und Rundfunk in der Bundesrepublik Deutschland 1978. Medienbericht – Deutscher Bundestag. Bonn 1978, S. 128

469 Bernhard Wilhelm: Medienpolitik. In: Peter Schiwy / Walter J. Schütz (Hrsg.): Medienrecht. Stichwörter für die Praxis. Neuwied, Kriftel, Berlin 1994, S. 228-234, S. 229

Hilfe der Medienpolitik gesellschaftspolitische Vorstellungen z.B. sozialpolitischer oder wirtschafts- und arbeitspolitischer Art verwirklichen zu wollen. Medienpolitik ist nach alledem ein elementares Stück Verfassungspolitik."[470]

Nahezu alle wissenschaftlichen Definitionen der Begriffe „Medienpolitik" und „Kommunikationspolitik" stützen sich auf Beiträge und Definitionsversuche aus der Vorzeit des Internets, stammen teilweise auch aus der Vorzeit der digitalen Übertragungstechnologien und basieren folglich auf dem Verständnis, dass sich die Bereiche der Individual- und Massenkommunikation weitestgehend abgrenzen und trennen lassen. In der Regel werden dabei der Individualkommunikation die Bereiche Telekommunikation, Vermittlungstechnik und Infrastruktur zugerechnet, während Massenkommunikation den Bereich der Massenmedien umfasst.

4.1.2 Definitionsprobleme durch die Konvergenzentwicklung

Die gängige Abgrenzung der Begriffe „Medienpolitik" und „Kommunikationspolitik" durch den Verweis auf Individual- und Massenkommunikation erscheint in Zeiten des Internets als wenig tauglich und obsolet. Zwar wird das Internet mittlerweile als Massenmedium bezeichnet, wenn es um Nutzerzahlen oder einzelne Angebote geht. Die Gesamtheit des Internets sowie die heterogenen Dienstetypen, die über das Internet verbreitet werden, lassen sich jedoch inhaltlich-funktional nicht als ausschließliche Massenkommunikation charakterisieren. Die in Kap. 3 dargestellten technischen, inhaltlich-funktionalen und ökonomischen Konvergenztendenzen zwischen Internet und klassischen Medien machen deutlich, dass Konvergenz in dieser Arbeit nicht als finaler Zustand oder Status Quo interpretiert wird, sondern vielmehr als evolutiver Prozess. Der traditionelle Begriff der „Medienpolitik" erscheint daher an einigen Stellen als zu eng formuliert, insbesondere dann, wenn Individual- und Massenkommunikation durch integrative Formen nicht mehr abgrenzbar sind. Gesellschaftliche Kommunikation gewinnt an Komplexität und lässt sich weder in zwei separate Kategorien unterteilen noch nach diesen ordnungspolitisch regulieren.

Walter J. Schütz erwähnt 1999 die „Probleme einer Kommunikationspolitik, die auch die interpersonale Kommunikation betrifft" und „erst im Zusammenhang mit den neuen Medien respektive den neuen Informations- und Kommunikationstechniken ins Blickfeld rücken."[471] Weiter bezeichnet er politische Handlungen, die sich auf die neuen Medien beziehen, „nicht nur als medienpolitische, sondern potentiell immer auch kommunikationspolitische Handlungen..."[472] Otfried Jarren und Patrick Donges sehen weniger Probleme bei der

---

470 Ebd.; vgl. auch Christian Breunig: Kommunikationsfreiheiten. Ein internationaler Vergleich. Konstanz 1994, S. 13 und 32 ff.
471 Walter J. Schütz: Medienpolitik. a.a.O., S. 16
472 Ebd.

Abgrenzung von Individual- und Massenkommunikation, sondern eher die Probleme durch Interdependenzen zwischen einer Vielzahl politischer Handlungsträger („politisch-administratives System“) und außerpolitischer Interessensgruppen („ökonomisches System“).[473] Sie definieren Medienpolitik als „nur schwach institutionalisiertes und stark fragmentiertes policy-Netzwerk, zum einen aufgrund unterschiedlicher Kompetenzzuweisungen zwischen Bund und Ländern, zum anderen durch die Fragmentierung von Entscheidungsinstanzen innerhalb des politisch-administrativen Systems.“[474] Jarren und Donges fassen die Aufgabe der Medienpolitik weiter als „die Gewährleistung und Sicherung öffentlicher Kommunikation“, differenzieren in „Pressepolitik“ und „Rundfunkpolitik“ und sehen die Medienpolitik als „eigenständiges, in seinen Dimensionen (sozial, zeitlich, sachlich) offenes Handlungssystem, das vorrangig durch Kommunikation konstituiert wird und sich auf die Massenmedien als Regelungsfeld bezieht.“[475]

In der vorliegenden Arbeit soll der Begriff der Medienpolitik jenes politische Handeln beschreiben, das sich gemäß den verfassungsrechtlichen Vorgaben auf eine Ordnung der Massenmedien konzentriert. Massenmedien sind dabei nicht zwangsläufig mit dem klassischen Verständnis der Massenkommunikation gleichzusetzen, das nach der klassischen kommunikationswissenschaftlichen Einordnung von Gerhard Maletzke u.a. im Jahr 1963 „jene Form der Kommunikation (beschreibt), bei der Aussagen öffentlich (...) durch technische Verbreitungsmittel (...) indirekt (...) und einseitig (...) an ein disperses Publikum vermittelt werden.“[476] Auch die Grundfaktoren der Massenkommunikation nach Maletzke „Kommunikator, Aussage, Medium und Rezipient“ lassen sich nicht mehr auf alle Formen der Massenmedien anwenden, weil klassische Sender-Empfänger-Strukturen durch das Merkmal der Interaktivität aufgelöst werden, die Netzinfrastrukturen konvergieren und hybride Angebote (z.B. Diskussionsforen im Internet, interaktive Fernsehangebote etc.) entstehen.[477] Christian Schwarz-Schilling richtete sich bereits 1993 – vor Entwicklung des WWW und der massenhaften Nutzung des Internets – gegen den Begriff der „Massenkommunikation“, der sich durch den wertneutraleren Begriff

---

[473] Vgl. Otfried Jarren / Patrick Donges: Ende der Massenkommunikation – Ende der Medienpolitik? In: Hermann Fünfgeld / Claudia Mast (Hrsg.): Massenkommunikation. Ergebnisse und Perspektiven. Opladen 1997, S. 231-252, S. 238

[474] Ebd., S. 239

[475] Ebd.

[476] Gerhard Maletzke: Psychologie der Massenkommunikation. Theorie und Systematik. Hamburg 1963, 1978; vgl. auch Otfried Jarren / Patrick Donges: Ende der Massenkommunikation – Ende der Medienpolitik? a.a.O., S. 235 ff.

[477] Vgl. Joachim Scherer / Frank Hölscher: Gestaltungsspielräume für eine Reform der Organisation der Telekommunikations- und Medienaufsicht unter dem Grundgesetz. Rechtsgutachten im Auftrag der Bertelsmann Stiftung. o.O. 1999, S. 11 ff.; Helge Rossen-Stadtfeld: Medienaufsicht unter Konvergenzbedingungen. In: ZUM Nr. 1 (2000), S. 36-46, S. 37

„Verbreitungsmedium" ersetzen ließe,[478] und verwies auf bevorstehende „Mischformen zwischen Verbreitungsmedien und Individualkommunikation"[479].

Medienpolitik wird in dieser Arbeit folglich nicht als Teilgebiet oder Subkategorie einer übergeordneten Kommunikationspolitik verstanden – wie sie bisher von Schütz, Ronneberger, Kepplinger u.a. definiert wurde – sondern vielmehr kommunikationspolitische Aspekte dort einbeziehen, wo die Konvergenzentwicklung der Medien dies untrennbar werden lässt. Eine Gleichsetzung der Begriffe „Medienpolitik" und „Kommunikationspolitik" im klassischen Sinne hätte jedoch weitreichende Konsequenzen für die Kompetenzzuweisung zwischen EU, Bund und Ländern und kann zum gegenwärtigen Entwicklungszeitpunkt nicht unternommen werden.

Neben den Abgrenzungsproblemen der Begriffe „Medienpolitik" und „Kommunikationspolitik" ergibt sich für die Medienpolitik ein weiteres Definitionsproblem hinsichtlich der Grenzziehung der Medienpolitik zu angrenzenden Politikfeldern. Walter J. Schütz konstatiert, dass „medienpolitisch bedeutsame Aktivitäten gemäß der klassischen Einteilung der Politikfelder nicht als originäre medienpolitische Handlungen zu begreifen sind."[480] Politische Handlungen aus den Politikfeldern Wirtschaftspolitik, Rechtspolitik, Bildungspolitik, Arbeitspolitik, Sozialpolitik u.a. können Bedeutung für den Bereich der Medien erlangen und in diesem Sinne als medienpolitische Handlungen aufgefasst werden. Insbesondere Rechts- und Medienpolitik stehen in enger Beziehung zueinander, da medienrechtliche Vorgänge grundlegend für die Definition von medienpolitischen Handlungsräumen sind. Schütz fasst die differenzierenden Begriffe „Medienrecht" und „Medienpolitik" als „analytische Abgrenzungen auf, denn medienrechtliche Prozesse und Entscheidungen sind gleichzeitig geradezu reine medienpolitische Prozesse und Entscheidungen."[481] Somit ist auch die „medienpolitische Betrachtung", wie sie im Untertitel der vorliegenden Arbeit steht, zugleich eine medienrechtliche Betrachtung. In ähnlich enge Beziehung lassen sich auch Wirtschaftspolitik, Technologiepolitik und Medienpolitik setzen. Die Entwicklung der technologischen Infrastruktur und die wirtschaftlichen Rahmenbedingungen auf nationaler, europäischer und internationaler Ebene wirken sich unmittelbar auf das Mediensystem aus.[482]

In der vorliegenden Arbeit wird „Medienpolitik im engeren Sinne" und „Medienpolitik im weiteren Sinne" unterschieden: Medienpolitik im engeren Sinne bezieht sich auf politische Handlungen der Länder und des Bundes, die sich ausdrücklich auf die medienrechtliche Ordnung des Mediensystems beziehen und damit originär medienpolitische Entscheidungen sind. Medienpolitik im

---

[478] Vgl. Christian Schwarz-Schilling: Grenzenlose Kommunikation. Bilanz und Perspektiven der Medienkommunikation. Frankfurt / Main 1993, S. 33 ff.
[479] Ebd., S. 40
[480] Walter J. Schütz: Medienpolitik. a.a.O., S. 20
[481] Ebd., S.21

weiteren Sinne hingegen umfasst sämtliche politische Aktivitäten oder Entscheidungen, die die Ordnung der klassischen Medien oder des Internets beeinflussen, ohne ausschließlich oder ausdrücklich in Hinblick auf die Ordnung der Massenmedien getroffen worden zu sein (z.B. Kartellrecht, Wettbewerbsrecht, europäische Fusionskontrolle etc.). In der vorliegenden Arbeit wird der Begriff Medienpolitik und das entsprechende Medienrecht im engeren Sinne verwendet, sofern nicht ausdrücklich auf die Begriffsverwendung im weiteren Sinne hingewiesen wird.

4.2 Die normativen Grundprinzipien der Medienpolitik

Medienpolitik basiert auf der Vereinbarkeit von medienpolitischen Zielen mit den Grundlagen und Strukturen eines politischen Systems. Die besondere Bedeutung der medienpolitischen Ordnung liegt in der immanenten Funktion der Massenmedien, durch Massenkommunikation auf die Willens- und Meinungsbildung einer Gesellschaft und eines jeden Einzelnen Einfluss zu nehmen.

4.2.1 Das Demokratieprinzip und die politische Bedeutung der Medien

Aufgabe und Rolle der Massenmedien in einer repräsentativen, freiheitlichen Demokratie sind die Bildung öffentlicher Meinung durch pluralistische Meinungsvielfalt und die partielle Repräsentation gesellschaftlicher Sachverhalte. Die konkurrierende Willensbildung, also die Freiheit, sich aus allgemein zugänglichen Quellen ungehindert zu unterrichten, ist im Grundgesetz der Bundesrepublik Deutschland (Art. 5 Abs.1 S. 2 GG) und in den Landesverfassungen verankert. Ihr normativer Charakter ist Grundlage und Maßstab für die Beurteilung des Mediensystems und eventuell notwendiger Veränderungen durch medienpolitisches Handeln. Die weitere Ausgestaltung der Medienpolitik übernehmen gegenwärtig insbesondere Presse- und Rundfunkrecht. Durch die wachsende Bedeutung des Internets und durch die zunehmenden Verflechtungen von Individual- und Massenkommunikation rücken weitere Regelungswerke in den Blickpunkt der medienpolitischen Diskussion, wie z.B. das Telekommunikationsgesetz (TKG) des Bundes, das Informations- und Kommunikationsdienste Gesetz (IuKDG) des Bundes, insb. das Teledienste-Gesetz (TDG), oder der Mediendienste-Staatsvertag (MDStV) der Länder.

4.2.2 Organisation von Pluralismus und Meinungsvielfalt in den Medien

Der verfassungsrechtliche Grundsatz der freien Meinungsbildung (Art. 5 Abs.1 S. 2 GG) wirkt sich in verschiedenster Weise aus, so etwa auch in der besonderen Rechtsstellung der Medien im deutschen Gesellschaftssystem, in den Privilegien der Massenmedien oder in ihrer besonderen Organisation, z.B. dem dualen Rundfunksystem. Konkurrierende Willensbildung basiert auf dem freien Zugang zu Informationen und Nachrichten (Informationsfreiheit), dem offe-

[482] Vgl. ebd.

nen Zugang zum Beruf des Journalisten sowie der Unabhängigkeit der Medien vom Staat (Staatsferne) und manifestiert sich im Neben- und Gegeneinander verschiedener Informationen und Meinungen auf dem Rezipientenmarkt.[483] In der Bundesrepublik Deutschland haben sich zwei Mechanismen herausgebildet, die die konkurrierende Willensbildung sichern: Binnenpluralismus und Außenpluralismus der Medienstruktur.[484] Entsprechend ist das „administrative Kooperationsmodell" und „wirtschaftliche Konkurrenzmodell" zu unterscheiden.[485]

Das wirtschaftliche Konkurrenzmodell basiert auf der Organisationstruktur des Außenpluralismus. Es liegt uneingeschränkt dem privatwirtschaftlich organisierten Pressemarkt und eingeschränkt der Ordnung der privaten Rundfunksender zugrunde. Dabei bieten privatwirtschaftlich organisierte Unternehmen Informationen, Meinungen und Unterhaltung an und konkurrieren um Leser oder Zuschauer. Meinungsvielfalt entsteht daher nicht zwangsläufig durch jedes einzelne Medienangebot oder Unternehmen, sondern vielmehr durch die Konkurrenz und Vielfalt unterschiedlicher Angebote und Inhalte. Im besten (optimalen) Fall spiegelt das Angebot an Inhalten die Interessen, Meinungen und Einstellungen aller gesellschaftlichen Gruppen wieder, da sich das Angebot aufgrund ökonomischer Prinzipien an der Nachfrage in der Bevölkerung orientiert und somit sowohl Majoritäten, als auch Minoritäten mit speziellen Interessen versorgt.[486]

Das administrative Kooperationsmodell entspricht einem binnenpluralistischen Ordnungssystem, weil es mittels rechtlich verankerter Kontrollorgane soziale Gruppen entsprechend ihrer gesellschaftlichen Relevanz innerhalb der Organisation eines Mediums abbildet.[487] Dieses Modell spiegelt sich in der binnenpluralistischen Struktur der öffentlich-rechtlichen Rundfunksender wieder. Kontrollorgane, wie z.B. der Rundfunkrat (Fernsehrat), bilden die pluralistische Gesellschaftsstruktur durch die darin vertretenen Interessensgruppen wie Parteien, Gewerkschaften oder Kirche ab, wachen über die Ausgewogenheit der Inhalte oder Meinungen und reflektieren oder prägen damit Interessen, Meinungen und Einstellungen der Bevölkerung. Eine ähnliches Kontroll- und Aufsichtsorgan bilden die Landesmedienanstalten für den außenpluralistisch organisierten, aber binnenpluralistisch kontrollierten privaten Rundfunk.[488]

Im Bereich der medienrechtlichen Forschung stand seit der Einführung des privaten Rundfunks das Rundfunkverfassungsrecht im Zentrum der medienpo-

---

483 Vgl. Reinhart Ricker / Peter Schiwy u.a.: Rundfunkverfassungsrecht. München 1997, Abs. B, Rn. 1 f., 9 ff., 13, 21
484 Vgl. ebd., Abs. E, Rn. 8 f.
485 Vgl. Hans Mathias Kepplinger: Kommunikationspolitik. a.a.O., S. 116-140, S. 116 f.
486 Vgl. ebd., 119 f.
487 Vgl. ebd.
488 Vgl. Reinhart Ricker / Peter Schiwy u.a.: Rundfunkverfassungsrecht. a.a.O., Abs. E, Rn. 9, 76 ff.

litischen Diskussion.[489] Auch das Presserecht wird in der Forschung kontinuierlich weiterentwickelt. Die Veränderungen der klassischen Medienstruktur durch das Internet stellen den medienrechtlichen Ordnungsrahmen vor neue Herausforderungen, weil traditionelle Grenzziehungen zwischen den Mediengattungen durch das Internet unscharf werden.[490] Die Untersuchung des vorausgegangenen Abschnitts zeigt, dass sich die publizistischen Angebote im Internet als komplementäre Dienste neben Presse und Rundfunk etablieren. Substitutionstendenzen zwischen Internet und klassischen Medien sind bislang selten.[491]

4.3 Die Grundstruktur der Medienordnung

Ausgehend von den verfassungsrechtlichen Vorgaben entwickelte sich die einfachgesetzliche Ausgestaltung der Medienordnung durch technische Innovationen fort. Nach den signifikanten Veränderungen im Bereich der Rundfunkordnung in den achtziger Jahren, die zur dualen Rundfunkordnung führte, stellen Digitalisierung und Globalisierung die Medienordnung und ihre die „traditionelle“ Struktur vor neue Herausforderungen.

4.3.1 Die traditionelle Struktur der Medienordnung

Die rechtliche Rahmenbedingungen der Massenmedien in Deutschland basierten traditionell auf der Unterscheidung von Individual- und Massenkommunikation, respektive Schmal- und Breitbandkommunikation, Telekommunikation und Rundfunk, Vermittlungs- und Verteildiensten. Aus den verfassungsrechtlichen Vorgaben (insb. Art. 5 Abs. 1 GG, Art. 30, 70, 73 Nr. 7, Art. 74, 75, 79 Abs. 3, Art. 87 f. GG) hat sich ein komplexes medienrechtliches System entwickelt, das die gesamte Massenkommunikation in einer mehr oder weniger stark regulierten Struktur aus außenpluralistischen und binnenpluralistischen Regulierungsprinzipien und unterschiedlichen Kompetenzzuordnungen zwischen Bund und Ländern einbettet. Hinzu kommen europarechtliche Vorgaben, die zunehmend in das innerstaatliche Medienrecht einwirken. Zu den klassischen Massenkommunikationsmitteln zählen Presse und Rundfunk (Hörfunk und Fernsehen), die in dieser Arbeit im Vordergrund der Betrachtung stehen, genauso wie Film, Videokassetten oder Tonträger.[492]

Analog zur Trennung von Individual- und Massenkommunikation verhält sich das Kompetenzgefüge von Bund und Ländern. Eine wichtige Grenzlinie

---

[489] Vgl. Reinhart Ricker: Der Fernsehmarkt vor einer neuen Ordnung. In: Die Welt 15.07.1996, o.S.

[490] Vgl. Martin Eifert / Wolfgang Hoffmann-Riem: Die Entstehung und Ausgestaltung des dualen Rundfunksystems. In: Dietrich Schwarzkopf (Hrsg.): Rundfunkpolitik in Deutschland. Wettbewerb und Öffentlichkeit. Bd. 1. München 1999, S. 50-116, S. 105 f., S. 112 ff.

[491] Siehe oben Kap. 3, insb. Kap. 3.3

[492] Vgl. Martin Löffler / Reinhart Ricker: Handbuch des Presserechts. München 2000, Kap. 1, Rn. 14

zwischen Bundes- und Länderzuständigkeiten ergibt sich aus dem Verhältnis von Telekommunikation und Rundfunk, bzw. Übertragung und Inhalt. Dem Bund kommt nach Art. 73 Nr. 7 GG die ausschließliche Gesetzgebungskompetenz und nach Art. 87 lit. f GG die Zuständigkeit zur Regulierung für den Bereich der Telekommunikation zu. Die Regelung des Rundfunkwesens ist hingegen mangels eindeutiger verfassungsrechtlicher Kompetenzzuweisung an den Bund (Art. 30, 70 Abs. 1 GG) Ländersache.[493] Im Bereich der Presse wird dem Bund nach Art. 75 Abs. 1 S. 1 GG zwar eine Rahmengesetzgebungskompetenz zugesprochen, die bisher aber nicht in Anspruch genommen wurde.[494] Während bei der Regelung der Individualkommunikation die technische Übertragung im Vordergrund steht, zielt das Recht der Massenkommunikation vornehmlich auf die inhaltliche Regelung der Kommunikation ab.[495]

4.3.2 Die Veränderungen der Medienordnung durch die Konvergenzentwicklung

Die traditionellen, ordnungspolitischen Grenzziehungen verlieren durch die Konvergenzentwicklung an Bestand. Insbesondere das Internet, das als Übertragungsplattform für eine breites Spektrum individual- und massenkommunikativer Informations- und Kommunikationsdienste dient, konnte durch die bestehende Medienordnung der Bundesrepublik Deutschland nicht ausreichend erfasst werden. Die Angebote im Internet erlauben zumeist keine eindeutige Differenzierung zwischen Individual- und Massenkommunikation:[496] Das Internet ist bezüglich der Nutzungsart individuell, da der Rezipient frei entscheidet, welche Angebote oder Inhalte er zu welcher Zeit abruft. Zugleich können aber beliebig viele Nutzer ein Angebot auch zeitgleich abrufen, so dass sich in dieser Hinsicht der Charakter eines Massenmediums ergibt.[497]

Um den Rechtsunsicherheiten im Zuge dieser Entwicklung entgegenzutreten, wurde der traditionelle Ordnungsrahmen der Medien durch neue gesetzliche Regelungen und Regelungswerke ergänzt. Während presserechtliche Bestim-

---

[493] Vgl. Reinhart Ricker / Peter Schiwy u.a.: Rundfunkverfassungsrecht. a.a.O., Abs. B, Rn. 208; Albrecht Hesse: Rundfunkrecht. a.a.O., S. 45 f.; Jan Tonnemacher: Kommunikationspolitik in Deutschland. Eine Einführung. Köln 1996, S.44 ff.

[494] Vgl. Martin Löffler / Reinhart Ricker: a.a.O., Kap. 2, Rn. 1 ff.

[495] Vgl. Flemming Moos: Die Unterscheidung der Dienstformen Teledienst, Mediendienst und Rundfunk. In: Detlef Kröger / Marc A. Gimmy (Hrsg.): Handbuch zum Internetrecht. Electronic Commerce – Informations-, Kommunikations- und Mediendienste. Berlin, Heidelberg 2000, S. 37-62, S. 39

[496] Siehe oben Kap. 2; Kap. 3; vgl. Deutscher Bundestag (Hrsg.): Schlußbericht der Enquete-Kommission "Zukunft der Medien in Wirtschaft und Gesellschaft. Deutschlands Weg in die Informationsgesellschaft." Drucksache13/11004. Bonn 1998, Kap. 2; Paul Leo Giani: Regulierung der Medien. In: Günter Müller / Ulrich Kohl / Ralf Strauß (Hrsg.): Zukunftsperspektiven der digitalen Vernetzung. Heidelberg 1996, S. 293-306, S. 298 ff.

[497] Vgl. Klaus Goldhammer / Axel Zerdick: Rundfunk Online. Entwicklung und Perspektiven des Internets für Hörfunk- und Fernsehanbieter. Schriftenreihe der Landesmedienanstalten Bd. 14. Berlin 1999, S. 79 f.

mungen meist unverändert blieben,[498] hat das Konvergenzphänomen zu neuen Regelungswerken im Spannungsfeld von Rundfunk und Telekommunikation geführt: Das Informations- und Kommunikationsdienste-Gesetz (IuKDG) und der Mediendienste-Staatsvertrag (MDStV), die zeitgleich am 1. August 1997 in Kraft traten, bilden zusammen mit der Fortschreibung des Rundfunkstaatsvertrages (RStV) durch Inkrafttreten des fünften Rundfunkänderungsstaatsvertrages zum 1. Januar 2001 das Rückgrat der gegenwärtigen Medienordnung im Bereich der elektronischen Kommunikation. Als Ergebnis der Einigung von Bund und Ländern sind die zentralen Regelungen im IuKDG und MDStV teils wort- bzw. inhaltsgleich (Zugangsfreiheit, Grundzüge der Verantwortlichkeiten, Anbietertransparenz etc.)[499] Unterschiede zwischen IuKDG und MDStV hingegen ergeben sich in Bezug auf die Datenschutzkontrolle von Tele- und Mediendiensten[500], bei der Frage der Verantwortlichkeit von Anbietern[501], der Frage der Zulässigkeit von Werbung, bei der Sanktionierung von Pflichtverstößen[502], beim Koppelungsverbot[503], beim Datenschutz-Audit[504] und bei medienspezifischen Regelungen des MDStV zu journalistischen Sorgfaltspflichten, Werbung, Sponsoring, Gegendarstellungsrecht etc.[505] Aufgrund dieser Divergenzen zwischen IuKDG und MDStV ist in der rechtlichen Behandlung eine Unterscheidung zwischen Telediensten i.S.d. TDG (Art. 1 IuKDG) und Mediendiensten i.S.d. MDStV sowie eine Zuordnung von Diensten im Einzelfall notwendig. Die Abgrenzung von Tele- und Mediendiensten zum Rundfunk i.S.d. RStV, der auf dem Ausgestaltungsvorbehalt der Rundfunkfreiheit durch den Gesetzgeber beruht und zum Zwecke der Vielfaltsicherung ein strengeres Zulassungs- und Aufsichtsgefüge vorsieht, ist in vielen Einzelfällen problematisch.[506]

4.4 Medienpolitische Spannungsfelder und Konvergenz

Im Mittelpunkt der medienpolitischen Diskussion steht die Frage, inwieweit das Konvergenzphänomen zu einem Abbau (Deregulierung) oder zu einem Umbau (Reregulierung) der Medienordnung führen sollte. Dabei stehen weniger die normativen Grundsätze in Frage, sondern vielmehr die Ausgestaltung

[498] Siehe unten Kap. 7 zum Verhältnis von Presserecht und der Regulierung publizistischer Internetangebote

[499] Insb. zwischen TDG (Art. 1 des IuKDG) und MDStV; vgl. Stefan Engel-Flechsig / Alexander Roßnagel (Hrsg.): Multimedia-Recht. Gesetze, Rechtsverordnungen, EU-Richtlinien, Empfehlungen. München 1998, S. 2, S. 25 f.; Christian Koenig / Ernst Roeder: Plädoyer zur Überwindung der zersplitterten Aufsicht über neue Informations- und Kommunikationsmedien. In: K&R Nr. 10 (1998), S. 417-421, S. 417

[500] Vgl. § 8 TDDSG, § 18 Abs. 1 S.2 MDStV

[501] § 5 TDG / § 5 MDStV

[502] nur im § 19 MDStV verankert, kein entsprechender Katalog von Ordnungswidrigkeiten im IuKDG

[503] § 3 Abs. 3 TDDSG, § 12 Abs. 4 MDStV

[504] vgl. §17 MDStV

[505] Vgl. Flemming Moos: a.a.O., S. 38 f.

der (einfachgesetzlichen) Regelungswerke, die Möglichkeiten gesellschaftlicher Selbstkontrolle sowie die Kompetenzverteilung zwischen Ländern, Bund und EU. Insbesondere die neu entstehenden oder entstandenen elektronischen Dienste im Konvergenzbereich von Rundfunk und Telekommunikation sind im Kontext unterschiedlicher Kompetenzen und Interessen zu diskutieren. Vier grundlegende Konfliktzonen werden nachfolgend skizziert.

4.4.1 Staat - Gesellschaft

Das Spannungsverhältnis von Staat und Gesellschaft, den sog. Privaten, basiert maßgeblich auf der ordnungspolitischen Frage nach dem Verhältnis von staatlicher Regulierung und gesellschaftlicher Selbstbestimmung. Die Rolle der gesellschaftlichen Akteure im Verhältnis zum Staat gewinnt in der medienpolitischen Diskussion der Konvergenzentwicklung an Bedeutung.[507] Staat und Gesellschaft bilden ein komplexes Interessens- und Kommunikationsnetzwerk, das auf beiden Seiten durch eine Vielzahl von Akteuren gekennzeichnet ist. Die sog. privaten Akteure sind in unterschiedlichen Verbänden unterschiedlicher Art und Größe zusammengeschlossen. Der Staat bildet ebenfalls durch seine Organe und Institutionen ein ausdifferenziertes Netzwerk - bis hin zu staatlich eingesetzten, aber staatsfern organisierten Aufsichtsbehörden wie Landesmedienanstalten.

Im Bereich der Kommunikation und Medien ist zu beobachten, dass sich der Anteil an staatlicher Regulierung und staatlichem Einfluss zugunsten privatwirtschaftlicher Verantwortung verschiebt. Im Bereich der Telekommunikation nimmt sich der Staat zurück, indem die Leistungserbringung organisatorisch privatisiert und privatwirtschaftlich ausgestaltet wurde. Der Bereich des Rundfunks unterliegt zwar weiterhin maßgeblich staatlicher Regulierung, erlaubt jedoch seit Entstehung der dualen Rundfunkordnung privatwirtschaftliches Engagement. Die Konvergenzentwicklung und die Diskussion um die sog. Informationsgesellschaft wird die Konfliktebene von Staat und Privaten erneut zur Diskussion stellen.[508]

4.4.2 Völkerrecht - nationalstaatliches Recht

Das Konfliktfeld von Völkerrecht und nationalstaatlichem Recht ist durch die völkerrechtlichen Verträge im Bereich der Kommunikation geprägt, die die

---

[506] Vgl. ebd., S. 39; siehe unten Kap. 6.3, 6.4

[507] Vgl. Hans Mathias Kepplinger: Kommunikationspolitik. a.a.O, S. 120; Wolgang Hoffmann-Riem / Wolfgang Schulz / Thorsten Held: Konvergenz und Regulierung. Optionen für rechtliche Regelungen und Aufsichtsstrukturen im Bereich Information, Kommunkation und Medien. Baden-Baden 2000, S. 28

[508] Vgl. Peter Seeger: Rundfunk, Telekommunikation und Elektronische Datenverarbeitung – Konvergenzpotentiale und Gestaltungsperspektiven. In: Jörg Tauss / Johannes Kollbeck / Jan Mönikes (Hrsg.): Deutschlands Weg in die Informationsgesellschaft. Herausforderungen und Perspektiven für Wirtschaft, Wissenschaft, Recht und Politik. Baden-Baden 1996, S. 337-356, S. 338 f.

nationalstaatliche Regulierung teilweise einschränken oder beeinflussen. Völkerrechtliche Verpflichtungen ergeben sich im Bereich der Telekommunikation, wie etwa durch Bestimmungen für Basistelekommunikationsdienstleistungen im GATS-Vertrag oder im Bereich der Frequenzverwaltung durch Vorgaben der internationalen Fernmeldeunion ITU.[509] Auch urheberrechtliche Abkommen wie die zwei 1996 verabschiedeten völkerrechtlichen Verträge, die sog. Internet-Verträge WCT (WIPO Copyright Treaty) und WPPT (WIPO Performance and Phonograms Treaty), nehmen Bezug auf die urheberrechtlichen Probleme der Dienste im Internet und beeinflussen die Ausgestaltung der Medienpolitik i.w.S.[510]

4.4.3 Europäisches Gemeinschaftsrecht – nationalstaatliches Recht

Eine an Bedeutung zunehmende Konfliktzone ergibt sich aus dem Spannungsverhältnis von Europäischem Gemeinschaftsrecht und nationalstaatlichem Recht. Dieses Spannungsverhältnis ist im wesentlichen durch die problematische Kompetenzabgrenzung im Medien- und Kommunikationsbereich gekennzeichnet. Das Gemeinschaftsrecht wirkt sich sowohl auf die binnenstaatliche Gesetzgebung im Telekommunikationsbereich aus, als auch (mittelbar) auf den Rundfunk sowie Dienste im Bereich der elektronischen Kommunikation.[511] Im Bereich der Telekommunikation steht nach der abgeschlossenen Liberalisierung des Sektors die Harmonisierung und Vereinfachung im Vordergrund der europapolitischen Ziele. Der Bereich des Rundfunks ist seit 1989 durch die Fernsehrichtlinie erfasst. Erhebliches Konfliktpotenzial ergibt sich nicht nur aus der problematischen Kompetenzabgrenzung zwischen EU und Mitgliedstaaten, sondern auch aus den divergierenden Regelungsansätzen im Bereich der Rundfunkregulierung: Analog zur funktionalen Kompetenzabgrenzung zwischen Mitgliedstaaten und der Gemeinschaft verfolgt das Gemeinschaftsrecht ein wirtschaftlich orientiertes Regulierungskonzept, während auf nationalstaatlicher Ebene die kommunikationsbezogene, kulturpolitische Zielsetzung der Rundfunkregulierung im Vordergrund steht. Die zunehmende politische Integration einerseits und die Konvergenzentwicklung andererseits wird das Konfliktpotenzial zwischen Mitgliedstaaten und der Gemeinschaft verschärfen.

---

[509] Vgl. Wilmer, Cutler & Pickering (Hrsg.): Telekommunikations- und Medienrecht in den USA. Heidelberg 2000, S. 67 f.; Wolgang Hoffmann-Riem / Wolfgang Schulz / Thorsten Held: Konvergenz und Regulierung. a.a.O., S. 29

[510] Vgl. Carsten Intveen: Internationales Urheberrecht und Internet. Zur Frage des anzuwendenden Urheberrechts bei grenzüberschreitenden Datenübertragungen. Baden-Baden 1999, S. 56 ff.; Thomas Hoeren: Entwurf einer EU-Richtlinie zum Urheberrecht in der Informationsgesellschaft. Überlegungen zum Zwischenstand der Diskussion. In: MMR Nr. 9 (2000), S. 515-521, S. 515 f.; Silke von Lewinski: Die Multimedia-Richtlinie. Der EG-Richtlinienvorschlag zum Urheberrecht in der Informationsgesellschaft. In: MMR Nr. 3 (1998), S. 115-119, S. 115 f.

[511] Siehe unten Kap. 8, insb. 8.2.1 zur Kompetenzproblematik zwischen EU und Mitgliedstaaten; siehe auch Kap. 8.3 ff.

4.4.4 Bund - Länder

Die föderale Struktur der Bundesrepublik Deutschland bedingt die Abgrenzung von Regelungskompetenzen zwischen Bund und Ländern. Dem Bund kommt die Gesetzgebungskompetenz zur Regelung des Telekommunikationssektors nach Art. 73 Nr. 7 GG zu, während die Länder (mit Ausnahme der Deutschen Welle) für die Rundfunkregulierung zuständig sind. Durch die Konvergenzentwicklung ist die traditionelle Kompetenzabgrenzung problematisch, da computervermittelte elektronische Dienste nicht eindeutig einer Regelungskompetenz zuzuordnen sind. Die Aufteilung der Kompetenzen durch die Einigung von Bund und Ländern auf die einfachgesetzliche Differenzierung in Tele- und Mediendienste führt - wie in dieser Arbeit zu belegen sein wird - zu praktischen Problemen der Regulierung. Der jeweiligen Gesetzgebungskompetenz folgt im Bereich der Telekommunikation und der Medien auch die Verwaltungskompetenz: Die Aufsicht über die Telekommunikation wird durch die Bundesbehörde für Post und Telekommunikation (RegPT) wahrgenommen,[512] während der private Rundfunk von den Landesmedienanstalten überwacht wird.

Die Konfliktebene Bund-Länder ist mit der Ebene Gemeinschaft–Nationalstaat verschränkt, da die Vertretung der Bundesrepublik auf EU-Ebene im Rahmen des Art. 23 GG vorrangig dem Bund obliegt. Diese Verschränkung hat etwa bei der Zustimmung der Bundesrepublik zur kulturpolitisch relevanten Fernsehrichtlinie zu verfassungsrechtlichen Auseinandersetzungen geführt.[513]

5 Medienpolitische Positionen und Interessen

Die Ausgestaltung der Medienordnung durch die medienrechtlichen Regelungswerke ist das Ergebnis eines Einigungsprozesses unterschiedlicher Akteure, die die dargestellten Konfliktbereiche durch unterschiedliche medienpolitische Positionen und Interessen beeinflussen oder bestimmen. Nachfolgend werden die Handlungsträger der deutschen Medienpolitik vorgestellt (Kap. 5.1). Anschließend werden die Grundzüge verschiedener Regulierungskonzepte zur Konvergenz untersucht, die von den unterschiedlichen Handlungsträgern zur Diskussion gestellt werden (Kap. 5.2). Eine Bewertung der Vorschläge wird im Ergebnis in Abschnitt IV (Kap. 9.2) vorgenommen.

---

[512] Art. 87 f. Abs. 2 S. 2 GG

[513] Vgl. Wolgang Hoffmann-Riem / Wolfgang Schulz / Thorsten Held: Konvergenz und Regulierung. a.a.O., S. 31 f.

5.1 Die Träger der Medienpolitik

Die medienpolitischen Akteure werden in der wissenschaftlichen Literatur unterschiedlich systematisiert und kategorisiert.[514] Grundsätzlich lassen sich zwei Arten von medienpolitischen Handlungsträgern unterscheiden: „gestaltende“ und „beeinflussende“ Akteure.[515] Zu den gestaltenden Handlungsträgern zählen die politisch-administrativen und verfassungsrechtlich legitimierten Institutionen. Zu den beeinflussenden Akteuren gehören gesellschaftliche Interessensgruppen, die den medienpolitischen Diskurs begleiten und mittelbar oder unmittelbar beeinflussen. Um den medienpolitischen Diskurs zu veranschaulichen, werden nachfolgend drei medienpolitisch relevante Gruppen vorgestellt: Die politisch-administrativen staatlichen Organe, die gesellschaftlichen Interessensgruppen (Kirche, Gewerkschaften, Wirtschafts- und Medienverbände) sowie die öffentlich-rechtlichen Institutionen, die zwar staatsfrei aber vom Staat eingesetzt sind.[516] Die Wissenschaft ist keiner dieser Gruppen direkt zuzuordnen, da sie die medienpolitische Diskussion wissenschaftlich begleitet und auf alle Handlungsträger durch Beratung und Gutachten Einfluss ausübt.

5.1.1 Politisch-administrative Institutionen

Zu den politisch-administrativen Institutionen, die durch ihre verfassungsrechtliche Legitimation und Kompetenzzuweisung als „gestaltende Handlungsträger“ zu qualifizieren sind, zählen die Organe auf Bundesebene wie Bundestag, Bundesregierung und Bundesministerien (insb. Bundeswirtschaftsministerium, Justizministerium, Innenministerium), die Organe auf Landesebene wie Landtage, Landesregierungen und Länderministerien sowie die Verwaltung und das Bundesverfassungsgericht.[517] Politisch-administrative Institutionen sind teils organisatorisch, teils personell miteinander verbunden und stehen in wechselseitigen Beziehungen unterschiedlicher Art und Abhängigkeit zueinander.[518]

Parteien gehören ebenfalls zu den politisch-administrativen Institutionen, sind aber nur mittelbar gestaltende Handlungsträger der Medienpolitik.[519]

---

[514] Vgl. Arnulf Kutsch / Marianne Ravenstein: Kommunikationspolitik. Die Akteure. In: Gerhard W. Wittkämper / Anke Kohl (Hrsg.): Kommunikationspolitik. Einführung in die medienbezogene Politik. Darmstadt 1996, S. 64-89, S. 68; Jan Tonnemacher: Kommunikationspolitik in Deutschland. a.a.O., S. 61 ff.; Hans Mathias Kepplinger: Kommunikationspolitik. a.a.O., S. 116-140, S. 120 f.; Isabelle Bourgeois: Privatrechtliches Fernsehen. In: Dietrich Schwarzkopf (Hrsg.): Rundfunkpolitik in Deutschland. Wettbewerb und Öffentlichkeit. Bd. I. München 1999, S. 436-502, S. 471 ff.; Hans J. Kleinsteuber: Kommunikationspolitik: Herangehensweisen und Theorien. a.a.O., S. 31 f.; Walter J. Schütz: Medienpolitik. a.a.O., S. 21 f.; Gerhard W. Wittkämper: Kommunikationspolitik: Eine Grundlegung. a.a.O., S. 9 f.

[515] Vgl. Walter J. Schütz: Medienpolitik. a.a.O., S. 22

[516] Vgl. Jan Tonnemacher: Kommunikationspolitik in Deutschland. a.a.O., S. 61 ff.

[517] Vgl. Arnulf Kutsch / Marianne Ravenstein: Kommunikationspolitik. Die Akteure. a.a.O., S. 69

[518] Vgl. ebd.; Isabelle Bourgeois: Privatrechtliches Fernsehen. a.a.O., S. 471 ff.

[519] Vgl. Arnulf Kutsch / Marianne Ravenstein: Kommunikationspolitik. Die Akteure. a.a.O., S. 68 f.

Parteipolitische Positionen und Konzepte der im Bundestag vertretenen Parteien CDU, SPD, FDP, Bündnis 90 / Die Grünen und PDS drücken sich zum einen in den Grundsatzprogrammen aus, zum anderen in der politischen Arbeit in Kommissionen zur Medienpolitik.[520] Während die Haltung der SPD tendenziell auf eine stärkere staatliche Kontrolle zur Sicherung der Meinungsvielfalt setzt und die Anpassung der Medienordnung durch Re-Regulierung fordert,[521] stehen bei CDU und FDP der Abbau von staatlicher Regulierung (sog. Deregulierung) zugunsten des wirtschaftlichen Wettbewerbs aller Medien im Vordergrund.[522] Bündnis 90 / Die Grünen, die dem privaten Rundfunk lange ablehnend gegenüberstanden,[523] übernehmen in ihrem jüngsten Grundsatzprogrammentwurf weitestgehend traditionelle Positionen der SPD, fordern aber weiterhin ein triales Rundfunksystem aus privatrechtlich-kommerziellem, öffentlich-rechtlichem und nicht kommerziellem Rundfunk sowie die politische (staatliche) Eindämmung der Medienkonzentration.[524] Lediglich die PDS lehnt eine fortschreitende Privatisierung des Medienbereichs kategorisch ab und fordert die Beschränkung des Einflusses von Medienkonzernen.[525] Bis auf die Position der PDS und Teilpositionen der Grünen ist eine Annäherung der parteipolitischen Positionen zu beobachten.[526]

Die medienpolitischen Initiativen der gegenwärtigen Bundesregierung (SPD/Die Grünen) zielen in erster Linie auf die Bereiche Bildungspolitik, um die Medienkompetenz der Gesellschaft zu fördern, und Wirtschaftspolitik, um durch entsprechende Rahmenbedingungen für den Kommunikations- und Medienbereich wirtschaftliches Wachstum zu unterstützen.[527] In wesentlichen

---

[520] So etwa die Mitwirkung der Parteien in der Enquete-Kommission des Deutschen Bundestages zum Thema „Zukunft der Medien in Wirtschaft und Gesellschaft. Deutschlands Weg in die Informationsgesellschaft." Vgl. Deutscher Bundestag (Hrsg.): Schlußbericht der Enquete-Kommission "Zukunft der Medien in Wirtschaft und Gesellschaft. Deutschlands Weg in die Informationsgesellschaft." Drucksache13/10004. Bonn 1998; siehe unten Kap. 5.2.1

[521] Vgl. Peter Seeger: Rundfunk, Telekommunikation und Elektronische Datenverarbeitung – Konvergenzpotentiale und Gestaltungsperspektiven. a.a.O., S. 354; SPD-Parteivorstand: Grundsatzprogramm der Sozialdemokratischen Partei Deutschlands. Beschlossen vom Programm-Parteitag der SPD am 20. Dezember 1989 in Berlin, geändert auf dem Parteitag in Leipzig am 17.04.1998. Berlin 1998, S. 33

[522] Eine Abriss der parteipolitischen Entwicklung im Bereich der Medienpolitik findet sich bei Isabelle Bourgeois: Privatrechtliches Fernsehen. a.a.O., S. 471 ff.; vgl. auch CDU-Parteivorstand (Hrsg.): Zukunftsprogramm. Beschluss des 10. Parteitages der CDU Deutschland vom 17.-19. Mai 1998 in Bremen. Bonn 1998; FDP-Parteivorstand (Hrsg.): Wahlprogramm 1998. Bonn 1998, S. 53

[523] Vgl. Isabelle Bourgeois: Privatrechtliches Fernsehen. a.a.O., S. 473, S. 475

[524] Vgl. Bündnis 90/Die Grünen-Parteivorstand: grün 2020. Entwurf für das Grundsatzprogramm. Berlin 2001, S. 12, S. 45

[525] Vgl. Angela Marquardt: Neue Medien – Chancen in der Informationsgesellschaft. Bundestagsrede vom 20.01.2000, PlPr. 14/81, TOP 4, S. 7472-7474

[526] Siehe unten Kap. 5.2.1

[527] Die Bundesregierung / Presse- und Informationsamt (Hrsg.): Geschäftsbericht der Bundesregierung 2000/2001. Berlin 2001; BMWi / Bundesministerium für Bildung und Forschung (Hrsg.): Innovation und Arbeitsplätze in der Informationsgesellschaft des 21. Jahrhunderts. Aktionsprogramm der Bundesregierung. Bonn, Berlin 1999 u.a.

Punkten entspricht damit die Politik der Regierungskoalition SPD / Die Grünen einer Fortsetzung der Arbeit der 1998 abgewählten Regierung der CDU / FDP-Koalition und bildet zugleich eine Kehrtwende vorausgegangener sozialdemokratischer Positionen in der Medienpolitik.[528] Von großer medienpolitischer Relevanz sind weiterhin die Entscheidungen der Länderregierungen. Auf Landesebene drückt sich die Medienpolitik der Landesregierungen einerseits in den wirtschaftspolitischen Standortentscheidungen für Medienunternehmen aus, andererseits in den Verhandlungen der Staatskanzleien um die Änderung von Staatsverträgen wie RStV oder MDStV.[529]

Besondere medienpolitische Bedeutung kommt den höchstrichterlichen Entscheidungen des Bundesverfassungsgerichts in Karlsruhe zu. In seinen einschlägigen Urteilen präzisiert das BVerfG einerseits die vertikale und horizontale, teils konkurrierende Gesetzgebungskompetenz und entwirft durch Auslegung der Verfassung sog. „Leitbilder", die als normative Grundlage für den Gesetzgeber gelten. Das Bundesverfassungsgericht prägt somit die Medienpolitik durch seine maßgebende Rechtsprechung. Die sog. Rundfunkurteile bilden die Grundlage des rechtlichen Ordnungsrahmens.

5.1.2 Gesellschaftliche und wirtschaftliche Interessensgruppen

Zu den gesellschaftlich relevanten Kräften zählen medienpolitische Handlungsträger, die entweder mittelbar oder unmittelbar am medienpolitischen Geschehen beteiligt sind. Gesellschaftliche Interessensgruppen gehören zu den

---

[528] Vgl. Isabelle Bourgeois: Privatrechtliches Fernsehen. a.a.O., S. 475; SPD-Parteivorstand: Grundsatzprogramm der Sozialdemokratischen Partei Deutschlands. Beschlossen vom Programm-Parteitag der SPD am 20. Dezember 1989 in Berlin, geändert auf dem Parteitag in Leipzig am 17.04.1998. Berlin 1998, S. 33; Bundesministerium für Wirtschaft BMWi (Hrsg.): Die Informationsgesellschaft. Fakten, Analysen, Trends. Bonn 1995; BMWi (Hrsg.) / Bericht der Bundesregierung: Info 2000. Deutschlands Weg in die Informationsgesellschaft. Bonn 1996; Bundesministerium für Bildung, Wissenschaft, Forschung und Technologie / Rat für Forschung, Technologie und Innovation (Hrsg.): Informationsgesellschaft. Chancen, Innovationen und Herausforderungen. Feststellungen und Empfehlungen. Bonn 1995; Bundesministerium für Bildung, Wissenschaft, Forschung und Technologie (Hrsg.): Förderprogramm Informationstechnik. Innovationen für die Wissensgesellschaft. Bonn 1998; Die Bundesregierung / Presse- und Informationsamt (Hrsg.): Medienkompetenz. Qualifikation für die Zukunft. Bonn 1997; Bundesregierung / Presse- und Informationsamt (Hrsg.): Bericht der Bundesregierung über die Lage der Medien in der Bundesrepublik Deutschland 1998. Medienbericht 1998. Bonn 1998; Bundesministerium für Bildung und Forschung (Hrsg.): Zur technologischen Leistungsfähigkeit Deutschlands. Zusammenfassender Endbericht 1998. Bonn 1999; Bundesamt für Verfassungsschutz (Hrsg.): Extrimistische Bestrebungen im Internet. Köln 1999; Bundesamt für Verfassungsschutz (Hrsg.): Rechtsextremismus in Deutschland. Ein Lagebericht zu Beobachtungsschwerpunkten des Verfassungsschutzes. Köln 2000; Bundesministerium des Innern (Hrsg.): Verfassungsschutzbericht 1998. Berlin 1999; Bundesministerium des Innern (Hrsg.): Verfassungsschutzbericht 1999. Berlin 1999; Bundesministerium des Innern (Hrsg.): Verfassungsschutzbericht 2000. Pressefassung. Berlin 2000

[529] Vgl. Isabelle Bourgeois: Privatrechtliches Fernsehen. a.a.O., S. 472

„beeinflussenden" Handlungsträgern, die durch Ausnutzung ihrer gesellschaftlichen, wirtschaftlichen oder politischen Position die Medienpolitik begleiten.[530]

5.1.2.1 Mittelbar beteiligte Interessensgruppen

Mittelbar beteiligte Interessensgruppen sind diejenigen Handlungsträger, die auf die Ausgestaltung der Medienpolitik Einfluss nehmen, ohne direkt von den medienpolitischen Entscheidungen betroffen zu sein. Insbesondere Kirchen und Gewerkschaften sind am medienpolitischen Meinungs- und Willensbildungsprozess aktiv beteiligt und begleiten den medienpolitischen Prozess durch ihre Publikationen.[531] Die Kirchen betonen die Verknüpfung religiös geprägter Gesellschaftsleitbilder mit der Medienpolitik. Entsprechend ihrer gesellschaftlichen Relevanz sind die Kirchen auch in den Kontrollgremien der öffentlich-rechtlichen Institutionen vertreten und nehmen dort unmittelbaren Einfluss auf Entscheidungen. Die Gewerkschaften als Arbeitnehmerorganisationen äußern sich nicht nur entsprechend ihrer Funktionsbestimmung zu tarifpolitischen Entscheidungen im Medienbereich, sondern partizipieren auch an der Entwicklung des Mediensystems durch Artikulation ihrer Interessen. Hierzu zählt auch die Mitarbeit an Regulierungsvorschlägen, wie etwa dem „Kommunikationsrat"-Vorschlag von SPD-Politikern und der IG Medien.[532]

Zu den mittelbar beteiligten Interessensgruppen zählen weiterhin Dachverbände, in denen die deutsche Wirtschaft zusammengeschlossen ist: Allgemeine wirtschaftliche Interessen vertreten der Bundesverband der Industrie BDI. Tarifpolitische Interessen werden von der Bundesvereinigung der Deutschen Arbeitgeberverbände BDA vertreten. Der Deutsche Industrie- und Handelstag DIHT vertritt die öffentlich-rechtlichen Körperschaften der Industrie- und Handelskammern. Aufgrund ihrer sektorübergreifenden Tätigkeit sind die medienpolitischen Ziele dieser Verbände in ihr Allgemeininteresse eingebettet und basieren häufig auf einem Minimalkonsens.[533]

5.1.2.2 Unmittelbar beteiligte Interessensgruppen

Zu den unmittelbar beteiligten Interessensgruppen zählen diejenigen Akteure, die von den medienpolitischen Rahmenbedingungen direkt betroffen sind und somit ein originäres Interesse an der Einflussnahme auf medienpolitische

---

530 Vgl. Walter J. Schütz: Medienpolitik. a.a.O., S. 21 f.; Arnulf Kutsch / Marianne Ravenstein: Kommunikationspolitik. Die Akteure. a.a.O., S. 78 ff.

531 Hierzu zählen beispielsweise der evangelische Pressedienst „epd", die „Funkkorrespondenz" der katholischen Kirche und gewerkschaftliche Publikationen. Vgl. Wolgang R. Langenbucher: Rundfunk und Gesellschaft. In: Dietrich Schwarzkopf (Hrsg.): Rundfunkpolitik in Deutschland. Wettbewerb und Öffentlichkeit. Band I. München 1999, S. 149-315, S. 238 ff.; Hans Mathias Kepplinger: Kommunikationspolitik. a.a.O., S. 116-140. S. 120 f.; Rolf Hackenbroch: Verbände und Massenmedien. Öffentlichkeitsarbeit und ihre Resonanz in den Medien. Wiesbaden 1998, S. 38 ff., S. 213 ff.

532 Vgl. epd-Medien Nr. 93 (1998)

533 Vgl. Arnulf Kutsch / Marianne Ravenstein: Kommunikationspolitik. Die Akteure. a.a.O., S. 81

Entscheidungen haben. Die Medien bündeln und artikulieren ihre Interessen durch Verbände, Stiftungen oder Initiativen.

Die privatwirtschaftlichen Unternehmen im Bereich von Presse, Rundfunk und Telekommunikation werden durch eine Vielzahl von Verbänden vertreten, die auf den politischen Entscheidungsprozess durch Vorschläge, Stellungnahmen und Lobbyismus einwirken. Neben den traditionellen Verbänden für die klassischen Medien Rundfunk und Presse sowie Telekommunikation haben sich weitere Verbände etabliert, die die Interessen der konvergierenden Medienwirtschaft vertreten. Verlagshäuser und Presseunternehmen werden vornehmlich durch den Bund Deutscher Zeitungsverleger BDZV, den Verband Deutscher Zeitschriftenverleger VDZ und den Verband Deutsche Fachpresse vertreten. Die Interessensvertretung des privaten Rundfunks wird durch den Verband Privater Rundfunk und Telekommunikation VPRT wahrgenommen.[534] Auch die Stiftung Bertelsmann nimmt die Vertretung medienpolitischer Interessen der Medienunternehmen wahr. Für den Bereich der technischen Übertragungswege übernimmt neben dem VPRT auch der Verband privater Kabelnetzbetreiber ANGA die Interessensvertretung der Infrastruktur-Provider. Unternehmen aus den Bereichen der elektronischen Kommunikation werden von den jungen Verbänden Deutscher Multimedia Verband DMMV und dem Bundesverband für Informationstechnologie und Kommunikation BITKOM vertreten. Unmittelbar von medienpolitischen Entscheidungen ist auch die Werbewirtschaft betroffen, die durch den Zentralausschuss der Werbewirtschaft ZAW Einfluss auf die Medienpolitik ausübt. Weiterhin begleiten eine Reihe von Selbstkontrollgremien den medienpolitischen Diskurs. Hierzu zählen insbesondere der Deutsche Presserat, die Freiwillige Selbstkontrolle Fernsehen FSF und der Deutsche Werberat.[535] In Folge der Konvergenzentwicklung ist zu beobachten, dass die Verbände der privatwirtschaftlichen Medien zunehmend kooperieren, um ihre gemeinsamen Interessen im Bereich des Internets gegenüber den öffentlich-rechtlichen Konkurrenten zu artikulieren. Sowohl die privaten Rundfunkunternehmen, vertreten durch den VPRT, als auch die Presse, vertreten durch den BDZV, sehen weder eine Notwendigkeit, noch eine rundfunkrechtliche Grundlage für eine Grundversorgung durch ARD und ZDF im Internet.[536]

---

[534] Vgl. Isabelle Bourgeois: Privatrechtliches Fernsehen. a.a.O., S. 471 ff., S. 485 f.

[535] Vgl. Arnulf Kutsch / Marianne Ravenstein: Kommunikationspolitik. Die Akteure. a.a.O., S. 83

[536] Siehe unten Kap. 6.5 zur rechtlichen Problematik des Internetangebots öffentlich-rechtlicher Anstalten. Insbesondere die Kooperation des ISP T-Online mit dem öffentlich-rechtlichen ZDF beim Internetangebot „heute.de“ stößt auf deutliche Kritik bei VPRT und BDZV. Vgl. o.V.: Auch die ARD schließt Online-Partnerschaften nicht aus. Öffentlich-rechtlichen Anstalten fehlt das Geld für ihre Internet-Pläne. Kritik der privaten Sender. In: FAZ Nr. 139 (2001), S.20; Volker Lilienthal: Die Rolle des ZDF: Kontraste – Konkurrenz – Kooperation. In: Dietrich Schwarzkopf (Hrsg.): Rundfunkpolitik in Deutschland. Wettbewerb und Öffentlichkeit. Band I. München 1999, S. 408-435, S. 434; o.V.: Streit um die Öffentlich-Rechtlichen. 21.06.2001. Im Internet unter: www.manager-magazin.de/ebusiness/artikel/0,2828,1409944,00.html Stand: 22.06.2001; o.V.:

5.1.3 Öffentlich-rechtliche Institutionen

Öffentlich-rechtliche Institutionen zählen zu den unmittelbar beteiligten Handlungsträgern der Medienpolitik. Neben den öffentlich-rechtlichen Sendern, insb. der Arbeitsgemeinschaft der öffentlich-rechtlichen Rundfunkanstalten ARD und dem Zweiten Deutschen Fernsehen ZDF, stehen die Landesmedienanstalten nicht nur selbst in der medienpolitischen Kontroverse, sondern sind ebenso als Akteur am medienpolitischen Diskurs beteiligt.

Die öffentlich-rechtlichen Sendeanstalten koordinieren ihre medienpolitischen Interessen innerhalb der Institutionen und artikulieren ihre Positionen in und durch unterschiedliche Organe (wie etwa Rundfunkrat etc.). Weiterhin wirken die Sender durch Publikationen auf die Meinungs- und Willensbildung ein.[537] Die 15 Landesmedienanstalten[538] versuchen ihre medienpolitischen Interessen durch die Direktorenkonferenz der Landesmedienanstalten DLM und die Arbeitsgemeinschaft der Landesmedienanstalten ALM zu koordinieren.[539] Eine rechtliche Institutionalisierung der DLM und ALM wird bisher von den Länderanstalten mit der Begründung der Kulturhoheit der Länder abgelehnt. In den Bereichen digitale Übertragung, Jugendschutz und Programm sowie für Recht und Verwaltung wurden zwar gemeinsame Stellen geschaffen, die aber bisher keine Entscheidungsbefugnis durch eine Änderung des RStV erhalten haben.[540] Die Aufsichtsgremien der öffentlich-rechtlichen Institutionen stellen das Bindeglied zu den übrigen gesellschaftlichen Interessengruppen dar. Zugleich sind sie an der Durchsetzung und Beaufsichtigung medienpolitischer Entscheidungen beteiligt.[541]

5.2 Medienpolitische Regulierungs-Konzepte im Zeichen der Konvergenz

Die Interessen und Positionen der medienpolitischen Handlungsträger finden ihren Ausdruck in den unterschiedlichen Regulierungskonzepten und Modellen. Seit Inkrafttreten der abgestuften Regulierungsstruktur durch RStV, MDStV und TDG am 1. August 1997 wurde eine Reihe von medienpolitischen Vorschlägen unterschiedlicher Akteure veröffentlicht, die sich mit den Folgen des bestehenden abgestuften Regulierungssystems und den zukünftigen Anfor-

---

ARD/ZDF. Gebühren für das Internet? 02.07.2001. Im Internet unter: www.manager-magazin.de/ebusiness/artikel/0,2828,142897,00.html; o.V.: Man nehme es den Sehenden. 28.06.2001. Im Internet unter:
www.manager-magazin.de/ebusiness/artikel/0,2828,142130,00.html Stand: 29.06.2001

[537] Hierzu zählen u.a. die Schriftenreihe des ZDF,

[538] Berlin und Brandenburg haben eine gemeinsame Anstalt.

[539] Vgl. o.V.: Die Landesmedienanstalten suchen ihren gemeinsamen Weg. Wandel von Rundfunk-Zulassungsbehörden zur Multimedia-Aufsicht. In: FAZ Nr. 157 (2001), S. 15

[540] Voraussichtlich wird im sechsten Rundfunkänderungsstaatsvertrag eine entsprechende Bestimmung eingefügt. Vgl. ebd.

[541] Hans J. Kleinsteuber / Barbara Thomaß: Der deutsche Rundfunk auf internationaler Ebene. In: Dietrich Schwarzkopf (Hrsg.): Rundfunkpolitik in Deutschland. Wettbewerb und Öffentlichkeit. Bd. 1. München 1999, S. 1008-1071; Arnulf Kutsch / Marianne Ravenstein: Kommunikationspolitik. Die Akteure. a.a.O., S. 81

derungen der Konvergenzentwicklung an eine Medienordnung beschäftigen. Nachfolgend werden die wesentlichen Regulierungsvorschläge vorgestellt, die die medienpolitische Diskussion im Lichte der Konvergenz von klassischen Medien und Internet prägen.[542] Die ausgewählten Regulierungsansätze repräsentieren eine medienpolitische Bandbreite, die sowohl parteipolitische Positionen, wie auch die Auffassungen der privatwirtschaftlichen Unternehmen und ihrer Verbände, bis hin zu den öffentlich-rechtlichen Institutionen widerspiegelt. Die medienpolitische Debatte konzentriert sich im wesentlichen auf Regulierungsinhalte (Prioritäten), Regulierungsstile (hoheitlich, schiedsrichterlich, selbstregulierend) und Regulierungszuständigkeiten (Kompetenzen und Aufsicht). Zu den nachfolgend dargestellten Regulierungsvorschlägen gehören in chronologischer Reihenfolge: Die Vorschläge im Schlussbericht der Bundestags-Enquete-Kommission zur Zukunft der Medien (1998), die Feststellungen im Bericht der Bundesregierung zum IuKDG (1999), das Positionspapier zur Medienregulierung der ALM (1999), die Regulierungsvorschläge des European Communication Council (1999), die „Offene Medienordnung“ des Wissenschaftlichen Beirats im BMWi (2000), der Vorschlag einer „dienstespezifisch diversifizierten Informationsordnung“ des Hans-Bredow-Instituts (2000), die „Kommunikationsordnung 2010“ der Bertelsmann-Stiftung (2000), sowie der Vorschlag eines „Medienstaatsvertrages“ des VPRT (2000). Ziel der nachfolgenden Darstellung ist, anhand der in Diskussion befindlichen Regulierungsmodelle sowie grundlegender Vorschläge und Empfehlungen ein aktuelles und umfassendes Bild der unterschiedlichen medienpolitischen Positionen zu zeichnen und zugleich eine Reihe ordnungspolitischer Handlungsalternativen aufzuzeigen.

5.2.1 Bundestags-Enquete-Kommission zur Zukunft der Medien (1998)

Der Deutsche Bundestag setzte am 5. Dezember 1995 in einer koalitionsübergreifenden Initiative eine Enquete-Kommission zur „Zukunft der Medien in Wirtschaft und Gesellschaft – Deutschlands Weg in die Informationsgesellschaft.“ ein. Nach einer Reihe von Zwischenberichten[543] und nach Inkrafttreten des MDStV und des IuKDG am 1. August 1997 wurde am 22. Juni 1998 der Schlussbericht der Bundestags-Enquete-Kommission zur Zukunft der Medien veröffentlicht.[544] Der Schlussbericht subsumiert die Ergebnisse zu den politisch-gesellschaftlichen, wirtschaftlichen, sozialen, technologischen und kultu-

---

[542] Dabei werden nicht nur die Konzepte, sondern auch weiterführende Veröffentlichungen des jeweiligen medienpolitischen Handlungsträgers einbezogen, um gegebenenfalls die medienpolitische Position zu verdeutlichen oder zu aktualisieren.

[543] Vgl. insb. Deutscher Bundestag (Hrsg.): Erster Zwischenbericht der Enquete-Kommission zum Thema Meinungsfreiheit, Meinungsvielfalt, Wettbewerb – Rundfunkbegriff und Regulierungsbedarf bei den neuen Medien.“, BT-Drs. 13/6000 vom 07.11.1996, Bonn 1996

[544] Deutscher Bundestag (Hrsg.): Schlußbericht der Enquete-Kommission "Zukunft der Medien in Wirtschaft und Gesellschaft. Deutschlands Weg in die Informationsgesellschaft." BT-Drs, 13/11004. Bonn 1998. (Die nachfolgend zitierten Seitenzahlangaben orientieren sich an der Original-Drucksache 13/11004 des Deutschen Bundestages. Im Internet unter: http://dip.bundestag.de/parfors/parfors.htm)

rellen Untersuchungen und analysiert die mittel- und langfristigen Auswirkungen, die sich aus der Entwicklung und dem Einsatz der Informations- und Kommunikationstechnologien ergeben.[545] Zugleich enthält der Bericht eine Reihe von Empfehlungen zur zukünftigen Weiterentwicklung der Medienordnung, die für die vorliegende Arbeit von Relevanz sind. In den Sonder- und Minderheitsvoten spiegeln sich divergierende parteipolitische Auffassungen und Interessen wieder.[546] Somit erlaubt der Schlussbericht der Enquete-Kommission auch einen Einblick in parteipolitische Grundpositionen. Die nachfolgend zusammengefassten Empfehlungen der Enquete-Kommission sowie entsprechende Minderheits- und Sondervoten beschränken sich auf das für diese Arbeit relevante Gebiet der Medienpolitik und Medienordnung im engeren Sinne.[547] Darüber hinaus enthält der Schlussbericht der Enquete-Kommission eine Vielzahl weiterer Empfehlungen zu den Politikbereichen Technik, Wirtschaft, Arbeit, Bildung, Bürger und Staat, Gesellschaft, Umwelt und Verkehr im 21. Jahrhundert, die in dieser Arbeit nicht behandelt werden. Zu den medienpolitisch (i.e.S.) relevanten Regelungsvorschlägen gehören im einzelnen:

- *Konkretisierung des Konvergenzbegriffs:* Der Bericht der Enquete-Kommission empfiehlt, den Konvergenzbegriff nicht ausschließlich unter technischen und ökonomischen Aspekten zu diskutieren, sondern auch gesellschaftliche, kulturelle und politische Gesichtspunkte zu erwägen. Die Kommission betont, dass neben dem die medienpolitische Debatte beherrschenden Konvergenzbegriffs auch eine Tendenz zur Diversifikation zu beobachten ist. Die Kommission spricht sich weiterhin gegen die Schlussfolgerung aus, dass aus technischer Konvergenz zwangsläufig eine Konvergenz der Regulierung (im Sinne der Gleichbehandlung) für Rundfunk, neue Dienste und Telekommunikation erfolgen müsse.[548]
- *Grundversorgung durch öffentlich-rechtlichen Rundfunk:* Im Zeitalter der Digitalisierung des Rundfunks und der Vervielfachung neuer Angebote und Dienste sieht die Enquete-Kommission die Aufgabe des öffentlich-rechtlichen Rundfunks in der gesellschaftlichen Integrationsfunktion durch Vollprogramme. Im Schlussbericht wird darauf hingewiesen, dass Spartenprogramme nur in Ausnahmefällen durch den Auftrag der Grundversorgung gedeckt sind.[549] Der Bericht empfiehlt, Online-Angebote der öffentlich-rechtlichen Sender nur zuzulassen, sofern sie für die Programmerfüllung erforderlich sind. In einem Minderheitenvotum der SPD kommt zum Ausdruck, dass die Arbeitsgruppen den Programmauftrag des öffentlich-rechtlichen Rundfunks

[545] Vgl. ebd., S. 2 f., S. 111 f.
[546] Diese Minderheits- oder Sonder-Voten spiegeln i.d.R. abweichende Auffassungen von den damaligen Regierungsparteien CDU und FDP wieder.
[547] Siehe oben Kap. 4.1
[548] Vgl. ebd., S. 11
[549] Vgl. ebd., S. 12

weiter auslegen.[550] Im Sondervotum der Fraktion Bündnis 90/Die Grünen[551] wird der Ausbau der dualen Rundfunkordnung zu einem trialen System aus öffentlich-rechtlichen, privat-kommerziellen und privat nicht-kommerziellen Sendern (sog. freien Bürgerkanälen) gefordert.[552] Laut Bündnis90/Grüne impliziere die verfassungsrechtliche Entwicklungsgarantie die aktive Teilnahme an inhaltlichen Angeboten (Spartenkanäle) wie auch an technischen Entwicklungen (Internet).[553]

- *Deregulierung des privaten Rundfunks:* Der Schlussbericht befürwortet das Marktanteilsmodell und schlägt weitere Deregulierungsmaßnahmen im Bereich der Werbung und der Verbreitung digitalen Rundfunks der privaten Veranstalter vor.[554] Daneben empfiehlt der Bericht die Anwendung des nationalen und europäischen Kartellrechts zur wirkungsvollen Einschränkung von Meinungsmacht. Im Sondervotum der Fraktion Bündnis 90/Die Grünen wird eine „operationalisierbare, ganzheitliche Konzentrationskontrolle" durch den Staat gefordert.[555]

- *Stärkung der Selbstkontrolle:* Die Enquete-Kommission empfiehlt, die sog. Rechte Dritter, insb. das Persönlichkeitsrecht und den Jugendschutz, unter Beibehaltung der allgemeinen Grundsätze weiterzuentwickeln und durch Stärkung der Selbstkontrolle zu regeln.[556] Zugleich betont die Kommission, dass die globale Verbreitung von jugendgefährdenden Inhalten im Internet sowie die vereinfachte Vervielfältigung durch Digitalisierung der Inhalte nicht durch nationalstaatliche Regulierung wirksam bekämpft werden kann.[557]

- *Fortwährende Anpassung des Ordnungsrahmens:* Die Enquete-Kommission empfiehlt, die Entwicklung von Konvergenz und Diversifikation der Medien fortlaufend zu evaluieren, um den Ordnungsrahmen, insbesondere das IuKDG, auf Bundesebene weiterzuentwickeln.[558] Der Bericht nimmt mit dem Hinweis auf den Ersten Zwischenbericht[559] und die inkraftgetretene abge-

---

[550] Vgl. ebd., S. 25 ff.
[551] Vgl. ebd., S. 115 ff.
[552] Vgl. ebd., S. 115 ff.; vgl. auch Bündnis 90/Die Grünen-Parteivorstand: grün 2020. Entwurf für das Grundsatzprogramm. Berlin 2001, S. 12, S. 45
[553] Deutscher Bundestag (Hrsg.): Schlußbericht der Enquete-Kommission. a.a.O., S. 116, S. 119
[554] Vgl. ebd., S. 12, S. 26
[555] Vgl. ebd., S. 119; Das Sondervotum der Arbeitsgruppe der PDS, das in grundlegenden Fragen konträre medienpolitische Auffassungen zu CDU, FDP und SPD beinhaltet, kann hier nicht im Detail dargestellt werden. Vgl. ebd., S. 151 ff.
[556] Vgl. ebd, S. 12, S. 19 f.
[557] Vgl. Deutscher Bundestag (Hrsg.): Dritter Zwischenbericht der Enquete-Kommission zum Thema Kinder- und Jugendschutz im Multimediazeitalter. BT-Drs. 13 /11001 vom 04.05.1998. Bonn 1998, S. 4, S. 10, S. 24 ff.
[558] Siehe unten Kap. 5.2.2
[559] Vgl. Deutscher Bundestag (Hrsg.): Erster Zwischenbericht der Enquete-Kommission zum Thema Meinungsfreiheit, Meinungsvielfalt, Wettbewerb – Rundfunkbegriff und Regulierungsbedarf bei den neuen Medien.", BT-Drs. 13/6000 vom 07.11.1996, Bonn 1996

stufte Regulierung durch IuKDG, MDStV und RStV keine Stellung zu aktuellen Rundfunkfragen auf Landesebene. Die Fraktion der SPD spricht sich für einen Bund-Länder-Kommunikationsrat[560] aus, um so die Kompetenzverteilung zwischen Bund und Ländern sowie die Zersplitterung der Aufsicht zu koordinieren. Der Vorschlag eines Kommunikationsrates wurde in Folge von SPD-Medienpolitikern und der IG-Medien aufgegriffen.[561]

Der Schlussbericht der Enquete-Kommission enthält weiterhin Empfehlungen zum Schutz des Urheberrechts, zur informationstechnischen Sicherheit, zum Datenschutz und der informationellen Selbstbestimmung, zum Verbraucherschutz und zur Verbrechensbekämpfung sowie der strafrechtlichen Verfolgung im Internet.[562] In einem Ausblick betont die Enquete-Kommission (ohne Zustimmung der Grünen) die politische, wirtschaftliche, gesellschaftliche und kulturelle Herausforderung auf dem Weg zur Informationsgesellschaft. Die Kommission sieht den Staat in der Pflicht, verlässliche und entwicklungsoffene Rahmenbedingungen zu schaffen, um Wirtschaft und Gesellschaft die freie Entwicklung neuer Informations- und Kommunikationstechniken zu ermöglichen.

5.2.2 Bericht der Bundesregierung zum IuKDG (1999)

Der Deutsche Bundestag hat mit Verabschiedung des IuKDG am 1. August 1997 die Bundesregierung in einem Beschluss aufgefordert, eine Evaluierung des Bundesgesetzes nach zweijähriger Laufzeit vorzunehmen. Der am 18. Juni 1999 veröffentlichte „Bericht der Bundesregierung über die Erfahrungen und Entwicklungen bei den neuen Informations- und Kommunikationsdiensten im Zusammenhang mit der Umsetzung des Informations- und Kommunikationsdienste-Gesetzes“ beinhaltet nicht nur einen ausführlichen Erfahrungsbericht über die einzelnen Regelungsbereiche des IuKDG, sondern auch eine Bewertung und Feststellung des Handlungsbedarfs.[563] Letztgenannter Teil des Berichts der Bundesregierung ist für die vorliegende Arbeit von Relevanz, da durch Wertungen und Änderungsvorschläge - vergleichbar mit den Regelungsvorschlägen der Interessensgruppen - auf die Ausgestaltung der zukünftigen Medienordnung Einfluss genommen wird.[564] Der Bericht bewertet nach der bisherigen Entwicklung den dreigeteilten, abgestuften Ordnungsrahmen durch

[560] Vgl. Deutscher Bundestag (Hrsg.): Schlußbericht der Enquete-Kommission. a.a.O., S. 27; der Vorschlag wird auch von Bündnis 90 / Die Grünen unterstützt, vgl. ebd., S. 119

[561] Vgl. Wolgang Hoffmann-Riem / Wolfgang Schulz / Thorsten Held: Konvergenz und Regulierung. a.a.O., S. 161 f.; epd-Medien Nr. 93 (1998); Siegmar Mosdorf: Bausteine für einen Masterplan für Deutschlands Weg in die Informationsgesellschaft. Bonn 1998, S. 21 f.

[562] Vgl. Deutscher Bundestag (Hrsg.): Schlußbericht der Enquete-Kommission. a.a.O., S. 13 ff.

[563] Deutscher Bundestag (Hrsg.): Bericht der Bundesregierung über die Erfahrungen und Entwicklungen bei den neuen Informations- und Kommunikationsdiensten im Zusammenhang mit der Umsetzung des Informations- und Kommunikationsdienste-Gesetzes (IuKDG). BT-Drs. 14/1191 vom 18.06.1999. Berlin/Bonn 1999

[564] Vgl. ebd., S. 31 ff.

IuKDG, MDStV und RStV als funktionsfähig. Dennoch sieht die Bundesregierung in einzelnen Bereichen Handlungsbedarf und kündigt an, das IuKDG auf Grundlage der Ergebnisse der Evaluierung in einzelnen Regelungsbereichen zu optimieren:

- *Gemeinschaftsrechtliche Harmonisierung:* Die Bundesregierung betont die Notwendigkeit, das IuKDG im europäischen Rahmen weiterzuentwickeln. Dabei sieht die Regierung das IuKDG als Grundlage für europäische Regelungen und kündigt an, den Anforderungen der EU-Richtlinie zum elektronischen Geschäftsverkehr sowie zur elektronischen Signatur durch einen entsprechend geänderten Gesetzesvorschlag des TDG (Art. 1 IuKDG) nachzukommen.[565]
- *Lösung der Abgrenzungsproblematik von Telediensten, Mediendiensten und Rundfunk:* Die Bundesregierung erwägt im Interesse der Wirtschaft und einvernehmlich mit den Ländern eine Lösung der Abgrenzungsproblematik, die durch die am Maßstab der Meinungsrelevanz ausgerichtete Differenzierung der Medienangebote in Teledienste, Mediendienste und Rundfunk und aufgrund der wirtschaftlichen und technologischen Entwicklung notwendig werde.[566]
- *Beseitigung von Unsicherheiten im Jugendschutzrecht:* Die Regierung sieht Handlungsbedarf in der von Unternehmen und Verbänden angeregten Vereinheitlichung und Konzentrierung der Aufsichts- und Verwaltungsstrukturen im Jugendschutz auf Bundes- und Landesebene.[567]
- *Flankierende Maßnahmen:* Die Bundesregierung kündigt an, weitere Gesetze zu erlassen, um die wirtschaftliche Entwicklung der neuen Dienste weiter voranzubringen. Eine Konkretisierung erfolgt nicht.[568]

5.2.3 Positionspapier der ALM zur Medienregulierung (1999)

Die Arbeitsgemeinschaft der Landesmedienanstalten ALM veröffentlichte am 23. März 1999 ein Positionspapier zur „Medienregulierung im Wandel“[569], das

---

[565] Die entsprechenden Richtlinien sind inzwischen verabschiedet und entsprechende Gesetzesvorschläge eingebracht: Siehe Kap. 8 zum Gemeinschaftsrecht; vgl. Richtlinie 2000/31/EG des Europäischen Parlaments und des Rates über bestimmte rechtliche Aspekte der Dienste der Informationsgesellschaft, insbesondere des elektronischen Geschäftsverkehrs, im Binnenmarkt vom 8.06.2000, ABl. L 178 vom 17.07.2000; BMWi (Hrsg.): Entwurf eines Gesetzes über rechtliche Rahmenbedingungen für den elektronischen Geschäftsverkehr. Elektronischer Geschäftsverkehr-Gesetz EGG. Berlin 2001. Im Internet unter: http://www.bmwi.de Stand: 17.08.2001

[566] Deutscher Bundestag (Hrsg.): Bericht der Bundesregierung über die Erfahrungen und Entwicklungen bei den neuen Informations- und Kommunikationsdiensten im Zusammenhang mit der Umsetzung des Informations- und Kommunikationsdienste-Gesetzes (IuKDG). a.a.O., S. 32

[567] Vgl. ebd., S. 34

[568] Vgl. ebd.

[569] ALM (Hrsg.): Medienregulierung im Wandel - Zum Rang und zur Rolle der Landesmedienanstalten. Ein Positionspapier der ALM. Pressemitteilung vom 23. März 1999. Im Internet unter: http://www.alm.de/aktuelles/position/positio10.htm Stand: 02.08.2001

die Frage einer Reform der Regulierungsstrukturen - der Aufgabe der ALM gemäß - aus der Perspektive des Rundfunks entwickelt. Der Vorschlag der ALM, der in einzelnen Aspekten durch weitere Stellungnahmen und Regelungsvorschläge der ALM und DLM fortentwickelt wurde,[570] stellt die zukünftigen Aufgaben der Landesmedienanstalten (im folgenden LMA) als Träger einer föderalen Medienregulierung dar und nimmt Stellung zu institutionellen Fragen, die sich für die Medienaufsicht aus der Entwicklung des Mediensystems ergeben.[571] Im Anhang des Positionspapiers formuliert die ALM die normativen Grundlagen der Medienregulierung und benennt neue Aufgabenfelder und Perspektiven der Landesmedienanstalten, die sich aus den Veränderungen ergeben.[572]

Als unverrückbaren Rahmen sehen die LMA die Zuordnung der Rundfunkregulierung zu den Bundesländern. Der Vorschlag unterstreicht die Unverzichtbarkeit der Medienregulierung durch die Landesmedienanstalten und empfiehlt eine Ausweitung der Kompetenzen auf den Bereich der Internetangebote.[573] Als zentrale zukünftige Aufgabenfelder der LMA benennt das Positionspapier die Einführung des digital verbreiteten Rundfunks, den diskriminierungsfreien Zugang zu technischen (Übertragungs-)Plattformen, die Förderung von Medienkompetenz, den Jugendschutz im digitalen Zeitalter und die verstärkte Mitwirkung im Vorfeld von Gesetzesentscheidungen.[574] Im Bereich der institutionellen Ausgestaltung der Medienaufsicht empfiehlt die ALM ein Aufsichtskonzept des „gestrafften kooperativen Föderalismus".[575] Hierunter versteht das Positionspapier die Beibehaltung einer föderalen Aufsichtsstruktur

---

570 Vgl. ALM / DLM (Hrsg.): Erstes Strukturpapier über die Unterscheidung von Rundfunk und Mediendiensten. Aktualisierte Fassung. 9. Dezember 1998. Im Internet unter: http://www.alm.de/aktuelles/presse/struktur2.htm Stand: 02.05.2001; ALM (Hrsg.): „Kompetenter Mediengebrauch ist wirksamer als Verbote". Positionspapier der Landesmedienanstalten zur Medienregulierung und Programmaufsicht. Pressemitteilung vom 28.03.2000. Im Internet unter: http://www.alm.de/aktuelles/presse/p280300.htm Stand: 30.08.2001; ALM (Hrsg.): Stellungnahme der Direktorenkonferenz der Landesmedienanstalten in der Bundesrepublik Deutschland (DLM) zu den unter dem 27.04.2000 von der Generaldirektion Informationsgesellschaft der Europäischen Kommission vorgelegten Arbeitspapieren für einen Rechtsrahmen für Kommunikationsinfrastrukturen und zugehörige Dienste. Kiel, den 19.05.2000. Im Internet unter: http://www.alm.de/index2.htm Stand: 02.05.2001; ALM (Hrsg.): Stellungnahme der DLM zu den Vorschlägen der EU-Kommission für einen neuen Rechtsrahmen für elektronische Kommunikationsnetze und -dienste. Pressemitteilung vom 21.12.2000.. Im Internet unter: http://www.alm.de/aktuelles/presse/dlm_stellungnahme.doc Stand: 02.05.2001; ALM (Hrsg.): „Kompetenter Mediengebrauch ist wirksamer als Verbote". Positionspapier der Landesmedienanstalten zur Medienregulierung und Programmaufsicht. Hamburg, 28. März 2000. Im Intern unter: http://www.alm.de/index2.htm Stand: 02.05.2000

571 Vgl. ALM (Hrsg.): Medienregulierung im Wandel. a.a.O., Ziff. 1, Ziff. 2

572 Vgl. ALM (Hrsg.): Medienregulierung im Wandel. a.a.O., Ziff. 3, Ziff.. 4

573 Vgl. ALM (Hrsg.): Medienregulierung im Wandel. a.a.O., Ziff. 1.3, Ziff. 4.5.3; Norbert Schneider: „Verständigter Dritter". Ein epd-Interview mit dem DLM-Vorsitzenden Nobert Schneider. In: epd-Medien Nr. 58 (2000), o.S.

574 Vgl. ALM (Hrsg.): Medienregulierung im Wandel. a.a.O., Ziff. 1.3, Ziff. 4.5

575 Ebd., Ziff. 2.3

unter Beachtung des Subsidiaritätsprinzips. Im Bereich der überregionalen Aufgabenfelder der LMA empfiehlt der Vorschlag, die Zusammenarbeit der LMA im Sinne der ALM und DLM staatsvertraglich zu institutionalisieren und mit einer Entscheidungskompetenz in überregionalen Fragen auszustatten.[576] Das Positionspapier der ALM konkretisiert weiterhin die neuen Aufgabenfelder der Landesmedienanstalten, die in Folge des Wandels entstehen. Die zentralen Vorschläge der ALM sind nachfolgend dargestellt:

- *Sicherung der Zugangsfreiheit durch LMA:* Die ALM empfiehlt eine Verlagerung der Regulierungsschwerpunkte der LMA von den Sendelizenzen hin zur Öffnung und Regulierung der Zugänge.[577] In diesem Zusammenhang fordert die ALM, die gesellschaftliche Funktion des Rundfunks auch im neuen EU-Rechtsrahmens für die Kommunikationsinfrastruktur zu berücksichtigen und den offenen Zugang der Gesellschaft zum Rundfunk zu gewährleisten.[578]

- *Förderung der Medienkompetenz:* Als Schlüsselkompetenz der Informationsgesellschaft fordert das Papier, die bildungspolitische Aufgabe der LMA im Bereich der Medienkompetenz auszubauen. Die ALM sieht in der Medienkompetenz ein gesellschaftliches Gegengewicht zur Kommerzialisierung und eine wichtige Maßnahme für den Jugendschutz sowie zur „Abwehr der Folgen nicht mehr durchschaubarer Medienstrukturen".[579] Der Vorschlag befürwortet Selbstregulierung als ergänzendes, absicherndes Instrument zum aufsichtlichen Handeln, um „die behördliche Regulierung in einigen Bereichen auf eine Missbrauchsaufsicht zu reduzieren."

- *Ausweitung der Programmbeobachtung:* Die ALM empfiehlt, der „Ausweitung der Inhalte"[580], die von der ALM als „Überflutung"[581] bezeichnet wird, durch eine Ausweitung der Programmbeobachtung und durch Regulierung sowohl im Bereich der klassischen elektronischen Massenkommunikation als auch im Bereich der „Netzkommunikation" zu begegnen.[582]

---

[576] Vgl. ebd.

[577] Vgl. ALM (Hrsg.): Medienregulierung im Wandel. a.a.O., Ziff.. 4.5.1

[578] Vgl. ALM (Hrsg.): Stellungnahme der DLM zu den Vorschlägen der EU-Kommission für einen neuen Rechtsrahmen für elektronische Kommunikationsnetze und –dienste. Pressemitteilung vom 21.12.2000. a.a.O.; ALM (Hrsg.): Stellungnahme der DLM zu den unter dem 27.04.2000 von der Generaldirektion Informationsgesellschaft der Europäischen Kommission vorgelegten Arbeitspapieren für einen Rechtsrahmen für Kommunikationsinfrastrukturen und zugehörige Dienste. Pressemitteilung vom 19.05.2000. a.a.O.; Geänderter Vorschlag für eine Richtlinie des Europäischen Parlaments und des Rates über einen gemeinsamen Rechtsrahmen für elektronische Kommunikationsnetze und -dienste (von der Kommission vorgelegt gemäß Art. 250 Abs. 2 EGV), KOM (2001) 380 endg., 2000/0184 (COD)

[579] Vgl. ALM (Hrsg.): Medienregulierung im Wandel. a.a.O., Ziff. 1.3, Ziff. 4.5.2

[580] Vgl. ebd., Ziff.. 4.5.3

[581] Ebd.

[582] Vgl. ebd.; Norbert Schneider: „Verständigter Dritter". Ein epd-Interview mit dem DLM-Vorsitzenden Nobert Schneider. a.a.O.

- *Moderation im vorgesetzlichen Raum:* Die ALM schlägt vor, die medienpolitische Gestaltungskraft der LMA auszuweiten. Der Vorschlag empfiehlt die Aufsichtsfunktion von der Gesetzesauslegung und –anwendung auf den Bereich der vorgesetzlichen Arbeit auszudehnen und als Moderations- und Beratungsfunktion in politische Entscheidungsprozesse einzubinden.
- *Koordination der Regulierungsinstanzen:* Das Positionspapier empfiehlt einen „Zuständigkeitsverbund“ der Regulierungsinstanzen für Rundfunk und Telekommunikation, um Doppelzuständigkeiten durch die Konvergenz von Massen- und Individualkommunikation sowie Rundfunk, Medien- und Telediensten zu vermeiden. Ausdrücklich lehnt jedoch der Vorschlag eine Zusammenführung oder Bündelung der LMA in einer Institution - vergleichbar mit einem Bund-Länder-Kommunikationsrat[583] – ab, um die föderale Kompetenzstruktur zu erhalten.[584]

Das Positionspapier subsumiert und begründet die Vorschläge und Empfehlungen durch die Grundauffassung der ALM, dass sich auf der Ebene der Regulierungsgegenstände, der Instrumente und der Prozeduren Veränderungen ergeben und ergeben werden, die Zielvorstellung, der „Wertehorizont“ der Medienaufsicht aber „im Kern stabil ist.“[585]

5.2.4 Regulierungsvorschläge des European Communication Council (1999)

Das European Communication Council ECC, eine privatwirtschaftlich finanzierte, interdisziplinäre Gruppe unabhängiger Wissenschaftler aus Europa und den USA, legte 1999 den zweiten „ECC-Report“ mit dem deutschen Titel „Die Internet-Ökonomie. Strategien für die digitale Wirtschaft“[586] vor. Der Report wendet sich sowohl an „Praktiker und Visionäre der Kommunikationsindustrie“ als auch an „Gestalter der Medienpolitik“[587]. Neben der Analyse von ökonomischen Schlüsselentwicklungen in den Bereichen Medien, Telekommunikation und Informationstechnologie beinhaltet der Report ordnungspolitische Vorschläge und Implikationen für den Konvergenzbereich von klassischen Medien und Internet.[588] Die im ECC-Report genannten Vorschläge sind weniger als konkretes Regulierungsmodell zu verstehen, sondern stellen vielmehr einzelne

---

[583] Vgl. SPD-Vorschlag in: Deutscher Bundestag (Hrsg.): Schlußbericht der Enquete-Kommission. a.a.O., S. 27; Siegmar Mosdorf: Bausteine für einen Masterplan für Deutschlands Weg in die Informationsgesellschaft. Bonn 1998, S. 21 f.

[584] Vgl. ALM (Hrsg.): Medienregulierung im Wandel. a.a.O., Ziff.. 2.3.1.2, Ziff. 4.5.6; Norbert Schneider: „Verständigter Dritter“. Ein epd-Interview mit dem DLM-Vorsitzenden Nobert Schneider. In: epd-Medien Nr. 58 (2000), o.S.

[585] Vgl. ebd., Ziff. 4.5.7

[586] Axel Zerdick / Arnold Picot / Klaus Schrape / Alexander Artopé / Klaus Goldhammer / Ulrich Lange / Eckhart Vierkant / Esteban López-Escobar / Roger Silverstone: European Communication Council Report. Die Internet Ökonomie. Strategien für die digitale Wirtschaft. Berlin, Heidelberg, New York 1999, S. 7 f.

[587] Ebd., S. 7

[588] Vgl. ebd., S. 257-276

Aspekte einer zukünftige Regulierung im europäischen und internationalen Kontext zur Diskussion. In den Mittelpunkt der Regulierungsvorschläge stellt der Report die ökonomischen Veränderungen, die sich durch die Entwicklung und das Wesen des Internets ergeben und in Folge zu Veränderungen des ordnungspolitischen Handelns führen müsse. Nachfolgend werden einzelne Regulierungsaspekte des European Communication Council zusammengefasst:

- *Konzentration auf Wettbewerbspolitik:* Der ECC-Report befürwortet die allgemeine Stärkung des Wettbewerbs statt sektorspezifischer Regulierung. Weiterhin spricht sich das ECC für eine Neudefinition des wettbewerbsrechtlich grundlegenden Tatbestandes der Marktbeherrschung aus und fordert eine dynamische Marktbetrachtung.[589]

- *Neuordnung der Regulierungsfelder:* Der Vorschlag empfiehlt die Aufgabe von Einzelaspekten der Regulierung („abstrakte Regulierung"), die Entwicklung „harter und klarer Vorgaben" statt „Wunschformulierungen" („konkrete Regulierung"), sowie die dynamische Anpassung der Regulierung („experimentelle Regulierung").[590] Aufgrund der kürzer werdenden Innovationszyklen fordert der Report einen Rückzug aus der bestehenden Regulierungstiefe (Deregulierung) und fordert konkrete „Eingriffsschwellen" in den Bereichen Wettbewerbsrecht, Urheberrecht, Jugendschutz, Datenschutz und Verbraucherschutz.[591]

- *Zielsetzung für inhaltliche Angebote:* Der Vorschlag formuliert in Anlehnung an das britische Consultation Paper „Regulating communications – approaching convergence in the Information Age" Kernbereiche und Ziele staatlicher Regulierung: Das ECC nennt sechs allgemeine ökonomische Zielfelder und fünf Regulierungsziele für inhaltliche Angebote: Zu den Zielen zählen die „Sicherung des Zugangs zu kommunikativen Angeboten, preiswerter und flächenhafter Zugang, Wahlmöglichkeiten, Wettbewerbsfähigkeit der Unternehmen, Investitionsförderung sowie Förderung des Wettbewerbs". Für die inhaltlichen Angebote im Konvergenzbereich von Medien und Telekommunikation empfiehlt das ECC die Prämissen „Meinungsvielfalt, Unabhängigkeit und Unparteilichkeit, inhaltliche Vielfalt, Qualität, Geschmack und Anstand".[592]

- *Bündelung der Kompetenzen für Rundfunk und Telekommunikation:* Der Vorschlag stellt eine Zusammenführung der Kompetenz für das duale Rundfunksystem und die Telekommunikation sowohl auf inhaltlicher als auch institutioneller Ebene zur Diskussion.[593]

---

589 Vgl. ebd., S. 258 f.
590 Ebd., S. 260
591 Vgl. ebd., S. 261
592 Ebd., S. 262
593 Vgl. ebd., S. 262, S. 269 f.

- *Reformulierung des Funktionsauftrages für den öffentlich-rechtlichen Rundfunk:* Das ECC fordert die ausschließliche Gebührenfinanzierung des öffentlich-rechtlichen Rundfunks, sowie die Festschreibung einer Pionierfunktion für digitale Übertragungsformate und andere Innovationen durch öffentlich-rechtliche Institutionen. Auch eine grundversorgungsähnliche Rolle als Internet-Zugangsprovider wird im Vorschlag angedacht. Staatliche Finanzierungsgarantien wie die Rundfunkgebühren empfiehlt der Vorschlag, an klare, eindeutige Zielsetzungen zu binden.[594]
- *Vereinfachung von Strukturen und Institutionen der Aufsicht:* Der Vorschlag kritisiert die sektorale und vertikale Zersplitterung der Zuständigkeiten für die Regulierung insbesondere des (digitalen) Rundfunks und fordert eine Vereinfachung, Transparenz und Vernetzung der Zuständigkeiten. Als Beispiel nennt der Report die amerikanische Bundesaufsichtbehörde FCC, die gleichermaßen für Telekommunikation und Rundfunk verantwortlich ist. Insbesondere im Aspekt der horizontalen und vertikalen Bündelung der Zuständigkeiten sowie dem Selbstverständnis der Behörde, als Impulsgeber und Schlichter der Wirtschaft im öffentlichen Interesse tätig zu sein, wird vom ECC hervorgehoben.[595]

5.2.5 Die Offene Medienordnung des Wissenschaftlichen Beirats im BMWi (1999/2000)

Der Wissenschaftliche Beirat des Bundesministeriums für Wirtschaft BMWi legte am 18. November 1999 sein Gutachten über eine „Offene Medienordnung" vor.[596] Der Beirat spricht sich darin für eine prinzipielle Neuordnung des Rundfunksystems aus, um die übermäßige Regulierung des Rundfunks zurückzuführen und den wirtschaftlichen und technologischen Veränderungen im Zeitalter der Konvergenz anzupassen. Im Mittelpunkt dieser Neuordnung steht die zentrale Empfehlung des Gutachtens, den privaten Rundfunk wie die privaten elektronischen Medien näher an das Kartellrecht zu führen und den bestehenden wettbewerbsrechtlichen Rahmen an die Stelle der rundfunkspezifischen Sonderregulierungen zu setzen.

Das Gutachten der Offenen Medienordnung gründet seinen Vorschlag auf eine Situationsbeschreibung und die kritische Betrachtung des verfassungsrechtlichen Leitbilds sowie der bestehenden Regulierung von öffentlich-rechtlichem und privatem Rundfunk: Die Kritik der Gutachter richtet sich im wesentlichen gegen die verfassungsrechtlich und einfachgesetzlich bevorzugte Stellung des öffentlich-rechtlichen Rundfunks und das dichte Regulierungssys-

[594] Vgl. ebd., S. 262 f.
[595] Vgl. ebd., S. 268 ff.
[596] Bundesministerium für Wirtschaft BMWi (Hrsg.) / Wissenschaftlicher Beirat: Gutachten über eine „Offene Medienordnung". Berlin 2000; Bundesministerium für Wirtschaft BMWi (Hrsg.): Wissenschaftlicher Beirat legt Gutachten über eine „Offene Medienordnung" vor. Pressemitteilung des BMWi. 18.11.1999

tem für den privaten Rundfunk.[597] Auch im intermediären Wettbewerb, insb. zwischen Rundfunk und Presse, stellt das Gutachten eine anachronistische Überregulierung des Rundfunks fest, die sich nicht mehr durch Frequenzknappheit rechtfertigen lässt.[598] Das Modell der Offenen Medienordnung erachtet einen funktionierenden wirtschaftlichem Wettbewerb der Medienunternehmen als zeitgemäßes und geeignetes Regulierungsinstrument, um publizistische Meinungsvielfalt im Rundfunk zu sichern.[599] Daher sei der Schwerpunkt der rechtspolitischen Diskussion auf die Frage der Funktionsfähigkeit des wirtschaftlichen Wettbewerbs im Medienbereich zu lenken. Es sei Aufgabe der Mediengesetzgeber, der Medienbehörden und Gerichte, sich „stärker als bisher auf den wirtschaftlichen Wettbewerb als Steuerungsmechanismus zu verlassen“[600] und die wettbewerbspolitischen Instrumente wie Kartellrecht und europäische Fusionskontrolle anzuwenden. Die Offene Medienordnung betont drei Aspekte der Zukunftsfähigkeit des Medienwettbewerbs, die für die wettbewerbspolitische Diskussion entscheidend seien: Die Finanzierung der Medien, Größen- und Verbundvorteile im Medienbereich sowie der Tatbestand der „monopolistischen Konkurrenz“.[601] Ausgehend vom dargestellten Grundkonzept entwickelt das Gutachten konkrete, medienspezifische Anwendungsparadigmen für das allgemeine Kartellrecht:

- *Abgrenzung des relevanten Marktes:* Das Gutachten empfiehlt die Abgrenzung eines sachlich relevanten Marktes, um die Kartellrechtsanwendung funktionsfähig zu gestalten. Dabei sei ein Mittelweg der Abgrenzung zwischen zwei Extremen zu finden, um den Wettbewerbsdruck auch entfernterer Substitute angemessen zu gewichten.[602] Weiterhin sei insbesondere der Zuschauermarkt in das wettbewerbspolitische Konzept einzubeziehen, um die wirtschaftliche Konkurrenz der werbefinanzierten Medien um den Zuschauer zu erfassen.
- *Kartellrechtliche Missbrauchskontrolle:* In der kartellrechtlichen Aufsicht sieht die Offene Medienordnung ein geeignetes Instrument, um den Missbrauch der Bündelung oder indirekten Finanzierung in strategischer Absicht zu verhindern oder dann einzuschreiten, wenn ein Medienunternehmen seine aus Größe, Integration oder Spezialisierung erwachsene Marktmacht missbraucht.[603] Die Gutachter verweisen dabei auf die Missbrauchs- und Behinderungsverbote der §§ 19 und 20 des Gesetzes gegen Wettbewerbsbeschränkungen GWB.

[597] Vgl. BMWi (Hrsg.) / Wissenschaftlicher Beirat: Gutachten über eine „Offene Medienordnung“. a.a.O., S. 4 f., S. 7 ff.
[598] Vgl. ebd., S. 13
[599] Vgl. ebd., S. 14 ff.
[600] Ebd., S. 17
[601] Vgl. ebd, S. 18 ff.
[602] Vgl. ebd., S. 27
[603] Vgl. ebd, S. 28

- *Fusionskontrolle auf den Medienmärkten:* Das Gutachten zeigt die Parallele der Fusionskontrolle zu der Medienkonzentrationskontrolle i.S.d. RStV für den Fall auf, dass die Abgrenzung des sachlich relevanten Marktes nach dem Zuschauermarkt vorgenommen wird. Diese Parallele werde zwischen den Zurechnungsregeln des RStV und dem Zusammenschlussbegriff der Fusionskontrolle deutlich. Paralellen seien auch in der Eingriffsschwelle festzustellen, die bei der Fusionskontrolle durch den Tatbestand der Marktbeherrschung nach § 19 Abs. 3 S. 1 GWB bei 33% Marktanteil liegt, bei der Medienkonzentrationskontrolle i.S.d. RStV bei einem Anteil von 30%.

Neben den wettbewerbspolitischen Vorschlägen für den Bereich der privaten elektronischen Medien geht das Gutachten über eine „Offene Medienordnung" auch auf die kulturelle Komponente des Rundfunks ein, die als sog. „meritorische Mediengüter" bezeichnet wird. Der Beirat betont die Notwendigkeit, den öffentlich-rechtlichen Rundfunk auf seine eigentliche öffentliche Aufgabe zu beschränken, um der Programmexpansion, der Selbstkommerzialisierung und den steigenden Gebühren Einhalt zu gebieten. Im einzelnen benennt das Gutachten folgende Vorschläge:

- *Reformulierung der Ziele öffentlich-rechtlichen Rundfunks:* Die wesentliche Aufgabe des öffentlich-rechtlichen Rundfunks sieht der Vorschlag in seiner Integrationsfunktion, der „staatlichen Sorge um einheitsstiftende Kultur"[604] und „gesellschaftlichen Zusammenhalt"[605]. Zugleich warnen die Gutachter jedoch vor einer überdehnten Instrumentalisierung des Integrationsziels.[606] Die Berücksichtigung von Minderheiten *im* Programm erkennt das Gutachten als „meritorisches Gut"[607] an. Ein Programm *für* Minderheiten erachtet der Vorschlag jedoch für nicht notwendig, da die technische Entwicklung, insb. das Internet, diese Funktion ersetzten könne.[608]

- *Begrenzung des öffentlich-rechtlichen Rundfunks:* Die Offene Medienordnung spricht sich gegen die Ausweitung des öffentlich-rechtlichen Rundfunks auf andere Bereiche, z.B. den ZDF-Erlebnispark, aus und kritisiert die Wechselbeziehung von Programmexpansion und Gebührenerhöhungen.[609] Der öffentlich-rechtliche Rundfunk sei auf seine Kernaufgaben zurückzuführen. Das Gutachten nennt hierzu Vorschläge wie die Beendigung der Werbefinanzierung, die Anpassung der Gebührenpolitik durch die KEF an die legitime Aufgabe, die engere Auslegung der Beihilfebestimmungen des Art. 92 EGV und des Protokolls von Amsterdam, die Zurückführung der Vormachtstellung im Zeitalter der Digitalisierung, die Kontrolle des Wettbewerbsverhaltens der

[604] Ebd, S. 35
[605] Ebd, S. 31
[606] Vgl. ebd., S. 32 f.
[607] Ebd., S. 31
[608] Vgl. ebd, S. 32, S. 35
[609] Vgl. ebd., S. 5, S. 35

öffentlich-rechtlichen Anstalten gegenüber den privaten Wettbewerbern durch das Kartell- und Lauterkeitsrecht, die Privatisierung einer oder mehrerer öffentlich-rechtlicher Anstalten.

Abschließend ist festzustellen, dass sich der Vorschlag des Wissenschaftlichen Beirats in vielen der genannten Punkten auf einen intermediären Vergleich zwischen dem dicht regulierten Rundfunk und der wirtschaftlich orientierten Regulierung der Presse bezieht. Demnach sei auch der Rundfunk in erster Linie als Wirtschaftsgut zu betrachten.[610] In Folge des wachsenden Anspruchs des europäischen Wirtschaftsrechts und einer erfahrungs- und zeitgerechten Verteilung der Zuständigkeiten empfiehlt der Beirat, die Medien in die wirtschaftsrechtliche Ordnung des Bundes zu überführen.

5.2.6 Dienstespezifisch diversifizierte Informationsordnung des Hans Bredow-Instituts (2000)

Das Hans-Brewdow-Institut für Medienforschung (Universität Hamburg) und das Institut für Rundfunkökonomie (Universität Köln) veranstalteten am 25. Februar 2000 ein Symposium zur Fortentwicklung der dualen Rundfunkordnung zu einer „dienstespezifisch diversifizierten Informationsordnung".[611] Zielsetzung des Symposiums bestand in der interdisziplinären Entwicklung und Diskussion einer „dienstespezifisch diversifizierten Informationsordnung" unter Einbeziehung einer kommunikationswissenschaftlichen, rechtswissenschaftlichen und ökonomischen Betrachtungsweise. Das Konzept der Informationsordnung basiert auf der Annahme, dass in Folge der Konvergenz von Übertragungswegen und der Ausdifferenzierung von Inhaltediensten eine diversifizierte Ordnungsstruktur für den Gesamtbereich elektronischer Kommunikation notwendig werde. Der für den klassischen Rundfunk entwickelte Ansatz der „strukturellen Diversifikation"[612] wird dabei auf die Regulierung von Online-Diensten übertragen.[613] Das Regulierungsmodell wurde in Folge des

---

[610] Vgl. ebd., S. 35

[611] Die einzelnen Beiträge der Referenten M. Caspar, H. Dreier, W. Gellner, Th. Grothe, Th. Held, A. Hesse, W. Hoffmann-Riem, O. Jarren, M. Kops, F. Krotz, H. Kubicek, W. Schulz, Th. Vesting, R. H. Weber, S. Welling, A. Zerdick sind nachzulesen in: Manfred Kops / Wolfgang Schulz / Thorsten Held (Hrsg.): Von der dualen Rundfunkordnung zur dienstespezifisch diversifizierten Informationsordnung? Baden-Baden 2001; vgl. auch Hans-Brewdow-Institut für Medienforschung, Universität Hamburg / Institut für Rundfunkökonomie, Universität Köln (Hrsg.): Von der dualen Rundfunkordnung zur dienstespezifisch diversifizierten Informationsordnung? Diskussionpapiere für das Symposium am 25. Februar 2000. Hamburg, Köln 2000

[612] Der Begriff der „strukturellen Diversifikation" bezeichnet ein System, das aus verschiedenartig finanzierten und kontrollierten Akteuren besteht. Vgl. Wolfgang Hoffmann-Riem: Von der dualen Rundfunkordnung zur dienstespezifisch diversifizierten Informationsordnung. Eine Einführung. In: Manfred Kops / Wolfgang Schulz / Thorsten Held (Hrsg.): Von der dualen Rundfunkordnung zur dienstespezifisch diversifizierten Informationsordnung? Baden-Baden 2001, S. 7-18, S. 16

[613] Vgl. ebd., S. 9, S. 16 f.

Symposiums als Forschungsstudie weiterentwickelt und konkretisiert.[614] Aus den Vorträgen und der Diskussion des Symposiums, den vor- und nachbereitenden Veröffentlichungen sowie weiteren Beiträgen des Hans-Bredow-Instituts ergeben sich sektorspezifische Regulierungsvorschläge, die sich zu einem medienpolitischen Regulierungsmodell zusammenfügen:[615]

Das Konzept der „dienstespezifisch diversifizierten Informationsordnung" basiert auf dem Ansatz, die bestehende abgestufte Regulierungsstruktur aus RStV, MDStV und TDG in eine feinstufige, dienstespezifisch gegliederte Ordnung für die gesamte elektronische Kommunikation zu überführen. Die Studie macht dabei deutlich, dass zwischen verschiedenen Dienstetypen zu differenzieren ist, um sog. „Lizenzklassen" mit unterschiedlicher Regulierungsdichte für die einzelnen Dienstetypen einrichten zu können.[616] Die neue Informationsordnung gründet auf der Prämisse, dass die Informationsdienste grundsätzlich als Massenkommunikation unter die verfassungsrechtlichen Normen des Art. 5 Abs. 2 S. 1 GG zu subsumieren sind. Weiterhin geht die Studie von der These aus, dass die neuen, publizistisch relevanten Informationsdienste – vergleichbar mit dem Rundfunk - bei ihrer rein marktmäßigen Erbringung strukturelle Defizite im Sinne der Zielvorgaben des Art. 5 Abs. 2 GG aufwiesen.[617] Somit sei ein staatlicher Regulierungsbedarf zunächst grundsätzlich festzustellen und der Gesetzgeber gefordert, im Sinne des Gewährleistungsauftrages die Funktionsfähigkeit der Kommunikationsordnung zu sichern, um die Defizite der rein marktmäßigen Erbringung von Informations- und Kommunikationsdiensten zu kompensieren.[618] In der Studie wird auf drei staatliche Handlungsoptionen des Ausgleichs der Marktmängel eingegangen: Die staatliche Unterstützung von

---

[614] Vgl. Wolfgang Schulz: Stellungnahme zur Anhörung „Konvergenz und Medienordnung" des Unterausschusses für Kultur und Medien. Berlin 2000; Manfred Kops / Wolfgang Schulz / Thorsten Held (Hrsg.): Von der dualen Rundfunkordnung zur dienstespezifisch diversifizierten Informationsordnung? a.a.O.

[615] Vgl. Manfred Kops / Wolfgang Schulz / Thorsten Held (Hrsg.): Von der dualen Rundfunkordnung zur dienstespezifisch diversifizierten Informationsordnung? a.a.O.; Hans-Brewdow-Institut für Medienforschung, Universität Hamburg / Institut für Rundfunkökonomie, Universität Köln (Hrsg.): Von der dualen Rundfunkordnung zur dienstespezifisch diversifizierten Informationsordnung? Diskussionpapiere für das Symposium am 25. Februar 2000. Hamburg, Köln 2000

[616] Vgl. Wolfgang Schulz: Stellungnahme zur Anhörung „Konvergenz und Medienordnung" des Unterausschusses für Kultur und Medien. Berlin 2000, S. 19 ff., S. 42

[617] Vgl. Wolfgang Hoffmann-Riem: Von der dualen Rundfunkordnung zur dienstespezifisch diversifizierten Informationsordnung. Eine Einführung. a.a.O., S. 16 ff.; Manfred Kops: Diversifizierte Verfahren zur Bereitstellung von Informationsgütern. In: Manfred Kops / Wolfgang Schulz / Thorsten Held (Hrsg.): Von der dualen Rundfunkordnung zur dienstespezifisch diversifizierten Informationsordnung? Baden-Baden 2001, S. 57-110, S. 99 ff.; Manfred Kops: Von der dualen Rundfunkordnung zur dienstespezifisch diversifizierten Informationsordnung? Alternative Verfahren zur Bereitstellung von Informationsgütern. In: Hans-Brewdow-Institut für Medienforschung, Universität Hamburg / Institut für Rundfunkökonomie, Universität Köln (Hrsg.): Von der dualen Rundfunkordnung zur dienstespezifisch diversifizierten Informationsordnung? Diskussionpapiere für das Symposium am 25. Februar 2000. Hamburg, Köln 2000

[618] Vgl. Wolfgang Hoffmann-Riem: Von der dualen Rundfunkordnung zur dienstespezifisch diversifizierten Informationsordnung. Eine Einführung. a.a.O., S. 17

Stiftungen und anderen Organisationen, die Ausweitung des Spielraums öffentlich-rechtlicher Rundfunkanstalten und staatliche Anreize zur Änderung von Arbeitsabläufen und Organisationsformen.[619] Die Argumentationslogik des Vorschlags, die auf auf der Reformulierung der relevanten Regulierungsziele, der Feststellung eines konkreten Regulierungsbedarf und der Benennenung von Regulierungsoptionen basiert, sowie wesentliche Komponenten der dienstespezifisch diversifizierten Informationsordnung werden nachfolgend dargestellt:

- *Reformulierung des verfassungsrechtlichen Rundfunkbegriffs:* Der Regulierungsvorschlag geht von der Notwendigkeit aus, die Auslegung der normativen Grundsätze aus Art. 5 GG aufgrund der technischen und gesellschaftlichen Entwicklungen einer Prüfung zu unterziehen und zu reformulieren. Im Sinne einer funktional orientierten Auslegung des verfassungsrechtlichen Rundfunkbegriffs seien die Informations- und Kommunikationsdienste als Massenkommunikation zu qualifizieren und somit von den Vorgaben des Art. 5 Abs. 1 S. 2 GG berührt.[620] Neue Informationsdienste seien grundsätzlich in das Konzept des Art. 5 GG einzubeziehen, ohne die notwendige Regulierungsdichte vorwegzunehmen. Als Prämisse geht das Konzept der dienstespezifisch diversifizierten Informationsordnung von einem Rundfunkbgeriff aus, der „jegliche Form der Massenkommunikation, die über elektronische Vermittlungswege verläuft, einbezieht". Ausdrücklich eingeschlossen werden dabei sowohl Verteil- als auch Abrufdienste.[621]
- *Definition von kommunikationsbezogenen Zielen:* Aus den verfassungsrechtlichen Vorgaben des Art. 5 Abs. 1 S. 2 GG leitet der Vorschlag kommunikationspolitische Ziele staatlicher Regulierung für die Inhaltedienste ab. Als zentrale Ziele der dienstespezifisch diversifizierten Informationsordnung werden Vielfaltsicherung und staatliche Sicherung der Zugangschancengerechtigkeit – auch im Sinne eines realen Zugangs zu Diensten - angeführt.[622]

---

[619] Vgl. Wolfgang Schulz / Thorsten Held: Von der dualen Rundfunkordnung zur dienstespezifisch diversifizierten Informationsordnung? Denkbare Fördermodelle. In: Hans-Brewdow-Institut für Medienforschung, Universität Hamburg / Institut für Rundfunkökonomie, Universität Köln (Hrsg.): Von der dualen Rundfunkordnung zur dienstespezifisch diversifizierten Informationsordnung? Diskussionpapiere für das Symposium am 25. Februar 2000. Hamburg, Köln 2000, o.S.

[620] Vgl. Wolfgang Hoffmann-Riem: Von der dualen Rundfunkordnung zur dienstespezifisch diversifizierten Informationsordnung. Eine Einführung. a.a.O., S. 17; Wolfgang Schulz / Thorsten Held: Verfassungsrechtliche Rahmenbedingungen einer dienstespezifisch diversifizierten Informationsordnung. a.a.O., S. 121; Wolfgang Schulz / Thorsten Held: Von der dualen Rundfunkordnung zur dienstespezifisch diversifizierten Informationsordnung? Juristische Betrachtung der Zielvorgaben. In: Hans-Brewdow-Institut für Medienforschung, Universität Hamburg / Institut für Rundfunkökonomie, Universität Köln (Hrsg.): Von der dualen Rundfunkordnung zur dienstespezifisch diversifizierten Informationsordnung? Diskussionpapiere für das Symposium am 25. Februar 2000. Hamburg, Köln 2000, o.S.

[621] Vgl. ebd., S. 122

[622] Vgl. Wolfgang Schulz / Thorsten Held: Verfassungsrechtliche Rahmenbedingungen einer dienstespezifisch diversifizierten Informationsordnung. a.a.O., S. 127 ff., S. 144 f.

- *Dienstespezifisch diversifizierte Regulierung:* Auf der Ebene der einfachgesetzlichen Ausgestaltung einer dienstespezifisch diversifizierten Informationsordnung spricht sich der Regulierungsvorschlag ausdrücklich gegen die Zusammenführung des Medien- und Telekommunikationsrechts in einem einheitlichen Ordnungsrahmen aus.[623] Vielmehr sei die regulatorische Abgrenzung von Übertragungstechnik und Inhalten beizubehalten. Diese regulatorische Trennung von Übertragungsdiensten und Inhaltediensten sowie die bestehende abgestufte Regulierungsstruktur der Inhaltedienste durch RStV, MDStV und TDG wird als Grundlage einer Informationsordnung angeführt, die durch weitere Differenzierung in dienstespezifische Regulierungsbereiche auszubauen sei.[624] Die Anwendung des Wettbewerbsrechts könne die staatliche Regulierung elektronischer Kommunikation nicht ersetzen.[625]
- *Differenzierung unterschiedlicher Dienstetypen:* Die dienstespezifische Regulierung setzt eine Kategorisierung unterschiedlicher Dienstetypen voraus. Der Vorschlag unternimmt eine „noch recht grobe"[626] Differenzierung von sog. Inhaltediensten, die einem abgestuften, diversifizierten Regulierungssystem zugeführt werden könnten. Hierzu zählen synchrone Eins-zu-Eins-Kommunikation (z.B. Sprachtelefonie), asynchrone Eins-zu-Eins-Kommunikation (z.B. E-Mail), Mailinglisten und Newsgroups, Online-Spiele, Mehrwert-Dienste (z.B. Online-Banking, E-Commerce), Navigatoren und Suchmaschinen, Abrufdienste mit hohem Interaktivitätsgrad, an die Allgemeinheit gerichtete Abrufdienste ohne publizistische Bedeutung (z.B. Unternehmens-Homepage), an die Allgemeinheit gerichtete Abrufdienste mit überwiegenden Unterhaltungselementen (z.B. Video-on-Demand), an die Allgemeinheit gerichtete Abrufdienste mit publizistischer Bedeutung (z.B. Internetangebote der klassischen Medien), Push-Dienste, Zugriffsdienste (z.B. Near-Video-on-Demand), rein werbende Verteildienste (Teleshopping), Verteildienste (klassischer Rundfunk). Zugangsvermittelnde oder rein telekommunikationstechnische Dienste bleiben im Vorschlag außer Betracht.[627]
- *Staatliche Subvention als Handlungsoption:* Der Regulierungsvorschlag nennt zwei grundlegende staatliche Handlungsoptionen: Die imperative Steu-

[623] Vgl. Thomas Vesting: Zur Zukunft und Konstruktion des Medien- und Telekommunikationsrechts in den hybriden Beziehungsnetzwerken der „Informationsgesellschaft". (Bislang) unveröffentlichtes Manuskript. Augsburg 2000, S. 1, S. 36 f.

[624] Vgl. Wolfgang Schulz: Stellungnahme zur Anhörung „Konvergenz und Medienordnung" des Unterausschusses für Kultur und Medien. Berlin 2000, S. 19 f.; Wolfgang Schulz / Thorsten Held: Verfassungsrechtliche Rahmenbedingungen einer dienstespezifisch diversifizierten Informationsordnung. a.a.O., S. 113 f.

[625] Vgl. Thomas Vesting: Das Internet als Herausforderung des „dualen Rundfunksystems". Zur Umstellung des Rundfunks auf Selbstregulierung und privat-öffentliche Kooperation. In: Manfred Kops / Wolfgang Schulz / Thorsten Held (Hrsg.): Von der dualen Rundfunkordnung zur dienstespezifisch diversifizierten Informationsordnung? Baden-Baden 2001, S. 275-306, S. 302

[626] Wolfgang Schulz / Thorsten Held: Von der dualen Rundfunkordnung zur dienstespezifisch diversifizierten Informationsordnung. Juristische Betrachtung der Zielvorgaben. a.a.O., o.S.

[627] Vgl. ebd., o.S.;

erung über Ge- und Verbote einerseits und die Struktur- und Anreizsteuerung andererseits. Zur Erreichung der kommunikationsbezogenen Zielvorgaben setzt die Studie den Schwerpunkt auf ein ausdifferenziertes staatliches Anreizsystem. Hierzu nennt der Vorschlag die staatliche Unterstützung von Angeboten und Akteuren, die Ausweitung des Spielraums öffentlich-rechtlicher Rundfunkanstalten und staatliche Anreize zur Änderung von Arbeitsabläufen und Organisationsformen.[628]

- *Stufenweise Kooperation der Aufsicht:* Im Bereich der staatlichen oder öffentlich-rechtlichen Aufsicht wendet sich das Regulierungskonzept gegen die Schaffung einer „Superbehörde“ und empfiehlt eine Intensivierung der Kooperation bestehender Aufsichtsstrukturen. Um der bundesweiten Verbreitung von Diensten gerecht zu werden sei eine „länderübergreifende Instanz der Landesmedienanstalten“[629] mit eigenen Kompetenzen für Rundfunk und Mediendienste sinnvoll. Die Zusammenarbeit von Landesmedienanstalten und RegPT könne durch ein Koordinationsgremium – etwa einem „Kommunikationsrat“ – erfolgen.[630]
- *Veranstaltung öffentlich-rechtlicher Internetangebote:* Das Konzept der Informationsordnung betont die Bedeutung des öffentlich-rechtlichen Rundfunks auch für den Bereich der neuen Informationsdienste.[631] Weiterführende Vorschläge erwägen die Schaffung eines neuen, nur für das Internet zuständigen öffentlich-rechtlichen Anbieters,[632] die Ausweitung der öffentlich-rechtlichen Internetangebote etwa auf den Bereich der Suchmaschinen[633] oder die institutionelle Förderung des Internetzugangs durch gemeinnützige oder öffentlich-rechtliche Einrichtungen.[634] Eine Ausweitung der

[628] Vgl. Wolfgang Schulz / Thorsten Held: Von der dualen Rundfunkordnung zur dienstespezifisch diversifizierten Informationsordnung? Denkbare Fördermodelle. a.a.O.; Wolfgang Schulz / Thorsten Held: Verfassungsrechtliche Rahmenbedingungen einer dienstespezifisch diversifizierten Informationsordnung. a.a.O., S. 139 ff.

[629] Wolfgang Schulz: Stellungnahme zur Anhörung „Konvergenz und Medienordnung“ des Unterausschusses für Kultur und Medien. Berlin 2000, S. 42

[630] Vgl. ebd., S. 19 f.

[631] Vgl. Albrecht Hesse: Von der pluralen Rundfunkordnung zur dienstespezifisch diversifizierten Informationsordnung? Möglichkeiten der öffentlich-rechtlichen Rundfunkanstalten. In: Manfred Kops / Wolfgang Schulz / Thorsten Held (Hrsg.): Von der dualen Rundfunkordnung zur dienstespezifisch diversifizierten Informationsordnung? Baden-Baden 2001, S. 265-274

[632] Vgl. Wolfgang Schulz / Thorsten Held: Verfassungsrechtliche Rahmenbedingungen einer dienstespezifisch diversifizierten Informationsordnung. a.a.O., S. 143

[633] Vgl. Otfried Jarren: Netzkommunikation: Von Institutionalisierungs- und notwendigen Regulierungsprozessen. Schlussbemerkungen. In: Manfred Kops / Wolfgang Schulz / Thorsten Held (Hrsg.): Von der dualen Rundfunkordnung zur dienstespezifisch diversifizierten Informationsordnung? Baden-Baden 2001, S. 307-316

[634] Vgl. Herbert Kubicek / Stefan Welling: Interent für alle durch institutionelle Förderung. Zur Rolle von Stiftungen, öffentlichen Bibliotheken und anderen gemeinnützigen Einrichtungen in einer dienstespezifisch diversifizierten Informationsordnung. In: Manfred Kops / Wolfgang Schulz / Thorsten Held (Hrsg.): Von der dualen Rundfunkordnung zur dienstespezifisch diversifizierten Informationsordnung? Baden-Baden 2001, S. 217-248

öffentlich-rechtlichen Online-Aktivitäten über den in den §§ 4 Abs. 3 ARD-StV / ZDF-StV legitimierten Auftrag wird aber teilweise abgelehnt.[635]

5.2.7 Kommunikationsordnung 2010 der Bertelsmann-Stiftung (2000)

Die Bertelsmann Stiftung legte am 30. Oktober 2000 einen Vorschlag zur „Kommunikationsordnung 2010“ vor.[636] Der vorgestellte Regelungsansatz geht auf ein Forschungsprojekt der Stiftung vom 01.02.1997 bis 31.12.2000 zurück und beinhaltet die Empfehlungen einer Fachkommission aus den Bereichen (Medien-)Politik, Wirtschaft und Wissenschaft.[637] Zugleich basiert der Vorschlag auf den grundlegenden Leitlinien der 1997 von der Stiftung veröffentlichten „Kommunikationsordnung 2000“. Der Vorschlag entwickelt die Leitlinien der „Kommunikationsordnung 2000“ mit dem Ziel weiter, internationale „Best-Practice-Beispiele“ zu analysieren und unter Berücksichtigung aktueller Entwicklungen Regelungsoptionen für eine konvergenzorientierte Ordnung der Kommunikations- und Medienmärkte zu diskutieren.[638] Im Mittelpunkt des Regulierungsvorschlags stehen die technischen und wirtschaftlichen Konvergenzentwicklungen sowie die hieraus resultierenden Herausforderungen für eine neue Ordnung der Medien.

Die „Kommunikationsordnung 2010“ geht von einer Reihe technischer und ökonomischer Prämissen aus, die der Vorschlag zunächst analysiert. Hierzu nennt der Vorschlag die Entwicklung des Internets zur Plattform für alle elektronischen Medien, die wachsende Konkurrenz der Übertragungwege, sinkende Kosten der Datenübertragung, Vervielfachung des Medienangebotes, Annäherung der Struktur der Rundfunkangebote an die Sparten-Vielfalt im Pressewesen, komplementäre und multimedial aufbereitete Internetangebote, neue „Micropayment“-Systeme als (komplementäre) Finanzierungsform, Zunahme der horizontalen und vertikalen Unternehmenskonvergenz, Zersplitterung von Inhalten und Zielgruppen, gesellschaftliche Spaltung zwischen Informations-Elite und Informations-Armen. Ausgehend von der Untersuchung technischer

---

[635] Vgl. ablehnend: Thorsten Grothe: Marktnahe Selbstregulierung statt marktferner Überformung. In: Manfred Kops / Wolfgang Schulz / Thorsten Held (Hrsg.): Von der dualen Rundfunkordnung zur dienstespezifisch diversifizierten Informationsordnung? Baden-Baden 2001, S. 181-196, S. 194 f.; Thomas Vesting: Das Internet als Herausforderung des „dualen Rundfunksystems“. Zur Umstellung des Rundfunks auf Selbstregulierung und privat-öffentliche Kooperation. a.a.O., S. 302

[636] Bertelsmann Stiftung (Hrsg.): Kommunikationsordnung 2010. Ein Zukunfstpapier der Stiftung Bertelsmann. Gütersloh 2000; vgl. Thomas Hart: Neue Regulierungsprinzipien für eine neue Ökonomie. Bertelsmann stellt Studie für eine „Kommunikationsordnung 2010“ vor. Pressemitteilung. Gütersloh 30.10.2000

[637] Zu den genannten Beratern gehören Kurt Biedenkopf, Wolfgang Clement, Peter Glotz, Jo Groebel, Manfred Lahnstein, Reinhard Mohn, Dieter Stolte, Mark Wössner. Vgl. Bertelsmann Stiftung (Hrsg.): Kommunikationsordnung 2010. a.a.O., S. 2

[638] Vgl. Bertelsmann Stiftung (Hrsg.): Kommunikationsordnung 2000. Grundsatzpapier der Bertelsmann Stiftung zu Leitlinien der zukünftigen Kommunikationsordnung. Gütersloh 1997; Ingrid Hamm / Jens Waltermann (Hrsg.): Kommunikationsordnung 2000 - Innovation und Verantwortung in der Informationsgesellschaft. Band 1: Ergebnisse der Recherche. Gütersloh 1998

und ökonomischer Rahmenbedingungen entwickelt der Vorschlag zwei Entwicklungskorridore, das „Breitband-Szenario" und das „Schmalband-Szenario", um die unterschiedliche Geschwindigkeit und Intensität der Konvergenzentwicklung zu verdeutlichen.[639]

Der Vorschlag würdigt die verfassungsrechtliche Stellung und öffentliche Aufgabe der Medien und benennt fünf zentrale Aufgaben, die durch den öffentlich-rechtlichen Rundfunk auch in Zeiten des Internets wahrzunehmen sind: 1. Information, Meinungsbildung und Kritik, 2. Integration (Gesellschaftliche Pluralität und thematische Vielfalt, Orientierungshilfe), 3. Kulturauftrag, 4. Leitbild- und Qualitätssicherung, 5. Komplementärfunktion (unabhängig von wirtschaftlichen oder Mehrheitsinteressen).[640] Die Perspektive des öffentlich-rechtliche Rundfunks sieht der Vorschlag unter Berücksichtigung einer staatlichen Entwicklungs- und Bestandsgarantie in der Anpassung der Aufgabe an das Informationszeitalter durch „informationelle Grundversorgung"[641]. Öffentlich-rechtlicher Rundfunk müsse demnach „zum Kristallisationspunkt in der unüberschaubaren Angebotswelt der neunen Medien"[642] werden. Die „Kommunikationsordnung 2010" stellt einen Paradigmenwechsel der öffentlich-rechtlichen Sender vom Inhalteproduzenten zum Orientierung bietenden Informationsagenten zur Diskussion.

Die „Kommunikationsordnung 2010" kommt auf Grundlage der Analyse und Evaluierung der einzelnen Konvergenzkriterien (Wirtschaft, Technologie, Nutzung) zu dem Ergebnis, dass eine neue Kommunikationsordnung nicht mehr nach dem „Muster des 20. Jahrhunderts" funktioniert. Der Vorschlag formuliert Prämissen an eine neuen, zukünftigen Ordnung und umfasst nachfolgend zusammengefasste Regulierungsoptionen:[643]

- *Internationalisierung der Regulierung:* Der Vorschlag betont die Notwendigkeit, eine neue Medienordnung in das internationale System der Marktaufsicht (u.a. WTO, EU) einzubinden.
- *Markt- und Wettbewerbsorientierung*: Im Markteingriff sieht der Vorschlag eine stärker begründungsbedürftige Ausnahme von der ordnungspolitischen Regel, um einen funktionierenden Wettbewerb auf allen Stufen der Wert-

---

[639] Vgl. Bertelsmann Stiftung (Hrsg.): Kommunikationsordnung 2010. a.a.O., S. 6 f.; S. 15 ff., S. 32 ff.

[640] Vgl. auch weitere Veröffentlichungen der Berteslmann Stiftung: Martin Bullinger: Die Aufgaben des öffentlichen Rundfunks. Wege zu einem Funktionsauftrag. Gütersloh 1999; Ingrid Hamm (Hrsg.): Fernsehen auf dem Prüfstand. Aufgaben des dualen Rundfunksystems. Internationale Studien im Rahmen der Kommunikationsordnung 2000. Gütersloh 1998; Ingrid Hamm: Die Zukunft des dualen Systems: Aufgaben des dualen Rundfunkmarktes im internationalen Vergleich. Gütersloh 1998; Joachim Scherer / Frank Hölscher: Gestaltungsspielräume für eine Reform der Organisation der Telekommunikations- und Medienaufsicht unter dem Grundgesetz. Rechtsgutachten im Auftrag der Bertelsmann Stiftung. Gütersloh 1999

[641] Bertelsmann Stiftung (Hrsg.): Kommunikationsordnung 2010. a.a.O., S. 51

[642] Ebd., S. 9, S. 47 f.

[643] Vgl. ebd., S. 53 ff.

schöpfungskette als Instrument zur Entmachtung großer wirtschaftlicher Einheiten zu garantieren. Die sektorspezifische Regulierung sei zunehmend durch allgemeine Wettbewerbskontrolle abzulösen.

- *Ko-Regulierung durch Selbstkontrolle:* Der Vorschlag fordert eine Rückführung der staatlichen Kontrolle zugunsten gesellschaftlicher Selbstregulierung und durch die Industrie selbst entwickelte Verhaltensrichtlinien. Die staatliche Aufgabe sieht der Vorschlag in der Schaffung eines funktionsfähigen Rahmens, der als „Plattform für Initiativen der Selbstregulierung" dient.
- *Konvergenz der Regulierung:* Der Vorschlag folgert aus der Konvergenz der Märkte eine Konvergenz der Regulierung. Redundanzen in der Kommunikations- und Medienaufsicht seien durch Bündelung der Aufsicht zu vermeiden.

Abschließend betont der Vorschlag der Bertelsmann Stiftung die Notwendigkeit einer Stärkung der staatlich begleiteten Selbstkontrolle, um den veränderten technischen und ökonomischen Rahmenbedingungen gerecht zu werden.[644] Die zentralen Einsatzgebiete für Selbstkontrollmechanismen sieht die „Kommunikationsordnung 2010" nicht nur im Jugend- und Datenschutz, sondern in allen relevanten Kontrollbereichen. Als Mittel der Selbstkontrolle nennt der Vorschlag eine Reihe von Instrumenten wie Verhaltenskodizes, Minimalstandards der Angebotsqualität, Selbstklassifizierung von Inhalten, Gütesiegel, Schiedsgerichte und die Internet-Verwaltung ICANN.[645] Die Rolle des Staates beschränkt der Vorschlag einerseits auf die Schaffung der rechtlichen Rahmenbedingungen einer effektiven Selbstkontrolle, andererseits auf bildungspolitische Maßnahmen zur Förderung der Medienkompetenz, um eine „Kultur der Selbstkontrolle" durch die Gesellschaft zu erreichen.

5.2.8 Vorschlag eines Medienstaatsvertrages des VPRT (2000)

Der Verband Privater Rundfunk und Telekommunikation VPRT legte am 2. November 2000 seinen Vorschlag für einen „Staatsvertrag für elektronische Medien (Medienstaatsvertrag, MStV)" vor, um den ordnungspolitischen Herausforderungen durch zunehmende Digitalisierung, Globalisierung und Konvergenz zu begegnen.[646] Der Vorschlag formuliert die Eckwerte eines einheitlichen Regulierungsrahmen für private elektronische Dienste und basiert in wesentlichen Punkten auf vorausgegangenen Stellungnahmen[647] sowie dem

---

[644] Vgl. ebd., S. 74 ff.

[645] Siehe oben Kap. 1.5

[646] VPRT (Hrsg.): Staatsvertrag für elektronische Medien - Medienstaatsvertrag, MStV. Eckwerte eines einheitlichen Regulierungsrahmen für private elektronische Medien. Bonn 2000

[647] Vgl. VPRT (Hrsg.): Anhörung des Ausschusses für Kultur und Medien des Deutschen Bundestages (Unterausschuss „Neue Medien") zum Thema Konvergenz und Medienordnung. Stellungnahme des Verbandes Privater Rundfunk und Telekommunikation VPRT. Bonn 2000; VPRT (Hrsg.) / Jürgen Doetz: Welchen Rahmen braucht eine „offene Medienordnung"? Anmerkungen zum Gutachten des Wissenschaftlichen Beirats des Bundesministeriums für Wirtschaft und Technologie aus Sicht des VPRT. Bonn 2000; VPRT (Hrsg.): Stellungnahme des VPRT zum 4.

Vorschlag einer „Medienordnung 2000 plus“ des VPRT von 1997.[648] Im Mittelpunkt des Regulierungsvorschlags steht die Integration der Länderregelungswerke Rundfunkstaatsvertrag und Mediendienstestaatsvertrag, um durch einen einheitliche Rechtsrahmen für sämtliche elektronische Medien die Vielzahl an teils unterschiedlichen Regelungen und Vorgaben abzubauen. Der VPRT betont, dass die unterschiedliche Regulierungsdichte von Rundfunk und Mediendiensten nicht mehr zeitgemäß sei, da gesellschaftliche Funktionen korrelieren. Weiterhin sei eine hinreichend präzise Abgrenzung zwischen elektronischen Medien durch die Konvergenz der Technik und der Angebote kaum mehr möglich. Grundsätzlich befürwortet der Vorschlag eine Stärkung selbstregulatorischer Elemente durch wirtschaftlichen Wettbewerb und spricht sich für eine geringere staatliche Regulierungsdichte aus.[649] Im einzelnen sieht der Vorschlag eines einheitlichen Medienstaatsvertrages folgende Regelungsaspekte vor:

- *Abschaffung der generellen Zulassungspflicht für elektronische Medienangebote:* Der Vorschlag befürwortet eine nach Übertragungswegen differenzierte Zulassungslösung und begründet eine generelle Zulassungsfreiheit für Rundfunk und Mediendienste mit der bestehenden Vielfalt elektronischer Medienangebote sowie dem zunehmenden Wettbewerb zwischen zulassungspflichtigem Rundfunk und zulassungsfreien Mediendiensten. Frequenzknappheit und somit eine begründete Ausnahmeregelung vom Grundsatz der Zulassungsfreiheit sieht der Vorschlag ausschließlich im Bereich der terrestrischen Übertragung.[650]
- *Zugangsgewährleistung vielfältiger Inhalte zu technischen Infrastrukturen:* Neben der Forderung nach mehr Handlungsspielraum für Marktpartner hebt der Vorschlag die Sicherung von Vielfalt bei knappen Übertragungskapazitäten hervor, um der verfassungsrechtlich verbürgten und durch das BverfG hervorgehobenen Rundfunkfreiheit gegenüber der Eigentumsgarantie den Vorrang einzuräumen. Der Medienstaatsvertrag sieht in der Gewährleistung von Angebotsvielfalt das entscheidende Kriterium für die notwendige Auswahlentscheidung bei knappen Kapazitäten, etwa im Bereich der terrestrischen Übertragung, des analogen Breitbandkabels sowie eingeschränkt für das digitalisierte Kabelnetz (862 MHz). Weiterhin sieht der Vorschlag den diskriminierungsfreien Zugang zu technischen Plattformen, die Trennung von Sendernetzbetrieb und Inhalt sowie verstärkten Wettbewerb bei der Vermarktung von Inhalten vor.

Rundfunkänderungsstaatsvertrag. Bonn 1999; VPRT (Hrsg.): Kommunikationspolitische Leitlinien des VPRT 1999/2000. Beschluss der Mitgliederversammlung. Bonn 1998;

[648] VPRT (Hrsg.): Diskussionspapier des VPRT-Vorstandes zum Rahmenkonzept einer Medienordnung 2000 plus. Bonn 1997

[649] VPRT (Hrsg.): Staatsvertrag für elektronische Medien - Medienstaatsvertrag, MStV. a.a.O., S. 2 f.

[650] Vgl. ebd., S. 4 ff., S. 20 f.

- *Kartellrechtliche Sicherung der Meinungsvielfalt:* Der Vorschlag befürwortet die Abschaffung regulatorischer, vielfaltssichernder Maßnahmen (z.B. Verpflichtung zur Bereitstellung von Sendezeit für Dritte) zugunsten einer Sicherung der Meinungsvielfalt durch das Kartellrecht.[651]
- *Vereinheitlichung und Liberalisierung der Werberegelungen:* Der Medienstaatsvertrag erachtet im Zuge der Vereinheitlichung der Regelungswerke RStV und MDStV die Abschaffung restriktiver Werberegelungen (zeitliche Höchstgrenzen und Vorgaben zur Einfügung) und den Verzicht auf Werbebeschränkungen von frei verfügbaren Produkten für notwendig.
- *Abschaffung von Listenregelungen für Großereignisse:* In nationalen und europäischen Listenregelungen zugunsten der Verbreitung von Großereignissen im frei empfangbaren Fernsehen sieht der VPRT einen bedenklichen Eingriff in die Eigentumspositionen der Rechteinhaber.
- *Abschaffung verbindlicher Quotenvorgaben:* Der Vorschlag spricht sich für die Abschaffung von Quotenvorgaben aus, um die freie Entwicklung von Medienangeboten nicht zu behindern.
- *Gewährleistung des Jugendschutzes:* Im Bereich des Jugendschutzes befürwortet der Medienstaatsvertrag eine starke Stellung der Selbstkontrolle, das Prinzip der nachträglichen Sanktionierung und die durchgängige Sicherung des Jugendschutzes für alle Medienangebote.
- *Anpassung der Aufsichtsstrukturen:* Der Vorschlag empfiehlt ein Überdenken der Strukturen und der Zuständigkeiten der Aufsicht in drei Bereichen: Die Aufgaben der Landesmedienanstalten sieht das Konzept in der Sicherung regionaler und lokaler Angebote sowie in der Missbrauchsaufsicht über die Einhaltung der Bestimmungen des Medienstaatvertrages. Im Bereich der Jugendschutzaufsicht empfiehlt der Vorschlag eine Vereinheitlichung auf Länderebene durch die Schaffung einer Organisation, die bestehende Aufsichtseinrichtungen der Landesmedienanstalten und der Obersten Landesjugendbehörden sowohl für private als auch für öffentlich-rechtliche Angebote integriert. Im Bereich der Medienkonzentrationskontrolle befürwortet das Regelungskonzept die Aufsicht und Fusionskontrolle durch Kartellämter Die bestehende rundfunkspezifische Konzentrationskontrolle durch Landesmedienanstalten und die Kommission zur Ermittlung der Konzentration im Medienbereich (KEK) werde somit entbehrlich.[652]
- *Eigener Rechtsrahmen für öffentlich-rechtliche Angebote:* Das Regelungskonzept des VPRT erstreckt sich ausdrücklich nur auf den Bereich der privaten elektronischen Medienangebote. Für öffentlich-rechtliche Angebote fordert der Verband einen eigenen Rechtsrahmen und hebt die Zuständig-

[651] Vgl. ebd., S. 10 f.; S. 22
[652] Vgl. ebd., S. 18 f.

keit der Länder für die Formulierung der gemeinwohlorientierten Anforderungen und die qualitative und quantitative Definition des öffentlich-rechtlichen Auftrages hervor.[653]

[653] Vgl. ebd., S. 19

„Die Kompetenzen in Sachen Medienpolitik liegen normalerweise bei den nationalen oder den regionalen Behörden, und diese reagieren sehr zurückhaltend oder schlichtweg feindselig, wenn europäische Behörden sich in ihre Angelegenheiten einmischen wollen."

(Karel Van Miert, 2000)[654]

III. ABSCHNITT: MEDIENRECHT UND KONVERGENZ - DIE ABGRENZUNGSPROBLEMATIK ZWISCHEN INTERNET UND KLASSISCHEN MEDIEN

Sowohl auf nationaler als auch auf europäischer Ebene führt die Konvergenzentwicklung zu rechtlichen Abgrenzungsproblemen zwischen Individual- und Massenkommunikation. In Folge wirkt sich die Konvergenz auf die medienrechtliche Ordnungsstruktur und die Kompetenzverteilung zwischen Ländern, Bund und Europäischer Gemeinschaft aus. Der nachfolgende, dritte Abschnitt untersucht das regulative Umfeld des Internets und der klassischen Medien aus medienrechtlicher Sicht. Bei dieser Darstellung steht das Recht im Mittelpunkt – allerdings nicht als bloßer Ausschnitt der Rechtsordnung, sondern in enger Verzahnung mit der tatsächlichen Konvergenzentwicklung, wie sie in Abschnitt I in seinen Grundlagen und in Abschnitt II unter medienpolitischen Gesichtspunkten dargestellt wurde.

Die medienrechtliche Untersuchung der Abgrenzungsproblematik konzentriert sich sowohl auf das nationale Rundfunk- und Presserecht als auch auf die europäischen Kompetenzen und Richtlinien im Konvergenzbereich von Kommunikation und Medien. Zum einen werden die einschlägigen rundfunkrechtlichen, presserechtlichen sowie gemeinschaftsrechtlichen Regelungswerke und ihre Bestimmungen analysiert, zum anderen auf einen konkreten Untersuchungsgegenstand angewendet: Konvergenz zwischen Internet und klassischen Medien manifestiert sich bislang insbesondere in den publizistisch relevanten Internetangeboten von Presse und Rundfunk. Am Beispiel dieser in Kap. 2 untersuchten Angebote wird die medienrechtliche Abgrenzungsproblematik zwischen Internet und klassischen Medien tatbestandlich diskutiert und die Anwendbarkeit rundfunkrechtlicher, presserechtlicher und gemeinschaftsrechtlicher Bestimmungen geprüft.

In Kap. 6 wird die Abgrenzungsproblematik zwischen Internet und klassischen Medien unter *rundfunkrechtlichen* Aspekten diskutiert, die aufgrund der hohen Regulierungsdichte des Rundfunks von besonderem medienpolitischen Interesse sind. Die rundfunkrechtliche Betrachtung konzentriert sich zunächst auf den verfassungsrechtlichen Rundfunkbegriff und seine Anwendbarkeit auf

[654] Karel Van Miert: Markt, Macht, Wettbewerb. Meine Erfahrungen als Kommissar in Brüssel. Stuttgart, München 2000, S. 320

die publizistisch relevanten Internetangebote. Anschließend werden die Abgrenzungskriterien der einfachgesetzlichen Regelungswerke IuKDG, MDStV und RStV dargestellt und auf das Internetangebot der klassischen Medien angewandt. Abschließend wird die besondere medienrechtliche Kontroverse um die Internetangebote des öffentlich-rechtlichen Rundfunks diskutiert. In Kap. 7 wird die Abgrenzungsproblematik zwischen Internet und den klassischen Medien unter *presserechtlichen* Aspekten untersucht. Hierzu wird erörtert, ob der verfassungsrechtliche Pressebegriff auf die sog. „elektronische Presse" ausgeweitet oder das Landespresserecht auf die Angebote angewandt werden kann. Weiterhin wird untersucht, inwieweit das Presserecht der Auslegung pressespezifischer Regelungen im MDStV dienen kann. In Kap. 8 wird die Abgrenzungsproblematik unter *gemeinschaftsrechtlichen* Aspekten analysiert. Hierzu werden zunächst die medienpolitischen Kompetenzen der Europäischen Union dargestellt. Anschließend werden medienpolitisch relevante sekundärrechtliche Rechtsakte dargestellt und auf ihre Auswirkung auf die Regulierung der publizistischen Internetangebote geprüft.

Ziel des nachfolgenden dritten Abschnitts ist, den rechtlichen Rahmen des Konvergenzbereichs von Internet und klassischen Medien umfassend und systematisch zu erfassen sowie die Problemfelder der medienrechtlichen Abgrenzung aufzuzeigen. Angesichts der breiten Palette relevanter Rechtsfragen und der vielschichtigen wissenschaftlichen Diskussion um die Abgrenzungsproblematik[655] ist die rechtliche Untersuchung auf ausgewählte Problembereiche zu beschränken.[656] Daher konzentriert sich die Betrachtung auf das Medienrecht in engeren Sinne[657] und diskutiert das bestehende Regulierungsregime am Beispiel der Internetangebote der klassischen Medien.

---

[655] Vgl. Christian Koenig / Ernst Roeder: Plädoyer zur Überwindung der zersplitterten Aufsicht über neue Informations- und Kommunikationsmedien. a.a.O., S. 417 ff.; Wolf-Dieter Ring: Ausgewählte Rechtsfragen der aktuellen Rundfunkpolitik. In: Hermann Fünfgeld / Claudia Mast (Hrsg.): Massenkommunikation. Ergebnisse und Perspektiven. Opladen 1997, S. 253-267, S. 255 ff.; Martin Bullinger / Ernst-Joachim Mestmäcker: Multimediadienste. a.a.O.; Thorsten Held / Wolgang Schulz: Überblick über die Gesetzgebung für elektronische Medien von 1994-1998: Aufbau auf bestehende Regelungsstrukturen. In: Rundfunk und Fernsehen Nr.1 (1999), S. 78-118, S. 116 f.; Bernd Holznagel: Multimedia zwischen Regulierung und Freiheit. In: ZUM Nr. 6 (1999), S. 425-435; Stefan Engel-Flechsig: Die neue Medienordnung. In: Michael Bartsch / Bernd Lutterbeck (Hrsg.): Neues Recht fürneue Medien. Informationstechnik und Recht. Schriftenreihe der Deutschen Gesellschaft für Recht und Informatik e.V. Köln 1998, S. 60-81; Peter Mailänder: Konzentrationskontrolle zur Sicherung von Meinungsvielfalt im privaten Rundfunk. Eine vergleichende Untersuchung der Rechtslage in Deutschland, Frankreich, Italien, Großbritannien, Spanien, Österreich sowie den Niederlanden und im Europäischen Recht. Baden-Baden 2000, S. 48 f.; Joachim Scherer / Frank Hölscher: Gestaltungsspielräume für eine Reform der Organisation der Telekommunikations- und Medienaufsicht unter dem Grundgesetz. Rechtsgutachten im Auftrag der Bertelsmann Stiftung. o.O. 1999, S. 2 ff.; u.v.a.

[656] Vgl. Stephan Bleisteiner: Rechtliche Verantwortlichkeit im Internet – unter besonderer Berücksichtigung des Teledienstesgesetzes und des Mediendienste-Staatsvertrags. Köln, Berlin, Bonn, München 1999, S. 3 f.

[657] Siehe oben Kap. 4.1.2

6 Rundfunkrecht und Konvergenz: Der Rundfunkbegriff und das Internet

Die Rundfunkordnung der Bundesrepublik Deutschland wird durch zwei verfassungsrechtliche Grundprinzipien entscheidend geprägt: Zum einen durch die Kommunikationsfreiheiten, die als Grundvoraussetzung der konkurrierenden Willensbildung essentieller Bestandteil der pluralistischen Demokratie sind (Art. 5 GG), zum anderen durch die grundsätzliche Zuweisung der Regelungskompetenz im Bereich der Massenmedien an die Bundesländer (Art. 30, 70 GG). Die freiheitliche Ordnung der Massenmedien basiert auf sieben Grundrechtsbestimmungen, die aus Art. 5 Abs. 1 GG hervorgehen, und als Kommunikationsfreiheiten bezeichnet werden. Sie umfassen die Freiheit der Meinungsäußerung und der Meinungsverbreitung, die Informationsfreiheit (Art. 5 Abs. 1 S. 1 GG), die Pressefreiheit, die Rundfunkfreiheit und Filmfreiheit (Art. 5 Abs.1 S. 2 GG) sowie die Freiheit von der Zensur (Art. 5 Abs. 1 S. 3 GG).[658]

Im Zentrum der medienpolitischen Debatte um die Bewertung und Einordnung sog. Informations- und Kommunikationsdienste, insb. publizistisch relevanter Internetangebote, steht der Rundfunkbegriff. Die medienpolitische und wissenschaftliche Debatte um den Rundfunkbegriff im deutschen Recht ist im Hinblick auf die Konsequenzen der Konvergenz für die Regulierung maßgeblich von der Unterscheidung und Abgrenzung von Rundfunk, Mediendiensten, Telediensten sowie TK-Diensten geprägt.[659] Die Bedeutung der auf den ersten Blick begrifflich erscheinenden Zuordnung eines Dienstes zum Rundfunkbegriff sowie die Definition desselben sind erheblich: Zum einen ergeben sich aus der Zuordnung organisatorische und inhaltliche Anforderungen für den Dienstanbieter, die im RStV und in den Landesmediengesetzen ausgeführt sind, zum anderen wirkt sich die Auslegung des Rundfunkbegriffs auf die Kompetenzverteilung zwischen Bund und Ländern aus.[660]

Im folgenden werden zunächst der verfassungsrechtliche (Kap. 6.1) und der einfachgesetzliche Rundfunkbegriff (Kap. 6.2) im Hinblick auf die Informations- und Kommunikationdienste des Internets konkretisiert. Anschließend werden die Abgrenzungskriterien von Rundfunk, Tele- und Mediendiensten herausgearbeitet (Kap. 6.3). Zur tatbestandlichen Anwendung des geltenden Rechts und als Beispiel der Abgrenzungsproblematik werden die Internetangebote der klassischen Medien medienrechtlich untersucht (Kap. 6.4). Weiterhin wird die besondere Problematik der Internetangebote öffentlich-rechtlicher Sender diskutiert (Kap. 6.5). Eine Bewertung der medienrechtlichen Problematik wird im Ergebnis in Abschnitt IV, Kap. 9.3, vorgenommen.

---

[658] Vgl. Reinhart Ricker / Peter Schiwy: Rundfunkverfassungsrecht. a.a.O., Abs. B, Rn.1; Christian Breunig: Kommunikationsfreiheiten. Ein internationaler Vergleich. Konstanz 1994, S. 89

[659] Vgl. Michael Libertus: Das britische Whitepaper „A New Future for Communications". Inhalte und Implkationen für die Regulierung elektronischer Kommunikation. In: MMR Nr.5 (2001), S. 292-298, S. 293

[660] Vgl. Albrecht Hesse: Rundfunkrecht. a.a.O., S. 77 f.

6.1 Verfassungsrechtlicher Rundfunkbegriff und das Internet

In Artikel 5 Abs. 1 S. 2 GG wird der Begriff „Rundfunk" neben den anderen Massenmedien Presse und Film ausdrücklich genannt. Die Verfassung nimmt aber weder eine Definition noch eine Konkretisierung des Begriffs „Rundfunk" vor. Im Kompetenzkatalog der Art. 70 ff. GG deutet lediglich Art. 73 Nr. 7 GG auf die Rundfunktechnik hin. Seit dem „ersten Fernsehurteil"[661] des Bundesverfassungsgerichts werden zwei Rundbegriffe unterschieden: Der fernmeldetechnische, bzw. telekommunikationsrechtliche[662] Rundfunkbegriff und der kulturrechtliche Rundfunkbegriff.[663] Der telekommunikationsrechtliche Rundfunkbegriff, der hier nicht weiter ausgeführt wird, betont den fernmeldetechnischen Aspekt des Rundfunks und weist unstrittig dem Bund die Gesetzgebungskompetenz gemäß Art. 73 Nr. 7 GG und die Verwaltungskompetenz gemäß Art. 87 Abs. 1 GG zu. Hierunter fallen sowohl die technischen Aspekte des drahtlosen terrestrischen Rundfunks als auch die leitungsgebundene Übertragung mittels Kabeltechnik sowie die Satellitentechnik. Die kulturrechtliche Komponente des Rundfunkbegriffs bezieht sich auf den Rundfunk als Instrument, „Medium und Faktor"[664] der Massenkommunikation inklusive seiner Organisationsstrukturen und programmlichen Funktionen.[665]

Da Art. 5 Abs. 1 S. 2 GG keine Legaldefinition des (kulturrechtlichen) Rundfunkbegriffs beinhaltet, ist der kulturrechtliche Rundfunkbegriff aus dem verfassungsrechtlichen Begriffsbild, mit einer am normativen Funktionszweck orientierten Betrachtungsweise und in Kenntnis entstehungsgeschichtlicher Anhaltspunkte zu erschließen.[666] Die normativen Bestimmungen aus Art. 5 GG und die Rechtsprechung des Bundesverfassungsgerichts erlauben somit eine Annäherung an einen verfassungsrechtlichen Rundfunkbegriff. Eine abschließende Definition des Begriffs schließt jedoch auch das Bundesverfassungsgericht aus, so dass sich der verfassungsrechtliche Rundfunkbegriff nur aus den jeweiligen technologischen, ökonomischen, programmlichen, rezeptionsbezogenen und finanziellen Rahmenbedingungen im Realbereich der Rundfunkordnung bestimmen lässt.[667] In seiner Rechtsprechung, den sog. Rundfunkurtei-

---

[661] BverfGE 12, 205 ff.

[662] Der Begriff der „Telekommunikation" ist durch die mit der Postreform II verbundene Grundgesetzänderung von 1994 in das Grundgesetz eingefügt worden. Vgl. Albrecht Hesse: Rundfunkrecht. a.a.O., S. 48

[663] Vgl. Matthias Schote: Die Rundfunkkompetenz des Bundes am Beispiel bundesstaatlicher Kulturkompetenz in der Bundesrepublik Deutschland. Frankfurt / Main 1999, S. 4

[664] BVerfGE 12, 205, 260

[665] Vgl. Reinhart Ricker: Medienrecht. In: Elisabeth Noelle-Neumann / Winfried Schulz / Jürgen Wilke (Hrsg.): Fischerlexikon Publizistik/ Massenkommunikation. Frankfurt am Main 1994, 2000, S. 244-267, S. 257

[666] Vgl. Matthias Schote: Die Rundfunkkompetenz des Bundes am Beispiel bundesstaatlicher Kulturkompetenz in der Bundesrepublik Deutschland. a.a.O., S. 5; Martin Bullinger / Ernst-Joachim Mestmäcker: Multimediadienste. a.a.O., S. 174 f.

[667] Vgl. Wolfgang Hoffman-Riem: Der Rundfunkbegriff in der Differenzierung kommunikativer Dienste. a.a.O., S. 588

len,[668] betont das Bundesverfassungsgericht ausdrücklich die Notwendigkeit einer dynamischen und zukunftsoffenen Interpretation des Rundfunkbegriffs, der für neue technische Entwicklungen flexibel zu halten ist.[669] Um die normative Kraft der Rundfunkfreiheit zu bewahren, dürfe bei der Bestimmung dessen, was Rundfunk ist, nicht an eine bereits eingeführte Technik angeknüpft werden.[670] Auch in der neueren Rechtsprechung betont das Bundesverfassungsgericht unter Bezug auf das erste und dritte Rundfunkurteil, dass der Rundfunk „Medium und Faktor" des verfassungsrechtlich geschützten Prozesses freier Meinungsbildung sei[671] und der Rundfunkfreiheit somit eine dienende Funktion zukomme.[672]

Bei der Bestimmung des verfassungsrechtlichen Rundfunkbegriffs haben sich drei Elemente herausgebildet, die aufgrund der funktionalen Betrachtungsweise des Bundesverfassungsgerichts sowie grammatikalischer, teleologischer, historischer und systematischer Auslegung der verfassungsgerichtlichen Rechtsprechung begründet sind.[673] Zu diesen Elementen gehören das Merkmal der „Allgemeinheit", das Merkmal der „Darbietung aller Art" und das Merkmal der „fernmeldetechnischen Verbreitung".[674] Während die ersten beiden Merkmale alle von Art. 5 Abs. 1 S. 2 GG erfassten Massenmedien kennzeichnen, gilt das dritte Merkmal als rundfunkspezifisch.[675]

---

[668] Vgl. BVerfGE 12, 205 - Fernsehurteil (Erstes Rundfunkurteil); BVerfGE 31, 314 - Mehrwertsteuerurteil (Zweites Rundfunkurteil); BVerfGE 57, 295 - FRAG-Urteil (Drittes Rundfunkurteil); BVerfGE 73, 118 - Niedersachsen-Urteil (Viertes Rundfunkurteil); BVerfGE 74, 297 - Baden-Württemberg-Beschluß (Fünftes Rundfunkurteil); BVerfGE 83, 238 - WDR-Urteil (Sechtes Rundfunkurteil); BVerfGE 87, 238 - Hessen-3-Beschluß (Siebtes Rundfunkurteil); BVerfGE 89, 144 - Konkurs-Urteil
BVerfGE 90, 27 - Informationsfreiheit und Rundfunkempfang; BVerfGE 90, 60 - Gebührenurteil (Achtes Rundfunkurteil); BVerfGE 92, 203 - EG-Fernsehrichtlinie; BverfGE 95, 220 - Radio Dreyeckland; BverfGE 97, 228 - Kurzberichterstattung; BverfGE 97, 298 - Extra Radio Hof

[669] BverfGE 73, 118 ff.; 74, 297, 350; 83, 238, 302; vgl. Reinhart Ricker: Die Nutzung des Internets als dritte Säule des öffentlich-rechtlichen Rundfunks. In: ZUM Nr.1 (2001) S. 28-34, S. 29, Reinhart Ricker: Rundfunkgebühren für Computer mit Internetzugang? In: NJW (1997), S. 3199-3205; Hubertus Gersdorf: Multi-Media: Der Rundfunkbegriff im Umbruch? Insbesondere zur verfassungsrechtlichen Einordnung der Zugriffs- und Abrufdienste. In: AfP Nr.11 (1995), S. 565-574, S. 566 ff.; Wolfgang Hoffman-Riem: Der Rundfunkbegriff in der Differenzierung kommunikativer Dienste. a.a.O., S. 587; Margarete Schuler-Harms: Die Rundfunkordnung der Bundesrepublik Deutschland. In: Hans-Bredow-Institut für Medienforschung an der Universität Hamburg (Hrsg.): Internationales Handbuch für Hörfunk und Fernsehen 2000/2001. Baden-Baden 2000, S.139-159, S.146; Hans D. Jarass: Rundfunkbegriffe im Zeitalter des Internet. In: AfP (1998); Roger Kressin: Neue Medien zwischen Rundfunk und Individualkommunikation. Frankfurt am Main 1998, S. 56

[670] BverfGE 83, 238, 302

[671] BverfGE 12, 205ff., 260

[672] BverfGE 57, 295, 320; vgl. Reinhart Ricker / Peter Schiwy: Rundfunkverfassungsrecht. a.a.O., Abs. B, Rn. 46

[673] BverfGE 6, 231 ff., 244; BverfGE 34, 69 ff., 86 f.

[674] Vgl. Reinhart Ricker / Peter Schiwy: a.a.O., Abs. B, Rn. 34; Wolfgang Hoffman-Riem: Der Rundfunkbegriff in der Differenzierung kommunikativer Dienste. a.a.O., S. 587

[675] Vgl. ebd., S.588

Im Folge der in Abschnitt I beschriebenen technologischen, inhaltlich-funktionalen und wirtschaftlichen Konvergenzentwicklung wird die eindeutige Abgrenzung des Rundfunkbegriffs zunehmend problematisch. Hierbei wird in der medienpolitischen Diskussion das Internet als „Prototyp der künftigen Medieninfrastruktur“[676], als „Motor der Konvergenz“[677] oder „exemplifiziertes Phänomen der Informations- und Kommunikationsdienste“[678] bezeichnet. Charakteristisch für das Internet sind die Merkmale Digitalität, Interaktivität unterschiedlicher Ausprägung, Globalität und Integration von Individual- und Massenkommunikation.[679] Falsch wäre es aber anzunehmen, dass das Internet als Ganzes nach der bestehenden Gesetzgebung einheitlich und eindeutig zuzuordnen wäre. Vielmehr sei ausdrücklich betont, dass das Internet als standardisierte Plattform einzustufen ist, die eine Vielzahl sehr unterschiedlicher Dienste ermöglicht. Nachfolgend werden die drei verfassungsrechtlichen Kernelemente des Rundfunkbegriffs dargestellt und in Bezug auf die publizistischen Dienste im Internet, insb. die Internetangebote der Medien, diskutiert.

6.1.1 Merkmal der Allgemeinheit

Das Merkmal der Allgemeinheit erschließt sich aus der grammatikalisch-semantischen, historischen, insb. aber aus der systematischen und teleologischen Analyse des Rundfunkbegriffs.[680] Im Gegensatz zu den Freiheiten der Individualkommunikation, die nach Art. 5 Abs. 1 S. 1 GG verfassungsrechtlich geschützt sind, beinhalten die durch Art. 5 Abs. 1 S. 2 GG geschützten Freiheiten Vorgänge der Massenkommunikation, die an die Allgemeinheit gerichtet sind. An die Allgemeinheit richtet sich die Verbreitung einer Darbietung dann, wenn sie sich an einen unbestimmten Personenkreis, also an eine beliebige Öffentlichkeit, wendet. Dabei ist es nicht entscheidend, wie viele Personen die Information tatsächlich wahrnehmen, sondern lediglich, wie viele sie tatsächlich oder potentiell rezipieren könnten.[681] Die gezielte Übermittlung von Informationen an einen bestimmten Rezipienten oder Rezipientenkreis, wie etwa bei der Veranstaltung des Hotel-Fernsehens, ist hingegen der Individualkom-

[676] Martin Recke: Medienpolitik im digitalen Zeitalter. Zur Regulierung der Medien und der Telekommunikation in Deutschland. Berlin 1998, S. 45; ähnlich: Raymund Werle: Innovationspotenziale im Internet – Selbstregelung auf Strukturebene. In: Hoffmann-Riem, Wolfgang: Innovation und Telekommunikation. Rechtliche Steuerung von Innovationsprozessen in der Telekommunikation. Baden-Baden 2000, S. 141-160, S. 141; Peter Stamm / Franz Büllingen: Das Internet als Treiber konvergenter Entwicklungen – Relevanz und Perspektiven für die strategische Positionierung der TIME-Player. Bad Honnef 1999, S. 29 ff.

[677] Robert Klotz: Auf dem Weg zu einem europäischen Multimediarecht. Gesetzgebung und Wettbewerbsaufsicht durch die Europäische Union. In: ZUM Nr. 6 (1999), S. 443-454, S. 448

[678] Stephan Bleisteiner: a.a.O., S. 88

[679] Siehe oben Kap. 1.1, Kap. 3.2

[680] Vgl. Reinhart Ricker / Peter Schiwy: a.a.O., Abs. B, Rn. 35ff.

[681] Vgl. Günter Herrmann: Rundfunkrecht: Fernsehen und Hörfunk mit Neuen Medien. München 1994, § 2 Rn. 28

munikation zuzurechnen und unterliegt damit nicht dem Rundfunkbegriff.[682] Nach der Grundrechtssystematik des Art. 5 GG ist der Rundfunk – neben Presse und Film – als Massenkommunikationsmittel eingestuft. In diesem Sinne unterliegt er nicht nur der Rundfunkfreiheit, sondern dient im Sinne der Informationsfreiheit als „allgemein zugängliche Quelle", die eine beliebige Öffentlichkeit als Empfänger voraussetzt.[683] Unter dem Aspekt der teleologischen Interpretation des Rundfunkbegriffs liegt der Sinn und Zweck des Rundfunks in seiner der freien und öffentlichen Meinungsbildung dienenden Funktion.[684] Die Herstellung eines allgemeinen Meinungsmarktes setzt gleichwohl eine Allgemeinheit an Empfängern voraus.

Bei genauer Betrachtung der allgemeinen Funktionsweise des Internets – bzw. genauer: der Funktionsweise des Internet-Dienstes WWW[685] – wird jedoch deutlich, dass es sich nicht um ein klassisches Verteilmedium handelt, sondern der Rezipient gezielt Inhalte aus einem vorselektierten, aber nicht vorprogrammierten Inhalteangebot auszuwählen hat. Weiter ist der Rezipient keineswegs an eine programmliche Vorgabe oder Reihenfolge des Inhalts gebunden, noch ist er verpflichtet, den gesamten Inhalt des Internetangebots abzurufen.[686] Damit erreicht jeder Inhalt nur potentiell eine beliebige Allgemeinheit, praktisch aber nur eine Teil-Öffentlichkeit, nämlich die, die ein Angebot im Internet zunächst aufruft, um anschließend individuell im Angebot zu navigieren und individuell Inhalte zu rezipieren. Zwar richtet sich das Internetangebot der klassischen Medien im allgemeinen an eine beliebige, unbestimmte Öffentlichkeit, die einzelnen Inhalte müssen jedoch individuell vom Rezipienten abgerufen werden. Somit handelt es sich bei Internetangeboten – wie generell bei allen Abrufdiensten – um eine „invitatio ad offerendum", die auf der individuellen Inhaltsauswahl des Rezipienten basiert.[687] Hinzu kommt, dass unter funktionalen Gesichtspunkten nicht jede technische Verbreitung über das Internet für eine beliebige Allgemeinheit bestimmt sein muss, auch wenn sie technisch eine beliebige Öffentlichkeit erreichen kann.[688] Damit steht die mas-

---

[682] Vgl. Reinhart Ricker / Peter Schiwy: a.a.O., Abs. B, Rn. 36f.

[683] BverfGE 27, 95 ff.

[684] Vgl. Reinhart Ricker / Peter Schiwy: a.a.O., Abs. B, Rn. 38

[685] Die Begriffe Internet und WWW werden in der medienpolitischen und wissenschaftlichen Diskussion häufig synoym gebraucht. Aus der Darstellung der Wesensmerkmale des Internets in Kap. 1 geht jedoch hervor, dass das WWW nur einer von vielen technischen Diensten im Internet – wie auch E-Mail oder FTP – ist. Der Begriff „Internetangebote (der klassischen Medien)", wie er in dieser Arbeit verwendet wird, setzt den Dienst WWW zur Übermittlung und Darstellung der Information voraus. In der vorliegenden Arbeit werden die Begriffe „Internet" und „Internetangebot" synonym für ein Angebot im WWW verwendet.

[686] Vgl. Reinhart Ricker: Die Nutzung des Internets als dritte Säule des öffentlich-rechtlichen Rundfunks. In: ZUM Nr.1 (2001), S. 28-34, S. 29

[687] Vgl. ebd.

[688] Martin Bullinger nennt beispeilhaft die Suche nach einem entlaufenen Hund über das Internet. Dieser Aufruf wäre zwar unter technischen Gesichtspunkten an die Allgemeinheit gerichtet, unter funktionalen Aspekten im Sinne der Rechtsprechung des Bundesverfassungsgerichts aber

senkommunikative Funktion von Internetangeboten unter dem Aspekt der teleologischen Auslegung des Rundfunkbegriffs in Frage. Die verfassungsrechtliche Auslegung des Merkmals der Allgemeinheit wird somit nicht generell durch die Internetangebote erfüllt.[689] Die wissenschaftliche Diskussion reflektiert jedoch unterschiedliche Auslegungsstandpunkte.[690] Das verfassungsrechtliche Merkmal der Allgemeinheit erscheint daher in der Frage der Zuordnung von Internetangeboten klassischer Massenmedien zum Rundfunkbegriff nicht geeignet, da sich weder die massenkommunikative, noch die individualkommunikative Funktion eindeutig und unstrittig begründen lassen.

6.1.2 Merkmal der Darbietung publizistisch relevanter Inhalte

Auch die zweite Komponente des verfassungsrechtlich begründeten Rundfunkbegriffs, das Merkmal der Darbietung, lässt sich durch die erwähnten historischen, systematischen und teleologischen Auslegungsmethoden präzisieren. Eine Darbietung im Sinne des verfassungsrechtlichen Rundfunkbegriffs setzt die Präsentation eines publizistischen Inhalts von meinungsbildender Relevanz voraus.[691] Meinungsbildende Relevanz – so das Bundesverfassungsgericht u.a. in seinem ersten Fernsehurteil[692] - gehört zur konstitutiven Bedeutung des Rundfunks. Eine rundfunkrechtlich relevante Darbietung liegt demnach nur dann vor, wenn der publizistische Inhalt für die individuelle und öffentliche Meinung bestimmt und geeignet ist.[693] Damit fallen Darbietungen, die für die öffentliche Meinung nicht relevant sind, wie etwa Hintergrundmusik in Supermärkten, nicht unter den verfassungsrechtlich geschützten Rundfunk. Auch die bloße Übermittlung von Börsenkursen, Wetterdaten und –karten werden nicht unter den Rundfunkbegriff subsumiert, weil ihnen die meinungsbildende, publizistische Relevanz fehlen.[694] Publizistische Relevanz wird grundsätzlich allen Darbietungen aus den Bereichen Information, Bildung, Beratung, Kultur und Unterhaltung zugesprochen, soweit sie auf eine öffentliche Wirkung gerichtet sind.[695] Da das Bundesverfassungsgericht den Begriff der Darbietung weit in-

---

kein Rundfunk. Vgl. Martin Bullinger / Ernst-Joachim Mestmäcker: Multimediadienste. a.a.O., S. 51

[689] Vgl. Reinhart Ricker: Die Nutzung des Internets als dritte Säule des öffentlich-rechtlichen Rundfunks. a.a.O., S. 29

[690] Vgl. Viktor Janik: Der deutsche Rundfunkbegriff im Spiegel technischer Entwicklungen. In: AfP Nr.1 (2000), S. 7-16, S. 14; Wolfgang Hoffman-Riem: Der Rundfunkbegriff in der Differenzierung kommunikativer Dienste. a.a.O., S. 588 f.; Matthias Schote: Die Rundfunkkompetenz des Bundes am Beispiel bundesstaatlicher Kulturkompetenz in der Bundesrepublik Deutschland. a.a.O., S. 9 f.

[691] Vgl. Reinhart Ricker / Peter Schiwy: a.a.O., Abs. B, Rn. 42

[692] „Der Rundfunk ist mehr als nur ein „Medium" der öffentlichen Meinungsbildung; er ist eminenter „Faktor" der öffentlichen Meinungsbildung." BVerfGE 12, 205, 260

[693] Vgl. Reinhart Ricker / Peter Schiwy: a.a.O., Abs. B, Rn. 41 f.

[694] Vgl. ebd., Rn. 42

[695] Vgl. ebd., Rn. 42, Günter Herrmann: a.a.O., S. 5, Rn. 33; Albrecht Hesse: Rundfunkrecht. a.a.O., S. 80 f.; Ring, Wolf-Dieter: Medienrecht – Rundfunk, Neue Medien, Presse. Loseblattsammlung. München 1993 ff., S.C-0.3, Rn. 8

terpretiert, kommt es bei der Anwendung des Merkmals Darbietung auf die Gesamtbetrachtung an.[696] Entscheidend ist, ob die inhaltliche Ausgestaltung der Darbietung Einfluss auf die öffentliche Meinung ausübt.

Im allgemeinen gibt es im Internet eine unüberschaubare Vielzahl von Darbietungen, die von privaten Homepages, über Online-Geschäfte bis zu redaktionell aufbereiteten Informationen reicht. Das Internet als Ganzes ist folglich keinesfalls dem Rundfunkbegriff zuzuordnen, da das Merkmal der meinungsbildenden Relevanz in der Regel fehlt. Bei der Zuordnung eines Internetangebots zum verfassungsrechtlichen Rundfunkbegriff ist daher in jedem Einzelfall eine Gesamtbewertung vorzunehmen, in der darauf abgestellt wird, ob der verbreitete Inhalt einen Grad an Meinungsmacht enthält, der eine Zuordnung rechtfertigt.[697] Von vornherein auszuschließen sind Internetangebote, die eindeutig nicht auf die Beeinflussung des öffentlichen Meinungsbildungsprozesses zielen oder der Individualkommunikation zuzurechnen sind,[698] wie etwa Internetspiele, Homebanking, Homeshopping, Suchmaschinen, Telnet, Gopher, E-Mails etc.

Das Internetangebot der klassischen Medien beinhaltet eine unterschiedlich ausgewogene Palette an publizistischen Inhalten, Zusatzfunktionen, Home-Shopping-Angeboten und Werbung.[699] Die publizistischen Inhalte der Internetangebote entsprechen in der Regel dem verfassungsrechtlichen Merkmal der Darbietung. Daneben bieten die Angebote aber auch eine Reihe von Zusatzfunktionen, die weder von publizistischer Relevanz sind, noch auf die Bildung öffentlicher Meinung zielen. Hierzu zählen z.B. kostenfreie, individualkommunikative E-Mail- und SMS-Dienste, personalisierte Dienste[700], interaktive Recherche- und Suchfunktionen, unmoderierte Diskussionsforen, Auktionsangebote und sog. E-Commerce-Angebote. Auch publizistisch relevante Zusatzinhalte wie Newsletter, die regelmäßig per E-Mail an den Newsletter-Abonennten gesandt werden, moderierte Diskussionsforen und Chatrooms sowie Online-Archive lassen sich nicht eindeutig dem rundfunkspezifischen Merkmal der Darbietung zurechnen. Analog zur Betrachtung des Gesamtprogramms beim klassischen Fernsehen ist aber auch bei den Internetangeboten wesentlich, dass die Inhalte überwiegend meinungsrelevant sind. Das Internet-

[696] Z.B. fehlt dem Testbild im klassischen Fernsehen die meinungsbildende und publizistische Relevanz. Würde man das Merkmal der Darbietung restriktiv anwenden, wäre das Programm bereits dann kein Rundfunk mehr. Daher ist eine Gesamtbetrachtung des Programms angemessen.

[697] Vgl. Viktor Janik: Der deutsche Rundfunkbegriff im Spiegel technischer Entwicklungen. a.a.O., S. 15

[698] Vgl. Bundesministerium für Bildung, Wissenschaft, Forschung und Technologie / Rat für Forschung, technologie und Innovation (Hrsg.): Informationsgesellschaft. Chancen, Innovationen und Herausforderungen. Feststellungen und Empfehlungen. Bonn 1995, S. 25 f.

[699] Siehe oben Kap. 2, sowie die Detailergebnisse im Anhang. Eine Einzelbetrachtung ist in jedem einzelnen Fall notwendig.

[700] Siehe oben Kap. 2.1

angebot der klassischen Medien scheint folglich in seiner Gesamtbetrachtung die Kriterien des verfassungsrechtlichen Merkmals der Darbietung zu erfüllen. Zum einen sind die Darbietungen überwiegend zur individuellen und öffentlichen Meinungsbildung bestimmt, zum anderen enthalten sie zunehmend multimediale Darstellungsformen, die einen hohen Grad an Meinungsmacht erreichen könnten.[701] Aufgrund der Unterschiedlichkeit der Angebote ist eine eindeutige Entscheidung jedoch nur im Einzelfall zu treffen. Ob oder unter welchen Bedingungen Internetangebote überhaupt in gleicher Weise wie der klassische Rundfunk auf die individuelle und öffentliche Meinungsbildung einwirken können und deshalb den gleichen Kontrollmechanismen wie der Rundfunk unterworfen werden müssten, ist bisher verfassungsgerichtlich nicht entschieden.[702]

6.1.3 Merkmal der rundfunkspezifischen Verbreitung

Die dritte Komponente des verfassungsrechtlichen Rundfunkbegriffs ist das Merkmal der Verbreitung, das ebenfalls mit Hilfe historischer, grundrechtssystematischer und teleologischer Auslegungsmethoden herbeizuführen ist. Die semantische (grammatikalische) Interpretation des Begriffs „rund“-Funk deutet bereits die „rund“-gefunkte, also breite und nicht individualisierte Übermittlung an. „Funk“ bezeichnet die sendetechnische Übertragung der Darbietung unter Verwendung elektromagnetischer Schwingungen ohne Verbindungsleitung oder längs oder mittels eines Leiters.[703] Folglich kommt es bei der Verbreitung von Darbietungen im rundfunkrechtlichen Sinne nicht auf die physikalische Übertragung, d.h. die verwendete Übertragungs- oder Kommunikationstechnik an. Das Bundesverfassungsgericht hat diese begriffsimmanente Auslegung in seinem fünften Rundfunkurteil bestätigt.[704] Aus der grundrechts-systematischen Abgrenzung zur Presse, die sich ebenfalls mit publizistischen Inhalten an die Allgemeinheit wendet, geht hervor, dass die Information bei der Presse in materialisierter, verkörperter Form angeboten wird. Die Verbreitung von Darbietungen im Rundfunk ist dagegen durch die gegenstandslose Form der Inhalte gekennzeichnet.[705] Entscheidend für die verfassungsrechtliche Auslegung der Verbreitung ist aber die teleologische Interpretation, die sich in der Garantenpflicht des Staates zur Sicherstellung einer pluralistischen Rundfunkordnung begründet. Erst die Verbreitung von

---

[701] Vgl. Reinhart Ricker: Die Nutzung des Internets als dritte Säule des öffentlich-rechtlichen Rundfunks. a.a.O., S. 29; Viktor Janik: Der deutsche Rundfunkbegriff im Spiegel technischer Entwicklungen. a.a.O., S. 15

[702] Vgl. Roger Kressin: Neue Medien zwischen Rundfunk und Individualkommunikation. Frankfurt am Main 1998, S.53f., S.128 f.

[703] Vgl. Viktor Janik: Der deutsche Rundfunkbegriff im Spiegel technischer Entwicklungen. a.a.O., S. 15; Reinhart Ricker / Peter Schiwy: a.a.O., Abs. B, Rn. 43

[704] Vgl. BVerfGE 74, 297 ff., 349 f.

[705] Vgl. Maunz / Dürig / Herzog / Scholz: Grundgesetz. Kommentar. Loseblattsammlung. München 1989 ff., Rn. 129 f.; Wolfgang Hoffman-Riem: Der Rundfunkbegriff in der Differenzierung kommunikativer Dienste. a.a.O., S. 596 f.

Darbietungen bewirkt den Vorgang der Massenkommunikation und ermöglicht den Einfluss auf die öffentliche Willensbildung. Dabei sieht das Bundesverfassungsgericht insbesondere in der Konzentration von Meinungsmacht und der einseitigen Beeinflussung öffentlicher Meinung Gefahren für die pluralistische Demokratie, die der Staat im Sinne der Rundfunk- und Informationsfreiheit des Art. 5 Abs. 1 GG zu verhindern hat.[706] Neben der Darbietungsform trägt auch die Omnipräsenz des Massenmediums Rundfunk sowie die leichte Empfangs- und Zugriffsmöglichkeit per Knopfdruck zum hohen Grad der Meinungsmacht des Rundfunks bei. Der Staat als Gewährleistungsträger für die Freiheit des Rundfunks hat daher Vorsorge zu treffen, um die einseitige Einflussnahme auf den öffentlichen Meinungs- und Willensbildungsprozess zu verhindern.[707] Dieser funktionsbezogene Schutz ist unabhängig von der Technologie der Verbreitung zu verstehen und gilt auch für neue Übertragungsformen, die an Stelle der herkömmlichen Übermittlung eingesetzt werden könnten.[708] Im Zuge der Konvergenz der Übertragungsplattformen durch innovative Breitbandtechnologien[709] gewinnt die dynamische, funktionsbezogene Betrachtung des Rundfunkbegriffs an Bedeutung. In seinem Baden-Württemberg-Beschluss hebt das Bundesverfassungsgericht ausdrücklich den inhaltlich-funktionalen Aspekt der Verbreitung hervor und betont, dass „unter dem Blickwinkel des Art. 5 Abs. 1 GG allein entscheidend ist, ob wie beim herkömmlichen Rundfunk Sendungen gleichen Inhalts verbreitet werden und den Veranstaltern eine unbestimmte Vielzahl von Zuschauern und Zuhörern entgegentreten, die ihre Auswahlentscheidung durch Ein- und Ausschalten treffen."[710] Demnach lassen sich Abrufdienste, die dem einzelnen Rezipienten individuell gewünschte Darbietungen übermitteln, nicht als Verbreitung im rundfunkrechtlichen Sinne interpretieren.[711] Diese Auslegung ist jedoch in der wissenschaftlichen Diskussion nicht unumstritten und wird von den Vertretern, die für eine Subsumtion von individuellen Abrufdiensten unter den verfassungsrechtlichen Rundfunkbegriff argumentieren, abgelehnt.[712]

Wie bereits unter dem Aspekt der *Allgemeinheit* (Kap. 6.1.1) angedeutet, ist die generelle Funktionsweise des Internets nicht auf den verfassungsrechtlich

---

[706] Vgl. Reinhart Ricker / Peter Schiwy: a.a.O., Abs. B, Rn. 46, Rn. 78 ff.; Karl-Eberhard Hain: Rundfunkfreiheit und Rundfunkordnung. Baden-Baden 1993, S. 49 ff.
[707] Vgl. BVerfGE 57, 295 ff.
[708] Vgl. Margarete Schuler-Harms: a.a.O., S. 142 ff.; Reinhart Ricker / Peter Schiwy: a.a.O., Abs. B, Rn. 46; Albrecht Hesse: Rundfunkrecht. a.a.O., S. 81 f.
[709] Siehe oben Kap. 4.2.1, 4.2.2
[710] BverfGE 74, 352 f.; vgl. auch Reinhart Ricker / Peter Schiwy: a.a.O., Abs. B, Rn. 46; Martin Bullinger / Ernst-Joachim Mestmäcker: Multimediadienste. a.a.O., S. 44, S. 51 f.
[711] Vgl. Reinhart Ricker / Peter Schiwy: a.a.O., Abs. B, Rn. 46, Rn. 64 ff., Rn. 74
[712] Vgl. Michael Libertus: Kommunikationsrechtliche Einordnung neuer nicht-linearer digitaler Dienste. In: ZUM Nr.7 (2000), S. 555-563, S. 558; Wolfgang Hoffman-Riem: Der Rundfunkbegriff in der Differenzierung kommunikativer Dienste. In: AfP Nr. 1 (1996), S. 9-21, S. 9 ff.; Antje Pieper / Wiechmann: Der Rundfunkbegriff. Änderungen durch Einführung des interaktiven Fernsehens? In: ZUM Nr. 2 (1995), S. 82-91, S. 83 f.

ausgelegten Aspekt des „Ein- und Ausschaltens" beschränkt.[713] Mit der wachsenden Medienkompetenz der Öffentlichkeit könnte aber argumentiert werden, dass bei bestehendem Internetzugang keine informationstechnischen Kenntnisse verlangt sind, um ein Angebot im Internet aufzurufen. Das Eingeben einer Domain-Adresse wie etwa „www.rtl.de" ist zwar aufwendiger als das „Ein- und Ausschalten" oder die Programmauswahl beim klassischen Fernsehen mittels Fernbedienung, nicht aber zwangsläufig komplizierter. Schwerwiegender scheint der Einwand, dass das Aufrufen eines Internetangebots den Rezipienten zwar zur Startseite, der sog. Homepage, führt, ihn aber dort seiner individuellen Auswahl von Inhalten überlässt. Die konkret gewünschte Darbietung erfolgt erst durch individuelle Navigation und einer gezielten computergesteuerten Auswahl auf der Website.[714] Eine massenmediale Verbreitung „gleichen Inhalts"[715] per „Ein- und Ausschalten"[716] erfolgt im Internet nicht. Nach Rechtsprechung des Bundesverfassungsgerichts ist das Rundfunkprogramm „eine auf längere Dauer angelegte, planmäßige und strukturierte Abfolge von Sendungen oder Beiträgen."[717] Auch diese verfassungsrechtliche Anforderung an die inhaltlich-funktionale Auslegung der Verbreitung eines Rundfunkprogramms, wird von den Verbreitungsmerkmalen des Internets grundsätzlich nicht erfüllt. Nach der teleologischen Interpretation der rundfunkspezifischen Verbreitung, die den massenmedialen Charakter betont, handelt es sich bei der Verbreitung von Inhalten über das Internet demnach nicht um Rundfunk, da der Rezipient - und nicht der Kommunikator - den Auswahlprozess steuern. Damit ist der Rezipient nicht in dem Maße der Programmentscheidung des Senders unterworfen wie bei der klassischen Fernseh-Darbietung.[718] Auch diese Auslegung wird von den Befürwortern einer Subsumtion von Abrufdiensten unter den verfassungsrechtlichen Rundfunkbegriff mit dem Hinweis abgelehnt, dass die „zeitliche Abfolge" nicht konstitutiv sei und auch nicht explizit vom Bundesverfassungsgericht erwähnt werde.[719]

Die Internetangebote der klassischen Medien gehen jedoch weit über die ausschließliche Verbreitung der „klassischen" Inhalte (Hörfunkprogramm, Fernsehprogramm, Presse) im Internet hinaus und verwenden keinerlei „Abfolge"[720] - ob zeitlich oder planmäßig. Aufgrund der dargestellten Einwände können die Internetangebote der klassischen Medien daher nicht dem verfassungsrechtlichen Rundfunk zugeordnet werden. Abschließend sei erwähnt,

---

[713] BverfGE 74, 297 ff., 353
[714] Vgl. Reinhart Ricker: Die Nutzung des Internets als dritte Säule des öffentlich-rechtlichen Rundfunks. a.a.O., S. 30
[715] BverfGE 74, S. 353
[716] Ebd.
[717] BverfGE 97, 298, 310
[718] Vgl. Reinhart Ricker / Peter Schiwy: a.a.O., Abs. B, Rn. 46
[719] Vgl. Michael Libertus: Kommunikationsrechtliche Einordnung neuer nicht-linearer digitaler Dienste.a.a.O., S. 558
[720] BverfGE 97, 298, 310

dass in Deutschland bisher lediglich zwei Internetangebote des Fernsehens – das der Fernsehsender n-tv und Phoenix – mit Hilfe der Streaming-Technologie[721] das laufende Programm im Internet übertragen. Nicht nur mangelnde Qualität der Darbietung – die u.a. durch die Verbreitung der ADSL-Technologie argumentativ obsolet wird – sondern vor allem die geringe Nachfrage der Nutzer nach „Fernsehen über Internet" aufgrund der (inter-)aktiven Nutzungssituation von Internetangeboten deuten die geringe Relevanz der bloßen Verbreitung klassischer Inhalte an.

6.2 Einfachgesetzlicher Rundfunkbegriff und das Internet

Der verfassungsrechtliche Rundfunkbegriff bietet aufgrund seiner dynamischen und offenen Auslegung keine eindeutigen Abgrenzungskriterien hinsichtlich neuer Informations- und Kommunikationsdienste. Der einfachgesetzliche Rundfunkbegriff leitet sich aus den verfassungsrechtlichen Zielvorgaben ab und basiert zunächst auf dem Rundfunkstaatsvertrag und den Landesmediengesetze. Das einfache Gesetzesrecht kann aber zur Interpretation des Verfassungsbegriffs „Rundfunk" nicht konstitutiv und abschließend herangezogen, sondern lediglich konkretisierend berücksichtigt werden.[722] Das Bundesverfassungsgericht führte in seinem Baden-Württemberg-Urteil aus:

„Der in Art. 5 Abs. 1 S. 2 GG verwendete Begriff Rundfunk lässt sich nicht in einer ein für allemal gültigen Definition erfassen. Inhalt und Tragweite verfassungsrechtlicher Begriffe und Bestimmungen hängen (auch) von ihrem Normbereich ab; ihre Bedeutung kann sich bei Veränderungen in diesem Bereich wandeln (vgl. BverfGE 73, 118, 154). Dies gilt auch für den Rundfunkbegriff."[723]

Durch die neuen Informations- und Kommunikationsdienste wurde eine Konkretisierung der Abgrenzungskriterien notwendig, um diese Dienste medienrechtlich oder telekommunikationsrechtlich zuordnen und gegebenenfalls regulieren zu können.[724] Diesen Zielvorgaben dienen auf der einfachgesetzlichen Ebene der Rundfunkstaatsvertrag (RStV), der zum 1. Januar 2001 durch den Fünften Rundfunkänderungsstaatsvertrag[725] an jüngste Entwicklungen im Rundfunk- und Kommunikationsbereich angepasst wurde, der Mediendienste-Staatsvertrag (MDStV) der Länder und das Informations- und Kommunikati-

---

[721] Siehe oben Kap. 1.4.2.4

[722] Diese Vorgehensweise gilt als allgemein akzeptiert. Vgl. Matthias Schote: Die Rundfunkkompetenz des Bundes am Beispiel bundesstaatlicher Kulturkompetenz in der Bundesrepublik Deutschland. a.a.O., S. 6

[723] BverfGE 74, 297, 350

[724] Vgl. Michael Libertus: Kommunikationsrechtliche Einordnung neuer nicht-linearer digitaler Dienste. In: ZUM Nr. 7 (2000), S. 555-563, S. 557 f.

[725] Fünfter Rundfunkänderungsstaatsvertrag. Erfasst von Patrick Mayer; im Internet unter http://www.artikel5.de, Stand: 3. April 2001; Amtliche Begründung zum Fünften Staatsvertrag zur Änderung rundfunkrechtlicher Staatsverträge. Erfasst von Patrick Mayer; im Internet unter http://www.artikel5.de, Stand: 3. April 2001

onsdienste-Gesetz des Bundes (IuKDG).[726] Mit dieser Dreiteilung der Regulierung und einer abgestuften Regulierungsdichte wurde nach Inkrafttreten des MDStV und des IuKDG zum 1. August 1997 versucht, die kompetenzrechtlichen Probleme zwischen Bund und Ländern zu klären und der Grauzone der Regulierung des Internets sowie rundfunkähnlicher Fernsehdienste entgegenzutreten. Die einfachgesetzliche Aufteilung der computerbasierten Informations- und Kommunikationsdienste in Medien- oder Teledienste bestimmt nicht nur die Gesetzgebungskompetenz zwischen Bund und Ländern, sondern auch die Verwaltungskompetenz.[727] So ist für den Bereich der Telekommunikation, dem die Teledienste zugerechnet werden, die Regulierungsbehörde für Post und Telekommunikation (RegTP) zuständig (Art. 87 Abs. 2 S. 2 GG), während der klassische Rundfunk von den Landesmedienanstalten beaufsichtigt wird.[728]

Die Zuordnung eines elektronischen Dienstes zum Rundfunkbegriff hat auch für den Anbieter erhebliche Konsequenzen: Die Einordnung einer Veranstaltung oder eines Dienstes unter den verfassungsrechtlichen Rundfunkbegriff eröffnet den Schutzbereich der Rundfunkfreiheit des Art. 5 Abs. 1 GG. Wenn das Internetangebot der klassischen Medien von dem einfachgesetzlichen Rundfunkbegriff des § 2 Abs. 1 RStV umfasst würde, bedarf dieses Angebot einer rundfunkrechtlichen Zulassung nach § 20 Abs. 2 S. 1 RStV in Verbindung mit den landesrechtlichen Zulassungsvorschriften. Sofern ein Mediendienst über § 20 Abs. 2 S. 1 RStV dem Rundfunk zugeordnet würde, kann der Anbieter des Internetangebots bei der zuständigen Landesmedienanstalt eine rundfunkrechtliche Unbedenklichkeitsbescheinigung beantragen.[729]

Im sog. „Schliersee Papier" einigten sich die Länder am 29. April 1975 erstmals auf eine gemeinsame Definition des Rundfunkbegriffs, die bis heute in weiten Teilen dem Rundfunkbegriff des RStV entspricht. Durch die neuen technischen Entwicklungen von Video, Kabeltechnik und Bildschirmtext, die zu Beginn der achtziger Jahre als „Neue Medien" bezeichnet wurden, wurde bereits vier Jahre später mit einem zweiten Bericht der Rundfunkreferenten, dem „Würzburger Papier", auf die Zuweisung von neuen Teletextdiensten rea-

---

[726] Vgl. Albrecht Hesse: Rundfunkrecht. a.a.O., S. 82; Booz, Allen & Hamilton (Hrsg.) in Zusammenarbeit mit dem Büro für Technikfolgen-Abschätzung beim Deutschen Bundestag: Zukunft Multimedia. Grundlagen, Märkte und Perspektiven in Deutschland. Frankfurt/M. 1997, S. 26 ff.

[727] Vgl. Bernd Martenczuk: Die Haftung für Mediendienste zwischen Bundes- und Landesrecht. Zur kompetenzrechtlichen Problematik des §5 Mediendienste-Staatsvertrag. In: ZUM Nr. 2 (1999), S. 103-112, S. 112

[728] Siehe oben Kap. 4.3, 4.4; vgl. Christian Koenig / Jürgen Kühling: Reformansätze des deutschen Telekommunikationsrechts in rechtsvergleichender Perspektive. In: MMR Nr. 2 (2001), S. 80-86, S. 80 f., S. 86; Wolgang Hoffmann-Riem / Wolfgang Schulz / Thorsten Held: Konvergenz und Regulierung. a.a.O., S. 31 f., S. 38

[729] Vgl. Reinhart Ricker: Die Nutzung des Internets als dritte Säule des öffentlich-rechtlichen Rundfunks. a.a.O., S. 30

giert.[730] Letztlich blieb jedoch der Rundfunkbegriff des „Schliersee Papiers" unverändert. Eine gesonderte Definition der „Neuen Medien" wurde 1981 in § 1 des Bildschirmtextvertrages verabschiedet.[731]

6.2.1 Der Rundfunkstaatsvertrag (insb. § 20 RStV)

Im „Staatsvertrag über den Rundfunk im vereinten Deutschland" einigten sich die Länder 1987 auf eine gemeinsame, rechtspraktische Anwendung des Rundfunkbegriffs und grundsätzliche Regelungen, die sowohl den privaten wie auch für den öffentlich-rechtlichen Rundfunk Regelungen betreffen. Bisher wurde der RStV durch fünf Rundfunkänderungs-Staatsverträge weiterentwickelt und neuen Anforderungen angepasst. Zum Zeitpunkt des Literaturstandes dieser Arbeit[732] gilt der am 1. Januar 2001 in Kraft getretene Fünfte Rundfunkänderungsstaatsvertrag; der Sechste Rundfunkänderungsstaatsvertrag befindet sich in Vorbereitung. Der RStV in der Fassung des Fünften RÄndStV konkretisiert und ergänzt den durch das „Schliersee Papier" angelegten Rundfunkbegriff durch eine Definition in § 2 Abs. 1:

„Rundfunk ist die für die Allgemeinheit bestimmte Veranstaltung und Verbreitung von Darbietungen aller Art in Wort, in Ton und in Bild unter Benutzung elektromagnetischer Schwingungen ohne Verbindungsleitungen oder längs oder mittels eines Leiters. Der Begriff schließt Darbietungen ein, die verschlüsselt verbreitet werden oder gegen besonderes Entgelt empfangbar sind."

Der einstige legaldefinitorische Zusatz *„sowie Fernsehtext"*, der vor 1997 in § 2 Abs. 1 RStV enthalten war, wurde mit Inkrafttreten des Dritten RÄndStV, des MDStV und des IuKDG aus der Begriffsbestimmung des RStV herausgenommen und nach Art. 2 Abs. 2 Nr. 3 MDStV ausdrücklich den „Mediendiensten" zugeordnet. Diese regulative Herabstufung des Fernsehtextes ist auch für die rechtliche Beurteilung und Einordnung von Internetangeboten von Bedeutung, da die inhaltlich-funktionale Nähe des Verteildienstes „Fernsehtext" zu Internetangeboten evident ist.[733]

Neben der Legaldefinition des Rundfunkbegriffs in § 2 RStV sind für die Abgrenzung oder Zuordnung von Tele- und Mediendiensten zum Rundfunk zwei Regelungen von besonderem Interesse: Die Zulassungsregelung des § 20 RStV und die Regelung der Zugangsfreiheit des § 53 RStV.

---

[730] Vgl. Reinhart Ricker: Medienrecht. In: Elisabeth Noelle-Neumann / Winfried Schulz / Jürgen Wilke (Hrsg.): Fischerlexikon Publizistik/ Massenkommunikation. Frankfurt am Main 1994, 2000, S. 244-267, S. 256

[731] Abgedruckt in: Zweites Deutsches Fernsehen (Hrsg.): Rechtsvorschriften für das ZDF. ZDF-Schriftenreihe. Heft 17. Mainz 1995, S. 56 ff.; vgl. Viktor Janik: Der deutsche Rundfunkbegriff im Spiegel technischer Entwicklungen. a.a.O., S. 9

[732] Abschluß der Literaturrecherche: Juni 2001

[733] Die Funktionsweise des Informationsabrufs (Auswahl/Abruf) ist aus Sicht des Rezipienten ähnlich. Vgl. Reinhart Ricker: Die Nutzung des Internets als dritte Säule des öffentlich-rechtlichen Rundfunks. a.a.O., S.30

Die Zulassungsregelung des § 20 RStV verpflichtet Rundfunkveranstalter zur Einholung einer Zulassung durch die Landesmedienanstalten, um die verfassungsrechtlich gebotene Meinungsvielfalt und Meinungsbildung zu garantieren. Das Zulassungsverfahren erfüllt eine präventive Filterfunktion, indem es u.a. die Voraussetzungen sichert, die § 25 Abs. 1 S. 1 RStV zum Zwecke der Meinungsvielfalt normiert hat.[734] Der Rundfunkfreiheit widerstrebt die Zulassungskontrolle nach § 20 RStV nicht, soweit sichergestellt ist, dass den Landesmedienanstalten kein (staatlicher) Einfluss auf die Auswahl, den Inhalt und die Gestaltung der Programme gewährt wird.[735] Die Zulassungsregelung des § 20 Abs. 2 RStV gilt als „Schnittstelle zwischen den Regulierungsregimes"[736] des RStV und MDStV. Durch den dritten Rundfunkänderungsstaatsvertrag, der zum 1. Januar 1997 in Kraft trat, wurde in Ergänzung zum MDStV die Bestimmung des § 20 Abs. 2 S.1 RStV in den RStV aufgenommen, die die Zuordnung eines Mediendienstes i.S.d. MDStV zum Rundfunk ermöglicht und diesen zulassungspflichtig nach herrschendem Rundfunkrecht macht:

„Wenn und soweit Mediendienste dem Rundfunk zuzuordnen sind, bedürfen Anbieter solcher Dienste einer Zulassung nach Landesrecht."

Zugleich wurde in § 20 Abs. 2 S. 1, 2 RStV ein Verfahren zur Feststellung, ob ein neues Angebot als Rundfunk oder als Mediendienst zu behandeln ist, eingeführt.[737] Demnach trifft zwar die zuständige Landesmedienanstalt die endgültige Feststellung über die Zuordnung eines Mediendienstes zum Rundfunk, aber ausdrücklich „im Einvernehmen mit allen Landesmedienanstalten"[738]. Da die Feststellung der Landesmedienanstalt unmittelbare Rechtswirkungen entfaltet, kann sie vom Anbieter gerichtlich angefochten werden. Der Fall, dass ein Verwaltungsgericht dann über die publizistische Relevanz eines Mediendienstes entscheiden müsste, ist bisher nicht eingetreten und würde ein erhebliches Prozessrisiko für die Landesmedienanstalten bedeuten.[739] Ein vereinfachtes Zulassungsverfahren für Mediendienste, die als nur begrenzt

---

[734] Vgl. Christian Bamberger: Sicherung der Meinungsvielfalt durch die Landesmedienanstalten. In: ZUM Nr. 7 (2000), S. 551-555, S. 551

[735] BverfGE 83, 238, 322; unter Berufung auf BverfGE 73, 118, 182 f. Zur verfassungsrechtlichen Auslegung der Zulassungspflicht vgl. Peter Charissé: Die Rundfunkveranstaltungsfreiheit und das Zulassungsregime der Rundfunk- und Mediengesetze. Eine verfassungs- und europarechtlicherechtliche Untersuchung der subjektiv-rechtlichen Stellung privater Rundfunkanbieter. Frankfurt / Main 1999, S. 28 ff., S. 35 f., S. 72 ff.

[736] Wolgang Hoffmann-Riem / Wolfgang Schulz / Thorsten Held: Konvergenz und Regulierung. Optionen für rechtliche Regelungen und Aufsichtsstrukturen im Bereich Information, Kommunkation und Medien. a.a.O., S. 57

[737] Vgl. Thorsten Held / Wolgang Schulz: Überblick über die Gesetzgebung für elektronische Medien von 1994-1998: Aufbau auf bestehende Regelungsstrukturen. In: Rundfunk und Fernsehen Nr.1 (1999), S. 78-118, S. 90; Wolf-Dieter Ring: Ausgewählte Rechtsfragen der aktuellen Rundfunkpolitik. In: Fünfgeld, Hermann / Claudia Mast (Hrsg.): Massenkommunikation. Ergebnisse und Perspektiven. Opladen 1997, S. 253-267, S. 255

[738] § 20 Abs. 2 RStV

[739] Vgl. Wolf-Dieter Ring: Rundfunk und Internet. In: ZUM Nr. 10 (1998), S. 358-361, S. 358 ff.; Albrecht Hesse: Rundfunkrecht. a.a.O., S. 83

meinungsrelevant eingestuft werden, ermöglicht die Bestimmung des § 20 Abs. 2 S. 3 RStV:

„Anbieter von Mediendiensten sind berechtigt, bei der zuständigen Landesmedienanstalt einen Antrag auf rundfunkrechtliche Unbedenklichkeit zu stellen."

Die Regelung der Zugangsfreiheit in § 53, die insbesondere durch den Vierten RÄndStV präzisiert wurde, regelt den offenen, chancengleichen Zugang im Zeitalter der Digitalisierung des Rundfunkwesens. Da § 53 RStV bisher ausdrücklich nur für Fernsehdienste gilt und damit die Mediendienste, sofern sie nicht nach § 20 Abs. 2 RStV dem Rundfunk zuzuordnen sind, ausschließt, sei diese Bestimmung hier nur erwähnt.[740] Da § 53 RStV die Zugangsplattform zum digitalen Fernsehen – insbesondere auch zu zukünftigen „on-Demand"-Diensten und Navigatoren, die technisch auch auf dem Systemstandard des Internets basieren können – regelt, könnte die Entwicklung dieser Bestimmung auch für Internetangebote von zukünftiger Bedeutung sein.[741] Ob sich § 53 RStV zu einer „zentralen Steuerungsstelle für rundfunkrechtliche Ziele"[742] entwickelt, bleibt abzuwarten.

Die seit 1997 geführte Diskussion um die Gebührenpflichtigkeit des PC wird durch unter dem Schlagwort „Online-Rundfunk" geführt.[743] Mit dem am 1. Januar 2001 in Kraft getretenen Fünften RÄndStV haben die Bundesländer ihr Moratorium für die Gebührenpflichtigkeit des Internet-Rundfunks – soweit dieser rundfunkrechtlich überhaupt so zu bezeichnen wäre – um ein Jahr bis zum 31. Dezember 2004 verlängert.[744] Im Vorfeld des sechsten RÄndStV wird eine Gebührenerhebung nach Haushalt unter Einbeziehung netzwerkfähiger Computer erwogen.[745]

---

[740] Vgl. Albrecht Hesse: Der Vierte Rundfunkänderungsstaatsvertrag aus der Sicht des öffentlich-rechtlichen Rundfunks. In: ZUM Nr. 3 (2000), S. 183-194, S. 186 ff.; Wolf-Dieter Ring: Der Vierte Rundfunkstaatsvertrag – Rechtsfolgen für die Praxis. In: ZUM Nr. 3 (2000), S. 177-183, S. 178, S. 180 ff.; Wolf-Dieter Ring: Ausgewählte Rechtsfragen der aktuellen Rundfunkpolitik. a.a.O., S. 264; Hans Neft: KEK und KDLM – unorthodoxe Organkonfigurationen zur Sicherung der Meinungsvielfalt im Fernsehen. In: ZUM Nr. 2 (1999), S. 97-103, S. 99 f.

[741] Vgl. Michael Germann: Gefahrenabwehr und Strafverfolgung im Internet.Berlin2000, S.163f.

[742] Bernd Holznagel: Weiterverbreitung und Zugangssicherung beim digitalen Fernsehen. Aufgaben der Landesmedienanstalten bei der Umsetzung der §§ 52, 53 RStV. In: MMR Nr. 8 (2000), S. 480-486; S. 486

[743] Vgl. Reinhart Ricker: Rundfunkgebühren für Computer mit Internetzugang? In: NJW 1997, S. 3199-3205, S. 3199 ff.; Ulrich Reimers: Rundfunkpolitik und Technik. In: Dietrich Schwarzkopf (Hrsg.): Rundfunkpolitik in Deutschland. Wettbewerb und Öffentlichkeit. Bd. 1. München 1999, S. 550-613, S. 611 f.; Albrecht Hesse: Der Vierte Rundfunkänderungsstaatsvertrag aus der Sicht des öffentlich-rechtlichen Rundfunks. In: ZUM Nr. 3 (2000), S. 183-194, S. 193 f.

[744] Vgl. Axel Tschentscher: Gebührenpflichtigkeit des Internet- und Handy-Rundfunks? In: AfP Nr.2 (2001), S. 93-97, S. 93; Stefan Engel-Flechsig / Alexander Roßnagel (Hrsg.): Multimedia-Recht. a.a.O., S. 32

[745] Siehe unten Kap. 10

6.2.2 Der Mediendienste-Staatsvertag (MDStV)

Der am 1. August 1997 zeitgleich mit dem IuKDG in Kraft getretene Mediendienste-Staatsvertrag (MDStV)[746] unterwirft einen Teil der Informations- und Kommunikationsdienste, die „Mediendienste", besonderen Regelungen. Nach § 1 MDStV ist es Zweck des Staatsvertrages, in allen Ländern einheitliche Rahmenbedingungen für die Nutzungsmöglichkeiten bestimmter elektronischer Informations- und Kommunikationsdienste zu schaffen. Die Regelungen des MDStV stehen im Spannungsfeld von Rundfunk und Individualkommunikation. In Anlehnung an den Rundfunkbegriff des § 2 RStV definiert § 2 Abs. 1 S. 1 des MDStV *„Mediendienste"* als:

„für das Angebot und die Nutzung von an die Allgemeinheit gerichteten Informations- und Kommunikationsdiensten (Mediendienste) in Text, Ton oder Bild, die unter Benutzung elektromagnetischer Schwingungen ohne Verbindungsleitung oder längs oder mittels eines Leiters verbreitet werden."

Demnach fehlt dem Mediendienst im Vergleich zum Rundfunkbegriff analog § 2 Abs. 1 RStV zunächst das Merkmal der Veranstaltung einer Darbietung. Erforderlich für das Vorliegen eines Mediendienstes ist jedoch, dass er sich an die Allgemeinheit richtet. In § 2 Abs. 2 Nr. 1-4 MDStV werden unterschiedliche Ausprägungen eines „Mediendienstes" konkretisiert. Hiernach lassen sich Mediendienste in zwei grundsätzliche Erscheinungsformen unterteilen: Verteildienste und Abrufdienste. Als Verteildienste werden die Mediendienste bezeichnet, die zwar wie Rundfunk verbreitet werden, ihnen aber rundfunktypische Merkmale wie etwa der „Darbietung" in Form von Bewegtbildern (z.B. Fernsehtext) fehlen oder sie ausschließlich den Zwecken des Verkaufs oder des Anbietens von Dienstleistungen (z.B. Teleshopping) dienen. Als Abrufdienste i.S.d. § 2 Abs. 2 Nr. 4 MDStV werden die Mediendienste bezeichnet, die Text-, Ton- oder Bilddarbietungen auf Abruf zur Verfügung stellen (z.B. über das Internet) und bei denen aufgrund ihrer massenkommunikativen Ausrichtung nicht der individuelle Leistungsaustausch oder die reine Übermittlung von Daten im Vordergrund steht.[747] Internetangebote, die sich mit einer publizistischen Darbietung an die Allgemeinheit richten, sind somit als Abrufdienste im Sinne des § 2 Abs. 2 Nr. 4 MDStV zu klassifizieren.[748] Die Zuordnung eines Mediendienstes zum Rundfunk kann im Einvernehmen aller Landesmedienanstalten festgestellt werden[749], wenn die inhaltliche Begrenzung eines Mediendienstes erweitert wird oder ein Mediendienst erhebliche publi-

---

[746] Abgedruckt in: Landesanstalt für Rundfunk Nordrhein-Westfalen LfR (Hrsg.): Rundfunkrechtliche Grundlagen der Landesanstalt für Rundfunk Nordrhein-Westfalen. Düsseldorf 1998, S. 151 ff.

[747] Vgl. Stefan Engel-Flechsig / Alexander Roßnagel (Hrsg.): Multimedia-Recht. Gesetze, Rechtsverordnungen, EU-Richtlinien, Empfehlungen. München 1998, S. 2, S. 25 f.

[748] Siehe unten Kap. 6.3 zu den Abgrenzungskriterien; Kap. 6.4 zur Einordnung der Internetangebote der klassischen Medien

[749] § 20 Abs. 2 RStV

zistische Relevanz aufweist. Nach § 2 Abs. 1 S. 2, 3 MDStV bleiben die Bestimmungen des RStV sowie des TDG und TKG unberührt.

Mediendienste können nach § 4 MDStV zulassungsfrei betrieben werden, müssen aber gewisse Mindestanforderungen erfüllen, zu denen die Anbieterkennzeichnung nach § 6 MDStV, die journalistische Sorgfaltspflicht nach § 7 MDStV, der Jugendschutz nach § 8 MDStV sowie Vorschriften über Werbung, Gegendarstellung und Datenschutz gehören.[750] Der Regelung der Verantwortlichkeit, die zu erheblichen juristischen Differenzen in der Rechtsauslegung führt,[751] kommt große praktische Bedeutung zu. Nach § 5 Abs. 1 MDStV sind Anbieter nur für eigene Inhalte, die sie zum Abruf bereithalten, nach den allgemeinen Gesetzen verantwortlich. Für fremde Inhalte besteht nach § 5 Abs. 2 MDStV eine Verantwortlichkeit nur dann, wenn der Anbieter Kenntnis davon hat und es technisch möglich und zumutbar ist, die Nutzung zu verhindern.[752] Wird ausschließlich der Zugang vermittelt, ist eine Verantwortlichkeit nach § 5 Abs. 3 MDStV ausgeschlossen. Die Bestimmungen des § 5 MDStV führen somit die Verantwortlichkeit für Inhalte ihren Produzenten zu; Zugangsprovider zum Internet sind von der Verantwortlichkeit für fremde Inhalte ausgeschlossen.[753] Der MDStV löst nach § 23 Abs. 3 MDStV nicht nur den Bildschirmtext-Staatsvertrag ab, sondern übernimmt auch die Regelung des Fernseh- und Radiotextes aus dem RStV in seinen Anwendungsbereich.[754] Der MDStV erfasst nach dem lex-posterior-Grundsatz oder durch ausdrückliche Aufhebung diejenigen Dienste, die bisher in Landesmediengesetzen als rundfunkähnliche Kommunikation geregelt waren.[755]

---

[750] Siehe unten Kap. 7.4

[751] Die rechtliche Diskussion um die §§ 5 TDG und MDStV basiert auf unterschiedlichen Auslegungen der Haftung, der Strafbarkeit und Verantwortlichkeit von Anbietern, die in dieser Arbeit nicht weiter ausgeführt werden können: Vgl. Bernd Martenczuk: Die Haftung für Mediendienste zwischen Bundes- und Landesrecht. Zur kompetenzrechtlichen Problematik des § 5 Mediendienste-Staatsvertrag. In: ZUM Nr. 2 (1999), S. 103-112, S. 111 f.; Niko Härting: Internetrecht. Köln 1999, Rn. 326 ff.; , Dirk-M. Barton: Multimedia-Strafrecht. Ein Handbuch für die Praxis. Neuwied, Kriftel 1999, S. 85 ff, S. 93 ff.; Tobias H. Strömer: Online-Recht. Rechtsfragen im Internet. Heidelberg 1999, S. 207; Stefan Freytag: Urheberrechtliche Haftung im Netz. Zur dogmatischen Einordnung und praktischen Umsetzung von § 5 TDG und § 5 MDStV bei Urheberrechtsverletzungen im Internet. In: ZUM Nr. 3 (1999), S. 185-195, S. 185

[752] Vgl. Niko Härting: Internetrecht. Köln 1999, Rn. 320 ff., Rn. 330

[753] Vgl. Bernd Martenczuk: Die Haftung für Mediendienste zwischen Bundes- und Landesrecht. Zur kompetenzrechtlichen Problematik des § 5 Mediendienste-Staatsvertrag. a.a.O., S. 111; Albrecht Hesse: Rundfunkrecht. a.a.O., S. 82 f.

[754] §§ 2 Abs. 1, 2 Nr. 3; 22 MDStV

[755] Vgl. § 1 Nr. 29 des zweiten Gesetzes zur Änderung des Bayerischen Mediengesetzes vom 27. Dezember 1997; Albrecht Hesse: Rundfunkrecht. a.a.O., S. 84

6.2.3 Das Informations- und Kommunikationsdienste-Gesetz (insb. Art. 1 IuKDG, TDG)

Das zeitgleich mit dem MDStV am 1. August 1997 in Kraft getretene Informations- und Kommunikationsdienste-Gesetz (IuKDG)[756] des Bundes ist als Artikelgesetz ausgestaltet worden und enthält in Artikel 1 das Gesetz über die Nutzung von Telediensten (TDG). Das IuKDG wurde zur Schaffung einheitlicher wirtschaftlicher Rahmenbedingungen für die verschiedenen Nutzungsmöglichkeiten der elektronischen Informations- und Kommunikationsdienste verabschiedet[757] und enthält neben dem TDG Regelungen zur digitalen Signatur sowie Änderungen bestehender Bundesgesetze im Bereich von Jugendschutz, Strafrecht, Datenschutz, Urheberrecht und Preisangaben.[758] In § 2 Abs. 1 TDG wird der Begriff „*Teledienste*" definiert als:

„*alle elektronischen Informations- und Kommunikationsdienste, die für eine individuelle Nutzung von kombinierbaren Daten wie Zeichen, Bilder oder Töne bestimmt sind und denen eine Übermittlung mittels Telekommunikation zugrunde liegt.*"

Die technischen Merkmale dieser Definition erfüllt die Internetkommunikation per se: Ihr liegt Telekommunikation im Sinne des § 3 Nr. 16 TKG zugrunde, und sie besteht aus „kombinierbaren Daten", nämlich digitaler Information. In § 2 Abs. 2 Nr.1-5 TDG werden unterschiedliche Ausprägungen eines Informations- und Kommunikationsdienstes i.S.d. TDG konkretisiert. Demnach gehören zu den Telediensten Angebote im Bereich der Individualkommunikation[759] (z.B. E-Mail), Angebote zur Information oder Kommunikation, soweit keine publizistischen, meinungsrelevanten Inhalte für die Allgemeinheit im Vordergrund stehen (z.B. Verkehrs-, Wetter-, Börsendienste),[760] Angebote zur Nutzung des Internets oder weiterer Netze[761], Telespiele[762] sowie Angebote von Waren und Dienstleistungen in elektronisch abrufbaren Datenbanken mit interaktivem Zugriff und unmittelbarer Bestellmöglichkeit.[763]

Der Normenkomplex des TDG soll folglich in erster Linie den Bereich der individualkommunikativen Dienste regeln, die sich im Gegensatz zu den Mediendiensten nicht an die Allgemeinheit richten, hierbei aber den gesamten Multi-

---

756 Abgedruckt in: Landesanstalt für Rundfunk Nordrhein-Westfalen LfR (Hrsg.): Rundfunkrechtliche Grundlagen der Landesanstalt für Rundfunk Nordrhein-Westfalen. Düsseldorf 1998, S. 175 ff.

757 § 1 TDG

758 Vgl. Thorsten Held / Wolgang Schulz: Überblick über die Gesetzgebung für elektronische Medien von 1994-1998. a.a.O., S. 81 ff.; Albrecht Hesse: Rundfunkrecht. a.a.O., S.84; Stefan Engel-Flechsig: Das Informations- und Kommunikationsdienstegesetz des Bundes und der Mediendienstestaatsvertrag der Bundesländer. In: ZUM Nr. 6 (1997), S. 231-239, 231 ff.

759 § 2 Abs. 2 Nr. 1 TDG

760 § 2 Abs. 2 Nr. 2 TDG

761 § 2 Abs. 2 Nr. 3 TDG

762 § 2 Abs. 2 Nr. 4 TDG

763 § 2 Abs. 2 Nr. 5 TDG

media-Bereich berücksichtigen, um rechtliche wie wirtschaftliche Planungssicherheit zu gewährleisten. Ausdrücklich ausgeschlossen von den Bestimmungen des TDG werden nach § 2 Abs. 4 Nr. 2 TDG der Rundfunk im Sinne des § 2 RStV. Ebenfalls ausgeschlossen sind nach § 2 Abs. 4 Nr. 2 TDG inhaltliche Angebote bei Verteil- und Abrufdiensten, soweit die redaktionelle Gestaltung zur Meinungsbildung für die Allgemeinheit im Vordergrund steht. Für diese Angebote greifen die Regelungen nach § 2 MDStV, da die Mediendienste das Mittelfeld zwischen Telediensten und Rundfunk abdecken.[764] Die Abgrenzung der Teledienste zu den ebenfalls individualkommunikativen Telekommunikationsdienstleistungen und dem geschäftsmäßigen Erbringen von Telekommunikationsdiensten nach § 3 TKG ist durch § 2 Abs. 4 Nr. 1 TDG festgelegt. In Folge der Kompetenzeinigung zwischen Bund und Ländern sind die Anforderungen nach dem IuKDG in großen Teilen identisch mit dem MDStV. Es besteht nach § 4 TDG Zugangsfreiheit, die Verantwortlichkeit des Anbieters ist gemäß § 5 TDG eingeschränkt und gemäß 6 TDG ist eine Anbieterkennzeichnung erforderlich. Der Datenschutz ist in Art. 2 IuKDG, der Jugendschutz in den Artikeln 4-6 durch Änderung des StGB, des OwiG und des Gesetzes über die Verbreitung jugendgefährdender Schriften GjS geregelt.[765] Im Vergleich zum MDStV fehlen Vorschriften über die journalistische Sorgfaltspflicht, Werbung und Gegendarstellung, die nicht erforderlich sind, da sich die Teledienste definitionsgemäß nicht an die Allgemeinheit richten.

6.2.4 Das Telekommunikationsgesetz (TKG) des Bundes

Das Telekommunikationsrecht ist im Telekommunikationsgesetz (TKG) geregelt, das am 25. Juli 1996 verabschiedet wurde und in allen Teilen am 1. Januar 1998 in Kraft getreten ist. Mit dem TKG wird der verfassungsrechtliche Auftrag des Art. 87 lit. f GG erfüllt[766], der den Staat verpflichtet, auch nach der Privatisierung im Bereich der Telekommunikation flächendeckend angemessene und ausreichende Dienstleistungen zu garantieren.[767] Weiterhin ist in Folge der Liberalisierung und Privatisierung der Telekommunikation der Wettbewerb im Bereich der Telekommunikation zu fördern und die Frequenzordnung festzulegen (§§ 1, 2 TKG).[768] Das TKG definiert in § 3 Nr. 16 TKG seinen Gegenstand, die Telekommunikation, als den

---

[764] Vgl. Stefan Engel-Flechsig: Das Informations- und Kommunikationsdienstegesetz des Bundes und der Mediendienstestaatsvertrag der Bundesländer. a.a.O., S. 231-239, S. 232 ff.; Viktor Janik: Der deutsche Rundfunkbegriff im Spiegel technischer Entwicklungen. a.a.O., S. 10

[765] Vgl. Albrecht Hesse: Rundfunkrecht. a.a.O., S. 85

[766] In Folge der Verpflichtung des Staates zur Liberalisierung des Telekommunikationsmarktes durch die Postreform II wurde Artikel 87 f GG zur verfassungsrechtlichen Umsetzung in das grundgesetz eingefügt.

[767] Vgl. Tanja Eisenblätter: Regulierung in der Telekommunikation. Frankfurt / Main 2000, S. 113

[768] Vgl. Hoffmann-Riem, Wolfgang / Martin Eifert: Regelungskonzepte des Telekommunikationsrechts und der Telekommunikationspolitik: Innovativ und innovationsgeeignet? In: Hoff-

„technischen Vorgang des Aussendens, Übermittelns und Empfangens von Nachrichten jeglicher Art in der Form von Zeichen, Sprache, Bildern oder Tönen mittels Telekommunikationsanlagen."

Der Begriff der Telekommunikation ist damit nicht nur auf das „klassische Telefon" beschränkt, sondern umfasst vielmehr jegliche Technik, die eine Datenübertragung ermöglicht. Dies kann auch das Internet mit seinen verschiedenen Diensten sein.[769] Entscheidend ist, dass der Begriff der Telekommunikation nur die technische Seite des Übertragungsvorgangs betrifft. Die Formulierung *„Nachrichten jeglicher Art"* wird in der Gesetzesbegründung der Bundesregierung zu § 3 TKG damit begründet, dass das TKG den technischen Vorgang der Übertragung beliebiger Daten regele, ohne sich auf die tatsächlichen Dateninhalte zu beziehen.[770] Die Inhalte unterfallen demnach nicht dem Telekommunikationsbegriff.[771] Auch der Begriff „Telekommunikations*dienst*", der nach § 3 Nr. 5 TKG allgemein als das Angebot von Telekommunikation i.S.v. § 3 Nr. 16 TKG definiert ist, ist von den „Informations- und Kommunikationsdiensten" zu unterscheiden.[772] Die Begriffswendung „Informations- und Kommunikationsdienste" sind den Bestimmungen des TDG und MDStV nach §§ 1 TDG / MDStV zuzuordnen und werden vom Gesetz in „Teledienste" und „Mediendienste" differenziert. Welche technischen Sachverhalte sich in Rahmen des Telekommunikationsbegriffs aus der Formulierung *„mittels Telekommunikationsanlagen"* ergeben, erschließt sich in § 3 Nr. 17 TKG aus der Definition von „Telekommunikationsanlagen" als

„technische Einrichtungen oder Systeme, die als Nachrichten identifizierbare elektromagnetische oder optische Signale senden, übertragen, vermitteln, steuern oder kontrollieren können."

Für die technische Funktionsweise der Internetkommunikation lassen sich diese Sachverhalte unschwer als der Betrieb von Prozessoren und Geräten auf

mann-Riem, Wolfgang: Innovation und Telekommunikation. Rechtliche Steuerung von Innovationsprozessen in der Telekommunikation. Baden-Baden 2000, S. 9-56; Ladeur, Karl-Heinz: Innovation der Telekommunikation durch Regulierung – Monitoring und Selbstrevision als Formen einer Prozeduralisierung des Telekommunikationsrechts. In: Wolfgang Hoffmann-Riem: Innovation und Telekommunikation. Rechtliche Steuerung von Innovationsprozessen in der Telekommunikation. Baden-Baden 2000, S. 57-76; Bernd Holznagel / Axel Bysikiewicz / Christoph Enaux / Christian Niehaus: Grundzüge des Telekommunikationsrechts. Münster 2000, S. 37 f.; Tanja Eisenblätter: a.a.O., S. 108 ff.

[769] Vgl. Bernd Holznagel / Axel Bysikiewicz / Christoph Enaux / Christian Niehaus: a.a.O., S. 188

[770] Vgl. Stephan Bleisteiner: Rechtliche Verantwortlichkeit im Internet – unter besonderer Berücksichtigung des Teledienstesgesetzes und des Mediendienste-Staatsvertrags. Köln, Berlin, Bonn, München 1999, S. 80

[771] Vgl. Bernd Holznagel / Axel Bysikiewicz / Christoph Enaux / Christian Niehaus: a.a.O., S. 37

[772] Vgl. Stephan Bleisteiner: a.a.O., S. 76 f.; Joachim Rieß: Anwendbarkeit des TKG und des IuKDG auf Telekommunikationsdiensteanbieter, Service Provider und Telediensteanbieter. In: Michael Bartsch / Bernd Lutterbeck (Hrsg.): Neues Recht für neue Medien. Informationstechnik und Recht. Köln 1998, S. 277-292, S. 285 ff.

den Schichten der Computerkommunikation identifizieren.[773] Die technischen Vorgänge des „Aussendens", „Übermittelns" und „Empfangens"[774] sind auf allen Schichten der Computerkommunikation zu verorten: Auf der Übertragungsschicht („Physical Layer") bedeuten sie das Senden und Empfangen von Signalen über eine Einzelverbindung, sowie übermittelnde Vorgänge auf der Einzelverbindung.[775] Auf der Vermittlungsschicht („Network Layer") betreffen sie das Abschicken, Weiterleiten und Entgegennehmen von TCP/IP-Paketen. Auf der Transportschicht („Transportation Layer") bezieht sich das „Aussenden" und „Empfangen" auf einen bestimmten Datenabschnitt, der die Transportdaten des Absenderknotens („Gateway / Bridge") zusammen mit der Zieladresse („IP-Nummer") der Vermittlungsschicht übergibt.[776] Auf der Anwendungsschicht („Application Layer") berühren sich die rein telekommunikativen Vorgänge mit den unterschiedlichen Anwendungsfunktionen (z.B. E-Mail oder WWW). Analog zur verfassungsrechtlichen Abgrenzung des Rundfunks vom Fernmeldewesen durch die Unterscheidung von Fernmeldewesen und „Studiotechnik"[777] lässt sich ein Vergleich zur Computerkommunikation ziehen. Diese Abgrenzung lässt sich auch nach dem rein terminologischen Wechsel vom „Fernmeldewesen" zur „Telekommunikation" aufrecht erhalten.[778] Die Funktionen der Anwendungsschicht fielen demnach überwiegend unter das Merkmal der „Studiotechnik", weil diese die Daten erst „sendefertig" machen. Hingegen gehören die Bestimmung der Zieladresse und die Übergabe der sendefertigen Daten an die Transportschicht bereits zum Bereich der Telekommunikation.[779] Der Versuch, den Begriff der Telekommunikation i.S.d. TKG auf die Schichtenarchitektur des Internets anzuwenden, gilt jedoch als unzulänglich.[780]

---

773 Siehe oben Kap. 1.3.1 zur Darstellung des Schichtenmodells computerbasierter Kommunikation

774 vgl. § 3 Nr. 16 TKG

775 Vgl. Andrew S. Tanenbaum: Computer Networks. Upper Saddle River, New Jersey 1996, S. 398 ff.

776 Siehe auch Kapitel 1.3.5

777 BverfGE 12, 205, 227; hier heißt es: „Das Fernmeldewesen beginnt erst mit der Übermittlung der sendefertigen Ton- und Bildsignale."

778 Der Begriff der „Telekommunikation" ersetzt seit der mit der Postreform II verbundenen Grundgesetzänderung von 1994 den Begriff „Fernmeldewesen". Vgl. Albrecht Hesse: Rundfunkrecht. a.a.O., S. 48

779 Vgl. Stefan Engel-Flechsig: Zusammenarbeit und Abgrenzung von Telekommunikationsgesetz, Informations- und Kommunikationsdienstegesetz des Bundes und Mediendienstestaatsvertrag der Länder. In: Alfred Büllesbach (Hrsg.): Datenschutz im Telekommunikationsrecht. Deregulierung und Datensicherheit in Europa. Köln 1997, S. 83-110, S. 101 ff.; Michael Germann: Gefahrenabwehr und Strafverfolgung im Internet. Berlin 2000, S. 124 f.

780 Die computer- und informationstechnische Abgrenzungsproblematik des Internets soll nicht weiter vertieft werden, weil sie letztlich für die hier entscheidende inhaltlich-funktional betrachtete Unterscheidung von Rundfunk und Tele- oder Mediendiensten weitestgehend unerheblich ist. Das TKG bezieht sich eindeutig auf den technischen und individualkommunikativen Bereich. Vgl. oben Kap. 1.3; vgl. zur juristischen Betrachtung: Stephan Bleisteiner: Rechtliche Verantwortlichkeit im Internet. a.a.O., S. 81 f.

Abb. 38 stellt abschließend eine Übersicht über die abgestufte Regulierung elektronischer Kommunikation dar, die in Folge des „fließenden“ Übergangs von der Individual- zur Massenkommunikation unterschiedliche Bestimmungen zur Anwendung bringt.

ABB. 40: ÜBERBLICK ÜBER DIE REGULIERUNG ELEKTRONISCHER KOMMUNIKATION

DIENSTE	TELEKOMMUNIKATIONSDIENSTE	TELEDIENSTE	MEDIENDIENSTE	RUNDFUNK (-DIENSTE)
KOMMUNIKATIONSSTATUS	INDIVIDUALKOMMUNIKATION > > > > > > MASSENKOMMUNIKATION (PRIVAT) (ÖFFENTLICH)			
GESETZGEB.-KOMPETENZ	**BUND (BUNDESRECHT)**		**LÄNDER (LANDESRECHT)**	
GESETZ / STV	**TKD**	**TDG (ART.1 I-UKDG)**	**MDSTV**	**RSTV / 5. RÄNDSTV**
ANKNÜPFUNGSPUNKT	DATENTRANSPORT	INHALT	INHALT	INHALT
ABGRENZUNGSKRITERIUM	BETRIEB, TECHNIK, INFRASTRUKTUR, § 3 TKD	INDIVIDUELLE NUTZUNG, KEINE MEINUNGSRELEVANZ, § 2 TDG	REDAKTIONELLE GESTALTUNG ZUR MEINUNGSBILDUNG FÜR DIE ALLGEMEINHEIT, $ 2 MDSTV	PLANMÄßIGER, FEST GEFÜGTER, ZEITLICHER ABLAUF, § 2 RSTV
ZUGANGSVORAUSSETZUNG	ANZEIGE, BZW. LIZENZPFLICHT, §§ 4, 6 TKD	ZULASSUNGS- UND ANMELDEFREI, § 4 TDG	ZULASSUNGS- UND ANMELDEFREI, § 4 MDSTV, ABER: § 20 ABS. 2 RSTV	ZULASSUNG, §§ 20 F. RSTV
PROGRAMMVERPFLICHTUNGEN	KEINE VORSCHRIFTEN	KEINE VORSCHRIFTEN	JOURNAL. SORGFALTSPFLICHTEN (ANGEBOTE, DIE DER BERICHTERSTATTUNG DIENEN,) § 6 ABS. 2 MDSTV	VIELFALTSANFORDERUNGEN UND PROGRAMMGRUNDSÄTZE, § 41 RSTV
TRANSPARENZPFLICHTEN	KEINE VORSCHRIFTEN	ANBIETERKENNZEICHNUNG, § 6 TDG	ANBIETERKENNZEICHNUNG, § 6 MDSTV	PUBLIZITÄTSPFLICHT, § 23 RSTV
JUGENDSCHUTZ	KEINE VORSCHRIFTEN	ART. 6 IUKDG (ÄNDERUNG DES GJS)	§ 8 ABS. 2 MDSTV FÜR VERTEIL-, ABS. 3 FÜR ABRUFDIENSTE	§§ 3, 4 RSTV
GEGENDARSTELLUNG	KEINE VORSCHRIFTEN	KEINE VORSCHRIFTEN	§ 10 MDSTV	LANDESMEDIENGESETZE, Z.B. § 61 LMG BAD.-WÜRTT.
WERBEBESCHRÄNKUNGEN	KEINE VORSCHRIFTEN	KEINE VORSCHRIFTEN	§ 9 MDSTV	§§ 7,8 RSTV
EINFÜGUNG UND DAUER VON WERBUNG	KEINE VORSCHRIFTEN	KEINE VORSCHRIFTEN	KEINE VORSCHRIFTEN	§§ 14, 15, 44, 45 RSTV
DATENSCHUTZ	KEINE VORSCHRIFTEN	ART. 2 IUKDG (TDDSG)	§§ 12-17 MDSTV	§ 41 BDSG, § 47 RSTV, §§ 45 FF. LRG NW
BEISPIELE	TELEFON, MOBILFUNK, KABELNETZE	DATENDIENSTE, TELEBANKING, TELESPIELE, E-MAIL	VIDEO- / TELETEXT, TELESHOPPING, VIDEO-ON-DEMAND	HÖRFUNK / FERNSEHEN, PAY-TV / NEAR-VIDEO-ON-DEMAND

Quelle: Eigene Darstellung in Anlehnung an: Bert Eichborn: Internet-Recht. Ein Lehrbuch für das Recht im World Wide Web. Köln 2000, S. 39 und Bernd Holznagel: Multimedia zwischen Regulierung und Freiheit. In: ZUM Nr. 6 (1999), S. 425-435, S. 431

6.3 Rundfunkrechtliche Abgrenzung von Rundfunk, Telediensten und Mediendiensten

Die rundfunkrechtliche Einordnung der Internetangebote der klassischen Medien in Kap. 7.4 erfordert die Zuordnung unterschiedlicher elektronischer Internet-Dienste in die bestehenden medienrechtlichen Regulierungsregime. Um die Abgrenzungskriterien zwischen Rundfunk und Mediendiensten sowie Rundfunk und Telediensten zu konkretisieren, werden in diesem Kapitel die einfachgesetzlichen Abgrenzungsbestimmungen und ihre konkrete Anwendbarkeit und Auslegung dargestellt. Da es zur allgemeinen Abgrenzungsproblematik zwischen TDG, MDStV und RStV inzwischen umfangreiche Literatur gibt,[781] sollen hier nur die grundsätzlichen Parameter der medienrechtlichen Zuordnung dargestellt werden.

Jede einzelne informations- oder kommunikationstechnische Dienstleistung kann jeweils in eine von vier Kategorien eingeordnet werden: Teledienst (unterfällt dem TDG des Bundes), Mediendienst (unterfällt dem MDStV der Länder), „rundfunkähnlicher Mediendienst" (nach § 20 Abs. 2 RStV, unterfällt dann dem RStV der Länder) und Rundfunk (unterfällt dem RStV der Länder).[782] Grundsätzlich lässt sich die folgende Kompetenzverteilung zwischen Bund und Ländern feststellen: Steht die individuelle Nutzung im Vordergrund der Dienstleistung, greift die Bundesregelung.[783] Richtet sich die Dienstleistung an

[781] Vgl. Stephan Bleisteiner: a.a.O., S. 80; Peter Charissé: Die Rundfunkveranstaltungsfreiheit und das Zulassungsregime der Rundfunk- und Mediengesetze. a.a.O., S. 28 ff., S. 35 f., S. 72 ff.; Bert Eichborn: Internet-Recht. Ein Lehrbuch für das Recht im World Wide Web. Köln 2000, S. 35 ff.; Stefan Engel-Flechsig: Das Informations- und Kommunikationsdienstegesetz des Bundes und der Mediendienstestaatsvertrag der Bundesländer. a.a.O., S. 231 ff. ; Stefan Engel-Flechsig / Alexander Roßnagel (Hrsg.): Multimedia-Recht. a.a.O., S. 2, S. 25 ff.; Michael Germann: a.a.O., S. 120 f., S. 127 ff., 161 ff.; Albrecht Hesse: Der Vierte Rundfunkänderungsstaatsvertrag aus der Sicht des öffentlich-rechtlichen Rundfunks. a.a.O., S. 193 f.; Reiner Hochstein: Teledienste, Mediendienste und Rundfunkbegriff – Anmerkungen zur praktischen Abgrenzung multimedialer Erscheinungsformen. In: NJW (1997), S. 2977-2981, S. 2977 ff.; Wolfgang Hoffman-Riem: Der Rundfunkbegriff in der Differenzierung kommunikativer Dienste. a.a.O., S. 9 ff.; Viktor Janik: Der deutsche Rundfunkbegriff im Spiegel technischer Entwicklungen. a.a.O., S. 10; Hans D. Jarass: Rundfunkbegriffe im Zeitalter des Internet. a.a.O., S. 133 ff.; Christian Koenig / Ernst Roeder: Plädoyer zur Überwindung der zersplitterten Aufsicht über neue Informations- und Kommunikationsmedien. a.a.O., Roger Kressin: Neue Medien zwischen Rundfunk und Individualkommunikation. a.a.O., S. 56; S. 418 f.; Karl-Heinz Ladeur: Die Regulierung von Multi-Media als Herausforderung des Rechts. In AfP Nr. 3 (1997), S. 597-603; Michael Libertus: Kommunikationsrechtliche Einordnung neuer nicht-linearer digitaler Dienste. a.a.O., S. 555 ff.; Wolgang Hoffmann-Riem / Wolfgang Schulz / Thorsten Held: a.a.O., S. 57 ff.; Antje Pieper / Wiechmann: a.a.O., S. 83 f.; Reinhart Ricker: Rundfunkgebühren für Computer mit Internetzugang? a.a.O., S. 3199 ff.; Wolf-Dieter Ring: Rundfunk und Internet.a.a.O., S. 358 ff.; Matthias Schote: Die Rundfunkkompetenz des Bundes am Beispiel bundesstaatlicher Kulturkompetenz in der Bundesrepublik Deutschland. a.a.O., S. 6; Axel Tschentscher: Gebührenpflichtigkeit des Internet- und Handy-Rundfunks? a.a.O., S. 31 ff.

[782] Vgl. Christian Koenig / Ernst Roeder: Plädoyer zur Überwindung der zersplitterten Aufsicht über neue Informations- und Kommunikationsmedien. a.a.O., S. 418 f.

[783] Vgl. § 2 Abs. 1 S. 1 des TDG

die Allgemeinheit,[784] greift die Landesregelung.[785] Ist die Dienstleistung aufgrund einer besonderen Meinungsmacht schließlich über einen Mediendienst hinaus als Rundfunk zu qualifizieren, fällt sie unter die besonderen landesrechtlichen Vorschriften des Rundfunkstaatsvertrages und der Landesmediengesetze.[786]

Während die Abgrenzung der einfachrechtlichen Normen hinsichtlich der technischen Aspekte des Datenaustauschs im Internet weitgehend eindeutig ist,[787] erweist sich die inhaltliche Abgrenzung der diversen Informations- und Kommunikationsdienste als schwierig. Um das Internetangebot der klassischen Medien auf seine rechtliche Zugehörigkeit gemäß § 20 Abs. 2 RStV zu untersuchen, sind zunächst weitere einfachgesetzliche Abgrenzungskriterien zwischen Rundfunk einerseits, Mediendienst und Teledienst andererseits herauszuarbeiten. Es ist jedoch ausdrücklich zu betonen, dass es weder in verfassungsrechtlicher Hinsicht noch unter den einfachgesetzlichen Vorgaben eine abschließende oder eindeutige Klassifizierung eines Dienstes als Rundfunk gibt oder geben kann.[788] Ergänzend wird auch die Abgrenzung von Teledienst und Mediendienst dargestellt. Die Abgrenzung der Informations- und Kommunikationsdienste zu den Telekommunikationsdiensten ist unstrittig und wird nicht explizit dargestellt.

6.3.1 Abgrenzung von Rundfunk und Mediendienst

Die Abgrenzung von Rundfunk und Mediendienst gilt in der medienpolitischen Diskussion mangels eindeutiger Abgrenzungskriterien einerseits und einer dynamischen Entwicklungssituation der elektronischen Dienste andererseits als problematisch. Dabei ist besonders die Zuordnung eines Mediendienstes zum Rundfunk im Sinne des einfachgesetzlichen Rundfunkbegriffs ein Streitfall. Aufgrund der unterschiedlichen Rechtsfolgen, die sich an eine derartige Zuordnung für die Frage der Zulassungsfreiheit, der Verantwortlichkeit aber auch im Bereich des öffentlich-rechtlichen Rundfunks für den zulässigen Umfang der Internetangebote[789] knüpfen, kommt der Lösung dieser Problematik entscheidende Bedeutung zu. Ein Mediendienst unterliegt dem RStV und den entsprechenden Regelungen der einzelnen Länder, sofern er unter den einfachgesetzlichen Rundfunkbegriff zu subsumieren ist. Wie bereits dargestellt, legt die Zulassungsregelung des § 20 Abs. 2 RStV die Entscheidung, ob ein Mediendienst dem Rundfunk zuzuordnen ist, in die Hand der Landes-

[784] Medienrechtlich dasselbe Kriterium wie in § 2 Abs. 1 RStV
[785] Vgl. § 2 Abs. 1 S. 1 MDStV
[786] § 2 Abs. 4 Nr. 2 TDG, § 2 Abs. 1 S. 2 und § 20 MDStV in Verbindung mit § 20 Abs. 2 RStV
[787] Vgl. Stephan Bleisteiner: a.a.O., S. 78 ff., S. 114
[788] Siehe oben Kap. 6.1; vgl. Stefan Engel-Flechsig / Alexander Roßnagel (Hrsg.): Multimedia-Recht. a.a.O., S. 31; Viktor Janik: Der deutsche Rundfunkbegriff im Spiegel technischer Entwicklungen. a.a.O., S. 10
[789] Siehe unten Kap. 6.5 zur Zulässigkeit von Internetangeboten des öffentlich-rechtlichen Rundfunks

medienanstalten.[790] Im Grenzbereich von Rundfunk und Mediendiensten sind daher drei Kategorien zu unterscheiden: Erstens der klassische Rundfunk nach §§ 2 Abs. 1 S.1, 20 Abs. 1 RStV, zweitens Mediendienste, die als „rundfunkähnliche Dienste" durch gesonderte Entscheidung gemäß §§ 2 Abs. 1 S. 3 Hs. 2, 20 Abs. 2 RStV dem Rundfunk zuzuordnen sind, drittens Mediendienste, die gemäß § 2 Abs. 1 S.3 RStV, §§ 2, 4 MDStV aufgrund ihrer geringen publizistischen Relevanz zulassungsfrei bleiben. Wo die Grenzziehung zwischen Mediendienst und Rundfunk zu verorten ist, soll im folgenden aus den einfachgesetzlichen Bestimmungen abgeleitet werden. Zur Unterscheidung von Rundfunk und Mediendienst lassen sich zum einen Regelbeispiele anführen, die der Gesetzgeber ausdrücklich nennt, zum anderen lassen sich aus der einfachgesetzlichen Legaldefinition Abgrenzungskriterien ableiten.[791] Im folgenden werden zunächst die Regelbeispiele diskutiert. Anschließend werden die Kriterien erörtert, die sich aus der Auslegung der Legaldefinitionen ergeben.

Der Gesetzgeber nennt in den §§ 2 Abs. 2 MDStV und TDG Regelbeispiele, die die Legaldefinition der jeweiligen Gesetzeswerke ergänzen. In § 2 Abs. 2 MDStV werden die einzelnen Mediendienste konkretisiert und teilweise exemplifiziert. Analog § 2 Abs. 2 Nr. 1-3 MDStV sind Mediendienste demnach Verteildienste unterschiedlicher Ausprägungen, zum Beispiel:

„1. Verteildienste in Form von direkten Angeboten an die Öffentlichkeit für den Verkauf, den Kauf oder die Miete oder Pacht von Erzeugnissen oder die Erbringung von Dienstleistungen,
2. Verteildienste, in denen Messergebnisse und Datenermittlungen in Text oder Bild mit oder ohne Begleitton verbreitet werden,
3. Verteildienste in Form von Fernsehtext, Radiotext und vergleichbaren Textdiensten,"

Die Verteildienste i.S.d. MDStV sind durch eine geringere publizistische Relevanz gekennzeichnet als der klassische Rundfunk. Bei Verteildiensten liegt die Entscheidung über Inhalt und Zeitpunkt der Ausstrahlung einseitig beim Anbieter, der die Darbietungen zeitgleich an die Allgemeinheit übermittelt. Dagegen sind Abrufdienste dadurch gekennzeichnet, dass der Rezipient aus einer Vielzahl von Beiträgen auswählen kann. Internetangebote im Sinne des WWW sind aus technischer Sicht grundsätzlich Abrufdienste. Nach § 1 Abs.1 in Verbindung mit § 2 Abs. 2 Nr. 4 MDStV regelt der MDStV neben den genannten Verteildiensten auch:

[790] Siehe oben Kap. 6.2.1, 6.2.2; vgl. auch Stephan Ory: Kompetenzen der Landesmedienanstalten für Mediendienste. In: AfP Nr. 2 (1999), S. 132-138, S. 132
[791] Vgl. Stephan Bleisteiner: a.a.O., S. 119 ff. Stefan Engel-Flechsig: Das Informations- und Kommunikationsdienstegesetz des Bundes und der Mediendienstestaatsvertrag der Bundesländer. a.a.O., S. 237 f.

„Abrufdienste, bei denen Text-, Ton- oder Bilddarbietungen auf Anforderung aus elektronischen Speichern zur Nutzung übermittelt werden, mit Ausnahme von solchen Diensten, bei denen der individuelle Leistungsaustausch oder die reine Übermittlung von Daten im Vordergrund steht, ferner von Telespielen."

Da sich nicht jedes Internetangebot zwangsläufig der Regelkategorie der Abrufdienste i.S.d. § 2 Abs. 2 Nr. 4 MDStV zuordnen lässt, muss eine Einordnung oder Abgrenzung anhand der allgemeinen Definition in § 2 Abs. 1 MDStV und § 2 Abs. 1 RStV erfolgen: Vergleicht man die Definitionen von MDStV und RStV wird deutlich, dass die rundfunktechnische Verbreitungstechnik nicht als formales Abgrenzungskriterium geeignet ist, da sowohl Mediendienste als auch Rundfunk nach der jeweiligen Legaldefinition unter Benutzung „elektromagnetischer Schwingungen ohne Verbindungsleitung oder längs oder mittels eines Leiters"[792] verbreitet werden.[793] Auch das Merkmal der Bestimmung für eine Nutzung durch die Allgemeinheit entfällt als Abgrenzungskriterium, da nach dem einfachgesetzlichen Verständnis sowohl Rundfunk als auch Mediendienste als „für die Allgemeinheit bestimmt"[794] veranstaltet werden. Im einfachgesetzlichen Sinne geht die Literatur überwiegend davon aus, dass das Tatbestandsmerkmale der Allgemeinheit die bloße Zugänglichkeit durch eine „beliebige Öffentlichkeit" umfasst und lediglich eine Adressierung an die Allgemeinheit vorliegt.[795] Unter verfassungsrechtlichen Gesichtspunkten bestehen jedoch berechtigte Zweifel am Tatbestandsmerkmal der Allgemeinheit, da bei Abrufdiensten keine „gleichzeitige Empfangbarkeit" eines „gleichen Inhaltes" vorliegt, sondern vielmehr eine individuelle, selektive Auswahl stattfindet.[796] Einzig verbleibend ist daher die inhaltlich-funktionale Differenzierung durch das Merkmal der „Darbietung". Wie bereits in der verfassungsrechtlichen Diskussion des Rundfunkbegriffs dargestellt,[797] ist der Kern der Darbietung die von ihr ausgehende Meinungsmacht. Demnach beinhaltet eine Darbietung Informationen, die dazu bestimmt und geeignet sind, die individuelle und öffentliche Meinungsbildung zu beeinflussen.

---

[792] § 2 Abs. 1 MDStV, § 2 Abs. 1 RStV; verfassungrechtlich kann dies allerdings bezweifelt werden; siehe oben Kap. 7.1.1.3

[793]Solange der klassische Rundfunk noch aus technischen Gründen an terrestrische Sender, Satellitensender oder das Kabelverteilnetz als Verbreitungsweg gebunden ist und seine Verbreitung die Zuteilung von Übertragungskapazitäten zur technischen Voraussetzung hat, stellt dieses technische Merkmal ein taugliches Kriterium zur Verfügung, um Rundfunk und „rundfunkähnliche" Mediendienste zu unterscheiden. Dieses Merkmal wird jedoch durch die Konvergenz der Übertragungswege obsolet. Siehe oben Kap. 4.2.1, 4.2.2; vgl. Michael Germann: a.a.O., S. 161; Hubertus Gersdorf: Multi-Media: Der Rundfunkbegriff im Umbruch? a.a.O., S. 566 Stephan Bleisteiner: a.a.O., S. 122 f.

[794] § 2 Abs. 1 MDStV, § 2 Abs. 1 RStV

[795] Vgl. Flemming Moos: Die Unterscheidung der Dienstformen Teledienst, Mediendienst und Rundfunk. a.a.O., S. 44

[796] Siehe oben Kap. 7.1.1.2; vgl. Reinhart Ricker: Die Nutzung des Internets als dritte Säule des öffentlich-rechtlichen Rundfunks. a.a.O., S. 29; Reinhart Ricker: Rundfunkgebühren für Computer mit Internetzugang? In: NJW (1997), S. 3199-3205, S. 3120 f.

[797] Siehe oben Kap. 6.1.1.1

Da in der Konkretisierung der Definition von Mediendiensten nach § 2 Abs. 2 Nr. 4 MDStV auch „Text-, Ton und Bild*darbietungen*“ als Mediendienste qualifiziert werden und ferner berücksichtigt werden muss, dass fast alle Inhalte – ob Information, Bildung, Beratung, Kultur oder Unterhaltung - eine gewisse, zumindest potenzielle Relevanz für den Prozess der Meinungsbildung aufweisen,[798] erweist sich das Tatbestandsmerkmal der Darbietung zunächst als unscharf.[799] Aus dem Gebührenurteil des Bundesverfassungsgerichts gehen drei Faktoren hervor, die maßgeblichen Einfluss auf die Meinungsrelevanz auszeichnen: Breitenwirkung, Aktualität und Suggestivkraft.[800] Diese verfassungsrechtlichen Merkmale werden auch von den Landesmedienanstalten, die nach der „Soweit“-Klausel des § 20 Abs. 2 S. 1 RStV für die Zuordnung oder Abgrenzung von „rundfunkähnlichen“ Mediendiensten zuständig sind, aufgegriffen und konkretisiert.[801]

„Breitenwirkung“, d.h. Massenkommunikationswirkung, entfaltet der klassische Rundfunk als Vorgang der Massenkommunikation dadurch, dass sich hinsichtlich der übermittelten Inhalte ein zeitgleicher Multiplikationseffekt ergibt, da identische Inhalte gleichzeitig an eine beliebige Öffentlichkeit verteilt werden.[802] Für das Merkmal der Breitenwirkung ist folglich weniger der tatsächliche Inhalt relevant, sondern vielmehr die Eigenschaft als Verteildienst, jederzeit verfügbar und per Knopfdruck rezipierbar zu sein. Im Strukturpapier über die Unterscheidung von Rundfunk und Mediendiensten, das die Direktorenkonferenz der Landesmedienanstalten DLM verabschiedet hat, wird festgestellt, dass der klassische Rundfunk für den Rezipienten einen „Bequemlichkeits- und Kostenvorsprung“ gegenüber Abrufdiensten i.S.d. MDStV habe.[803] Während sich das Argument des Kostenvorsprungs durch die dynamische Entwicklung der Zugangskosten (z.B. zeitunabhängiger Internetzugang, sog. „Flat-Rate“) relativieren wird, bleibt der „Bequemlichkeitsvorsprung“ des klassischen Rundfunks. Dieser Vorsprung bleibt weiterhin bestehen, da Abrufdienste durch das systemimmanente Wesensmerkmal der Interaktivität ein hö-

---

[798] Vgl. Reinhart Ricker / Peter Schiwy: a.a.O., Abs. B, Rn. 42, Günter Herrmann: a.a.O., § 5 Rn. 33; Albrecht Hesse: Rundfunkrecht. a.a.O., S. 80 f.; Ring, Wolf-Dieter: Medienrecht – Rundfunk, Neue Medien, Presse. Loseblattsammlung. München 1993 ff., S.C-0.3, Rn. 8; Viktor Janik: a.a.O., S. 11; Bert Eichborn: Internet-Recht. a.a.O., S. 38 f.

[799] Vgl. Joachim Scherer / Frank Hölscher: Gestaltungsspielräume für eine Reform der Organisation der Telekommunikations- und Medienaufsicht unter dem Grundgesetz. Rechtsgutachten im Auftrag der Bertelsmann Stiftung. o.O. 1999, S. 22

[800] BverfGE 90, 60, 87

[801] Vgl. Arbeitsgemeinschaft der Länder (ALM) / Direktorenkonferenz der Landesmedienanstalten (DLM): Erstes Strukturpapier über die Unterscheidung von Rundfunk und Mediendiensten. Aktualisierte Fassung. 9. Dezember 1998. Im Internet unter: http://www.alm.de/aktuelles/presse/struktur2.htm Stand: 02.05.2001

[802] Vgl. Ebd.; Viktor Janik: Der deutsche Rundfunkbegriff im Spiegel technischer Entwicklungen. a.a.O., S. 11

[803] Arbeitsgemeinschaft der Landesmedienanstalten in der Bundesrepublik Deutschland ALM / Direktorenkonferenz der Landesmedienanstalten DLM (Hrsg.): Erstes Strukturpapier über die Unterscheidung von Rundfunk und Mediendiensten. a.a.O., Kap. 2.1.2

heres Maß an Auseinandersetzung mit dem Medium sowie aktiver Nutzung bedürfen, während der klassische Rundfunk auf das verfassungsrechtlich begründete Merkmal des „Ein- und Ausschaltens“ reduziert ist.[804]

„Aktualität“ der Inhalte wird durch die Produktions- und Verbreitungstechnik des klassischen Rundfunks ermöglicht und fordert den Rezipienten in gesteigertem Maß zu einer meinungsbildenden Auseinandersetzung heraus. Internetangebote erfüllen das Merkmal der Aktualität nicht grundsätzlich. Für den Rezipienten ist in vielen Fällen nicht ersichtlich, ob ein Angebot „aktuell“ ist oder wann die Inhalte auf dem *Server* zum Abruf hinterlegt wurden.

„Suggestivkraft“ des klassischen Rundfunks wird durch den Eindruck der Authentizität der audiovisuellen Darstellung erzeugt.[805] Mit Hilfe der audiovisuellen Kombination von Ton und Bewegtbild sowie den Darstellungsmöglichkeiten durch Licht, Farbe, (Kamera-) Perspektive etc. „suggeriert“ klassischer Rundfunk dem Rezipienten eine Teilhabe am Geschehen, die insbesondere bei der Live-Berichterstattung besonders groß ist. Die Suggestivkraft des klassischen Rundfunks basiert zugleich auf einer Vielzahl dramaturgischer Möglichkeiten, die einen erheblichen Einfluss auf die Meinungsbildung ausüben können.[806] Verstärkt wird die Suggestivkraft durch den hohen Grad an Glaubwürdigkeit des Fernsehens gegenüber anderen Massenmedien.[807] Abrufdienste, deren Inhalte über schmalbandige Übertragungstechnik abgerufen wird, erfüllen das rundfunkspezifische Merkmal der Suggestivkraft keinesfalls, da sie weder in Bild- noch Tonqualität, noch Gesamteindruck den Tatbestand der wirklichkeitsnahen Suggestion vermitteln. Strittig ist, ob Angebote, die über breitbandige Verbindungen abgerufen werden und demnach qualitativ höhere audiovisuelle Darstellungen bieten, die geforderte Suggestivkraft des klassischen Rundfunks erreichen können.

Bei der Zuordnung oder Abgrenzung eines Mediendienstes vom Rundfunkbegriff gemäß § 2 Abs. 1 RStV und § 20 Abs. 2 S. 1 RStV ist folglich danach zu fragen, ob bestimmte Dienste mangels Breitenwirkung, Aktualität oder Suggestivkraft nicht als Rundfunk zu bezeichnen sind und somit nicht dem strengen Ordnungsrahmen für den Rundfunk unterworfen werden können. In Kap.

---

[804] Vgl. BverfGE 74, S. 352 f.

[805] Vgl. Arbeitsgemeinschaft der Länder (ALM) / Direktorenkonferenz der Landesmedienanstalten (DLM): Erstes Strukturpapier über die Unterscheidung von Rundfunk und Mediendiensten. a.a.O., Kap. 2.1.2

[806] Vgl. Hans Mathias Kepplinger: Nonverbale Kommunikation: Darstellungseffekte. In: Elisabeth Noelle-Neumann / Winfried Schulz / Jürgen Wilke (Hrsg.): Fischerlexikon Publizistik/ Massenkommunikation. Frankfurt am Main 1989, 1994, 2000, S. 337-365, S. 340 f., 352 ff.; Hans Mathias Kepplinger: Wirkung von Gewaltdarstellungen in den Massenmedien. In: ebd., S.571-583, S. 573 f.

[807] Vgl. Elisabeth Noelle-Neumann: Wirkung der Massenmedien auf die Meinungsbildung. In: Elisabeth Noelle-Neumann / Winfried Schulz / Jürgen Wilke (Hrsg.): Fischerlexikon Publizistik/ Massenkommunikation. Frankfurt am Main 1989, 1994, 2000, S. 518-571, S. 546 ff.

6.4 werden die dargestellten Abgrenzungskriterien zwischen Rundfunk und Mediendienst auf das Internetangebot der klassischen Medien angewendet.

6.3.2 Abgrenzung von Rundfunk und Teledienst

Die Abgrenzung von Rundfunk und Telediensten ist unter medienpolitischen Gesichtpunkten weit weniger problematisch als die der Mediendienste vom Rundfunk. Nachdem § 2 Abs. 4 Nr. 2 TDG „Rundfunk im Sinne des § 2 des Rundfunkstaatvertrags" aus seinem Anwendungsbereich ausnimmt, sind eventuelle Kollisionen zwischen dem Teledienst- und Rundfunkbegriff ausgeräumt.[808] Teledienste betreffen den Bereich der Individualkommunikation und der publizistisch irrelevanten Datendienste. Damit fällt der Regelungsbereich des TDG nach Art. 73 Nr. 7, 74 Abs. 1 Nr. 11 GG in den Kompetenzbereich des Bundes.[809] In § 2 Abs. 2 Nr. 1-5 TDG führt der Gesetzgeber konkrete Regelbeispiele an, die sich weniger an der technischen Verbreitung, sondern vielmehr an ihrer individualkommunikativen Funktion orientieren. Hierzu zählen:

„1. Angebote der Individualkommunikation (z.B. Telebanking, Datenaustausch),
2.Angebote zur Information oder Kommunikation, soweit nicht die redaktionelle Gestaltung zur Meinungsbildung für die Allgemeinheit im Vordergrund steht (Datendienste, z.B. Verkehrs-, Wetter-, Umwelt- und Börsendaten, Verbreitung von Informationen über Waren und Dienstleistungsangebote),
3. Angebote zur Nutzung des Internets oder weiterer Netze,
4. Angebote zur Nutzung von Telespielen,
5. Angebote von Waren und Dienstleistungen in elektronisch abrufbaren Datenbanken mit interaktivem Zugriff und unmittelbarer Bestellmöglichkeit."

Die Regelbeispiele des TDG verdeutlichen, dass die Zielrichtung der Teledienste auf eine in erster Linie durch den Nutzer zu gestaltende Individualkommunikation und nicht auf eine die öffentliche Meinungsbildung fördernde Form der Massenkommunikation ausgerichtet ist.[810] Die Unterscheidung von Telediensten und klassischem Rundfunk scheint sowohl technisch als auch inhaltlich-funktional eindeutig.

6.3.3 Abgrenzung von Mediendienst und Teledienst

Neben der schwierigen Abgrenzung von Rundfunk und Mediendienst ist auch die Schnittstelle von Telediensten und Mediendiensten aufgrund der inhaltlich-funktionalen Konvergenztendenzen und hinsichtlich der Grenzziehung

---

808 Vgl. Michael Germann: a.a.O., S. 161
809 Vgl. Matthias Schote: Die Rundfunkkompetenz des Bundes am Beispiel bundesstaatlicher Kulturkompetenz in der Bundesrepublik Deutschland. a.a.O., S. 50 f.; Viktor Janik: a.a.O., S. 10
810 Vgl. Begründung zum IuKDG, BT-Drucksache 13/7385 vom 09.04.1997

von Bund- und Landeskompetenzen problematisch.[811] Tele- und Mediendienste werden zwar beide der Kategorie „Informations- und Kommunikationsdienste" zugeordnet, in der Rechtssystematik werden aber lediglich die Teledienste durch das *Informations- und Kommunikationsdienste*-Gesetz (insb. Art. 1, TDG) des Bundes erfasst, während die Mediendienste unter den MDStV der Länder fallen.[812] Zur inhaltlich-funktionalen Unterscheidung von Tele- und Mediendiensten lassen sich ebenfalls zum einen Regelbeispiele anführen, zum anderen Abgrenzungskriterien aus der einfachgesetzlichen Legaldefinition ableiten.[813] Nachfolgend sind zunächst die Kriterien zu erörtern, die sich aus der Auslegung der Legaldefinitionen ergeben, anschließend werden die Regelbeispiele als Abgrenzungshilfe bemüht.

Gemeinsam ist den Legaldefinitionen der beiden Dienstetypen die technische Verbreitung: Teledienste wie Mediendienste werden gemäß §§ 2 Abs. 1 TDG und MDStV mittels Telekommunikation übermittelt. Die Präzisierung der Übermittlung in § 2 Abs. 1 MDStV als „Verbreitung unter Benutzung elektromagnetischer Schwingungen ohne Verbindungsleitung oder längs oder mittels eines Leiters" entspricht der Übermittlung durch Telekommunikation i.S.d. TKG, da die Legaldefinition des Telekommunikationsbegriffs nach § 3 Nr. 16, 17 TKG alle technischen Möglichkeiten der Datenübertragung einschließt.[814] Im Gegensatz zum technisch ausgelegten Telekommunikationsbegriff sind Tele- und Mediendienste durch ihre jeweilige Funktion charakterisiert, die über das „Aussenden, Übermitteln und Empfangen"[815] hinausgeht und sich vielmehr auf den Anwendungsprozess bezieht. Diese Funktion lässt sich als „Kommunikations-Mehrwert"[816] gegenüber den Telekommunikationsdiensten beschreiben. Die legaldefinitorische Differenzierung von Tele- und Mediendiensten basiert folglich nicht auf den technischen Merkmalen, sondern auf den zwei gegenläufigen Merkmalen „für eine individuelle Nutzung" nach dem TDG und für eine Nutzung durch die „Allgemeinheit" nach dem MDStV.[817] In dieser Abgrenzung von Individual- und Massenkommunikation spiegelt sich die strittige Kompe-

[811] Vgl. Wolfgang Hoffmann-Riem / Wolfgang Schulz / Thorsten Held: Konvergenz und Regulierung. a.a.O., S. 56 f.; Wolfgang Hoffmann-Riem: Regulierung der dualen Rundfunkordnung. Grundfragen. a.a.O., S. 230 f.
[812] Siehe oben Kap. 6.2.2, 6.2.3
[813] Vgl. Stephan Bleisteiner: a.a.O., S. 119 ff. Stefan Engel-Flechsig: Das Informations- und Kommunikationsdienstegesetz des Bundes und der Mediendienstestaatsvertrag der Bundesländer. a.a.O., S. 237 f.
[814] Siehe oben Kap. 6.2.4
[815] § 3 Nr. 16 TKG
[816] Michael Germann: a.a.O., S. 128
[817] Vgl. Stephan Bleisteiner: a.a.O., S. 123; Georgios Gounalakis: Der Mediendienste-Staatsvertrag. a.a.O., S. 2994 f.; Flemming Moos: Die Unterscheidung der Dienstformen Teledienst, Mediendienst und Rundfunk. In: Detlef Kröger / Marc A. Gimmy (Hrsg.): Handbuch zum Internetrecht. Electronic Commerce – Informations-, Kommunikations- und Mediendienste. Berlin, Heidelberg 2000, S. 37-62, S. 43 ff.

tenzaufteilung zwischen Bund und Ländern wieder.[818] Problematisch wird die Abgrenzung zwischen Tele- und Mediendienst durch das Fehlen eines definitorischen Ausschließlichkeitsverhältnisses: Die Definitionsmerkmale der „individuellen Nutzung" (Teledienst) und der „Bestimmung für die Allgemeinheit" (Mediendienst) schließen sich – wie später am praktischen Beispiel noch deutlich wird[819] – nicht zwangsläufig aus, sondern können auch in Kombination auftreten. Während die Länder i.S.d. MDStV an die Allgemeinheit anknüpfen und somit die Dienste aus dem Blickwinkel der Anbieter definieren (angebotsorientiert), beurteilt der Bund die neuen Dienste aus der Sicht der Nutzer (nachfrage-orientiert), indem er darauf abstellt, ob der Dienst für eine individuelle Nutzung bestimmt ist.[820] Diese unterschiedlichen Beurteilungsperspektiven spiegeln sich darin wieder, dass eine Vielzahl der Informations- und Kommunikationsdienste nach dem Wortlaut der §§ 2 Abs. 1 TDG, MDStV beide Kriterien erfüllen und somit beiden Gesetzesmaterien zugeordnet werden könnten. Dies ist jedoch nach § 2 Abs. 4 Nr. 3 TDG ausdrücklich ausgeschlossen, um kompetenzwidrige Regelungen zu verhindern und im Zweifelsfall den Ländern die Regelung zu zuzusprechen. Damit überlässt der Bund durch freiwillige Selbstbeschränkung nach Art. 72 Abs. 1 GG den Ländern die Regelungskompetenz für Dienste, die im verfassungsrechtlichen Sinn nicht dem Rundfunkbegriff zuzuordnen sind.[821]

Die besondere Problematik der Abgrenzung von Tele- und Mediendiensten zeigt sich am deutlichsten bei den Abrufdiensten. Abrufdienste, wie etwa Internetangebote, sind nach ganz überwiegender Auffassung einer beliebigen, unbestimmten Öffentlichkeit zugänglich. Im Sinne des § 2 Abs. 1 MDStV kann ein Abrufdienst als „an die Allgemeinheit gerichtet" angesehen werden, wenn seine Nutzung – ohne die zeitliche Gleichförmigkeit eines Verteildienstes – allein durch den inhaltlichen Charakter des Angebots ein für alle Nutzer im wesentlichen gleichförmiges Bild zeigt.[822] Gleichzeitig ist es aber immanentes

---

[818] Ausführlich zu den Vorgaben der föderalen Kompetenzordnung: Michael Germann: a.a.O., S. 140; Stefan Engel-Flechsig: Das Informations- und Kommunikationsdienstegesetz des Bundes und der Mediendienstestaatsvertrag der Bundesländer. a.a.O., S. 231 f.; Martin Bullinger / Ernst-Joachim Mestmäcker: Multimediadienste. a.a.O., S. 138 f.

[819] Siehe unten Kap. 6.4

[820] Vgl. Detlef Kröger / Flemming Moos: Mediendienst oder Teledienst? Zur Aufteilung der Gesetzgebungsmaterie Informations- und Kommunikationsdienste zwischen Bund und Ländern. In: AfP Nr. 4 (1997), S. 675-680, S. 675 ff.; Bert Eichborn: Internet-Recht. a.a.O., S. 33; Detlef Kröger / Flemming Moos: Regelungsansätze für Multimediadienste – Mediendienstestaatsvertrag und Teledienstegesetz. In: ZUM Nr. 5 (1997), S. 462-471, S. 465 f.

[821] Vgl. Michael Germann: a.a.O., S. 151; Cornelius von Heyl: Teledienste und Mediendienste nach Teledienstegesetz und Mediendienste-Staatsvertrag. In: ZUM Nr. 2 (1998), S. 115-120, S. 117; Axel Bysikiewicz: Zulassung und Aufsicht von Tele- und Mediendiensten. In: Detlef Kröger / Marc A. Gimmy (Hrsg.): Handbuch zum Internetrecht. Electronic Commerce – Informations-, Kommunikations- und Mediendienste. Berlin, Heidelberg 2000, S. 257-287, S. 276, S. 280

[822] Vgl. Hubertus Gersdorf: Der verfassungsrechtliche Rundfunkbegriff im Lichte der Digitalisierung der Telekommunikation. Berlin 1995, S. 30 ff.; Michael Germann: a.a.O., S. 157; Matthias

Merkmal der Abrufdienste, durch individuellen Einzelabruf sowie eine damit verbundene individuelle Rezeption für die „individuelle Nutzung" bestimmt zu sein.[823] Somit können die Internetangebote nicht anhand des Wortlauts der Legaldefinitionen analog §§ 2 Abs. 1 TDG und MDStV einem der Regelwerke ausschließlich zugeordnet werden.

Da die Betrachtung des Wortlauts der Definitionen von Tele- und Mediendienst nicht zur Abgrenzung ausreicht, ist eine Auslegung und Interpretation der Begriffe „individuelle Nutzung" und „Bestimmung für die Allgemeinheit" notwendig. Nach einer restriktiven Auslegung des Merkmals der „individuellen Nutzung" kommt dem individuellen Abruf eine untergeordnete Bedeutung zu, die zunächst als Voraussetzung der Nutzung eines Informations- und Kommunikationsdienstes zu werten ist. Der individuelle Abruf ist demnach vergleichbar mit der Auswahl des Rundfunkprogramms per Knopfdruck und besitzt per se noch keine individualkommunikative Nutzungsfunktion. Auch § 2 Abs. 1 TDG konstatiert, dass sich die individualkommunikative Funktion aus der individuellen Nutzung kombinierbarer Daten, nicht aber bereits aus dem Diensteangebot per se ergibt.[824] Auch das Gesetzesziel, das in der amtlichen Begründung zum IuKDG beschrieben ist, bezieht sich auf die durch den Nutzer bestimmbare Kommunikation. Charakteristisch hierfür seien Anwendungen im Sinne eines individuellen und frei kombinierbaren Umgangs mit Informationen verschiedener interaktiv verwendbarer Darstellungsformen.[825] Demnach und nach § 2 Abs. 2 Nr. 4 MDStV ist ein Abrufdienst nicht grundsätzlich als Teledienst oder Mediendienst einzustufen.

Weitere Abgrenzungskriterien zwischen Tele- und Mediendiensten ergeben sich aus den Regelbeispielen, die der Gesetzgeber in § 2 Abs. 2 Nr. 1-4 MDStV und § 2 Abs. 2 Nr.1-5 TDG anführt.[826] In der praktischen Anwendung helfen allerdings die wenigsten Regelbeispielen der Zuordnung, da die meisten Beispiele unproblematische Fälle erfassen. Drei der vier Regelbeispiele des MDStV beziehen sich auf Verteildienste, die ohnehin nicht dem TDG unterfallen.[827] Das vierte Regelbeispiel in § 2 Abs. 2 Nr. 4 MDStV präzisiert die Abgrenzung von Tele- und Mediendiensten. Wie bereits in der Abgrenzung von Rundfunk und Mediendiensten erwähnt, umfasst der MDStV

„Abrufdienste, bei denen Text-, Ton- oder Bilddarbietungen auf Anforderung aus elektronischen Speichern zur Nutzung übermittelt werden, mit Ausnahme

---

Schote: Die Rundfunkkompetenz des Bundes am Beispiel bundesstaatlicher Kulturkompetenz in der Bundesrepublik Deutschland. a.a.O., S. 19 ff.

[823] Vgl. Flemming Moos: Die Unterscheidung der Dienstformen Teledienst, Mediendienst und Rundfunk. a.a.O., S. 48; Georgios Gounalakis / Lars Rhode: Elektronische Kommunikationsangebote zwischen Telediensten, Mediendiensten und Rundfunk. CR (1998), S. 487-492, S. 489 ff.

[824] Vgl. Flemming Moos: Die Unterscheidung der Dienstformen Teledienst, Mediendienst und Rundfunk. a.a.O., S. 48

[825] Begründung zum IuKDG, BT-Drucksache 13 / 7385, S. 16 f.

[826] Siehe oben Kap. 6.2.2, 6.2.3, sowie Zitation der §§ in Kap. 6.3.1 und 6.3.2

von solchen Diensten, bei denen der individuelle Leistungsaustausch oder die reine Übermittlung von Daten im Vordergrund steht, ferner von Telespielen.“

Im Wortlaut des Regelbeispiels werden die Abgrenzungsprobleme zunächst konstatiert, da die „Nutzung“ im Sinne des Abrufs der entsprechenden Daten (Text-, Ton- und Bilddarbietungen) zwangsläufig individuell sein muss, wie es im § 2 Abs. 1 TDG explizit erwähnt wird. Brauchbarer scheint daher die ausdrückliche Ausnahme von Abrufdiensten mit „individuellem Leistungsaustausch“ zu sein. Mit dieser Formulierung des „individuellen Austauschs“ wird die oben vorgenommene Interpretation des legaldefinitorischen Merkmals der „individuellen Nutzung“ von Abrufdiensten bestätigt. Unklar ist jedoch, was unter „individuellem Leistungsaustausch“ genau zu verstehen ist.[828] Analog zur Begründung des MDStV steht der individuelle Leistungsaustausch dann im Vordergrund, wenn die elektronisch erbrachten Leistungen auf ein konkretes Individualverhältnis zwischen dem Nutzer und dem Anbieter bezogen sind (z.B. Telebanking, Telemedizin etc.).[829] Das Individualverhältnis setzt demnach Kommunikationshandlungen voraus, die entweder bereits vor dem Abruf (Telebanking) oder durch Bezahlung (Use-on-Demand) entstehen. Die Ausnahmeklausel des „individuellen Leistungsaustauschs“ lässt sich auch auf wirtschaftliche Transaktionen auslegen, für deren rechtliche Regelung der Bund gemäß Art. 74 Nr. 11 GG eine konkurrierende Zuständigkeit besitzt.[830] Problematisch wird diese Zuordnung, wenn bei Angeboten die Meinungsbildung für die Allgemeinheit im Vordergrund steht und daher gemäß § 2 Abs. 2 Nr. 2 TDG von dessen Anwendungsbereich ausgeschlossen ist, der Nutzer aber zunächst in einem „individuellen Leistungsaustausch“ (Bezahlung oder Einloggen per Passwort etc.) zum Anbieter steht. Die Meinungsrelevanz eines Angebots hängt jedoch nicht von der Gewährung einer unmittelbaren Gegenleistung ab, so dass bei solchen Angeboten die schlichte Bezahlung nicht ausreichen kann, sie gemäß § 2 Abs. 2 Nr. 4 2. HS MDStV vom Geltungsbereich des MDStV auszuschließen. Die Diskussion um kostenpflichtige Internetangebote, die von der Medienwirtschaft zunehmend als Einnahmequelle ins Gespräch gebracht wird, erhöht die Bedeutung dieser Abgrenzung.

Auch die Heranziehung der Beispielkataloge des TDG nach § 2 Abs. 2 Nr.1-5 TDG, die die individualkommunikativen Funktionen konkretisieren, ermöglichen keine eindeutige Abgrenzung zum MDStV. Dienste nach § 2 Abs. 2 Nr. 1 TDG sind der Individualkommunikation zuzurechnen und enthalten zum Teil kein inhaltliches Angebot (z.B. reiner Datenaustausch bei Telearbeit, Teleme-

[827] Hier ist vielmehr die Abgrenzung zum Rundfunk problematisch.
[828] Vgl. Michael Germann: a.a.O., S. 157 f.; Flemming Moos: Die Unterscheidung der Dienstformen Teledienst, Mediendienst und Rundfunk. a.a.O., S. 49 f.
[829] Begründung zum MDStV, nds. LT-Drucksache 13 / 2820, S. 23
[830] Vgl. Matthias Schote: Die Rundfunkkompetenz des Bundes am Beispiel bundesstaatlicher Kulturkompetenz in der Bundesrepublik Deutschland. a.a.O., S. 74; Stefan Engel-Flechsig: Die neue Medienordnung. a.a.O., S. 69 f.

dizin, Telematik). Ihre Zuordnung als Teledienst gilt generell als fragwürdig, da im TDG gerade inhaltsbezogene Regelungen in Abgrenzung zum TKG enthalten sein sollen.[831] Zu den individualkommunikativen Inhalten nach § 2 Abs. 2 Nr.1 TDG lassen sich öffentlich abrufbare Diskussionsforen und Chatrooms im Internet rechnen, soweit die Beiträge ungefiltert abrufbar sind. Bei moderierten Diskussionsforen hingegen, d.h. solche, die individualkommunikative Inhalte redaktionell selektieren und aufbereiten, versagt die Zuordnung zu TDG oder MDStV.[832] Das Regelbeispiel des § 2 Abs. 2 Nr. 2 TDG umfasst eine breite Vielzahl von Abrufdiensten, bei denen - in Verbindung mit § 2 Abs. 2 Nr.4 TDG – die Übermittlung von Daten im Vordergrund steht. Unter diese Kategorie fallen die Datendienste, z.B. Verkehrs-, Wetter-, Umwelt- und Börsendaten, die Verbreitung von Informationen über Waren und Dienstleistungsangebote, sowie die „klassischen" Internetdienste Gopher, Telnet und FTP, sofern bei den heruntergeladenen Inhalten keine redaktionelle Gestaltung zur Meinungsbildung für die Allgemeinheit im Vordergrund steht. Das Regelbeispiel des § 2 Abs. 2 Nr. 3 und 4 TDG erfasst Angebote zur Nutzung des Internets oder weiterer Netze, die allerdings nicht als Zugangsdienste zu verstehen sind, sondern vielmehr Navigationshilfen und Suchmaschinen einschließen, sowie Telespiele.[833] Das Regelbeispiel des § 2 Abs. 2 Nr. 5 TDG erfasst Angebote von Waren und Dienstleistungen in elektronisch abrufbaren Datenbanken mit interaktivem Zugriff und unmittelbarer Bestellmöglichkeit. Darunter fallen elektronische Bestell- Buchungs- und Maklerdienste ebenso wie Online-Kataloge und virtuelle Warenhäuser. Als Verteildienst verbreitete Teleshopping-Angebote unterliegen jedoch dem MDStV, gegebenenfalls sogar dem RStV, sofern die redaktionellen, meinungsrelevanten Informationen überwiegen.[834]

Die dargestellten Möglichkeiten der Abgrenzung von Tele- und Mediendiensten führen zu dem Ergebnis, dass weder unter Anwendung der Legaldefinitionen, noch ihrer Auslegung, noch der Beispielkataloge der Regelwerke in allen Fällen eine eindeutige und unstrittige Zuordnung insbesondere der Abrufdienste möglich ist. Die Regelwerke des MDStV und des TDG sind nicht komplementär konstruiert, sondern spiegeln die Kompetenzkonkurrenz von Bund und Ländern wieder.[835] Nahezu Einstimmigkeit herrscht in der wissenschaftlichen Diskussion zur Abgrenzung von Tele- und Mediendienst darüber,

---

[831] Vgl. Flemming Moos: Die Unterscheidung der Dienstformen Teledienst, Mediendienst und Rundfunk. a.a.O., S. 51

[832] Vgl. Ebd.

[833] Vgl. Michael Germann: a.a.O., S. 158 f.

[834] Vgl. Ebd., S. 159; Stefan Engel-Flechsig: Das Informations- und Kommunikationsdienstegesetz des Bundes und der Mediendienstestaatsvertrag der Bundesländer. a.a.O., S. 235; Flemming Moos: Die Unterscheidung der Dienstformen Teledienst, Mediendienst und Rundfunk. a.a.O., S. 52

[835] Vgl. Gerhard Spindler: Konvergenz der Medien – Divergenz im Recht! Editorial. In: MMR Nr. 7 (1999), S. 377-378; Wolfgang Hoffmann-Riem / Wolfgang Schulz / Thorsten Held: Konvergenz und Regulierung. a.a.O., S. 57; Axel Bysikiewicz: Zulassung und Aufsicht von Tele- und Mediendiensten. a.a.O., S. 276 ff.

dass eine Bewertung und Zuordnung der Abrufdienste zu einem der Regelwerke nur im Einzelfall möglich ist und eine separate Gesamtbetrachtung des Angebots bedarf.[836] Wann also ein Abrufdienst als Mediendienst einzustufen ist und wo der Übergang vom Teledienst zum Mediendienst zu verorten ist, ist vom Einzelfall und keinesfalls von der Kategorie abhängig (z.B. die Kategorie Internetangebote der klassischen Medien). Kritisch wird jedoch auch angemerkt, dass die Überprüfung im Einzelfall aufgrund der Vielzahl unterschiedlicher Angebote und möglicher Kombinationen praktisch nicht zu leisten ist.[837] Weiter herrscht Uneinigkeit über die praktische Bewertung: Sowohl nach § 2 Abs. 2 Nr. 2, 2. HS TDG als auch nach § 2 Abs. 2 Nr. 4 MDStV ist eine Differenzierung und Bewertung nach dem Schwerpunkt des Dienstes anzustellen. Dazu bedarf es der individuellen Bewertung, ob die „redaktionelle Gestaltung zur Meinungsbildung für die Allgemeinheit" oder der „individuelle Leistungsaustausch" im Vorder- oder Hintergrund stehen. Strittig ist, ob ein Teledienst bereits als Mediendienst zu klassifizieren ist, wenn gewisse Teile seines Gesamtangebots die Kriterien des MDStV erfüllen, oder ob umgekehrt ein Mediendienst als Teledienst zu werten ist, wenn er individualkommunikative Dienste in sein Angebot integriert. Weiter ist bisher juristisch nicht entschieden, wann ein Dienst „im Vordergrund"[838] steht und ob bei kombinierten Diensten eine Gesamtbetrachtung oder eine separate Einordnung der Einzelteile durchzuführen ist.

Insbesondere Internetangebote, die häufig unterschiedliche Dienste in Kombination anbieten, entziehen sich somit einer eindeutigen Zuordnung zum TDG oder MDStV.[839] Internetangebote mit überwiegend individualkommunikativen Funktionen (z.B. kostenfreie E-Mail-Angebote, Telespiele im Internet etc.) enthalten häufig redaktionelle Begleitangebote, die durchaus von hoher publizistischen Relevanz sein können.[840] Umgekehrt ist jedoch auch denkbar, dass ein redaktionell gestaltetes Internetangebot zunächst an die Allgemeinheit gerichtet wird, jedoch mit dem finalen Sinn und Zweck der individualkommunikati-

---

[836] Vgl. Arthur Waldenberger: Teledienste, Mediendienste und die „Verantwortlichkeit" ihrer Anbieter. In: MMR Nr. 2 (1998), S.124-129, S. 125 f.; Bert Eichborn: Internet-Recht. a.a.O., S. 33; Flemming Moos: Die Unterscheidung der Dienstformen Teledienst, Mediendienst und Rundfunk. a.a.O., S. 49; Cornelius von Heyl: a.a.O., S. 119; Wolfgang Hoffmann-Riem: Regulierung der dualen Rundfunkordnung. Grundfragen. a.a.O., S. 230 f.

[837] Vgl. Flemming Moos: Die Unterscheidung der Dienstformen Teledienst, Mediendienst und Rundfunk. a.a.O., S. 53; Georgios Gounalakis / Lars Rhode: Elektronische Kommunikationsangebote zwischen Telediensten, Mediendiensten und Rundfunk. a.a.O. S. 487 ff.

[838] In Sinne des § 2 Abs. 4 Nr. 3 TDG

[839] Vgl. Axel Bysikiewicz: Zulassung und Aufsicht von Tele- und Mediendiensten. a.a.O., S.278 f.; Flemming Moos: Die Unterscheidung der Dienstformen Teledienst, Mediendienst und Rundfunk. a.a.O., S. 43 ff.; Gerhard Spindler: Konvergenz der Medien – Divergenz im Recht! Editorial. In: MMR Nr. 7 (1999), S. 377-378

[840] Bei den E-Mail-Anbieter GMX oder Hotmail stehen zum Beispiel die individualkommunikativen Leistungen im Vordergrund, die jedoch durch ein redaktionelles Begleitangebot ergänzt werden.

ven Nutzung.[841] Die Abgrenzung zwischen Tele- und Mediendiensten, die entlang der Gesetzgebungskompetenzen von Bund und Ländern führt, lässt keine eindeutige inhaltliche oder funktionale Trennlinie zwischen den Diensten zu. Besonders schwierig ist die Einordnung, wenn mehrere Inhalte oder Funktionen, die einzeln betrachtet entweder als Tele- oder Mediendienst zu klassifizieren wären, etwa auf einer Website zusammengefasst werden.

6.4 Einordnung der Internetangebote klassischer Medien gemäß §§ 2 Abs. 1, 2 RStV, MDStV und TDG und § 20 Abs. 1 RStV

Die dargestellten Abgrenzungskriterien zwischen den Regelungsregimes des TDG, des MDStV und RStV sollen im folgenden auf die Internetangebote der klassischen Medien angewandt werden. Dabei geht es vor allem um die Frage, welchem Regelungsregime ein Angebot zugeführt werden kann: Ist bspw. die Website „www.rtl.de" des Fernsehsenders RTL Mediendienst oder Rundfunk? Ist die Verbreitung des TV-Programms des Senders N-TV über das Internet mittels Streaming-Technologie ein rundfunkähnlicher Mediendienst oder Rundfunk? Lässt sich das elektronische Gesamtangebot „www.faz.net" der Frankfurter Allgemeinen Zeitung den Mediendiensten zuzuordnen oder gilt das Presserecht? In der nachfolgenden Untersuchung ist dies zu erörtern.

Die Untersuchung der Internetangebote der klassischen Medien in Kap. 2 ergibt, dass die klassischen Massenmedien begonnen komplementäre Internetangebote betreiben, die weit über nur programmbegleitende oder zweitverwertende Angebote hinausgehen.[842] In Kap. 3, wurden zudem die Entwicklungstendenzen der Informations- und Kommunikationstechnologien herausgearbeitet, die unter dem Stichwort der „Konvergenz" die wissenschaftliche und medienpolitische Debatte prägen. Im Unterschied zur technischen Konvergenz ist der Bereich der inhaltlich-funktionalen Konvergenz weniger durch das Zusammenwachsen, sondern vielmehr durch einen Diversifizierungsprozess gekennzeichnet, der sich in der fortschreitenden Ausdifferenzierung neuer Medienangebote, Programm-, Vermarktungs- und Nutzungsformen äußert.[843] Insb. das WWW, dessen mediale Inhalte Schrift und Bild, zunehmend aber auch Ton und Bewegbild umfassen, gilt als zentraler informationstechnischer Übertragungsdienst des Internets. Obwohl das Internet bisher nur be-

---

[841] Vgl. Stephan Bleisteiner: a.a.O., S. 123; Detlef Kröger / Flemming Moos: Mediendienst oder Teledienst? Zur Aufteilung der Gesetzgebungsmaterie Informations- und Kommunikationsdienste zwischen Bund und Ländern. a.a.O., S. 675-680, S. 676 ff.; Cornelius von Heyl: a.a.O., S. 115, S. 117

[842] Siehe oben Kap. 3, insb. 3.2, 3.3, 3.4; vgl. Klaus Goldhammer / Axel Zerdick: Rundfunk Online. Entwicklung und Perspektiven des Internets für Hörfunk- und Fernsehanbieter. Schriftenreihe der Landesmedienanstalten Band 14. Berlin 1999, S. 138 ff.; Wolfgang Hoffmann-Riem: Regulierung der dualen Rundfunkordnung. Grundfragen. Baden-Baden 2000, S. 80; Helge Rossen-Stadtfeld: Medienaufsicht unter Konvergenzbedingungen. In: ZUM Nr. 1 (2000), S. 36-46, S. 36

[843] Vgl. Klaus Goldhammer: Konvergenz ist ein Mythos. In: Tendenz Nr. 1 (2001), S. 20-21; Helge Rossen-Stadtfeld: Medienaufsicht unter Konvergenzbedingungen. a.a.O., S. 37

grenzt zur Übertragung von Bewegtbildern taugt, wird die zunehmende Verbreitung mobiler und leitungsgebundener Breitbandtechnologien die Übertragungsprobleme audiovisueller Information lösen.[844]

Internetangebote sind aufgrund der ihnen immanenten Funktionsweise grundsätzlich der Kategorie der Abrufdienste zuzurechnen. Wie bereits dargestellt, können sie somit potenziell als Teledienste und Mediendienste, in besonderen Fällen jedoch auch als „rundfunkähnliche" Dienste i.S.d. § 20 RStV Abs. 2 eingeordnet werden und unterliegen somit dem jeweiligen Regelungswerk. Die Internetangebote der klassischen Medien sind keine homogenen Dienste, die nach geltendem Recht eindeutig zugeordnet werden könnten. Vielmehr sind die Internetangebote aller klassischen Medien – Presse, Hörfunk und Fernsehen – durch das Merkmal der inhaltlich-funktionalen Heterogenität gekennzeichnet. Das inhaltlich-funktionale Spektrum setzt sich aus unterschiedlichen Diensten und Inhalten zusammen, die – einzeln betrachtet – unter den MDStV und das TDG, möglicherweise auch unter den RStV fallen würden. Damit ist die Zuordnung dieser Angebot ein rechtlich äußerst schwieriges und in Anbetracht der jeweiligen Rechtsfolgen strittiges Unterfangen.

Während es zur medienrechtlichen Einordnung von Abrufdiensten im allgemeinen und der rechtlichen Abgrenzung einzelner Internet-Funktionen im speziellen - so etwa zum Internet-Rundfunk, zu Internet-Diskussionsforen oder E-Commerce im Internet – zahlreiche Beiträge und teils kontroverse Auffassungen existieren,[845] fehlt es bisher an einer medienrechtlichen Gesamtbetrachtung der Internetangebote klassischer Medien gemäß den §§ 2 Abs. 1 RStV, MDStV und TDG. Gerade für die Diskussion einer Zuordnung von „rundfunkähnlichen" Mediendiensten zum Internet sind die Internetangebote der klassischen Medien von besonderem Interesse, da von einer inhaltlichen Kohärenz der klassischen Medien und ihrer Inhalte im Internet auszugehen ist. Ob einer inhaltlichen Kohärenz auch die medienrechtliche Kohärenz – etwa die Einstufung als „rundfunkähnlich" oder „presseähnlich" – zu folgen hat, soll die folgende Untersuchung klären. Die Zuordnung der Internetangebote der klassi-

---

844 Siehe oben Kap. 1.4, Kap. 3.2.1, 3.2.2

845 Vgl. Klaus Goldhammer / Axel Zerdick: Rundfunk Online. a.a.O., S. 79 ff., S. 87 ff., S. 271; Michael Germann: a.a.O., S. 164 ff.; Stephan Bleisteiner: a.a.O., S. 126 ff. ; Bert Eichborn: Internet-Recht. a.a.O., S. 39 ff.; Flemming Moos: Die Unterscheidung der Dienstformen Teledienst, Mediendienst und Rundfunk. a.a.O.; Georgios Gounalakis / Lars Rhode: Elektronische Kommunikationsangebote zwischen Telediensten, Mediendiensten und Rundfunk. a.a.O.; Axel Bysikiewicz: Zulassung und Aufsicht von Tele- und Mediendiensten. a.a.O., S. 276 ff.; Cornelius von Heyl: Teledienste und Mediendienste nach Teledienstegesetz und Mediendienste-Staatsvertrag. a.a.O.; Engel-Flechsig, Stefan / Alexander Roßnagel (Hrsg.): Multimedia-Recht. a.a.O., S. 31 f.; Hubertus Gersdorf: Der verfassungsrechtliche Rundfunkbegriff im Lichte der Digitalisierung der Telekommunikation. a.a.O.; Matthias Schote: Die Rundfunkkompetenz des Bundes am Beispiel bundesstaatlicher Kulturkompetenz in der Bundesrepublik Deutschland. a.a.O., S. 50 f.; Viktor Janik: a.a.O., S. 12 ff.; Wolfgang Hoffmann-Riem: Regulierung der dualen Rundfunkordnung. Grundfragen. a.a.O., S. 230 f.; Michael Libertus: Kommunikationsrechtliche Einordnung neuer nicht-linearer digitlaer Dienste. a.a.O., S. 557 ff.; u.v.a.

schen Medien zu einem Regelungsregime erfolgt auf Grundlage der in Kap. 2 tatbestandlich untersuchten Inhalte und Funktionen. Zuvor wird die systematische Vorgehensweise der rechtlichen Untersuchung erläutert.

6.4.1 Systematik der medienrechtlichen Zuordnung

In Kap. 2 wurden die Internetangebote der klassischen Medien systematisch in den Kategorien „publizistisches Angebot", „interaktive Dienste", „Werbung" und „E-Commerce" untersucht. Generell lässt sich feststellen, dass der Kategorie „Publizistischer Inhalt" das höchste Maß an Meinungsrelevanz einzuräumen ist, der Kategorie „Interaktive Dienste" nur geringfügige oder keine Meinungsrelevanz zugesprochen werden kann und den Kategorien „Werbung" und „E-Commerce" keinerlei rundfunkrechtliche Meinungsrelevanz zukommt.

Die Subsumtion der Internetangebote klassischer Medien unter die Tatbestände des RStV, MDStV oder TDG erfordert eine differenzierte Betrachtung. Wie bereits angedeutet[846], können die diversen Dienstleistungen, die unter ein und derselben Domain-Adresse (z.B. „www.rtl.de") angeboten werden, rechtlich nur dann zutreffend eingeordnet werden, wenn man sie in ihre Teilfunktionen zerlegt. Im Aufeinandertreffen der zum Teil hochabstrakten gesetzlichen Tatbestandsmerkmale und der praktischen Komplexität der Internetdienste ergibt sich zunächst ein unübersichtliches Bild.[847] Nach der separaten Prüfung der Kategorien „Publizistischer Inhalt", „Interaktive Dienste", „Werbung" und „E-Commerce" ist daher eine Gesamtbetrachtung anzustellen, die sich an den gesetzlichen Tatbestandsmerkmalen orientiert. Die Beurteilung des *Gesamt*angebots ist maßgeblich für die rechtliche Zuordnung. Diese Vorgehensweise ist sowohl nach § 2 Abs. 2 Nr. 2, 2. HS TDG als auch nach § 2 Abs. 2 Nr. 4 MDStV geboten. Beide Regelungen betonen, dass der jeweilige zuordnungsrelevante Tatbestand „im Vordergrund" zu stehen hat, nicht aber ausschließlich zutreffen muss. Demnach ist eine Differenzierung und Bewertung nach dem jeweiligen Schwerpunkt des Angebots nicht nur zulässig, sondern auch praktikabel.[848] Um eine „wertende Gesamtschau"[849] des Internetangebots vorzunehmen, bedarf es somit der individuellen Bewertung, ob die „redaktionelle Gestaltung zur Meinungsbildung für die Allgemeinheit" oder der „individuelle Leistungsaustausch" im Vorder- oder Hintergrund des Gesamtangebots stehen. Die Einordnung eines Angebots als „rundfunkähnlicher" Mediendienst nach § 20 Abs. 2

---

[846] Siehe oben Kap. 6.3.1, 6.3.3

[847] Vgl. Michael Germann: a.a.O., S. 164

[848] Vgl. Arthur Waldenberger: Teledienste, Mediendienste und die „Verantwortlichkeit" ihrer Anbieter. a.a.O., S. 125 f.; Arthur Waldenberger / Dirk Hoß: Das Recht der „elektronischen Presse". In: AfP Nr. 3 (2000), S. 327-248; Wolfgang Hoffmann-Riem: Regulierung der dualen Rundfunkordnung. Grundfragen. a.a.O., S. 230 f.; Bert Eichborn: Internet-Recht. a.a.O., S. 33; Cornelius von Heyl: a.a.O., S. 119; Flemming Moos: Die Unterscheidung der Dienstformen Teledienst, Mediendienst und Rundfunk. a.a.O., S. 49

[849] Arthur Waldenberger / Dirk Hoß: Das Recht der „elektronischen Presse". a.a.O., S. 238; Tobias H. Strömer: Online-Recht. Rechtsfragen im Internet. a.a.O., S. 12 ff.

RStV kann ebenso erst im Rahmen einer Gesamtbetrachtung vorgenommen werden, in welcher auf die für die Meinungsrelevanz maßgeblichen Faktoren Breitenwirkung, Aktualität und Suggestivkraft abgestellt werden muss.[850]

Die detaillierte Überprüfung jedes einzelnen Angebots ist aufgrund der Vielzahl von Angeboten praktisch nicht zu leisten.[851] Folglich ist analog zur inhaltlich-funktionalen Analyse in Kap. 2 eine Auswahl zu treffen. Die Untersuchung der Internetangebote klassischer Medien gemäß §§ 2 Abs. 1, 2 RStV, MDStV und TDG und § 20 Abs. 1 RStV erfolgt systematisch in den drei Mediengattungen Presse, Hörfunk und Fernsehen.[852] In allen drei Gattungen erfolgt zunächst eine Abgrenzung von Telediensten und Mediendiensten. Sind die Internetangebote nach der erforderlichen Gesamtbetrachtung als Mediendienst einzustufen, ist weiterhin zu prüfen, ob sie nach § 20 Abs. 2 dem einfachgesetzlichen Rundfunkbegriff zugerechnet werden könnten. Da die Angebote von Presse, Hörfunk und Fernsehen nicht in allen untersuchten Punkten variieren, sind Redundanzen in der Begründung der Abgrenzung unvermeidlich. Der normative und maßgebliche verfassungsrechtliche Rundfunkbegriff – und damit die bisher ungeklärte, generelle Frage der Verfassungsmäßigkeit einer Zuordnung von Abrufdiensten zum Rundfunkbegriff - bleibt ausgeklammert. Die Abkehr von einer undifferenzierten Zuordnung der Abrufdienste zum verfassungsrechtlichen Rundfunkbegriff ist zumindest durch die höchstrichterliche Rechtsprechung vollzogen worden.[853]

6.4.2 Einordnung des Internetangebots der Presse nach TDG, MDStV und RStV

Anhand der vorangegangenen Darstellung der einfachgesetzlichen Abgrenzungskriterien[854] und der Zuordnungs-Systematik[855] soll im folgenden festgestellt werden, ob das Internetangebot der Presse als Tele- oder Mediendienst

---

[850] Vgl. BVerfGE 90, 60, 87 und Arbeitsgemeinschaft der Landesmedienanstalten in der Bundesrepublik Deutschland ALM / Direktorenkonferenz der Landesmedienanstalten DLM (Hrsg.): Erstes Strukturpapier über die Unterscheidung von Rundfunk und Mediendiensten. a.a.O.; siehe auch oben Kap. 7.1.3.1

[851] Hier deutet sich das Dilemma der Landesmedienanstalten an, würden sie umfassenden Gebrauch des § 20 Abs. 2 RStV machen.

[852] Die Heterogenität an Diensten und Funktionen innerhalb dieser Bereiche erfordert auch die Betrachtung von Aspekten einzelner Angebote, um abschließend das Gesamtangebot der Mediengattung zu bewerten; vgl. Vgl. Martin Bullinger / Ernst-Joachim Mestmäcker: Multimediadienste. a.a.O., S. 41 ff.; S. 89; Flemming Moos: Die Unterscheidung der Dienstformen Teledienst, Mediendienst und Rundfunk. a.a.O., S. 53; Georgios Gounalakis / Lars Rhode: Elektronische Kommunikationsangebote zwischen Telediensten, Mediendiensten und Rundfunk. a.a.O. S. 487 ff.; Matthias Schote: Die Rundfunkkompetenz des Bundes am Beispiel bundesstaatlicher Kulturkompetenz in der Bundesrepublik Deutschland. a.a.O., S. 50 f.; Viktor Janik: a.a.O., S. 10

[853] Siehe oben Kap. 6.1 zum verfassungsrechtlichen Rundfunkbegriff und der Einordnung von Internetangeboten unter diesen; vgl. BVerfGE 83, 238; Flemming Moos: Die Unterscheidung der Dienstformen Teledienst, Mediendienst und Rundfunk. a.a.O., S. 43

[854] Siehe oben Kap. 6.3.3

i.S.d. MDStV und TDG einzuordnen ist. Liegt ein Mediendienst vor, ist zu prüfen, ob das Angebot als „rundfunkähnlich" zu bezeichnen ist und somit den Regelungen nach § 20 Abs. 2 RStV zu unterwerfen wäre.

Das Internetangebot der Presse, die sog. „elektronische Presse", ist durch pressetypische Inhalte einerseits und durch die nicht materialisierte, „körperlose" Verbreitung andererseits gekennzeichnet. Unter einer verfassungsrechtlichen, funktionalen Betrachtung, die hier nicht weiter ausgeführt werden kann, entzieht sich die „elektronische Presse" einer eindeutigen Festlegung, da pressespezifische wie rundfunkspezifische Merkmale miteinander vermischt sind. Demnach müsste das Internetangebot der Presse quasi als eigenständiges, neues Medium in der Grauzone von Presse und Rundfunk angesiedelt werden. Bei einer solchen Beurteilung wäre eine Anwendung der Verfassungsvorgaben in Art. 5 Abs. 1 GG zumindest in Frage gestellt.[856]

Die Betrachtung des Internetangebots der Presse unter einfachgesetzlichen Bestimmungen erfordert zunächst die Beurteilung, ob das Angebot als Mediendienst zu klassifizieren ist. Davon wäre dann auszugehen, wenn die redaktionelle Gestaltung zur Meinungsbildung für die Allgemeinheit im Vordergrund[857] und der „individuelle Leistungsaustausch" im Hintergrund stehen.[858] Stünde die individuelle Nutzung des Dienstes im Vordergrund, ist das Angebot dem TDG zuzuordnen.[859] Um eine solche Bewertung durchführen zu können, werden die vier Analyse-Kategorien „Publizistischer Inhalt", „Interaktive Dienste", „Werbung" und „E-Commerce"[860] zunächst separat auf die Erfüllung dieser Abgrenzungskriterien untersucht. Wie bereits dargestellt[861], ist aber erst die Zusammenführung der Ergebnisse, d.h. die Gesamtbetrachtung, ausschlaggebend für die Zuordnung. Diese erfolgt nach der Einzelbewertung der Kategorien.[862]

Die Kategorie *„Publizistischer Inhalt"* umfasst das journalistische, redaktionelle Angebot der Presse im Internet. Dabei wurde vor allem untersucht, inwieweit und in welchem Umfang die Inhalte des klassischen Mediums im Internet angeboten werden und ob eigenständige, internetspezifische Inhalte verbreitet werden, die redaktionell aufbereitet und für die Allgemeinheit bestimmt sind. Das Ergebnis der Analyse zeigt, dass alle untersuchten Angebote der Tageszeitungen, der Publikumszeitschriften und der Fachpresse publizistisch relevante Inhalte auf ihren Websites anbieten. Die Tageszeitungen und

---

855 Siehe oben Kap. 6.4.1
856 Vgl. Reinhart Ricker / Peter Schiwy: Rundfunkverfassungsrecht. a.a.O., Abs. B, Rn. 45
857 § 2 Abs. 1 MDStV in Verbindung mit § 2 Abs. 2 Nr. 4 MDStV
858 § 2 Abs. 2 Nr. 4 MDStV
859 § 2 Abs. 1 TDG
860 Siehe Anhang I. zu Erklärungen der Kategorien; siehe oben Kap. 2.1 für die Ergebnisse der Inhaltsanalyse
861 Siehe oben Kap. 7.1.3.3

Publikumszeitschriften stellen größtenteils sowohl die Inhalte ihrer klassischen Presseprodukte in elektronischen Speichern zum Abruf bereit, als auch internetspezifische, redaktionell bearbeitete Informationen. Bei den Fachzeitschriften hingegen dominieren internetspezifische Inhalte, während die klassischen Inhalte i.d.R. nicht abrufbar sind. Das publizistisch relevante Internetangebot der Presse kann folglich nicht auf eine vom materialisierten Verbreitungsweg gelöste Übermittlung der klassischen Inhalte reduziert werden. Vielmehr handelt es sich darüber hinaus um eigenständige, redaktionell betreute Inhalte, die für „die Allgemeinheit bestimmt" sind, „Text- und Bilddarbietungen" enthalten, Einfluss auf die Meinungsbildung ausüben und von elektronischen Speichern abgerufen werden können. Auch „crossmediale" Angebote, wie etwa das FAZ-Radio im Internet oder die Internet-Video-on-Demand-Angebote von Focus oder Spiegel-TV, bieten ein komplementäres Zusatzangebot mit redaktionell gestalteten und meinungsrelevanten Inhalten. Sie sind zugleich für die Allgemeinheit bestimmt. Demnach wären im allgemeinen alle publizistischen Inhalte der „elektronischen Presse" als Mediendienst i.S.d. § 2 Abs. 1 MDStV und § 2 Abs. 2 Nr. 4 MDStV zu klassifizieren.

Die Kategorie *„Interaktive Dienste"* setzt sich aus einer Reihe unterschiedlicher Dienste zusammen, die in zwei grundsätzliche inhaltlich-funktionale Bereiche zu unterteilen sind: Funktionsbezogene und individualkommunikative Dienste. Zu den funktionsbezogenen Diensten zählen Angebote, die die publizistischen Inhalte in einen neuen funktionalen Kontext stellen (etwa Recherche- und Such-Funktionen, Informationen per E-Mail-Newsletter). Die individualkommunikativen Dienste umfassen Angebote, die fern von publizistischer Relevanz zusätzliche Funktionen im Bereich der individuellen Kommunikation ermöglichen (etwa Diskussionsforen und Chatrooms, personalisierte Bereiche und Startseiten, individualkommunikative Dienste wie E-Mail, Free-SMS, Fax).[863] Die sog. funktionsbezogenen Dienste erweitern den individuellen Spielraum, den das Internet beim Abruf von Informationen ermöglicht. Im Vordergrund dieser Dienste steht nicht der publizistische Inhalt, sondern die individuelle Nutzung analog § 2 Abs. 1 TDG. Auch gemäß den Regelbeispielen, die das TDG in § 2 Abs. 2 Nr. 2 und 3 TDG anführt, sind Recherchefunktionen in erster Linie als „Angebote zur Nutzung des Internets" zu betrachten, bei denen nicht die „Meinungsbildung für die Allgemeinheit" im Vordergrund steht. Auch Newsletter werden der Individualkommunikation zugerechnet, weil sie sich nicht an eine beliebige Öffentlichkeit richten, sondern individuell per E-Mail an einen registrierten Nutzerkreis elektronisch versandt werden. Die individuelle Meinungsbildung, die dem Newsletter aufgrund seiner publizistischen Inhalte nicht abgesprochen werden kann, reicht aber alleine nicht aus, um den Dienst als Mediendienst im Sinne des § 2 Abs. 1 MDStV zu qualifizieren. Die funkti-

[862] Die Anwendung presserechtlicher Bestimmungen auf das Angebot der „elektronischen Presse" wird in Kap. 7 untersucht.
[863] Siehe Anhang I.

onsbezogenen Dienste werden daher alle den Telediensten zugeordnet. Die zweite Unterkategorie der „Interaktiven Dienste“, die rein individualkommunikativen Dienste, lassen sich unstrittig der „individuellen Nutzung von kombinierbaren Daten wie Zeichen, Bilder und Töne“ im Sinne des § 2 Abs. 1 TDG zurechnen. Die Untersuchung der „interaktiven Dienste“ der Presse zeigt, dass der Grad der Individualisierung von Inhalten durch die Personalisierung von Internetangeboten zunimmt. Als Beispiel dieser Entwicklung lassen sich die themenbezogene Voreinstellung der Startseite und das „Newsletter“-Angebot der Frankfurter Allgemeinen Zeitung anführen, die dem registrierten Nutzer bereits am Vorabend der gedruckten Ausgabe einen Überblick über aktuelle Meldungen per E-Mail schickt, entsprechend seiner vorab definierten Präferenzen. Zusammenfassend lässt sich feststellen, dass die Kategorie „interaktive Dienste“ als individualkommunikative Teledienste i.S.d. TDG zu qualifizieren sind.

Die Kategorie *„Werbung“* umfasst internetspezifische Werbeformen wie Banner-Werbung, Pop-up-Werbung, sowie Kleinanzeigen und Personalanzeigen. Die Werbeformen Banner-Werbung und Pop-up-Werbung dienen ausschließlich der Finanzierung der Internetangebote der Presse. Hingegen werden Kleinanzeigen (z.B. Automarkt, Immobilienmarkt) und Personalanzeigen im Internet i.d.R. kostenfrei angeboten und bieten dem Nutzer individuelle Recherchemöglichkeiten. Da Kleinanzeigen weder meinungsrelevante Informationen enthalten, noch massenkommunikative Funktionen wahrnehmen sind sie nach § 2 Abs. 1 TDG für die individuelle Nutzung bestimmt und somit den Telediensten zuzuordnen.

Die Kategorie *„E-Commerce“* beinhaltet Kaufangebote, die über das Internetangebot der Presse offeriert werden und in den meisten Fällen direkt über das Internet bestellt werden können. Dabei lassen sich zwei grundsätzliche Formen unterscheiden: Zum einen werden Waren angeboten, die zu den verlagseigenen Produkten wie etwa Merchandising-Artikel oder verlagseigene Publikationen zählen, zum anderen Waren, die auf Kooperations- bzw. Provisionsbasis über Fremdanbieter vertrieben werden.[864] Analog § 2 Abs. 2 Nr. 5 TDG fallen „Angebote von Waren und Dienstleistungen in elektronisch abrufbaren Datenbanken mit interaktivem Zugriff und unmittelbarer Bestellfunktion“ unter das TDG. Demnach werden die E-Commerce-Angebote der Presse den Telediensten zugerechnet. In einigen Fällen wurde die Vermischung redaktioneller Angebote (z.B. Buchbesprechung) mit Shopping-Angeboten (z.B. Bestellfunktion für das entsprechende Buch) festgestellt. Diese redaktionellen Angebote sind nach § 7 Abs. 1, 2 MDStV (Inhalte, Sorgfaltspflicht) sowie § 9

[864] Als Beispiel läßt sich die Kooperation zwischen der Zeitung „Die Welt“ (Axel Springer Verlag) und dem Internet-Buchhändler bol.de (Bertelsmann) anführen. Auf der Website der „Welt“ werden themenbezogen Bücher zum Kauf angeboten, die dann direkt über bol.de bestellt werden können. Bei erfolgtem Buchkauf erhält die „Welt“ eine Vermittlungsprovision von bol.de.

Abs. 2 MDStV (Werbung, Sponsoring) oder § 2 Abs. 2 Nr. 4 S. 5 TDG möglicherweise unzulässig.

Die medienrechtliche Untersuchung des Internetangebots der Presse lässt deutlich erkennen, dass ein Teil der separat betrachteten Inhalte den Telediensten i.S.d. TDG zuzuordnen ist, während die publizistisch relevanten Inhalte als Mediendienst i.S.d. MDStV einzustufen sind. Folglich ist im Rahmen einer Gesamtbetrachtung festzustellen, welcher Dienst im Vordergrund des Angebots steht. Für diese Einordnung gibt es bisher weder rechtliche Bestimmungen noch eine anzuwendende Rechtssystematik. Es ist jedoch davon auszugehen, dass im Rahmen der Gesamtbetrachtung auch die Homepage, die Startseite des Angebots, ein Indiz für den Schwerpunkt des Angebotes bildet, da sie ist in der Regel der Ausgangspunkt für den Nutzer ist. Die Homepages der Internetangebote der Presse[865] lassen alle erkennen, dass die redaktionelle Gestaltung zur Meinungsbildung für die Allgemeinheit im Vordergrund der Angebote steht.[866] Aus Anbietersicht analog § 3 S. 1 MDStV, TDG ist es unter publizistischen wie ökonomischen Gesichtspunkten Sinn und Zweck des Internetangebotes, eine möglichst breite Öffentlichkeit durch ein entsprechendes, publizistisch relevantes Angebot zu erreichen. Damit sind die Angebote als Mediendienst i.S.d. § 2 Abs. 1, § 2 Abs. 2 Nr. 4 und § 2 Abs. 2 Nr. 4 S. 3 TDG zu qualifizieren. Aus Sicht der Nutzer analog § 3 S. 2 MDStV, TDG ist es jedoch auch denkbar, lediglich wegen der individualkommunikativen Dienste, etwa dem Versenden einer SMS über Internet, der individuellen Recherche oder der E-Mail-Dienste, das Angebot in Anspruch zu nehmen. In der ambivalenten angebots- oder nachfrage-orientierten Betrachtung zeigt sich die ungelöste Problematik der Einordnung deutlich.

ABB. 41: HOMEPAGE EINES MEDIENDIENSTES AM BEISPIEL „WWW.FAZ.NET“

Quelle: Eigener "Screenshot", 08.01.2001

[865] Siehe Anhang II-VI. für Abbildungen der Homepages aller untersuchten Angebote
[866] § 2 Abs. 1 MDStV in Verbindung mit § 2 Abs. 2 Nr. 4 MDStV

Da das Internetangebot der Presse aufgrund der Gesamtbetrachtung als Mediendienst einzuordnen ist, soll nun festgestellt werden, ob es nach § 20 Abs. 2 RStV auch dem Rundfunk zugeordnet werden könnte. Davon wäre dann auszugehen, wenn die bereits dargestellten Abgrenzungskriterien[867] - Breitenwirkung, Aktualität und Suggestivkraft - erfüllt würden.

Die *Breitenwirkung* eines Abrufdienstes ist generell umstritten, da sich hinsichtlich der übermittelten Inhalte kein zeitgleicher Multiplikationseffekt ergibt und demnach keine identischen Inhalte gleichzeitig an eine beliebige Öffentlichkeit verteilt werden. Weiterhin ist die einfache Verfügbarkeit „per Knopfdruck" bei Abrufdiensten nicht gegeben.[868] Aus der systematischen Auslegung des § 2 Abs. 2 Nr. 4 MDStV, der ausdrücklich bestimmte Abrufdienste in den Geltungsbereich des MDStV einschließt, und der Bestimmung des § 20 Abs. 2 RStV, der bestimmte Mediendienste und damit auch Abrufdienste potenziell erfasst, ergibt sich jedoch, dass eine rein formale Abgrenzung zwischen zulassungsfreiem Mediendienst und zulassungspflichtigem Rundfunk nach der Übertragungstechnik (Abrufdienst oder Verteildienst) allein ausscheidet.[869] Für die Einstufung von Abrufdiensten als Rundfunk kommt es vielmehr entscheidend darauf an, ob dieser funktional an die Stelle des klassischen Rundfunks als Verteildienst tritt. Ob Internetangebote überhaupt eine rundfunkmäßige Meinungsmacht ausüben können, ist umstritten und bisher rechtlich ungeklärt.[870] Das publizistisch relevante Angebot der Presse besteht aus einem elektronisch gespeicherten Informationsangebot, dass dem Nutzer eine unüberschaubare Auswahl an aktuellen Inhalten, Hintergrundinformationen und archivierten Inhalten bietet. Der individuelle Zugriff auf gesuchte Informationen wird durch entsprechende Recherchefunktionen und Suchdienste ergänzt. Vergleichbar mit der klassischen Presse wählt der Nutzer aus dem umfassenden, elektronischen Angebot individuell und selektiv Informationen aus. Damit ist das Tatbestandsmerkmal der „Breitenwirkung" im Sinne einer rundfunkspezifischen Massenkommunikationswirkung auch unter funktionalen Aspekten keinesfalls gegeben.

Das Merkmal der *Aktualität* wird durch das Internetangebot der Presse unstrittig erfüllt. Nahezu alle der untersuchten Angebote im Bereich Tageszeitung, Publikumszeitschrift und Fachzeitschrift enthalten tagesaktuelle Inhalte. Häufig findet darüber hinaus eine fortlaufende Aktualisierung der Information statt, die mit der aktuellen Berichterstattung des Rundfunks zu vergleichen ist.

---

[867] Siehe oben in Kapitel 7.1.3.1

[868] Vgl. Arbeitsgemeinschaft der Landesmedienanstalten in der Bundesrepublik Deutschland ALM / Direktorenkonferenz der Landesmedienanstalten DLM (Hrsg.): Erstes Strukturpapier über die Unterscheidung von Rundfunk und Mediendiensten. a.a.O., Kap. 2.1.2; Viktor Janik: a.a.O., S. 11

[869] Vgl. Flemming Moos: Die Unterscheidung der Dienstformen Teledienst, Mediendienst und Rundfunk. a.a.O., S. 45

[870] Ebd., S. 45 f.; Hans D. Jarass: Rundfunkbegriffe im Zeitalter des Internet. a.a.O., S. 133-141, S. 140; siehe oben Kap. 7.1.3.1

Zudem werden die Angebote von eigenen Redaktionen betreut, die i.d.R. die Aktualität gewährleisten.

Das Internetangebot der Presse beruht überwiegend auf Informationen in Wort und Bild. Demnach fehlt den Angeboten die rundfunkspezifische *Suggestivkraft*. Auch wenn einige Internetangebote der Presse auditive oder audiovisuelle Informationen anbieten, die zumeist aus dem crossmedialen wirtschaftlichen Engagement der Verlage hervorgehen,[871] bleiben diese multimedialen Inhalte ein komplementäres Rand- oder Zusatzangebot. Weiterhin sind sie aufgrund der mangelnden qualitativen Darbietung ohnehin nicht als Rundfunk zu bezeichnen.[872]

Das Internetangebot der Presse ist nach § 20 Abs. 2 RStV nicht dem Rundfunk zuzuordnen, da es den Angeboten an den Merkmalen Breitenwirkung und Suggestivkraft fehlt. Inwieweit Angebot der Presse unter presserechtlichen Aspekten behandelt werden kann, wird in Kap. 7.2 diskutiert.

6.4.3 Einordnung des Internetangebots des Hörfunks nach TDG, MDStV und RStV

Das Internetangebot des Hörfunks, das sog. „Internet-Radio" oder „Online-Hörfunk", geht in den meisten Fällen über das auditive Angebot des klassischen Hörfunks hinaus. Neben dem klassischen Hörfunkprogramm, das in fast allen der sechs untersuchten Fälle mittels Streaming-Technologie über das Internet verbreitet wird, umfasst das Internetangebot der Hörfunksender statische Inhalte (Wort/Bild), sowie eine Reihe von individualkommunikativen Diensten.[873] Auf der Grundlage der einfachgesetzlichen Abgrenzungskriterien und der Zuordnungs-Systematik[874] soll nachfolgend festgestellt werden, ob das Internetangebot des Hörfunks als Tele- oder Mediendienst i.S.d. MDStV, TDG einzuordnen ist. Weiterhin wird untersucht, ob das Internetangebot als „rundfunkähnlich" zu qualifizieren ist. Dabei wird zunächst die Problematik zwischen privaten und öffentlich-rechtlichen Veranstaltern vernachlässigt, die in Kap. 6.5 gesondert zu bewerten ist.

Die Betrachtung des Internetangebots des Hörfunks unter einfachgesetzlichen Bestimmungen erfordert zunächst die Beurteilung, ob das Angebot als Mediendienst zu klassifizieren ist. Davon wäre dann auszugehen, wenn die redaktionelle Gestaltung zur Meinungsbildung für die Allgemeinheit im Vordergrund und der „individuelle Leistungsaustausch" im Hintergrund stehen. Analog zur Presse werden die Analyse-Kategorien „Publizistischer Inhalt", „Interaktive Dienste", „Werbung" und „E-Commerce" zunächst separat auf die

[871] Hierzu sind z.B. das FAZ -Radio der FAZ oder Spiegel-TV zu zählen, die auch über Internet verbreitet werden.
[872] Vgl. ALM / DLM (Hrsg.): Erstes Strukturpapier über die Unterscheidung von Rundfunk und Mediendiensten. a.a.O. Kap. 2.1.3, 2.2.2.4
[873] Siehe oben Kap. 1.4, insb. 1.4.2.3

Erfüllung der Abgrenzungskriterien untersucht. Die anschließende Gesamtbetrachtung ist ausschlaggebend für die Zuordnung zu TDG oder MDStV.

Die Analyse der Kategorie *„Publizistischer Inhalt"* ergibt, dass der publizistische Inhalt des Hörfunk-Internetangebots durch zwei mediale Erscheinungsformen charakterisiert ist: Auditive Inhalte sowie redaktionelle Inhalte in Wort und Bild. Das auditive Angebot ist in zwei funktionale Ausprägungen zu unterteilen: „Audio-Streaming" und „Audio-on-Demand".[875] Audio-Streaming bezeichnet eine Technologie, durch die das „klassische" Hörfunk-Programm unverändert und nahezu zeitgleich über das Internet verbreitet wird. Die Mehrheit der Hörfunksender nutzt diese Möglichkeit, um das klassische Programm über das Internet zu verbreiten. Audio-on-Demand hingegen bezeichnet den individuellen Abruf bereits gesendeter Beiträge aus elektronischen Speichern. Auch diese Möglichkeit wird von den meisten Hörfunksendern im Internet angeboten.[876] Die Verbreitung des klassischen Hörfunkprogramms (Online-Hörfunk) wie auch das redaktionell gestaltete Informationsangebot ist unstrittig für „die Allgemeinheit bestimmt" und enthält zum Teil publizistisch relevante Inhalte, die Einfluss auf die Meinungsbildung ausüben können. Auf Abruf werden die „Tondarbietungen", bzw. „Wort- und Bilddarbietungen" aus elektronischen Speichern übermittelt. Demnach sind sowohl der Online-Hörfunk wie auch die statischen Inhalte als Mediendienst i.S.d. § 2 Abs. 1 und § 2 Abs. 2 Nr. 4 MDStV zu klassifizieren. Problematisch hingegen erscheint die Einordnung der Radio-on-Demand-Angebote durch das Fehlen eines legaldefinitorischen Ausschließlichkeitsverhältnisses zwischen Tele- und Mediendienst: Radio-on-Demand erfüllt sowohl das Tatbestandsmerkmal der „individuellen Nutzung" i.S.d. § 2 Abs. 1 TDG aus der Sicht der Nutzer, als auch das Merkmal der „Bestimmung für die Allgemeinheit" i.S.d. § 2 Abs. 1 MDStV aus dem Blickwinkel der Anbieter.[877] Um die nachfrage- und angebots-orientierten Definitionsebenen auf ein Gesamtbild der Nutzung zurückzuführen, wäre von einer Nutzung durch die Allgemeinheit dann zu sprechen, wenn sich das Angebot allen Nutzern als gleichförmiges Bild präsentiert. Passt sich hingegen das Angebot den individuellen Kommunikationsinteressen des einzelnen Nutzers

[874] Siehe oben Kap. 6.3.3, Kap. 6.4.1

[875] Siehe oben Kap. 1.4.2.3, 1.4.2.4 zu den Möglichkeiten und der Funktionsweise des Audio-Streamings und Audio-on-Demand

[876] Für das publizistische Angebot das mittels Audio-Streaming zeitgleich verbreitet wird, soll im weiteren der Begriff „Online-Hörfunk" verwendet werden. Der Begriff „Radio-on-Demand" wird für die publizistischen Inhalte, die als Audio-on-Demand vorliegen, benutzt. Vgl. auch Karl Breithaupt / Erich Fletterer: Der digitale Hörfunk – Stand und künftige Entwicklungen. In: Hans-Bredow-Institut für Medienforschung an der Universität Hamburg (Hrsg.): Internationales Handbuch für Hörfunk und Fernsehen 2000/2001. Baden-Baden 2000. S.201-207, S. 207

[877] Vgl. Detlef Kröger / Flemming Moos: Mediendienst oder Teledienst? Zur Aufteilung der Gesetzgebungsmaterie Informations- und Kommunikationsdienste zwischen Bund und Ländern. a.a.O., S. 675 ff.; Bert Eichborn: Internet-Recht. a.a.O., S. 33; Detlef Kröger / Flemming Moos: Regelungsansätze für Multimediadienste – Mediendienstestaatsvertrag und Teledienstegesetz. a.a.O., S. 465 f.

an, tritt der einzelne Nutzer aus der Allgemeinheit heraus und es handelt sich um eine individuelle Nutzung i.S.d. TDG.[878] Somit lassen sich Radio-on-Demand-Angebote als Mediendienst einordnen, sofern sie als gleichförmiges Angebot für die Allgemeinheit bestimmt sind. Setzt das Auffinden eines Radio-on-Demand-Angebots hingegen den Einsatz einer Suchmaschine voraus, mit Hilfe derer der Nutzer individuell einen Beitrag abruft, liegt eine individuelle Kommunikationshandlung vor. In diesem Fall wäre Radio-on-Demand als Teledienst einzustufen. Da die meisten Radio-on-Demand-Beiträge als „gleichförmiges Angebot" für alle Nutzer vorliegen – der Nutzer also nicht durch individuelle Suche den Beitrag aus einer Datenbank auswählt – ist auch Radio-on-Demand als Mediendienst i.S.d. § 2 Abs. 1 und § 2 Abs. 2 Nr. 4 MDStV einzustufen.

Die Kategorie *„Interaktive Dienste"* setzt sich bei den Internetangeboten des Hörfunks aus funktionsbezogenen und individualkommunikativen Diensten zusammen. Zu den funktionsbezogenen Diensten zählen Angebote, die die auditiven oder Text-Bild-basierten Inhalte in einen neuen funktionalen Kontext stellen (etwa Recherche- und Archiv-Funktionen). Die individualkommunikativen Dienste umfassen Angebote, die fern von publizistischer Relevanz zusätzliche Funktionen im Bereich der individuellen Kommunikation ermöglichen (etwa Diskussionsforen und Chatrooms, personalisierte Bereiche, individualkommunikative Dienste wie E-Mail oder Free-SMS).[879] Analog zur Presse erweitern die sog. funktionsbezogenen Dienste den individuellen Spielraum, den das Internet beim Abruf von Informationen ermöglicht. Im Vordergrund dieser Dienste steht nicht der publizistische Inhalt, sondern die individuelle Nutzung analog § 2 Abs. 1 TDG.[880] Auch gemäß den Regelbeispielen, die das TDG in § 2 Abs. 2 Nr. 2 und 3 TDG anführt, sind Recherchefunktionen und Archivfunktionen in erster Linie als „Angebote zur Nutzung des Internets" zu betrachten, bei denen nicht die „Meinungsbildung für die Allgemeinheit" im Vordergrund steht. Die zweite Kategorie der „Interaktiven Dienste", die sog. individualkommunikativen Dienste, beinhaltet Diskussionsforen und personalisierte, passwortgeschützte Bereiche, die beim Hörfunk häufig als „Club" bezeichnet werden. Unmoderierte Diskussionsforen und personalisierte Dienste fallen in den Bereich der „individuellen Nutzung von kombinierbaren Daten wie Zeichen, Bilder und Töne" im Sinne des § 2 Abs. 1 TDG. Auch der häufig verwendete Begriff des „Clubs" indiziert, dass es sich um ein Angebot für einen geschlossenen Teilnehmerkreis handelt, der somit nicht für die „Allgemeinheit" im Sinne einer „beliebigen Öffentlichkeit" bestimmt ist. Zusammenfassend lässt sich feststellen, dass die Kategorie „Interaktive Dienste" das Internetangebot der Hörfunks durch eine Reihe individualkommunikativer Teledienste i.S.d. TDG ergänzt.

---

[878] Vgl. Michael Germann: a.a.O., S. 156

[879] Siehe Anhang I.

Die Kategorie *„Werbung"* zeigt zunächst eine Trennung des Angebots in die werbefinanzierten privaten Internetangebote und die werbe- und sponsoringfreien öffentlich-rechtlichen Websites. Ausnahme ist die öffentlich-rechtliche Anstalt „Deutsche Welle", die mit Verabschiedung des neuen Gesetzes über den deutschen Auslandsrundfunk seit 1997 berechtigt ist, Werbeflächen – auch im Internet als Bannerwerbung - anzubieten.[881] Die internet-spezifischen Werbeformen Banner-Werbung und Pop-up-Werbung dienen ausschließlich der Finanzierung der Internetangebote der privaten Hörfunksender. Klein- oder Stellenanzeigen werden auf den untersuchten Websites des Hörfunks nicht angeboten. Banner-Werbung und Pop-up-Werbung unterliegen den Bestimmungen des § 9 MDStV, sofern das Internetangebot der Hörfunksender als Mediendienst einzuordnen ist. Den öffentlich-rechtlichen Hörfunkveranstaltern ist analog § 4 Abs. 3 ARD-Staatsvertrag zwar erlaubt, Mediendienste im Sinne des § 2 Abs. 2 Nr. 4 MDStV „mit vorwiegend programmbezogenen Inhalt"[882] anzubieten, Werbung und Sponsoring bleiben ihnen aber untersagt.[883]

Die Kategorie *„E-Commerce"* beinhaltet Kaufangebote, die über das Internetangebot offeriert werden und in dem meisten Fällen direkt über das Internet bestellt werden können. Die Vermittlung von Kaufangeboten dient der Finanzierung des privaten Internetangebots. Den öffentlich-rechtlichen Sendern ist ausschließlich der Verkauf eigener Produkte im Bereich des „Merchandising" gestattet. Analog § 2 Abs. 2 Nr. 5 TDG fallen „Angebote von Waren und Dienstleistungen in elektronisch abrufbaren Datenbanken mit interaktivem Zugriff und unmittelbarer Bestellfunktion" generell unter das TDG. Demnach ist das Merchandising des öffentlich-rechtlichen Hörfunks genauso wie die Kaufangebote des privaten Hörfunks den Telediensten zuzurechnen.

Analog zur Presse ist auch bei den Internetangeboten des Hörfunks ein Teil der einzelnen Inhalte und Funktionen den Telediensten i.S.d. TDG zuzuordnen, während die publizistisch relevanten Inhalte als Mediendienst i.S.d. MDStV einzustufen sind. Folglich ist im Rahmen einer Gesamtbetrachtung festzustellen, welcher Dienst im Vordergrund des Angebots steht. Dazu ist auch die Homepage als Startseite des Angebots ein wichtiges Indiz für den Schwerpunkt des Angebotes, da sie in der Regel der Ausgangspunkt für den Nutzer ist. Die Homepages der Internetangebote des Hörfunks[884] lassen alle erkennen, dass die redaktionelle Gestaltung zur Meinungsbildung für die Allgemeinheit im Vordergrund der Angebote steht.[885] Aus Anbietersicht analog § 3 S. 1 MDStV,

---

[880] Vgl. Bert Eichborn: Internet-Recht. a.a.O., S. 41

[881] Zur rechtlichen Stellung der Deutschen Welle vgl. auch: Dieter Dörr: Die verfassungsrechtliche Stellung der Deutschen Welle: Rechtsgutachten im Auftrag der Deutschen Welle. München 1998, S. 20 ff., und Albrecht Hesse: Rundfunkrecht. 2. Auflage. München 1999, S. 56 (2.53)

[882] § 4 Abs. 3 S. 1 ARD-StV

[883] § 4 Abs. 3 S. 2 ARD-StV

[884] Die Homepages aller untersuchten Angebote findet sich im Anhang.

[885] § 2 Abs. 1 MDStV in Verbindung mit § 2 Abs. 2 Nr. 4 MDStV

TDG ist es unter publizistischen[886] wie ökonomischen[887] Gesichtspunkten Sinn und Zweck des Internetangebotes, eine möglichst breite Öffentlichkeit durch ein entsprechendes, publizistisch relevantes Angebot zu erreichen. Damit ist das Gesamtangebot des Hörfunks im Internet als Mediendienst i.S.d. § 2 Abs. 1, § 2 Abs. 2 Nr. 4 und § 2 Abs. 2 Nr. 4 S. 3 TDG zu qualifizieren. Aus Sicht der Nutzer analog § 3 S. 2 MDStV, TDG ist es jedoch auch denkbar, lediglich die individualkommunikativen Dienste, etwa die individuelle Kommunikation in Diskussionsforen, zu nutzen.

ABB. 42: HOMEPAGE EINES MEDIENDIENSTES AM BEISPIEL „WWW.ANTENNE.DE"

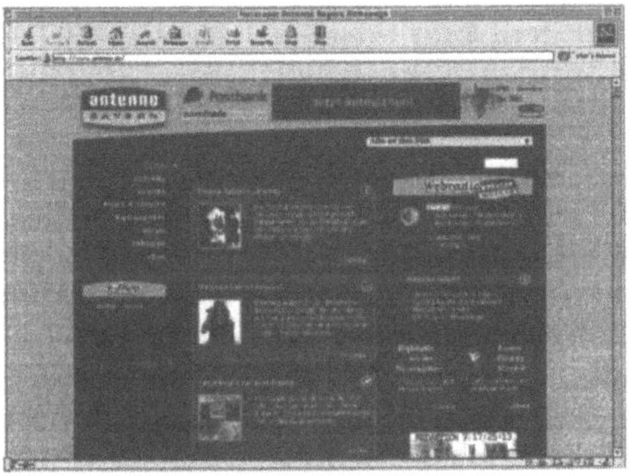

Quelle: Eigener "Screenshot", 28.11.200

Da das Internetangebot des Hörfunks aufgrund der Gesamtbetrachtung als Mediendienst einzuordnen ist, ist nachfolgende festzustellen, ob es nach § 20 Abs. 2 RStV auch dem Rundfunk zugeordnet werden könnte. Davon wäre dann auszugehen, wenn die bereits dargestellten konstitutiven Abgrenzungskriterien[888] - Breitenwirkung, Aktualität und Suggestivkraft - erfüllt würden.

Wie bereits in Kap. 6.4.2 dargestellt, ist die *Breitenwirkung* eines Abrufdienstes generell umstritten, da sich hinsichtlich der übermittelten Inhalte kein zeitgleicher Multiplikationseffekt ergibt und demnach keine identischen Inhalte gleichzeitig an eine beliebige Öffentlichkeit verteilt werden. Aus der systematischen Auslegung des § 2 Abs. 2 Nr. 4 MDStV, der ausdrücklich bestimmte Abrufdienste in den Geltungsbereich des MDStV einschließt, und der Bestimmung des § 20 Abs. 2 RStV, der bestimmte Mediendienste und damit auch Abrufdienste potenziell erfasst, ergibt sich jedoch, dass eine rein formale Abgrenzung zwischen zulassungsfreiem Mediendienst und zulassungspflichtigem

---

886 Insb. für den öffentlich-rechtlichen Rundfunk im Sinne des Funktionsauftrages
887 Insb. für den privatwirtschaftlichen Hörfunk
888 Siehe oben in Kap. 7.1.3.1

Rundfunk nach der Übertragungstechnik (Abrufdienst oder Verteildienst) allein ausscheidet.[889] Aus inhaltlich-funktionaler Sicht ist aber einem Teil aus dem Gesamtangebot, dem Online-Hörfunk, das Merkmal der Breitenwirkung zuzusprechen. Online-Hörfunk erfüllt alle inhaltlich-funktionalen Tatbestandsmerkmale des klassischen Hörfunks, da lediglich die technische Verbreitung unterschiedlich ist. Da die Übertragung des klassischen Hörfunkprogramms aber nur ein Teil der publizistisch relevanten Inhalte im Internet ist, muss die Breitenwirkung für das gesamte Internetangebot beurteilt werden. Zu den weiteren publizistisch relevanten Inhalten gehören Radio-on-Demand sowie die publizistischen Angebote in Wort und Bild. Diesen Angeboten ist keine rundfunkspezifische Breitenwirkung zuzusprechen. Somit ist das Tatbestandsmerkmal der Breitenwirkung im Sinne einer rundfunkspezifischen Massenkommunikationswirkung für das Gesamtangebot nicht eindeutig erfüllt.

Das Merkmal der *Aktualität* wird durch das Internetangebot des Hörfunks unstrittig erfüllt. Nahezu alle der untersuchten Angebote enthalten tagesaktuelle Inhalte. Zudem wird das aktuelle klassische Rundfunkprogramm über das Internet verbreitet. Weiterhin werden die Internetangebote von eigenen Online-Redaktionen betreut, die in der Regel eine fortlaufende Aktualisierung der Information vornimmt und mit der aktuellen Berichterstattung des Rundfunks zu vergleichen ist.

Das Merkmal der *Suggestivkraft* wird von den Text- und Bildinhalten des Internetangebots des Hörfunks nicht erfüllt. Ob die auditiven Publikationsformen, insb. das Angebot des Online-Hörfunks als „rundfunkmäßiges, laufendes Programm“[890], das Tatbestandsmerkmal der Suggestivkraft erfüllen, ist fraglich. Zwar spricht die DLM von der „Suggestivkraft des Rundfunks“, meint damit aber den „Eindruck der Authentizität der audio*visuellen* Darstellung., der u.a. durch die Kombination von Bewegtbild und Ton entsteht.“[891] Demnach reicht die ausschließlich auditive Darbietung nicht, um dem Hörfunk rundfunkspezifische oder genauer fernsehspezifische Suggestivkraft beizumessen. Der Einwand der mangelnden qualitativen Darbietung ist für den Online-Hörfunk nicht geltend zu machen, da das Programm mit einem ISDN-Zugang bereits in gewöhnlicher, mit DSL-Zugang bereits in digitaler Stereo-Qualität empfangbar ist.[892] Insgesamt fehlt es dem publizistischen Gesamtangebot des Hörfunks im Internet an der notwendigen Suggestivkraft.[893]

---

[889] Vgl. Flemming Moos: Die Unterscheidung der Dienstformen Teledienst, Mediendienst und Rundfunk. a.a.O., S. 45

[890] Ebd., S. 56

[891] ALM / DLM (Hrsg.): Erstes Strukturpapier über die Unterscheidung von Rundfunk und Mediendiensten. a.a.O., Kap. 2.1.3

[892] Vgl. ebd., a.a.O., Kap. 2.1.3 und 2.2.2.4; Siehe auch Kap. 3.2.1, Kap. 1.4.2.3, 1.4.2.4 zur technischen Übertragung

[893] Vgl. ALM / DLM (Hrsg.): Erstes Strukturpapier über die Unterscheidung von Rundfunk und Mediendiensten. a.a.O., Kap. 2.1.3 und 2.2.2.4

Sofern der klassische Hörfunk die Merkmale Breitenwirkung, Aktualität und vor allem Suggestivkraft erfüllen würde, ist zumindest der „Online-Hörfunk" rundfunkrechtlich im Sinne des § 20 Abs. 2 RStV zu behandeln. Weiterhin wäre in jedem Einzelfall im Wege einer „wertenden Gesamtschau"[894] von den Landesmedienanstalten zu beurteilen, ob die Veranstaltung und Verbreitung des Hörfunkprogramms über das Internet im Vordergrund des Angebotes steht oder ob die Nutzung der übrigen publizistischen Informationsangebote der Website den eigentlichen Angebotsschwerpunkt bildet. In der Gesamtbetrachtung der inhaltsanalytisch untersuchten Internetangebote des Hörfunks geht über die bloße Verbreitung des klassischen Hörfunkprogramms hinaus. Dem Nutzer stehen eine Reihe weiterer publizistischer Angebote, wie z.B. Radio-on-Demand oder Informationen in Wort und Bild, zur Verfügung, die nicht auf die ausschließliche Funktion eines Zusatzangebots reduziert werden können. Die Gesamtbetrachtung des Internetangebots klassischer Hörfunksender lässt begründeten Zweifel aufkommen, ob die Zuordnung dieser Internetangebote zum Rundfunk juristisch Bestand hätte. Eine Reihe von Hörfunksendern im Internet hat jedoch bereits einen „Antrag auf rundfunkrechtliche Unbedenklichkeit" im Sinne des § 20 Abs. 2 S. 3 RStV gestellt.

Die exzeptionelle Qualifizierung eines Mediendienstes als Rundfunk nach § 20 Abs. 2 RStV findet auf Grundlage der inhaltlich-funktionalen Abgrenzungskriterien statt. Unwesentlich ist, ob das Angebot von einem Rundfunkveranstalter oder einem anderen Diensteanbieter über das Internet verbreitet wird.[895] Hier wird die mangelnde Praktikabilität des § 20 Abs. 2 RStV deutlich, sollte von der Bestimmung Gebrauch gemacht werden. Bei etwa 2507 (laut MIT-Liste) bis 3763 (laut Radio-Directory)[896] registrierter Internet-Radios im Dezember 2000 und einer unüberschaubaren Dunkelziffer nicht registrierter Angebote[897] ist eine Prüfung durch die Landesmedienanstalten weder durchführbar noch sinnstiftend. Davon abgesehen wäre die Zuständigkeit der Landesmedienanstalten für im Ausland gespeicherte Inhalte ohnehin nicht zu begründen. Das Wesensmerkmal der „Globalität" des Internets entlarvt die Gesetzgebung des § 20 Abs. 2 RStV als dysfunktional und obsolet für „rundfunkähnliche" Angebote im Internet. Da die Übertragung von auditiven Daten einer geringeren Bandbreite bedarf, kann das Beispiel des Hörfunks als Prototyp für die zukünftige Entwicklung der Internetangebote des Fernsehens gelten. Die Problematik des Hörfunks ist folglich auf das Fernsehen zu übertragen und wird im folgenden konkretisiert.

---

[894] Arthur Waldenberger: Teledienste, Mediendienste und die „Verantwortlichkeit" ihrer Anbieter. a.a.O., S. 125; Flemming Moos: a.a.O., S. 52

[895] Siehe Anhang VII.; vgl. Viktor Janik: a.a.O., S. 12

[896] Im Internet unter: http://www.radio-directory.com Stand: 22.02.2001 und http://www.radiolocator.com Stand: 22.01.2001

[897] Vgl. Christof Barth / Thomas Münch: a.a.O. S.43; Thomas Mrazek: Rundfunk vom PC. In: Journalist Nr. 1 (2000), S. 67-68, S. 68; Jürgen Doetz: Der Zuschauer ist mündig genung. In: Wirtschaftwoche, 16.11.2000, o.S.

6.4.4 Einordnung des Internetangebots des Fernsehens nach TDG, MDStV und RStV

Das Angebot der Fernsehsender im Internet, das häufig mit einer Vielzahl von (teils missverständlichen) Begriffen wie „Online-Rundfunk" oder „Web-TV" beschrieben wird, ist stärker diversifiziert als das der gedruckten Medien und des Hörfunks.[898] Fernsehsender betreiben im Internet sowohl Angebote, die unter dem Namen des Fernsehsenders abzurufen sind (z.B. „RTL world" / www.rtl.de), als auch eigenständige Websites unter dem Namen der jeweiligen Sendung. (z.B. „Big Brother" / www.bigbrotherhaus.de)[899]. Auf Grundlage der einfachgesetzlichen Abgrenzungskriterien und der Zuordnungs-Systematik[900] wird nachfolgend untersucht, ob das Gesamt-Internetangebot der Fernsehveranstalter sowie einzelner Programmformate als Tele- oder Mediendienst i.S.d. MDStV und TDG einzuordnen ist. Anschließend ist festzustellen, ob das Internetangebot als „rundfunkähnlich" zu qualifizieren ist und somit im Sinne des § 20 Abs. 2 RStV zulassungspflichtig wird. Die medienrechtliche Problematik zwischen privaten und öffentlich-rechtlichen Veranstaltern ist in Kap. 7.5 zu bewerten.

Die Betrachtung des Internetangebots des Fernsehens unter einfachgesetzlichen Bestimmungen erfordert zunächst die Beurteilung, ob das Angebot als Mediendienst zu klassifizieren ist. Davon wäre dann auszugehen, wenn die redaktionelle Gestaltung zur Meinungsbildung für die Allgemeinheit im Vordergrund und der „individuelle Leistungsaustausch" im Hintergrund stehen.[901] Das Internetangebot des Fernsehens umfasst sowohl das Angebot der Fernseh*sender* als auch der Fernseh*sendungen*. Analog zu Presse und Hörfunk werden die vier Analyse-Kategorien „Publizistischer Inhalt", „Interaktive Dienste", „Werbung" und „E-Commerce"[902] zunächst separat auf die Erfüllung der jeweiligen rechtlichen Abgrenzungskriterien i.S.d. MDStV und TDG untersucht. Erst die anschließende Zusammenführung der Teil-Ergebnisse, d.h. die Gesamtbetrachtung, ist ausschlaggebend für die Zuordnung des Gesamtangebots zum Regelungsregime von MDStV oder TDG.

Die *„Publizistischen Inhalte"* des Internetangebotes des klassischen Fernsehens basieren auf zwei medialen Erscheinungsformen: Audiovisuelle und statische (Wort/Bild) Publikationsformen. Analog zum Internetangebot des Hörfunks ist das audiovisuelle Internetangebot des Fernsehens in zwei funktionale

---

[898] Siehe unten Kap. 2.2.1; die Ergebnisse der systematischen Inhaltsanalyse von sechs Internetangeboten der privaten Fernsehveranstalter, von sechs Internetangeboten der öffentlich-rechtlichen Fernsehveranstalter und von sechs Internetangeboten einzelner Programmformate finden sich in, die Darstellung der Homepages und die konkreten Analysergebnisse im Anhang.
[899] Kooperation zwischen dem Fernsehsender RTL und der Produktionsfirma Endemol
[900] Siehe oben Kap. 6.3.1, 6.3.3, sowie Kap. 6.4.1
[901] § 2 Abs. 1 MDStV in Verbindung mit § 2 Abs. 2 Nr. 4 MDStV
[902] Erklärungen zu den Kategorien finden sich in Kapitel 3.1 und im Anhang; die Ergebnisse sind in Kapitel 3.3.1 nachzulesen.

Ausprägungen zu unterteilen: Das sog. „Internet-TV“ (Live-Streaming) und „Internet-Video“ (Video-on-Demand).[903] Das (Live-)Streaming bezeichnet eine Technologie, durch die das „klassische“ Fernseh-Programm auf Abruf unverändert und nahezu zeitgleich über das Internet verbreitet werden kann. Da die Übertragung audiovisueller Daten über das Internet in rundfunkähnlicher Qualität breitbandige Übertragungskapazitäten voraussetzt, wird das Internet bisher kaum als Verbreitungsmedium für die klassischen Fernsehinhalte genutzt.[904] Auch aus Nutzersicht divergieren die Nutzungsgewohnheiten von „klassischem Fernsehen“ (passiv) und Computernutzung (aktiv).[905] Bisher verbreiten erst drei der untersuchten Fernsehsender ihr klassisches Fernsehprogramm mittels Streaming-Technologie über das Internet: Der öffentlich-rechtliche Sender Phoenix und die privaten Spartensender n-tv und M-TV. Die Darbietung erreicht bisher in keinem der Fälle rundfunkspezifische Qualität. Im Gegensatz zum „Internet-TV“ bezeichnet „Internet-Video“ den individuellen Abruf bereits gesendeter Beiträge aus elektronischen Speichern. Die Bereitstellung von Internet-Videos auf Abruf wird bereits häufiger als das Internet-TV sowohl auf den Websites der Fernsehsender als auch einzelner Sendungen angeboten.[906] Das Angebot an archivierten Beiträgen als Internet-Video (Internet-Video-on-Demand) entspricht aber nicht einem vollständigen Archiv, wie es bei der Presse im Internet i.d.R. angeboten wird, sondern einem vorselektierten Angebot von einzelnen Beiträgen. Neben den audiovisuellen Inhalten bieten die Fernsehsender und die Angebote der Sendungen ein redaktionell aufbereitetes, tagesaktuelles Informationsangebot sowie programm- und sendungsbegleitende Informationen in Wort und Bild an. Die Verbreitung der klassischen, audiovisuellen Inhalte mittels Internet-TV wie auch das redaktionell gestaltete Informationsangebot ist zweifellos für „die Allgemeinheit bestimmt“. Es enthält zugleich überwiegend redaktionell gestaltete Inhalte, die zur Meinungsbildung für die Allgemeinheit bestimmt oder geeignet sind. Auf Abruf werden die „Ton- und Bilddarbietungen“ sowie „Wort- und Bilddarbietungen“ aus elektronischen Speichern übermittelt. Demnach sind sowohl der Dienst „Internet-TV“ wie auch die publizistischen Inhalte in Wort und Bild als Mediendienst i.S.d. § 2 Abs. 1 und § 2 Abs. 2 Nr. 4 MDStV zu klassifizieren. Problematisch hingegen erscheint die Einordnung der Internet-Video-Angebote

[903] Siehe oben Kap. 1.4.2.4; Abgeleitet von der klassischen Begriffsdefinition des „Fernsehens“ und des „Videos“ bezeichnet in dieser Arbeit der Begriff „Internet-Video“ (auch „Video-on-demand über Internet“, „Video-Download“) das Herunterladen eines Films auf Abruf und die Speicherung auf der Festplatte des Nutzers. Der Begriff „Internet-TV“, bekannt unter den Stichworten „Fernsehen über Internet“, „Web-TV“ oder „Web-Cast“, bezeichnet das Streaming der audiovisuellen Daten. Der grundlegende, technische Unterschied zwischen „Internet-Video“ und „Internet-TV“ liegt darin, dass nur bei „Internet-Video“ die Daten beim Anwender gespeichert werden, während sie beim Internet-TV übertagen, abgespielt und sofort wieder gelöscht werden.

[904] Siehe oben Kap. 3.2.1, 3.2.2 zur Problematik der Bandbreite und ihrer Entwicklung

[905] Siehe oben Kap. 3.2.3, 3.3

[906] Siehe oben Kap. 2.2.1

(Internet-Video-on-Demand) durch das Fehlen eines legaldefinitorischen Ausschließlichkeitsverhältnisses zwischen Tele- und Mediendienst: Analog zur Problematik der Radio-on-Demand-Angebote erfüllt Internet-Video sowohl das Tatbestandsmerkmal der „individuellen Nutzung" i.S.d. § 2 Abs. 1 TDG aus der Sicht der Nutzer, als auch das Merkmal der „Bestimmung für die Allgemeinheit" i.S.d. § 2 Abs. 1 MDStV aus dem Blickwinkel der Anbieter.[907] Als „für die Allgemeinheit bestimmt" im Sinne der Rahmendefinition des § 2 Abs. 1 MDStV kann ein Abrufdienst angesehen werden, wenn seine Nutzung – ohne die zeitliche Gleichförmigkeit eines Verteildienstes – allein durch den inhaltlichen Charakter des Angebots ein für alle Nutzer im wesentlichen gleichförmiges Bild zeigt.[908] Ist der Dienst Internet-Video folglich ein überschaubares und gleichförmiges Angebot an alle Nutzer, wäre es nach dieser Auslegung des § 2 Abs. 1 MDStV an die Allgemeinheit gerichtet und somit als Mediendienst zu qualifizieren. Setzt das Auffinden eines Video-on-Demand-Angebotes hingegen den Einsatz einer Suchmaschine voraus, mit Hilfe derer der Nutzer individuell aus einer nicht einsehbaren Datenbank einen bestimmten Beitrag abruft, liegt eine individuelle Kommunikationshandlung vor. In diesem Falle wäre Video-on-Demand als Teledienst einzustufen, da sich kein gleichförmiges Bild für alle Nutzer ergibt.[909] Die Inhaltsanalyse der Internetangebote zeigt, dass kein Internet-Video-Archiv den Anspruch auf Vollständigkeit erfüllt und das gesamte gesendete Fernsehprogramm als Video-on-Demand beinhaltet.[910] Somit liegt der Dienst „Internet-Video" als „gleichförmiges Angebot" für alle Nutzer vor - der Nutzer ruft also den Beitrag aus einer für alle Nutzer gleichförmigen Datenbank ab – und ist zum gegenwärtigen Zeitpunkt als Mediendienst i.S.d. § 2 Abs. 1 und § 2 Abs. 2 Nr. 4 MDStV einzustufen. Zusammenfassend lässt sich feststellen, dass die Kategorie „Publizistischer Inhalt" inhaltlich-funktional weit über das klassische Fernsehen hinausgeht. Das Gesamtangebot der publizistischen Inhalte ist den Mediendiensten i.S.d. MDStV zuzuordnen.

Die Kategorie *„Interaktive Dienste"* zeigt auch bei den Fernsehsendern eine Erhöhung des Nutzungs-Mehrwerts durch eine Vielzahl von zusätzlichen funktionsbezogenen und individualkommunikativen Diensten. Zu den funktionsbezogenen Diensten der Fernsehsender im Internet zählen Angebote, die die audiovisuellen oder Inhalte in Wort und Bild in einen neuen funktionalen Kontext stellen (etwa Recherche- und Such-Funktionen). Die individualkommunikativen Dienste umfassen Angebote, die fern von publizistischer Relevanz zusätzliche

[907] Vgl. Detlef Kröger / Flemming Moos: Mediendienst oder Teledienst? Zur Aufteilung der Gesetzgebungsmaterie Informations- und Kommunikationsdienste zwischen Bund und Ländern. In: a.a.O., S. 675 ff.; Bert Eichborn: Internet-Recht. a.a.O., S. 33; Detlef Kröger / Flemming Moos: Regelungsansätze für Multimediadienste – Mediendienstestaatsvertrag und Teledienstegesetz. a.a.O., S. 465 f.

[908] Vgl. Michael Germann: a.a.O., S. 157

[909] Diese Form des individiuellen Leistungsaustauschs ist unter dem Begriff des „doppelten Rollenwechsels" beschrieben bei: Michael Germann: a.a.O., S. 149, S. 158

[910] Siehe oben Kap. 2.2.1

Funktionen im Bereich der individuellen Kommunikation ermöglichen (etwa Diskussionsforen und Chatrooms, personalisierte Bereiche, individualkommunikative Dienste wie E-Mail oder Free-SMS, Wetter- und Börsendienste).[911] Analog zu Presse und Hörfunk erweitern die sog. funktionsbezogenen Dienste den individuellen Spielraum, den das Internet beim Abruf von Informationen ermöglicht. Im Vordergrund dieser Dienste steht nicht der publizistische Inhalt, sondern die individuelle Nutzung analog § 2 Abs. 1 TDG.[912] Auch gemäß den Regelbeispielen, die das TDG in § 2 Abs. 2 Nr. 2 und 3 TDG anführt, sind Recherchefunktionen und Suchfunktionen in erster Linie als „Angebote zur Nutzung des Internets" zu betrachten, bei denen nicht die „Meinungsbildung für die Allgemeinheit" im Vordergrund steht. Die zweite Kategorie der „Interaktiven Dienste", die sog. individualkommunikativen Dienste, beinhaltet Diskussionsforen, personalisierte, passwort-geschützte Bereiche sowie Newsletter. Unmoderierte Diskussionsforen und personalisierte Dienste fallen in den Bereich der „individuellen Nutzung von kombinierbaren Daten wie Zeichen, Bilder und Töne" im Sinne des § 2 Abs. 1 TDG. Auch die Begrifflichkeit dieser Dienste, etwa „Club"[913], „Community"[914] oder „My World"[915], indiziert, dass es sich um ein Angebot für einen geschlossenen Teilnehmerkreis handelt, der somit nicht für die „Allgemeinheit" im Sinne einer „beliebigen Öffentlichkeit" bestimmt ist. Zusammenfassend ist festzustellen, dass die Kategorie „Interaktive Dienste" das Internetangebot des Fernsehens durch eine Reihe individualkommunikativer Teledienste i.S.d. TDG ergänzt.

Die Kategorie *„Werbung"* reflektiert zunächst eine Trennung des Angebots in die werbefinanzierten privaten Internetangebote und die werbe- und sponsoringfreien öffentlich-rechtlichen Websites. Den öffentlich-rechtlichen Fernsehsendern ist analog § 4 Abs. 3 ARD-Staatsvertrag und ZDF-Staatsvertrag zwar erlaubt, Mediendienste im Sinne des § 2 Abs. 2 Nr. 4 MDStV „mit vorwiegend programmbezogenen Inhalt"[916] anzubieten, Werbung und Sponsoring bleiben ihnen untersagt.[917] Die Werbeformen Banner-Werbung und Pop-up-Werbung dienen folglich ausschließlich der Finanzierung privater Internetangebote. Banner-Werbung und Pop-up-Werbung unterliegen dem Trennungsgebot und dem Verbot von Schleichwerbung des § 9 MDStV. Eine fernsehspezifische Begrenzung der Werbezeit gibt es bei den Mediendiensten nicht.[918]

Die Kategorie *„E-Commerce"* beinhaltet Kaufangebote, die über das Internetangebot der privaten Internetangebote offeriert werden und in dem meisten

911 Siehe Anhang I.
912 Vgl. Bert Eichborn: Internet-Recht. a.a.O., S. 41
913 Vgl. bspw. ZDF Club (www.zdf.de); ProSieben Club (www.prosieben.de)
914 Vgl. bspw. SAT 1 (www.sat1.de)
915 Vgl. bspw. RTL (www.rtl.de)
916 § 4 Abs. 3 S. 1 ARD-StV
917 § 4 Abs. 3 S. 2 ARD-StV, § 4 Abs. 3 S. 2 ZDF-StV
918 Vgl. Margarete Schuler-Harms: Die Rundfunkordnung der Bundesrepublik Deutschland. a.a.O., S.157 f.

Fällen direkt über das Internet bestellt werden können. Den öffentlich-rechtlichen Sendern ist der Verkauf eigener Produkte im Bereich des „Merchandising“ gestattet und wird von den meisten Sendern genutzt.[919] Analog § 2 Abs. 2 Nr. 5 TDG fallen „Angebote von Waren und Dienstleistungen in elektronisch abrufbaren Datenbanken mit interaktivem Zugriff und unmittelbarer Bestellfunktion“ generell unter das TDG. Demnach ist das Merchandising des öffentlich-rechtlichen Hörfunks genauso wie die Kaufangebote des privaten Hörfunks den Telediensten zuzurechnen.

Analog zu Presse und Hörfunk ist auch bei den Angeboten des Fernsehens ein Teil der einzelnen Inhalte den Telediensten i.S.d. TDG zuzuordnen, während die publizistisch relevanten Inhalte durch ihre Bestimmung für die Allgemeinheit als Mediendienst i.S.d. MDStV einzustufen sind. Ein signifikanter inhaltlich-funktionaler Unterschied zwischen den Internetangeboten der Fernsehsender und der Fernsehsendungen ist nicht zu erkennen. Folglich ist im Rahmen einer Gesamtbetrachtung festzustellen, welcher Dienst im Vordergrund der Internetangebote des Fernsehens steht. Die Homepage eines Senders oder einer Sendung[920] ist nicht nur die Startseite, von der aus der Nutzer durch das Angebot navigiert, sondern auch ein wichtiges Indiz für den inhaltlichen Schwerpunkt des Angebots. Die Homepages der Fernsehensender[921] lassen erkennen, dass der publizistische Inhalt in Form einer redaktionellen Gestaltung zur Meinungsbildung für die Allgemeinheit im Vordergrund der Angebote steht.[922] Dabei ist nicht die Verbreitung des audiovisuellen Inhaltes, d.h. des Fernsehprogramms, Schwerpunkt des Angebots, sondern vielmehr das publizistische Angebot in Wort und Bild. Aus Anbietersicht analog § 3 S. 1 MDStV, TDG ist es unter publizistischen[923] wie ökonomischen[924] Gesichtspunkten Sinn und Zweck des Internetangebotes, eine möglichst breite Öffentlichkeit durch ein entsprechendes, publizistisch relevantes Angebot zu erreichen. Teledienste („Interaktive Dienste“) bieten dem Nutzer einen zusätzlichen Nutzungswert und sind als Ergänzung des publizistischen Angebots einzuordnen. Damit ist das Gesamtangebot des Fernsehens im Internet als Mediendienst i.S.d. § 2 Abs. 1, § 2 Abs. 2 Nr. 4 und § 2 Abs. 2 Nr. 4 S. 3 TDG zu qualifizieren. Aus Sicht der Nutzer analog § 3 S. 2 MDStV, TDG ist jedoch auch die ausschließliche Nutzung der individualkommunikativen Dienste denkbar.

Da das Internetangebot des Fernsehens aufgrund der Gesamtbetrachtung als Mediendienst einzuordnen ist, wird nachfolgend geprüft, ob es nach § 20 Abs. 2 RStV auch dem Rundfunk zugeordnet werden könnte. Davon wäre dann

---

[919] Siehe oben Kap. 2.2.1
[920] Bspw. www.bigbrother.de oder www.heute.de
[921] Die Homepages aller untersuchten Angebote findet sich im Anhang.
[922] § 2 Abs. 1 MDStV in Verbindung mit § 2 Abs. 2 Nr. 4 MDStV
[923] Insb. für den öffentlich-rechtlichen Rundfunk im Sinne des Funktionsauftrages
[924] Insb. für den privatwirtschaftlichen Hörfunk

auszugehen, wenn die bereits dargestellten konstitutiven Abgrenzungskriterien - Breitenwirkung, Aktualität und Suggestivkraft - erfüllt würden.[925]

Die *Breitenwirkung* eines Abrufdienstes ist generell umstritten, da sich hinsichtlich der übermittelten Inhalte kein zeitgleicher Multiplikationseffekt ergibt und demnach keine identischen Inhalte gleichzeitig an eine beliebige Öffentlichkeit verteilt werden. Aus der systematischen Auslegung des § 2 Abs. 2 Nr. 4 MDStV, der ausdrücklich bestimmte Abrufdienste in den Geltungsbereich des MDStV einschließt, und der Bestimmung des § 20 Abs. 2 RStV, der bestimmte Mediendienste und somit potenziell auch Abrufdienste erfasst, ergibt sich jedoch, dass eine rein formale Abgrenzung zwischen zulassungsfreiem Mediendienst und zulassungspflichtigem Rundfunk nach der Übertragungstechnik (Abrufdienst oder Verteildienst) allein ausscheidet.[926] Für die Einstufung von Abrufdiensten als Rundfunk kommt es vielmehr darauf an, ob dieser funktional an die Stelle des klassischen Rundfunks als Verteildienst tritt. Dies ist weder bei den Internet-Video-Angeboten noch bei den redaktionellen Inhalten in Wort und Bild der Fall.

Das sog. „Internet-TV" hingegen, das bereits von einigen (wenigen) Sendern als Bestandteil des publizistischen Gesamtangebots im Internet angeboten wird, weist rundfunkspezifische Parallelen zum klassischen Fernsehen auf. Aus inhaltlich-funktionaler Sicht erfüllt demnach der Dienst „Internet-TV" das Tatbestandsmerkmal der Breitenwirkung ähnlich wie das klassische Fernsehen, da lediglich die technische Verbreitung und die bisher damit verbundenen qualitativen Darbietungsmängel divergieren.[927] Da die Übertragung des klassischen Fernsehprogramms über das Internet (Internet-TV) aber nur ein Teil des publizistisch relevanten Inhalts ist, ist die Breitenwirkung für das gesamte Internetangebot zu beurteilen. Im Rahmen einer Gesamtbetrachtung der Fernsehsender ist festzustellen, dass der Dienst „Internet-TV" nicht im Vordergrund der untersuchten Angebote steht.[928] Internet-TV steht weder im Mittelpunkt derjenigen Angebote, die Internet-TV in ihr Angebot integrieren (n-tv, Phoenix, M-TV), noch wird Internet-TV in der Mehrheit der untersuchten Fälle angeboten. Das an den Nutzungszahlen gemessen erfolgreichste Angebot „www.rtl.de" verzichtet beispielsweise gänzlich auf die Übertragung des Rundfunkprogramms. Somit ist das Tatbestandsmerkmal der „Breitenwirkung" im Sinne einer rundfunkspezifischen Massenkommunikationswirkung für das Gesamtangebot nicht erfüllt. Ob Internetangebote überhaupt eine rundfunk-

[925] Siehe oben Kap. 6.3.1

[926] Vgl. Flemming Moos: Die Unterscheidung der Dienstformen Teledienst, Mediendienst und Rundfunk. a.a.O., S.45

[927] Die Qualität audiovisueller Darstellungen über Internet wird an dieser Stelle nicht als Argument gegen das Tatbestandsmerkmal Breitenwirkung angeführt, da zunehmende Bandbreiten die qualitativen Probleme der Übertragung lösen. Siehe oben Kap. 3.2.1

[928] Siehe oben Kap. 2.2.1 und Anhang

mäßige Meinungsmacht ausüben können, ist umstritten und bisher rechtlich ungeklärt.[929]

ABB. 43: HOMEPAGE VON „N-TV.DE / CNN.DE" MIT LIVE-STREAM-WINDOW (INTERNET-TV)

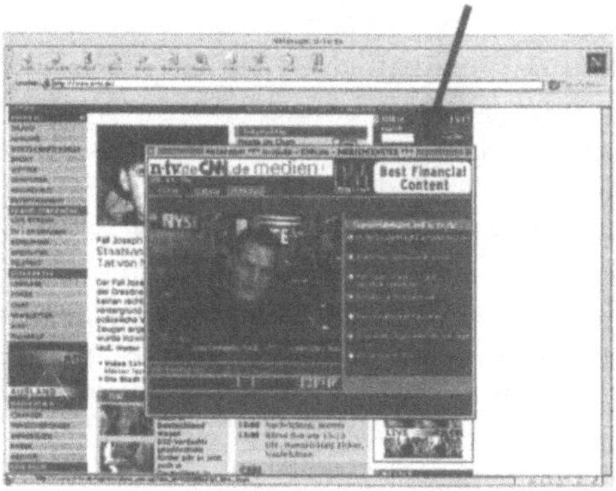

Quelle: Eigener "Screenshot", Januar 2001

Als Sonderfall sind die Internet-TV-Angebote einiger Fernsehsendungen zu bewerten, die in den Blickwinkel der medienpolitischen Diskussion geraten sind.[930] Diese Internet-TV-Angebote (z.B. BigBrother.de, Girlscamp.tv) bieten dem Nutzer die individuelle, interaktive Auswahl von Kameraperspektiven an, die ein Geschehen live übertragen. Diese Form des Internet-TV ist von der Übertragung eines linearen Fernsehprogramms über das Internet abzugrenzen, da keine Selektion oder redaktionelle Aufbereitung stattfindet. Da die Perspektiven jedoch sowohl zeitgleich als auch inhaltsgleich übertragen werden und zudem meist ein "Directors Cut"[931] angeboten wird, ist diesem Dienst die Breitenwirkung nicht abzusprechen. Auch hier ist jedoch fraglich, ob der Dienst „Internet-TV" im Vordergrund des Gesamtangebots steht. Weiterhin wären auch sog. Webcams[932], die i.d.R. keine Inhalte von publizistischer Relevanz vermitteln, zulassungspflichtig.

---

929 Vgl. Flemming Moos: Die Unterscheidung der Dienstformen Teledienst, Mediendienst und Rundfunk. a.a.O., S. 45 f.; Hans D. Jarass: Rundfunkbegriffe im Zeitalter des Internet. a.a.O., S. 133-141, S. 140; siehe oben Kap. 6.3.1

930 Vgl. Dieter Dörr: Big Brother und die Menschenwürde: Die Menschenwürde und die Programmfreiheit am Beispiel eines neuen Sendeformats. Frankfurt am Main, Berlin u.a. 2000, S. 87 ff.

931 Diese Version besteht in der vorgegebenen Selektion der Kameraperspektive.

932 Webcams bezeichnen mobile oder festinstallierte Kameras, die Live-Bilder/Töne über das Internet übertragen. So gibt es beispielweise Stadt-Kameras, die Sehenswürdigkeiten oder Plätze aufnehmen, Kameras, die in Gebäuden installiert sind oder auch Taxi-Webcams, die entweder die Fahrt oder die Fahrgäste eines Taxis im Internet übertragen. Dabei wird der Inhalt weder redaktionell aufgearbeitet noch selektiert.

Das zweite konstitutive Merkmal, die *Aktualität*, wird durch das Internetangebot des Fernsehens unstrittig erfüllt. Nahezu alle der untersuchten Angebote enthalten tagesaktuelle Inhalte. Zudem wird in einigen Fällen das klassische Fernsehprogramm sowie der Fernsehtext über das Internet verbreitet. Weiterhin werden die Internetangebote von eigenen Redaktionen betreut, die eine fortlaufende Aktualisierung der Information vornehmen.

Die *Suggestivkraft* gilt nach der Judikatur des Bundesverfassungsgerichts als drittes konstitutives Merkmal zur Feststellung von rundfunkspezifischer Meinungsrelevanz.[933] Die Landesmedienanstalten sprechen von der „Suggestivkraft des Rundfunks" und konkretisieren das Merkmal als „Eindruck der Authentizität der audio*visuellen* Darstellung, der u.a. durch die Kombination von Bewegtbild und Ton entsteht."[934] Für die publizistischen Inhalte in Wort und Bild, die einen Teil des meinungsrelevanten Gesamtangebots des Fernsehens im Internet prägen, scheidet das Merkmal der Suggestivkraft aus. Auch dem Internet-Video (Video-on-Demand über Internet) mangelt es neben der fehlenden Breitenwirkung auch an Suggestivkraft, da der Inhalt nicht per Knopfdruck rezipierbar wird, sondern zunächst individuell und aktiv auszuwählen ist. Nicht nur die mangelnde Qualität der audiovisuellen Darbietung, sondern auch die zahlreichen Aktions- und Interaktionsmöglichkeiten, die dem Rezipienten die Möglichkeit des eigenständigen und individuellen Navigierens durch das Internetangebot ermöglichen, sprechen für die fehlende Suggestivkraft.[935] Da das Argument mangelnder Qualität aufgrund der Entwicklung im Bereich der Breitbandtechnologien nicht angeführt werden soll,[936] ließe sich einzig dem Dienst „Internet-TV" Suggestivkraft beimessen. Der Rezipient schaltet sich in ein laufendes Programm ein, das er statt auf dem Fernseher auf dem PC-Monitor empfängt. Ob sich jedoch bei der aktiven Nutzung des Computers als Endgerät die gleiche fernsehspezifische Suggestivkraft einstellt, die dem passiven Rezipieren über den Fernseher zugesprochen wird, ist bisher nicht untersucht. Im Rahmen einer Gesamtbetrachtung fehlt es den publizistischen Inhalten des Fernsehens im Internet an der notwendigen Suggestivkraft.[937]

---

[933] Vgl. BVerfGE 90, 60, 87; Arbeitsgemeinschaft der Landesmedienanstalten in der Bundesrepublik Deutschland ALM / Direktorenkonferenz der Landesmedienanstalten DLM (Hrsg.): Erstes Strukturpapier über die Unterscheidung von Rundfunk und Mediendiensten. a.a.O., Kap. 2.1.2, 2.1.3 und 2.2.2.4

[934] ALM / DLM (Hrsg.): Erstes Strukturpapier über die Unterscheidung von Rundfunk und Mediendiensten. a.a.O., Kap. 2.1.3

[935] Vgl. Reinhart Ricker: Die Nutzung des Internets als dritte Säule des öffentlich-rechtlichen Rundfunks. a.a.O., S. 34; Reinhart Ricker: Rundfunkgebühren für Computer mit Internetzugang? In: NJW (1997), S. 3199-3205, S. 3120 f.

[936] Das Argument der „ruckelnden Bilder" wird von den Landesmedienanstalten angeführt. Vgl. ALM / DLM (Hrsg.): Erstes Strukturpapier über die Unterscheidung von Rundfunk und Mediendiensten. a.a.O., Kap. 2.2.2.4.2, 2.2.2.4.3

[937] Vgl. ebd., Kap. 2.1.3 und 2.2.2.4

Das inhaltsanalytisch untersuchte Gesamtangebot des Fernsehens geht über die bloße Verbreitung der klassischen, audiovisuellen Programminhalte im Internet weit hinaus. Dem Nutzer stehen eine Reihe weiterer publizistischer Angebote, wie z.B. Video-on-Demand oder Informationen in Wort und Bild, zur individuellen Nutzung zur Verfügung. Lediglich der Dienst „Internet-TV" könnte potenziell die Merkmale Breitenwirkung, Aktualität und Suggestivkraft erfüllen[938] und wäre dann rundfunkrechtlich im Sinne des § 20 Abs. 2 RStV zulassungspflichtig. Da der Dienst „Internet-TV" aber in ein publizistisches Angebot integriert ist, ist eine Zuordnung des Gesamtangebots zum Regelungsregime des RStV nur dann möglich, „*wenn* und *soweit* Mediendienste dem Rundfunk zuzuordnen sind"[939]. Da die Einordnung eines „kombinierten Dienstangebotes"[940] nur im Wege einer „wertenden Gesamtschau"[941] vorzunehmen ist, die den Anteil der Einzelangebote am Gesamtangebot berücksichtigt, sind alle publizistischen Inhalte in die Beurteilung einzubeziehen. Demnach wäre in jedem Einzelfall von den Landesmedienanstalten zu beurteilen, ob die Veranstaltung und Verbreitung des Fernsehprogramms über das Internet im Vordergrund des Internetangebots steht oder ob die übrigen publizistischen Informationsangebote, die eindeutig den Mediendiensten zuzurechnen sind, den Angebotsschwerpunkt bilden. Bisher kommt dem Dienst „Internet-TV" gemäß der Inhaltsanalyse in Kap. 2 eindeutig eine untergeordnete Rolle als Zusatzangebot zu.[942] Die Gesamtbetrachtung des Internetangebots des klassischen Fernsehens lässt begründeten Zweifel aufkommen, ob die Zuordnung dieser Angebote zum Rundfunk juristisch Bestand hätte.

Die exzeptionelle Qualifizierung eines Mediendienstes als Rundfunk nach § 20 Abs. 2 RStV findet auf Grundlage der inhaltlich-funktionalen Abgrenzungskriterien statt. Unwesentlich ist, ob das Angebot von einem Rundfunkveranstalter oder einem anderen Diensteanbieter über das Internet verbreitet wird.[943] Die mangelnde Praktikabilität des § 20 Abs. 2 RStV wird deutlich, wenn die Internetangebote des ausländischen Fernsehens sowie die Angebote anderer Anbieter in die Zuordnungspraxis nach § 20 Abs. 2 RStV einbezogen werden. Eine Prüfung durch die Landesmedienanstalten wäre aufgrund der Angebotsvielfalt weder praktisch durchführbar noch sinnstiftend, da die Zuständigkeit der Landesmedienanstalten für im Ausland gespeicherte Inhalte ohnehin nicht zu begründen ist.

---

938 Dies ist auch nach Ansicht der Landesmedienanstalten aber nicht der Fall. Vgl. ebd., Kap. 2.1.3, 2.2.2.4.2
939 § 20 Abs. 2 RStV
940 Flemming Moos: a.a.O., S.52
941 Arthur Waldenberger: Teledienste, Mediendienste und die „Verantwortlichkeit" ihrer Anbieter. a.a.O., S. 125; Tobias H. Strömer: Online-Recht. Rechtsfragen im Internet. a.a.O., S. 12 ff.
942 Siehe oben Kap. 2.2.1
943 Siehe Anhang VII.; vgl. Viktor Janik: a.a.O., S. 12

6.5 Die besondere medienrechtliche Problematik öffentlich-rechtlicher Internetangebote

Die Internetangebote der öffentlich-rechtlichen Sender sind zum besonderen medienpolitischen und rundfunkrechtlichen Streitfall geworden. In der Präambel des RStV wird betont, dass für den öffentlich-rechtlichen Rundfunk Bestand und Entwicklung zu gewährleisten ist. Dazu gehöre die Teilhabe an allen neuen technischen Möglichkeiten in der Herstellung und zur Verbreitung sowie die Möglichkeit der Veranstaltung neuer Formen von Rundfunk.[944] Analog § 19 Abs. 3 RStV in Verbindung mit § 4 Abs. 3 des ARD-Staatsvertrages und § 4 Abs. 3 des ZDF-Staatsvertrages[945] dürfen die öffentlich-rechtlichen Sender Internetangebote mit „vorwiegend programmbezogenem Inhalt" anbieten. Ob sie aber darüber hinausgehende Internetangebote betreiben dürfen, hängt davon ab, wie die Internetangebote der Fernsehsender rundfunkrechtlich einzuordnen sind.

6.5.1 Ausgangslage der Diskussion um öffentlich-rechtliche Internetangebote

Besondere Brisanz erhält die Diskussion um die öffentlich-rechtlichen Internetangebote durch die vielfältigen Ankündigungen der öffentlich-rechtlichen Sender, das Internetangebot inhaltlich auszudehnen und mit Kooperationspartnern aus der Wirtschaft gemeinsame Online-Aktivitäten aufzubauen.[946] Das ZDF, das seinen bereits seit 1996 bestehenden Kooperationsvertrag mit Microsoft Network (MSN) und NBC aufgrund des Werbeverbots nach § 4 Abs. 3 S. 2 ZDF-StV aufkündigen musste, kooperiert im Bereich des Nachrichtenportals „www.heute.t-online.de" mit dem Internet Service Provider der Deutschen Telekom T-Online. Die ARD und ihre Landesrundfunkanstalten lassen ebenfalls den Ausbau ihrer Internetaktivitäten verlauten und betonen, dass das Internetangebot zur „dritten Säule neben Radio und Fernsehen"[947] entwickelt werde

[944] Präambel des RStV, abgedruckt in: Landesanstalt für Rundfunk Nordrhein-Westfalen LfR (Hrsg.): Rundfunkrechtliche Grundlagen der Landesanstalt für Rundfunk Nordrhein-Westfalen. Düsseldorf 1998, S. 84

[945] Abgedruckt in: Katholisches Institut für Medieninformation (Hrsg.): Funk Korrespondenz Nr. 52 (1999)

[946] Vgl. o.V.: Auch die ARD schließt Online-Partnerschaften nicht aus. Öffentlich-rechtlichen Anstalten fehlt das Geld für ihre Internet-Pläne. Kritik der privaten Sender. In: FAZ Nr. 139 (2001), S. 20; Manfred Buchwald: Öffentlich-rechtlicher Rundfunk: Institutionen–Auftrag–Programme. In: Dietrich Schwarzkopf (Hrsg.): Rundfunkpolitik in Deutschland. Wettbewerb und Öffentlichkeit. Bd. 1. München 1999, S. 316-407; S. 367 ff., S. 372 f.; o.V.: WDR-Rundfunkrat fordert „offensives Engagement". In: epd-Medien Nr. 52 (2000), S. 17; Volker Lilienthal: Die Rolle des ZDF: Kontraste–Konkurrenz–Kooperation. In: Dietrich Schwarzkopf (Hrsg.): Rundfunkpolitik in Deutschland. Wettbewerb und Öffentlichkeit. Bd. 1. München 1999, S. 408-435, S. 433

[947] Fritz Pleitgen: WDR will künftig auch über das Internet senden. In: epd-Medien Nr. 55 (2000), S. 16 f.; o.V.: BR-Rundfunkrat ist für Internet als neuen Verteilweg. In: epd-Medien Nr. 55 (2000), S. 20 f.; o.V.: HR will „Multimedia" zur dritten Programmsäule ausbauen. In: epd-Medien Nr. 69 (2000), S. 15

und sich die Online-Aktivitäten erst in der „Aufbauphase“ befänden.[948] Relativiert wurde der Ausdruck der „dritten Säule“ in Folge der einsetzenden Kritik durch den Zusatz „mit programmbegleitendem, dienenden Charakter“.[949] Mit dem Argument, dass die kommerziellen Anbieter keine ausreichende publizistische Vielfalt im Internet sicherstellen könnten (so der ARD-Vorsitzende und WDR-Intendant Fritz Pleitgen) wird die Ausweitung der öffentlich-rechtlichen Internetaktivitäten im Sinne einer rundfunkspezifischen Grundversorgung begründet.[950] Nach Aussage des Vorsitzenden des ARD-Zukunftsgremiums Rundfunk und Telekommunikation (RuTe) und Intendanten des SR Fritz Raff plane man ein Internetportal unter dem Namen ARD.de, das eine „Vielzahl von vertiefenden und interessanten Informationen speziell zu politischen, zu regionalen und zu kulturellen Themen anbietet, die viel mehr darstellen als das, was sich in den klassischen Programmen im Hörfunk und Fernsehen abbilden lässt.“[951] Man wolle sowohl ein „komplementäres Angebot“ als auch ein „gleichberechtigtes Angebot“ aufbauen und als Online-Anbieter „eine Lotsenfunktion einnehmen.“[952] Auch Kooperationen mit privatwirtschaftlichen Unternehmen sind nach Aussage des Vorsitzenden des ARD-Zukunftsgremiums Fritz Raff geplant. Aus Sicht der öffentlich-rechtlichen Sender ergibt sich aus der Ausweitung der Internet-Aktivitäten ein gesteigerter Finanzbedarf, der etwa auf das Fünffache des derzeitig von der KEF veranschlagten Summe für Internetangebote von 22 Millionen DM/Jahr beziffert wird.[953] Zugleich setzen sich die Vertreter der öffentlich-rechtlichen Anstalten für eine Lockerung des Werbeverbots in öffentlich-rechtlichen Mediendiensten unter Beibehaltung der Gebührenfinanzierung ein.[954] Mit dem Anfang 2001 in Kraft getretenen Fünften RÄndStV wurde das Moratorium für die Gebührenpflichtigkeit des internetfähigen PCs um ein Jahr verlängert und läuft nun bis Ende 2004.[955] Auch die Be-

---

[948] Vgl. Fritz Raff: „Teilweise tief greifende Auseinandersetzungen.“ Ein epd-Interview mit SR-Intendant Fritz Raff zu ARD-Online-Aktivitäten. In: epd-Medien Nr. 8 (2001), o.S.

[949] Ebd.

[950] o.V.: Auch die ARD schließt Online-Partnerschaften nicht aus. Öffentlich-rechtlichen Anstalten fehlt das Geld für ihre Internet-Pläne. Kritik der privaten Sender. In: FAZ Nr. 139 (2001), S. 20

[951] Fritz Raff: „Teilweise tief greifende Auseinandersetzungen“. a.a.O., o.S.

[952] Ebd.

[953] Nach Angaben des ARD-Finanzchef fallen 350 Millionen Mark des erwarteten Fehlbetrages von 1,15 Milliarden Mark bis zum Ende der Gebührenperiode 2004 für Investitionen im Internet an. Der Fehlbetrag, so die ARD, gelte als Maßstab zur Feststellung der neuen Gebührenhöhe ab 2005. Vgl. o.V.: Man nehme es den Sehenden. 28.06.2001. Im Internet unter: www.manager-magazin.de/ebusiness/artikel/0,2828,142130,00.html Stand: 29.06.2001; O.V.: ARD/ZDF. Gebühren für das Internet? 02.07.2001. Im Internet unter: www.manager-magazin.de/ebusiness/artikel/0,2828,142897,00.html Stand: 03..07.2001

[954] Vgl. Ebd.

[955] Amtliche Begründung zum Fünften Staatsvertrag zur Änderung rundfunkrechtlicher Staatsverträge vom 1. Januar 2001. Begründung zu Artikel 1, Allgemeines. Im Internet unter: www.artikel5.de Stand: 01.05.2001; Axel Tschentscher: Gebührenpflichtigkeit des Internet- und Handy-Rundfunks? a.a.O., S. 93; Albrecht Hesse: Der Vierte Rundfunkänderungsstaatsvertrag aus der Sicht des öffentlich-rechtlichen Rundfunks. a.a.O., S. 193 f.

stimmung der §§ 4 Abs. 3 ARD-StV und ZDF-StV, nach der Mediendienste der öffentlich-rechtlichen Sender auf „*vorwiegend* programmbezogenen Inhalt" beschränkt sind, bleiben bis Ende 2004 in Kraft.[956] Die Auslegung des dehnbaren Begriffs „vorwiegend" wird die Diskussion verschärfen.[957]

Der angekündigte Umfang der Internetangebote wirft insbesondere die Frage auf, ob die expansiven Online-Aktivitäten mit dem spezifischen Auftrag öffentlich-rechtlicher Rundfunkanstalten vereinbar sind und ob die geplante Ausgestaltung der Angebote von den angeführten einfachgesetzlichen Bestimmungen getragen wird. Daher ist die Kontroverse um die Internetaktivitäten der öffentlich-rechtlichen Sender zugleich eine Kontroverse um die Auslegung und Reichweite des verfassungsrechtlichen sowie einfachgesetzlichen Rundfunkbegriffs und um den Gesetzesvorbehalt. Werden die Internetangebote nach § 20 Abs. 2 RStV als „rundfunkähnliche Dienste" dem Rundfunkbegriff zugeordnet, wäre die Veranstaltung eines Internetangebots über den programmbezogenen Inhalt hinaus möglich. Weiterhin müssten dann auch für die entsprechenden Endgeräte (PC oder UMTS-Mobilgerät) eine Rundfunkgebühr erhoben werden. Nach geltendem Rundfunkgebührenrecht kommt es für die Gebührenpflichtigkeit lediglich darauf an, ob ein Gerät zum Rundfunkempfang bereitgehalten wird (Vorhaltegebühr).[958] Dabei ist nicht der tatsächliche Gebrauch eines Gerätes zum Rundfunkempfang relevant, sondern nur dessen abstrakte Eignung. Würden die Internetangebote der klassischen Medien unter den Rundfunkbegriff subsumiert, wäre folglich eine Rundfunkgebühr für PCs und Handys mit Internetzugang fällig.[959]

Im Mittelpunkt der rundfunkrechtlichen und medienpolitischen Diskussion steht nicht die Zulässigkeit von öffentlich-rechtlichen Internetangeboten per se – hier herrscht weitestgehend Einigkeit über eine zumindest beschränkte Zulässigkeit - sondern vielmehr ihre inhaltliche Ausgestaltung und Zielsetzung.[960] Nachfolgend werden die Standpunkte der rechtlichen Kontroverse erörtert.

---

956 Amtliche Begründung zum Fünften Staatsvertrag zur Änderung rundfunkrechtlicher Staatsverträge vom 1. Januar 2001. Begründung zu Artikel 3, Änderung des ZDF-StV, zu Nummer 4. Im Internet unter: www.artikel5.de Stand: 01.05.2001

957 Vgl. Klaus Goldhammer / Axel Zerdick: Rundfunk Online. a.a.O., S. 97; Bernd Holznagel: Der spezifische Funktionsauftrag des Zweiten Deutschen Fernsehens (ZDF). Bedeutung, Anforderungen und Unverzichtbarkeit unter Berücksichtigung der Digitalisierung, der europäischen Einigung und der Globalisierung der Informationsgesellschaft. a.a.O., S. 170

958 § 2 Abs. 2 S. 1 RfGebStV

959 Vgl. Axel Tschentscher: Gebührenpflichtigkeit des Internet- und Handy-Rundfunks? a.a.O., S. 94

960 Vgl. Reinhart Ricker: Die Nutzung des Internets als dritte Säule des öffentlich-rechtlichen Rundfunks. a.a.O., S. 32; Christoph Degenhart: Online-Angebote öffentlich-rechtlicher Rundfunkanstalten. Frankfurt am Main 1998, S. 67; Manfred Buchwald: a.a.O.; S. 367 ff.; Hans J. Kleinsteuber / Barbara Thomaß: Der deutsche Rundfunk auf internationaler Ebene. In: Dietrich Schwarzkopf (Hrsg.): Rundfunkpolitik in Deutschland. Wettbewerb und Öffentlichkeit. Bd. 1. München 1999, S. 1008-1071, S. 1033 f.

6.5.2 Medienrechtliche Position der Befürworter

Ein Teil der rechtswissenschaftlichen Literatur stuft die Internet-Aktivitäten der Rundfunksender in Sinne des Art. 5 Abs. 1 S. 2 GG als Rundfunk ein. Die Befürworter einer Ausdehnung öffentlich-rechtlicher Internetangebote berufen sich auf eine Zuordnung sämtlicher redaktionell gestalteter Internet-Aktivitäten zum Rundfunkbegriff.[961] Entscheidend für die Anwendbarkeit des verfassungsrechtlichen Rundfunkbegriffs sei, dass das jeweilige Angebot an die Allgemeinheit gerichtet ist, fernmeldetechnisch verbreitet wird und ihm nicht jegliche meinungsbildende Wirkung abzusprechen ist.[962] Unerheblich wäre dabei der Modus des Abrufs, etwa ob es sich um einen Verteil-, Zugriffs- oder Abrufdienst handele, da der Schutzbereich der Rundfunkfreiheit neuen technischen und gesellschaftlichen Entwicklungen offen bleiben müsse.[963] Gerade in der verfassungsrechtlich verbürgten entwicklungsoffenen Gestaltung der Rundfunkfreiheit sehen die Befürworter einer Subsumtion unter den Rundfunkbegriff eine ausreichende Begründung für die Internet-Aktivitäten des öffentlich-rechtlichen Rundfunks:

„Soll die Rundfunkfreiheit unter den Bedingungen des raschen technischen Wandels ihre normative Kraft bewahren, dann darf bei der Bestimmung von Rundfunk nicht nur an eine bereits eingeführte Technik angeknüpft werden." [964]

Zur weiteren Begründung führen die Befürworter einer Subsumtion der öffentlich-rechtlichen Mediendienste unter den Rundfunkbegriff an, dass der Charakter der Massenkommunikation für die Einstufung als Rundfunk entscheidend sei. Der Charakter der Massenkommunikation sei einem Dienst nur

[961] Vgl. Hans Hege: Zugang zu den Medien und das Recht auf Grundversorgung. In: Hanns Prütting / Reiner Hochstein / Hans Hege / Bernd Holznagel / Thomas Hoeren / Ulrich Preis / Helmut Köhler: Die Zukunft der Medien – Rechtlicher Rahmen und neue Teledienste im Digitalzeitalter. München 1998, S. 21-36, S. 36; Wolfgang Hoffmann-Riem / Wolfgang Schulz / Thorsten Held: Konvergenz und Regulierung. a.a.O., S. 57 f.; Wolfgang Hoffmann-Riem: Regulierung der dualen Rundfunkordnung. Grundfragen. Baden-Baden 2000, S. 85 f., S. 229 ff.; Wolfgang Hoffman-Riem: Der Rundfunkbegriff in der Differenzierung kommunikativer Dienste. In: AfP Nr. 1 (1996), S. 9-21, S. 9 ff.; Wolfgang Hoffman-Riem: Zur Innovationstauglichkeit der Multimedia-Gesetze-Vorüberlegungen. In: K&R Nr. 11 (1999), S. 481-488, S. 486 f.; Martin Eifert / Wolfgang Hoffmann-Riem: Die Entstehung und Ausgestaltung des dualen Rundfunksystems. In: Dietrich Schwarzkopf (Hrsg.): Rundfunkpolitik in Deutschland. Wettbewerb und Öffentlichkeit. Bd 1. München 1999. S. 50-116, S. 112 ff.; Eva-Maria Michel: Rechtsfragen von Rundfunk und Printmedien im Internet. Ein Beitrag aus Sicht der Rundfunkanstalten. In: ZUM Nr. 6 (2000), S. 425-432; Hans D. Jarass: Rundfunkbegriffe im Zeitalter des Internet. In: AfP (1998), S. 133-141, S.135f.; Georg Schneider-Freyermuth: Einge Aspekte zur Auswirkung des Gbeots der Staatsfreiheit der öffentlich-rechtlichen Rundfunkanstalten. In: ZUM Nr. 7 (2000), S. 564-571, S. 565; Hans D. Jarass: Online-Dienste und Funktionsbereich des Zweiten Deutschen Fernsehens. Mainz 1997, S. 11 f., S. 21 ff.

[962] Vgl. Wolfgang Hoffmann-Riem: Regulierung der dualen Rundfunkordnung. Grundfragen. Baden-Baden 2000, S. 231

[963] Vgl. Martin Eifert / Wolfgang Hoffmann-Riem: Die Entstehung und Ausgestaltung des dualen Rundfunksystems. a.a.O., S. 104 ff.

dann nicht zuzusprechen, wenn ihm jegliche Meinungsrelevanz fehle, wenn lediglich individuelle Ansichten verbreitet würden oder das Angebot als akzessorische Tätigkeit eines Presseunternehmens einzustufen sei.[965] An die Allgemeinheit gerichtet seien Dienste bereits dann, wenn sie einer beliebigen Öffentlichkeit zugänglich seien. Unerheblich für den Rundfunkbegriff wären die in der Literatur entwickelten Kriterien,[966] etwa die Planmäßigkeit des zeitlichen Ablaufs eines Programms,[967] die Gleichzeitigkeit des Rezeptionsvorgangs, die Dispositionsfreiheit in der Zusammenstellung des rezipierten Kommunikationsmenüs oder die Optionenvielfalt im technischen Rezeptionsvorgang. Das Bundesverfassungsgericht habe zwar die Internet-Problematik noch nicht behandelt, doch deute sich in vorangegangenen Urteilen eine weite Auslegung des Rundfunkbegriffs an. Darin werde deutlich, dass es unter dem Blickwinkel des Art. 5 Abs. 1 GG keinen Unterschied zwischen „Rundfunk" und den als „rundfunkähnliche Kommunikation" bezeichneten Sendungen gebe. In beiden Fällen würden Sendungen „gleichen Inhalts"[968] verbreitet, eine unbestimmte Vielzahl von Rezipienten erreicht und eine Auswahlentscheidung durch Ein- und Ausschalten getroffen. Auch wenn solche Dienste noch nicht zur Grundversorgung gehörten, könne eine „Beteiligung der öffentlich-rechtlichen Rundfunkanstalten an rundfunkähnlichen Kommunikationsdiensten nur zur Breite und Vielfalt des Angebots in diesen Diensten beitragen und publizistische Konkurrenz entstehen lassen."[969] Zukünftig, so argumentieren die Befürworter unter Berufung auf das Bundesverfassungsgericht, könne nicht ausgeschlossen werden, „dass rundfunkähnliche Kommunikationsdienste (...) künftig Funktionen des herkömmlichen Rundfunks übernehmen werden."[970] Daher seien auch über das Internet verbreitete Sendungen mit Darbietungscharakter Rundfunk.[971] In Folge der Zuordnung der Internetangebote zum verfassungsrechtlichen Rundfunkbegriff verweisen die Befürworter auf die Berücksichtigung des rundfunkrechtlichen Gesetzesvorbehalts: Demnach sei umstritten, ob eine ausdrückliche gesetzliche Ermächtigung überhaupt erforderlich sei.[972] Neben den Inhalten mit Annexfunktion zum Programm, die dem öffentlich-

---

[964] BverfGE 83, 238, 299

[965] Vgl. Helmuth Schulze-Fielitz: Betätigung öffentlich-rechtlicher Institutionen im Online-Bereich. In: AfP Nr. 3 (1998), S. 447-457, S. 452 f.

[966] Vgl. Wolfgang Hoffmann-Riem: Regulierung der dualen Rundfunkordnung. Grundfragen. a.a.O., S. 230 f.

[967] Vgl. Hans D. Jarass: Rundfunkbegriffe im Zeitalter des Internet. In: AfP (1998), S. 133-141, S. 135 f.

[968] Vgl. BverfGE 74, 297, S. 352 ff.

[969] BverfGE 74, 297, S. 352 ff.

[970] BverfGE 83, 238, S. 302 f.; Wolfgang Hoffmann-Riem: Regulierung der dualen Rundfunkordnung. Grundfragen. a.a.O., S. 231

[971] Ebd.

[972] Vgl. Georgios Gounalakis: Funktionsauftrag und wirtschaftliche Betätigung des Zweiten Deutschen Fernsehens. Rechtsgutachten. Mainz 2000, S. 46 ff.

rechtlichen Rundfunk in allgemeiner Zustimmung zugesprochen werden,[973] erforderten darüber hinausgehende Angebote eine Entscheidung des Gesetzgebers, da Grundrechtspositionen der öffentlich-rechtlichen (und privaten) Anbieter betroffen würden und grundrechtsbezogene Entscheidungen dem Wesentlichkeitsvorbehalt unterlägen.[974] Eine weitergehende Auffassung hält die explizite Ermächtigung für nicht erforderlich, da sich der öffentlich-rechtliche Rundfunk auf die verfassungsrechtliche Entwicklungsgarantie für die versuchsweise Erprobung solcher Dienste berufen könne[975] und die Internet-Aktivitäten als Hilfstätigkeit zur Erfüllung der Rundfunktätigkeit dienen würden.[976] Weiterhin wird auf die bestehenden Ermächtigungen in Verbindung mit der Programmautonomie der Rundfunkanstalten verwiesen.[977] Abschließend lässt sich feststellen, das der Gesetzgeber mit der vierten Änderung des Rundfunkstaatsvertrags zwar eine Ermächtigung für Internetangebote gemäß § 4 Abs. 3 ARD-StV, ZDF-StV und des Deutschland-Radio-StV in das Rundfunkregelwerk eingebracht hat, hier jedoch ausdrücklich - auch in Bezug auf die Druckwerke analog § 4 Abs.2 ARD-StV, ZDF-StV - den „vorwiegend programmbezogenen Inhalt" vorschreibt und die Werbe- und Sponsoringfreiheit der öffentlich-rechtlichen Angebote festlegt.[978]

6.5.3 Medienrechtliche Position der Kritiker

Während die dargestellten Auffassungen eine Subsumtion der öffentlich-rechtlichen Internetaktivitäten unter den (verfassungsrechtlichen) Rundfunkbegriff befürworten, äußert die Gegenposition verfassungsrechtliche Bedenken einer solchen Auslegung des Rundfunkbegriffs und sieht auch in der einfachgesetzlichen Ausgestaltung des Rundfunkrechts keine ausreichende Legitimation

---

[973] Vgl. Martin Bullinger: Die Aufgaben des öffentlichen Rundfunks. a.a.O., S. 51 f.; Wolfgang Hoffmann-Riem: Regulierung der dualen Rundfunkordnung. Grundfragen. Baden-Baden 2000, S. 233

[974] Vgl. Christoph Degenhart: Online-Angebote öffentlich-rechtlicher Rundfunkanstalten. a.a.O., S. 29 ff., 73

[975] Vgl. Helmuth Schulze-Fielitz: a.a.O., S. 455; Martin Eifert / Wolfgang Hoffmann-Riem: Die Entstehung und Ausgestaltung des dualen Rundfunksystems. a.a.O., S. 113 f., S. 116; Hans D. Jarass.: Rundfunkbegriffe im Zeitalter des Internet. a.a.O., S. 136 ff.; Stephan Ory: Kompetenzen der Landesmedienanstalten für Mediendienste. In: AfP Nr. 2 (1999), S. 132-138, S. 133 f.

[976] Vgl. Georgios Gounalakis: Funktionsauftrag und wirtschaftliche Betätigung des Zweiten Deutschen Fernsehens. Rechtsgutachten. a.a.O., S. 45 ff., S. 52 ff.; Bernd Holznagel: Der spezifische Funktionsauftrag des Zweiten Deutschen Fernsehens (ZDF). Bedeutung, Anforderungen und Unverzichtbarkeit unter Berücksichtigung der Digitalisierung, der europäischen Einigung und der Globalisierung der Informationsgesellschaft. a.a.O., S. 166 f.

[977] Vgl. Eva-Maria Michel: Rundfunk und Internet. Die Zulässigkeit von Internet-Aktivitäten der öffentlich-rechtlichen Rundfunkanstalten. In: ZUM Nr. 3 (1998), S. 350-357, S. 354 f.; Wolfgang Hoffmann-Riem: Regulierung der dualen Rundfunkordnung. Grundfragen. a.a.O., S. 232 ff.

[978] Vgl. Albrecht Hesse: Der Vierte Rundfunkänderungsstaatsvertrag aus der Sicht des öffentlich-rechtlichen Rundfunks. a.a.O., S. 191 f.; Wolf-Dieter Ring: Der Vierte Rundfunkstaatsvertrag - Rechtsfolgen für die Praxis. a.a.O., S. 179 ff.; Georgios Gounalakis: Funktionsauftrag und wirtschaftliche Betätigung des Zweiten Deutschen Fernsehens. Rechtsgutachten. S. 176, insb. Nr. 6, Nr. 10

zur geplanten Expansion des Internetangebots der öffentlich-rechtlichen Rundfunkanstalten.[979] Entscheidend für die Frage, ob es sich bei der Herstellung, Aufbereitung oder dem Verbreiten von Internetangeboten um Rundfunk handele, sei zunächst die Anwendung der verfassungsrechtlich wesentlichen Komponenten des Rundfunkbegriffs: Die Veranstaltung für die Allgemeinheit, die Darbietung publizistisch relevanter Inhalte und die rundfunkspezifische Verbreitung.[980] Während den Internetangeboten der öffentlich-rechtlichen Sender eine gewisse publizistische Meinungsrelevanz nicht abzusprechen sei, mangele es Ihnen aufgrund der individualkommunikativen Nutzungsstruktur des Internets an einer massenkommunikativen Wirkung im Sinne der teleologischen Auslegung des verfassungsrechtlichen Rundfunkbegriffs.[981] In Folge des Interaktivitäts-Paradigmas, das dem Internet als Wesensmerkmal zugrunde liegt, werde das klassische Sender-Empfänger-Prinzip aufgelöst[982] und eine rundfunkspezifische Verbreitung in Frage gestellt: Da die Auswahlentscheidung bei Internetangeboten zum einen weit über das verfassungsrechtlich angeführte Merkmal des „Ein- und Ausschaltens" hinausgehe und zum anderen eine reziproke Kommunikationsstruktur zwischen Sender und Rezipient vorläge, würden die teleologischen Auslegungskriterien der rundfunkspezifischen Verbreitung nicht erfüllt.[983] Vielmehr sei der Kommunikationsprozess durch individuelle Selektion statt passiver Rezeption gekennzeichnet. Die Rechtsprechung des Bundesverfassungsgerichts gehe aber gerade von der spezifischen Meinungsmacht des Rundfunks aus, die in der Verbreitung eines „verketteten" Gesamtprogramms, der besonderen Suggestivkraft durch aktualitätsbezogene Darstellung und der besonderen medialen Wirkungsweise des Rundfunks liege.[984] In seinem Rundfunkfinanzierungs-Urteil habe das Bundesverfassungsgericht diese rundfunkspezifische Massenkommunikationswirkung mit den Begriffen „Breitenwirkung, Aktualität und Suggestivkraft"[985] unterstrichen. Internetangebote, die diese Tatbestandsmerkmale nur teilweise oder gar nicht

---

[979] Vgl. Reinhart Ricker: Die Nutzung des Internets als dritte Säule des öffentlich-rechtlichen Rundfunks. a.a.O., S. 30; ; Martin Bullinger: Die Aufgaben des öffentlichen Rundfunks. Wege zu einem Funktionsauftrag. Gütersloh 1999; Christoph Degenhart: Online-Angebote öffentlich-rechtlicher Rundfunkanstalten. Frankfurt am Main 1998, S. 55 ff.; Reinhart Ricker: Rundfunkgebühren für Computer mit Internetzugang? a.a.O., S. 3199 ff.; Reinhart Ricker: Digitalisierung und interaktive Medienangebote – Grenzen für ARD und ZDF? In: AfP (1998), S. 437-446; Martin Bullinger / Ernst-Joachim Mestmäcker: Multimediadienste. a.a.O., S. 60, S. 174 f.; Martin Bullinger: Der Rundfunkbegriff in der Differenzierung kommunikativer Dienste. In AfP Nr. 1 (1996), S. 1-8, S. 1, S. 8

[980] Siehe oben Kap. 6.1

[981] Vgl. Reinhart Ricker: Die Nutzung des Internets als dritte Säule des öffentlich-rechtlichen Rundfunks. a.a.O., S. 29; Reinhart Ricker: Rundfunkgebühren für Computer mit Internetzugang? a.a.O., S. 3200; siehe auch oben Kap. 7.1.1; Roger Kressin: Neue Medien zwischen Rundfunk und Individualkommunikation. a.a.O., S. 127 f.

[982] Siehe oben Kap. 1.1, 1.3

[983] Vgl. Reinhart Ricker: Die Nutzung des Internets als dritte Säule des öffentlich-rechtlichen Rundfunks. a.a.O., S. 30

[984] Vgl. Martin Bullinger / Ernst-Joachim Mestmäcker: Multimediadienste. a.a.O., S. 52 f.

[985] BverfGE 60, 90, 87

erfüllen, seien somit nicht unter den verfassungsrechtlichen Rundfunkbegriff zu subsumieren. Im Rahmen ihrer Annexkompetenz sei den öffentlich-rechtlichen Anstalten aber grundsätzlich gestattet, Internetangebote zu betreiben, sofern diese in einer Annexfunktion dem Rundfunk diene.[986] Diese Auffassung drückt sich – mit Einschränkung des Zusatzes „vorwiegend" – auch in der staatsvertraglichen Bestimmung der §§ 4 Abs. 3 ARD-StV und ZDF-StV aus.

Die Subsumtion öffentlich-rechtlicher Internetangebote unter den einfachgesetzlichen Rundfunkbegriff wird von den Kritikern der Ausweitung öffentlich-rechtlicher Internet-Aktivitäten in Frage gestellt: Ob die Internetangebote der öffentlich-rechtlichen Anstalten analog § 20 Abs. 2 RStV dem einfachgesetzlichen Rundfunkbegriff zuzuordnen sei, hänge von der Auslegung des weder verfassungsrechtlich noch einfachgesetzlich konkretisierten Begriffs der „Rundfunkähnlichkeit" ab.[987] Um einen Dienst als „rundfunkähnlich" zu bezeichnen, müsse eine „Sachnähe zu allen Komponenten des Rundfunkbegriffs"[988] tatbestandlich gegeben sein. Da aber weder das Merkmal der Allgemeinheit noch die rundfunkspezifische Verbreitung unter teleologischen Gesichtpunkten erfüllt ist, sei eine Zuordnung der Internetangebote des (öffentlich-rechtlichen) Rundfunks im Sinne des § 20 Abs. 2 RStV nicht denkbar.[989]

Die Kritiker der öffentlich-rechtlichen Internetpläne weisen die Argumentation, geplante Internetangebote der öffentlich-rechtlichen Sender als verfassungsrechtlich zulässige Randbetätigung (Annex) der Anstalten zu rechtfertigen, zurück und betonen, dass im Falle der geplanten Ausweitung die „vorwiegende" Komplementärfunktion zum Programm fehle. Die Ausdehnung der Internetaktivitäten sei als unzulässige wirtschaftliche Randbetätigung zu werten, die nicht mehr durch die Rundfunkfreiheit getragen würde.[990] Sofern die Internet-Aktivitäten über den „vorwiegend programmbezogenen Inhalt" hinausgingen, wären die wirtschaftlichen Expansionspläne der öffentlich-rechtlichen Sender im Internet-Bereich ein Verstoß gegen geltendes Rundfunkrecht, da dies weder durch die Annexbefugnis, noch durch eine fiskalische oder wirtschaftliche Randnutzung gedeckt sei.[991] Soweit Internetangebote als Mediendienst i.S.d. § 2 Abs. 1 und § 2 Abs. 2 Nr. 4 MDStV zu qualifizieren sind,

---

[986] Vgl. Martin Bullinger / Ernst-Joachim Mestmäcker: Multimediadienste. a.a.O., S. 60
[987] Vgl. Vgl. Flemming Moos: a.a.O., S. 53
[988] Reinhart Ricker: Die Nutzung des Internets als dritte Säule des öffentlich-rechtlichen Rundfunks. a.a.O., S. 31; vgl. Reinhart Ricker / Peter Schiwy: a.a.O., Abs. B, Rn. 75
[989] Siehe auch oben Kap. 6.4.2, 6.4.3, 6.4.4, sowie allgemein 6.2
[990] Vgl. Reinhart Ricker: Die Nutzung des Internets als dritte Säule des öffentlich-rechtlichen Rundfunks. a.a.O., S. 34; Christoph Degenhart: Wirtschaftliche Betätigung öffentlich-rechtlicher Rundfunkanstalten: Der Medienpark des ZDF. In: ZUM Nr.5 (2001), S. 357-373
[991] Vgl. Reinhard Hartstein u.a. : Rundfunkstaatsvertrag. Kommentar. München 2000, § 12 Rn. 16 ff.; Christoph Degenhart: Wirtschaftliche Betätigung öffentlich-rechtlicher Rundfunkanstalten. a.a.O., S. 359; Martin Bullinger: Die Aufgaben des öffentlichen Rundfunks. a.a.O., S. 48 ff.;

ist den öffentlich-rechtlichen Anstalten analog §§ 4 Abs. 2, 3 ARD-StV und ZDF-StV gestattet, nicht nur programmbezogene Druckwerke, sondern auch Mediendienste mit vorwiegend programmbezogenen Inhalt anzubieten.[992] Die Expansion des öffentlich-rechtlichen Internetangebots zu einem autarken Angebot als „dritte Säule" neben dem Rundfunkprogramm sei hingegen nicht alleine von der Zulassungsfreiheit des § 4 MDStV gedeckt, da diese Bestimmung im Lichte der verfassungsrechtlich garantierten Handlungs- und Gewerbefreiheit des Art. 2 und 12 GG zu sehen sei.[993] Die Veranstaltung von Mediendiensten sei aber – vergleichbar mit den programmbezogenen Druckwerken – im Rahmen des gesetzlichen Auftrages der öffentlich-rechtlichen Rundfunkanstalten zu sehen. Da öffentlich-rechtliche Internetangebote zwar als Mediendienst, aus den genannten Gründen aber nicht als Rundfunk zu klassifizieren seien,[994] könne ein Internetangebot nicht dem Kern der Programmfreiheit der öffentlich-rechtlichen Rundfunkveranstalter untergeordnet werden. Demnach dürften den Sendern nur solche Tätigkeiten gestattet werden, die der Erfüllung des rundfunkmäßigen Programmauftrags dienen. Eine Erweiterung des Internetangebots über den Bereich der Programmunterstützung hinaus sei somit unzulässig.[995]

6.5.4 Bewertung

Die publizisitk- und rechtswissenschaftliche Kontroverse um die Ausweitung der öffentlich-rechtlichen Internet-Aktivitäten zeigt nicht nur die Polarisierung des Themas, sondern exemplifiziert die Tragweite der Subsumtion von (öffentlich-rechtlichen) Internetangeboten unter den Rundfunkbegriff. Die aktuelle, inhaltlich-funktionale Analyse der Internet-Aktivitäten in Kap. 2 und die Anwendung geltenden Rundfunkrechts auf die tatbestandlich untersuchten Internetangebote in Kapitel 6.1 und 6.4 ergeben, dass sich die Internetangebote aller klassischen Medien zum gegenwärtigen Zeitpunkt weder im verfassungsrechtlichen Sinne noch unter einfachgesetzlichen Kriterien dem Rundfunk oder „rundfunkähnlichen" Diensten in Auslegung des § 20 Abs. 2 RStV zuordnen lassen. Auch die komplementäre Entwicklung der Dienste zum Rundfunk zeigt, dass eine Substitution des Rundfunks durch das Internet nicht stattfindet. Somit ist fraglich, ob die Ausweitung der öffentlich-rechtlichen Internetangebote durch die verfassungsrechtliche Entwicklungsgarantie des

---

Christoph Degenhart: Wirtschaftliche Betätigung öffentlich-rechtlicher Rundfunkanstalten. a.a.O., S. 360, S. 372 f.

[992] Vgl. Reinhart Ricker / Peter Schiwy: a.a.O., Abs. B, S. 371

[993] Vgl. Reinhart Ricker: Die Nutzung des Internets als dritte Säule des öffentlich-rechtlichen Rundfunks. a.a.O., S. 33

[994] Siehe oben Kap. 7.1.4.4

[995] Vgl. Ebd. S. 31, 33 f.; Christoph Degenhart: Wirtschaftliche Betätigung öffentlich-rechtlicher Rundfunkanstalten: a.a.O., S. 358 ff.; vgl. zur Auslegung der Programmfreiheit auch: Udo Di Fabio: Der Schutz der Menschenwürde durch Allgemeine Programmgrundsätze. Rechtsgutachten. München 2000, S. 86 ff.

Rundfunks zu begründen ist. Die Forderung nach einer „Grundversorgung im Internet“ durch die öffentlich-rechtlichen Rundfunkanstalten ist nicht aufrecht zu erhalten: Da die Ausgangslage des Rundfunks hinsichtlich der Knappheit von Frequenzen nicht mit der des Internets zu vergleichen ist, bedarf es zunächst keiner Grundversorgung im Sinne einer Mindestversorgung im Internet. Unter inhaltlich-funktionalen Gesichtspunkten ist die Vielfalt der publizistischen Internetangebote eher mit der außenpluralistisch organisierten Presselandschaft zu vergleichen und bedarf keiner Vielfaltssicherung durch ein binnenpluralistisch organisiertes und strukturiertes Internetangebot der öffentlich-rechtlichen Sender.[996] Auch die Forderung nach Grundversorgung im Internet im Sinne einer gesellschaftlichen Integrationsfunktion ist tatbestandlich nicht zu begründen und kommt einer Überdehnung des Integrationsbegriffs gleich. Abschließend ist festzustellen, dass auch im Pressewesen Meinungspluralität und Medienvielfalt ohne öffentlich-rechtliche Angebote herrscht.

7 Presserecht und Konvergenz: Der Pressebegriff und das Internet

Die Untersuchung der rundfunkrechtlichen Einordnung von Internetangeboten in Kap. 6 hat ergeben, dass die in Kap. 2 untersuchten Internetangebote der klassischen Medien Presse und Rundfunk weder in verfassungsrechtlicher noch in einfachgesetzlicher Auslegung dem Rundfunkbegriff zugeordnet werden können. Nachfolgend soll untersucht werden, ob die Internetangebote der klassischen Medien verfassungsrechtlich im Sinne des Art. 5 Abs. 1 S. 2 GG der Presse zugeordnet werden könnten. Zunächst ist der verfassungsrechtliche Pressebegriff und seine Anwendbarkeit auf die Internetangebote der klassischen Medien zu erörtern (Kap. 7.1). Weiterhin werden verfassungsrechtlich relevante Merkmale der Pressefreiheit (Kap. 7.2) und ihre Schranken (Kap. 7.3) dargestellt, um anschließend zu diskutieren, ob und inwieweit Bestimmungen, Prinzipien und Wertungen des „klassischen“ Presserechts in Ergänzung oder zur Auslegung von Bestimmungen für Mediendienste i.S.d. § 6 Abs. 2 S. 1 MDStV zur Anwendung gelangen können (Kap. 7.4). Die nachfolgende Darstellung presserechtlicher Normen konzentriert sich auf das „Presserecht

[996] Die allgemeine Diskussion um die Auslegung und Substanz der Grundversorgung durch öffentlich-rechtliche, oder aber durch private Rundfunkveranstalter wird in dieser Arbeit nicht vertieft. Vgl. hierzu Dieter Dörr: Programmvielfalt im öffentlich-rechtlichen Rundfunk durch funktionsgerechte Ausstattung. Rechtsgutachten zum Anspruch kleiner Rundfunkanstalten auf funktionsgerechte Ausstattung am Beispiel des Saarländischen Rundfunks unter Einbeziehung politikwissenschaftlicher und ökonomischer Aspekte. Baden-Baden 1997/1998, S. 24 f., S. 69 ff.; Reinhart Ricker: Gleichwertig. Gleichberechtigt. Grundversorgung durch private Veranstalter. In: epd-Medien Nr. 35 (1996), S. 5-9, S. 6 ff; Dietrich Schwarzkopf: Das duale System in der sich verändernden Medienordnung. In: Dietrich Schwarzkopf (Hrsg.): Rundfunkpolitik in Deutschland. Wettbewerb und Öffentlichkeit. Bd. 2. München 1999, S. 1145 f.; Wernhard Möschel: Wettbewerbssicherung versus Vermachtung in der Informationsgesellschaft. In: MMR Nr. 1 (2001), S. 3-8, S. 7 f.; . Wolfgang Hoffmann-Riem: Regulierung der dualen Rundfunkordnung. Grundfragen. a.a.O., S. 230 f.

im engeren Sinn", also auf „das für die Presse wegen ihrer geistigen Wirkungskraft geltende Sonderrecht."[997]

7.1 Verfassungsrechtlicher Pressebegriff und das Internet

Analog zum verfassungsrechtlichen Rundfunkbegriff ist auch der Begriff der „Presse" nicht in der Verfassung definiert und somit von der Verfassung entwicklungsoffen gehalten. Im Gegensatz zum einfachgesetzlichen Rundfunkbegriff i.S.d. § 2 Abs. 1 RStV findet sich in den Landespressegesetzen keine legaldefinitorische Begriffsbestimmung.[998] Nach der engen, publizistikwissenschaftlichen sowie in der umgangssprachlichen Definition umfasst der Begriff der „Presse" die periodischen Massenmedien Tageszeitung und Zeitschrift.[999] Historisch betrachtet ist die Presse an die Verbreitung „verkörperlichter Gedanken" gebunden.[1000] In der juristischen Auslegung wird der Begriff der „Presse", der im Grundgesetz in Art. 5 und Art. 75 Abs. 1 S. 1 Nr. 2 GG lediglich genannt wird, weiter gefasst: Demnach schließt die Presse als Sammelbegriff das gesamte Pressewesen ein: Darunter fallen sowohl die Druckwerke, die in den Landespressegesetzen legaldefinitorisch bestimmt sind[1001] und in der Rechtsprechung des Bundesverfassungsgerichts konkretisiert werden[1002] sowie die im Pressewesen tätigen Personen und Unternehmen mit ihrem technischen, wirtschaftlichen und organisatorischen Apparat.[1003] Wesensmerkmal der Presse ist die Absicht, Tatsachenberichte wie auch Meinungen der Öffentlichkeit zugänglich zu machen.[1004] Gerade im Hinblick auf den verfassungsrechtlich verbürgten Schutzbereich der Pressefreiheit ist das Presseprodukt im weiten Sinn des „Druckwerks" zu verstehen und umfasst somit neben den periodischen Druckwerken Zeitung und Zeitschrift auch Druckwerke wie Bücher, Flugblätter und Broschüren.[1005] Weiterhin schließt der Begriff des „Druckwerks" gemäß § 7 Abs. 1 LPG[1006] auch elektronische oder elektromagnetische Datenträger ein:

[997] Vgl. Martin Löffler / Reinhart Ricker: Handbuch des Presserechts. a.a.O., Kap. 1, Rn. 1, Rn. 4
[998] Vgl. ebd., Kap. 1, Rn. 5
[999] Zur publizistikwissenschaftlichen Definition der periodischen Druckwerke (nach Schütz u.a.) siehe oben Kap. 2.1.1, 2.1.2
[1000] Vgl. Martin Bullinger / Ernst-Joachim Mestmäcker: Multimediadienste. a.a.O., S. 61
[1001] § 7 LPG (§ 6 LPG Bayern, Berlin, Mecklenburg-Vorpommern, Sachsen, Sachsen-Anhalt und Thüringen; §4 LPG Hessen)
[1002] BverfGE 34, 283
[1003] Vgl. Reinhart Ricker: Medienrecht. a.a.O., S. 248; Martin Löffler / Reinhart Ricker: Handbuch des Presserechts. a.a.O., Kap. 1, Rn. 6; Rolf Groß: Presserecht. Einführung in Grundzüge und Schwerpunkte des deutschen Presserechts. Wiesbaden 1987, S. 24
[1004] Vgl. Maunz / Dürig u.a.: a.a.O., S. 45
[1005] Vgl. Christian Breunig: Kommunikationsfreiheiten. Ein internationaler Vergleich. Konstanz 1994, S. 89 f.; Martin Löffler / Reinhart Ricker: Handbuch des Presserechts. a.a.O., Kap. 6, Rn. 11
[1006] § 6 LPG Bayern, Berlin, Mecklenburg-Vorpommern, Sachsen, Sachsen-Anhalt und Thüringen; §4 LPG Hessen

„Druckwerke im Sinne dieses Gesetzes sind alle mittels der Buchdruckerpresse oder eines sonstigen zur Massenherstellung geeigneten Vervielfältigungsverfahrens hergestellten und zur Verbreitung bestimmten Schriften, besprochenen Tonträger, bildlichen Darstellungen mit und ohne Schrift, Bildträger und Musikalien mit Text oder Erläuterungen."

Die einfachgesetzliche Definition von „Druckwerken" gemäß § 7 Abs. 1, 2 ff. LPG[1007], die als zentrale Begriffsbestimmung des „Presseprodukts" für das gesamte Presserecht angesehen wird, ist durch die verfassungsrechtlich manifestierte Entwicklungsoffenheit geprägt, indem sie unterschiedliche Regelbeispiele beinhaltet und durch Wendungen wie „sonstige" oder „in ähnlicher Weise" jede Festlegung relativiert.[1008] Die Bestimmung des Begriffs der „Presse" bleibt mangels verfassungsrechtlicher oder einfachgesetzlicher Legaldefinition der geistig-technischen Entwicklung und der Auslegung durch Wissenschaft und Praxis offen. Analog zum Rundfunkbegriff[1009] wird somit auch dem umfassenden Begriff der „Presse" eine Entwicklungsgarantie zugesprochen, der den Schutz der Pressefreiheit möglicherweise auf presseähnliche Bereiche übertragen lässt. Im Sinne einer teleologischen Auslegung der Legaldefinition von „Druckwerken", die sich am Funktionszweck orientiert, lassen sich auch elektronisch gespeicherte Veröffentlichungen auf CD-Rom oder Videokassette im Sinne eines „verkörperten" Inhalts unter den Pressebegriff subsumieren.[1010]

In diesem Zusammenhang steht auch die Diskussion über die potenzielle Einordnung redaktionell gestalteter Internetangebote (Mediendienste) unter den Pressebegriff.[1011] Eine Subsumtion der Internetangebote der Presse unter den Pressebegriff hätte zur Folge, dass die in Art. 5 Abs. 1 S. 2 GG garantierte Pressefreiheit als auch die Rahmenkompetenz des Bundes zur Regelung der Presse aus Art. 75 Abs. 1 Nr. 2 GG auch für Mediendienste der Presse gelten würde. Weiterhin wäre dann eine Anwendung des Landespresserechts auf elektronische Dienste der Presse zu erwägen. Gegen eine Subsumtion von redaktionell gestalteten Mediendiensten unter den Pressebegriff spricht grundsätzlich, dass es bei diesen „körperlosen" Medien an der erforderlichen

[1007] Vgl. ebd.

[1008] Vgl. Martin Löffler / Reinhart Ricker: Handbuch des Presserechts. a.a.O., Kap. 12, Rn. 7 f.

[1009] Siehe oben Kap. 7.1.1

[1010] Vgl. Martin Löffler / Reinhart Ricker: Handbuch des Presserechts. a.a.O., Kap. 1, Rn. 7 f.

[1011] Vgl. einer Subsumtion der Mediendienste der Presse unter den Pressebegriff zustimmend: Martin Bullinger / Ernst-Joachim Mestmäcker: Multimediadienste. a.a.O., S. 61 ff., S. 168 f.; Roger Kressin: Neue Medien zwischen Rundfunk und Individualkommunikation. a.a.O., S. 92 f., S. 131 ff., S. 139 f.; Michael Germann: a.a.O., S. 116, S. 122 f. ; Hans D. Jarass: Rundfunkbegriffe im Zeitalter des Internet. a.a.O., S. 136 f.; eine Subsumtion der Mediendienste der Presse unter den Pressebegriff ablehnend: Martin Löffler / Reinhart Ricker: Handbuch des Presserechts. a.a.O., Kap. 1, Rn. 5., Kap. 12, Rn. 6; Arthur Waldenberger / Dirk Hoß: Das Recht der „elektronischen Presse". In: AfP Nr. 3 (2000), S. 327-248, S. 327; Viktor Janik: a.a.O., S. 15; Janusz-Alexander Lerch: Der Gegendarstellungsanspruch im Internet. Findet der Gegendarstellungsanspruch auch auf die elektronische Presse Anwendung? In: CR (1997), S. 261-269, S. 267; Stephan Bleisteiner: a.a.O., S. 105, S. 115 ff.

konstitutiven Materialisierung von Inhalten fehlt. Auch die Landespressegesetze erfassen nur Druckwerke, sind also auf die verkörperte Form der Massenkommunikation beschränkt und somit zunächst nicht ohne weiteres auf Internetangebote anwendbar.[1012] Für eine mögliche Ausdehnung des Presserechts auf Mediendienste wird vereinzelt angeführt, dass sich - analog zur verfassungsrechtlichen Auslegung des Rundfunkbegriffs – unter teleologischen Kriterien keine wesentlichen inhaltlich-funktionalen Unterschiede zwischen den klassischen Presseinhalten und den Internetangeboten der klassischen Medien ergeben.[1013] Die Verbreitung gleicher Inhalte mittels verkörperter und körperloser Form, wie dies im Vergleich der sog. „elektronischen Presse“ und dem tatsächlichen Presseprodukt weitestgehend der Fall ist, gestatte unter der verfassungsrechtlichen Funktionsauslegung die Subsumtion der redaktionell gestalteten Mediendienste unter die Pressefreiheit. Zwar divergiere die technische Verbreitung von verkörperten und körperlosen Medien maßgeblich, in der technischen Herstellung zeigten sich jedoch signifikante Parallelen körperloser und verkörperter Medien, insb. im Vergleich zur Herstellung von CD-Roms oder der digitalisierten Produktionsvorstufen im Bereich der periodischen Druckwerke. Unter inhaltlich-funktionalen Gesichtspunkten bestehe kein zwingender Grund, einer gegenständlichen Verbreitung den vollen Schutz der Pressefreiheit zuzugestehen, der inhaltsgleichen oder inhaltsähnlichen Veröffentlichung in elektronischer Form dieses Recht jedoch abzusprechen.[1014] Analog zur verfassungsrechtlichen Abgrenzung von Rundfunk und Internet erweise sich das Abgrenzungskriterium der technischen Verbreitungsform als untauglich.[1015]

Aus der Annahme, dass es sich auch bei elektronischen Publikationen um Presse handelt, die dem Schutzbereich des Art. 5 Abs. 1 S. 2 GG unterliegen, folgt, dass die elektronische Publikation nicht Gegenstand des TDG oder MDStV sein könnte, da das Presserecht der Länder einschlägig wäre.[1016] Die Internetangebote klassischer Medien sind aber, wie die systematische Untersuchung unter inhaltlich-funktionalen Aspekten und die medienrechtliche Einordnung gezeigt hat,[1017] als Mediendienste im Sinne des § 2 Abs. 1 in Verbindung mit §

1012 Vgl. Martin Löffler / Reinhart Ricker: Handbuch des Presserechts. a.a.O., Kap. 1, Rn. 5, 7; Janusz-Alexander Lerch: Der Gegendarstellungsanspruch im Internet. a.a.O., S. 267; Stephan Bleisteiner: a.a.O., S. 105

1013 Vgl. Martin Bullinger / Ernst-Joachim Mestmäcker: Multimediadienste. a.a.O., S. 61 ff., S. 168 f.; Michael Germann: a.a.O., S. 116; Roger Kressin: Neue Medien zwischen Rundfunk und Individualkommunikation. a.a.O., S. 92 f., S. 131 ff.

1014 Vgl. Michael Germann: a.a.O., S. 122 f.; Roger Kressin: Neue Medien zwischen Rundfunk und Individualkommunikation. a.a.O., S. 92 f., S. 132 f.; i.B. auf das UrhG: Gernot Schulze: Rechtsfragen von Printmedien im Internet. In: ZUM Nr. 6 (2000), S. 432-454, S. 432

1015 Vgl. Martin Bullinger / Ernst-Joachim Mestmäcker: Multimediadienste. a.a.O., S. 168 ff., S. 174; Roger Kressin: Neue Medien zwischen Rundfunk und Individualkommunikation. a.a.O., S. 135

1016 Vgl. ebd., S. 140

1017 Siehe oben Kap. 2, Kap. 6, insb. 6.4

2 Abs. 2 Nr. 4 MDStV zu qualifizieren. Hierunter fallen auch die Internetangebote der Presse, die sog. „elektronische Presse".

Zusammenfassend ist festzustellen, dass die Auslegung des Pressebegriffs bislang und in der überwiegenden Auffassung der Literatur auf die technische Seite der Produktion und Verbreitung von Druckwerken abhebt und das Merkmal der Materialisierung für konstituierend erachtet.[1018] Wesensmerkmal des Presseprodukts ist demnach die Herstellung und Verbreitung von publizistisch relevanten Inhalten in verkörperter Form. Die Verbreitung gleicher Inhalte mittels elektromagnetischer Schwingungen i.S.d §§ 2 Abs. 1 RStV, MDStV und TDG ist vom Pressebegriff ausgeschlossen. Aufgrund der fehlenden Materialisierung handelt es sich demnach auch bei „klassischen" Presseerzeugnissen, die wortgleich oder ähnlich im Internet verbreitet werden, nicht um Druckwerke, sondern um Mediendienste gemäß § 2 Abs. 2 Nr. 4 MDStV in Verbindung mit § 6 Abs. 2 S. 1, 1. HS., 1. Alt. MDStV.[1019] Somit sind die Informations- und Kommunikationsdienste, Tele- und Mediendienste, die in körperloser Form verbreitet werden, unstreitig *nicht* zum Pressebegriff im Sinne der Legaldefinition von Druckwerken zu zählen. Bereits vor Inkrafttreten des IuKDG und des MDStV am 1. August 1997 wurde vor allem hinsichtlich des Gegendarstellungsanspruchs diskutiert, ob die Landespressegesetze auf die Internetangebote entsprechend anwendbar seien. Durch den MDStV und das TDG wurden einige vermeintlich bestehende sowie tatsächliche Regelungslücken im Internet-Bereich geschlossen. Die Nähe der Internetangebote zum Pressebegriff spiegelt sich in der Rechtsangleichung wieder, die in vielen Bestimmungen nach presserechtlichem Vorbild vorgenommenen wurde.[1020]

7.2 Die Verankerung der Pressefreiheit in Verfassung, Bundesrecht und Landesgesetzen

Das Grundrecht der Presse*freiheit* basiert auf dem Verfassungsrecht und seiner einfachgesetzlichen Ausgestaltung im Bundesrecht und den Landespressegesetzen. Im Vordergrund steht als höherrangiges unmittelbar geltendes Verfassungsrecht der spezifische Grundrechtsschutz für die Presse gemäß Art. 5 Abs. 1 S. 2 HS. 1 GG.[1021] Die Gesetzgebungskompetenz im Bereich des Presserechts ist gemäß Art. 75 Abs. 1 S. 1 Nr. 2 GG inhaltlich zwischen Bund und Ländern aufgeteilt. Während der Bund nur zum Erlass von Rahmenvorschriften ermächtigt ist, die eine bundesrechtliche Vollregelung ausschließen, ist den Bundesländern die sog. Ausfüllungsregelung vorbehalten.[1022] Da der Bundesgesetzgeber bisher keinen Gebrauch seiner presserechtlichen Rahmengesetzge-

[1018] Vgl. Martin Löffler / Reinhart Ricker: Handbuch des Presserechts. a.a.O., Kap. 1, Rn. 9; Rolf Groß: Presserecht. a.a.O., S. 23;
[1019] Vgl. Martin Löffler / Reinhart Ricker: Handbuch des Presserechts. a.a.O., Kap. 2, Rn. 4 ff.
[1020] Vgl. Arthur Waldenberger / Dirk Hoß: Das Recht der „elektronischen Presse". In: AfP Nr.3 (2000), S. 327-248, S. 327 f.
[1021] Vgl. Reinhart Ricker: Freiheit und Aufgabe der Presse. Freiburg, München 1983, S. 11 ff.

bungskompetenz gemacht hat, basiert die einfachgesetzliche Ausgestaltung des Presserechts auf den Bestimmungen der Landespressegesetze, die nach Art. 70 Abs. 1 GG grundsätzlich den Ländern zusteht. Die Landespressegesetze enthalten sog. Vollregelungen, die zum einen das Ordnungsrecht der Presse (z.B. Impressumspflicht) umfassen,[1023] zum anderen Bestimmungen zu presserechtlichen Kernfragen wie das Recht der Gegendarstellung,[1024] der Pressebeschlagnahme,[1025] der Presse-Verjährung,[1026] ferner die Anerkennung der öffentlichen Aufgabe der Presse[1027] und ihres Informationsanspruchs[1028] gegenüber den Behörden.[1029] Neben den landesrechtlichen Regelungen betrifft auch das Bundesrecht die Praxis des Pressewesens:[1030] Hierzu gehören Bestimmungen des Strafrechts (z.B. Beleidigungsrecht),[1031] des Prozessrechts (z.B. Zeugnisverweigerungsrecht),[1032] des Arbeitsrechts (z.B. Tendenzschutz für Pressebetriebe),[1033] des bürgerlichen Rechts (z.B. zivilrechtliche Haftung der Presse bei unerlaubten Handlungen wie Persönlichkeitsverletzungen),[1034] des Kartellrechts (z.B. Pressefusionskontrollgesetz) sowie des Urheber- und Verlagsrechts.[1035]

Wenn auch ein einheitliches europäisches Medienrecht fehlt und der Europäischen Union in Sachen Kultur keine umfassende Zuständigkeit zur Harmonisierung zusteht, wirken sich dennoch europarechtliche Regelungen auf das nationale Presserecht aus.[1036] Grundlegend ist in Art. 10 EMRK (Europäische Menschenrechtskonvention) das Recht auf Meinungs- und Informationsfreiheit verankert, ohne den Begriff der Pressefreiheit expressis verbis zu nennen. Eine Konkretisierung des Art. 10 EMRK ergibt sich aus den grundlegenden Entscheidungen des Europäischen Gerichtshofs für Menschenrechte EGMR.[1037]

1022 Vgl. Martin Löffler / Reinhart Ricker: Handbuch des Presserechts. a.a.O., Kap. 2, Rn. 10

1023 § 8 LPG (Ausnahmen: § 6 LPG Hessen und Sachsen; § 7 LPG Bayern, Berlin, Mecklenburg-Vorpommern, Sachsen-Anhalt, Thüringen)

1024 § 11 LPG (Ausnahme: § 10 LPG Hessen, Bayern, Berlin, Mecklenburg-Vorpommern, Sachsen und Sachsen-Anhalt; § 12 Brandenburg); sowie zur Durchsetzung des Gegendarstellungsanspruchs §§ 935 ff. ZPO

1025 §§ 97, 98, 103, 111 m, 111 n StPO

1026 § 23 LPG

1027 § 3 LPG (in Hessen fehlt diese Regelung); vgl. Reinhart Ricker: Freiheit und Aufgabe der Presse. a.a.O., S. 13

1028 § 4 LPG

1029 Vgl. Martin Löffler / Reinhart Ricker: Handbuch des Presserechts. a.a.O., Kap. 2, Rn. 3; Reinhart Ricker: Freiheit und Aufgabe der Presse. a.a.O., S. 13 ff.

1030 Diese Bestimmungen sind unter das „Presserecht im weiten Sinne" zu subsumieren.

1031 §§ 185 ff. StGB

1032 § 53 Abs. 1 Nr. 5 StPO; § 383 Abs. 1 Nr. 5 ZPO

1033 § 118 BetrVerG

1034 §§ 935 ff. ZPO

1035 Vgl. Martin Löffler / Reinhart Ricker: Handbuch des Presserechts. a.a.O., ebd., Kap. 2, Rn. 4 f.; Rainer Bechtold: Medienkartellrecht. In: AfP Nr.2 (2001), S. 115-116; Reinhart Ricker: Rundfunkkontrolle durch Rundfunkteilnehmer? Opladen 1992, S. 30 f.; S. 40 f.

1036 Vgl. Heinz-Uwe Rübenach: Europäisches Presserecht. Stuttgart 2000, S. V f. (Vorwort), S. 5 ff.; siehe unten Kap. 8

1037 Vgl. EGMR Urteil vom 7. Dezember 1976, Serie A Nr. 24; EGMR Urteil vom 26. April, Serie A Nr. 30, 29 f.; EGMR Urteil vom 25. März 1985, Serie A Nr. 90, 171 f.; EGMR Urteil vom 8. Juli

Weitere europäische Rahmenbedingungen beinhalten insb. Regelungen im Bereich des Werberechts (z.B. Verbot von Tabakwerbung),[1038] des Fusionsrechts (z.B. allgemeine Fusionskontrolle),[1039] des Urheberrechts (z.B. Schutz des geistigen Eigentums),[1040] des Tendenzschutzes (z.B. Mitbestimmungsrechte der Arbeitnehmer)[1041] und der Preisbindung.[1042]

Auf Grundlage des spezifischen Grundrechtsschutz, den die Verfassung in Art. 5 Abs. 1 S. 2 GG der Presse gewährt, findet die Pressefreiheit ihre einfachgesetzliche Ausgestaltung in § 1 aller 16 Landespressegesetze. Dort heißt es schlicht: „Die Presse ist frei." Nach der Rechtsprechung des Bundesverfassungsgerichts, die insb. durch zwei Grundsatz-Entscheidungen, das sog. Lüth- und Spiegel-Urteil, zu maßgeblichen Feststellungen über die Bedeutung und den Inhalt der Pressefreiheit gelangt, kommt dem Grundrecht auf freie Meinungsäußerung besondere Bedeutung im Zentrum der Garantien des Art. 5 GG zu. Im sog. Lüth-Urteil heißt es wörtlich:

„Das Grundrecht auf freie Meinungsäußerung ist als unmittelbarster Ausdruck der menschlichen Persönlichkeit in der Gesellschaft eines der vornehmsten Menschenrechte überhaupt. (...) Für eine freiheitlich-demokratische Staatsordnung ist es schlechthin konstituierend, weil es erst die ständige geistige Auseinandersetzung, den Kampf der Meinungen ermöglicht, der ihr Lebenselement ist. Es ist in gewissem Sinn die Grundlage jeder Freiheit überhaupt..."[1043]

Bei der Verwirklichung der Meinungsfreiheit misst das Bundesverfassungsgericht neben dem Rundfunk auch der Presse eine bedeutende Aufgabe und Funktion bei, um bei der Bildung der öffentlichen Meinung durch die Kontrolle und Kritik des politischen, wirtschaftliche und kulturellen Geschehens und durch öffentliche Diskussion mitzuwirken. Die sog. „öffentliche Aufgabe der Presse" ist somit für die individuelle und öffentliche Willensbildung konstituierend und ermöglicht im demokratischen und pluralistischen Rechtsstaat die Konkurrenz von Meinungen. Zu den zentralen Funktionen der Presse gehören die Herstellung eines allgemeinen Meinungsmarktes, die Gewährleistung und ein Beitrag zum öffentlichen Kommunikations- und Meinungsbildungsprozess, der Bildungsbeitrag im weitesten Sinne sowie die Konstituierung eines politischen Forums.[1044] Diese Kernaufgaben der Presse korrelieren mit dem ihr bei-

---

1986, Serie A Nr. 103, 424 f.; EGMR Urteil 23. Mai 1991, EGMR Urteil vom 29. Oktober 1992, EuGRZ 1992, 484 f.; EGMR Urteil vom 24. November 1994, EuGRZ 1994, 549 f. u.a., vgl. auch Heinz-Uwe Rübenach: Europäisches Presserecht. a.a.O., S. 5-26; Wolfgang Hoffmann-Riem: Rundfunkrecht neben Wirtschaftsrecht. Baden-Baden 1991, S. 184 ff.

[1038] Vgl. Heinz-Uwe Rübenach: Europäisches Presserecht. a.a.O., S. 50 ff., S. 58 ff.,

[1039] Vgl. ebd., S. 83 ff.

[1040] Vgl. ebd., S. 131 ff., S. 145 f.

[1041] Vgl. ebd., S. 215 f., S. 219 ff.

[1042] Vgl. ebd., S. 243 ff.

[1043] BverfGE 7, 198; vgl. BverfGE 5, 205; 7, 208; 12, 125

[1044] Vgl. Reinhart Ricker: Medienrecht. a.a.O., S. 247

gemessenen spezifischen Verfassungsschutz.[1045] Prinzipiell gilt die Pressefreiheit nach Art. 5 Abs. 1 S. 2 GG als ein individuelles Abwehrrecht gegenüber dem Staat und umfasst zugleich eine institutionelle Funktionsgarantie des Staates für ein freies Pressewesen. Diese Garantenpflicht des Staates drückt sich in zahlreichen Bestimmungen aus wie etwa den Vergünstigungen durch den Postzeitungsdienst oder einen ermäßigten Mehrwertsteuersatz für Vertriebserlöse sowie die besondere Kontrolle von Pressefusionen durch das Pressefusionskontrollrecht.[1046] Die Pressefreiheit geht über den Schutzumfang der Meinungsfreiheit hinaus, da sie u.a. ein Zensurverbot von Druckwerken wie auch den Informationsanspruch von Journalisten bei Behörden einschließt.[1047] Die weiteren einfachgesetzlichen Ausprägungen der verfassungsrechtlich gebotenen Pressefreiheit sowie die Strukturprinzipien der inneren Pressefreiheit werden hier nicht weiter zitiert, da sie für die Betrachtung der Internetangebote klassischer Medien keine unmittelbare Anwendung finden können.[1048]

7.3 Einschränkungen der Pressefreiheit (Pressedelikte und Pressehaftung)

Das Grundrecht der Pressefreiheit ist nicht schrankenlos gewährt. Die Schranken der Pressefreiheit sind verfassungsrechtlich nach Art. 5 Abs. 2 GG ausdrücklich genannt und binden das Grundrecht der Pressefreiheit (Art. 5 Abs. 1 S. 2 GG) in die allgemeine Rechtsordnung, insb. in die gesetzlichen Bestimmungen zum Schutze der Jugend und in das Recht der persönlichen Ehre, ein.[1049] Einfachgesetzliche Bestimmungen wie die Landespressegesetze können demnach den grundrechtlich garantierten Freiheitsbereich der Presse nur dann einschränken, wenn sie verfassungskonform im Sinne des Art. 5 Abs. 2 GG sind.[1050] Zudem stehen die Grundrechte des Art. 5 GG in einer praktischen Konkordanz zu den anderen im Grundgesetz gewährten Grundrechten und bedürfen einer jeweiligen Abwägung zwischen verschiedenen Rechtsgütern.[1051]

Zu den allgemeinen Gesetzen, die in Wechselwirkung mit den Grundrechten stehen können, gehören zivilrechtliche und strafrechtliche Bestimmungen. Die Wechselwirkungen zwischen den Grundrechten untereinander sowie zwischen Grundrechten und allgemeinen Gesetzen können nur nach einer im Einzelfall

---

[1045] BverfGE 20, 175; 12, 260; Reinhart Ricker: Medienrecht. a.a.O., S. 244 f.; Reinhart Ricker: Freiheit und Aufgabe der Presse. a.a.O., S. 5 ff.; Jan Tonnemacher: Kommunikationspolitik in Deutschland. a.a.O., S. 46 f.; Rolf Groß: Presserecht. a.a.O., S. 34

[1046] Vgl. Reinhart Ricker: Medienrecht. a.a.O., S. 247

[1047] Vgl. Christian Breunig: Kommunikationsfreiheiten. Ein internationaler Vergleich. Konstanz 1994, S. 90

[1048] Siehe oben Kap. 7.1, siehe unten Kap. 7.4

[1049] Vgl. Rolf S. Schulz.: Presserecht. Percha am Starnberger See 1985, S. 13 ff.; Fritz Ossenbühl: Medienfreiheit und Persönlichkeitsschutz. In: ZUM Nr. 7 (1999), S. 505-512, S. 511 f.; Udo Di Fabio: Persönlichkeitsrechte im Kraftfeld der Medienwirkung. In: AfP Nr. 2 (1999), S. 126-132, S. 126 f.

[1050] Vgl. Reinhart Ricker: Medienrecht. a.a.O., S. 245

[1051] Vgl. Heinz-Uwe Rübenach: Europäisches Presserecht. a.a.O., S. 28 f.; Herrmann Meyn: Massenmedien in Deutschland. a.a.O., S. 58 f.

vorzunehmenden Güterabwägung zum Vorrang der Grundrechte der Pressefreiheit oder der freien Meinungsäußerung gegenüber den allgemeinen Gesetzen führen, umgekehrt aber auch zu Beschränkungen des Grundrechts.[1052] Durch zahlreiche Grundsatzentscheidungen hat das Bundesverfassungsgericht Umfang und Inhalt der Pressefreiheit konkretisiert und fortentwickelt. Zu den Grundsatz-Urteilen gehören neben dem genannten Lüth- und Spiegel-Urteil auch die Lebach-Entscheidung, die Kredithai-Entscheidung oder das Urteil über das Stasi-Unterlagen-Gesetz.[1053] Sowohl die presserechtlichen Vorgaben als auch die Schranken der Pressefreiheit, insb. die sog. Pressedelikte wie Straftaten und Ordnungswidrigkeiten von Presseangehörigen bei ihrer Berufsausübung sowie die sog. Pressehaftung, werden nachfolgend in die Darstellung der Anwendung des Presserechts auf die Internetangebote der klassischen Medien präzisiert.

7.4 Anwendung des Presserechts auf Internetangebote der klassischen Medien

In Kap. 6 wurde festgestellt, dass die Internetangebote der klassischen Medien aufgrund ihrer inhaltlich-funktionalen Gesamtstruktur weder dem verfassungsrechtlichen Rundfunkbegriff noch dem einfachgesetzlichen Rundfunkbegriff im Sinne des § 20 Abs. 2 RStV zugeordnet werden können.[1054] Somit lassen sich die rundfunkrechtlichen Vorschriften nicht auf das Internetangebot der klassischen Medien anwenden. Auch eine Subsumtion der Internetangebote klassischer Medien unter den verfassungsrechtlichen Pressebegriff scheidet mangels „verkörperter" Darbietung der Inhalte aus.[1055] Weiterhin hat die Untersuchung der Internetangebote klassischer Medien ergeben, dass die Internetangebote in allen untersuchten Fällen nach geltendem Recht als Mediendienst im Sinne des § 2 Abs. 1 und § 2 Abs. 2 Nr. 4 MDStV zu klassifizieren sind. Somit lassen sich die besonderen Bestimmungen des MDStV zunächst auf *alle* Internetangebote von Presse, Hörfunk und Fernsehen anwenden. Hierunter fallen auch die Bestimmungen der §§ 6 – 11 MDStV, die zum großen Teil aus presserechtlichen, teils auch rundfunkrechtlichen Vorschriften abgeleitet wurden. Für *alle* Mediendienste gelten demnach Vorschriften zur einfachen Anbieterkennzeichnung (§ 6 Abs. 1 MDStV), zu Inhalten, Sorgfaltspflicht und Meinungsumfragen (§ 7 MDStV), zur Unzulässigkeit von Mediendiensten und zum Jugendschutz (§ 8 MDStV), zu Werbung und Sponsoring (§ 9 MDStV). Besondere Vorschriften im Regelungsabschnitt der §§ 6 – 11 MDStV gelten für die journalistisch-redaktionell gestalteten Mediendienste der gedruckten, periodisch erscheinenden Presse.

[1052] Vgl. Rolf S. Schulz.: Presserecht. a.a.O., S. 14; Rolf Groß: Presserecht. a.a.O., S. 39 f.
[1053] Vgl. Jan Tonnemacher: Kommunikationspolitik in Deutschland. a.a.O., S. 48; Rolf Groß: Presserecht. a.a.O., S. 14 ff.; Herrmann Meyn: Massenmedien in Deutschland. a.a.O., S. 59 ff.
[1054] Siehe oben Kap. 6.1 zum verfassungsrechtlichen Rundfunkbegriff, Kap. 6.2 - 6.4 zur Abgrenzung von TDG, MDStV, RStV
[1055] Siehe oben Kap. 7.1

In § 6 Abs. 2 S. 1 MDStV werden die Internetangebote der Presse (sog. elektronische Presse) einer Reihe von besonderen Bestimmungen zugeführt: Hierzu zählen die besondere Anbieterkennzeichnung nach § 6 Abs. 2 MDStV, die besondere journalistische Sorgfaltspflicht nach § 7 Abs. 2 MDStV, das Recht auf Gegendarstellung nach § 10 MDStV, das besondere Auskunftsrecht nach § 11 Abs. 1 MDStV. Diese Bestimmungen gelten nach § 6 Abs. 2 MDStV ausschließlich für

„Anbieter von journalistisch-redaktionell gestalteten Angeboten, in denen vollständig oder teilweise Inhalte periodischer Druckerzeugnisse in Text oder Bild wiedergegeben oder in periodischer Folge Texte verbreitet werden...“

Somit schließt der Gesetzgeber die Internetangebote der periodischen Druckwerke Zeitung und Zeitschrift in diese besonderen Regelungen ein und umgekehrt Internetangebote des Rundfunks (Hörfunk und Fernsehen) von diesen besonderen Regelungen aus. Als Begründung hierfür lässt sich die inhaltlich-funktionale Nähe zwischen der klassischen Presse und ihren Internetangeboten anführen. Auch wenn die Internetangebote der Presse nur modifiziert oder auszugsweise Inhalte der gedruckten Ausgabe enthalten, gehören sie nach § 6 Abs. 2 MDStV zu den erfassten Diensten.[1056] Den genannten besonderen Bestimmungen (§ 6 Abs. 2, § 7 Abs. 2, § 10, § 11 Abs. 1 MDStV) ist gemein, dass ihre Ähnlichkeit zum presserechtlichen Vorbild der Landespressegesetze unverkennbar ist. Das klassische Presserecht ist demnach indirekt für die Regelung der Internetangebote der Presse von entscheidender Bedeutung: Inwieweit Vorschriften und Prinzipien des „klassischen“ Presserechts auf die redaktionell gestalteten Mediendienste im Sinne des § 6 Abs. 2 MDStV angewandt werden können, wird im folgenden untersucht: Insbesondere dort, wo der MDStV (und das TDG) Regelungslücken aufweist oder auslegungsbedürftig ist, könnte das klassische Presserecht sinnvoll herangezogen werden. Dies ist im folgenden zu verifizieren.

Strittig bleibt, ob presseähnliche Publikationen, die ausschließlich in elektronischer Form, d.h. ohne gedrucktes Gegenstück, veröffentlicht werden und demnach nicht als Annex zur körperlichen Publikation einzuordnen sind, von den besonderen Rechten und Pflichten für Mediendienste im Sinne des § 6 Abs. 2 MDStV ausgenommen sind. Als „presseähnlich“ im Sinne einer inhaltlich-funktionalen, bzw. teleologischen Auslegung ließen sich journalistisch-redaktionelle Internetangebote zählen, die die Absicht haben, Tatsachenberichte wie auch Meinungen der Öffentlichkeit zugänglich zu machen.[1057] Im Sinne dieser Auslegung wären auch die journalistisch-redaktionell aufbereiteten Internetangebote des Rundfunks sowie sog. Internetzeitungen zu subsumieren.[1058] In den meisten Fällen gleichen sich die Internetangebote der klassi-

[1056] Vgl. Arthur Waldenberger / Dirk Hoß: Das Recht der „elektronischen Presse“. a.a.O., S. 240
[1057] Vgl. Maunz / Dürig u.a.: a.a.O., S. 45
[1058] Siehe oben Kap. 3.4, insb. 3.4.1; siehe Anhang: Inhaltsanalyse Kap. VII.

schen Presse und des klassischen Rundfunks sowie der Internetzeitungen unter inhaltlich-funktionalen sowie verbreitungstechnischen Aspekten. Bisher schließt die Formulierung des § 6 Abs. 2 MDStV aber nur „journalistisch-redaktionell gestaltete Angebote" ein, die „vollständig oder teilweise Inhalte periodischer Druckerzeugnisse" wiedergeben. Die Angebote des Hörfunks und Rundfunks sowie internetexklusive Presseprodukte bleiben demnach von den besonderen Rechten und Pflichten der §§ 6 Abs. 2; § 7 Abs. 2, § 10, § 11 Abs. 1 MDStV ausgeschlossen.

7.4.1 Anbieterkennzeichnung nach § 6 Abs. 2 MDStV

Für alle Mediendienste und somit auch für sämtliche Internetangebote der klassischen Medien gilt analog § 6 Abs. 1 MDStV die „einfache" Pflicht der Anbieterkennzeichnung durch Name und Anschrift[1059] oder durch Nennung eines Vertretungsberechtigten mit Name und Anschrift bei Personenvereinigungen oder Gruppen.[1060] Den Internetangeboten der Presse (hier nur: Zeitung und Zeitschrift) kommen nach § 6 Abs. 2 S. 1 MDStV besondere Pflichten bei der Anbieterkennzeichnung zu, die über die „einfache" Kennzeichnung hinausgehen:

„Anbieter von journalistisch-redaktionell gestalteten Angeboten, in denen vollständig oder teilweise Inhalte periodischer Druckerzeugnisse in Text oder Bild wiedergegeben oder in periodischer Folge Texte verbreitet werden, müssen zusätzlich einen Verantwortlichen mit Angabe des Namens und der Anschrift benennen."[1061]

Die Regelung schließt somit die periodischen Druckwerke Zeitung und Zeitschrift ein, sofern ihr Inhalt vollständig, modifiziert oder nur in Teilen im Internet bereit gestellt wird. In Anwendung des klassischen Presserechts und der juristischen Auslegung des Pressebegriffs sind weiterhin auch die elektronischen Ausgaben anderer periodischer Druckerzeugnisse erfasst, sofern letztere in ständiger, wenn auch unregelmäßiger Folge erscheinen und der zeitliche Abstand nicht mehr als sechs Monate beträgt.[1062] Unerheblich ist für die Anwendung der besonderen Kennzeichnungspflicht, ob der entsprechende Mediendienst selbst periodisch erscheint. Eine andere Auffassung legt die Bestimmung des § 6 Abs. 2 MDStV weiter aus und subsumiert auch solche journalistisch-redaktionellen Text-Angebote unter die Bestimmung des § 6 Abs. 2 S. 1, 1. HS MDStV, die ausschließlich im Internet vertrieben werden und

---

[1059] § 6 Abs. 1 Nr. 1 MDStV
[1060] § 6 Abs. 1 Nr. 2 MDStV
[1061] § 6 Abs. 2 S. 1 MDStV
[1062] Vgl. § 7 Abs. 4 LPG NRW in: Martin Löffler / Reinhart Ricker: Handbuch des Presserechts. a.a.O, Anh. Gesetzestexte, S. 681 ff.; Martin Löffler / Reinhart Ricker: Handbuch des Presserechts. a.a.O, Kap. 1 Rn. 6 f.; Kap. 12, Rn. 17; Arthur Waldenberger / Dirk Hoß: Das Recht der „elektronischen Presse". a.a.O., S. 240

somit kein parallel erscheinendes, periodisches Druckerzeugnis vorweisen.[1063] Zwar ist die Subsumtion dieser internetexklusiven Werke schlüssig, sofern sie das presserechtliche Tatbestandsmerkmal der periodischen Verbreitung im Sinne gedruckter Erzeugnisse,[1064] also u.a. den vollständigen Wechsel des Inhalts im Zeitraum von sechs Monaten, erfüllen,[1065] doch widerspricht dieser Auslegung die enge Formulierung des § 6 Abs. 2 MDStV. In dieser Formulierung wird die körperliche Form durch den presserechtlich definierten Begriff des „Druckerzeugnisses" expressis verbis genannt. Folglich wird das Existieren eines gedruckten Pendants für die Anwendung des § 6 Abs. 2 MDStV und somit auch für die weiteren besonderen Bestimmungen der §§ 6 Abs. 2; § 7 Abs. 2, § 10, § 11 Abs. 1 MDStV konstituierend vorausgesetzt. Weiter konkretisiert § 6 Abs. 2 S. 2, 3 und Abs. 2 Nr. 1-4 die besonderen Anforderungen an die Kennzeichnung des Anbieters und erlaubt wie bei der klassischen Presse die Teilung der Verantwortung für verschiedene Bereiche.[1066] Dort heißt es:

„Werden mehrere Verantwortliche benannt, so ist kenntlich zu machen, für welchen Teil des Mediendienstes der jeweils Benannte verantwortlich ist. Als Verantwortlicher kann nur benannt werden, wer
1. seinen ständigen Aufenthalt im Inland hat
2. nicht infolge Richterspruchs die Fähigkeit zur Bekleidung öffentlicher Ämter verloren hat,
3. voll geschäftsfähig ist und
4. unbeschränkt strafrechtlich verfolgt werden kann."

Die Anforderungen an den „Verantwortlichen" i.S.d. MDStV entsprechen nahezu wortgleich den presserechtlichen Voraussetzungen.[1067] Der Verstoß gegen die Pflicht zur Benennung eines Verantwortlichen stellt eine Ordnungswidrigkeit nach § 20 Abs. 1 Nr. 1 MDStV dar. Die Geldbuße wurde mit dem 4. RÄndStV auf eine Million DM erhöht. Unbeantwortet bleibt die wichtige Frage, wie die genannten Verpflichtungen von im Ausland ansässigen Diensteanbietern kontrolliert, eingehalten oder diesen gegenüber durchgesetzt werden soll. Nach klassischem Presserecht bestimmt sich die Impressumspflicht nach den Gesetzen des Ortes, an dem das Druckwerk erscheint und somit der Beginn der

---

[1063] Vgl. Jörg Podehl: Interentportale mit journalistisch-redaktionellen Inhalten. Anbieterpflichten und Haftungsrisiken. In: MMR Nr. 1 (2001), S. 17-23, S. 18 f.; Jürgen Helle: Begrenzung der Gegendarstellung im MDStV - Zugleich eine Anmerkung zum Urteil des LG Düsseldorf vom 29.4.1998. In: CR (1998), S. 672-676, S. 673; Stephan Ory: Impressum und Gegendarstellung bei Mediendiensten. In: AfP (1998), S. 465-475, S. 466; Niko Härting: Internetrecht. Köln 1999, Rn. 314

[1064] Vgl. Martin Löffler / Reinhart Ricker: Handbuch des Presserechts. a.a.O, Kap. 1, Rn. 6 f.; Kap. 12, Rn. 16 ff.

[1065] Vgl. Martin Löffler / Reinhart Ricker: Handbuch des Presserechts. a.a.O, Kap. 12, Rn. 17; Arthur Waldenberger / Dirk Hoß: Das Recht der „elektronischen Presse". a.a.O., S. 240

[1066] Vgl. Martin Löffler / Reinhart Ricker: Handbuch des Presserechts. a.a.O, Kap. 13, Rn. 1, 10 ff.

[1067] Vgl. ebd.

Verbreitung stattfindet. Der MDStV wendet sich jedoch im Hinblick auf § 18 Abs. 1 S. 3 und Abs. 5 S. 2 MDStV auch an ausländische Anbieter von Internetangeboten. Hierin zeigt sich am praktischen Fall, dass nationales Recht wie der MDStV durch das Globalitäts-Paradigma des Internet ausgehebelt werden kann. Abschließend ist festzustellen, das der MDStV in § 6 Abs. 2 MDStV eine detaillierte Anordnung in Sachen Anbieterkennzeichnung beinhaltet und damit die analoge Anwendung des klassischen Presserechts über die Impressumspflicht weder erforderlich noch möglich macht.[1068]

7.4.2 Sorgfaltspflichten nach § 7 Abs. 2 MDStV

Die Einhaltung der journalistischen Grundsätze ist *allen* Mediendiensten in § 7 Abs. 1 MDStV vorgeschrieben und betrifft die Beachtung der verfassungsmäßigen Ordnung sowie die Einhaltung der allgemeinen Gesetze und Bestimmungen zum Schutz der persönlichen Ehre. Für die Internetangebote der Presse trifft § 7 Abs. 2 MDStV weitere inhaltsbezogene Anforderungen:

„...Angebote nach § 6 Abs. 2 (MDStV) haben, soweit sie der Berichterstattung dienen und Informationsangebote enthalten, den anerkannten journalistischen Grundsätzen zu entsprechen. Nachrichten über das aktuelle Tagesgeschehen sind vom Anbieter vor ihrer Verbreitung mit der nach den Umständen gebotenen Sorgfalt auf Inhalt, Herkunft und Wahrheit zu prüfen. Kommentare sind von der Berichterstattung deutlich zu trennen und unter Nennung des Verfassers als solche zu kennzeichnen."

Die sog. „anerkannten journalistischen Grundsätze" lassen sich aus einem wertenden Vergleich der presse- und rundfunkrechtlichen Regelungen der Länder sowie aus den Richtlinien des Deutschen Presserates ableiten.[1069] Da auch die Wahrheitspflicht[1070] und die Pflicht zur Trennung von Kommentar und Berichterstattung gelten,[1071] kommt den Angeboten i.S.d. § 6 Abs. 2 (MDStV) eine Sorgfaltspflicht analog den moralisch wirkenden Standespflichten und den zwingenden Rechtspflichten von Presse[1072] und Rundfunk[1073] zu. Der Verweis auf die presseübliche Sorgfaltspflicht ist jedoch in Anbetracht der Tatsache zu sehen, dass Internetangebote der Presse häufiger aktualisiert werden und Fehler in der Berichterstattung schneller und nachhaltiger korrigiert werden können als im klassischen Presserzeugnis.[1074] Zwar ist damit keine Herabset-

[1068] Vgl. Arthur Waldenberger / Dirk Hoß: Das Recht der „elektronischen Presse". a.a.O., S. 241
[1069] Vgl. Reinhart Ricker: Freiheit und Aufgabe der Presse. a.a.O., S. 54 ff., S. 58 f.; Martin Löffler / Reinhart Ricker: Handbuch des Presserechts. a.a.O, Kap. 39, Rn. 4, 6 ff.; Kap. 40, Rn. 6 ff.
[1070] Vgl. Martin Löffler / Reinhart Ricker: Handbuch des Presserechts. a.a.O, Kap. 39, Rn. 11 ff.
[1071] Vgl. Udo Di Fabio: Persönlichkeitsrechte im Kraftfeld der Medienwirkung. a.a.O., S. 128, S. 130 ff.
[1072] Beispielhaft: § 6 LPG NRW in: Martin Löffler / Reinhart Ricker: Handbuch des Presserechts. a.a.O, S. 681 ff.; vgl. auch Kap. 39 und 40
[1073] Beispielhaft: § 12 Abs. 4 S. 3 LRG NRW
[1074] Vgl. Arthur Waldenberger / Dirk Hoß: Das Recht der „elektronischen Presse". a.a.O., S. 240; Udo Di Fabio: Persönlichkeitsrechte im Kraftfeld der Medienwirkung. a.a.O., S. 128

zung der Sorgfaltspflicht zu begründen, doch muss für jedes Medium ein individueller Maßstab gefunden werden. Mit den Vorschriften des § 7 MDStV werden wesentliche materiellrechtliche Grundsätze des Presserechts zur Grundlage redaktioneller Mediendienste gemacht. Die Verletzung journalistischer Sorgfaltspflichten ist auch im Hinblick auf Art. 5 Abs. 1 S. 2 GG und i.S.d. Ordnungswidrigkeiten nach § 20 MDStV an keinerlei Rechtsfolgen geknüpft und hat somit analog zur Presse ausschließlich moralische Verbindlichkeit.[1075] Ein Verstoß gegen journalistische Sorgfaltspflichten begründet jedoch auch bei den Mediendiensten ein Verschulden i.S.d. § 823 Abs. 1 BGB.[1076]

7.4.3 Gegendarstellungsrecht nach § 10 MDStV

Das Recht auf Gegendarstellung wird in § 10 MDStV für das Internetangebot der Presse i.S.d. § 6 Abs. 2 MDStV geregelt. Die Bestimmungen orientieren sich maßgeblich an den bereits bestehenden Gegendarstellungsansprüchen der presse- und rundrechtlichen Regelungen der Länder. In § 10 Abs. 1 S. 1 MDStV heißt es:

„Jeder Anbieter von Angeboten nach § 6 Abs. 2 (MDStV) ist verpflichtet, unverzüglich eine Gegendarstellung der Person oder Stelle, die durch eine in seinem Angebot aufgestellte Tatsachenbehauptung betroffen ist, ohne Kosten für den Betroffenen in sein Angebot ohne Abrufentgelt aufzunehmen."

In der amtlichen Begründung zum MDStV wird betont, dass das Recht auf Gegendarstellung dem Einfluss publizistischer Mediendienste auf die öffentliche Meinungsbildung und der damit verbundenen Notwendigkeit Rechnung trägt, „ein ausgleichendes Gegengewicht zum Schutz des von einer Tatsachenbehauptung in einem solchen Dienst Betroffenen zu schaffen."[1077] Da sich demnach das Gegendarstellungsrecht nach Sinn und Zweck nicht von den sonstigen medienrechtlichen Gegendarstellungsansprüchen unterscheidet,[1078] werden nachfolgend nur die medienspezifischen Unterschiede dargestellt.

Im Gegensatz zum Presserecht ist der Anspruchsverpflichtete der Gegendarstellung gemäß § 10 Abs. 1 MDStV immer der Anbieter des Internetangebots der Presse i.S.d. 6 Abs. 2 MDStV, während ein passiv legitimierter, verantwortlicher Redakteur nicht erwähnt wird. Nach der Legaldefinition des „Anbieters" analog § 3 Abs. 1 MDStV und der Regelung der Verantwortlichkeit in § 5 MDStV ergibt sich ein im Einzelfall zu differenzierendes Konstrukt des Verantwortlichen i.S.d. Anspruchsverpflichteten.[1079] So kann der Verleger im Einzel-

---

1075 Vgl. Martin Löffler / Reinhart Ricker: Handbuch des Presserechts. a.a.O., Kap. 39, Rn. 4

1076 Vgl. Jörg Podehl: Internetportale mit journalistisch-redaktionellen Inhalten. Anbieterpflichten und Haftungsrisiken. In: MMR Nr. 1 (2001), S. 17-23, S. 19

1077 Amtliche Begründung zum MDStV, Landtags-Drucks. NW 12/1954, S. 38

1078 Vgl. Michael von Hinden: Persönlichkeitsverletzungen im Internet. Das anwendbare Recht. Tübingen 1999, S. 20, S. 49 ff.; Niko Härting: Internetrecht. Köln 1999, Rn. 314

1079 Vgl. Janusz-Alexander Lerch: Der Gegendarstellungsanspruch im Internet. a.a.O., S. 267 ff.; Stephan Ory: Impressum und Gegendarstellung bei Mediendiensten. a.a.O., S. 467 f.; Arthur

fall zweifach belangt werden: Einerseits als Verleger des klassischen Presseerzeugnisses nach Maßgabe des einschlägigen LPG und andererseits in seiner Funktion als „Anbieter" auf der Grundlage der dargestellten Anspruchsverpflichtung i.S.d. MDStV. Im Gegensatz zu den meisten Landespressegesetzen[1080] sieht § 10 Abs. 2 MDStV keine Ausnahme von der Gegendarstellungspflicht für rein geschäftliche Anzeigen vor. Im Umkehrschluss lässt sich annehmen, dass somit der im MDStV normierte Gegendarstellungsanspruch auch für geschäftliche Anzeigen und Werbung gilt.[1081] Aus der Begründung des MDStV geht weiterhin hervor, dass ein finanzieller Ausgleich auf vertraglicher Grundlage zwischen gegendarstellungspflichtigem Anbieter (§§ 3, 5 MDStV) und Anzeigenkunden zu erfolgen hat.[1082] Bei der Ausgestaltung der Veröffentlichungspflicht ergeben sich im Unterschied zur klassischen Presse die gravierendsten medienspezifischen Unterschiede. Da die komplexe Materie des Gegendarstellungsrechts[1083] an dieser Stelle nicht ausführlich diskutierte werden kann, sei auf die wichtigsten Merkmale hingewiesen. Analog § 10 Abs. 1 S. 2-5 MDStV wird die Veröffentlichungspflicht der Gegendarstellung rechtlich ausgestaltet:

„Die Gegendarstellung ist ohne Einschaltungen und Weglassungen in gleicher Aufmachung wie die Tatsachenbehauptung anzubieten. Die Gegendarstellung ist so lange wie die Tatsachenbehauptung in unmittelbarer Verknüpfung mit ihr anzubieten. Wird die Tatsachenbehauptung nicht mehr angeboten oder endet das Angebot vor Ablauf eines Monats nach Aufnahme der Gegendarstellung, so ist die Gegendarstellung an vergleichbarer Stelle so lange anzubieten, wie der Betroffene es verlangt, höchstens jedoch einen Monat. Eine Erwiderung auf die Gegendarstellung muss sich auf tatsächliche Angaben beschränken und darf nicht unmittelbar mit der Gegendarstellung verknüpft werden."

Die Wendung „ohne Einschaltungen und Weglassungen" gemäß § 10 Abs. 1 S. 2 MDStV korreliert mit der presserechtlichen Erfordernis des „gleichen Aufmachens" und ist im Sinne einer in Schrift und Größe zur Erstinformation kohärenten Gegendarstellung zu interpretieren. Das Erfordernis der „unmittelbaren Verknüpfung" (§ 10 Abs. 1 S. 3 MDStV), sofern die Erstinformation noch im elektronischen Angebot existent ist, ist zunächst durch die Darstellung der Gegendarstellung und der Erstinformation auf einer Website im Sinne einer „optischen Verknüpfung" möglich. Die internetspezifische Verknüpfung durch einen ausreichend gekennzeichneten Hyperlink gilt in der wissenschaft-

---

Waldenberger / Dirk Hoß: Das Recht der „elektronischen Presse". a.a.O., S. 245; vgl. auch weiterführend Marc Liesching / Thomas Günter: Verantwortlichkeit von Internet-Café-Betreibern. Besonderheiten bei pornografischen oder sonstigen jugendgefährdenden Inhalten. In: MMR Nr. 5 (2000), S. 260-266, S. 263 ff.

[1080] Vgl. § 11 Abs. 2 c LPG NRW, in: Martin Löffler / Reinhart Ricker: Handbuch des Presserechts. a.a.O, S. 681 ff.

[1081] Vgl. Arthur Waldenberger / Dirk Hoß: Das Recht der „elektronischen Presse". a.a.O., S. 245

[1082] Vgl. Amtliche Begründung zum MDStV, Landtags-Drucks. NW 12/1954, S. 39

[1083] Vgl. Martin Löffler / Reinhart Ricker: Handbuch des Presserechts. a.a.O., Kap. 23-29

lichen Diskussion jedoch als ausreichend.[1084] Die Platzierung einer Gegendarstellung an „vergleichbarer Stelle“ (§ 10 Abs. 1 S. 4 MDStV), sofern die Erstinformation nicht mehr angeboten wird, erfordert eine internetspezifische Positionierung, die nach dem Grundsatz der gleichen publizistischen Gewichtung auch berücksichtigt, wie schnell oder wie einfach die Gegendarstellung erreichbar ist.[1085] Auch hier lassen sich parallele presserechtliche Vorschriften zur Bewertung einer angemessenen Platzierung anführen.[1086] Auch die Dauer des Vorhaltens einer Gegendarstellung erfordert eine internetspezifische Lösung und ist abhängig von der Dauer des Vorhaltens der Erstinformation. Wird diese nicht mehr angeboten, kann der Betroffene eine Vorhaltung der Gegendarstellung bis zu einem Monat verlangen. Nach § 10 Abs. 1 S. 5 MDStV muss sich eine Erwiderung auf die Gegendarstellung – vergleichbar mit der Glossierungsbeschränkung der meisten LPG – auf tatsächliche Angaben beschränken und darf nicht unmittelbar mit der Gegendarstellung verknüpft oder „verlinkt“ werden. Darin besteht eine Besonderheit dieser Regelung, die durch die leichte Entwertung der Gegendarstellung, wie etwa durch die besondere Wirkung des „letzten Wortes“ im Rundfunk, begründet wird.[1087]

Abschließend ist festzuhalten, dass die internetspezifischen Besonderheiten des Gegendarstellungsrechts i.S.d. MDStV vor allem in der Möglichkeit der Verknüpfung durch Hyperlinks und in der komplexen, mehrschichtigen Struktur der Angebote liegen. Die Anwendung der presserechtlichen Bestimmungen in den LPG ermöglicht jedoch eine Auslegung der internetspezifischen Vorgaben im Sinne einer funktionalen Ausgestaltung des Rechts auf Gegendarstellung.

7.4.4 Auskunftsanspruch nach § 11 Abs. 1 MDStV

Das Recht auf Auskunft des § 11 Abs. 1 MDStV ist ebenfalls an landespresserechtlichen Bestimmungen orientiert und trägt dem Gedanken der demokratischen Kontrolle der Staatsgewalt Rechnung.[1088] Vergleichbar mit § 4 der LPG heißt es im § 11 Abs. 1 MDStV:

„Anbieter von Mediendiensten nach § 6 Abs. 2 (MDStV) haben gegenüber Behörden ein Recht auf Auskunft.“

Auskunftsberechtigt ist nach der Bestimmung des § 11 Abs. 1 MDStV der Anbieter von Mediendiensten, der nach § 3 Abs. 1 MDStV Personen und Personenvereinigungen einschließt. Somit ist der Begriff des auskunfstberechtigten

---

[1084] Vgl. Stephan Ory: Impressum und Gegendarstellung bei Mediendiensten. a.a.O., S. 468; Arthur Waldenberger / Dirk Hoß: Das Recht der „elektronischen Presse“. a.a.O., S. 246; Janusz-Alexander Lerch: Der Gegendarstellungsanspruch im Internet. a.a.O., S. 264 ff.

[1085] Pragmatische Vorschläge finden sich bei: Stephan Ory: Impressum und Gegendarstellung bei Mediendiensten. a.a.O., S. 468

[1086] Vgl. Martin Löffler / Reinhart Ricker: Handbuch des Presserechts. a.a.O., Kap. 23, Kap. 27

[1087] Vgl. Arthur Waldenberger / Dirk Hoß: Das Recht der „elektronischen Presse“. a.a.O., S. 246

[1088] Vgl. Martin Löffler / Reinhart Ricker: Handbuch des Presserechts. a.a.O, Kap. 18, Rn. 1 ff.

Anbieters weit zu fassen und auf die Mitarbeiter einer Online-Redaktion zu übertragen. Als Verpflichtete des Auskunftsanspruchs werden im MDStV die Behörden genannt. Hierunter sind unter Auslegung des presserechtlichen Auskunftsanspruch alle staatlichen Einrichtungen zu subsumieren, etwa Bundes-, Landes- und Kommunalbehörden ebenso wie Parlamente und Gerichte einschließlich der Anstalten und Körperschaften des öffentlichen Rechts. Die Schranken der Auskunftspflicht werden in § 11 Abs. 2 MDStV ausgeführt und entsprechen im wesentlichen den Auskunftsverweigerungsgründen, die auch in den LPG angeführt werden.[1089] Die Bestimmungen des § 11 MDStV enthalten keinen ausdrücklichen Gleichbegünstigungsgrundsatz, wie dieser beispielsweise zur Vermeidung von Marktvorteilen durch persönliche Beziehungen oder ähnlichen sachfremden Erwägungen im § 4 Abs. 4 LPG NRW statuiert ist.[1090] Im Verhältnis der publizistischen Mediendienste untereinander sowie im Verhältnis zur klassischen Presse ist jedoch von einem allgemeinen Gleichheitsgrundsatz auszugehen, der vergleichbar auch für den Bereich der klassischen Presse gilt.[1091]

Zusammenfassend ist festzustellen, dass den Internetangeboten der Presse, der sog. „elektronischen Presse“, durch die besonderen Bestimmungen der §§ 6 Abs. 2, § 7 Abs. 2, § 10, § 11 Abs. 1 MDStV besondere Rechte und Pflichten auferlegt wurden, die nicht für die übrigen Internetangebote der klassischen Medien gelten. Ob der Ausschluss der Internetangebote des Rundfunks sowie der internetexklusiven, journalistisch-redaktionell gestalteten Mediendienste aus dem spezifischen Regelungswerk der §§ 6 Abs. 2, § 7 Abs. 2, § 10, § 11 Abs. 1 MDStV berechtigt ist, wird im Ergebnis (Kap. 9.3.2) erörtert.

8 Europäisches Gemeinschaftsrecht und Konvergenz

Die Konvergenzentwicklung von Internet und klassischen Medien wirkt sich auf die traditionelle Kompetenzsystematik zwischen Europäischer Union und dem Bund aus, die analog zum deutschen Recht auf der Regulierung entlang der Kategorien Massenmedien einerseits und Telekommunikation andererseits basiert. Die Untersuchung des medienrechtlichen Ordnungsrahmens für die Informations- und Kommunikationsdienste im Internet kann demnach nicht auf der Ebene des nationalen Rechts stehen bleiben. Die medienpolitische Diskussion auf europäischer Ebene hat in den letzten Jahren fortwährend an Bedeutung gewonnen. Die umfangreiche wissenschaftliche Literatur zu unterschiedlichen Aspekten der europäischen Medienpolitik und zu den medienpolitisch relevanten Richtlinien der Europäischen Union, insb. die 1997

[1089] Vgl. § 4 Abs. 2 LPG NRW, in: Martin Löffler / Reinhart Ricker: Handbuch des Presserechts. a.a.O, S. 681 ff.; vgl. ebd., Kap. 20

[1090] Vgl. Martin Löffler / Reinhart Ricker: Handbuch des Presserechts. a.a.O., Kap. 22, Rn. 3

[1091] Vgl. Arthur Waldenberger / Dirk Hoß: Das Recht der „elektronischen Presse“. a.a.O., S. 247; Martin Löffler / Reinhart Ricker: Handbuch des Presserechts. a.a.O., Kap. 21

novellierte Richtlinie „Fernsehen ohne Grenzen“,[1092] ist zum festen Bestandteil der nationalen Debatte um die Ausgestaltung der Medienordnung geworden.[1093] Zugleich prägen europarechtliche Entscheidungen das nationalstaatliche Recht und wirken sich auf die Ordnung der Telekommunikation und zunehmend auch auf die der Massenmedien sowie der Informations- und Kommunikationsdienste aus.

In der nachfolgenden europarechtliche Betrachtung sind die medienpolitischen Kompetenzen der Europäischen Gemeinschaft auf Grundlage des Gemeinschaftsrechts herzuleiten und zu erörtern.[1094] Ausgehend von der Darstellung der Aufgaben und medienpolitischen Bedeutung der EU-Institutionen (Kap. 8.1) werden die medienpolitisch relevanten Regelungen des Primären Gemeinschaftsrechts untersucht, um die Kompetenzgrundlagen der EU für den Konvergenzbereich von Internet und klassischen Medien festzustellen (Kap. 8.2). Anschließend werden relevante Regelungen des Sekundären Gemeinschaftsrechts, sog. Richtlinien, und ihre medienpolitischen Auswirkungen auf das nationalstaatliche Recht analysiert (Kap 8.3). Auf Grundlage der gemeinschaftsrechtlichen Untersuchung werden im letzten Teil der europarechtlichen Betrachtung die Internetangebote der klassischen Medien nach dem Primären Gemeinschaftsrecht kompetenzrechtlich geprüft und die Auswirkungen relevanter Richtlinien auf ihre Regulierung erörtert.

Ziel der nachfolgenden europarechtlichen Untersuchung ist eine aktuelle, medienrechtliche Gesamtbetrachtung der Grundlagen und Zusammenhänge medienpolitischer Kompetenzen und Regelungen der EU. Im Vordergrund dieser Betrachtung stehen die aus der Konvergenzentwicklung hervorgebrachten Probleme der europarechtlichen Kompetenzzuweisung sowie Entscheidungen und Richtlinien, die sich schwerpunktmäßig mit den in Kap. 6 dargestellten Tele- und Mediendiensten beschäftigen. Zugleich wird herausgearbeitet, welche „traditionellen“ europarechtlichen Rechtsakte Bestand haben und welche „neuen“ Richtlinien und Vorschläge die zukünftige Medienpolitik prägen.

[1092] Richtlinie 89/552/EWG des Rates vom 3.10.1989 zur Koordinierung bestimmter Rechts- und Verwaltungsvorschriften der Mitgliedstaaten über die Ausübung der Fernsehtätigkeit, ABl. L 298 vom 17.10.1989, S. 23; geändert durch die Richtlinie 97/36/EG des Europäischen Parlaments und des Rates vom 30.06.1997 zur Änderung der Richtlinie 89/552/EWG, ABl. L 202 vom 30.07.1997, S. 60

[1093] Vgl. umfangreiche Literaturhinweise bei: Dieter Dörr: Europäische Medienordnung und -politik. In: Hans-Bredow-Institut für Medienforschung an der Universität Hamburg (Hrsg.): Internationales Handbuch für Hörfunk und Fernsehen 2000/2001. Baden-Baden 2000, S. 65-89, S. 65, Fn. 2

[1094] Da der EU keine ausdrücklichen Kompetenzen im Bereich der Medienpolitik zustehen, werden auch kommunikations-, wettbewerbs- und wirtschaftpolitische Regelungen auf europäischer Ebene bemüht, um die Kompetenzlage sowie entsprechende Bestimmungen zu erörtern.

8.1 Medienpolitische Kompetenzen der EU und ihrer Institutionen

Die Europäische Union (EU), die mit Inkrafttreten des Vertrags von Maastricht am 1. November 1993 gegründet wurde, besteht derzeit aus 15 Mitgliedstaaten.[1095] Im Zuge der Erweiterung der EU gelten die Nationen Bulgarien, Estland, Lettland, Litauen, Malta, Polen, Rumänien, Slowakei, Tschechien, Türkei, Ungarn und Zypern als Beitrittskandidaten und werden voraussichtlich zwischen 2003 und 2005 der EU beitreten. Damit entsteht in Europa ein Bündnis, dass in den nächsten Jahren etwa eine halbe Milliarde Menschen unterschiedlicher Nationen und Kulturen durch den sog. „Gemeinsamen Besitzstand" („Acquis Communautaire") vereint. Dieser Acquis Communautaire verpflichtet jeden Staat von seinem Beitritt zur EU an, alle Verträge, Gesetze und Verordnungen, die in der EU rechtskräftig geworden sind, zu übernehmen und anzuwenden.[1096] Die Kompetenzen der EU und die Geltung des Gemeinschaftsrechts sind unabhängig von der Kompetenzverteilung in den Mitgliedstaaten. Die gleichmäßige und vorrangige Geltung des Gemeinschaftsrechts ist nur dann zu gewährleisten, wenn sie von der verfassungsrechtlichen Organisation und der nationalstaatlichen Kompetenzsystematik unabhängig ist.[1097] Somit ist die nationale (deutsche) Gesetzgebung in Bund und Ländern im Zusammenhang mit der politischen, rechtlichen und wirtschaftlichen Entwicklung der EU zu betrachten. Auch in der Medienpolitik, die lange als ausschließliche Domäne der Nationalstaaten im Sinne der Kulturhoheit galt, gewinnt die europäische Rechtsgebung an Einfluss. Analog zur kompetenzrechtlichen Abgrenzungsproblematik zwischen Bund und Ländern wird in der wissenschaftlichen Literatur die europäische Kompetenzsystematik beschrieben, die grundsätzliche Parallelen in der Kompetenzzuweisung zwischen EU und Mitgliedstaaten aufweist.[1098] Somit geraten die publizistischen Informations- und Kommunikationsdienste in das Spannungsfeld von Wirtschaftskompetenzen und Kultur-

---

[1095] Belgien, Dänemark, Deutschland, Finnland, Frankreich, Griechenland, Großbritannien, Irland, Italien, Luxemburg, Niederlande, Österreich, Portugal, Schweden und Spanien. Zur EU gehören weiter: Ceuta und Melilla in Nordafrika, Madeira und die Azoren, die Kanarischen Inseln, Französisch-Guayana in Südamerika, die französischen Inseln Guadeloupe und Martinique in der Karibik sowie Réunion im Indischen Ozean. Nicht zur EU gehören: Andorra, Färöer, Monaco, Vatikanstadt, die Insel Man, die Kanalinseln sowie Gibraltar.

[1096] Vgl. Peter Korn / DIHT (Hrsg.): Erweiterung der Europäischen Union. Strategie, Maßnahmen, Stand. Berlin 2000, S. 27 ff.

[1097] Vgl. Martin Bullinger / Ernst-Joachim Mestmäcker: Multimediadienste. a.a.O., S. 85; Martin Schauer: Schengen – Maastricht – Amsterdam. Auf dem Weg zu einer flexiblen Union. Wien 2000, S. 251; Doris König: Die Übertragung von Hoheitsrechten im Rahmen des europäischen Integrationsprozesses – Anwendungsbereich und Schranken des Art. 23 des Grundgesetzes. Berlin 2000, S. 463 ff.

[1098] Vgl. Reinhart Ricker / Peter Schiwy u.a.: Rundfunkverfassungsrecht. a.a.O., Abs. H, Rn. 15, 81

kompetenzen, namentlich der europäisch geregelten Dienstleistungsfreiheit und der Kulturhoheit der Mitgliedstaaten.[1099]

Ausgangspunkt für die medienpolitischen Aktivitäten der Europäischen Union (EU) in den 80er Jahren waren tiefgreifende Umstrukturierungen im Bereich des Rundfunks. Zunächst wurde die medienpolitische Debatte auf europäischer Ebene durch die technischen Neuerungen der Kabel- und Satellitenübertragung ausgelöst.[1100] In Folge der technischen Fortschritte konnten zum einen die Übertragungskapazitäten gesteigert werden, um mehr Rundfunkprogramme zu verbreiten, zum anderen ermöglichte die Satellitentechnik – wie bereits eingeschränkt die terrestrische Übertragung – den Empfang von Sendungen weit über die nationalen Grenzen hinaus. Auch das BVerfG attestierte bereits im Ersten Rundfunkurteil, dass sich „Funkwellen nicht an Ländergrenzen halten".[1101] Durch die Expansion der Programmkapazitäten wurde in vielen EU-Mitgliedstaaten der kommerzielle Rundfunk unter strengen Auflagen gestattet. Damit wurde die gesellschaftspolitische, kulturelle Komponente des Rundfunks durch eine wirtschaftliche Komponente erweitert, auf die sich die EG im Rahmen ihrer Kompetenzen berufen konnte.[1102] Eine Teilharmonisierung des Rundfunkrechts wurde nach einem langen Beratungs- und Diskussionsprozess – vor allem über die medienrechtliche Kompetenz der EU - durch Verabschiedung der ersten Fassung der EG-Richtlinie „Fernsehen ohne Grenzen"[1103] im Jahr 1989 erreicht.[1104] Vorausgegangen waren langwierige Konsultationen, u.a. das Grünbuch über die Errichtung eines Gemeinsamen Marktes für den Rundfunk von 1984, die Entschließungen des Rates von 1984[1105], das Weißbuch über die Vollendung des Binnenmarkts von 1985, der

---

[1099] Vgl. Martin Eifert / Wolfgang Hoffmann-Riem: Die Entstehung und Ausgestaltung des dualen Rundfunksystems. a.a.O., S. 108 f.

[1100] Vgl. Barbara Gruber: Medienpolitik der EG. Konstanz 1995, S. 26 ff., S. 195 ff.; Peter Keusen: Studien zur Medienpolitik in Europa. Die Deregulierung der Fernsehsysteme in Grossbritannien und Frankreich bis Mitte der 90er Jahre. Alfeld 1997, S. 31 ff., Martin Eifert / Wolfgang Hoffmann-Riem: Die Entstehung und Ausgestaltung des dualen Rundfunksystems. a.a.O., S. 111 ff.; Peter P. Swire: Of Elephants, Mice, And Privacy: International Choice of Law and the Internet. In: The International Lawyer. Vol. 32, Nr. 4 (1998), S. 991-1025, S. 993 ff.; Bernd Holznagel: Rundfunkrecht in Europa. Auf dem Weg zu einem Gemeinrecht europäischer Rundfunkordnungen. Tübingen 1996

[1101] BVerfGE 12, 205, 251

[1102] Vgl. Peter Keusen: Studien zur Medienpolitik in Europa. Die Deregulierung der Fernsehsysteme in Grossbritannien und Frankreich bis Mitte der 90er Jahre. a.a.O., S. 225 f.

[1103] Richtlinie 89/552/EWG des Rates vom 3.10.1989 zur Koordinierung bestimmter Rechts- und Verwaltungsvorschriften der Mitgliedstaaten über die Ausübung der Fernsehtätigkeit, ABl. L 298 vom 17.10.1989, S. 23

[1104] Vgl. Barbara Gruber: Medienpolitik der EG. Konstanz 1995, S. 26 ff., S. 195 ff.; Wolfgang Hoffmann-Riem: Rundfunkrecht neben Wirtschaftsrecht. Baden-Baden 1991, S. 181 ff.; Bernd Holznagel: Rundfunkrecht in Europa. a.a.O., S. 178 f.

[1105] Entschliessung der Vertreter der Regierungen der Mitgliedstaaten vom 24.07.1984 betreffend die Bekämpfung der widerrechtlichen Verwertung audiovisueller Materials, ABl. C 204 vom 03.08.1984, S. 1; Entschließung der Vertreter der Regierungen der Mitgliedstaaten vom

Richtlinienvorschlag über die Ausübung der Rundfunktätigkeit von 1986[1106], die Richtlinie über die Annahme gemeinsamer technischer Spezifikationen von 1986[1107] sowie der Beschluss des Rates über das hochauflösende Fernsehen von 1989.[1108]

Unter dem Stichwort der „Europäisierung der Rundfunkordnung"[1109] wird seither eine Tendenz beschrieben, die die Schaffung europaweiter Rahmenbedingungen zum Schutz der Kommunikationsordnungen beschreibt. Zwei Faktoren tragen die Europäisierung der Rundfunkordnung: Zum einen der fortschreitende Integrationsprozess Europas, der eine Harmonisierung und Angleichung der Rechtssysteme bedingt, zum anderen die technologisch motivierte Globalisierung der Medien, die durch die Abkoppelung nationaler Grenzen vom Kommunikationsraum gekennzeichnet ist. Neben der rundfunkbezogenen Medienpolitik der EU, die von der Europäischen Kommission als „Politik im audioviosuellen Bereich"[1110] bezeichnet wird, gewinnt durch die fortschreitende Konvergenzentwicklung im technischen Bereich auch die Regelung der Telekommunikation an Bedeutung für die Medienpolitik der EU. Insbesondere die Informations- und Kommunikationsdienste bilden einen Schwerpunkt der EU-Medienpolitik, die ausdrücklich darauf gerichtet ist, unter Einsatz verschiedener Gemeinschaftsinstrumente einen europäischen Informationsraum zu verwirklichen[1111] und wettbewerbsfördernde, harmonisierte Rahmenbedingungen durch die schnelle Verabschiedung eines Rechtsrahmens für die elektronischen Dienste sicherzustellen.[1112] Vergleichbar mit der medienrechtlichen Betrachtung der deutschen Gesetzgebung, die durch ein komplexes Kompetenzgeflecht zwischen Bund und Ländern charakterisiert ist, setzt sich die

---

24.07.1984 betreffend Maßnahmen zur Gewährleistung eines angemessenen Platzes für audiovisuelle Programme mit Ursprung in Europa, ABl. C 204 vom 03.08.1984, S. 2

[1106] Vorschlag für eine Richtlinie des Rates zur Koordinierung bestimmter Rechts- und Verwaltungsvorschriften der Mitgliedstaaten über die Ausübung der Rundfunktätigkeit, KOM (1986) 146 endg.

[1107] Richtlinie 86/529/EWG des Rates vom 03.11.1986 über die Annahme gemeinsamer technischer Spezifikationen der MAC/Pakete-Normenfamilie für die Direktausstrahlung von Fernsehsendungen über Satelliten, ABl. L 311 vom 06.11.1986, S. 28

[1108] Beschluss 89/337/EWG des Rates vom 27.04.1989 über das hochauflösende Fernsehen, ABl. L 142 vom 25.05.1989, S. 1

[1109] Wolfgang Hoffmann-Riem: Regulierung der dualen Rundfunkordnung. a.a.O., S. 74

[1110] KOM (86) 146 endg.

[1111] Vgl. Martin Bullinger / Ernst-Joachim Mestmäcker: Multimediadienste. a.a.O., S. 175

[1112] Vgl. Europäische Kommission (Hrsg.): Grundsätze und Leitlinien für die audiovisuelle Politik der Gmeinschaft im digitalen Zeitalter. Mitteilung der Kommission an den Rat und das Europäische Parlament, den Wirtschafts- und Sozialausschuss und den Ausschuss der Regionen. KOM (1999) 657 endg., Brüssel 1999; Europäische Kommission (Hrsg.): eEurope 2002. Aktueller Stand. Vorlage der Europäischen Kommission für die Tagung des Europäischen Rates am 7./8. Dezember 2000 in Nizza. KOM (2000) 783 endg., Brüssel 2000; Europäische Kommission (Hrsg.): eEurope 2002. Auswirkungen und Prioritäten.. Mitteilung an die Frühjahrstagung der Europäischen Rates in Stockholm am 23.-24. März 2001. Mitteilung der Kommission an den Rat und das Europäische Parlament. KOM (2001) 140 endg., Brüssel 2001, S. 13 ff.

Problematik föderaler Kompetenzzuweisung auf der Ebene der EU und ihrer Mitgliedstaaten fort.

8.1.1 Das institutionelle System der EG und der EU-Vertrag

Die Europäische Union (EU) basiert auf einem weltweit einzigartigen institutionellem System, das sich in seiner politischen und vertragsrechtlichen Struktur zwischen traditionellem Staatenbund und Bundesstaat bewegt. Das gegenüber den herkömmlichen internationalen Staatsverbindungen Einzigartige der EU besteht darin, dass die Mitgliedstaaten zugunsten der in ihrem Zentrum stehenden EG auf Teile ihrer Souveränität verzichten und diese mit eigenen, von den Mitgliedstaaten unabhängigen Machtbefugnissen ausgestattet haben. In Ausübung dieser Befugnisse ist die EG in der Lage, europäische Hoheitsakte zu erlassen, die in ihren Wirkungen den staatlichen gleichkommen. Analog Art. 47 EU-Vertrag ersetzt die EU nicht die EG, sondern stellt diese mit den neuen „Politiken und Formen der Zusammenarbeit" unter ein gemeinsames Dach.[1113] Dieses rechtliche Dach, das auf dem EU-Vertrag quasi als Mantelvertrag basiert, wird von drei Säulen getragen: Die erste Säule, die als wichtigstes Element aus der wirtschaftlichen Integration der europäischen Mitgliedstaaten und dem E(W)G-Vertrag entstanden ist, beinhaltet als Kernelement die Verträge der Europäischen Gemeinschaften EGKS, EURATOM und EG. Die zweite Säule schafft die vertraglich-institutionellen Grundlagen für eine gemeinsame Außen- und Sicherheitspolitik. Die dritte Säule regelt die Zusammenarbeit in den Bereichen Justiz und Inneres. Für den Bereich der Medienpolitik ist insb. die erste Säule von Bedeutung. Bisher gelten nur für die erste Säule, die EG-Rechtsordnung, die unverzichtbaren Grundsätze der Eigenständigkeit, der unmittelbaren Anwendbarkeit und des Vorrangs des Gemeinschaftsrechts.[1114]

8.1.2 Aufgaben und medienpolitische Kompetenzen der europäischen Institutionen

Das institutionelle System der EU besteht aus fünf Organen. Zu den wichtigsten medienpolitisch relevanten Entscheidungsorganen auf europäischer Ebene gehören das sog. „institutionelle Dreieck": Europäisches Parlament, Rat der Europäischen Union und Europäische Kommission. Neben dem „institutionellen Dreieck" hat der Europäische Gerichtshof besondere Bedeutung für den medienpolitischen Bereich, da seine Rechtsprechung in das nationale Medien-

[1113] Vgl. Klaus-Dieter Borchardt: Die rechtlichen Grundlagen der Europäischen Union. Heidelberg 1996; Klaus-Dieter Borchardt: Das ABC des Gemeinschaftsrechts. 2000. Im Internet unter: http://www.eu-kommission.de Stand: 1. Juni 2001; zur verfassungsrechtlichen Kompetenzzuweisung aus deutscher Sicht vgl. Jürgen Schwarze (Hrsg.): Die Entstehung einer europäischen Verfassungsordnung. Das Ineinandergreifen von nationalem und europäischem Verfassungsrecht. Baden-Baden 2000, S. 109 ff.

[1114] Vgl. Rudolf Streinz: Europarecht. Heidelberg 1999, Rn. 69 f.

recht einwirkt.[1115] Das fünfte Organ, der Rechnungshof, spielt in der Kompetenzproblematik für die Medienpolitik nur eine untergeordnete Rolle, ist aber für die Bereitstellung von Fördermitteln für den audiovisuellen Bereich und die Internet-Initiativen für die Informationsgesellschaft zuständig. Die Kompetenzzuweisungen und Abhängigkeiten der genannten Institutionen basieren auf dem EG-Vertrag und seinen Änderungen durch den Vertrag von Maastricht, Amsterdam und Nizza.[1116]

8.1.2.1 Aufgaben und Kompetenzen des Europäischen Parlaments

Die Kompetenzen des Europäischen Parlaments, das durch allgemeine und direkte Wahlen von derzeit etwa 374 Millionen europäischen Bürgern legitimiert ist, zeigen sich in drei wesentlichen Funktionsbereichen: Gesetzgebungsrechte, Haushaltsrechte und Kontrollrechte. Im Bereich der Gesetzgebungsrechte teilt es die Gesetzgebungsfunktion mit dem Europäischen Rat und gewährleistet damit die demokratische Rechtmäßigkeit europäischer Gesetze, wie etwa Richtlinien, Verordnungen und Entscheidungen der EU. Auch im Bereich der Haushaltsrechte teilt das Europäische Parlament die Haushaltfunktion mit dem Rat. In seinem dritten Funktionsbereich übt das europäische Parlament eine Kontrollfunktion über die Europäische Kommission aus, indem es der Benennung der Kommissare zustimmt und einen Misstrauensantrag stellen kann.[1117]

Für den Bereich der Medienpolitik ist insb. der erste Funktionsbereich, die Gesetzgebungsfunktion, von Bedeutung. Die europäische Rechtsetzung erfolgt grundsätzlich in einem dreistufigen Verfahren. Der erste Schritt umfasst die Initiative der Rechtsetzung durch die Europäische Kommission. Anschließend wird der Vorschlag (z.B. Richtlinien-Vorschlag) im Europäischen Parlament und beim Rat der EU beraten. Abschließend wird die Entscheidung durch den Rat der EU getroffen. Im Mitentscheidungsverfahren nach Art. 189 lit. b EGV kann das Europäische Parlament die Rechtsetzung des Rates verhindern, nicht dagegen einen eigen Vorschlag durchsetzen.[1118] Demnach hat das Europäische

---

[1115] Vgl. Hans J. Kleinsteuber / Barbara Thomaß: Der deutsche Rundfunk auf internationaler Ebene. In: Dietrich Schwarzkopf (Hrsg.): Rundfunkpolitik in Deutschland. Wettbewerb und Öffentlichkeit. Band I. München 1999, S. 1008-1071; S. 1055 ff.; Elke Thiel: Die Europäische Union. München 1999, S. 66 ff.

[1116] Vgl. Europäische Kommission (Hrsg.) / Generaldirektion: Information, Kommunikation, Kultur, Audiovisuelle Medien: Der Vertrag von Amsterdam. Was sich in Europa geändert hat. Brüssel 1999, S. 7 ff.

[1117] Vgl. Dietmar O. Reich: Rechte des Europäischen Parlaments in Gegenwart und Zukunft. Berlin 1999, S. 150 ff.; Die Bundesregierung / Presse- und Informationsamt (Hrsg.): Europa 2002. Die Europäische Union wird größer. Berlin 2000, S. 36 ff.; Elke Thiel: Die Europäische Union. a.a.O., S. 76 f.

[1118] Vgl. Dietmar O. Reich: Rechte des Europäischen Parlaments in Gegenwart und Zukunft. a.a.O., S.128 f.; Rudolf Streinz: Europarecht. a.a.O., Rn. 309 ff.

Parlament für Richtlinien-Vorschläge, die in den Anwendungsbereich des Art. 189 lit. b EGV fallen, eine Mitentscheidungskompetenz.[1119]

8.1.2.2 Aufgaben und Kompetenzen des Rates der Europäischen Union

Der Europäische Rat und der Rat der EU sind begrifflich zu differenzieren:[1120] Die Bezeichnung „Europäischer Rat“ geht aus den Gipfelkonferenzen der Staats- und Regierungschefs der Mitgliedstaaten hervor und bezeichnet die politisch wichtigste Instanz der EU. Nach Art. 4 EU-Vertrag gilt dieses mindestens halbjährliche Treffen der Staats- und Regierungschefs der Mitgliedstaaten sowie des Präsidenten der EU-Kommission heute als Organ der EU.[1121] Die Funktion des Europäischen Rates besteht im wesentlichen darin, die allgemeinen politischen Leitlinien für das europäische Einigungswerk festzulegen. Die Wahrnehmung seiner Aufgaben erfolgt im Rahmen der EG durch den Erlass von politischen Grundsatzentscheidungen sowie die Formulierung von Richtlinien und Aufträgen für die Arbeit des Rates und der Kommission der EU.

Der „Rat der EU“ (im folgenden: „der Rat“) bezeichnet im Gegensatz zum „Europäischen Rat“ eine ständige Institution in Brüssel, die aus jeweils einem Vertreter aller (derzeit) 15 Mitgliedstaaten besteht. Der Vorsitz des Rates wechselt halbjährlich zwischen einem großen und einem kleinen Mitgliedstaat der EU. Im Rahmen der EG besteht nach Art. 202 EGV die vordringlichste Aufgabe des Rates in der Rechtsetzung.[1122] Die Beschlussfassung hat je nach Politikbereich einstimmig oder mit qualifizierter Mehrheit nach einer detailliert festgelegten Stimmengewichtung zu erfolgen. Zu den weiteren Funktionen des Rates gehören die Koordinierung der allgemeinen Wirtschaftspolitik der Mitgliedstaaten, die Haushaltsfunktion in Zusammenarbeit mit dem Parlament, die Verhandlung auf internationaler Ebene sowie eine Entscheidungsbefugnis in Fragen der Außen- und Sicherheitspolitik und der polizeilichen und justitiellen Zusammenarbeit. Während das Europäische Parlament und die Europäische Kommission als „rein europäische“ Institutionen verstanden werden, besteht der Rat aus den Vertretern der einzelnen Mitgliedstaaten. Somit stehen die Entscheidungen des Rates häufig im Spannungsfeld von europäischen Zielen und nationalen Interessen.[1123]

8.1.2.3 Aufgaben und Kompetenzen der Europäischen Kommission

Die Europäische Kommission mit Sitz in Brüssel setzt sich derzeit aus 20 Mitgliedern zusammen, die nach Art. 213 Abs. 2 EGV verpflichtet sind, unabhängig von den Interessen oder Weisungen ihrer nationalen Herkunft zu ent-

[1119] Vgl. ebd., S. 129, Fn. 571

[1120] Vgl. Elke Thiel: Die Europäische Union. a.a.O., S. 68 ff.

[1121] Vgl. Klaus-Dieter Borchardt: Das ABC des Gemeinschaftsrechts. a.a.O., o.S.; Rudolf Streinz: Europarecht. a.a.O., Rn. 277 ff.

[1122] Vgl. ebd., Rn. 248

[1123] Vgl. Bundesregierung / Presse- und Informationsamt (Hrsg.): Europa 2002. a.a.O., S. 46 f.

scheiden. Seit dem Vertrag von Amsterdam ist der Präsident der Kommission nicht mehr „primus inter pares", sondern nach Art. 219 Abs. 1 EGV mit einer Richtlinienkompetenz ausgestattet. Die Europäische Kommission gilt als „Motor der EU", da ihr wichtige Funktionen innerhalb des institutionellen Systems zukommen: Im Rahmen der EG steht der Kommission das sog. Initiativrecht zu, das sie ermächtigt, Vorschläge für Gemeinschaftsregelungen zu unterbreiten und dem Rat und Parlament vorzulegen. Die Kommission ist zur Initiative verpflichtet, wenn es das Gemeinschaftsinteresse gebietet oder der Rat nach Art. 208 EGV oder das Parlament nach Art. 197 Abs. 2 EGV die Kommission zur Ausarbeitung eines Vorschlags auffordern. Zugleich nimmt die Kommission eine zentrale Stellung als Vermittlerin zwischen den EU-Organen ein, zu der sie kraft ihrer Neutralität in besonderem Maße geeignet und berufen ist. Ferner kommen der Kommission eine Kontrollfunktion als „Hüterin der Verträge" zu, um die Einhaltung des Gemeinschaftsrechts durch die Mitgliedstaaten zu überwachen. In begrenztem Umfang stehen der Kommission exekutive Aufgaben zu, die sich u.a. auf das Gebiet der Wettbewerbspolitik.[1124]

Im Bereich der Medienpolitik zeigt sich ein differenziertes Bild der Tätigkeit der Kommission.[1125] So lassen sich unterschiedliche, teils kontroverse Initiativen der einzelnen Generaldirektionen beobachten, die von den Kommissaren für Medienfragen, Informationsgesellschaft, Industriefragen und Wettbewerbsfragen ausgehen.[1126] Zu den jüngsten medienpolitischen Initiativen der Kommission gehören u.a. die „Grundsätze und Leitlinien für die audiovisuelle Politik der Gemeinschaft im digitalen Zeitalter"[1127] von 1999 sowie die „eEurope 2002 Initiative" zum aktuellen Stand, den Auswirkungen und den Prioritäten der europäischen Informations- und Wissensgesellschaft.[1128] Weiterhin kommt dem geänderten Richtlinienvorschlag „über einen gemeinsamen

---

[1124] Vgl. Elke Thiel: Die Europäische Union. a.a.O., S. 73 f.; Klaus-Dieter Borchardt: Das ABC des Gemeinschaftsrechts. a.a.O., o.S.; Die Bundesregierung / Presse- und Informationsamt (Hrsg.): Europa 2002. a.a.O., S. 58 ff.

[1125] Vgl. Europäische Kommission (Hrsg.): Die Wettbewerbspolitik der Europäischen Gemeinschaft – 1999. Luxemburg 2000, S. 35 f.; Presse-Mitteilung IP/98/733 der Kommission vom 29.07.1998 über ein Arbeitspapier mit den Ergebnissen der Konsultation über das Grünbuch zur Konvergenz der Branchen Telekommunikation, Medien und Informationstechnologien; Presse-Mitteilung IP/99/164 der Kommission vom 10.03.1999 über die Ergebnisse der öffentlichen Konsultationen zum Grünbuch über die Konvergenz von Telekommunikation, Medien und Informationstechnologien

[1126] Zu den Initiativbefugnissen der Kommission nach Art. 250 EGV: Rudolf Streinz: Europarecht. a.a.O., Rn. 292 ff.

[1127] Mitteilung der Kommission an den Rat, das Europäische Parlament, den Wirtschafts- und Sozialausschuss und den Ausschuss der Regionen über Grundsätze und Leitlinen für die audiovisuelle Politik der Gemeinschaft im digitalen Zeitalter, KOM (1999) 657 endg.

[1128] Mitteilung der Kommission an den Rat und das Europäische Parlament - eEurope 2002: Auswirkungen und Prioritäten. Eine Mitteilung an die Frühjahrstagung des Europäischen Rates in Stockholm am 23.- 24. März 2001, KOM (2001) 140 endg., Mitteilung der Kommission an den Rat und das Europäische Parlament - eEurope 2002 - Aktueller Stand Vorlage der Europäischen Kommission für die Tagung des Europäischen Rates am 7./8. Dezember 2000 in Nizza, KOM (2000) 783 endg.

Rechtsrahmen für elektronische Kommunikationsnetze und -dienste“ vom 4. Juli 2001[1129] medienpolitische Bedeutung zu.[1130] Ferner hat die Europäische Kommission auf Entscheidung des Rates und der Kommission hin die Errichtung einer gemeinschaftlichen Infrastruktur für statistische Informationen für die audiovisuelle Industrie, die audiovisuellen Märkte und verbundene Branchen verfügt.[1131] Die Kommission informiert den Europäischen Rat, den Rat der EU, das Parlament, den Wirtschafts- und Sozialausschuss oder den Ausschuss der Regionen über alle Initiativen und legt Gesetzesvorschläge vor, die im Bereich der Medienpolitik als sog. Vorschläge für eine Richtlinie zur Beratung oder Abstimmung durch Rat und Parlament bestimmt sind.[1132]

8.1.2.4 Aufgaben und Kompetenzen des Europäischen Gerichtshofs (EuGH)

Der Europäische Gerichtshof (EuGH) mit Sitz in Luxemburg ist das Rechtsprechungsorgan der EU. Seine Aufgaben bestehen nach Art. 220 EGV in der Wahrung, Kontrolle, Auslegung und Fortbildung des Gemeinschaftsrechts, den Verträgen und Rechtsakten, die durch Rat und Parlament erlassen werden. Die Rechtsprechung des EuGH ist im Gemeinschaftsrecht von besonderer Bedeutung: Allein dem EuGH steht bei der Auslegung der Gründungsverträge die Jurisdiktionshoheit zu. Demnach sind Entscheidungen des EuGH als „letzte Instanz“ auch für sämtliche Organe der Mitgliedstaaten verbindlich.[1133] Auch das deutsche Bundesverfassungsgericht hat diese Kompetenz prinzipiell in seiner Entscheidung zur unmittelbaren Wirkung von Richtlinien anerkannt.[1134] Dementsprechend kommt dem EuGH eine überragende Rolle für die Weiterentwicklung und Auslegung des Gemeinschaftsrechts zu, die auf nationaler Ebene mit dem BverfG zu vergleichen ist. Kritik wird von den Mitgliedstaaten, so etwa auch im Maastricht-Urteil des BverfG, an der fehlenden Abgrenzung von Rechtsfortbildung und Rechtsfindung geübt, die sich in den kargen Urteilsbe-

---

[1129] Geänderter Vorschlag für eine Richtlinie des Europäischen Parlaments und des Rates über einen gemeinsamen Rechtsrahmen für elektronische Kommunikationsnetze und -dienste (von der Kommission vorgelegt gemäß Art. 250 Abs. 2 EGV), KOM (2001) 380 endg., 2000/0184 (COD)

[1130] Siehe unten Kap. 8.3.6

[1131] Entscheidung 1999/297/EG des Rates vom 26.04.1999 zur Errichtung einer gemeinschaftlichen Infrastruktur für statistische Informationen für die audiovisuelle Industrie, die audiovisuellen Märkte und verbundene Branchen, ABl. L 117 vom 05.05.1999, S. 39; Entscheidung 1999/841/EG der Kommission vom 24. November 1999 zur Durchführung der Entscheidung 1999/297/EG des Rates zur Errichtung einer gemeinschaftlichen Infrastruktur für statistische Informationen für die audiovisuelle Industrie, die audiovisuellen Märkte und verbundene Branchen, K (1999) 3872, ABl. L 326 vom 18.12.1999

[1132] Vgl. Bericht der Kommission über die Umsetzung der Grundzüge der Wirtschaftspolitik 2000, KOM (2001) 105 endg., hier insb. S. 13 ff.

[1133] Vgl. Elke Thiel: Die Europäische Union, a.a.O., S. 89 f.; Klaus-Dieter Borchardt: Das ABC des Gemeinschaftsrechts, a.a.O., o.S.; Die Bundesregierung / Presse- und Informationsamt (Hrsg.): Europa 2002, a.a.O., S. 65 ff.; Christian Koenig / Matthias Pechstein (Hrsg.): Entscheidungen des EuGH. Studienauswahl. Tübingen 1998, S. 1 f.; Rudolf Streinz: Europarecht, a.a.O., Rn. 330

[1134] BverfGE 75, 223, 242

gründungen manifestiert. Auch beurteilen BverfG und EuGH ihre Rechtsprechungskompetenzen auf dem Gebiet des europäischen Gemeinschaftsrechts in Grundrechtsfragen unterschiedlich und beanspruchen beide eine Letztentscheidungskompetenz.[1135]

8.2 Medienpolitisch relevante Regelungen im Primären Gemeinschaftsrecht

8.2.1 Die Kompetenzproblematik im Bereich der Konvergenz

Die Kompetenz der EU, einschlägige Normen und rechtskräftige Bestimmungen für die Medien, insb. für den Rundfunk, zu erlassen, ist in der wissenschaftlichen Literatur und der politischen Diskussion auf europäischer und nationaler Ebene umstritten.[1136] In Folge der Konvergenzdiskussion verschärfte sich die Kontroverse um die Regelungskompetenzen und führte zu einer Diskussion um einen einheitlichen europäischen Ordnungsrahmen für verschiedene Formen der Kommunikation (Telekommunikation, Medien, Informationstechnologie).[1137] Besonders die Einordnung der publizistischen Dienste, die nach deutschem Recht unter den Begriff „Mediendienst" fallen,[1138] hat in den letzten Jahren zu kontroversen Regelungsbemühungen und Definitionsversuchen auf europäischer Ebene geführt. Analog zur nationalen medienpolitischen Kontroverse ist auch auf europäischer Ebene zu diskutieren, ob sich die Informations- und Kommunikationsdienste in ihrer Gesamtheit dem Regelungsregime der Telekommunikation zuordnen lassen oder ob die publizistisch rele-

---

[1135] Vgl. Petra Funk-Rüffert: Kooperation von Europäischem Gerichtshof und Bundesverfassungsgericht im Bereich des Grundrechtschutzes. Berlin 1999, S. 25 f., S. 162 ff.; Dieter Dörr: Europäische Medienordnung und -politik. a.a.O., S. 68; Christian Koenig / Matthias Pechstein (Hrsg.): Entscheidungen des EuGH. a.a.O., S. 56 ff.; Doris König: Die Übertragung von Hoheitsrechten im Rahmen des europäischen Integrationsprozesses. a.a.O., S. 463 ff.

[1136] Vgl. Georg Ress / Jürgen Bröhmer: Europäische Gemeinschaft und Medienvielfalt. Die Kompetenzen der Europäischen Gemeinschaft zur Sicherung des Pluralismus im Medienbereich. Frankfurt am Main 1998, S. 88 ff.; Reinhart Ricker / Peter Schiwy u.a.: Rundfunkverfassungsrecht. a.a.O., Abs. H, Rn. 2 ff., Rn. 9 ff. Rn. 36 ff.; Dieter Dörr: Europäische Medienordnung und -politik. a.a.O., S. 67; Dieter Dörr: Möglichkeiten und Grenzen europäischer Medienpolitik: Konvergenz und Kompetenz. In: K&R Nr. 3 (1999), S. 97-103, S. 97 f.; Peter Charissé: Die Rundfunkveranstaltungsfreiheit und das Zulassungsregime der Rundfunk- und Mediengesetze. a.a.O., S. 158 f.; Wolfgang Hoffmann-Riem / Wolfgang Schulz / Thorsten Held: Konvergenz und Regulierung. a.a.O., S. 29 f.; Michael Rosenthal: Die Kompetenz der Europäischen Gemeinschaft für den rechtlichen Rahmen der Informationsgesellschaft. Mainz 1997, S. 19 f., S. 49 ff.; Isabelle Bourgeois: Privatrechtliches Fernsehen. In: Schwarzkopf, Dietrich (Hrsg.): Rundfunkpolitik in Deutschland. Wettbewerb und Öffentlichkeit. Bd. 1. München 1999, S. 436-502, S. 485 ff.; Robert Klotz: Auf dem Weg zu einem europäischen Multimediarecht. Gesetzgebung und Wettbewerbsaufsicht durch die Europäische Union. Gesetzgebung und Wettbewerbsaufsicht durch die Europäische Union. In: ZUM Nr. 6 (1999), S. 443-454, S. 448 ff.; David A. L. Levy: Europe's digital revolution. Broadcasting regulation, the EU and the nation state. London 1999, S. 120 ff.

[1137] Vgl. Jürgen Schwarze: Medienfreiheit und Medienvielfalt im Europäischen Gemeinschaftsrecht. In: ZUM Nr. 10 (2000), S. 779-800, S. 779; Albrecht Hesse: Rundfunkrecht. a.a.O., S. 335

[1138] In der Gesetzgebung und Rechtsprechung auf europäischer Ebene wird der Begriff „Mediendienst" nicht verwendet. Daher wird im folgenden synonym der Begriff „publizistische Dienste" verwendet.

vanten Dienste dem Regelungsregime des Rundfunks unterfallen.[1139] Die Abgrenzungsproblematik auf EU-Ebene wird durch eine Reihe von teils kontroversen Richtlinien und Richtlinienvorschlägen erschwert, die verschiedene Begrifflichkeiten und eine unterschiedliche Abgrenzungssystematik anwenden.[1140] So schließt etwa der Richtlinienvorschlag „über einen gemeinsamen Rechtsrahmen für elektronische Kommunikationsnetze und –dienste" vom 4. Juli 2001 die „Dienste zur Bereitstellung oder zur redaktionellen Kontrolle von Inhalten" ausdrücklich aus seinem Geltungsbereich aus und begründet dies mit der getrennten Regulierung von Übertragung und Inhalten.[1141] Die bereits verabschiedete E-Commerce-Richtlinie hingegen bezieht unter dem Begriff „Dienste der Informationsgesellschaft" alle Informations- und Kommunikationsdienste bis auf den Rundfunk in ihren Geltungsbereich ein.

Im Zentrum der Kontroverse steht die Abgrenzung der medienpolitischen Kompetenzen zwischen Gemeinschaft und Mitgliedstaaten, da spezifisch medienrechtliche Kompetenznormen im Gemeinschaftsrecht fehlen. Da keine Regelungskompetenz im Bereich des Medienrechts mangels ausdrücklicher Ermächtigungsgrundlage im Gemeinschaftsrecht vorliegt, basieren die medienpolitischen Aktivitäten der EU auf der Anwendung anderer Grundlagen – z.B. den Grundfreiheiten und dem Wettbewerbsrecht, in engem Rahmen auch auf der Kulturkompetenz.[1142] Weiterhin beeinflussen die Rechtsprechung des EuGH und die Auslegung bestehender Kompetenznormen in verwandten Bereichen die Kompetenzdiskussion. Im folgenden werden die Kompetenzgrundlagen der EU für den Bereich des Rundfunks und der Telekommunikation erörtert.

[1139] Vgl. Martin Bullinger / Ernst-Joachim Mestmäcker: Multimediadienste. a.a.O., S. 173 ff.; Jürgen Schwarze: Medienfreiheit und Medienvielfalt im Europäischen Gemeinschaftsrecht. a.a.O., S. 779; Albrecht Hesse: Rundfunkrecht. a.a.O., S. 334 f.

[1140] Mitteilung der Kommission über die Ergebnisse der öffentlichen Anhörung zum Kommunikationsbericht 1999 und Leitlinien für den neuen Rechtsrahmen, KOM 2000 (239); Geänderter Vorschlag für eine Richtlinie des Europäischen Parlaments und des Rates über einen gemeinsamen Rechtsrahmen für elektronische Kommunikationsnetze und -dienste (von der Kommission vorgelegt gemäß Art. 250 Abs. 2 EGV), KOM (2001) 380 endg., 2000/0184 (COD); Geänderter Vorschlag für eine Richtlinie des Europäischen Parlaments und des Rates über den Zugang zu elektronischen Kommunikationsnetzen und zugehörigen Einrichtungen sowie deren Zusammenschaltung (von der Kommission vorgelegt gemäß Art. 250 Abs. 2 EGV), KOM (2001) 369 endg., 2000/0186 (COD); Geänderter Vorschlag für eine Richtlinie des Europäischen Parlaments und des Rates über die Genehmigung elektronischer Kommunikationsnetze und -dienste (von der Kommission vorgelegt gemäß Art. 250 Abs. 2 EGV), KOM (2001) 372 endg., 2000/0188 (COD); Vorschlag für eine Richtlinie des Europäischen Parlaments und des Rates über die Verarbeitung personenbezogener Daten und den Schutz der Privatsphäre in der elektronischen Kommunikation, KOM (2000) 385 endg., COD 2000/0189

[1141] KOM (2001) 380 endg., Abs. 7

[1142] Vgl. Jürgen Schwarze: Medienfreiheit und Medienvielfalt im Europäischen Gemeinschaftsrecht. a.a.O., S. 779

8.2.2 Die Kompetenzgrundlagen der EU für den Rundfunk

Da es eine ausdrückliche Rundfunkkompetenz der EU – abgesehen von den Ansätzen in Art. 151 EGV – nicht gibt, stützen sich medienpolitische Aktivitäten der EU auf unterschiedliche rechtliche Grundlagen. Nachfolgend werden die wichtigsten Kompetenzgrundlagen, die in der wissenschaftlichen Literatur aufgeführt und teils unterschiedlich bewertet werden, dargestellt.

8.2.2.1 Kompetenzgrundsatz der begrenzten Einzelermächtigung (Art. 5 Abs. 1 EGV)

Der Kompetenzgrundsatz der begrenzten Einzelermächtigung ergibt sich aus Art. 5 Abs. 1 EGV (ex-Art. 3 b EGV).[1143] Nach einhelliger Auffassung enthalten die Gemeinschaftsverträge keine generelle Ermächtigung zum Erlass von Rechtsakten, sondern nur sog. Einzelermächtigungen.[1144] Demzufolge verfügen die Organe der EG nur über diejenigen Kompetenzen, die ihnen in den Gründungsverträgen und den einschlägigen Primärrechtsakten ausdrücklich zugewiesen sind. Die Möglichkeiten der Auslegung des Prinzips der Einzelermächtigung hat zu einer grundsätzlichen Diskussion um die Ausdehnung europäischer Kompetenzen geführt. Im Kern der Diskussion um das Prinzip der begrenzten Einzelermächtigung steht nicht nur die Frage der Auslegung, sondern auch die praktische Aushebelung des Prinzips durch die europäischen Institutionen.[1145]

Da der Rundfunk als Regelungsgegenstand in den Gemeinschaftsverträgen weder ausdrücklich erwähnt wird noch eine Ermächtigung für die EU erfolgt, ist die Kompetenzzuweisung gemäß des „Prinzips der begrenzten Einzelermächtigung“ für den Rundfunk nicht möglich. Somit sind zunächst EU-Regelungen zum Rundfunkwesen ausgeschlossen.[1146] Auch die Bestimmung des Art. 151 EGV (ex-Art. 128 EGV), die den audiovisuellen Bereich im Rahmen der Kulturpolitik erfasst, eröffnet der Gemeinschaft allenfalls Kompetenzen im Bereich der Förderung, keinesfalls aber eine umfassende Legitimierung zur Harmonisierung der nationalstaatlichen Rechtsordnungen.[1147]

[1143] Der Anhang des Vertrags von Amsterdam enthält die Übereinstimmungstabellen zur Umnumerierung der Bestimmungen des Vertrags über die Europäische Union und des Vertrags zur Gründung der Europäischen Gemeinschaft. Die in dieser Arbeit angeführten Artikel beziehen sich auf die konsolidierte Fassung des EG-Vertrags (EGV).

[1144] Vgl. EuGH Slg. 1982, 2245, 2575; BVerfGE 89, 155, 187 f., 191 ff.; Rudolf Streinz: Europarecht. Heidelberg 1999, Rn. 436 f.; Thomas Oppermann: Europarecht. Ein Studienbuch. München 1999, Rn. 523 ff.; Dieter Dörr: Möglichkeiten und Grenzen europäischer Medienpolitik: Konvergenz und Kompetenz. In: K&R Nr. 3 (1999), S. 97-103, S. 98

[1145] Vgl. Hans-Peter Schneider: Viel Rauch um nichts? Verfall der Rechtskultur: Kommission, Parlament und Rat halten den Europäischen Gerichtshof zum Narren. In: FAZ Nr. 169 (2001), S. 8

[1146] Vgl. Reinhart Ricker / Peter Schiwy u.a.: Rundfunkverfassungsrecht. a.a.O., Abs. H, Rn. 6

[1147] Vgl. Dieter Dörr: Europäische Medienordnung und -politik. a.a.O., S. 67; Christian Koenig / Andreas Haratsch: Europarecht. Tübingen 1998, Rn. 571

8.2.2.2 Die Bedeutung des Subsidiaritätsprinzips (Art. 5 Abs. 2 EGV)

Neben dem Prinzip der begrenzten Einzelermächtigung nach Art. 5 Abs. 1 EGV (ex-Art. 3 b EGV) enthält Artikel 5 ein weiteres grundlegendes Prinzip der Kompetenzverteilung zwischen EU und Mitgliedstaaten. Das sog. Subsidiaritätsprinzip nach Art. 5 Abs. 2 EGV gilt zunächst als Kompetenzausübungsschranke: Demnach wird im allgemeinen die Gemeinschaft auf Gebieten außerhalb ihrer ausschließlichen Kompetenz nur tätig, wenn die Ziele der in Betracht gezogenen Maßnahmen auf der Ebene der Mitgliedstaaten nicht ausreichend oder durch die Gemeinschaft selbst besser erreicht werden können. Das Prinzip der Subsidiarität, das von einem hierarchisch organisierten Kompetenzgefüge ausgeht, teilt bei konkurrierenden Kompetenzen grundsätzlich der unteren Kompetenzebene die Regelungsbefugnis zu. Somit steht den Mitgliedstaaten im Falle konkurrierender Kompetenzen das Recht zu, Bestimmungen zu erlassen, sofern sie das angestrebte Ziel mit ihren Mitteln erreichen kann und daher ein Eingreifen der höheren Kompetenzebene, der EU, nicht notwendig wird. Als entscheidendes Kriterium gilt i.d.R. das Prinzip der Erforderlichkeit.[1148]

Auf die Kompetenzlage im Bereich des Rundfunks angewandt bedeutet das Subsidiaritätsprinzip nach Art. 5 Abs. 2 EGV zunächst, dass der EU keine Kompetenzen zustehen, sofern die Mitgliedstaaten die demokratische Funktion des Rundfunks gewährleisten und ein pluralistisches Mediensystem garantieren können.[1149] In der wissenschaftlichen Diskussion wird jedoch darauf hingewiesen, dass das eigentliche Subsidiaritätsprinzip in Satz 1 des Art. 5 Abs. 2 EGV festgelegt ist, während der zweite Teil des Satzes ein gegenläufiges Prinzip beinhaltet, dass unter dem Namen „Effektivitätsprinzip" Eingang in die wissenschaftliche Rechtsauslegung gefunden hat.[1150] Nach Art. 5 Abs. 2 S. 2 EGV richtet sich die Kompetenzzuordnung auch nach der höheren Effektivität. Da in der Regel die höhere Effektivität der höheren Kompetenzlage - u.a. aufgrund der Ressourcen und zentraler Entscheidungsfindung - zugesprochen werden kann, wirkt sich dieses Prinzip zugunsten der EU aus. Ob und inwieweit sich das Subsidiaritätsprinzip, das die EU-Mitgliedstaaten begünstigt, und das Effektivitätsprinzip, das i.d.R. der EU die Kompetenz zuweist, einander ausschließen oder kumulativ ergänzen, ist in der wissenschaftlichen Literatur umfassend diskutiert worden.[1151] Eine eindeutige Auslegung der gegenläufigen

---

1148 Vgl. Reinhart Ricker / Peter Schiwy u.a.: Rundfunkverfassungsrecht. a.a.O., Abs. H, Rn. 22; Doris König: Die Übertragung von Hoheitsrechten im Rahmen des europäischen Integrationsprozesses. a.a.O., S. 283 f.

1149 Vgl. Albrecht Hesse: Rundfunkrecht. a.a.O., S. 316 ff.; Georg Ress / Jürgen Bröhmer: Europäische Gemeinschaft und Medienvielfalt. a.a.O., S. 52 ff.

1150 Vgl. Reinhart Ricker / Peter Schiwy u.a.: Rundfunkverfassungsrecht. a.a.O., Abs. H, Rn. 22

1151 Vgl. zahlreiche Quellenangaben bei Reinhart Ricker / Peter Schiwy u.a.: Rundfunkverfassungsrecht. a.a.O., Abs. H, Rn. 23 f.; Albrecht Hesse: Rundfunkrecht. a.a.O., S. 317 f.; Peter Mailänder: Konzentrationskontrolle zur Sicherung von Meinungsvielfalt im privaten Rundfunk.

Prinzipien und ihrer Anwendung in der Kompetenzzuweisung zwischen EU und Mitgliedstaaten gibt es jedoch nicht. Für die medienpolitische Kompetenzabgrenzung gelten die Regelungen des Art. 5 Abs. 2 HS.1 und 2 EGV daher und mangels eindeutiger Rechtsprechung durch den EuGH als nur bedingt tauglich.[1152]

Problematisch ist die Anwendung des Subsidiaritätsprinzips im Medienbereich besonders dann, wenn eine Kompetenzzuweisung zugunsten der EU durch die Grundfreiheiten - etwa der Dienstleistungsfreiheit - begründet wird. Somit fiele die Regelungskompetenz möglicherweise in den Bereich der „ausschließlichen Zuständigkeiten" der Gemeinschaft, für die das Subsidiaritätsprinzip nicht gilt. Da der EGV aber keinen Katalog der zu den ausschließlichen Zuständigkeiten gehörenden Sachverhalte enthält, ist in der Literatur umstritten, in welchem Umfang die Grundfreiheiten zum ausschließlichen Zuständigkeitsbereich der Gemeinschaft zu zählen sind.[1153]

8.2.2.3 Die Bedeutung des Verhältnismäßigkeitsprinzips (Art. 5 Abs. 3 EGV)

Eine weitere Einschränkung ihrer Kompetenz erfährt die EU durch den dritten Abschnitt in Art. 5 EGV, der als sog. „Verhältnismäßigkeitsprinzip" durch den Vertrag von Maastricht in das Regelwerk des EGV eingefügt wurde. Keinesfalls dürfen nach Art. 5 Abs. 3 EGV (ex-Art. 3 lit. b Abs. 3 EGV) Maßnahmen der Gemeinschaft über das für die Erreichung ihrer Ziele erforderliche Maß hinausgehen. Der Grundsatz der Verhältnismäßigkeit bestimmt, dass EU-Kompetenzen nur insoweit Vorrang vor mitgliedstaatlichen Kompetenzen haben dürfen, als dies für die Erreichung des betreffenden Ziels *geeignet*, *erforderlich* und *verhältnismäßig* i.e.S. ist.[1154]

Für den Bereich der Medien lässt sich in Auslegung des Art. 5 Abs. 3 EGV zunächst schließen, dass ein Sachverhalt - etwa der Rundfunk - durch unterschiedliche Teilkompetenzen geregelt sein kann. Sofern die Ziele in den Kompetenzbereich der EU fallen, sind europarechtliche Maßnahmen zulässig. Weiterhin ergeben sich jedoch aus der Bestimmung des Art. 5 Abs. 3 EGV vor allem Schranken der Kompetenz. Eine Teilkompetenz der EU für den Rundfunk ist demnach nur zulässig, soweit diese Kompetenzzuweisung ihr eigentliches Ziel erfüllt. Eine Befugnis zur Rechtsetzung über dieses Ziel hinaus wird ausgeschlossen. In der wissenschaftlichen Diskussion gilt das Prinzip der Ver-

---

a.a.O., S. 341 ff.; Christian Koenig / Andreas Haratsch: Europarecht. Tübingen 1998, Rn. 56 f., Rn. 60

[1152] Vgl. Winfried Böttcher / Johanna Krawczynski: Europas Zukunft: Subsidiarität. Aachen 2000, S. 43 f.; Dieter Dörr: Europäische Medienordnung und -politik. a.a.O., S. 70; Reinhart Ricker / Peter Schiwy u.a.: Rundfunkverfassungsrecht. a.a.O., Abs. H, Rn. 24

[1153] Vgl. Jürgen Schwarze: Medienfreiheit und Medienvielfalt im Europäischen Gemeinschaftsrecht. a.a.O., S. 798; Georg Ress / Jürgen Bröhmer: Europäische Gemeinschaft und Medienvielfalt. a.a.O., S. 54 f.; Christian Koenig / Andreas Haratsch: Europarecht. a.a.O., Rn. 55, 65 ff.

[1154] Vgl. Reinhart Ricker / Peter Schiwy u.a.: Rundfunkverfassungsrecht. a.a.O., Abs. H, Rn. 25; Georg Ress / Jürgen Bröhmer: Europäische Gemeinschaft und Medienvielfalt. a.a.O., S. 56

hältnismäßigkeit – analog zum deutschen Verfassungsrecht – nur in Verbindung mit dem Kriterium der Geeignetheit als sinnvoll.[1155]

8.2.2.4 Die Bedeutung der Dienstleistungsfreiheit (Art. 49 ff. EGV)

Weit gehende Rechtssetzungskompetenzen der EU im Medienbereich werden den Bestimmungen über die Dienstleistungsfreiheit nach Art. 49 ff. EGV (ex-Art. 59 ff. EGV) entnommen.[1156] Vorraussetzung für diese Kompetenzgrundlage ist die Annahme, dass es sich beim Rundfunk um eine wirtschaftlich erbrachte Dienstleistung handelt. Die medienpolitische Diskussion richtet sich demnach zunächst auf die definitorische Frage, ob der Rundfunk nach Art. 49 ff., insb. Art. 49 Abs. 1 EGV und Art. 50 EGV, als Dienstleistung anzusehen ist.[1157] Dies wurde von einem Teil der wissenschaftlichen Literatur bezweifelt und zum Teil mit dem Hinweis abgelehnt, dass der Bereich der Kultur insgesamt vom Gemeinschaftsrecht ausgeschlossen sei.[1158] Durch die Neufassung des Gemeinschaftsrechts und die Rechtsprechung des EuGH gilt diese Sichtweise jedoch als überholt.[1159] Ein anderer Teil der Rechtswissenschaft sieht in der wachsenden wirtschaftlichen Bedeutung des Rundfunks, die sich auch im Wettbewerb der privaten Veranstalter manifestiert, ausreichende Gründe, um den Rundfunk neben seiner kulturellen Aufgabe auch als Dienstleistung im Sinne des Art. 49 ff. EGV zu begreifen.[1160] Weiterhin wird diese Auffassung durch das Fehlen eines allgemeinen „Kulturvorbehaltes“ oder einer „Bereichsausnahme“ Kultur begründet. Somit sei die EG im Rahmen ihrer aus-

---

[1155] Vgl. Reinhart Ricker / Peter Schiwy u.a.: Rundfunkverfassungsrecht. a.a.O., Abs. H, Rn. 25

[1156] Vgl. Dieter Dörr: Europäische Medienordnung und -politik. a.a.O., S. 67

[1157] Zu den in der Literatur zur Frage einer Regelungskompetenz der EG für das Rundfunkwesen vertretenen Ansichten vgl. Reinhart Ricker / Peter Schiwy u.a.: Rundfunkverfassungsrecht. a.a.O., Abs. H, Rn. 9 ff.; Rn. 43 ff.; Matthias Schote: Die Rundfunkkompetenz des Bundes am Beispiel bundesstaatlicher Kulturkompetenz in der Bundesrepublik Deutschland. a.a.O., S. 261 ff.; Isabelle Bourgeois: Privatrechtliches Fernsehen. a.a.O., S. 485 f.; Peter Charissé: Die Rundfunkveranstaltungsfreiheit und das Zulassungsregime der Rundfunk- und Mediengesetze. a.a.O., S. 159 ff.

[1158] Vgl. Jost Delbrück: Die Rundfunkhoheit der deutschen Bundesländer im Spannungsfeld zwischen Regelungsanspruch der Europäischen Gemeinschaft und nationalem Verfassungsrecht. Rechtsgutachten im Auftrag der deutschen Bundesländer. Frankfurt am Main 1986, S. 26; Wolfgang Hoffman-Riem: Erosionen des Rundfunkrechts. Tendenzen der Rundfunkrechtsentwicklung in Westeuropa. München 1990, S. 47; Dieter Dörr: Die Rolle des öffentlich-rechtlichen Rundfunks in Europa: Rechtsgutachten, erstattet im Auftrag der Arbeitsgemeinschaft der Öffentlich-Rechtlichen Rundfunkanstalten der Bundesrepublik Deutschland (ARD). Baden-Baden, 1997; Albrecht Hesse: Rundfunkrecht. a.a.O., S. 317, insb. Rn. 43; Georg Ress / Jürgen Bröhmer: Europäische Gemeinschaft und Medienvielfalt. a.a.O., S. 71

[1159] Vgl.. Dieter Dörr: Möglichkeiten und Grenzen europäischer Medienpolitik: Konvergenz und Kompetenz. a.a.O., S. 98; Christian Koenig / Matthias Pechstein (Hrsg.): Entscheidungen des EuGH. a.a.O., S. 283 ff.

[1160] Vgl. Martin Bullinger / Ernst-Joachim Mestmäcker: Multimediadienste. a.a.O., S. 95 ff., S. 104 f.; Dieter Dörr: Europäische Medienordnung und -politik. a.a.O., S. 67; Reinhart Ricker / Peter Schiwy u.a.: Rundfunkverfassungsrecht. a.a.O., Abs. H, Rn. 13 ff.; Günter Herrmann: a.a.O., § 8 Rn. 51 ff.; ablehnend: Georg Ress / Jürgen Bröhmer: Europäische Gemeinschaft und Medienvielfalt. a.a.O., S. 71

drücklich zugewiesenen Sachkompetenzen berechtigt, auch den Bereich der Kultur hinsichtlich seiner wirtschaftlichen Bedeutung für den gemeinsamen Binnenmarkt zu regeln.[1161] Auf dieser Position basiert auch die Argumentation der EG, die im wirtschaftlichen Aspekt der Veranstaltung und Verbreitung von Fernsehen die Grundlage für eine Regelungskompetenz sieht. Zur weiteren Begründung für das Bestehen umfangreicher Rechtsetzungskompetenzen im Medienbereich, insb. im Bereich des Fernsehens, wird auf die Bestimmungen über Dienstleistungen nach Art. 49 ff. EGV abgestellt. Demnach liegt die Regelung wirtschaftlicher Aspekte des Rundfunks im Kompetenzbereich der EG. Nicht gerechtfertigt hingegen wäre auch im Hinblick auf die fehlende Einzelermächtigung die Ausdehnung der Rechtssetzung über den wirtschaftlichen Rahmen hinaus: Nach Art. 5 Abs. 3 EGV sind der Gemeinschaft solche Maßnahmen untersagt, die über das für die Erreichung ihrer Ziele erforderliche Maß hinausgehen.[1162] Durch Art. 151 EGV (ex-Art. 128 EGV) ist jedoch auch klargestellt, dass die Gemeinschaft - gestützt auf andere Kompetenzen - die kulturellen Aspekte des Rundfunks mitberücksichtigen muss.[1163]

Auch die Rechtsprechung des EuGH betont in zahlreichen frühen Urteilen den Dienstleistungscharakter des Fernsehens und bestätigt in der jüngeren Rechtsprechung die Rechtsetzungskompetenzen der EU, die sich für das Fernsehen als grenzüberschreitende Dienstleistung aus Art. 55 EGV (ex-Art. 66), insb. Art. 46 EGV (ex-Art. 56 Abs. 2 EGV) ergeben.[1164] Somit hat sich die medienpolitische Kontroverse auf die Frage verlagert, welche Aspekte von der auf die Dienstleistungsfreiheit begründeten Kompetenzausstattung berührt werden und welche Aspekte den Mitgliedstaaten zu überlassen sind. Die Ambivalenz zwischen wirtschaftlicher Dynamik der Medienmärkte, den traditionellen normativen Regelungsansprüchen zur Vielfaltssicherung sowie der Bewahrung kultureller Identität prägt die Debatte über die Kompetenzverteilung zwischen EU und Mitgliedstaaten.

[1161] Vgl. Thomas Oppermann: Europarecht. a.a.O., Rn. 1983; Matthias Schote: Die Rundfunkkompetenz des Bundes am Beispiel bundesstaatlicher Kulturkompetenz in der Bundesrepublik Deutschland. a.a.O., S. 261

[1162] Vgl. zu einem ähnlichen Fall: Hans-Peter Schneider: Viel Rauch um nichts? Verfall der Rechtskultur: Kommission, Parlament und Rat halten den Europäischen Gerichtshof zum Narren. In: FAZ Nr. 169 (2001), S. 8

[1163] Vgl. Reinhart Ricker / Peter Schiwy u.a.: Rundfunkverfassungsrecht. a.a.O., Abs. H, Rn. 8; Dieter Dörr: Möglichkeiten und Grenzen europäischer Medienpolitik: Konvergenz und Kompetenz. a.a.O., S. 98; Dieter Dörr: Europäische Medienordnung und -politik. a.a.O., S. 68; Matthias Schote: Die Rundfunkkompetenz des Bundes am Beispiel bundesstaatlicher Kulturkompetenz in der Bundesrepublik Deutschland. a.a.O., S. 256

[1164] Vgl. z.B. EuGH Slg. 1974, 409, 428 f. (Sacchi-Urteil, Rs. 155/73); EuGH Slg. 1980, 833, 855 (Debauve-Urteil, Rs. 52-80); EuGH Slg. 1988, 2085, 2183 f. (Kabelregeling-Urteil); EuGH Slg. 1991, I-2925 (Elliniki Radiophonia Tileorassi - ETR-Urteil, Rs. C-260/89); siehe auch unter Kapitel 8.2.2.4 zur Rechtsprechung des EuGH

8.2.2.5 Die Bedeutung der Warenverkehrsfreiheit (Art. 28 EGV)

Die Freiheit des Warenverkehrs im Medienbereich nach Art. 28 EGV (ex-Art. 30 EGV) ist im Bereich des Medienrechts vor allem einschlägig, wenn es um verkörperte Medien, also vor allem um den Inhalt und Vertrieb von Presseerzeugnissen geht.[1165] Auch wenn im Vordergrund dieser Betrachtung der Rundfunk und die elektronischen Kommunikationsdienste stehen, soll die Situation der Presse auf europäischer Ebene zumindest im Ansatz erwähnt sein, um ein vollständiges Bild der sich potenziell entwickelnden europäischen Medienordnung zu zeichnen.[1166] Analog zur dargestellten Ambivalenz des Rundfunks zwischen Kultur- und Wirtschaftsgut ist auch die Presse durch das Spannungsfeld der kulturellen Belange der Mitgliedstaaten einerseits und der gemeinschaftsrechtlichen Durchsetzung der Warenverkehrsfreiheit andererseits geprägt. Dieses Konfliktpotential findet zunehmend Berücksichtigung in der europäischen Rechtsprechung durch den EuGH.[1167]

In zwei jüngeren Urteilen des EuGH zur Warenverkehrsfreiheit, den Entscheidungen in der Rs. Familiapress[1168] von 1997 und in der Rechtssache De Agostini[1169] von 1997, drückt sich die zunehmende Berücksichtigung des Konflikts zwischen gemeinschaftsrechtlicher Binnenmarktgewährleistung und kulturellem Gestaltungsvorbehalt der Mitgliedstaaten aus. War die Rechtsprechung des EuGH zunächst primär auf die Durchsetzung der Medienfreiheit ausgerichtet, zeigt sich in den jüngeren Urteilen die Erweiterung um die komplementäre Komponente der Medienvielfalt, die sich auch aus dem Recht auf freie Meinungsäußerung i.S.d. Art. 10 EMRK ableiten lässt.[1170] Weiterhin wird in der ersteren EuGH-Entscheidung deutlich, dass die Sicherung eines pluralistischen Medienwesens im Sinne der „Cassis de Dijon-Rechtsprechung" nicht nur auf audiovisuelle Medien, sondern auch auf das Pressewesen anzuwenden ist.[1171]

[1165] Vgl. ebd., S. 785 f.; Peter Charissé: Die Rundfunkveranstaltungsfreiheit und das Zulassungsregime der Rundfunk- und Mediengesetze. a.a.O., S. 161

[1166] Vgl. ebd., S. 785

[1167] Vgl. Christian Koenig / Matthias Pechstein (Hrsg.): Entscheidungen des EuGH. a.a.O., S. 283 ff.

[1168] EuGH Slg. 1997, I-3689 (Vereinigte Familiapress./.Heinrich Bauer Verlag, Rs. C-368/95)

[1169] EuGH Slg. 1997, I-3875 (Rs. C-34/95, C-35/95 und Rs. C-36/95)

[1170] Vgl. Jürgen Schwarze: Medienfreiheit und Medienvielfalt im Europäischen Gemeinschaftsrecht. a.a.O., S. 785 f.; Rudolf Streinz: Europarecht. a.a.O., Rn. 738; Urs Schildknecht: Grundrechtsschranken in der Europäischen Gemeinschaft. Eine Untersuchung der Rechtsprechung des Europäischen Gerichtshofs. Frankfurt am Main u.a. 2000, S. 181 ff., S. 188; Christian Koenig / Andreas Haratsch: Europarecht. a.a.O., Rn. 457

[1171] Vgl. Christian Koenig / Andreas Haratsch: Europarecht. a.a.O., Rn. 457 f.

8.2.2.6 Die Bedeutung des Wettbewerbsrecht (Art. 81 ff. EGV)

Die wettbewerbsrechtlichen Vorschriften nach Art. 81 ff. EGV (ex-Art. 85 ff. EGV) sowie die 1990 in Kraft getretene Fusionskontrollverordnung[1172] sind nach Auffassung der Europäischen Kommission generell auf den Rundfunk anwendbar. In der wissenschaftlichen Literatur ist diese Auffassung nicht unumstritten und wird von einigen Vertretern zurückgewiesen.[1173] Die Rechtsprechung des EuGH geht jedoch von einer wettbewerbsrechtlichen Kompetenz auch für den Rundfunkbereich aus: Zwar kennt das Wettbewerbsrecht der EG keine medienspezifischen Anknüpfungspunkte, doch ist bereits seit der oben erwähnten Rs. Sacchi[1174] die Anwendbarkeit der wettbewerbsrechtlichen Bestimmungen auf Rundfunkunternehmen durch den EuGH entschieden.

Durch die zunehmende wirtschaftliche Bedeutung von Unternehmenszusammenschlüssen im globalen Medienmarkt ist das europäische Wettbewerbsrecht und die Fusionskontrolle durch die EU-Kommission von großem Gemeinschaftsinteresse, um den Wettbewerb im Medienbereich zu garantieren.[1175] So wurde 1994 das Vorhaben eines Gemeinschaftsunternehmens MSG der Unternehmen Bertelsmann, Kirchgruppe und Deutsche Telekom untersagt, weil die EG-Kommission nach Art. 81 ff. EVG eine Marktbeherrschung auf drei relevanten Märkten befürchtete.[1176] Ähnlich entschied die Kommission 1998 im Zusammenschlussvorhaben von Bertelsmann und Kirchgruppe beim Zahlfernsehen Premiere[1177] sowie bei der Deutschen Telekom und Beta Research.[1178]

Ob und inwieweit das Wettbewerbsrecht und die Fusionskontrolle, die sich gemäß Art. 81 ff. EGV ausdrücklich auf den wirtschaftlichen Regelungsbereich der Medien beziehen, auch Anwendung auf die kulturelle Komponente des Rundfunks im Sinne der Sicherung der Meinungsvielfalt finden kann, ist in der wissenschaftlichen Literatur umstritten.[1179] Sowohl EU-Kommission als auch

---

1172 Verordnung EWG/4064/89 des Rates vom 21.12.1989 über die Kontrolle von Unternehmenszusammenschlüssen, ABl. L 395 vom 30.12.1989, S. 1; vgl. auch Bericht der Kommission an den Rat über die Anwendung der in der Fusionskontrollverordnung vorgesehenen Schwellenwerte, KOM (2000) 399 endg.

1173 Vgl. Georg Ress / Jürgen Bröhmer: Europäische Gemeinschaft und Medienvielfalt. a.a.O., S. 44 f.

1174 EuGH Slg. 1974, 409 (Sacchi-Urteil, Rs. 155/73)

1175 Vgl. weiterführend: Peter Mailänder: Konzentrationskontrolle zur Sicherung von Meinungsvielfalt im privaten Rundfunk. a.a.O., S. 194 ff., S. 202 ff., S. 244 ff.; S. 250 f.

1176 Entscheidung 94/922/EG der Kommission vom 9.11.1994 in einem Verfahren nach der Verordnung (EWG) Nr. 4064/89 des Rates (Sache IV/M.469 - MSG Media Service), ABl. EG L 364 vom 31.12.1994, S. 1

1177 Entscheidung 1999/153/EG der Kommission vom 27. Mai 1998 in einem nach der Verordnung (EWG) Nr. 4064/89 des Rates (Sache IV/M.993 - Bertelsmann/Kirch/Premiere), ABl. EG L 53 vom 27.02.1999, S. 1

1178 Entscheidung 1999/154/EG der Kommission vom 27.05.1998 in einem Verfahren nach der Verordnung (EWG) Nr. 4064/89 des Rates (Sache IV/M.1027 - Deutsche Telekom/BetaResearch), ABl. EG L 53 vom 27.02.1999, S. 31

1179 Zur medienpolitischen Kontroverse um die Reichweite und Aufgabe der Fusionskontrolle durch die EU-Kommission vgl. Peter Mailänder: Konzentrationskontrolle zur Sicherung von

die Rechtsprechung des EuGH lassen erkennen, dass beide Organe eine gewisse Berücksichtigung kultureller Aspekte für möglich halten, der Charakter der Wettbewerbsregeln jedoch eindeutig wirtschaftlicher Natur sei.[1180] Die wettbewerbsrechtlichen Bestimmungen kollidieren bei ausschließlich wirtschaftlicher Betrachtung mit dem Wesen des öffentlich-rechtlichen Rundfunks. Daher kommen der Vorbehaltsregelung nach Art. 86 Abs. 2 EGV und den Beihilfebestimmungen nach Art. 87 ff. EGV besondere Bedeutung für den öffentlich-rechtlichen Rundfunk zu.

8.2.2.7 Die Bedeutung der Vorbehaltsregelung (Art. 86 Abs. 2 EGV)

Da die wettbewerbsrechtlichen Bestimmungen nach Art. 81 ff. EGV generell auf den Rundfunk anwendbar sind, scheint zunächst auch der öffentlich-rechtliche Rundfunk den einschlägigen Regelungen zu unterliegen. In der Literatur wird jedoch davon ausgegangen, dass in Ausnahmefällen die Vorbehaltsregelung gemäß Art. 86 Abs. 2 EGV (ex-Art. 90 EGV) zur Anwendung kommen kann, um den öffentlich-rechtlichen Rundfunk von den wettbewerbsrechtlichen Vorschriften zumindest teilweise zu entbinden.[1181] Die Anwendung des Art. 86 Abs. 2 EGV setzt die Betrauung eines Unternehmens mit einer besonderen Aufgabe durch einen Hoheitsakt voraus. Dieses Merkmal ist dem öffentlich-rechtlichen Rundfunk aufgrund der landesrechtlichen Legitimierung und seiner verfassungsrechtlich gebotenen Aufgabe zur Grundversorgung zuzusprechen. Die Vorschrift des Art. 86 Abs. 2 EGV schließt die wettbewerbsrechtlichen Bestimmungen jedoch nur dann ausdrücklich aus, wenn die öffentlich-rechtlichen Rundfunkanstalten die besondere Aufgabe, mit der sie betraut sind, bei Anwendung der Wettbewerbvorschriften nicht erfüllen können. Somit ist die Vorbehaltsregelung gemäß Art. 86 Abs. 2 EGV nur in Ausnahmefällen

---

Meinungsvielfalt im privaten Rundfunk. a.a.O., S. 250 f.; S. 344 ff.; Jürgen Schwarze (Hrsg.): Europäisches Wettbewerbsrecht im Wandel. Baden-Baden 2001; Jürgen Schwarze (Hrsg.): Rechtsschutz gegen Urheberrechtsverletzungen und Wettbewerbsverstöße in grenzüberschreitenden Medien. Baden-Baden 2000; Bärbel Altes: Paradigmenwechsel in der europäischen Fusionskontrolle? Steigende Medienkonzentration in Deutschland und Europa: Gefahr für den Pluralismus. In: Media Perspektiven Nr. 11 (2000), S. 482-490, S. 482 ff.; Dieter Frey: Fernsehen und audiovisueller Pluralismus im Binnenmarkt der EG. Baden-Baden 1999, S. 56 ff.; Dieter Frey: Die europäische Fusionskontrolle und die Medienvielfalt. In: ZUM Nr. 11 (1998), S. 985-992. S. 986 ff.; Jürgen Schwarze: Medienfreiheit und Medienvielfalt im Europäischen Gemeinschaftsrecht. a.a.O., S. 787 ff..; Dieter Dörr: Europäische Medienordnung und -politik. a.a.O., S. 71; Michael Rosenthal: Die Kompetenz der Europäischen Gemeinschaft für den rechtlichen Rahmen der Informationsgesellschaft. a.a.O., S. 143 ff., S. 148 ff.

[1180] Vgl. Bericht der Kommission über die Berücksichtigung der kulturellen Aspekte in der Tätigkeit der Europäischen Gemeinschaft, KOM (1996) 160; Bericht der Kommission an den Rat über die Anwendung der in der Fusionskontrollverordnung vorgesehenen Schwellenwerte, KOM (2000) 399 endg.; Dieter Frey: Fernsehen und audiovisueller Pluralismus im Binnenmarkt der EG. Baden-Baden 1999, S. 124 ff.; Christian Koenig / Matthias Pechstein (Hrsg.): Entscheidungen des EuGH. a.a.O., S. 309 ff.

[1181] Vgl. Dieter Dörr: Europäische Medienordnung und -politik. a.a.O., S. 71

anzuwenden und laut EuGH nur dann, wenn die Erfüllung der übertragenen Aufgaben behindert wird.[1182]

8.2.2.8 Die Bedeutung der Beihilfebestimmungen (Art. 87 ff. EGV)

Von besonderer medienpolitischer Brisanz sind die wettbewerbsrechtlichen Vorschriften gemäß Art. 81 ff. EGV in Bezug auf die Gebührenfinanzierung des öffentlich-rechtlichen Rundfunks und die Rundfunkkompetenz der Länder. Nach Art. 87 ff. EGV (ex-Art. 92 EGV) i.V.m. Art. 86 EGV (ex-Art. 90 EGV) sind staatliche oder aus staatlichen Mitteln gewährte Beihilfen, die durch die Begünstigung bestimmter Unternehmen den Wettbewerb verfälschen, mit dem Gemeinsamen Markt unvereinbar. Somit könnte die Gebührenfinanzierung des öffentlich-rechtlichen Rundfunks als unzulässige staatliche Beihilfe eingestuft werden, sofern die besondere öffentliche Aufgabe des öffentlich-rechtlichen Rundfunks nicht hinreichend präzisiert ist.[1183] Unter dem Aspekt der verfassungsrechtlich gebotenen staatsfreien Finanzierung sowie der fehlenden Begünstigung des öffentlich-rechtlichen Rundfunks wird in der Literatur davon ausgegangen, dass die deutschen Rundfunkgebühren nicht unter den Beihilfebegriff des Art. 87 EGV zu subsumieren sind.[1184] Auch die Protokollerklärung des Vertrages von Amsterdam von 1997[1185], die als Auslegungshilfe dient und nach Art. 311 EGV (ex-Art. 239 EGV) primärrechtlichen Status besitzt,[1186] betont die „Befugnis der Mitgliedstaaten, den öffentlich-rechtlichen Rundfunk zu finanzieren, sofern die Finanzierung den öffentlich-rechtlichen Aufgaben ... dient und die Handels- und Wettbewerbsbedingungen in der Gemeinschaft nicht in einem Ausmaß beeinträchtigt, das dem gemeinsamen Interesse zuwiderläuft, wobei den Erfordernissen der Erfüllung der öffentlich-rechtlichen Aufgaben Rechnung zu tragen ist."[1187] In Bezug auf die deutsche Rundfunklandschaft genehmigte die EU-Kommission die Gebühren-Finanzierung der beiden öffentlich-rechtlichen Spartenkanäle „Phoenix" und „Kinderkanal" und begründete diese Entscheidung mit der Feststellung, dass es sich unter Berücksichtigung der besonderen Merkmale der erbrachten Dienstleistungen

---

[1182] Vgl. bspw. EuGH Slg. 1991, I-2925 (Elliniki Radiophonia Tileorassi – ETR-Urteil, Rs. C-260/89); EuGH Slg. 1993, I-2533 (Corbeau-Urteil, Rs. C-320/91); EuGH Slg. 1997, I-5815 (Kommission./.Frankreich, Rs. C-159/94); vgl. auch Christian Koenig / Matthias Pechstein (Hrsg.): Entscheidungen des EuGH. a.a.O., S. 317 f.

[1183] Vgl. Martin Bullinger: Die Aufgaben des öffentlichen Rundfunks. Wege zu einem Funktionsauftrag. Gütersloh 1999, S. 30 f.; Matthias Schote: Die Rundfunkkompetenz des Bundes am Beispiel bundesstaatlicher Kulturkompetenz in der Bundesrepublik Deutschland. a.a.O., S. 277; Michael Rosenthal: Die Kompetenz der Europäischen Gemeinschaft für den rechtlichen Rahmen der Informationsgesellschaft. a.a.O., S. 148

[1184] Vgl. Albrecht Hesse: Rundfunkrecht. a.a.O., S. 314, insb. Rn. 37; Dieter Dörr: Möglichkeiten und Grenzen europäischer Medienpolitik: Konvergenz und Kompetenz. a.a.O., S. 101 f.

[1185] Vertrag von Amsterdam tritt zum 1.5.1999 in Kraft. Protokoll über den öffentlich-rechtlichen Rundfunk in den Mitgliedstaaten, ABl. C 340, 1997, S. 109

[1186] Vgl. Albrecht Hesse: Rundfunkrecht. a.a.O., S. 314 f., insb. Rn. 38

[1187] Ebd.

nicht um eine missbräuchliche Auslegung des öffentlich-rechtlichen Auftrags durch die Mitgliedstaaten handele.[1188]

Aufgrund der Offenheit der Formulierungen im genannten Protokoll und mangels einschlägiger Entscheidungen wird die beihilferechtliche Zulässigkeit der Gebührenfinanzierung der öffentlich-rechtlichen Rundfunkanstalten weiterhin zu diskutieren sein: Bisher lassen die Entscheidungen der EU-Kommission oder die Rechtsprechung des EuGH keine eindeutigen Schranken der Subventionierung erkennen.[1189] Dennoch gilt der Abbau von Subventionierungen im Rundfunkwesen – so das für Wettbewerbspolitik zuständige Kommissionsmitglied Mario Monti – als Zielsetzung im Rahmen der zukünftigen Optimierung und Überprüfung europäischer Wettbewerbspolitik.[1190] Auch hinsichtlich der Frage, ob die öffentlich-rechtlichen Rundfunksender ein Internetangebot über die Annexfunktion hinaus veranstalten und durch Gebühren finanzieren dürften, führt zurück auf die Diskussion um den Funktionsauftrag der öffentlich-rechtlichen Sender und birgt zugleich erhebliches Konfliktpotential in der Auslegung des bestehenden Protokolls.[1191]

8.2.2.9 Die Bedeutung der Kulturkompetenz (Art. 151 EGV)

In der konsolidierten Fassung des EGV wird in Art. 3 EGV (ex-Art. 3 EGV), der die Tätigkeitsfelder der EG umreißt, unter dem lit. q) die „Entfaltung des Kulturlebens in den Mitgliedstaaten" als Tätigkeitsbereich der EU genannt. Seit Inkrafttreten des Vertrags über die EU am 1. November 1993, der auf den Vertrag von Maastricht hinausgeht, wird die Kulturkompetenz der EG in Art. 151 EGV (ex-Art. 128 EGV) ausdrücklich erwähnt. Im einzelnen sieht Art. 151 Abs. 1 EGV vor, dass die Gemeinschaft eine Beitrag zur Entfaltung der Kulturen der Mitgliedstaaten unter Wahrung der nationalen und regionalen Vielfalt sowie gleichzeitiger Hervorhebung des gemeinsamen kulturellen Erbes leistet. Erstmals findet auch die kulturelle Komponente des audiovisuellen Bereichs gemäß Art. 151 Abs. 2 EGV Eingang in das Gemeinschaftsrecht. Die Gemeinschaft kann demnach in diesem Bereich die Tätigkeit der Mitgliedstaaten unterstützen und ergänzen, unter anderem nach Art. 151 Abs. 2 Sps. 4 EGV auch „künstlerisches und literarisches Schaffen, einschließlich im audiovisuellen Be-

---

[1188] Rs. NN 70/98, ABl. C 238 vom 21.08.1999; vgl. auch Europäische Kommission (Hrsg.): Die Wettbewerbspolitik der Europäischen Gemeinschaft – 1999. Luxemburg 2000, S. 94 f.; Alexander Tettenborn: Europäische Union: Rechtsrahmen für die Informationsgesellschaft. In: MMR Nr. 1 (1998), S. 19-23

[1189] Vgl. Christian Koenig / Matthias Pechstein (Hrsg.): Entscheidungen des EuGH. a.a.O., S. 364 ff.; Dieter Dörr: Europäische Medienordnung und -politik. a.a.O., S. 72 f.; Albrecht Hesse: Rundfunkrecht. a.a.O., S. 313

[1190] Vgl. Europäische Kommission (Hrsg.): Die Wettbewerbspolitik der Europäischen Gemeinschaft – 1999. a.a.O., S. 6

[1191] Siehe oben Kap. 7.1.5; Vertrag von Amsterdam. Protokoll über den öffentlich-rechtlichen Rundfunk in den Mitgliedstaaten, ABl. C 340, 1997, S. 109; vgl. auch Karl-Eberhard Hain: Die Europäische Transparenz-Richtlinie und der öffentlich-rechtliche Rundfunk in Deutschland. In: MMR Nr. 4 (2001), S. 219-224, S. 221 ff.

reich." Weiter wird in Art. 151 Abs. 4 EGV geregelt, dass die Gemeinschaft bei ihrer Tätigkeit aufgrund anderer Bestimmungen des EGV den kulturellen Aspekten Rechnung trägt. Um die Ziele des Art. 151 EGV zu verwirklichen, kann der Rat der EU analog Art. 151 Abs. 5 EGV einstimmig Fördermaßnahmen gemäß des Verfahrens nach Art. 251 EGV sowie auf Vorschlag der EU-Kommission Empfehlungen beschließen. Ausdrücklich schließt Abs. 5 zugleich jegliche Harmonisierung der Rechts- und Verwaltungsvorschriften der Mitgliedstaaten in diesem Bereich aus.

Die entscheidende Frage, die sich aus Art. 151 EGV für die Kompetenzlage im Bereich der Medienpolitik ergibt, ist, ob die genannten Bestimmungen als Kompetenzgrundlage der EG für Regelungen im Bereich des Rundfunks herangezogen werden können, die über die wirtschaftlichen Aspekte des Rundfunks hinaus auch die kulturelle Komponente des Rundfunks auf EU-Ebene erfassen. Da sowohl der Kulturbereich als auch im speziellen der „audiovisuelle Bereich", zu dem u.a. der Rundfunk zu zählen ist, in der konsolidierten Fassung des EGV explizit erwähnt werden, ist zunächst eine gewisse Kompetenzgrundlage der EU für dieses Tätigkeitsfeld nicht abzustreiten. Die überwiegende Auffassung in der Literatur betont jedoch, dass sich die Rechtsetzungsbefugnis der EU nach Abs. 5 des Art. 151 EGV auf den Bereich der Fördermaßnahmen erstreckt und keine ausreichende Kompetenzgrundlage zum Erlass von Rechtsakten – insb. von bindenden Richtlinien - außerhalb der Fördermaßnahmen darstellt.[1192] Problematisch ist die Tragweite der Bestimmungen des Art. 151 Abs. 4 EGV als Querschnittsklausel, da sie je nach Auffassung kompetenzerweiternd oder kompetenzbeschränkend ausgelegt werden können.[1193] Das BVerfG hat jedoch den Kulturartikel in seinem Maastricht-Urteil in einem kompetenzbegrenzendem Sinne interpretiert.[1194]

Zusammenfassend ist festzustellen, dass der EU nach einhelliger Auffassung auf Grundlage des Art. 151 EGV keine allgemeine Kompetenz zur Rechtsetzung im Bereich des Rundfunks zuzusprechen ist. Analog zur begrenzten Einzeler-

---

[1192] Vgl. Reinhart Ricker / Peter Schiwy u.a.: Rundfunkverfassungsrecht. a.a.O., Abs. H, Rn. 30 ff.; Dieter Dörr: Möglichkeiten und Grenzen europäischer Medienpolitik: Konvergenz und Kompetenz. a.a.O., S. 98 ff.; Dieter Dörr: Europäische Medienordnung und -politik. a.a.O., S. 70 f.; Christian Koenig / Andreas Haratsch: Europarecht. a.a.O., Rn. 571; Jürgen Schwarze: Medienfreiheit und Medienvielfalt im Europäischen Gemeinschaftsrecht. a.a.O., S. 794 ff.; Matthias Schote: Die Rundfunkkompetenz des Bundes am Beispiel bundesstaatlicher Kulturkompetenz in der Bundesrepublik Deutschland. a.a.O., S. 256 f.; Michael Rosenthal: Die Kompetenz der Europäischen Gemeinschaft für den rechtlichen Rahmen der Informationsgesellschaft. a.a.O., S. 51 ff.; Georg Ress / Jürgen Bröhmer: Europäische Gemeinschaft und Medienvielfalt. a.a.O., S. 58 ff.; Albrecht Hesse: Rundfunkrecht. a.a.O., S. 316; Dieter Dörr: Die Rolle des öffentlich-rechtlichen Rundfunks in Europa. a.a.O., S. 28 ff.

[1193] Vgl. Jürgen Schwarze: Medienfreiheit und Medienvielfalt im Europäischen Gemeinschaftsrecht. a.a.O., S. 795 f.; Reinhart Ricker / Peter Schiwy u.a.: Rundfunkverfassungsrecht. a.a.O., Abs. H, Rn. 33; Georg Ress / Jürgen Bröhmer: Europäische Gemeinschaft und Medienvielfalt. a.a.O., S. 61 f.

[1194] BVerfGE 89, 155

mächtigung nach Art. 5 Abs. 1 EGV lässt sich somit aus den Bestimmungen keine konkrete Kompetenzzuweisung für eine europäische Harmonisierung des Rundfunkrechts ableiten, die den gesamten Rundfunk umfassen würde. Legitimiert sind lediglich die Regelung europäisch ausgerichtete Fördermechanismen zur Ergänzung der auf nationaler Ebene bestehenden Systeme sowie externe Maßnahmen, insb. die Vertretung europäischer kultureller Interessen im Zusammenhang mit der Welthandelsorganisation WTO.[1195] Weiterhin ermächtigt Art. 151 Abs. 5 EGV die EU zum Erlass von Empfehlungen, die jedoch von rechtlich unverbindlichen Charakter sind. Ob zukünftig Art. 151 Abs. 4 EGV als Kompetenzgrundlage für weitere Befugnisse der EU heranzuziehen ist, bleibt vorerst abzuwarten.[1196]

8.2.2.10Die medienpolitisch relevante Rechtsprechung des EuGH

Der Rechtsprechung des EuGH kommt besondere Bedeutung für die Auslegung der medienpolitisch relevanten Entscheidungen durch EU-Richtlinien und Entschlüsse zu. Entscheidend für die Kompetenzfrage im Medienbereich ist die Feststellung des EuGH, dass kulturelle Angelegenheiten nicht per se dem Anwendungsbereich des EG-Vertrags entzogen sind. In Folge zahlreicher Urteile zum Rundfunk, so etwa das Sacchi-Urteil,[1197] die Debauve-Entscheidung,[1198] die Coditel I-Entscheidung,[1199] das Kabelregeling-Urteil[1200] und in den Fällen ERT[1201], Stiching Collective Gouda[1202] sowie Kommission/Niederlande[1203] und Kommission/Belgien[1204], hat der EuGH immer wieder den Dienstleistungscharakter des Rundfunks bejaht. Auch in den neueren Urteilen, so etwa die TV 10 SA-Entscheidung[1205], hat der EuGH nochmals darauf hingewiesen, dass das Konzept des freien Dienstleistungsverkehrs auch für die Übertragung von Fernsehprogrammen selbst dann gelte, wenn ein Rundfunkveranstalter seinen Sitz in einen anderen EU-Mitgliedstaat verlegt, um das im Empfangsstaat geltende Rundfunkrecht zu umgehen.[1206] Verschiedentlich hat der EuGH nationale Maßnahmen im Bereich des Medienrechts als Beschränkung der Dienstleistungsfreiheit qualifiziert, so etwa Beschränkungen der Sendedauer und Sendehäufigkeit von Werbung, Regelungen der Rundfunkorganisation sowie Anforderungen an Programminhalte. In Anbetracht der kontinuierlichen

---

[1195] Vgl. Matthias Schote: Die Rundfunkkompetenz des Bundes am Beispiel bundesstaatlicher Kulturkompetenz in der Bundesrepublik Deutschland. a.a.O., S. 256 f.
[1196] Vgl. Reinhart Ricker / Peter Schiwy u.a.: Rundfunkverfassungsrecht. a.a.O., Abs. H, Rn. 36
[1197] EuGH Slg. 1974, 409 (Sacchi-Urteil, Rs. 155/73)
[1198] EuGH Slg. 1980, 833 (Debauve-Urteil, Rs. 52-80)
[1199] EuGH Slg. 1980, 881 (Coditel I-Entscheidung)
[1200] EuGH Slg. 1988, 2085 (Kabelregeling-Urteil)
[1201] EuGH Slg. 1991, I-2925 (Elliniki Radiophonia Tileorassi – ETR-Urteil, Rs. C-260/89)
[1202] EuGH Slg. 1991, I-4007 (Stichting Collectieve Antennevoorziening Gouda, Rs. C-288/89)
[1203] EuGH Slg. 1991, I-4069 (Kommission./.Niederlande-Urteil, Rs. C-353/89)
[1204] EuGH Slg. 1991, I-6757 (Kommission./.Belgien-Urteil)
[1205] EuGH Slg. 1994, I-4795 (TV10 SA-Urteil, Rs. C-23/93)
[1206] Vgl. Dieter Dörr: Europäische Medienordnung und -politik. a.a.O., S. 69

Rechtsprechung des EuGH gilt in der medienpolitischen Kompetenz-Diskussion geklärt, dass der EU unter Berufung auf die Dienstleistungsfreiheit analog Art. 49 ff. EGV (ex-Art. 59 ff. EGV) grundsätzlich bestimmte Kompetenzen zur Regelung im Rundfunkbereich zustehen.[1207]

Folglich geht auch der EuGH von der unterscheidbaren und trennbaren Differenzierung des Rundfunks in eine kulturelle Komponente und eine wirtschaftliche Komponente aus. Analog zur kompetenzrechtlichen Diskussion im deutschen Verfassungsrecht, die ebenfalls die kulturelle Komponente einerseits und die übertragungstechnische, wirtschaftsrechtliche oder urheberrechtliche Komponente andererseits unterscheidet, findet eine Kompetenzdifferenzierung zwischen EU und Mitgliedstaaten statt.[1208] Umstritten ist bislang, wo die zulässigen Schranken der Dienstleistungsfreiheit im Sinne einer umfassenden Medienfreiheit zu setzen sind, um die pluralistische, kulturelle Vielfalt jedes Mitgliedstaates zu gewährleisten.[1209]

8.2.3 Die Kompetenzgrundlagen der EU für den Telekommunikationssektor

Das Primäre Gemeinschaftsrecht unterscheidet im Gegensatz zum nationalen (deutschen) Recht nicht explizit zwischen Telekommunikation und Rundfunk. Bei der elektromagnetischen Übertragung von Informationen gleich welcher Art handelt es sich auf gemeinschaftsrechtlicher Ebene um Dienstleistungen gemäß Art. 49 ff. EGV (ex-Art. 59 ff. EGV). Obwohl jedoch für den Rundfunk und die Telekommunikation dieselben Normen des Primären Gemeinschaftsrecht gelten, stützen sich die rechtssetzenden Maßnahmen teilweise auf unterschiedliche Rechtsgrundlagen.[1210] Nachfolgend ist zu untersuchen, welche europarechtlichen Grundlagen die Aktivitäten der EU im Bereich der Telekommunikation legitimieren. Dabei sollen insbesondere Kompetenzregelungen dargestellt werden, die auch für die Regelung der „Dienste der Informationsgesellschaft"[1211] durch entsprechende Richtlinien von Relevanz sind.

Die europäische Telekommunikationspolitik, die in dieser Betrachtung nur in ihren Grundzügen skizziert werden soll, basiert auf unterschiedlichen Zielsetzungen und Kompetenznormen zum Erlass von Richtlinien. Ausgangspunkt für die weitreichenden Aktivitäten der EU im Telekommunikationsbereich waren die nationalen Telekommunikationsmonopole der einzelnen Mitgliedstaaten sowie die Divergenz der einzelstaatlichen Rechtsvorgaben im Telekommunika-

---

[1207] Vgl. Reinhart Ricker / Peter Schiwy u.a.: Rundfunkverfassungsrecht. a.a.O., Abs. H, Rn. 13 ff. ; Jürgen Schwarze: Medienfreiheit und Medienvielfalt im Europäischen Gemeinschaftsrecht. a.a.O., S. 782 ff.; Dieter Dörr: Europäische Medienordnung und -politik. a.a.O., S. 69; Albrecht Hesse: Rundfunkrecht. a.a.O., S. 329 f.

[1208] Vgl. Reinhart Ricker / Peter Schiwy u.a.: Rundfunkverfassungsrecht. a.a.O., Abs. H, Rn. 15

[1209] Vgl. Jürgen Schwarze: Medienfreiheit und Medienvielfalt im Europäischen Gemeinschaftsrecht. a.a.O., S. 782 f.

[1210] Vgl. Martin Bullinger / Ernst-Joachim Mestmäcker: Multimediadienste. a.a.O., S. 90 f.

[1211] Zum Begriff „Dienste der Informationsgesellschaft", der in den europarechtlichen Sprachgebrauch Eingang gefunden hat, siehe unten Kap. 8.4

tionssektor. Somit bestand die Zielsetzung der EU-Politik in den 80er und 90er Jahren zunächst in der Marktöffnung und Liberalisierung des Telekommunikationssektors sowie in der Angleichung und Harmonisierung der unterschiedlichen einzelstaatlichen Normen. Dementsprechend sind zwei ineinander greifende Richtlinien-Stränge zu unterscheiden: Die Liberalisierungsrichtlinien der EU-Kommission, die auf die Öffnung der Märkte zielten, und die Harmonisierungsrichtlinien des Rates, die auf einheitliche Rahmenbedingungen des Sektors zielen. Nach der im Jahr 1998 abgeschlossenen Liberalisierung der europäischen Telekommunikationsmärkte steht das EG-Wettbewerbsrecht im Zentrum der europäischen Rechtsvorgaben für den Telekommunikationsmarkt.[1212] Der Telekommunikationsbereich wird in bedeutendem Umfang und im Vergleich zum Rundfunk unstrittig den primär wirtschaftlich begründeten Kompetenzen der EU zugerechnet. Die Rechtsvorgaben der EU sind bereits in weiten Teilen in das nationale Recht der Mitgliedstaaten umgesetzt worden, so dass die rechtliche Regulierung der Telekommunikation weitestgehend auf einzelstaatlicher Ebene stattfindet. Nachfolgend werden die Kompetenzgrundlagen der EU für die Liberalisierung, Harmonisierung und Wettbewerbsaufsicht im Telekommunikationssektor dargestellt.

8.2.3.1 Liberalisierungskompetenz (Art. 86 Abs. 3 EGV)

Seit dem 1. Januar 1998 sind die Telekommunikationsmärkte sowohl in Deutschland als auch in vielen anderen Mitgliedstaaten vollständig liberalisiert. Somit sind die entsprechenden Liberalisierungsrichtlinien in nationales Recht umgesetzt und der ehemals monopolistische Telekommunikationsmarkt in den Wettbewerb überführt. Die Kompetenzgrundlage der gemeinschaftsrechtlichen Rechtsetzung durch den Erlass der Liberalisierungsrichtlinien geht aus der Norm des Art. 86 Abs. 3 EGV (ex-Art. 90 Abs. 3 EGV) hervor.[1213] Demnach ist die EU-Kommission ermächtigt, bestehende nationale Monopolrechte aufzuheben und in den freien Wettbewerb zu überführen. Die Liberalisierung umfasste sowohl den Markt der Telekommunikation i.e.S. als auch den der Telekommunikationsdienstleistungen. Sie gilt somit auch für den Bereich des Internets und der entsprechenden Zugangsdienste, die auf der Infrastruktur der Telekommunikation basieren.[1214]

[1212] Vgl. Alexander Schaub: Europäische Wettbewerbsaufsicht über die Telekommunikation. In: MMR Nr. 4 (2000), S. 211-214, S. 211 f.; Bernd Holznagel / Axel Bysikiewicz / Christoph Enaux / Christian Niehaus: Grundzüge des Telekommunikationsrechts. a.a.O., S. 218 f.; Joachim Scherer: Das deutsche Telekommunikationsgesetz und sein europarechtlicher Rahmen. In: Alfred Büllesbach (Hrsg.): Datenschutz im Telekommunikationsrecht. Deregulierung und Datensicherheit in Europa. Köln 1997, S. 59-82, S. 65 f.

[1213] Vgl. Joachim Scherer: Das deutsche Telekommunikationsgesetz und sein europarechtlicher Rahmen. a.a.O., S. 60

[1214] Siehe oben Kap. 7.1.2.4 zur Bedeutung und Reichweite des Telekommunikationsbegriffs

8.2.3.2 Harmonisierungskompetenz (Art. 95 EGV)

Die Liberalisierung des Telekommunikationssektors und die Überführung in einen funktionstüchtigen Wettbewerb ist nur dann mit dem in Art. 14 EGV (ex-Art. 7 EGV) niedergelegten Ziel der Herstellung eines gemeinsamen Binnenmarktes zu vereinbaren, wenn die Liberalisierungsbestimmungen europaweit harmonisiert werden. Diese Aufgabe wurde durch die Harmonisierungsrichtlinien des Rates vollzogen. Diese sog. Harmonisierungsrichtlinien basieren auf der Kompetenz zur Angleichung nationalstaatlicher Regelungen im Binnenmarkt analog Art. 95 EGV (ex-Art. 100 a EGV). Obwohl die Harmonisierungsrichtlinien und Liberalisierungsrichtlinien grundsätzlich auf unterschiedlichen Kompetenzgrundlagen basieren, sind auch Überschneidungen zu beobachten: Einerseits legen die Harmonisierungsrichtlinien den gemeinschaftsrechtlichen Rahmen fest, innerhalb dessen die einzelnen Liberalisierungsschritte der Kommission vollzogen wurden, andererseits steht der Kommission – auch nach Rechtsprechung des EuGH[1215] - im Sinne einer Annexkompetenz die Möglichkeit der eigenständigen Festlegung notwendiger Harmonisierungsschritte zu.[1216]

8.2.3.3 Infrastrukturkompetenz (Art. 154 ff. EGV)

Weitere Kompetenzen der EU zur Regulierung der Telekommunikation gehen aus Art. 154 EGV (ex-Art. 129 b EGV) hervor, der die EU ausdrücklich für die europäische Infrastruktur in den Bereichen Verkehr, Energie und Telekommunikation ermächtigt. Demnach ist die Gemeinschaft legitimiert, zum Auf- und Ausbau transeuropäischer Netze im Bereich der Telekommunikation beizutragen, um die Schaffung eines wirtschaftlichen wie auch gesellschaftlichen Raumes ohne Binnengrenzen analog Art. 14 EGV (ex-Art. 7 a EGV) und Art. 158 EGV (ex-Art.130 a EGV) zu fördern. Dieser Auf- und Ausbau schließt Maßnahmen zur Interoperabilität der einzelstaatlichen Netze sowie den Zugang zu diesen Netzen ein. Zur Erreichung der genannten Ziele ist die Gemeinschaft nach Art. 155 EGV (ex-Art. 129 c EGV) ermächtigt, Leitlinien aufzustellen, Aktionen zur Harmonisierung der technischen Normen durchzuführen sowie Durchführbarkeitsstudien, Anleihebürgschaften oder Zinszuschüsse für gemeinschaftsrelevante Vorhaben zu gewähren. Die Kompetenz der EG für die Infrastruktur der Telekommunikation betont ausdrücklich gemäß Art. 154 Abs. 2 EGV, dass die Maßnahmen „im Rahmen eines Systems offener und wettbewerbsorientierter Märkte" zu verwirklichen sind. Somit ergibt sich aus der Inf-

[1215] EuGH Slg. 1991, I-2223

[1216] Vgl. Bernd Holznagel / Axel Bysikiewicz / Christoph Enaux / Christian Niehaus: Grundzüge des Telekommunikationsrechts. a.a.O., S. 216 ff.; Martin Bullinger / Ernst-Joachim Mestmäcker: Multimediadienste. a.a.O., S. 90 f.; Joachim Scherer: Das deutsche Telekommunikationsgesetz und sein europarechtlicher Rahmen. a.a.O., S. 63 ff.; Ulf Brühann: Der Gemeinsame Standpunkt des Rates der EU zur Telekommunikationsrichtlinie. In: Alfred Büllesbach (Hrsg.): Datenschutz im Telekommunikationsrecht. Deregulierung und Datensicherheit in Europa. Köln 1997, S. 31-39, S. 34 f.

rastruktur-Kompetenz des Art. 154 EGV ein unmittelbarer Bezug zur Bedeutung der Wettbewerbsregeln in Art. 81 ff. EGV.

8.2.3.4 Die Bedeutung des Wettbewerbsrechts (Art. 81 ff. EGV)

Nach der abgeschlossenen Liberalisierung der europäischen Telekommunikationsmärkte nimmt die EU wichtige Aufgaben im Bereich der Wettbewerbsaufsicht über die Telekommunikation wahr, um zum einen den liberalisierten Sektor einem dauerhaften Wettbewerb zuzuführen und zum anderen das wirtschaftliche Entwicklungspotenzial der Telekommunikation durch einen funktionstüchtigen Wettbewerb zu gewährleisten. Im Vordergrund stehen die Überwachung horizontaler Allianzen sowie die Missbrauchsaufsicht über marktbeherrschende Unternehmen im Hinblick auf die Bereitstellung effektiven Zugangs zu ihren Netzen und Diensten. An Bedeutung gewinnt zudem auch die Verhinderung möglicher abgestimmter Verhaltensweisen und wettbewerbsbeschränkender Preisabsprachen durch Kartelle im Telekommunikationssektor, insb. im Mobilfunkbereich.

Die Wettbewerbsaufsicht der Europäischen Kommission stützt sich auf die wettbewerbsrechtlichen Vorschriften nach Art. 81 ff. EGV (ex-Art. 85 ff. EGV) sowie die 1990 in Kraft getretene Fusionskontrollverordnung[1217]. In den „Leitlinien über die Anwendung der EG-Wettbewerbsregeln im Telekommunikationsbereich"[1218] stellte die Kommission bereits 1991 fest, dass die Wettbewerbsregeln in der Telekommunikation volle Anwendung finden. Die Kontrolle der Einhaltung der Wettbewerbsvorschriften steht nicht selten im Spannungsverhältnis zu den Kompetenzen der nationalen Regulierungsbehörden, die über die Beachtung der Richtlinien nach deren Umsetzung in nationales Recht wachen.[1219] Um die Abgrenzung der wettbewerbsrechtlichen Kompetenzen zwischen EU und Mitgliedstaaten zu präzisieren, stellt die EU-Kommission in ihrer „Mitteilung über die Anwendung der Wettbewerbsregeln auf Zugangsvereinbarungen im Telekommunikationsbereich"[1220] vom 22.08.1998 klar, dass nach ihrer Auffassung die EG-Wettbewerbsregeln und die einzelstaatlichen sektorspezifischen Vorschriften kumulativ anzuwenden sind und somit beide Normenkomplexe nebeneinander gelten.[1221] In Folge nebeneinander anwendbarer Normenkomplexe ist jedoch eine Zuständigkeitsüberschneidung der europäischen und einzelstaatlichen Regulierungsinstanzen möglich. Die Ankündigung der Kommission, die sektorspezifische Sonderregulierung zu reduzieren

---

[1217] Verordnung (EWG) 4064/89 des Rates; vgl. auch Bericht der Kommission an den Rat über die Anwendung der in der Fusionskontrollverordnung vorgesehenen Schwellenwerte, KOM (2000) 399 endg.

[1218] ABl. EG C 233 vom 06.09.1991, S. 2.

[1219] Vgl. Alexander Schaub: Europäische Wettbewerbsaufsicht über die Telekommunikation. a.a.O., S. 212

[1220] ABl. EG, C 265 vom 22.08.1998

[1221] Vgl. Bernd Holznagel / Axel Bysikiewicz / Christoph Enaux / Christian Niehaus: Grundzüge des Telekommunikationsrechts. a.a.O., S. 234 f.

und die allgemeinen europäischen Wettbewerbsregeln zu stärken, findet ihre Entsprechung in Leitlinien und Richtlinien-Vorschlägen.[1222] Ob die gemeinschaftsrechtlichen Maßnahmen im Bereich der Telekommunikation über die mittelbare Bedeutung für die Infrastruktur des Internets hinausgeht und in den Bereich der Inhalte hineinreicht, ist zu diskutieren.[1223]

Zusammenfassend ist festzustellen, dass die Bedeutung des Wettbewerbsrechts als Kompetenzgrundlage für europäische Rechtsetzung und als sektorübergreifendes Regulierungsinstrument vor allem im Bereich der Konvergenz von außerordentlicher Bedeutung ist, sofern die Deregulierungsabsichten der EU an Kontur gewinnen und sektorspezifische Regelungen zurückgenommen werden.[1224] Die europäischen Wettbewerbsregeln lassen sich sowohl auf die zumindest wirtschaftliche Komponente des Rundfunks anwenden,[1225] als auch auf den Telekommunikationsbereich. Auf dieser Grundlage entwickelt die EU-Kommission gegenwärtig Vorschläge für einen einheitlichen europäischen Ordnungsrahmen für elektronische Kommunikationsinfrastrukturen und die dazugehörenden Dienste.[1226] Im Zentrum der ordnungspolitischen Diskussion dieser europarechtlichen Richtlinien-Vorschläge steht die Frage, inwieweit sog. „zugehörige Dienste"[1227] auch Dienste mit publizistischem Inhalt umfassen und in den geplanten Rechtsrahmen einschließen. Weiterhin ist nicht abschließend geklärt, ob möglicherweise Teile des Rundfunk in einen solchen europäischen Ordnungsrahmen integriert werden können. Kritiker weisen darauf hin, dass eine wirtschaftsrechtliche Regulierung des Rundfunks weder verfassungskon-

---

[1222] Mitteilung der Kommission, Entwicklung neuer Rahmenbedingungen für elektronische Kommunikationsinfrastrukturen und zugehörige Dienste, Kommunikationsbericht 1999, KOM (1999), 539 vom 10.11.1999

[1223] Vgl. Michael Germann: a.a.O., S. 114 f.; Bernd Holznagel / Axel Bysikiewicz / Christoph Enaux / Christian Niehaus: Grundzüge des Telekommunikationsrechts. a.a.O., S. 236 f.; Alexander Schaub: Europäische Wettbewerbsaufsicht über die Telekommunikation. a.a.O., S. 211 f.; Robert Klotz: Auf dem Weg zu einem europäischen Multimediarecht. a.a.O., S. 450 f.

[1224] Speech SPEECH/01/356 of Member of the European Commission Erkki Liikanen: The European Union Telecommunications Policy. Speech on Telecommunications Seminar. 16 July 2001, Sarajevo, S. 5; Robert Klotz: Auf dem Weg zu einem europäischen Multimediarecht. a.a.O., S. 450, S. 455

[1225] Siehe oben Kap. 8.2.2.7

[1226] Mitteilung der Kommission: Entwicklung neuer Rahmenbedingungen für elektronische Kommunikationsinfrastrukturen und zugehörige Dienste, Kommunikationsbericht 1999, KOM (1999) 539 vom 10.11.1999; Mitteilung der Kommission: Die Ergebnisse der öffentlichen Anhörung zum Kommunikationsbericht 1999 und Leitlinien für den neuen Rechtsrahmen, KOM (2000) 239 endg. vom 26.04.2000; Mitteilung der Kommission an den Rat, das Europäische Parlament, den Wirtschafts- und Sozialausschuss und den Ausschuss der Regionen: Einführung von Mobilkommunikationssystemen der dritten Generation in der Europäischen Union. Aktueller Stand und Vorgehensweisen. KOM (2001) 141 endg. vom 20.03.2001

[1227] Mitteilung der Kommission: Entwicklung neuer Rahmenbedingungen für elektronische Kommunikationsinfrastrukturen und zugehörige Dienste, Kommunikationsbericht 1999, KOM (1999) 539 vom 10.11.1999; Mitteilung der Kommission: Die Ergebnisse der öffentlichen Anhörung zum Kommunikationsbericht 1999 und Leitlinien für den neuen Rechtsrahmen, KOM (2000) 239 endg. vom 26.04.2000, S. 9

form sei,[1228] noch mit den „Zielen und Rationalitäten" anderer Rechtsordnungen (z.B. Telekommunikations-, Zivil-, Wirtschafts-, Urheberrecht u.a.) die Sicherung der Funktionsfähigkeit der Rundfunkordnung gewährleistet wäre.[1229]

8.3 Medienpolitisch relevante Regelungen im Sekundären Gemeinschaftsrecht

Die Richtlinien der EG sind gemäß Art. 249 ff. EGV (ex-Art. 189 EGV) als europäische Regelungen zu verstehen, die nach einer Übergangszeit von den Mitgliedsstaaten in nationales, unmittelbar anwendbares Recht umgesetzt werden müssen. Zunächst durchlaufen Verordnungen, Richtlinien, und Entscheidungen einen gemäß Art. 250-252 EGV (ex-Art. 189 a, b, c EGV) institutionalisierten Prozess innerhalb und zwischen den EU-Institutionen. Nach Verabschiedung einer Richtlinie sind die in der Richtlinie formulierten Zielsetzungen analog Art. 249 EGV zwar verbindlich für die EU-Mitgliedstaaten, Form und Mittel der innerstaatlichen Umsetzung sind jedoch i.d.R. den Mitgliedstaaten überlassen.[1230] Aufgrund der Vielzahl und Unterschiedlichkeit nationalstaatlicher Interessen sind EG-/EU-Richtlinien durch einen meist langwierigen Prozess der Auseinandersetzung gekennzeichnet, bis ein entsprechender Kompromiss verabschiedet wird.[1231]

Im folgenden werden die für die Konvergenzentwicklung zwischen klassischen Medien und Internet einschlägigen Richtlinien in ihren Grundzügen dargestellt. Hierzu gehören sowohl Richtlinien, die sich auf den Rundfunk beziehen, als auch eine Vielzahl von Richtlinien im Telekommunikationsbereich. Weiterhin wurden erste Richtlinien erlassen, die sich im speziellen mit der Regelung der elektronischen Informations- und Kommunikationsdienste beschäftigen. Von besonderer Bedeutung für die medienpolitische Debatte im Bereich der elektronischen Dienste sind die EG-Fernsehrichtlinie, die E-Commerce-Richtlinie, die Transparenzrichtlinie, die Urheberrechts-Richtlinie sowie einzelne Aspekte der vielfältigen Telekommunikations-Richtlinien. Weiterhin werden die neuen Richtlinien-Vorschläge der EU-Kommission über einen gemeinsamen Rechtsrahmen für Kommunikationsnetze und -dienste, die seit Juli 2001 in überarbeiteter Form als geänderte Richtlinienvorschläge vorliegen, zu weiteren medienpolitischen Kontroversen führen. Sie sollen daher in dieser Betrachtung ebenfalls in die medienrechtliche Darstellung einbezogen werden,

---

[1228] Vgl. Wolfgang Hoffmann-Riem: Regulierung der dualen Rundfunkordnung. Grundfragen. a.a.O., S. 74 f., S. 80 ff., S. 85 f.

[1229] Ebd. S. 323

[1230] Vgl. Reinhart Ricker / Peter Schiwy u.a.: Rundfunkverfassungsrecht. a.a.O., Abs. H, Rn. 3; Martin Gstaltmeyr: Bewehrung von EG-Richtlinien. Sanktionssysteme bei fehlender oder fehlerhafter Umsetzung durch die Mitgliedsstaaten. München 1998, S. 7 ff.; Christian Koenig / Andreas Haratsch: Europarecht. a.a.O., Rn. 231 f.

[1231] Vgl. Hans J. Kleinsteuber / Barbara Thomaß: Der deutsche Rundfunk auf internationaler Ebene. a.a.O. S. 1058; vgl. auch die Rechtsprechung des EuGH zu den Richtlinien, nachzulesen bei: Christian Koenig / Matthias Pechstein (Hrsg.): Entscheidungen des EuGH. a.a.O., S. 93 ff.

auch wenn die Vorschläge noch nicht verabschiedet sind und somit (noch) keine Rechtswirkung entfalten. Aufgrund der Vielzahl von Richtlinien, die unmittelbaren oder mittelbaren Einfluss auf den Konvergenzbereich von klassischen Medien und Internet haben, beschränkt sich die Darstellung auf relevante Aspekte der medienpolitisch diskutierten Richtlinien.

8.3.1 Fernsehrichtlinie (1989/1997)

Die am 3. Oktober 1989 verabschiedete Richtlinie „Fernsehen ohne Grenzen", die sog. „Fernsehrichtlinie"[1232], die am 30. Juni 1997 durch eine Richtlinie des Europäischen Parlaments und des Rates[1233] abgeändert und ergänzt wurde, bildet den legalen Bezugsrahmen für den freien Dienstleistungsverkehr von Fernsehdiensten in der Union und fördert somit die Entwicklung eines europäischen Marktes für Fernseh- und andere verwandte Aktivitäten, wie etwa Fernsehwerbung oder die Produktion von audiovisuellen Programmen. Die EG-Fernsehrichtlinie von 1989 gilt als wichtigstes Regelungsinstrument der EU im Bereich des Rundfunks und wurde nach langwierigen medienpolitischen Verhandlungen und wissenschaftlicher Diskussion im Jahr 1997 durch die Änderungsrichtlinie modifiziert. Im Zentrum dieser Kontroverse stand einerseits die Kompetenzlage der EU für den Rundfunkbereich, andererseits die Grundsatz-Frage, ob und inwieweit die Kompetenzgrundlagen der EU eine zumindest in Grundzügen einheitliche europäische Rundfunkordnung legitimiert.[1234] Ausgangspunkt für die Diskussion um die erste Fernsehrichtlinie waren der technische Ausbau der Satellitensende- und -empfangstechnik – eingeschränkt auch schon vorher die terrestrische Verbreitung – die eine Ausstrahlung einzelstaatlicher Programme weit über die Landesgrenzen hinaus zur Folge hatte.[1235] Die inhaltliche Ausgestaltung der Fernsehrichtlinie zeigt, dass eine ausdrückliche Regelungskompetenz der EG für den Rundfunk fehlt.[1236] Das Regelungswerk greift somit auf die dargestellten, abgeleiteten Teilkompetenzen zurück.[1237] Eine europäische Regelung des Rundfunks durch die Fernsehrichtlinie findet daher bisher nur in einem Teilbereich statt, der vor allem auf die wirtschaftliche Funktion des Rundfunks analog Art. 49 ff., 81 ff. EGV sowie

---

[1232] Richtlinie 89/552/EWG des Rates vom 3.10.1989 zur Koordinierung bestimmter Rechts- und Verwaltungsvorschriften der Mitgliedstaaten über die Ausübung der Fernsehtätigkeit, ABl. L 298 vom 17.10.1989, S. 23

[1233] Richtlinie 97/36/EG des Europäischen Parlaments und des Rates vom 30.06.1997 zur Änderung der Richtlinie 89/552/EWG, ABl. L 202 vom 30.07.1997, S. 60

[1234] Vgl. Dieter Dörr: Europäische Medienordnung und -politik. a.a.O., S. 73; Barbara Gruber: Medienpolitik der EG. a.a.O., S. 31 ff., S. 37 ff.; Albrecht Hesse: Rundfunkrecht. a.a.O., S. 325; Martin Eifert / Wolfgang Hoffmann-Riem: Die Entstehung und Ausgestaltung des dualen Rundfunksystems. In: Schwarzkopf, Dietrich (Hrsg.): Rundfunkpolitik in Deutschland. a.a.O., S. 108 ff.; Reinhart Ricker / Peter Schiwy u.a.: Rundfunkverfassungsrecht. a.a.O., Abs. H, Rn. 36 ff.

[1235] Vgl. Hans J. Kleinsteuber / Barbara Thomaß: Der deutsche Rundfunk auf internationaler Ebene. a.a.O., S. 1058 ff.

[1236] Vgl. Barbara Gruber: Medienpolitik der EG. a.a.O., S. 54 ff.

[1237] Siehe oben Kap. 8.2.3

auf die Förderung des audiovisuellen Bereichs gemäß Art. 151 EGV gestützt ist.

Die zentrale Zielsetzung der Fernsehrichtlinie besteht in der Gewährleistung der freien Ausstrahlung von Fernsehsendungen in der Gemeinschaft sowie in der Sicherstellung eines gemeinsamen Markt für die Herstellung und Verbreitung von Fernsehprogrammen. Zu diesem Zweck koordiniert die Fernsehrichtlinie auf Gemeinschaftsebene die nationalen Gesetzgebungen in den folgenden Bereichen: Rechtsprechungskompetenz in Bezug auf Fernsehsendungen, Förderung der Produktion und des Vertriebs europäischer Werke, Zugang der Zuschauer zu (sportlichen) Großereignissen, Fernsehwerbung und Sponsoring, Jugendschutz sowie Antwortrecht. Die EG-Fernsehrichtlinie von 1989 und die Novellierung der Richtlinie von 1997 zielen auf eine Vereinheitlichung der nationalen Rundfunkordnungen der EU-Mitgliedstaaten, ohne die jeweils eigenständige kulturelle Entwicklung und Vielfalt zu beeinträchtigen. Ihr Zweck ist vor allem, einen durch die Dienstleistungsfreiheit des Art. 49 ff. EGV geschützten freien Sendeverkehr zu gewährleisten.[1238] Als bedeutsamste Regelung gilt das sog. Sendestaatsprinzip:[1239] Gemäß Art. 2 Abs. 1 der Richtlinie ist die Rechtmäßigkeit von Fernsehsendungen nach der Rechtsordnung des Sendestaates zu beurteilen. Analog Art. 2 a der Richtlinie dürfen die Mitgliedstaaten den freien Empfang und die Weiterverbreitung von Fernsehsendungen aus anderen Mitgliedstaaten nicht aus Gründen behindern, die Bereiche betreffen, die durch die Richtlinie koordiniert sind. Neben den einschlägigen Bestimmungen zur Förderung europäischer Werke und der Werke unabhängiger Produzenten, zur Werbung, zum Schutze Minderjähriger und der öffentlichen Ordnung sowie zum Recht auf Gegendarstellung sorgt die Richtlinie außerdem dafür, dass Ereignisse, die nach Ansicht eines Mitgliedstaats von erheblicher gesellschaftlicher Bedeutung sind, nicht so ausgestrahlt werden dürfen, dass die Sendungen einem wesentlichen Teil der Bevölkerung dieses Mitgliedstaats vorenthalten werden. Diese Regelung entfaltet ihre Wirkung vor allem im Bereich des Pay-TVs und möglicherweise in der Diskussion um die Kurzberichterstattung von Sportereignissen.

Die Richtlinie sieht in Art. 26 vor, dass die Kommission dem Europäischen Parlament bis zum Ende des Jahres 2002 einen Bericht über ihre Anwendung übermittelt und erforderlichenfalls Vorschläge zu ihrer Anpassung an die Entwicklungen im Fernsehbereich, insb. im Lichte neuer technologischer Entwicklungen, unterbreitet. Zur weiteren Überprüfung der Richtlinie hat die Kommission drei umfangreiche Studien in den durch die Richtlinie abgedeck-

---

[1238] Vgl. Stefan Engel-Flechsig / Alexander Roßnagel (Hrsg.): Multimedia-Recht. a.a.O., S. 9; Stefan Dittl: Die Umsetzung der Free-TV-Schutzliste der TV-Richtlinie in den EU-Mitgliedstaaten. In: AfP Nr. 2 (2001), S. 98-101, S. 98 f.; siehe auch oben Kap. 8.2.2.4

[1239] Vgl. Michael Rosenthal: Die Kompetenz der Europäischen Gemeinschaft für den rechtlichen Rahmen der Informationsgesellschaft. a.a.O., S. 130 f.; Dieter Dörr: Europäische Medienordnung und -politik. a.a.O., S. 73

ten Bereichen in Auftrag gegeben.[1240] Die Ergebnisse der Studien und der Konsultation bilden eine wichtige Grundlage für die Überprüfung der Richtlinie durch die Kommission und für Änderungsvorschläge, die die Kommission gegebenenfalls dem Rat und dem Parlament Ende 2002 unterbreiten wird.[1241]

8.3.2 Transparenzrichtlinie für die Dienste der Informationsgesellschaft (1998)

Die Richtlinie „über ein Informationsverfahren auf dem Gebiet der Normen und technischen Vorschriften" vom 20. Juli 1998, die sog. Transparenzrichtlinie,[1242] beinhaltet einen Transparenzmechanismus für „Dienstleistungen der Informationsgesellschaft". Ziel der Richtlinie ist, eine Fragmentierung der Rechtsvorschriften in den Mitgliedstaaten auf dem Gebiet der Informations- und Kommunikationsdienste zu verhindern und damit ihre schnelle Marktdurchsetzung zu erleichtern.[1243] Die Transparenzrichtlinie erweitert den Anwendungsbereich einer vorausgegangenen Richtlinie von 1983[1244] und erfasst nunmehr auch die sog. „Dienste der Informationsgesellschaft". Analog Art. 1 Nr. 2 der Richtlinie fällt unter den Begriff „Dienste der Informationsgesellschaft" jede in der Regel gegen Entgelt elektronisch im Fernabsatz und auf individuellen Abruf eines Empfängers erbrachte Dienstleistung. Ausdrücklich ausgenommen vom Anwendungsbereich der Richtlinie sind bisher Hörfunk und Fernsehen sowie der Teletext. Die Möglichkeit der Überprüfung dieser Ausschlussklausel sieht die Richtlinie in Erwägungsgrund Nr. 27 und im Schlussartikel vor, um der möglichen Konvergenzentwicklung von Telekommunikation

---

[1240] Die erste Studie soll die Auswirkungen der Maßnahmen ermitteln, die die Verbreitung und Produktion europäischer Fernsehprogramme fördern sollen. Dabei geht es insbesondere um die Wirksamkeit der in der Richtlinie festgelegten Quoten im Vergleich zu anderen Maßnahmen. In der zweiten Studie sollen die jüngsten technischen Entwicklungen und Markttrends in diesem Sektor analysiert und Ursache-Wirkungs-Beziehungen ermittelt werden. Damit soll der Kommission eine Reihe von Szenarien für die künftige Entwicklung des Marktes an die Hand gegeben werden. In der dritten Studie geht es um neue Techniken der Werbung, insbesondere um die Möglichkeit, Werbung von anderen Arten des Inhalts zu trennen.

[1241] KOM (1999) 657 endg., S. 4

[1242] Richtlinie 98/48/EG des Europäischen Parlaments und des Rates vom 20. Juli 1998 zur Änderung der Richtlinie 98/34/EG über ein Informationsverfahren auf dem Gebiet der Normen und technischen Vorschriften, Abl. L 037 vom 12.02.2000, S. 35; Mitunter werden in der wissenschaftlichen Diskussion auch andere Richtlinien als „Transparenzrichtlinie" bezeichnet. So z. B. die Richtlinie 2000/52/EG der Kommission vom 26.07.2000 zur Änderung der Richtlinie 80/723/EWG über die Transparenz der finanziellen Beziehungen zwischen den Mitgliedstaaten und den öffentlichen Unternehmen, ABl. L 193, S. 75; vgl. auch Karl-Eberhard Hain: Die Europäische Transparenz-Richtlinie und der öffentlich-rechtliche Rundfunk in Deutschland. In: MMR Nr. 4 (2001), S. 219-224, S. 219; Europäische Kommission (Hrsg.): Die Wettbewerbspolitik der Europäischen Gemeinschaft – 1999. Luxemburg 2000, S. 75 f. In dieser Arbeit wird ausschließlich die Richtlinie 98/48/EG als Transparenzrichtlinie bezeichnet.

[1243] Vgl. Albrecht Hesse: Rundfunkrecht. a.a.O., S. 336

[1244] Richtlinie 83/189/EWG vom 23.03.1983 des Rates über ein Informationsverfahren auf dem Gebiet der Normen und technischen Vorschriften, geändert durch Richtlinie 98/34/EG vom 22.06.1998, ABl. EG L 204, S. 37

und audiovisuellen Medien Rechnung zu tragen.[1245] Bisher wurde keine weitere Änderung der Transparenzrichtlinie vorgenommen.

Der sog. Transparenzmechanismus der Richtlinie dient der Vermeidung von Regulierungen in den einzelnen Mitgliedstaaten, die für die Einführung und Entwicklung elektronischer Dienste hinderlich sein könnten. Nach Art. 8 der Richtlinie sind die Mitgliedstaaten verpflichtet, vor Verabschiedung einer Regelung mit Auswirkungen auf diese Dienste zunächst die EU-Kommission sowie einen Ausschuss aus Vertretern der Mitgliedstaaten über das Rechtsetzungsvorhaben zu informieren. In dem sich anschließenden Stillstandszeitraum von zunächst 3 Monaten beginnt ein in Art. 9 der Richtlinie festgelegter Abstimmungs- und Koordinierungsprozess zwischen EU-Kommission und Mitgliedstaat, der zur Zurückstellung der einzelstaatlichen Regelung um sechs bis zwölf Monate oder zum Erlass einer Harmonisierungs-Richtlinie binnen achtzehn Monaten führen kann.[1246] Dieses Verfahren hat erhebliche Auswirkungen auf den einzelstaatlichen Rechtsetzungsprozess. Zum einen können einzelstaatliche Regelungen verzögert werden, sofern sie den Zielen der Transparenzrichtlinie entgegenstehen. Zum anderen erlaubt die Richtlinie der EU, eine gemeinschaftsweite Regelung für die „Dienste der Informationsgesellschaft" zu verwirklichen.

8.3.3 E-Commerce-Richtlinie (2000)

Die Richtlinie des Europäischen Parlaments und des Rates „über bestimmte rechtliche Aspekte der Dienste der Informationsgesellschaft, insbesondere des elektronischen Geschäftsverkehrs, im Binnenmarkt"[1247], die sog. „E-Commerce-Richtlinie", ist am 17. Juli 2000 in Kraft getreten und gemäß Art. 22 Abs. 1 der Richtlinie bis spätestens 17. Januar 2002 von den Mitgliedstaaten in nationales Recht umzusetzen. Ziel der E-Commerce-Richtlinie ist nach Art. 1 Abs. 1, zu einem funktionierenden Binnenmarkt der Gemeinschaft beizutragen, indem sie den freien Verkehr von Diensten der Informationsgesellschaft sicherstellt. Zur Erreichung dieser Zielsetzung trägt die E-Commerce-Richtlinie Sorge, dass die Mitgliedstaaten ihre innerstaatlichen Regelungen in relevanten Regelungsbereichen angleichen. Zu den Regelungsbereichen der E-Commerce-Richtlinie gehören im einzelnen der Binnenmarkt, die Niederlassung und Informationspflichten der Diensteanbieter, kommerzielle Kommunikationen, elektronische Verträge, die Verantwortlichkeit von Vermittlern, Verhaltenkodizes, Systeme

---

[1245] Vgl. Albrecht Hesse: Rundfunkrecht. a.a.O., S. 336; Michael Rosenthal: Die Kompetenz der Europäischen Gemeinschaft für den rechtlichen Rahmen der Informationsgesellschaft. a.a.O., S. 134 f.; Alexander Tettenborn: Europäische Union: Rechtsrahmen für die Informationsgesellschaft. a.a.O., S. 21 f.

[1246] Vgl. ebd. S. 337

[1247] Richtlinie 2000/31/EG des Europäischen Parlaments und des Rates über bestimmte rechtliche Aspekte der Dienste der Informationsgesellschaft, insbesondere des elektronischen Geschäftsverkehrs, im Binnenmarkt vom 8.06.2000, ABl. L 178 vom 17.07.2000, S. 1

zur außergerichtlichen Beilegung von Streitigkeiten, Klagemöglichkeiten sowie die Zusammenarbeit zwischen den Mitgliedstaaten.

Der Anwendungsbereich der E-Commerce-Richtlinie ergibt sich aus den Regelungen des Art. 1 und den Begriffsbestimmungen des Art. 2 der Richtlinie. Die E-Commerce-Richtlinie verwendet den Begriff „Dienste der Informationsgesellschaft“ und definiert diesen in Art. 2 a) analog zur Transparenzrichtlinie.[1248] Somit übernimmt die E-Commerce-Richtlinie die Legaldefinition der zwei vorangegangener EU-Richtlinien.[1249] Als „Dienste der Informationsgesellschaft“ versteht das sekundäre Gemeinschaftsrecht demnach alle wirtschaftlich erbrachten elektronischen Dienste und Dienstleistungen, ohne zwischen übertragungstechnisch orientierten und inhaltlich-funktionalen geprägten Diensten zu unterscheiden.[1250] Ausgeschlossen von den „Diensten der Informationsgesellschaft“ sind gemäß den Bestimmungen der Transparenzrichtlinie der klassische Rundfunk, Hörfunk und Fernsehen. Hingegen zählen alle anderen audiovisuellen Angebote, die auf individuellen Abruf übermittelt werden, ausdrücklich zu den „Diensten der Informationsgesellschaft“ und somit in den Anwendungsbereich der Richtlinie.

Die zentralen Regelungen der E-Commerce-Richtlinie basieren maßgeblich auf der Kompetenzgrundlage der EU für die Gestaltung des grenzenlosen Binnenmarktverkehrs nach Art. 14 Abs. 2 EGV in Verbindung mit den Regelungskompetenzen für die Dienstleistungsfreiheit (Art. 49 ff. EGV) sowie die Niederlassungsfreiheit (Art. 43 ff.). In Anlehnung an das Sendestaatsprinzip der Fernsehrichtlinie beinhaltet die E-Commerce-Richtlinie das sog. Herkunftslandprinzip.[1251] Diesem Prinzip zufolge fallen Anbieter von Diensten in die Rechtshoheit desjenigen Mitgliedstaates, in dem der Anbieter seinen wirtschaftlichen Schwerpunkt hat. Irrelevant ist sowohl der Standort des technischen Equipments zur Verbreitung der Angebote als auch der Empfangsort des Dienstes. Dieses Prinzip wurde in der wissenschaftlichen Diskussion zunächst kontrovers diskutiert, da es aufgrund weiterhin anwendbarer einzelstaatlicher Regelungen zum Wettbewerb um die freizügigste Regelung komme könne, zum sog. „race to the bottom“.[1252] Unter praktischen Gesichtspunkten – insb. hin-

---

[1248] Siehe oben Kap. 8.3.2

[1249] Richtlinie 98/34/EG des Europäischen Parlaments und des Rates vom 22.06.1998 über ein Informationsverfahren auf dem Gebiet der Normen und technischen Vorschriften und der Vorschriften für die Dienste der Informationsgesellschaft, ABl. L 204 vom 21.07.1998, S. 37; Richtlinie 98/84/EG des Europäischen Parlaments und des Rates vom 20.11.1998 über den rechtlichen Schutz von zugangskontrollierten Diensten und von Zugangskontrolldiensten, ABl. L 320 vom 28.11.1998, S. 54

[1250] Eine weiterführende Darstellung der Begriffsdefinition sowie die Erörterung der Bedeutung dieser Anwendungsbestimmung für das deutsche Medienrecht folgt unten in Kap. 8.4.2.3

[1251] Vgl. Alexander Tettenborn: Europäischer Rechtsrahmen für den elektronischen Geschäftsverkehr. In: K&R Nr. 6 (1999), S. 252-258, S. 255 f.

[1252] Vgl. Andreas Hamann: Der Entwurf der E-Commerce-Richtlinie unter rundfunkrechtlichen Gesichtspunkten. In: ZUM Nr. 4 (2000), S. 290-297, S. 292; Frank-Erich Hufnagel / Norbert Nolte: Multimedia und Telekommunikation. In: AfP Nr. 2 (2001), S. 112-114, S. 112; Christoph

sichtlich der in Abschnitt I dargestellten technischen Funktionsweise des Internets – erscheint jedoch das Herkunftslandprinzip in Anbindung an den wirtschaftlichen Standort als einzig praktikable Lösung, um die Verantwortlichkeit der Diensteanbieter gewährleisten zu können.

Neben den primär auf die individuelle Kommunikation bezogenen Bestimmungen der Art. 6-8 sowie den vertragsrechtlichen Harmonisierungsbestimmungen der Art. 9-11 der E-Commerce-Richtlinie sind für den medienpolitischen Bereich vor allem der Grundsatz der Zulassungsfreiheit gemäß Art. 4, die allgemeinen Informationspflichten nach Art. 5 sowie die Regelungen der Verantwortlichkeit der Vermittler nach Art. 12-15 der Richtlinie von großer Bedeutung. Bemerkenswert sind weiterhin die in Art. 16 f. festgelegten Mechanismen zur Selbstregulierung der Dienste, die zum einen auf der Anwendung von Verhaltenkodizes basieren und zum anderen durch die Maßnahmen zur außergerichtlichen Beilegung von Streitigkeiten gekennzeichnet sind. Gemeinschaftliche oder einzelstaatliche Maßnahmen, die den freien Verkehr von Diensten der Informationsgesellschaft einschränken, dürfen analog Art. 3 Abs. 4 nur dann ergriffen werden, wenn sie zum Schutz der Ordnung, zum Jugendschutz, zum Schutz der öffentlichen Gesundheit, der öffentlichen Sicherheit und der Verbraucher erforderlich sind.

In der konkretisierten Begriffsbestimmung in Erwägungsgrund Nr. 18 der E-Commerce-Richtlinie deutet sich ein Spannungsfeld zwischen europäischen und nationalen (deutschen) Regulierungsvorstellungen an.[1253] Auch die inhaltliche Nähe zur Fernsehrichtlinie, deren Anwendungsbereich jedoch ausdrücklich von der E-Commerce-Richtlinie ausgeschlossen wird, deutet sich in der Ähnlichkeit von Sendestaat- und Herkunftslandprinzip an. Konfliktträchtig ist im wesentlichen die potenzielle Überschneidung der Anwendungsbereiche bei der Regelung der audiovisuellen Medien. Beide Richtlinien werden weiterhin nicht nur wirtschaftlich mit der Binnenmarktfunktion nach Art. 14 Abs. 2 EGV (ex-Art. 7 lit. a) begründet, die den freien Verkehr von Waren und Dienstleistungen sowie die Niederlassungsfreiheit gewährleistet, sondern auch gesellschaftspolitisch durch die integrative Funktion der „Dienste der Informationsgesellschaft“, bzw. des Fernsehens. In der Begründung der E-Commerce-Richtlinie[1254] wird in Abs. 4 Bezug auf die Fernsehrichtlinie genommen. Dort heißt es:

Glatt: Vertragsschluß im Internet. Die Artikel 9 bis 11 der E-Commerce-Richtlinie und ihre Umsetzung im deutschen Recht. In: ZUM Nr. 5 (2001), S. 390-397; Gerhard Spindler: Verantwortlichkeit von Diensteanbietern nach dem Vorschlag einer E-Commerce-Richtlinie. In: MMR Nr. 4 (1999), S. 199-207, S. 200 ff.; Thomas Hoeren: Vorschlag für eine EU-Richtlinie. Eine erste kritische Analyse. In: MMR Nr. 4 (1999), S. 192-199, S. 198 f.; Bernd Schauer: Electronic Commerce in der EU. Wien 1999, S. 173 ff., S. 213 f.; Alexander Tettenborn: Europäischer Rechtsrahmen für den elektronischen Geschäftsverkehr. a.a.O., S. 258

[1253] Vgl. Christoph Glatt: Vertragsschluß im Internet. a.a.O., S. 397

[1254] Richtlinie 2000/31/EG, ABl. L 178 vom 8.06.2000, S. 1

„Es ist wichtig zu gewährleisten, dass der elektronische Geschäftsverkehr die Chancen des Binnenmarktes voll nutzen kann und dass somit ebenso wie mit der Richtlinie 89/552/EWG des Rates vom 3. Oktober zur Koordinierung bestimmter Rechts- und Verwaltungsvorschriften der Mitgliedstaaten über die Ausübung der Fernsehtätigkeit[1255] ein hohes Niveau der gemeinschaftlichen Integration erzielt wird."

8.3.4 Urheberrecht-Richtlinie zur Informationsgesellschaft (2001)

Das Urheberrecht hat auf nationaler, europäischer und internationaler Ebene durch die Globalisierung und die Digitalisierung von Medieninhalten sowie die Verbreitung des Internets an Bedeutung gewonnen. Die urheberrechtliche Problematik ist zum einen durch ihre rechtliche Komplexität, zum anderen durch das Spannungsfeld divergenter Interessen gekennzeichnet. Da das Urheberrecht nicht zur Medienpolitik i.e.S.[1256] zu zählen ist, wird nachfolgend nur insoweit ein Einblick in die urheberechtlichen Bestimmungen auf EU-Ebene gegeben, als dies für die Konvergenzproblematik von medienpolitischem Interesse ist.

Nachdem urheberechtliche Regelungen aus der EG-Fernsehrichtlinie von 1989 ausgeklammert wurden, hat die EU 1992 und 1993 drei weitere Richtlinien verabschiedet, die auf den audiovisuellen Bereich anwendbar sind und auf eine Teil-Harmonisierung des Urheberechts zielen.[1257] Die Richtlinie zur Koordinierung bestimmter urheber- und leistungsschutzrechtlicher Vorschriften betreffend Satellitenrundfunk und Kabelweiterverbreitung,[1258] die auf die sog. Coditel I-Entscheidung[1259] zurückgeht, wurde 1993 als Ergänzung der Fernsehrichtlinie erlassen, um dem Ziel der Schaffung eines europäischen audiovisuellen Raums zu dienen.[1260] Mit dem Grünbuch über Urheberrecht und

---

[1255] Richtlinie 89/552/EWG, ABl. L 298 vom 17.10.1989, S.23; Richtlinie geändert durch die Richtlinie 97/36/EG, ABl. L 202 vom 30.07.1997

[1256] Siehe oben Kap. 6.1

[1257] Richtlinie 92/100/EWG des Rates vom 19.11.1992 zum Vermietrecht und Verleihrecht sowie zu bestimmten dem Urheberrecht verwandten Schutzrechten im Bereich des geistigen Eigentums, ABl. L 346 vom 27.11.1992, S. 61; Richtlinie 93/83/EWG des Rates vom 27.09.1993 zur Koordinierung bestimmter urheber- und leistungsschutzrechtlicher Vorschriften betreffend Satellitenrundfunk und Kabelweiterverbreitung, ABl. L248 vom 06.10.1993, S. 15; Richtlinie 93/98/EWG des Rates vom 29.10.1993 zur Harmonisierung der Schutzdauer des Urheberrechts und bestimmter verwandter Schutzrechte, ABl. L 290 vom 24.11.1993, S. 9

[1258] Richtlinie 93/83/EWG, ABl. L 248 vom 06.10.1993

[1259] EuGH Slg. 1980, 881 (Coditel I-Entscheidung)

[1260] Die Ausgestaltung der Urheber- und Leistungsschutzrechte sowie des Urheberpersönlichkeitsrechts und die Reichweite des Urheberrechts bleiben den Mitgliedstaaten vorbehalten. Somit bedingt die Richtlinie keine Harmonisierung des gesamten Urheber- und Leistungsschutzrechts im Rundfunkbereich. Die Umsetzung in deutsches Recht wurde insb. durch die §§ 20 bis 20 b des Urheberechtsgesetzes vollzogen. Vgl. Dieter Dörr: Europäische Medienordnung und - politik, a.a.O., S. 76

verwandte Schutzrechte in der Informationsgesellschaft von 1995[1261] setzte die EU-Kommission eine Diskussion über die grundsätzlichen Urheberrechtsprobleme der neuen elektronischen Dienste in Gang. Die internationale Urheberrechtsorganisation WIPO (World Intellectual Property Organisation) verabschiedete im Dezember 1996 zwei völkerrechtliche Verträge, die sog. Internet-Verträge WCT (WIPO Copyright Treaty) und WPPT (WIPO Performance and Phonograms Treaty). Beide Verträge nehmen Bezug auf die urheberrechtlichen Probleme der Dienste im Internet, die das Territorialitätsprinzip des Urheberrechts faktisch außer Kraft setzen.[1262] Diesen Verträgen und dem Grünbuch der EU-Kommission folgte 1997 ein erster Richtlinienvorschlag zur Harmonisierung bestimmter Aspekte des Urheberrechts und der verwandten Schutzrechte in der Informationsgesellschaft,[1263] um die Vorgaben der internationalen Urheberrechtsverträge WCT und WPPT zu erfüllen.[1264]

Nach einem geänderten Richtlinienvorschlag im Mai 1999[1265], weiteren Konsultationen und einer kontroversen Diskussion[1266] wurde schließlich im Juni 2001 die Richtlinie zur Harmonisierung bestimmter Aspekte des Urheberrechts und der verwandten Schutzrechte in der Informationsgesellschaft verabschiedet.[1267] Die Urheberrichtlinie trägt nach Auffassung der EU-Kommission gemeinsam mit der E-Commerce-Richtlinie[1268] zu einem angestrebten harmonisierten Rechtrahmen bei, der auf die Förderung und Entwicklung der Informationsgesellschaft zielt.[1269] Die Richtlinie stützt sich dabei nicht nur auf die wirtschaftlichen Kompetenzen der EU wie die Binnenmarktfunktion nach

---

1261 Grünbuch – Urheberrecht und verwandte Schutzrechte in der Informationsgesellschaft, KOM (95) 382 endg.

1262 Vgl. Carsten Intveen: Internationales Urheberrecht und Internet. Zur Frage des anzuwendenden Urheberrechts bei grenzüberschreitenden Datenübertragungen. Baden-Baden 1999, S. 56 ff.

1263 Vorschlag für eine Richtlinie des Europäischen Parlaments und des Rates zur Harmonisierung bestimmter Aspekte des Urheberrechts und der verwandten Schutzrechte in der Informationsgesellschaft, KOM (1997) 628 endg., 1997/0359 (COD)

1264 Vgl. Thomas Hoeren: Entwurf einer EU-Richtlinie zum Urheberrecht in der Informationsgesellschaft. Überlegungen zum Zwischenstand der Diskussion. In: MMR Nr. 9 (2000), S. 515-521, S. 515 f.; Carsten Intveen: Internationales Urheberrecht und Internet. a.a.O., S. 64 f.; Silke von Lewinski: Die Multimedia-Richtlinie. Der EG-Richtlinienvorschlag zum Urheberrecht in der Informationsgesellschaft. In: MMR Nr. 3 (1998), S. 115-119, S. 115 f.

1265 Geänderter Vorschlag für eine Richtlinie des Europäischen Parlaments und des Rates zur Harmonisierung bestimmter Aspekte des Urheberrechts und der verwandten Schutzrechte in der Informationsgesellschaft, KOM (1999) 250 endg., 97/0359 (COD)

1266 Vgl. Thomas Hoeren: Entwurf einer EU-Richtlinie zum Urheberrecht in der Informationsgesellschaft. a.a.O., S. 515 f.; Bernd Holznagel / Ina Holznagel: Zukunft der Haftungsregeln für Internet-Provider. Eine Kritik des Electronic Commerce-Richtlinienentwurfs vom 18.11.1998. In: K&R Nr. 3 (1999), S. 103-112, S. 111 f.

1267 Richtlinie 2001/29/EG des Europäischen Parlaments und des Rates vom 22.05.2001 zur Harmonisierung bestimmter Aspekte des Urheberrechts und der verwandten Schutzrechte in der Informationsgesellschaft, ABl. L 167 vom 22.06.2001, S. 10

1268 Richtlinie 2000/31/EG, ABl. L 178 vom 17.07.2000, S. 1

1269 Presse-Mitteilung der Kommission IP/01/528 der Kommission vom 9.04.2001 – Kommission begrüßt Richtlinie zum Urheberrecht der Informationsgesellschaft, S. 1 ff.

Art. 14 Abs. 2 EGV (ex-Art. 7 lit. a EGV), sondern in Einzelfragen ausdrücklich auch auf die Kulturkompetenz der EU nach Art. 151 EGV (ex-Art. 128 EGV).[1270] Als „austarierter Kompromiss“ zwischen den Interessen der Rechteinhaber (Urheber, Künstler, Urheberrechtsindustrie) und den Interessen der Nutzer, Verbraucher und Gesellschaft intendiert die verabschiedete Richtlinie, sichere Rahmenbedingungen für den innergemeinschaftlichen Handel mit urheberrechtlich geschützten Waren und Leistungen zu schaffen.[1271] Im einzelnen zielt die Richtlinie auf eine Harmonisierung des Verbreitungs-, Vervielfältigungs- und Widergaberechts, des Rechtsschutzes für Kopierschutzeinrichtungen und die Rechteverwertung. Weiterhin berücksichtigt die Richtlinie die besondere technische Funktionsweise des Internets, indem sie ausdrücklich netzvermittelte Vervielfältigungen vom ausschließlichen Vervielfältigungsrecht ausnimmt, sofern sie als unerlässlicher Teil eines technischen Verfahrens erfolgen. Zu den weiteren Ausnahmen des ausschließlichen Vervielfältigungsrechts zählt eine abschließende fakultative Liste mit weiteren Ausnahmen vom Urheberrechtsschutz, darunter auch der besondere zwischenstaatliche Streitpunkt der privaten Vervielfältigungen.[1272] Weiterhin beinhaltet die Richtlinie erstmals ein Konzept zur angemessenen Vergütung der Rechtsinhaber für die drei Fälle Fotokopie, private Vervielfältigung und Wiedergabe von Rundfunk-Sendungen in bestimmten gesellschaftlichen Einrichtungen, sowie eine Kompromisslösung im Spannungsbereich der Kopierschutzeinrichtungen und der genannten Ausnahmenregelungen, z.B. bei digitalen Antikopiersystemen und Vervielfältigungshandlungen für Schulen.[1273] Die im Juni 2001 in Kraft getretene Urheberrichtlinie ist binnen 18 Monaten von den Mitgliedstaaten in innerstaatliches Recht umzusetzen. Erlass und Umsetzung der Richtlinie ermöglicht der Gemeinschaft sowie den Mitgliedstaaten die bereits unterzeichneten internationalen WIPO-Verträge nun zu ratifizieren.[1274]

8.3.5 Richtlinien zur Telekommunikation (1988 – 1999)

Im Rahmen der Liberalisierung des Telekommunikationsmarktes hat die EU in den 90er Jahren ein umfangreiches Gesetzgebungspaket in Form von Liberalisierungs-Richtlinien gemäß Art. 86 Abs. 3 EGV (ex-Art. 90 EGV) und Harmonisierungsrichtlinien gemäß Art. 95 EGV (ex-Art. 100 lit. a) verabschiedet, um sowohl die Infrastruktur als auch die Dienste im Bereich der Telekommunikation für den Wettbewerb zu öffnen und einen gemeinsamen, europäischen

[1270] Vgl. Abs. 12 der Begründung der Richtlinie 2001/29/EG, ABl. L 167 vom 22.06.2001, S. 10

[1271] Vgl. ebd., S. 1; Abs. 1 der Begründung der Richtlinie 2001/29/EG, ABl. L 167 vom 22.06.2001, S. 10

[1272] Vgl. Thomas Hoeren: Entwurf einer EU-Richtlinie zum Urheberrecht in der Informationsgesellschaft. a.a.O., S. 515 f.

[1273] Presse-Mitteilung der Kommission IP/01/528 der Kommission vom 9.04.2001 – Kommission begrüßt Richtlinie zum Urheberrecht der Informationsgesellschaft, S. 3

[1274] Vgl. ebd., S. 2; Abs. 15 der Begründung der Richtlinie 2001/29/EG, ABl. L 167 vom 22.06.2001, S. 10

Telekommunikationsmarkt zu schaffen.[1275] Zu den einschlägigen Richtlinien im Bereich der Liberalisierung der Telekommunikationsmärkte gehören die Endgeräte-Liberalisierungsrichtlinie, die Diensterichtlinie, die Satellitenrichtlinie, die Kabelrichtlinie, die Mobilfunkrichtlinie, die Wettbewerbsrichtlinie sowie die Kabelnetz-Richtlinie.[1276] Zu den einschlägigen Richtlinien im Bereich der Harmonisierung der rechtlichen Rahmenbedingungen gehören die OPN-Richtlinie, die Mietleitungsrichtlinie, die Genehmigungsrichtlinie, die Zusammenschaltungsrichtlinie, die Datenschutzrichtlinie, die Sprachtelefon-Richtlinie, die S-PCS-Genehmigungsentscheidung sowie die UMTS-Entscheidung.[1277]

1275 Vgl. Arbeitsdokument der Kommissionsdienststellen vom 18.10.1998 – Europas liberalisierter Telekommunikationsmarkt – Ein leitfaden zu den Spielregeln. o.A.; Robert Klotz: Auf dem Weg zu einem europäischen Multimediarecht. a.a.O., S. 445 f.; Joachim Scherer: Das deutsche Telekommunikationsgesetz und sein europarechtlicher Rahmen. a.a.O., S. 61 ff.; Bernd Holznagel / Axel Bysikiewicz / Christoph Enaux / Christian Niehaus: Grundzüge des Telekommunikationsrechts. a.a.O., S. 215 ff.; Albrecht Hesse: Rundfunkrecht. a.a.O., S. 325 ff.

1276 Richtlinie 88/301/EWG der Kommission vom 16.03.1988 über den Wettbewerb auf dem Markt für Telekommunikations-Endgeräte, ABl. L 131 vom 27.05.1988, S. 73; Richtlinie 90/388/EWG der Kommission vom 28. Juni 1990 über den Wettbewerb auf dem Markt für Telekommunikationsdienste, ABl. L 192 vom 24.07.1990, S. 10; Richtlinie 94/46/EG der Kommission vom 13.10.1994 zur Änderung der Richtlinien 88/301/EWG und 90/388/EWG, insbesondere betreffend die Satelliten-Kommunikation, ABl. L 268 vom 19.10.1994, S. 15; Richtlinie 95/51/EG der Kommission vom 19.10.1995 zur Änderung der Richtlinie 90/388/EWG hinsichtlich der Aufhebung der Einschränkungen bei der Nutzung von Kabelfernsehnetzen für die Erbringung bereits liberalisierter Telekommunikationsdienste, ABl. L 256 vom 26.10.1995, S. 49; Richtlinie 96/2/EG der Kommission vom 16.01.1996 zur Änderung der Richtlinie 90/388/EWG betreffend die mobile Kommunikation und Global Communications, ABl. L 20 vom 26.1.1996, S. 13; Richtlinie 96/64/EG der Kommission vom 23.06.1996 zur Änderung der Richtlinie 90/388/EWG hinsichtlich der Einführung des vollständigen Wettbewerbs auf den Telekommunikationsmärkten, ABl. L 74 vom 22.03.1996, S. 13; Richtlinie 1999/64/EG der Kommission vom 23. Juni 1999 zur Änderung der Richtlinie 90/388/EWG im Hinblick auf die Organisation ein- und demselben Betreiber gehörender Telekommunikations- und Kabelfernsehnetze in rechtlich getrennten Einheiten, ABl. L 175 vom 10.07.1999, S. 39

1277 Richtlinie 97/51/EG des Europäischen Parlaments und des Rates vom 6.10.1997 zur Änderung der Richtlinien 90/387/EWG und 92/44/EWG des Rates zwecks Anpassung an ein wettbewerbsorientiertes Telekommunikationsumfeld, ABl. L 295 vom 29.10.1997, S. 23; Richtlinie 92/44/EWG des Rates vom 5.06.1992 zur Einführrung des offenen Netzzugangs bei Mietleitungen, ABl. L 165 vom 19.06.1992, S. 27; Richtlinie 97/13/EG des Europäischen Parlaments und des Rates vom 10.04.1997 über einen gemeinsamen Rahmen für Allgemein- und Einzelgenehmigungen für Telekommunikationsdienste, ABl. L 117 vom 07.05.1997, S. 15; Richtlinie 97/33/EG des Europäischen Parlaments und des Rates vom 30.06.1997 über die Zusammenschaltung in der Telekommunikation im Hinblick auf die Sicherstellung eines Universaldienstes und der Interoperabilität durch Anwendung der Grundsätze für einen offenen Netzzugang (ONP), ABl. L 199 vom 26.07.1997, S. 32; Richtlinie 97/66/EG des Europäischen Parlaments und des Rates vom 15.12.1997 über die Verarbeitung personenbezogener Daten und den Schutz der Privatsphäre im Bereich der Telekommunikation, ABl. L 24 vom 30.01.1998, S. 1; Richtlinie 98/10/EG des Europäischen Parlaments und des Rates vom 26.02.1998 über die Anwendung des offenen Netzzugangs (ONP) beim Sprachtelefondienst und den Universaldiensten im Telekommunikationsbereich in einem wettbewerbsorientierten Umfeld (ersetzt die Richtlinie 95/62/EG des Europäischen Parlaments und des Rates), ABl. L 101 vom 01.04.1997, S. 41; Entscheidung Nr. 710/97/EG des Europäischen Parlaments und des Rates vom 24.03.1997 über ein koordiniertes Genehmigungskonzept für satellitengestützte persönliche Kommunikationsdienste in der Gemeinschaft, ABl. L 105 vom 23.04.1997; Entscheidung Nr. 128/1999/EG des

Die Richtlinien zur Telekommunikation entsprechen im wesentlichen sektorspezifischen Regelungen und sind folglich nicht unmittelbar auf andere Bereiche, etwa auf den Rundfunk, anzuwenden.[1278] In Folge der Konvergenzentwicklung der Übertragungsplattformen wirken sich jedoch die Regelungen des liberalisierten Telekommunikationssektors auch auf angrenzende Bereiche aus, etwa durch die besondere Bedeutung des Wettbewerbsrechts (Wettbewerbsrichtlinie[1279]), die harmonisierten Regeln für die Schaffung eines europäischen Marktes nach gemeinsamen Grundsätzen für den Zugang zu Netzen und Diensten (OPN-Richtlinie[1280]), sowie einheitlichen Normen für Dienste und Technologien.[1281]

Nachdem die genannten Richtlinien in das innerstaatliche Recht der Mitgliedstaaten umgesetzt wurde, konzentriert sich die EU-Kommission auf zwei Aspekte im Bereich der Telekommunikationspolitik: Zum einen überwacht die Kommission die Richtlinienumsetzung sowie die Entwicklung des Telekommunikationssektors in regelmäßig veröffentlichten Berichten. Zum anderen beginnt die Kommission mit der Überarbeitung des Ordnungsrahmens des vollständig liberalisierten Telekommunikationssektors, um das Regelwerk zu vereinfachen und an die neuen Entwicklungen anzupassen.[1282] Laut Kommission wird dabei das Internet in die europäischen Rechtsetzungsvorhaben einbezogen, um der besonderen wirtschaftlichen Bedeutung der Informations- und Kommunikationstechnologie gerecht zu werden.[1283] Ziel der EU-Kommission

---

Europäischen Parlaments und des Rates vom 14.12.1998 über die koordinierte Einführung eines Drahtlos- und Mobilkommunikationssystems (UMTS) der dritten Generation in der Gemeinschaft, ABl. 17 vom 22.01.1999, S. 1

1278 Einen konzisen Überblick über die Telekommunikationsrichtlinien gibt: Bernd Holznagel / Axel Bysikiewicz / Christoph Enaux / Christian Niehaus: Grundzüge des Telekommunikationsrechts. a.a.O., S. 215 ff.

1279 Richtlinie 96/64/EG, ABl. L 74 vom 22.03.1996, S. 13

1280 Richtlinie 97/33/EG, ABl. L 101 vom 01.04.1997, S. 41; Richtlinie 97/51/EG, ABl. L 295 vom 29.10.1997, S. 23

1281 Vgl. Bernd Holznagel / Axel Bysikiewicz / Christoph Enaux / Christian Niehaus: Grundzüge des Telekommunikationsrechts. a.a.O., S. 218

1282 Mitteilung der Kommission an das Europäische Parlament, den Rat, den Wirtschafts- und Sozialausschuss und den Ausschuss der Regionen – Fünfter Bericht über die Umsetzung des Reformpakets für den Telekommunikationssektor, KOM (1999) 537 endg.; Mitteilung der Kommission an den Rat, das Europäische Parlament, den Wirtschafts- und Sozialausschuss und den Ausschuss der Regionen – Sechster Bericht über die Umsetzung des Reformpakets für den Telekommunikationsektors. KOM (2000) 814 eng.; Mitteilung der Kommission über die Ergebnisse der öffentlichen Anhörung zum Kommunikationsbericht 1999 und Leitlinien für den neuen Rechtsrahmen, KOM 2000 (239) endg.; Mitteilung der Kommission an den Rat und das Europäische Parlament - eEurope 2002 - Aktueller Stand Vorlage der Europäischen Kommission für die Tagung des Europäischen Rates am 7./8. Dezember 2000 in Nizza, KOM (2000) 783 endg.; Mitteilung der Kommission an den Rat und das Europäische Parlament - eEurope 2002: Auswirkungen und Prioritäten. Eine Mitteilung an die Frühjahrstagung des Europäischen Rates in Stockholm am 23.- 24. März 2001, KOM (2001) 140 endg.

1283 Mitteilung der Kommission an den Rat und das Europäische Parlament - eEurope 2002: Auswirkungen und Prioritäten. Eine Mitteilung an die Frühjahrstagung des Europäischen Rates in Stockholm am 23.- 24. März 2001, KOM (2001) 140 endg., S. 3

ist, einen einheitlichen europäischen Rechtsrahmen für die elektronischen Kommunikationsnetze und –dienste zu schaffen. In den Mitteilungen und der sog. Initiative „eEurope" wird zugleich deutlich, dass sich die Aktivitäten der Kommission weit über den wirtschaftlichen Aspekt hinaus auch auf die gesellschaftspolitischen Fragestellungen beziehen. Zu den gesellschaftspolitischen Bereichen im Rahmen der Informationsgesellschaft zählen die Fertigkeiten für das elektronische Lernen („eLearning"), das elektronische Arbeiten („eWorking"), der elektronische Zusammenhalt („eConclusion") sowie elektronische Behördendienste („eGovernment").[1284] Die Kontroverse um die Reichweite eines harmonisierten, europäischen Ordnungsrahmens für den Kommunikationssektor, der nicht nur die „klassische" Telekommunikation sondern auch ihre Dienste, Funktionen und Inhalte einbezieht, steht erst am Anfang und wird sich erheblich auf die medienpolitische Diskussion um die Kompetenzlagen zwischen EU, Bund und Ländern auswirken.[1285]

8.3.6 Der Richtlinien-Vorschlag über einen einheitlichen Rechtsrahmen für Kommunikationsnetze und –dienste (2000/2001)

Nach Abschluss der Liberalisierung des europäischen Telekommunikationsmarktes konzentriert sich die kommunikationspolitische Arbeit der EU-Kommission zum einen auf die Überprüfung der einzelstaatlichen Implementierung der Richtlinien,[1286] zum anderen auf eine Vereinfachung des regulatorischen Rahmens sowie der Anpassung an technologische und wirtschaftliche Entwicklungen.[1287] Die jüngsten Aktivitäten der EU-Kommission im Bereich der elektronischen Kommunikation gehen auf das Grünbuch zur Konvergenz von 1997[1288] sowie die Ergebnisse der öffentlichen Konsultationen zur Konvergenz von 1998[1289] zurück. Die Absicht zur Überarbeitung des Ordnungsrahmens für den gesamten Kommunikationssektor sind dem sog. „Review 1999"[1290] zu entnehmen, der nicht nur eine Überprüfung der ONP-Richtlinien vornimmt, sondern das gesamte Richtlinien-Regelungswerk im Bereich der Telekommunika-

---

[1284] Ebd., S.13 ff., S.

[1285] Vgl. Albrecht Hesse: Rundfunkrecht. a.a.O., S.45 f.; Joachim Scherer: Das deutsche Telekommunikationsgesetz und sein europarechtlicher Rahmen. a.a.O., S. 80 f.; Alexander Schaub: Europäische Wettbewerbsaufsicht über die Telekommunikation. a.a.O., S. 214; Alfred Büllesbach: Telekommunikation und Recht. In: Alfred Büllesbach (Hrsg.): Datenschutz im Telekommunikationsrecht. Deregulierung und Datensicherheit in Europa. Köln 1997, S. 11-30, S. 26 f.

[1286] KOM (1999) 537 endg.; KOM (2000) 814 endg.

[1287] KOM (2000) 239 endg.; KOM (2000) 783 endg.; KOM (2001) 140 endg.

[1288] Grünbuch zur Konvergenz der Branchen Telekommunikation, Medien und Informationstechnologien und ihre ordnungspolitischen Auswirkungen. KOM (1997) 623 endg.

[1289] Arbeitsdokument der Kommission - Zusammenfassung der Ergebnisse der öffentlichen Konsultation zum Grünbuch der Konvergenz der Branchen Telekommunikation, Medien und Informationstechnologien. SEC (1998) 1284

[1290] Mitteilung der Kommission an den Rat, das Europäische Parlament, den Wirtschafts- und Sozialausschuss und den Ausschuss der Regionen - Entwicklung neuer Rahmenbedingungen für elektronische Kommunikationsinfrastrukturen und zugehörige Dienste - Kommunikationsbericht 1999, KOM (1999) 539 endg.

tion umfasst.[1291] Im sog. „Review 1999", einem Kommunikationsbericht über die technologischen und marktspezifischen Veränderungen im Konvergenzbereich von Telekommunikation, Medien und Informationstechnologien, weist die EU-Kommission auf die wirtschaftliche, aber auch auf die soziale und kulturelle Bedeutung des Kommunikationssektors hin. In den Ergebnissen der öffentlichen Anhörung zum Kommunikationsbericht 1999 formuliert die EU-Kommission Leitlinien für einen neuen Rechtsrahmen im Bereich der Kommunikationsnetze und -dienste.[1292] Den vorausgegangenen Konsultationen und diesen Leitlinien entsprechen weitestgehend die im Juni 2000 veröffentlichten Richtlinienvorschläge für einen einheitlichen Ordnungsrahmen für Kommunikationsnetze und -dienste. Dieser Ordnungsrahmen besteht aus einer Rahmenrichtlinie[1293] und vier spezifischen Richtlinien, die sich mit Genehmigungen, Zugang und Zusammenschaltung, Universaldienst und Verbraucher- und Benutzerrechten sowie Datenschutz im Kommunikationsbereich beschäftigen.[1294] Dieser Ordnungsrahmen aus insgesamt 5 Richtlinien intendiert, die 22 Richtlinien und Empfehlungen im Bereich der Telekommunikation zu ersetzen.

Im Zuge des Mitentscheidungsbefugnis des Parlaments und des Rates gemäß Art. 251 Abs. 2 EGV (ex-Art. 189 lit. b EGV) und einer Reihe von Änderungsanträgen, die in erster Lesung im Parlament am 1. März 2001 verabschiedet wurden, legte die EU-Kommission am 4. Juli 2001 einen geänderten Vorschlag für die Richtlinie über einen gemeinsamen Rechtsrahmen für elektronische Kommunikationsnetze und –dienste[1295] (Rahmenrichtlinie) sowie Änderungsvorschläge zu zwei der vier genannten spezifischen Richtlinien vor.[1296] Die ge-

---

[1291] Vgl. Dietrich Beese / Jutta Merkt: Europäische Union zwischen Konvergenz und Re-Regulierung. Die neuen Richtlinienentwürfe der Kommission. In: MMR Nr.9 (2000), S.532-537, S. 534; Robert Klotz: Auf dem Weg zu einem europäischen Multimediarecht. a.a.O., S. 446

[1292] Mitteilung der Kommission über die Ergebnisse der öffentlichen Anhörung zum Kommunikationsbericht 1999 und Leitlinien für den neuen Rechtsrahmen, KOM 2000 (239) endg.

[1293] Vorschlag für eine Richtlinie des Europäischen Parlaments und des Rates über einen gemeinsamen Rechtsrahmen für elektronische Kommunikationsnetze und –dienste, KOM (2000) 393 endg., 2000/0184 (COD)

[1294] Vorschlag für eine Richtlinie des Europäischen Parlaments und des Rates über den Zugang zu elektronischen Kommunikationsnetzen und zugehörigen Einrichtungen sowie deren Zusammenschaltung, KOM (2000) 384 endg., 2000/0186 (COD); Vorschlag für eine Richtlinie des Europäischen Parlaments und des Rates über die Verarbeitung personenbezogener Daten und den Schutz der Privatsphäre in der elektronischen Kommunikation, KOM (2000) 385 endg., 2000/0189 (COD); Vorschlag fuer eine Richtlinie des Europäischen Parlmanents und des Rates über die Genehmigung elektronischer Kommunikationsnetze und –dienste, KOM (2000) 386 endg., 2000/0188 (COD); Vorschlag fuer eine Richtlinie des Europäischen Parlaments und des Rates über den Universaldienst und Nutzerrechte bei elektronischen Kommunikationsnetzen und –diensten, KOM (2000) 392 endg., 2000/0183 (COD)

[1295] Geänderter Vorschlag für eine Richtlinie des Europäischen Parlaments und des Rates über einen gemeinsamen Rechtsrahmen für elektronische Kommunikationsnetze und –dienste, KOM (2001) 380 endg., 2000/0184 (COD)

[1296] Geänderter Vorschlag für eine Richtlinie des Europäischen Parlaments und des Rates über den Zugang zu elektronischen Kommunikationsnetzen und zugehörigen Einrichtungen sowie deren Zusammenschaltung, KOM (2001) 369 endg., 2000/0186 (COD); Geänderter Vorschlag für

änderten Bestimmungen dienen vorwiegend der Klärung und Konsolidierung der im ursprünglichen Vorschlag enthaltenen Bestimmungen. Ob das geänderte Richtlinien-Paket in der vorliegenden Ausgestaltung in Kraft treten wird, unterliegt erneut dem Mitentscheidungsverfahren gemäß Art. 251 Abs. 2 EGV und könnte Ende 2001 in Kraft treten.

Der neue Ordnungsrahmen, bestehend aus der Rahmenrichtlinie und vier spezifischen Richtlinien, vereinfacht nicht nur das bislang geltende Gesetzespaket, sondern zielt auch auf eine weitere Harmonisierung des europäischen Kommunikationssektors. Zugleich zielt der neue Ordnungsrahmen auf eine verstärkte Anwendung der Wettbewerbsregeln.[1297] Hierzu unternimmt der Rahmenrichtlinien-Vorschlag eine Neuverteilung der Kompetenzen zwischen EU und Mitgliedstaaten. Dabei sieht das neue Richtlinien-Paket nach Art. 6, 7 und 14 der Rahmenrichtlinie im Spannungsfeld von Harmonisierung und Subsidiarität eine Kompetenzverschiebung zwischen den nationalen Regulierungsbehörden für die Telekommunikation einerseits (in Deutschland die RegPT und das Bundeskartellamt) und der EU andererseits zugunsten der EU-Kommission vor.[1298]

Analog Art. 1 Abs. 1 der Rahmenrichtlinien-Vorschlags ist das Ziel des neuen Richtlinien-Pakets die Schaffung eines vereinfachten, einheitlichen Rechtsrahmens für den Kommunikationssektor. Der Geltungsbereich des Regelungswerkes umfasst sowohl die Übertragungsinfrastruktur, die sog. „Kommunikationsnetze“, als auch „Kommunikationsdienste“. Analog Art. 2 lit. b) des Rahmenrichtlinien-Vorschlags[1299] bezeichnet der Begriff „elektronische Kommunikationsdienste“

„gegen Entgelt erbrachte Dienste, die ganz oder überwiegend in der Übertragung und Leitweglenkung von Signalen über elektronische Kommunikationsnetze bestehen, einschließlich Telekommunikations- und Übertragungsdienste in Rundfunknetzen, nicht aber Dienste, die Inhalte über elektronische Kommunikationsnetze und –dienste anbieten oder eine redaktionelle Kontrolle über sie ausüben.“

Somit sieht die europäische Legaldefinition des Ausdrucks „elektronische Kommunikationsdienste“ eine Abgrenzungssystematik anhand der Kategorien Übertragung und Inhalt vor. Auch in der Erläuterung zu den wichtigsten Änderungen des geänderten Richtlinienvorschlags[1300] hebt die Kommission hervor, dass die Regelungswerke der Mitgliedstaaten für Dienste, die Inhalte bereit-

eine Richtlinie des Europäischen Parlaments und des Rates über die Genehmigung elektronischer Kommunikationsnetze und -dienste, KOM (2001) 372 endg., 2000/0188 (COD)

1297 Vgl. Bernd Holznagel / Axel Bysikiewicz / Christoph Enaux / Christian Niehaus: Grundzüge des Telekommunikationsrechts. a.a.O., S. 236 ff.

1298 Vgl. Dietrich Beese / Jutta Merkt: Europäische Union zwischen Konvergenz und Re-Regulierung. Die neuen Richtlinienentwürfe der Kommission. a.a.O., S. 534

1299 KOM (2001) 380 endg.

1300 Ebd.

stellen oder redaktionell kontrollieren, unberührt bleiben. Analog Erwägungsgrund Nr. 7 der Rahmenrichtlinie sind Rundfunkdienste, Finanzdienste sowie bestimmte Dienste der Informationsgesellschaft von den Regelungen ausgenommen. In Erwägungsgrund Nr. 9 wird darauf hingewiesen, dass die „Dienste der Informationsgesellschaft" weiterhin der E-Commerce-Richtlinie[1301] unterliegen sollen. Dennoch betont der Richtlinienvorschlag sowohl in der Begründung der Änderung als auch in Erwägungsgrund Nr. 7, dass „weiterhin die Verbindungen zwischen der Regulierung von Inhalten und der Übertragung Rechnung getragen werden muss, um Wettbewerb, Medienpluralismus, kulturelle Vielfalt und Verbraucherschutz zu gewährleisten." Hierin scheint der eigentliche Unterschied zwischen einem einheitlichen Ordnungsrahmen für die „Telekommunikation" und einem Ordnungsrahmen für die „Kommunikation" zu liegen. Dieser Abgrenzungsproblematik kommt dann medienpolitische Bedeutung zu, wenn der Regelungsvorschlag unter bestimmten Umständen möglicherweise doch Medieninhalte erfasst. Sollten die Inhalte jedoch gänzlich aus dem Geltungsbereich der Richtlinie ausgeschlossen sein, stellt sich die medienpolitische Frage, ob es zu einer „Inhalte-Richtlinie" kommt, die der Konvergenzentwicklung Rechnung trägt und möglicherweise auf der Fernsehrichtlinie basiert.

8.4 Die Internetangebote der klassischen Medien im europäischen Recht

Die Internetangebote der klassischen Medien durchdringen die Grenzziehungen von Individual- und Massenkommunikation, Rundfunk und Telekommunikation. Sie werden daher in dieser Arbeit exemplarisch für das Phänomen der Konvergenz betrachtet, um die gemeinschaftsrechtlichen Bestimmungen tatbestandlich zu diskutieren. Analog zur Einordnung der Internetangebote klassischer Medien in das deutsche Medienrecht, wird nachfolgend erörtert, welche der dargestellten primärrechtlichen und sekundärrechtlichen Rechtsgrundlagen sich auf die Internetangebote der klassischen Medien auswirken. Während das Primärrecht unmittelbaren Einfluss auf die Kompetenzzuweisung für Internetangebote haben kann, wirkt sich das Sekundärrecht durch die Umsetzung der Richtlinien in nationales Recht aus. Daher sind die sekundärrechtlichen Bestimmungen nachfolgend unter Berücksichtigung der geltenden nationalen Regelungswerke zu beurteilen.

8.4.1 Primäres Gemeinschaftsrecht und die Internetangebote der klassischen Medien

In den Kompetenzbereich der EU fallen die Internetangebote der klassischen Medien grundsätzlich, soweit sie einen wirtschaftlichen Tatbestand des Gemeinsamen Marktes nach Art. 2 EGV (ex-Art. 2 EGV) darstellen.[1302] Das primäre Gemeinschaftsrecht unterscheidet im Gegensatz zum deutschen Recht nicht

[1301] Richtlinie 2000/31/EG, ABl. L 178 vom 17.07.2000, S. 1

zwischen Telekommunikation und Rundfunk. Im Sinne des Gemeinschaftsrechts handelt es sich ist bei der elektromagnetischen Übermittlung von Information gleich welcher Art grundsätzlich um Dienstleistungen nach Art. 49 ff. EGV (ex-Art. 59 ff. EGV).[1303] Somit gelten die für die Gewährleistung der Dienstleistungsfreiheit maßgeblichen Grundsätze auch für die Internetangebote der klassischen Medien.[1304]

Gleiches gilt für die Anwendbarkeit der Wettbewerbsregeln nach Art. 81 ff. EGV (ex-Art. 85 ff. EGV). Da weder das Internet noch die über das Internet übertragenen Angebote einer sektorspezifischen Regulierung unterliegen, kommt den Wettbewerbsregeln in diesem Bereich eine erhebliche Bedeutung zur Sicherstellung eines pluralistischen Angebots zu.[1305] Gesetzliche Bestimmungen der EU-Mitgliedstaaten, die den Bereich der Internetangebote der klassischen Medien regulieren, wie etwa der MDStV, sind zunächst als Beschränkung der Dienstleistungsfreiheit und des (europäischen) Wettbewerbs zu qualifizieren.[1306] Solche Beschränkungen können nur durch zwingende Gründe des Allgemeininteresses gerechtfertig werden, die Ausnahmen von der Dienstleistungsfreiheit legitimieren.[1307] Dieses Allgemeininteresse wird im Falle der Mediendienste, zu denen die Internetangebote der klassischen Medien zu zählen sind, mit der Sicherung der kulturellen Vielfalt, ihrer meinungsbildenden Funktion und mit dem Demokratieprinzip begründet.

Da die elektronischen Dienste im EGV nicht ausdrücklich genannt werden, lassen sich die dargestellten, teils unterschiedlichen Kompetenzgrundlagen der EU für den Bereich des Rundfunks und der Telekommunikation heranziehen. In Auslegung der Kompetenzen hat die EU eine Reihe von Richtlinien erlassen, die den medienpolitischen Bereich teils unmittelbar, teils mittelbar betreffen. Nachfolgend ist zu erörtern, welche dieser bereits in ihren Grundzügen dargestellten Richtlinien auf die Internetangebote der klassischen Medien und somit auf den Konvergenzbereich zwischen Internet und klassischen Medien anzuwenden sind. Dabei soll auch das Spannungsfeld von europäischem und nationalem (deutschen) Recht Berücksichtigung finden.

1302 Vgl. Michael Germann: a.a.O., S. 114 f.

1303 Vgl. Martin Bullinger / Ernst-Joachim Mestmäcker: Multimediadienste. a.a.O., S. 88 f.; Alexander Tettenborn: Europäische Union: Rechtsrahmen für die Informationsgesellschaft. In: MMR Nr. 1 (1998), S. 19-23;

1304 Vgl. Martin Bullinger / Ernst-Joachim Mestmäcker: Multimediadienste. a.a.O., S. 87 f.

1305 Vgl. Robert Klotz: Auf dem Weg zu einem europäischen Multimediarecht. a.a.O., S. 451

1306 EuGH Slg. 1974, 409 (Sacchi-Urteil, Rs. 155/73); vgl. Michael Libertus: Kommunikationsrechtliche Einordnung neuer nicht-linearer digitaler Dienste. In: ZUM Nr. 7 (2000), S. 555-563, S. 560

1307 Vgl. Martin Bullinger / Ernst-Joachim Mestmäcker: Multimediadienste. a.a.O., S. 87 ff.; Albrecht Hesse: Rundfunkrecht. a.a.O., S. 337 f.

8.4.2 Sekundäres Gemeinschaftsrecht und die Internetangebote der klassischen Medien

Im Sekundären Gemeinschaftsrecht finden sich maßgebliche Bestimmungen für den Bereich der „Dienste der Informationsgesellschaft", die insbesondere aus der Transparenzrichtlinie (1998), der E-Commerce-Richtlinie (2000) sowie der neuen Urheberechtsrichtlinie (2001) hervorgehen. Auch die neuen, (noch) nicht rechtskräftigen Richtlinienvorschläge der EU-Kommission für einen einheitlichen Ordnungsrahmen für „Kommunikationsnetze und -dienste" (2001) wird sich möglicherweise auf die Diskussion um die Regulierung der publizistischen Internetangebote auswirken.

8.4.2.1 Bedeutung der Fernsehrichtlinie für die Internetangebote

Die Internetangebote der klassischen Medien lassen sich – wie in Kap. 2 unter inhaltlich-funktionalen Aspekten und in Kap. 6 und 7 hinsichtlich des deutschen Medienrechts einschlägig untersucht -- als elektronische Abrufdiensten mit publizistischem Inhalt qualifizieren.[1308] Die Fernsehrichtlinie[1309] gilt gemäß Art. 1 lit. a) S. 1 für alle Formen von Fernsehausstrahlungen, die zum Empfang durch die Allgemeinheit bestimmt sind. Im Umkehrschluss der Begriffsbestimmungen des Art. 1 bezieht sich die Fernsehrichtlinie nicht auf den gesamten Rundfunk und schließt somit den Hörfunk aus seinem Anwendungsbereich aus. Analog Art. 1 lit. a) S. 2 der Richtlinie sind die Kommunikationsdienste, die auf individuellen Abruf Informationen oder andere Inhalte übermitteln, expressis verbis von den Regelungen der Richtlinie ausgenommen. Als Regelbeispiele nennt die Ausschlussklausel „Fernkopierdienste, elektronische Datenbanken und andere ähnliche Dienste". Somit werden alle Abrufdienste und folglich grundsätzlich alle Internetangebote *nicht* von der Richtlinie erfasst. Auch die publizistisch relevanten Internetangebote der klassischen Medien werden folglich nicht von der Fernsehrichtlinie berührt, auch dann nicht, wenn das Internetangebot die Übertragung audiovisueller Information oder sogar des tatsächlichen Fernsehprogramms (wie im Falle von n-tv oder Phoenix) beinhaltet. Der entscheidende Unterschied zu den durch die Richtlinie erfassten Formen von Fernsehausstrahlungen ist, dass die Rezeption der Inhalte im Internet den individuellen Abruf aus elektronischen Datenbanken voraussetzt. Die Begriffsbestimmung der Fernsehrichtlinie hat allerdings für den verfassungsrechtlichen Rundfunkbegriff in Deutschland insoweit keine Bedeutung, als es bei der

[1308] Vgl. Michael Rosenthal: Die Kompetenz der Europäischen Gemeinschaft für den rechtlichen Rahmen der Informationsgesellschaft. a.a.O., S. 133; Castendyk, Oliver: Werbung nach der Fernsehrichtlinie. In: Schwarze, Jürgen (Hrsg.): Werbung und Werbeverbote im Lichte des europäischen Gemeinschaftsrecht. Baden-Baden 1999, S. 151-169

[1309] Richtlinie 89/552/EWG des Rates vom 3.10.1989 zur Koordinierung bestimmter Rechts- und Verwaltungsvorschriften der Mitgliedstaaten über die Ausübung der Fernsehtätigkeit, ABl. L 298 vom 17.10.1989, S. 23; geändert durch die Richtlinie 97/36/EG des Europäischen Parlaments und des Rates vom 30.06.1997 zur Änderung der Richtlinie 89/552/EWG, ABl. L 202 vom 30.07.1997, S. 60

Richtlinie nicht um eine Begriffsbestimmung des Rundfunks, sondern lediglich um die Harmonisierung der Erscheinungsformen des Phänomen „Fernsehen“ handelt.[1310]

In den Schlussbestimmungen ist die EU-Kommission nach Art. 25 lit. a) der Richtlinie angehalten, eine Überprüfung der Richtlinie vor dem 30. Juni 2002 vorzunehmen. Weiterhin ist die EU-Kommission nach Art. 26 der Richtlinie verpflichtet, dem Europäischen Parlament, dem Rat und dem Wirtschafts- und Sozialausschuss alle zwei Jahre einen Bericht über die Anwendung der Richtlinie sowie gegebenenfalls Änderungsvorschläge zu übermitteln, um der technischen Entwicklung Rechnung zu tragen. Somit entspricht die Richtlinie keiner abgeschlossenen Regelung und birgt zukünftiges Konfliktpotential in der medienpolitischen Kontroverse um die elektronischen Abrufdienste mit publizistischem Inhalt.[1311]

8.4.2.2 Bedeutung der Transparenzrichtlinie für die Internetangebote

Wie in Kap. 8.3.2 dargestellt, wird auf europäischer Ebene im Gegensatz zu den legaldefinitorischen Begriffen des deutschen Rechts der Begriff „Dienste der Informationsgesellschaft“ verwandt. Der Begriff „Dienste der Informationsgesellschaft“ umfasst analog Art. 1 Nr. 2 der Transparenzrichtlinie „jede in der Regel gegen Entgelt elektronisch im Fernabsatz und auf individuellen Abruf eines Empfängers erbrachte Dienstleistung“ und schließt somit Internetangebote in ihren Anwendungsbereich ein.[1312] Weiterhin werden Hörfunk und Fernsehen sowie der Teletext und reine Telekommunikationsdienste nach der Ausschlussliste im Anhang V der Richtlinie ausdrücklich ausgenommen. Demnach wirkt sich die Transparenzrichtlinie vor allem im Bereich des MDStV der Länder sowie des IuKDG des Bundes aus.

Die europäische Definition des Begriffs „Dienste der Informationsgesellschaft“, den die Legaldefinition der Transparenzrichtlinie konkretisiert, weicht von der nationalen (deutschen) Abgrenzungssystematik der unterschiedlichen Telekommunikations-, Informations- und Kommunikationsdienste ab. Auf europäischer Ebene findet weder eine vergleichbare Abgrenzung der Dienste noch eine synonyme Begrifflichkeit statt. Die legaldefinitorische Systematik des deutschen Rechts unterscheidet die elektronischen Dienste zunächst in die zwei Kategorien Telekommunikationsdienste und Informations- und Kommunikationsdienste. Letztere werden je nach Ausprägung wiederum in zwei Kate-

---

1310 Richtlinie 98/48/EG des Europäischen Parlaments und des Rates vom 20.07.1998 zur Änderung der Richtlinie 98/34/EG über ein Informationsverfahren auf dem Gebiet der Normen und technischen Vorschriften, Abl. L 037 vom 12.02.2000, S. 35 (Änderung der Transparenzrichtlinie)

1311 Vgl. Alexander Tettenborn: Europäische Union: Rechtsrahmen für die Informationsgesellschaft. a.a.O., S. 20

1312 Vgl. Michael Libertus: Kommunikationsrechtliche Einordnung neuer nicht-linearer digitaler Dienste. a.a.O., S. 561

gorien, den Telediensten und den Mediendiensten, differenziert und somit der Bundes- oder Landeskompetenz zugeordnet. Analog zur Begrifflichkeit unterfallen die Dienste dem TKG, dem TDG (Art. 1 IuKDG) oder dem MDStV. Die europarechtliche Begriffssystematik hingegen unterscheidet bisher weder zwischen Telekommunikationsdienstleistungen - etwa dem Zugangsservice zum Internet -und den inhaltlich bestimmten Informations- und Kommunikationsdiensten, noch differenziert die Richtlinie im Bereich der Informations- und Kommunikationsdienste zwischen Tele- und Mediendiensten. Weitere erhebliche Inkohärenzen zwischen nationalem und europäischem Recht ergeben sich aus zwei weiteren Bestimmungen des deutschen Medienrechts: Zum einen schließt der MDStV den Teletext gemäß § 2 Abs. 2 Nr. 3 MDStV ausdrücklich ein, während die europäische Richtlinie den Teletext nicht als „Dienst der Informationsgesellschaft" klassifiziert und ausdrücklich aus seinem Anwendungsbereich ausschließt. Die zweite Inkohärenz zwischen europäischem und nationalem (deutschen) Recht ergibt sich aus § 20 Abs. 2 RStV. Demnach lassen sich Mediendienste i.S.d. MDStV unter bestimmten Voraussetzungen auch dem Rundfunkregelwerk zuordnen. Nach den legaldefinitorischen Bestimmungen der Transparenzrichtlinie existiert eine solche Möglichkeit der Grenzaufhebung zwischen Rundfunk und elektronischen IuK-Diensten nicht.

8.4.2.3 Bedeutung der E-Commerce-Richtlinie für die Internetangebote

Die E-Commerce-Richtlinie findet grundsätzlich Anwendung auf die Internetangebote der klassischen Medien und birgt somit erhebliches medienpolitisches Konfliktpotential: Nach Art. 2 a) verwendet die E-Commerce-Richtlinie den Begriff „Dienste der Informationsgesellschaft" analog zur Transparenzrichtlinie und übernimmt somit die Legaldefinition zweier vorangegangener EU-Richtlinien.[1313] In Abs. 18 der Begründung zur E-Commerce-Richtlinie wird die Bedeutung des Begriffs „Dienste der Informationsgesellschaft" präzisiert sowie mit einer Vielzahl von Regelbeispielen und Ausschlussbeispielen konkretisiert.[1314] Diese Begründung zusammenfassend ist festzustellen, dass die Dienste der Informationsgesellschaft alle elektronischen Dienste, die auf individuellen Abruf erbracht werden, einschließt und somit zunächst weder zwischen individualkommunikativer oder massenkommunikativer Ausrichtung, noch zwischen technischer oder inhaltlich-funktionaler Dienstleistung eindeutig differenziert.

[1313] Richtlinie 98/34/EG des Europäischen Parlaments und des Rates vom 22.06.1998 über ein Informationsverfahren auf dem Gebiet der Normen und technischen Vorschriften und der Vorschriften für die Dienste der Informationsgesellschaft, ABl. L 204 vom 21.07.1998, S. 37; Richtlinie 98/84/EG des Europäischen Parlaments und des Rates vom 20.11.1998 über den rechtlichen Schutz von zugangskontrollierten Diensten und von Zugangskontrolldiensten, ABl. L 320 vom 28.11.1998, S. 54

[1314] Vgl. Abs. 18 der Begründung zur Richtlinie 2000/31/EG, ABl. L 178 vom 8.06.2000, S. 1

Im Vergleich mit den deutschen Regelungswerken umfasst der Begriff „Dienste der Informationsgesellschaft“ sowohl technische Telekommunikationsdienste i.S.d. des deutschen TKG, als auch inhaltlich-funktional geprägte Informations- und Kommunikationsdienste i.S.d. deutschen TDG und MDStV. Expressis verbis schließt die Richtlinie Dienste ein, „die nicht von denjenigen vergütet werden, die sie empfangen, wie etwa Online-Informationsdienste.“[1315] Somit sind die publizistisch relevanten Mediendienste, wie Internetangebote der klassischen Medien, von der Richtlinie unstreitig genauso erfasst wie Teledienste und teils auch Telekommunikationsdienste. Der Rundfunk, namentlich Fernsehsendungen im Sinne der Fernsehrichtlinie und Radiosendungen, zählen ausdrücklich nicht zu den zulassungsfreien Diensten der Informationsgesellschaft,[1316] wohl aber - ebenfalls namentlich - sog. Punkt-zu-Punkt-Dienste wie Video-on-Demand oder E-Mail.[1317] Damit wird auf europarechtlicher Ebene eine klare Trennung der unterschiedlichen, zulassungsfreien elektronischen Dienste einerseits und des klassischen Rundfunks andererseits gezogen. Diese legaldefinitorische Abgrenzung auf europäischer Ebene divergiert mit den Begriffsbestimmungen und ihren Regelungswerken auf nationaler (deutscher) Ebene. Im Umkehrschluss erfasst die E-Commerce-Richtlinie auch audiovisuelle Angebote, sofern diese ausschließlich auf individuellen Abruf – etwa über das Internet - verbreitet werden. Diese Unterscheidung ist dann rechtlich problematisch, wenn inhaltlich identische Angebote aufgrund der technischen Übertragungsform unterschiedlich reguliert werden.[1318] Diese Situation deutet sich bisher im sog. Online-Hörfunk an, der über das Internet abrufbar ist. Während der klassische Hörfunk nach deutschem Recht den Bestimmungen des RStV unterfällt, wird der Online-Hörfunk durch den MDStV erfasst. Das Online-Hörfunk-Angebot stellt jedoch – wie in Kap. 2 und 6.4.2 untersucht – nur eine komplementäre Komponente des Gesamtangebotes im Internet dar, das im Rahmen einer Gesamtbetrachtung durch publizistische Inhalte in Wort und Bild sowie durch interaktive Dienste dominiert wird.

Medienpolitisches Konfliktpotential enthält weiterhin die Ausschlussklausel des Art. 1 Abs. 6 der Richtlinie. Demnach bleiben Maßnahmen auf gemeinschaftlicher oder einzelstaatlicher Ebene, die unter Wahrung des Gemeinschaftsrechts der Förderung der kulturellen und sprachlichen Vielfalt und dem Schutz des Pluralismus dienen, von der E-Commerce-Richtlinie unberührt. Aus dieser im Rechtsetzungsverfahren nachträglich eingefügten Kulturklausel ist zu schließen, dass die Kulturhoheit und damit die Regelungskompetenz der

---

1315 Ebd.

1316 Art. 1 Abs. 5 b, 2000/31/EG des Europäischen Parlaments und des Rates vom 8.06.2000

1317 Vgl. ebd.

1318 Vgl. Andreas Hamann: Der Entwurf der E-Commerce-Richtlinie unter rundfunkrechtlichen Gesichtspunkten. a.a.O., S. 297; Alexander Tettenborn: Europäischer Rechtsrahmen für den elektronischen Geschäftsverkehr. a.a.O., S. 255

Bundesländer im Rundfunkbereich im Grundsatz unberührt bleibt.[1319] Ob aber die Internetangebote in diesen Schutzbereich fallen, lässt sich – auch im Hinblick auf die Ergebnisse in Kapitel 6.4, 7.4 - bezweifeln. Dort wurde festgestellt, dass die Internetangebote der klassischen Medien kein Rundfunk sind, nach dem Prinzip der Gesamtbetrachtung auch dann nicht, wenn sie einzelne rundfunkähnliche Komponenten beinhalten.

Die E-Commerce-Richtlinie, die bis zum 17. Januar 2002 umzusetzen ist, erfordert Änderungen und Ergänzungen des IuKDG und des MDStV durch den deutschen Gesetzgeber. Zu den wesentlichen Änderungsaspekten gehören die Informationspflichten, die Bestimmungen zu elektronischen Verträgen und das Herkunftslandprinzip, das analog zum „Sendestaatsprinzip" der Fernsehrichtlinie in der E-Commerce-Richtlinie festgeschrieben ist und in der wissenschaftlichen Literatur unterschiedlich beurteilt wird.[1320] Problematisch erscheint für die Umsetzung weiterhin, dass die europarechtliche Regelung der Richtlinie keine Unterscheidung zwischen Medien- und Telediensten vornimmt. Somit ist fraglich, ob eine Trennung von Medien- und Telediensten sowie die damit verbundene Kompetenzzuordnung zwischen Bund und Ländern aufrecht erhalten werden kann, ohne den Harmonisierungsanforderungen zu widerlaufen.[1321] Neben dem Gesetz zur elektronischen Signatur beschloss das Bundeskabinett am 14.02.2001 den Entwurf eines Gesetzes zum elektronischen Geschäftsverkehr (EGG), das der Umsetzung der E-Commerce-Richtlinie dient. Nach dem Gesetzentwurf sollen die neuen Vorschriften im Wege einer Änderung des TDG in die deutsche Rechtsordnung implementiert werden und zum 01.01.2002 in Kraft treten. Parallel hierzu bereiten die Bundesländer einen Änderungsstaatsantrag zum MDStV vor, der mit den Änderungs- und Ergänzungsvorschlägen zum TDG inhaltlich übereinstimmen soll.[1322]

[1319] Vgl. Michael Libertus: Kommunikationsrechtliche Einordnung neuer nicht-linearer digitaler Dienste. a.a.O., S. 561

[1320] Vgl. ablehnend: Michael Lehmann: Rechtsgeschäfte und Verantwortlichkeit im Netz – Der Richtlinienvorschlag der EU-Kommission. In: ZUM Nr. 3 (1999), S. 180-184; zustimmend: Thomas Hoeren: Vorschlag für eine EU-Richtlinie. Eine erste kritische Analyse. a.a.O., S. 199; Frithjof Maennel: Elektronischer Geschäftsverkehr ohne Grenzen – der Richtlinienvorschlag der Europäischen Kommission. In: MMR Nr. 4 (1999), Nr. 187-191

[1321] Vgl. Thomas Hoeren: Vorschlag für eine EU-Richtlinie. Eine erste kritische Analyse. a.a.O., S. 199; Andreas Hamann: Der Entwurf der E-Commerce-Richtlinie unter rundfunkrechtlichen Gesichtspunkten. a.a.O., S. 297; Bernd: Schauer: Electronic Commerce in der EU. a.a.O., S. 211 ff.; Christoph Glatt: Vertragsschluß im Internet. a.a.O., S. 397; Michael Libertus: Kommunikationsrechtliche Einordnung neuer nicht-linearer digitaler Dienste. a.a.O., S. 561

[1322] Vgl. Frank-Erich Hufnagel / Norbert Nolte: Multimedia und Telekommunikation. In: AfP Nr. 2 (2001), S. 112-114, S. 112

8.4.2.4 Bedeutung der Urheberrechtsrichtlinie für die Internetangebote

Die Richtlinie zur Harmonisierung bestimmter Aspekte des Urheberrechts und der verwandten Schutzrechte in der Informationsgesellschaft[1323], die im Juni 2001 verabschiedet wurde, ist als komplementäre Richtlinie zur E-Commerce-Richtlinie konzipiert, um einen kohärenten, europäischen Ordnungsrahmen für die „Dienste der Informationsgesellschaft" zu schaffen. In Abs. 16 der Begründung der Urheberrechtsrichtlinie wird die Verzahnung der beiden Richtlinie hervorgehoben und ausdrücklich betont, dass die E-Commerce-Richtlinie Grundsätze und Vorschriften vorgibt, die auch für wichtige Teilbereiche der Urheberrechtsrichtlinie gelten.

Der Anwendungsbereich und Gegenstand der Urheberrechtsrichtlinie nach Art. 1 ist der rechtliche Schutz des Urheberrechts und der verwandten Schutzrechte im Rahmen des Binnenmarktes, insb. in Bezug auf die Informationsgesellschaft. Somit knüpft die Richtlinie an die Begrifflichkeit der E-Commerce-Richtlinie an und schließt auch die Internetangebote der klassischen Medien in ihren Anwendungsbereich ein. Während in der E-Commerce-Richtlinie vor allem Rechtsfragen im Zusammenhang mit dem Funktionieren des Binnenmarktes sowie Haftungsfragen für die „Dienste der Informationsgesellschaft" geregelt werden, wird die Urheberrichtlinie nach ihrer Umsetzung in nationales Recht die urheberechtlichen Rahmenbedingungen für die Inhalte dieser Dienste gewährleisten. Zugleich ergänzt die Urheberechtlinie die Haftungsbestimmungen der E-Commerce-Richtlinie, indem Rechteinhaber gegenüber Vermittlern Unterlassungsansprüche geltend machen können und somit auf gerichtlichem oder durch andere Maßnahmen urheberrechtsverletztende Handlungen unterbinden können.[1324]

Die Richtlinie regelt erstmals urheberrechtliche Probleme, die im Zusammenhang mit der immanenten Funktionsweise des Internets auftreten: Der wachsende Bedarf an Übertragungskapazitäten[1325] und die hieraus folgenden Kapazitätsengpässe im Backbone-Bereich werden durch das Prinzip des „Local Storage" umgangen. Hierzu werden abgefragte Daten auf regionalen oder lokalen Servern, sog. Proxy- oder Mirrorserver, gespeichert, so dass die Daten bei erneutem Abrufen nicht vom Ursprungsserver transportiert werden müs-

---

[1323] Richtlinie 2001/29/EG des Europäischen Parlaments und des Rates vom 22.05.2001 zur Harmonisierung bestimmter Aspekte des Urheberrechts und der verwandten Schutzrechte in der Informationsgesellschaft, ABl. L 167 vom 22.06.2001, S. 10

[1324] Im Vordergrund stehen dabei die aktuellen Urheberechtsverletzungen durch Musiktauschbörsen im Internet wie etwa „Napster.com"

[1325] Zur Behebung der Engpässe auf Backbone-Ebene werden derzeit weltweit Kapazitäten aufgebaut. In den letzten Jahren entsprach das Wachstum der Übertragungskapazitäten Gilder's Law, demzufolge sich die Bandbreiten alle 12 Monate verdreifachen. Vgl. Kevin Kelly: New Rules for the New Economy. 10 Ways the Network Economy is changing everything. London 1998, S. 52

sen.[1326] Nach dem gleichen Prinzip verfährt nahezu jeder einzelne PC, indem häufig abgerufen Internetseiten beim Nutzer im sog. Cache gespeichert werden. Gemäß Art. 5 Abs. 1 lit. a, b der Richtlinie sind diese netzvermittelten Vervielfältigungen, z.B. beim sog. „Browsen" und „Caching", vom ausschließlichen Vervielfältigungsrecht nach Art. 2 der Richtlinie ausgenommen, sofern sie als unerlässlicher Teil eines technischen Verfahrens erfolgen.[1327] Der Ausschluss der netzvermittelten Vervielfältigungen gemäß Art. 5 Abs. 1 gewährleistet somit für alle Internetangebote die technische Übertragung von Inhalten, ohne das Urheberrecht zu verletzen. Wie die urheberrechtlichen Vorgaben der Richtlinie in deutsches Recht umzusetzen sind, wird nicht nur zur Diskussion urheberechtlicher Fragen führen, sondern das gesamte Regelwerk der elektronischen Dienste beeinflussen: In der Begründung zur Urheberichtlinie wird in Abs. 16 ausdrücklich empfohlen, die E-Commerce-Richtlinie und die Urheberrichtlinie „in einem ähnlichen Zeitrahmen" umzusetzen, um dem komplementären Charakter der Richtlinien gerecht zu werden.

8.4.2.5 Bedeutung der Richtlinien zur Telekommunikation für die Internetangebote

Nach deutschem Recht erfasst der Begriff „Telekommunikation" analog § 3 Nr. 16, 17 TKG[1328] ausschließlich den technischen Aspekt der Übertragung von Informationen, während die übertragenen Inhalte nicht unter den Telekommunikationsbegriff fallen.[1329] Daher hat der deutsche Gesetzgeber durch das IuKDG und den MDStV versucht, ein Regelungswerk für diejenigen Dienste zu schaffen, die zwar die technische Infrastruktur der Telekommunikation nutzen, aber in erster Linie durch ihren inhaltlich-funktionalen Charakter geprägt sind. Diese Abgrenzung findet zunächst nicht in gleicher Form auf gemeinschaftsrechtlicher Ebene statt. Das sekundärrechtliche Regelwerk der Telekommunikation, das aus insgesamt 22 Liberalisierungs- und Harmonisierungs-Richtlinien besteht und in nahezu allen Mitgliedstaaten in innerstaatliches Recht umgesetzt ist, bezieht sich jedoch unstreitig auf den technischen Aspekt der Übertragung aller Arten von Information. Die Internetangebote der klassischen Medien werden demnach nicht unmittelbar von den Richtlinien, bzw. ihrer Umsetzung im deutschen TKG berührt.

[1326] Vgl. Gerd Tenzer: Breitbandig in die Zukunft. Ob Mobil- oder Festnetz – der Bedarf an Übertragungskapazität explodiert. In: Beilage CeBIT 2001, FAZ Nr. 67 (2001), S. B16; Axel Zerdick et al.: European Communication Council Report. a.a.O., S. 81 f.

[1327] Vgl. auch Abs. 33 der Begründung der Richtlinie 2001/29/EG, ABl. L 167 vom 22.06.2001, S. 10

[1328] Siehe oben Kap. 7.1.2.4

[1329] Vgl. Bernd Holznagel / Axel Bysikiewicz / Christoph Enaux / Christian Niehaus: Grundzüge des Telekommunikationsrechts. a.a.O., S. 37

8.4.2.6 Bedeutung der Rahmen-Richtlinienvorschläge für die Internetangebote

Seit dem sog. „Review 1999" der EU-Kommission (sog. Kommunikationsbericht 1999)[1330] deutet sich eine Ausdehnung der Regelungskompetenz der EU an, die zu erheblichem medienpolitischen Diskussionspotenzial führt: Nicht nur im benannten Bericht von 1999, sondern auch in den folgenden Mitteilungen und neuen Richtlinienvorschlägen der Kommission von 2001 deutet sich ein Wechsel vom Begriff der „Telekommunikation" zugunsten des allgemeineren Begriffs „Kommunikation" an.[1331] Somit ist bereits aus der verwendeten Begrifflichkeit zu schließen, dass die Regelungsaktivitäten der Kommission nicht mehr ausschließlich auf den *Tele*kommunikationssektor ausgerichtet sind, sondern den gesamten Bereich der Kommunikation umfassen sollen. Der Gesamtbereich der Kommunikation schließt jedoch sowohl individual- als auch massenkommunikativen, sowie technische als auch inhaltliche Aspekte ein.[1332] Unter technischen Übertragungsaspekten scheint die Änderung der Begrifflichkeit zunächst unbedenklich, da der Begriff „Telekommunikation" nach § 3 Nr. 16, 17 des deutschen TKG sämtliche Arten der elektromagnetischen Übertragung - sowohl individualkommunikativer wie auch massenkommunikativer Informationen - umschließt. Ausdrücklich heißt es jedoch bei der EU-Kommission, dass die neuen Richtlinien „die elektronischen Kommunikationsnetze und –dienste im Allgemeinen und nicht nur herkömmliche Telekommunikation"[1333] betreffen. Der Begriff „Kommunikation" wird folglich von der EU-Kommission weiter gefasst als der der „Telekommunikation". Somit ist die Annahme, die Begriffe „Kommunikation" und „Telekommunikation", bzw. „Kommunikationsdienste" und „Telekommunikationsdienste" seien synonym anzuwenden, nicht haltbar.

Aus der legaldefinitorischen Begriffsbestimmung analog Art. 2 lit. b) des Rahmenrichtlinien-Vorschlags[1334] geht hervor, dass der Regelungsgegenstand der „elektronischen Kommunikationsdienste" *keine* Dienste umfasst, die Inhalte über elektronische Kommunikationsnetze und –dienste anbieten oder eine redaktionelle Kontrolle über sie ausüben. Damit beschränkt der Richtlinienvorschlag den Begriff „Kommunikationsdienste" auf den technischen Bereich der elektronischen Übertragung und wäre zunächst mit dem legaldefinitorischen Begriff der „Telekommunikationsdienste" nach dem deutschen TKG

[1330] KOM (1999) 539 endg.

[1331] KOM (1999) 537 endg.; KOM (2000) 239 endg.; KOM (2000) 814 eng.; KOM (2000) 393 endg., KOM (2000) 384 endg., KOM (2000) 385 endg., KOM (2000) 386 endg., KOM (2000) 392 endg., KOM (2001) 380 endg.; KOM (2001) 369 endg.; KOM (2001) 372 endg.

[1332] Siehe oben Kap. 6.1

[1333] Arbeitsdokument der Kommission zu dem künftigen Rechtsrahmen für elektronische Kommunikationsnetze und -dienste - Entwurf von Leitlinien zur Marktanalyse und Ermittlung beträchtlicher Marktmacht nach Artikel 14 des Vorschlags für eine Richtlinie über einen gemeinsamen Rechtsrahmen für elektr. Kommunikationsnetze und –dienste, KOM (2001) 175 endg.

[1334] KOM (2001) 380 endg.

gleichzusetzen.[1335] Weiterhin nimmt der Richtlinienvorschlag gemäß Erwägungsgrund Nr. 7 und 9 der Rahmenrichtlinie „bestimmte Dienste der Informationsgesellschaft" aus und erklärt die Unberührtheit der E-Commerce-Richtlinie. Auch wenn der Zusatz „bestimmte" darauf schließen lässt, dass der neue Ordnungsrahmen des Kommunikationssektors nicht *alle* Dienste der Informationsgesellschaft ausnimmt, ist davon auszugehen, dass die Internetangebote der klassischen Medien nicht von dem neuen Regelwerk erfasst werden. Auch Rundfunkinhalte und Fernsehprogramme werden ausdrücklich vom Geltungsbereich ausgenommen.

Die zunächst eindeutige legaldefinitorische Abgrenzung von Übertragung und Inhalt gemäß Art. 2 lit. b) des Rahmenrichtlinien-Vorschlags[1336] erfährt in Erwägungsgrund Nr. 7 eine weitere Konkretisierung, die jedoch mit einem Widerspruch endet: Zunächst wird im genannten Erwägungsgrund betont, dass es „notwenig ist, die Regulierung der Übertragung von der Regulierung von Inhalten zu trennen." Im letzten Satz des Erwägungsgrund Nr. 7 wird diese Trennung relativiert: „Bei der Trennung der Regulierung von Übertragung und Inhalten sind dennoch Verbindungen zwischen beiden zu berücksichtigen, insbesondere um Wettbewerb, Medienpluralismus, kulturelle Vielfalt und Verbraucherschutz zu gewährleisten." Eine weitere Konkretisierung nimmt weder die Richtlinie noch ihre Begründung vor, so dass offen bleibt, welche konkreten „Verbindungen" zwischen Übertragung und Inhalt durch das neue Richtlinienpaket zu berücksichtigen sind. In der Offenheit und Ambivalenz der Begründung deutet sich nicht nur die Schwierigkeit der Kompromissfindung, sondern auch die fortbestehende Abgrenzungsproblematik an.

Die zunächst eindeutige legaldefinitorische Abgrenzung von Übertragung und Inhalt gemäß Art. 2 lit. b) des Rahmenrichtlinien-Vorschlags[1337] erfährt in Erwägungsgrund Nr. 7 eine weitere Konkretisierung, die jedoch mit einem Widerspruch endet: Zunächst wird im genannten Erwägungsgrund betont, dass es „notwenig ist, die Regulierung der Übertragung von der Regulierung von Inhalten zu trennen." Im letzten Satz des Erwägungsgrund Nr. 7 wird diese Trennung relativiert: „Bei der Trennung der Regulierung von Übertragung und Inhalten sind dennoch Verbindungen zwischen beiden zu berücksichtigen, insbesondere um Wettbewerb, Medienpluralismus, kulturelle Vielfalt und Verbraucherschutz zu gewährleisten." Eine weitere Konkretisierung nimmt weder die Richtlinie noch ihre Begründung vor, so dass offen bleibt, welche konkreten „Verbindungen" zwischen Übertragung und Inhalt durch das neue Richtlinienpaket zu berücksichtigen sind. In der Offenheit und Ambivalenz der Begründung deutet sich nicht nur die Schwierigkeit der Kompromissfindung, sondern auch die fortbestehende Abgrenzungsproblematik an.

[1335] § 3 Nr. 17 TKG
[1336] KOM (2001) 380 endg.
[1337] KOM (2001) 380 endg.

„Ach, dass der Mensch so häufig irrt,
und nie recht weiß, was kommen wird."
(Wilhelm Busch)

IV. ABSCHNITT: ERGEBNIS – KONVERGENZ: KONKURRENZ ODER KOMPLEMENTIERUNG? DISKUSSION MEDIENPOLITISCHER KERNFRAGEN.

Das Internet ist Transaktions-, Kommunikations- und Informationsmedium zugleich. In letzterer Funktion ist das Internet für die publizistikwissenschaftliche Betrachtung von besonderem Interesse. In der vorliegenden Arbeit wurden die graduellen Überschneidungen zwischen Kommunikation und Medien, die sich besonders deutlich im publizistischen Angebot des Internets wiederspiegeln, unter dem Aspekt der Konvergenz medienpolitisch sowie medienrechtlich untersucht: Ausgehend von der differenzierten Untersuchung des Konvergenzphänomens zwischen Internet und klassischen Medien (Abschnitt I) wurden die medienpolitischen Konfliktfelder analysiert sowie ordnungspolitische Lösungsvorschläge unterschiedlicher Handlungsträger dargestellt (Abschnitt II). Den Schwerpunkt der vorliegenden Arbeit bildete die medienrechtliche Untersuchung der Abgrenzungsproblematik zwischen Internet und klassischen Medien (Abschnitt III.). Hierzu wurden zunächst die relevanten Regelungswerke und einschlägigen Bestimmungen des deutschen Rundfunk- und Presserechts sowie des europäischen Gemeinschaftsrechts analysiert. Zur tatbestandlichen Untersuchung der medienrechtlichen Kompetenz- und Abgrenzungsproblematik wurden die Internetangebote der klassischen Medien herangezogen, die das Konvergenzphänomen im Spannungsfeld von Individual- und Massenkommunikation exemplifizieren. Dabei wurde geprüft, ob die publizistisch relevanten Internetangebote unter den verfassungsrechtlichen Rundfunk- oder Pressebegriff subsumiert werden können und inwieweit die Angebote durch die einfachgesetzliche, abgestufte Regulierungsstruktur des RStV, MDStV und IuKDG (insb. TDG) erfasst werden. Weiterhin wurden die medienpolitischen Kompetenzen der EU erörtert sowie ihre gemeinschaftsrechtlichen Einwirkungmöglichkeiten auf den Ordnungsrahmen der elektronischen Dienste im Konvergenzbereich von Telekommunikation und Rundfunk analysiert.

Nachfolgend werden die Erkenntnisse der vorausgegangenen Untersuchung in Teilergebnissen subsumiert (Kap. 9). Eine abschließende Bewertung beschäftigt sich auf Grundlage der Ergebnisse mit der medienpolitischen Frage, ob die Konvergenz von publizistisch relevanten Internetangeboten und klassischen Medien auf eine Komplementierung des Mediensystems hinausläuft oder in einem substitutiven Konkurrenzverhältnis steht. Aus der Einschätzung von

Komplementierung oder Konkurrenz sind Konsequenzen für die medienpolitische Diskussion abzuleiten (Kap. 10). Mit der Zielsetzung, die medienpolitischen Entwicklungen sowie den bestehenden medienrechtlichen Ordnungsrahmen anhand der tatsächlich eingetretenen Konvergenzentwicklung zu beurteilen, leistet die vorliegende Arbeit einen wissenschaftlichen Beitrag zur anhaltenden Diskussion um die rechtliche Einordnung elektronischer Dienste.

9 Ergebnis

9.1 Ergebnisse aus Abschnitt I. – Konvergenz von Internet und klassischen Medien

Die medienpolitische Betrachtung des Konvergenzphänomens zwischen Internet und klassischen Medien erfordert die tatbestandliche Untersuchung der tatsächlich eingetretenen Konvergenzentwicklung. Hierzu wurde zunächst der Entwicklungsstand des Internets unter historischen, technischen, funktionalen und nutzungsorientierten Aspekten untersucht (Kap. 1). Weiterhin wurden die Internetangebote der klassischen Medien (Presse und Rundfunk) unter inhaltlich-funktionalen Aspekten analysiert und in ihrer bisherigen Entwicklung mit vorausgegangenen wissenschaftlichen Studien verglichen (Kap. 2). Abschließend wurde die bislang tatsächlich eingetretene Konvergenzentwicklung auf der technologischen, der inhaltlich-funktionalen und der wirtschaftlichen Ebene untersucht und unter dem Aspekt der Komplementierung oder substitutiven Konkurrenz bewertet (Kap. 3).

Unter dem Schlagwort „Konvergenz“ wird je nach Betrachtung eine (evolutive) Entwicklung oder ein (finaler) Zustand des Zusammenwachsens von Telekommunikation, Informationstechnologie und Medien beschrieben. Die unterschiedliche, einseitige oder undifferenzierte Verwendung des Begriffs der Konvergenz führte jedoch zu falschen Annahmen über die Entwicklung des Medienbereichs. Im allgemeinen ist festzustellen, dass die tatsächlich eingetretene Konvergenzentwicklung im Medienbereich bislang weder das vielfach prognostizierte Ausmaß, noch die Entwicklungsgeschwindigkeit, noch die erwartete substitutive Ausprägung aufweist.

Das Konvergenzphänomen zwischen Internet und klassischen Medien erfordert folglich eine differenzierte und integrative Betrachtung, die die Interdependenzen der technologischen, wirtschaftlichen und inhaltlich-funktionalen Entwicklung einbezieht. In der vorliegenden Arbeit wurde die Konvergenz von Internet und klassischen Medien nach den Kriterien „Untersuchungsebene“, „zeitliche Dimension“ und „Ausprägung“ untersucht: Die *Untersuchungsebenen* der Konvergenzentwicklung gliedern sich in die technologische, inhaltlich-funktionale und wirtschaftliche Konvergenzebene. Die *zeitliche Dimension* beschreibt, ob Konvergenz als finaler Zustand („konvergent“) oder als evolutiver Entwicklungsprozess („konvergierend“) vorliegt. Die *Ausprägung* der Konvergenz bewertet das Konvergenzphänomen nach der komplementierenden oder substitutiven (konkurrierenden) Entwicklung. Nachfolgend werden die Ergebnisse der Untersuchung nach technologischer (1), inhaltlich-funktionaler (2) und wirtschaftlicher (3) Betrachtungsebene dargestellt.

1.

Technologische Konvergenz basiert auf dem Prinzip der Digitalität.[1338] Die sukzessive Digitalisierung der Übertragungswege und Endgeräte ermöglicht aus technischer Sicht die Übermittlung sämtlicher elektronischer Dienste (Rundfunk, Internet, Sprachtelefonie) über eine Übertragungsplattform sowie die Integration aller publizistischen Inhaltsformen und sämtlicher massen- und individualkommunikativer Dienstetypen in einem Endgerät. Der technischen Theorie widerspricht das Bild der Praxis. Grundsätzlich sind zwei unterschiedliche Ebenen der technologischen Konvergenz festzustellen: Zum einen die Konvergenzentwicklung der Übertragungsplattformen, zum anderen die Konvergenzentwicklung im Bereich der Endgeräte.

Die *Konvergenz der Übertragungsplattformen* steht in Deutschland am Beginn ihrer Entwicklung:[1339] Bislang ist die Koexistenz unterschiedlicher Übertragungsplattformen für verschiedene elektronische Dienste festzustellen: Demnach werden bisher individualkommunikative und interaktive Dienste über das Telefonnetz übertragen, massenkommunikative Dienste wie etwa Rundfunk werden über das terrestrische Netz, TV-Koaxialkabel oder Satellit verbreitet. Diese traditionelle Klassifizierung wird durch den technischen Fortschritt im Bereich der Breitbandtechnologien obsolet. Die Untersuchung der unterschiedlichen Breitbandtechnologien ergibt, dass in Deutschland insgesamt sieben Optionen für den breitbandigen Zugang zu elektronischen Diensten diskutiert, erprobt oder bereits angeboten werden.[1340] Der einsetzende Wettbewerb um den breitbandigen, hin- und rückkanalfähigen Zugang zum Nutzer umfasst sowohl komplementäre als auch substitutive Übertragungskonzepte. Bislang ist nicht abzuschätzen, ob die Konvergenzentwicklung der Übertragungswege auf eine Koexistenz der Netze (Status quo), eine komplementäre Kombination verschiedener Übertragungswege (z.B. Satellit als Hinkanal / Telefonleitung als Rückkanal) oder eine auf eine universale Übertragungsplattform hinausläuft, die andere Übertragungswege substituiert (z.B. rückkanalfähiges 862 MhZ-Koaxialkabel). Zu den wichtigsten Entwicklungsfaktoren im Bereich der Übertragungsplattformen gehören die Kosten und Marktreife der jeweiligen Netztechnologie (z.B. Powerline, UMTS), die wirtschaftliche Investitionsrechnung der Netzbetreiber, die Einigung im Streit um Systemstandards (z.B. MHP), die rechtliche Klärung der Stellung von (Kabel-)Netzbetreibern als

[1338] Siehe Kap. 1.1
[1339] Siehe Kap. 3.2.2; Übertragungsplattformen setzten sich aus Netz, Übertragungstechnologie und Systemstandard zusammen.

Infrastruktur- und Inhalteanbieter sowie letztlich die preis- und nutzungsabhängige Akzeptanz durch die Endverbraucher.[1341]

Die *Konvergenz der Endgeräte* steht analog zu den Übertragungsplattformen ebenfalls am Beginn ihrer potenziellen Entwicklung. Bislang ist die Koexistenz unterschiedlicher Geräte und nicht kompatibler Systemstandards festzustellen.[1342] Drei Endgeräte ermöglichen aus technischer Sicht die potenzielle Integration sämtlicher elektronischer Dienste (z.B. Rundfunk, Internet, Sprachtelefonie). Hierzu zählen der netzwerkfähige Internet-PC, der Fernseher mit Set-Top-Box und zukünftig UMTS-Mobilgeräte. Die wissenschaftlichen Untersuchungen der Nutzungsgewohnheiten und Nutzungssituationen deuten jedoch darauf hin, dass Endgeräte wie digitaler Fernseher, netzwerkfähiger PC und mobile Endgeräte *nicht* zu einem universalen Multimedia-Gerät konvergieren, sondern weiterhin nebeneinander bestehen bleiben und unterschiedliche inhaltlich-funktionale Nutzungsbedürfnisse befriedigen.[1343] Im Bereich der Systemstandards sind Konvergenztendenzen zwischen den Endgeräten zu beobachten, um die Kombinierbarkeit und Kompatibilität unterschiedlicher Dienste (z.B. E-Mail) zu gewährleisten. Bisher ist jedoch nicht abzusehen, ob sich ein universaler Systemstandard zur Nutzung elektronischer Dienste durchsetzt (z.B. MHP oder der internetbasierte TCP/IP-Standard) oder ob weiterhin unterschiedliche Systeme nebeneinander oder kombiniert existieren. Zusammenfassend ist die Konvergenzentwicklung im Bereich der Endgeräte durch die komplementäre Konvergenz und funktionale Ausdifferenzierung geprägt. Die entscheidenden Entwicklungsfaktoren im Bereich der Endgeräte sind die weiteren technischen Innovationen im Bereich der Geräte und der informationstechnischen Systemstandards, die preis- und nutzungsabhängige Nachfrage und Akzeptanz neuer Endgeräte sowie die Einigung unterschiedlicher Marktteilnehmer auf kompatible und systemoffene Standards.

2.

Inhaltlich-funktionale Konvergenz zwischen Internet und klassischen Medien ist durch Diversifizierung der digitalen Angebotsmöglichkeiten gekennzeichnet.[1344] Die inhaltlich-funktionale Konvergenzentwicklung ergibt sich zum einen aus der Möglichkeit der Integration statischer und dynamischer Inhaltsformen (z.B. Wort, Bild, Ton und Video), zum anderen aus der Überschneidung bislang getrennter individual- und massenkommunikativer Funktionen. Grundsätzlich ist festzustellen, das die inhaltlich-funktionale Konvergenzentwicklung einen evolutiven Prozess und weniger einen finalen Zustand der Konvergenz

---

[1340] Siehe Kap. 3.2.1; Zu den sieben Breitband-Infrastrukturoptionen zählen Telefonleitung (DSL), TV-Koaxialkabel (862 MhZ), Glasfaserkabel, Satellit, Mobilfunk (UMTS), terrestrischer Richtfunk (LMDS), Stromkabel (Powerline Communication)

[1341] Siehe Kap. 3.2.2

[1342] Siehe Kap. 3.2.3

[1343] Siehe ebd., Kap. 1.6; Kap. 2

[1344] Siehe Kap. 1.4; Kap. 2.1, 2.2; Kap. 3.3

darstellt. Die Diversifizierung der Inhalte und Funktionen führt zu graduellen Grenzverwischungen der traditionellen Einteilung elektronischer Dienste in Telekommunikations- oder Rundfunk-Dienste. Zwischen Massen- und Individualkommunikation haben sich hybride Kommunikations- und Informationsdienste entwickelt, die die traditionelle ordnungspolitische Kompetenzabgrenzung unterlaufen. Die Entwicklung der inhaltlich-funktionalen Konvergenz zwischen Internet und klassischen Medien ist durch unterschiedliche, interdependente Faktoren gekennzeichnet.[1345] Zu den mittelbaren Einflussfaktoren zählen die technologischen Innovationen und ordnungspolitischen Rahmenbedingungen (u.a. Medienrecht, Wettbewerbsrecht). Zu den unmittelbaren Einflussfaktoren zählen Angebot und Nachfrage, sowie das rekursive Verhältnis von Nutzung und Endgeräten.[1346] Inhaltlich-funktionale Konvergenztendenzen sind sowohl zwischen Rundfunk und Internet, als auch zwischen Presse und Internet zu beobachten:

Die *Konvergenzentwicklung von Rundfunk und Internet* resultiert bisher nicht in einem substitutiven Wettbewerb, der durch die inhaltlich-funktionale Austauschbarkeit der beiden Medien gekennzeichnet wäre. Vielmehr ist die Koexistenz komplementärer Angebote festzustellen, die durch unterschiedliche Inhalte und Funktionen geprägt sind.[1347] Entscheidender Faktor der komplementären Konvergenzentwicklung im Bereich der Inhalte und Funktionen sind die unterschiedlichen Nutzungsparameter von Rundfunk und Internet. Das Internet dient der (inter-)aktiven Nutzung und erfordert die aktive Selektion und den individuellen Zugriff auf Inhalte durch den Nutzer. Der klassische Rundfunk dient hingegen der passiven Nutzung und bietet ein zeitlich ablaufendes Programm – im wesentlichen ohne interaktive Eingriffsmöglichkeiten.[1348] Im Konvergenzbereich von Rundfunk und Internet zeichnen sich grundsätzlich zwei Angebotsformen ab: Einerseits befinden sich interaktive und individualkommunikative Internetdienste in der Entwicklung, die (zukünftig) über das Fernsehgerät angeboten werden und das klassische Rundfunkprogramm als Zusatzleistung ergänzen. Andererseits ist die fortgeschrittene Entwicklung der Internetangebote der Rundfunksender festzustellen, die sowohl publizistische Inhalte als auch interaktive Dienste zum Abruf anbieten. Die Internetangebote der Sender dienen dabei nicht der Verbreitung des klassischen Rundfunkprogramms, sondern bieten internetspezifische, eigenständige Inhalte und Funktionen.[1349] Substitutive Formen der Konvergenz, etwa die Verbreitung des klassischen Rundfunks über das Internet oder umgekehrt die Bereitstellung sämtlicher Internetdienste (z.B. WWW, FTP) über das Fernseh-

---

[1345] Siehe Kap. 3.1, insb. 3.1.1

[1346] Siehe ebd.; Kap. 3.2.3

[1347] Siehe Kap. 3.3.2

[1348] Die unterschiedlichen Nutzungssituationen werden durch die englischen Synonyme „lean-forward-medium" für das Internet und „lean-backward-medium" für das Fernsehen bildhaft deutlich.

gerät, sind bislang entweder nicht oder lediglich als untergeordnetes Zusatzangebot zu beobachten.[1350] Die genannten substitutiven Angebote sind nicht nur unter funktionalen Nutzungsaspekten, sondern auch unter technischen Strukturmerkmalen ungeeignet: Einerseits ist die Übermittlungstechnik des Internets (Paketvermittlung) nicht für die Verbreitung des Rundfunks geeignet und nur durch informationstechnische Hilfslösungen herzustellen (Streaming und Buffering).[1351] Umgekehrt ist das Fernsehgerät für die Nutzung des Internets unzureichend geeignet, da die standardisierte Bildauflösung des Fernsehmonitors (PAL) geringer als die des PC-Monitors ist. Das Fernsehgerät ist aufgrund der Auflösung und der Entfernung zum Nutzer – wie bereits der klassische Videotext zeigt – kein Lese- bzw. Schreibmedium und stellt somit den Nutzen der angekündigten Internetdienste über den Fernseher zumindest in Frage.[1352]

Die *Konvergenzentwicklung zwischen Presse und Internet* ist ebenfalls durch inhaltlich-funktionale Komplementarität gekennzeichnet.[1353] Analog zum Rundfunk bieten die Verlage neben dem klassischen Presseprodukt komplementäre Internetangebote an. Im Vordergrund der Internetangebote der Presse (Tageszeitung, Publikumszeitschrift, Fachzeitschrift) stehen internetspezifisch aufbereitete Inhalte, die sich zumeist durch höhere Aktualität, Individualisierung und Vernetzung der Inhalte, bildschirmgerecht gekürzte Textkonzepte sowie durch zusätzlich angebotene interaktive Dienste vom klassischen Presseprodukt unterscheiden. Die Zweitverwertung der Inhalte der jeweiligen klassischen Pressetitel, die in der frühen Phase des Internets im Vordergrund der publizistischen Angebote stand, wird zwar weiterhin im Internet angeboten, bildet aber nicht den Nutzungs-Schwerpunkt.[1354] Substitutive Konkurrenz zwischen gedrucktem Wort und elektronischen Inhalten ist demnach entgegen zahlreicher Prognosen weder im Bereich der Presse noch des Buchwesens zu beobachten. Die Stabilität der Druckauflagen bei gleichzeitig steigenden Zugriffen auf die kostenfreien publizistischen Internetangebote belegen die komplementäre Nutzung der Inhalte. Substitutive Formen der Konvergenz zwischen Presse und Internet, etwa die unveränderte Zeitungsausgabe auf dem Bildschirm oder die elektronische Zeitung als Druckdatei für den heimischen

---

1349 Siehe Kap. 2.2

1350 Die Kabelbetreibergesellschaften der Netzebene 3 (z.B. „iesy" / eKabel Hessen, „ish" / Callahan oder Liberty) kündigen Internetnagebote über den Fernseher an. Hierbei wird es sich voraussichtlich nicht um das „klassische" WWW handeln, sondern um ausgewählte interaktive Dienste wie E-Mail, elektronische Programmführer (EPG), ausgewählte Internet-Inhalte für den Fernsehbildschirm, E-Commerce-Angebote u.ä.; vgl. Warren Mobley: Wir sind keine Kabelfernsehgesellschaft mehr. Ein epd-Interview mit dem eKabel/iesy-Geschäftsführer. In: epd-Medien Nr. 46/47 (2001), o.S.

1351 Siehe Kap. 1.2, 1.3, 1.4, insb. Kap. 1.4.2.4

1352 Siehe Kap. 3.3, insb. 3.3.1, 3.3.2

1353 Siehe Kap. 3.3.3

1354 Siehe Kap. 2.1

Ausdruck, entsprechen nicht den Nutzungsmotiven der Leser- oder Nutzerschaft und bleiben erfolglos.[1355]

Zusammenfassend ist festzustellen, dass sich die inhaltlich-funktionale Konvergenz zwischen Internet und klassischen Medien bislang vor allem in den publizistisch relevanten Internetangeboten der klassischen Medien ausdrückt. Im Vergleich zu vorausgegangenen wissenschaftlichen Studien zeigt sich in der vorliegenden Inhaltsanalyse, dass die Internetangebote der klassischen Medien zu eigenständigen und komplementären Diensten ausgebaut worden sind, die weit über die inhaltliche Zweitverwertung der klassischen Medieninhalte hinausgehen und die mediumspezifischen Vorteile des Internets (z.B. Interaktivität, Vernetzung etc.) stärker nutzen. Nahezu alle untersuchten Internetangebote der klassischen Medien setzen sich gleichermaßen aus internetspezifisch aufbereiteten publizistischen Inhalten und interaktiven Zusatzfunktionen (Recherchefunktionen, Archiv, individualkommunikative Dienste, Spiele etc.) zusammen. Die zunehmende Personalisierung der Angebote führt zur „individualisierten Massenkommunikation“.[1356] Entgegen zahlreicher Konvergenzprognosen ist ein substitutiver Wettbewerb im Bereich der Inhalte und Funktionen zwischen den klassischen Medien und ihren Internetangeboten im wesentlichen *nicht* festzustellen. Gedruckte Zeitungen werden weiterhin gelesen und TV-Programme über das Fernsehgerät genutzt. Auch die technologischen Fortschritte, etwa im Bereich der Breitbandtechnologien oder der Internet-Streaming-Verfahren, ändern nichts an den unterschiedlichen Nutzungsparametern von Presse, Rundfunk und Internet: Die publizistischen Internetangebote sind im inhaltlich-funktionalen Sinne weder der Presse noch dem Rundfunk zuzuordnen.

3.

Die *wirtschaftliche Konvergenzentwicklung* basiert auf der sukzessiven Digitalisierung des Telekommunikations-, Medien- und Informationstechnologie-Sektors (TMI). Die Digitalisierung sämtlicher elektronischer Dienste und ihrer Übermittlung sowie die Standardisierung der technischen Parameter ermöglichen theoretisch die Kompatibilität der Schnittstellen der drei Sektoren.[1357] In Folge dieser Kompatibilität ergibt sich für Unternehmen der ursprünglich weitestgehend getrennten TMI-Sektoren die strategische Möglichkeit, nicht nur innerhalb des Sektors (horizontal), sondern auch in den angrenzenden Sektoren (vertikal) wertschöpferisch tätig zu werden. Im allgemeinen ist die wirtschaftliche Konvergenzentwicklung sowohl durch substitutive Konkurrenz (Verdrängungswettbewerb) als auch durch komplementäre Entwicklungstendenzen (Allianzen / Partnerschaften) gekennzeichnet. Wirtschaftliche Konver-

---

[1355] Siehe Kap. 1.6, insb. 1.6.3; Kap. 2.1

[1356] Siehe Kap. 2; insb. Kap. 2.1.1.3, 2.1.2.3, 2.1.3.3 (Presse); Kap. 2.2.1.3, 2.1.2.3 (Rundfunk); siehe auch Anhang I. bis VII.

[1357] Siehe Kap. 1.1.3, Kap. 1.4; Kap. 3.4

genz ist auf der Ebene der Märkte, der Wertschöpfung und der strategischen Ausrichtung der Unternehmen festzustellen.

Konvergenz auf Marktebene ergibt sich aus dem evolutiven Prozess des Zusammenwachsens der ursprünglich weitestgehend separaten Industrien Telekommunikation, Medien und Informationstechnologie.[1358] In den Bereich der Telekommunikation fallen traditionell Netz- und Übertragungsdienste. Der Medienmarkt ist durch die Produktion und Bündelung von Inhalten gekennzeichnet. Die Informationstechnologie stellt die technischen Voraussetzungen wie digitale Hardware (Endgeräte, Netztechnologie etc.) und Software (z.B. Systemstandards, Applikationen) her. Diese ursprünglich vertikale Struktur der drei Teilmärkte wird durch die horizontale Verkettung der Teilmärkte abgelöst. Die bisherige Konvergenzentwicklung der TMI-Märkte deutet auf die Entstehung eines Gesamtmarktes hin, in dem sowohl substitutive Konkurrenz als auch komplementäre Kooperation zwischen den ehemals getrennten TMI-Industrien festzustellen sind. Im Bereich des Internets ist die wirtschaftliche Konvergenzentwicklung besonders fortgeschritten. Als Prototyp einer digitalen, standardisierten Plattform vereint das Internet die Märkte Telekommunikation, Medien und Informationstechnologie. Die Entwicklung der Marktkonvergenz ist maßgeblich von zwei Faktoren abhängig, die interdependent den Fortgang beeinflussen: Einerseits eröffnen technische Innovationen neue Marktsegmente und führen unterschiedliche Marktteilnehmer zusammen (z.B. UMTS). Andererseits steuert der rechtliche Ordnungsrahmen durch Kartell- und Wettbewerbsrecht sowie das medienspezifische Recht die Entwicklung des Marktes.

Die *Konvergenzentwicklung der Wertschöpfung* folgt aus der Konvergenz der Märkte.[1359] In Folge der Digitalisierung, Kompatibilität und Standardisierung entstehen strukturelle Koppelungen zwischen den beteiligten Wertschöpfungsketten der TMI-Märkte. Dieser Entwicklungsprozess, der als „vertikale Integration" bezeichnet wird, resultiert in einer horizontalen Wertschöpfungskette, die als sog. Multimedia-Wertschöpfungskette die vertikale Wertschöpfungsstruktur ablöst.[1360] Die sog. Multimedia-Wertschöpfungskette integriert die vormals getrennten Marktsegmente Inhalteproduktion, Inhaltebündelung, Inhalteverarbeitung und Zusatzleistungen, Distribution sowie Engeräte. Die Entstehung von Marktmacht oder Wettbewerbsverzerrungen durch die Besetzung der gesamten Wertschöpfungskette oder der monopolitischen Kontrolle eines Segments der Wertschöpfung wird durch die rechtlichen Rahmenbedingungen (z.B. Fusionskontrollverordnung, europäisches und nationalstaatliches Wettbewerbs- und Kartellrecht, Medienrecht) verhindert.

Die *Konvergenz auf Unternehmensebene* resultiert aus der Konvergenz der Wertschöpfungsketten, die die strategische Ausrichtung der Unternehmen im

1358 Siehe Kap. 3.4, insb. 3.4.1
1359 Siehe Kap. 3.4, insb. 3.4.2, 3.4.3
1360 Siehe Kap. 3.4.1, insb. Abb. 37

TMI-Sektor bestimmt.[1361] Analog zur Konvergenz der Wertschöpfung planen Unternehmen des TMI-Sektors, nicht nur horizontal (innerhalb des Sektors), sondern auch vertikal zu diversifizieren und neue Wertschöpfungsstufen zu besetzen.[1362] In Folge vertikaler Diversifikation erweitern Unternehmen ihre Kernkompetenz durch Kompetenzen anderer Unternehmen. Zwei Ausprägungen der Konvergenz von Unternehmungen sind festzustellen: Substitutive und komplementäre Unternehmenskonvergenz. Substitutive Unternehmenskonvergenz zeigt sich in konzentrativen Unternehmenszusammenschlüssen, wie etwa freundlichen oder feindlichen Übernahmen, oder in der Verdrängung eines Unternehmens aus einem Wertschöpfungssegment. Komplementäre Unternehmenskonvergenz spiegelt sich in kooperativen Unternehmenszusammenschlüssen, wie etwa strategischen Allianzen, Minderheitsbeteiligungen (Cross-Ownership) oder Fusionen wieder. Beide Formen der Unternehmenskonvergenz, sowohl konzentrative als auch kooperative Unternehmenszusammenschlüsse, sind in allen drei Teilmärkten festzustellen. Ihre Grenzen finden Unternehmenszusammenschlüsse in den rechtlichen Rahmenbedingungen (z.B. europäische Fusionskontrollverordnung, Kartellrecht, Medienrecht), die die Marktbeherrschung verhindern. Wirtschaftliche Motive für die Konvergenz der Unternehmungen liegen in der Globalisierung, im technologischen Wandel, in der Ausschöpfung von Größenvorteilen (Economies of scale), in der Nutzung von Verbundvorteilen (Economies of scope), in den Aufwendungen für Forschung und Entwicklung, in den Innovationskosten, im Technologietransfer, in der Kapitalintensität der Produktion, der Konkurrenz unterschiedlicher Standards und Normen, den Transaktionskosten, der Überwindung von Markteintrittsbarrieren und Lernprozessen.[1363]

Die aufgezeigten Konvergenztendenzen zwischen Telekommunikation, Medien und Informationstechnologie in den Bereichen Technologie, Inhalt und Funktion sowie Wirtschaft lassen erkennen, dass auch in der Medienpolitik eine integrative Sichtweise notwendig scheint, die sich an der tatsächlich eingetretenen Konvergenzentwicklung orientiert. Das Internet und seine unterschiedlichen Dienste lassen sich als Musterbeispiel für das Versagen klassischer Klassifikationsschemata und als Prototyp der Konvergenzentwicklung betrachten.

9.2 Ergebnisse aus Abschnitt II. – Konvergenz und Medienpolitik

Die Evaluierung des Konvergenzphänomens ist Voraussetzung, um die bestehende Medienordnung sowie medienpolitische Positionen auf der Grundlage der bislang tatsächlich eingetretenen Konvergenzentwicklung zu beurteilen.

[1361] Siehe Kap. 3.4.2
[1362] Siehe Kap. 3.4.3, insb. Abb. 39
[1363] Siehe Kap. 3.4, insb. 3.4.2; vgl. auch Niklas Mahrdt: Strategische Allianzen bei digitalen Informations- und Kommunikationsdiensten: Eine wettbewerbspolitische Untersuchung. a.a.O., S. 50 ff.; Michael J. Mandel / Robert D. Hof: Rethinking the Internet. Special Report. In: Business Week. 26.03.2001, S. 43-61, S. 43 ff.

Weniger die normativen Grundsätze als vielmehr die (einfachgesetzliche) Ausgestaltung des ordnungspolitischen Regulierungsrahmens rückt durch die technischen Innovationen und die Konvergenzentwicklung in den Vordergrund der Medienpolitik. In Abschnitt II wurden zunächst die strukturellen Veränderungen der Medienpolitik und Medienordnung untersucht, die durch die digitalen IuK-Dienste herbeigeführt wurden. Weiterhin wurden die vier medienpolitischen Spannungsfelder Staat–Gesellschaft, Völkerrecht–Nationalstaatliches Recht, Europäisches Gemeinschaftsrecht–Nationalstaatliches Recht sowie Bund–Länder identifiziert und dargestellt. (Kap. 4). Anschließend wurden die medienpolitischen Handlungsträger und ihre Einwirkungsmöglichkeiten auf den medienpolitischen Diskurs skizziert. Abschließend wurden insgesamt acht medienpolitische Regelungsvorschläge untersucht, die nach Inkrafttreten der „abgestuften" Regulierungsstruktur durch IuKDG und MDStV im Jahr 1997 publiziert wurden und sich mit der Fortbildung der Medienordnung im Zeichen der Konvergenz befassen (Kap. 5).

Die Konvergenzentwicklung wirkt sich in zweierlei Hinsicht auf die Medienpolitik aus: Zum einen findet sie ihren Niederschlag in den strukturellen Veränderungen des bestehenden ordnungspolitischen Rahmens, zum anderen prägt sie die medienpolitische Diskussion um die Weiterentwicklung der Medienordnung. Nachfolgend werden die bereits erfolgten strukturellen Veränderungen (1) sowie die medienpolitischen Spannungsfelder (2) dargestellt, anschließend die Ergebnisse der untersuchten Regulierungsvorschläge subsumiert und erörtert (3).

1.

Die wissenschaftliche Begriffsbestimmung von „Medienpolitik" und „Kommunikationspolitik" deutet die strukturellen Veränderungen im Medien- und Kommunikationsbereich an.[1364] Die traditionelle Abgrenzung der Begriffe entlang der Unterscheidung von Individual- und Massenkommunikation oder Inhalt und Übertragung wird durch die Konvergenzentwicklung problematisch. Medienpolitik im engeren Sinne dient der Ordnung der Massenmedien im Sinne der normativen Ziele des politischen Systems, der Sicherung von Medienfreiheit und Meinungspluralismus. Die Regelung hybrider individual- und massenkommunikativer Angebote, insb. der IuK-Dienste im Internet, bedingt das Zusammenwirken von Medien- und Kommunikationspolitik. Medienpolitik i.e.S. ist demnach nicht mehr getrennt oder als Unterkategorie der Kommunikationspolitik zu betrachten, sondern schließt kommunikationspolitische Aspekte im Bereich der Konvergenz ein. Auch die Grenzziehung der Medienpolitik i.e.S. zu angrenzenden Politikbereichen, die für den medienpolitischen Gestaltungsprozess von Bedeutung sind und zur Ordnung der Massenmedien indirekt bei-

[1364] Siehe Kap. 4.1, insb. 4.1.2

tragen, wird durch den Konvergenzprozess unscharf.[1365] Somit entsteht die Notwendigkeit von Kooperation und Abstimmung, nicht nur unter den Politikbereichen,[1366] sondern auch zwischen den politischen Handlungsebenen Länder (Kulturhoheit), Bund (Fernmeldehoheit) und Europäischer Union (Wirtschaftskompetenzen).

Die Untersuchung der Konvergenz zeigt, dass die Entwicklung bislang nicht zur Auflösung, aber zur graduellen Durchdringung und Überschneidung der traditionellen medienpolitischen Abgrenzungspaare führt.[1367] Die traditionelle Ordnung des Kommunikations- und Medienbereichs basiert auf der Abgrenzung von Individual- und Massenkommunikation, respektive Schmal- und Breitbandkommunikation, Telekommunikation und Rundfunk, Vermittlungs- und Verteildiensten. Analog zur Trennung der Begriffspaare verhält sich das föderale Kompetenzgefüge, das dem Bund die Gesetzgebungskompetenz im Bereich der Telekommunikation (Art. 73 Nr. 7 GG, Art. 87 lit. f GG) und den Ländern mangels eindeutiger Kompetenzzuweisung an den Bund (Art. 30 GG, Art. 70 Abs. 1 GG) die Regulierung des Rundfunks überlässt. Die elektronischen Dienste im Internet exemplifizieren das Prinzip der Konvergenz, indem sie massen- und individualkommunikative Aspekte sowie übertragungstechnische und inhaltlich-funktionale Aspekte durch das Merkmal der Interaktivität integrieren. Somit konterkariert das Internet ehemals getrennte regulatorische Bereiche, Kompetenzen und Politikfelder.[1368]

Um den Rechtsunsicherheiten im Bereich der hybriden elektronischen Dienste entgegenzutreten, führte die Konvergenzentwicklung zu neuen Regelungswerken im Spannungsfeld von Telekommunikation und Rundfunk. In Folge einer Einigung von Bund und Ländern traten am 1. August 1997 die zwei neuen Regelungswerke IuKDG (Bund) und der MDStV (Länder) in Kraft. Zusammen mit dem TKG des Bundes und der Fortschreibung des RStV der Länder durch Inkrafttreten des nunmehr fünften Rundfunkänderungs-Staatsvertrages am 1. Januar 2001 entstand somit eine „abgestufte" Regulie-

[1365] Siehe ebd.; vgl. weiterführend Gerhard W. Wittkämper: Kommunikationspolitik: Eine Grundlegung. a.a.O. S. 12 f.; Martin Eifert / Wolfgang Hoffmann-Riem: Die Entstehung und Ausgestaltung des dualen Rundfunksystems. a.a.O., S. 114 f.

[1366] Medienpolitik im weiten Sinne umfasst angrenzende Politikbereiche wie Wirtschaftspolitik, etwa bei kartellrechtlichen Fragen und der Wettbewerbs- oder Konzentrationskontrolle der privaten Medien, Kulturpolitik, etwa bei der Ausgestaltung des öffentlich-rechtlichen Rundfunks, Innenpolitik, etwa im Verfassungs- und Datenschutz in Computernetzen, Bildungspolitik, etwa bei der Vermittlung von Medienkompetenz und der medienrelevanten Ausbildung, Arbeitsmarktpolitik, etwa bei der Schaffung neuer Arbeitsplätze im Mediensektor, Forschungspolitik, etwa bei der Förderung innovativer Technologien, und Rechtspolitik, etwa bei der rechtlichen Ausgestaltung der Kriminalitätsbekämpfung in neuen Medien.

[1367] Siehe Kap. 3, Kap. 9.1

[1368] Siehe Kap. 4.3; vgl. weiterführend Wolfram Peiser: Folgen der Digitalisierung aus kommunikationswissenschaftlicher Sicht. In: Matthias Schumann / Thomas Hess (Hrsg.): Medienunternehmen im digitalen Zeitalter. Neue Technologien, neue Märkte, neue Geschäftsansätze. Wiesbaden 1999, S. 123-136, S. 131

rungsstruktur für sämtliche elektronische Dienste.[1369] Inhaltliche Divergenzen zwischen den teilweise wortgleichen Regelungswerken IuKDG, insb. Art. 1 TDG, und dem MDStV sowie die Querschnittsklausel des § 20 Abs. 2 RStV erfordern die Klassifizierung aller elektronischen Dienste in Telekommunikationsdienste, Teledienste, Mediendienste und Rundfunk. Die hieraus resultierende Abgrenzungsproblematik wird im nachfolgenden Kap. 9.3 unter medien*rechtlichen* Aspekten dargestellt und diskutiert.

2.

Die abgestufte Regulierungsstruktur führt zu unterschiedlichen medienpolitischen Kompetenzen für die verschiedenen elektronischen Dienste. Die Zuordnung der elektronischen Dienste zu den Regelungswerken entscheidet somit auch über die Zuständigkeitsebene. In der medienpolitischen Diskussion entstehen durch die Konvergenzentwicklung Konfliktfelder zwischen unterschiedlichen Kompetenzebenen. Die Untersuchung der vier wichtigsten Konfliktzonen (Staat–Gesellschaft, Völkerrecht–Nationalstaatliches Recht, Europäisches Gemeinschaftsrecht–Nationalstaatliches Recht sowie Bund–Länder) deuten graduelle Verschiebungen im Bereich medienpolitischer Kompetenzen an:[1370] Im Spannungsfeld von Staat und Gesellschaft ist die Tendenz zu beobachten, dass sich der Anteil an staatlicher Regulierung und staatlichem Einfluss zugunsten privatwirtschaftlicher Verantwortung und gesellschaftlicher Selbstkontrolle graduell verschiebt. Das Spannungsfeld von Völkerrecht und nationalstaatlichem Recht gewinnt durch die globale Verfügbarkeit des Internets an Bedeutung, die sowohl telekommunikationsrechtliche als auch urheberrechtliche Absprachen erfordert. Das Konfliktfeld von Europäischem Gemeinschaftsrecht und nationalstaatlichem Recht gewinnt durch die fortschreitende europäische Integration nicht nur grundsätzlich an Bedeutung, sondern führt insb. im Bereich des Rundfunks und der publizistisch relevanten Internetdienste zu Konflikten zwischen wirtschaftlich begründeter Kompetenz der Gemeinschaft und kulturpolitischer Kompetenz der Mitgliedstaaten, bzw. Bundesländer. Die dritte Konfliktebene, Bund–Länder, basiert auf der föderalen Kompetenzabgrenzung. Die Konvergenzentwicklung verschärft den Bund-Länder-Konflikt durch Überschneidung ursprünglich getrennter Regelungskompetenzen. Eine Verschränkung der Konfliktebene Bund-Länder mit der Ebene Bund-Gemeinschaft entsteht durch die Vertretung der Bundesrepublik auf EU-Ebene durch den Bund (Art. 23 GG) und führte bereits im Rahmen der Fernsehrichtlinie zu verfassungsrechtlichen Auseinandersetzungen.[1371]

[1369] Siehe Kap. 4.3.2; eine medienrechtliche Untersuchung der Abgrenzungsproblematik erfolgt im nachfolgenden Teil-Ergebnis, Kap. 9.3

[1370] Siehe Kap. 4.4.1, 4.4.2, 4.4.3, 4.4.4

[1371] Siehe Kap. 4.4, siehe weiterführend Kap. 8

3.

Neben den bereits erfolgten strukturellen Veränderungen der Medienordnung durch MDStV und IuKDG wirkt sich die Konvergenzentwicklung auch auf die Diskussion um zukünftige Rahmenbedingungen für die Medien aus und führt zu sehr unterschiedlichen Forderungen und Konzepten der medienpolitischen Handlungsträger.[1372] Die Untersuchung von insgesamt acht Regulierungsvorschlägen, die sich mit der Weiterentwicklung der Medienordnung *nach* Inkrafttreten der abgestuften Regulierungsstruktur durch MDStV und I-uKDG befassen, ergeben ein umfassendes Bild der kontroversen medienpolitischen Positionen. Zugleich werden aus den medienpolitischen Ansätzen eine Reihe ordnungspolitischer Handlungsalternativen ersichtlich.[1373]

Die Untersuchung der Regulierungsvorschläge ergibt, dass die normativen, verfassungsrechtlichen Vorgaben von keinem der medienpolitischen Akteure grundsätzlich in Frage gestellt werden. Unterschiede sind jedoch bereits in der Auslegung der verfassungsrechtlichen Vorgaben und verfassungsgerichtlichen Entscheidungen festzustellen. Insbesondere die Zuordnung der publizistisch relevanten Dienste im Internet zum verfassungsrechtlichen Rundfunkbegriff wird kontrovers diskutiert. Weiterhin divergieren die medienpolitischen Vorschläge in den zentralen Fragen der Regulierungspriorität, des Regulierungsstils, der Regulierungskompetenz, der institutionellen Medienaufsicht und der Funktion des öffentlich-rechtlichen Rundfunks.[1374] Anhand dieser fünf Kategorien sind die kontroversen Positionen nachfolgend einzuordnen.

Die *Regulierungsprioritäten* deuten auf die medienpolitischen Schwerpunkte der Regulierungsvorschläge hin. Zugleich korrelieren die Regulierungsprioritäten in den meisten Fällen mit der interessenspolitischen Zielsetzung der Akteure. Zu den Regulierungsprioritäten der acht untersuchten Vorschläge zählen folgende teils kontroverse Schwerpunkte: Vereinfachung der Regulierungsstruktur,[1375] Stärkung der staatlichen Handlungsoptionen und der staatlich eingesetzten Aufsicht,[1376] Stärkung der wettbewerbsrechtlichen und

---

[1372] Siehe Kap. 5.1

[1373] Siehe Kap. 5.2; Zu den untersuchten medienpolitischen Konzepten zählen der Schlussbericht der Bundestags-Enquete-Kommission zur Zukunft der Medien (1998), die Feststellungen im Bericht der Bundesregierung zum IuKDG (1999), das Positionspapier zur Medienregulierung der Arbeitsgemeinschaft der Landesmedienanstalten ALM (1999), die Regulierungsvorschläge des European Communication Council (1999), die „Offene Medienordnung" des Wissenschaftlichen Beirates im Bundeswirtschaftsministerium BMWi (2000), der Vorschlag einer „dienstespezifisch diversifizierten Informationsordnung" des Hans-Bredow-Instituts (2000), die „Kommunikationsordnung 2010" der Bertelsmann-Stiftung (2000) sowie der Vorschlag eines „Medienstaatsvertrages" des VPRT (2000).

[1374] Siehe Kap. 5.2

[1375] Insb. Enquete-Kommission (1998), ECC (1999), Wissenschaftlicher Beirat (1999/2000), Bertelsmann Stiftung (2000), VPRT (2000)

[1376] Insb. ALM (1999), Hans-Bredow-Institut (2000)

kartellrechtlichen Regulierung,[1377] Abbau der rundfunkspezifischen Sonderregulierung,[1378] Förderung von Medienkompetenz und Jugendschutz,[1379] Ausweitung der Rundfunkaufsicht auf die Mediendienste,[1380] Reformulierung des Funktionsauftrages des öffentlich-rechtlichen Rundfunks.[1381]

Der *Regulierungsstil* umfasst staatlich-hoheitliche, schiedsrichterliche und selbstregulative Ordnungsformen, die mit den Begriffen der Deregulierung oder Re-Regulierung zu bewerten sind: Unter dem Begriff der Deregulierung sind medienpolitische Vorschläge einzuordnen, die einen Abbau der rundfunkspezifischen Sonderregulierung und die Stärkung schiedsrichterlicher und selbstregulativer Elemente der Medienordnung befürworten. Unter den Begriff der Re-Regulierung fallen Konzepte, die i.d.R. weiterhin im Staat den Garanten der normativen Ziele sehen und somit eine Deregulierung grundsätzlich ablehnen. Die Mehrheit der untersuchten Vorschläge fordert die Deregulierung im Bereich der Medien und den Abbau der rundfunkspezifischen Sonderregulierung für private elektronische Dienste (insb. Rundfunk und Mediendienste).[1382] Statt medienspezifischer Sonderregulierung werden die Möglichkeiten des nationalen und europäischen Kartellrechts, die europäische Fusionskontrolle und das Wettbewerbsrecht zur Sicherung von Medienvielfalt und Meinungspluralismus angeführt.[1383] Weiterhin wird die staatlich begleitete Selbstkontrolle im Bereich des Jugend- und Datenschutzes,[1384] sowie darüber hinaus in allen kontrollrelevanten Bereichen vorgeschlagen, um die Rolle des Staates auf die Schaffung entwicklungsoffener Rahmenbedingungen zurückzuführen.[1385] Gegen Deregulierung spricht sich ein anderer Teil der untersuchten Konzepte aus und befürwortet die Re-Regulierung der bestehenden Medienordnung im Sinne einer Beibehaltung oder Stärkung der staatlichen Regulierung.[1386] Ablehnend stehen diese Vorschläge einer wirtschaftlich orientierten Regulierung gegenüber und schlagen eine staatliche Struktur- und Anreizsteuerung vor, um die normativen Zielvorgaben zu erreichen.[1387]

[1377] Insb. Enquete-Kommission (1998), European Communication Council (1999), Wissenschaftlicher Beirat (1999/2000), Bertelsmann Stiftung (2000), VPRT (2000)

[1378] Insb. Wissenschaftlicher Beirat im BMWi (1999/2000), European Communication Council (1999), Bertelsmann Stiftung (2000), VPRT (2000)

[1379] Insb. ALM (1999), Bundesregierung (1999), Bertelsmann Stiftung (2000), VPRT (2000)

[1380] Insb. ALM (1999), Hans-Bredow-Institut (2000)

[1381] Eingrenzend: Enquete-Kommission (1998), European Communication Council (1999), Wissenschaftlicher Beirat (1999/2000), Bertelsmann Stiftung (2000), VPRT (2000); ausweitend: ALM (1999), Hans-Bredow-Institut (2000)

[1382] Insb. Wissenschaftlicher Beirat im BMWi (1999/2000), European Communication Council (1999), Bertelsmann Stiftung (2000), VPRT (2000)

[1383] Insb. Enquete-Kommission (1998), Wissenschaftlicher Beirat im BMWi (1999/2000), European Communication Council (1999), Bertelsmann Stiftung (2000), VPRT (2000)

[1384] Insb. Enquete-Kommission (1998)

[1385] Insb. Bertelsmann Stiftung (2000)

[1386] Insb. ALM (1999), Hans-Bredow-Institut (2000)

[1387] Insb. Hans-Bredow-Institut (2000)

Die Regulierungskompetenz umfasst die Frage der Gesetzgebungskompetenz sowie der Zuständigkeiten im Bereich der Aufsicht und Kontrolle. Die Mehrheit der Vorschläge spricht sich im allgemeinen für die Beibehaltung der föderal geprägten Medienordnung aus.[1388] In Folge der Konvergenz von Kommunikation und Medien wird jedoch in einem Teil der Regulierungsvorschläge empfohlen, sowohl Bund als auch europäische Gemeinschaft mit weiteren Kompetenzen, insb. in der wirtschaftlichen Konzentrationskontrolle, auszustatten.[1389] Darüber hinaus gehen die Vorschläge, die eine (verfassungsrechtlich bedenkliche) Übertragung der Kompetenzen für den Medienbereich von den Ländern zum Bund befürworten und dies mit der wirtschaftlichen Funktion der Medien begründen.[1390] Die zunehmende Bedeutung europäischer Regelungen im Konvergenzbereich von Kommunikation und Medien wird in einigen Vorschlägen besonders hervorgehoben.[1391]

Die *institutionelle Ausgestaltung der Aufsichtsstrukturen* folgt aus der Regulierungskompetenz und dem Regulierungsstil. In Folge der Konvergenzentwicklung wird von allen untersuchten Vorschlägen die Notwendigkeit einer verstärkten Koordination zwischen Bundes- und Länderbehörden, insb. zwischen der RegPT und den LMA, festgestellt. Kontrovers wird die institutionelle Ausgestaltung dieser Koordination diskutiert. Die Bandbreite der Vorschläge reicht von einem nicht institutionalisierten Zuständigkeitsverbund,[1392] einem Bund-Länder-Kommunikationsrat[1393] bis zur (verfassungsrechtlich bedenklichen) Bündelung der Rundfunk- und Telekommunikations-Aufsicht in einer Bundesbehörde.[1394] Im Bereich der Medienkonzentrationskontrolle empfehlen die Befürworter eines wirtschaftlich orientierten Regulierungssystems die Aufsichtsfunktion der LMA sowie der KEK den Kartellämtern zu überlassen.[1395]

Die *Funktion des öffentlich-rechtlichen Rundfunks* wird in den Vorschlägen besonders kontrovers diskutiert. Im Mittelpunkt der Diskussion steht der Funktionsauftrag des öffentlich-rechtlichen Rundfunks. Grundsätzlich sind zwei gegenläufige Positionen feststellen: Ein Teil der Vorschläge spricht sich für die Ausweitung des öffentlich-rechtlichen Auftrages aus. Demnach wird eine Ausdehnung des öffentlich-rechtlichen Auftrages auf den Bereich der Dienste im Internet, eine Grundversorgung durch öffentlich-rechtliche Zu-

---

1388 Insb. Enquete-Kommission (1998), ALM (1999), Hans-Bredow-Institut (2000), VPRT (2000)

1389 Insb. Enquete-Kommission (1998), Bertelsmann Stiftung (2000)

1390 Insb. European Communication Council (1999), Wissenschaftlicher Beirat im BMWi (1999/2000)

1391 Insb. Bundesregierung (1999), European Communication Council (1999), Wissenschaftlicher Beirat im BMWi (1999/2000), Bertelsmann Stiftung (2000)

1392 Insb. ALM (1999)

1393 Insb. Hans-Bredow-Institut (2000) sowie SPD-Mindervotum der Enquete-Kommission (1998)

1394 Insb. European Communication Council (1999), Wissenschaftlicher Beirat im BMWi (1999/2000)

gangsdienste[1396] sowie eine Pionierfunktion im Bereich der digitalen Medien vorgeschlagen.[1397] Die Mehrheit der untersuchten Vorschläge sieht in der Ausweitung des öffentlich-rechtlichen Rundfunks eine Kompetenzüberschreitung, die durch eine eingrenzende Formulierung des Funktionsauftrages zurückzuführen ist.[1398] Die zentrale Aufgabe sehen die Befürworter einer Eingrenzung des öffentlich-rechtlichen Auftrages in der gesellschaftlichen Integrationsfunktion durch Rundfunk-Vollprogramme. Ein Teil der Vorschläge empfiehlt die Rückführung des öffentlich-rechtlichen Rundfunks auf eine informationelle Grundversorgung[1399] oder erwägt die Privatisierung einer oder mehrerer öffentlich-rechtlicher Anstalten.[1400]

Zusammenfassend ist festzustellen, dass sich die Konvergenzentwicklung im Bereich der Kommunikation und Medien in vielerlei Hinsicht auf die Medienpolitik auswirkt und ausgewirkt hat. Zum einen schlägt sich die Konvergenzentwicklung in der strukturellen Ordnung von Kommunikation und Medien nieder, zum anderen ist sie Prämisse für zukünftige medienpolitische Konzepte. Die Frage, ob die Konvergenzentwicklung zur Konvergenz der Regulierung führt, wird von den medienpolitischen Handlungsträgern unterschiedlich beantwortet. So sehen die einen in der Ausdifferenzierung der Medienordnung die richtige Antwort auf die komplementären Diversifikationstendenzen der Inhalte,[1401] während andere die Vereinheitlichung und Zusammenführung der Regulierung befürworten, um einen entwicklungsoffenen Rahmen zu schaffen und die freie Entfaltung der privaten elektronischen Dienste zu ermöglichen.[1402] Die Ergebnisse der nachfolgend dargestellten medienrechtlichen Untersuchung deuten darauf hin, dass bereits die bestehende Diversifizierung der Medienordnung zu erheblichen Abgrenzungsproblemen führt und somit kein Vorbild zukünftiger Regulierungsstrukturen der Medien in Deutschland und Europa sein kann.

9.3 Ergebnisse aus Abschnitt III. – Konvergenz und Medienrecht

Die Konvergenzentwicklung von Internet und klassischen Medien wirkt sich auf die medienrechtliche Ordnungsstruktur und somit auf die Kompetenzverteilung zwischen Ländern, Bund und Europäischer Gemeinschaft aus. In Abschnitt III. wurde als Schwerpunkt der vorliegenden Arbeit die rechtliche Abgrenzungsproblematik untersucht, die durch die Konvergenzentwicklung im

[1395] Insb. Enquete-Kommission (1998), VPRT (2000), Wissenschaftlicher Beirat BMWi (1999/2000), Bertelsmann Stiftung (2000)
[1396] Insb. ALM (1999), Hans-Bredow-Institut (2000)
[1397] Insb. European Communication Council (1999)
[1398] Insb. Enquete-Kommission (1998), Wissenschaftlicher Beirat im BMWi (1999/2000), European Communication Council (1999), Bertelsmann Stiftung (2000), VPRT (2000)
[1399] Insb. Bertelsmann Stiftung (2000)
[1400] Insb. Wissenschaftlicher Beirat im BMWi (1999/2000)
[1401] Vgl. Hans-Bredow-Institut (2000)
[1402] Vgl. VPRT (2000)

Spannungsfeld von Individual- und Massenkommunikation entsteht. Die medienrechtliche Untersuchung bedarf der Differenzierung in eine rundfunkrechtliche, eine presserechtliche sowie eine gemeinschaftsrechtliche Betrachtung. Als Teilergebnis werden nachfolgend die Erkenntnisse der rundfunkrechtlichen Untersuchung in Kap. 9.3.1, der presserechtlichen Untersuchung in Kap. 9.3.2 und anschließend die der gemeinschaftsrechtlichen Untersuchung in Kap. 9.3.3 dargestellt.

9.3.1 Teilergebnis der rundfunkrechtlichen Untersuchung

Die rundfunkrechtliche Untersuchung in Kap. 6 konzentrierte sich auf die rechtliche Abgrenzungsproblematik, die sich einerseits aus der verfassungsrechtlichen Auslegung des Rundfunkbegriffs ergibt, anderseits aus der einfachgesetzlichen Ausgestaltung der Medienordnung. Unter rundfunkrechtlichen Aspekten steht dabei die Frage im Vordergrund, ob die neuen IuK-Dienste im Konvergenzbereich von Internet und klassischen Medien, insb. die publizistisch relevanten Internetangebote, unter verfassungsrechtlichen Merkmalen (1) und in der einfachgesetzlichen Betrachtung (2) als Rundfunk zu qualifizieren sind.

1.

Die Untersuchung des *verfassungsrechtlichen Rundfunkbegriffs* im Sinne des Art. 5 Abs. 1 S. 2 GG zeigt im Ergebnis, dass eine Subsumtion der Internetangebote der klassischen Medien unter die verfassungsrechtliche Begriffsauslegung des Rundfunks nicht möglich ist:[1403] Die Internetangebote der klassischen Medien - auch die des Rundfunks - sind demnach *kein* Rundfunk im verfassungsrechtlichen Sinne. Die Prüfung der verfassungsrechtlichen Reichweite des Rundfunkbegriffs basierte auf den in der rechtswissenschaftlichen Literatur diskutierten drei Komponenten des verfassungsrechtlichen Rundfunkbegriffs: Dem Merkmal der Allgemeinheit, der Darbietung publizistisch relevanter Inhalte und der rundfunkspezifischen Verbreitung. Weiterhin wurden die Ergebnisse aus Abschnitt I., insb. die Inhaltsanalyse der Internetangebote klassischer Medien, als Untersuchungsgrundlage vorausgesetzt.[1404] Die Untersuchung des Merkmals der Allgemeinheit ergibt, dass sich Internetangebote nicht zwangsläufig an eine allgemeine Öffentlichkeit im Sinne der teleologischen Auslegung des Rundfunkbegriffs wenden: In Folge des Interaktivitäts-Paradigmas des Internets[1405] navigiert der Rezipient individuell und selektiv im Angebot. Weiterhin ist der Rezipient weder an eine programmliche Vorgabe in Form einer zeitlich ablaufenden Darbietung gebunden, noch ist er zur Abnahme des gesamten publizistischen Inhaltes verpflichtet. Somit erreicht jeder publizistische

---

[1403] Siehe Kap. 6.1

[1404] Siehe Kap. 2, insb. Kap. 2.1.1.3, 2.1.2.3, 2.1.3.3 sowie Kap. 2.2.1.3, 2.2.2.3, siehe Anhang: Inhaltsanalyse I.-VI.

[1405] Siehe Kap. 1.1

Inhalt im Internet zwar theoretisch eine Allgemeinheit, praktisch aber nur eine Teil-Öffentlichkeit. Demnach erfüllen die Internangebote nicht die massenkommunikative Funktion, die das verfassungsrechtliche Merkmal der Allgemeinheit im funktionalen Sinne auszeichnen.[1406] Das zweite verfassungsrechtliche Merkmal, die Darbietung, geht von der Präsentation publizistischer Inhalte von meinungsbildender Relevanz aus: Die inhaltlich-funktionale Betrachtung der Internetangebote ergibt, dass sich die Angebote integrativ aus teils publizistischen, teils individualkommunikativen Inhalten und Funktionen zusammensetzen. Im Rahmen einer notwendigen Gesamtbewertung der Angebote ist festzustellen, dass der publizistisch relevante Inhalt im Vordergrund steht. Somit üben die Internetangebote potenziell Einfluss auf die öffentliche Meinung aus und erfüllen das Merkmal der Darbietung unstreitig.[1407] Die dritte Komponente des verfassungsrechtlichen Rundfunkbegriffs, die den wesentlichen, grundrechtssystematischen Unterschied zur Presse bildet, geht von der rundfunkspezifischen Verbreitung aus: Im Zuge der verfassungsgerichtlichen Auslegung ist die rundfunkspezifische Verbreitung nicht an den technischen Verbreitungsprozess oder Übertragungsweg gebunden, sondern funktionsbezogen zu interpretieren. Internetangebote sind nicht als Verbreitung im rundfunkrechtlichen Sinne zu betrachten, da keine massenmediale Verbreitung des „gleichen Inhalts" per „Ein- und Ausschalten"[1408] erfolgt und der Rezipient – nicht der Sender – den Auswahlprozess steuern. Weiterhin ergibt die Untersuchung der Angebote, dass die Verbreitung des klassischen Rundfunkprogramms über Internet – sofern sie überhaupt vorliegt – keinesfalls angebotsbestimmend ist, sondern vielmehr als Zusatzdienst zu bezeichnen ist.[1409] Der Schwerpunkt liegt auch bei den Angeboten des Rundfunks auf Inhalten in Wort und Bild sowie internetspezifischen Funktionen, die in keiner zeitlichen oder planmäßigen „Abfolge"[1410] dargeboten werden.[1411]

Zusammenfassend ist festzustellen, das erstens das Merkmal der Allgemeinheit zumindest nicht eindeutig im Sinne des verfassungsrechtlichen Rundfunkbegriffs erfüllt wird, zweitens eine Darbietung publizistischer Inhalte unstrittig auch von den Internetangeboten der klassischen Medien erbracht wird und drittens eine rundfunkspezifische Verbreitung keinesfalls vorliegt. Da aber alle drei Merkmale zugleich vorliegen müssen, um einem elektronischen Dienst die rundfunkmäßige Meinungsmacht zuzusprechen, sind die Internetangebote der klassischen Medien, insb. auch des Rundfunks, aufgrund ihrer inhaltlich-funktionalen Ausprägung *nicht* als Rundfunk im verfassungsrechtlichen Sinne zu bezeichnen. Demnach gelten für die Internetangebote der klassischen Me-

[1406] Siehe Kap. 6.1.1
[1407] Siehe Kap. 6.1.2, siehe auch Kap. 2, Kap. 3.3
[1408] BverfGE 74, 353
[1409] Siehe Kap. 2.2, insb. 2.2.1.3, 2.2.2.3
[1410] BverfGE 97, 298, 310
[1411] Siehe Kap. 6.1.3, sieh auch Kap. 3.2.1, 3.2.2

dien nicht die rundfunkspezifischen Regulierungsanforderungen, die sich aus dem verfassungsrechtlichen Schutzbereich der Rundfunkfreiheit nach Art. 5 Abs. 1 GG ergeben.[1412]

2.

Der zweite Teil der rundfunkrechtlichen Untersuchung befasste sich mit dem *einfachgesetzlichen Rundfunkbegriff* in Abgrenzung zu den neu geschaffenen Regelungswerken IuKDG (insb. Art. 1, TDG) des Bundes und MDStV der Länder. Zunächst wurden die medienrechtlich relevanten Abgrenzungskriterien aus den jeweiligen Legaldefinitionen und den genannten Regelbeispielen hergeleitet,[1413] anschließend wurden die Internetangebote der klassischen Medien anhand der Abgrenzungskriterien tatbestandlich auf ihre rechtliche Zugehörigkeit geprüft.[1414]

Die Untersuchung der rechtlichen Abgrenzungskriterien, die aufgrund der Dreiteilung der Regulierung elektronischer Dienste und der abgestuften Regulierungsdichte durch RStV, MDStV und TDG festzulegen sind, spiegelt das Spannungsfeld der medienrechtlichen und telekommunikationsrechtlichen Kompetenzaufteilung zwischen Bund und Ländern wieder. Die Untersuchung ergibt grundsätzlich, dass die Abgrenzung zwischen den Regelungswerken zu problematischen Überschneidungen führt. In Folge ist die kompetenzrechtliche Aufteilung zwischen Bund und Ländern in zahlreichen Einzelfällen nicht eindeutig möglich. Weiterhin sind die drei Regelungswerke TDG (Art. 1 IuKDG), MDStV und RStV durch einige besondere Bestimmungen miteinander verzahnt. Zu den wesentlichen Bestimmungen, die den Eingriff in das jeweilig „benachbarte" Regelungswerk normieren, zählen insb. § 20 Abs. 2 RStV und § 2 Abs. 4 Nr. 3 TDG. Die medienrechtliche Untersuchung der drei relevanten Abgrenzungsbereiche Rundfunk – Mediendienst, Rundfunk – Teledienst sowie Mediendienst – Teledienst führt zu unterschiedlichen Ergebnissen:

Dem ersten Abgrenzungsbereich, *Rundfunk – Mediendienste*, kommt aufgrund der hohen Regulierungsdichte des Rundfunks besondere medienpolitische Relevanz zu. Mangels eindeutiger Abgrenzungskriterien einerseits und in Folge der sog. „Soweit-Klausel" gemäß § 20 Abs. 2 RStV andererseits ist die rundfunkrechtliche Abgrenzung problematisch.[1415] Aus der einfachgesetzlichen Ordnungssystematik von RStV und MDStV ergeben sich drei Kategorien, die mit unterschiedlichen Rechtsfolgen verbunden sind: Der klassische Rundfunk nach §§ 2 Abs. 1 S. 1, 20 Abs. 1 RStV, zulassungspflichtige Mediendienste mit „rundfunkähnlichem" Charakter analog §§ 2 Abs. 1 S. 3 Hs. 2, 20 Abs. 2 RStV und zulassungsfreie Mediendienste gemäß § 2 Abs. 1 S. 3 RStV, §§ 2, 4 MDStV. In Anwendung der Regelbeispiele und in Auslegung der einfachgesetzlichen

[1412] Siehe Kap. 6.1, 6.5
[1413] Siehe Kap. 6.2, 6.3
[1414] Siehe Kap. 6.4
[1415] Siehe Kap. 6.3.1

Legaldefinitionen des RStV und MDStV ist festzustellen, dass zur Unterscheidung weder die Verbreitungstechnik noch die Bestimmung für die Allgemeinheit, sondern ausschließlich das Tatbestandsmerkmal der Darbietung geeignet ist. Da sowohl Rundfunk als auch Mediendienst publizistisch relevante Darbietungen enthalten, orientiert sich die Abgrenzung am Maßstab der Meinungsrelevanz der Darbietung. Demnach erreicht ein elektronischer Dienst rundfunkspezifische Meinungsmacht, wenn er die drei verfassungsgerichtlich angeführten Faktoren Breitenwirkung, Aktualität und Suggestivkraft erfüllt.[1416] Aufgrund des Auslegungsspielraums dieser Abgrenzungskriterien und der jeweiligen Rechtsfolgen führt die Abgrenzung von Rundfunk und Mediendienst zur kontroversen Diskussion in der wissenschaftlichen Literatur.[1417] Besonders problematisch erweist sich die rechtliche Schnittstelle zwischen den Regulierungsregimes RStV und MDStV gemäß § 20 Abs. 2 RStV, die die Landesmedienanstalten im Einvernehmen zur Zurodnung eines Mediendienstes zum Rundfunk ermächtigt. Die exzeptionelle Qualifizierung eines Mediendienstes als Rundfunk gemäß § 20 Abs. 2 RStV ist bisher nicht eingetreten und wäre zudem nicht nur (verfassungs-) rechtlich fraglich, sondern hinsichtlich der praktischen Folgen problematisch: Würde ein Mediendienst, z.B. ein Internetangebot, als Rundfunk klassifiziert, wären die Landesmedienanstalten zur Einzelprüfung sämtlicher vergleichbarer Dienste verpflichtet. Nicht nur die Vielfalt an unterschiedlichen Diensten insb. im Internet, sondern auf ihre weltweite Verfügbarkeit in Folge des Globalitäts-Paradigmas des Internets würde diese Aufgabe der Landesmedienanstalten ad absurdum führen. Sinn und Zweck der sog. „Soweit-Klausel" des § 20 Abs. 2 RStV sind aus den genannten Gründen und in Anbetracht der tatsächlichen Konvergenzentwicklung zu hinterfragen.

Der zweite Abgrenzungsbereich, *Rundfunk – Teledienst*, ist medienrechtlich eindeutig, da es keine rechtliche Schnittstelle zwischen den Regelungswerken RStV und TDG gibt.[1418] Weiterhin nimmt § 2 Abs. 4 Nr. 2 TDG den Rundfunk ausdrücklich aus dem Anwendungsbereich des TDG aus. Teledienste umfassen ausschließlich den Bereich der Individualkommunikation und der publizistisch irrelevanten Dienste und kollidieren somit nicht unmittelbar mit dem Rundfunkbegriff.

Der dritte Abgrenzungsbereich hingegen, *Mediendienste–Teledienste*, der zugleich die kompetenzrechtliche Grenze zwischen Bund und Ländern abbildet, führt zum Ergebnis, dass weder unter Anwendung der Legaldefinitionen im TDG und MDStV, noch in ihrer Auslegung, noch anhand der Regelbeispiele in allen Fällen eine eindeutige und unstreitige Abgrenzung möglich ist.[1419] Die strittige Kompetenzaufteilung zwischen Bund und Ländern spiegelt sich zu-

[1416] BverfGE 90, 60, 87
[1417] Siehe Kap. 6.3.1, insb. Fußnoten
[1418] Siehe Kap. 6.3.1
[1419] Siehe Kap. 6.3.3

nächst im Fehlen eines legaldefinitorischen Ausschließlichkeitsverhältnisses wieder: Nach § 2 Abs. 1 TDG sind Teledienste „für eine individuelle Nutzung" bestimmt, Mediendienste richten sich nach § 2 Abs. 1 MDStV an die „Allgemeinheit". Die legaldefinitorische Abgrenzungsproblematik zwischen Medien- und Telediensten zeigt sich besonders deutlich bei den Abrufdiensten (z.B. Internetangebote), die eine Kombination aus individueller Nutzung und an die Allgemeinheit gerichtetem Angebot ermöglichen.[1420] Auch die Untersuchung der Beispielkataloge zeigt, dass eine eindeutige Abgrenzung nicht in allen Fällen möglich ist. Die Zuordnung strittiger Dienste hat daher im Rahmen einer Gesamtbetrachtung des Angebots im Einzelfall zu erfolgen, in der festzustellen ist, welches funktionale Wesensmerkmal im Vordergrund steht. Rechtlich unklar ist die Auslegung der Formulierung „im Vordergrund" gemäß § 2 Abs. 4 Nr. 3 TDG sowie die Frage, ob ein Teledienst bereits als Mediendienst zu klassifizieren ist, wenn Teile seines Gesamtangebots die Kriterien des MDStV erfüllen, oder umgekehrt ein Mediendienst als Teledienst zu qualifizieren ist, wenn individualkommunikative Dienste einen Teil seines Angebotes bilden.[1421] Die medienrechtliche Untersuchung der Abgrenzung von TDG und MDStV ergibt somit, dass die Regelwerke nicht komplementär konstruiert sind, sondern eine teils ungelöste Kompetenzkonkurrenz von Bund und Ländern widerspiegeln.

Die einfachgesetzlichen Abgrenzungskriterien zwischen den Regelungswerken RStV, MDStV und TDG (Art. 1 IuKDG) wurden im zweiten Schritt der rundfunkrechtlichen Untersuchung auf die Internetangebote der klassischen Medien angewendet, die das Konvergenzphänomen zwischen Internet und klassischen Medien sowie die Überschneidungen von Individual- und Massenkommunikation, Rundfunk und Telekommunikation exemplifizieren.[1422] Die heterogene Angebotsstruktur der Internetangebote, die sich aus publizistischen Inhalten, interaktiven und individualkommunikativen Diensten, Werbung und E-Commerce zusammensetzt, zeigt die Abgrenzungsproblematik der bestehenden Regelungswerke exemplarisch. Grundlage der rechtlichen Untersuchung waren die Ergebnisse der inhaltlich-funktionalen Analyse der Internetangebote der Presse, des Hörfunks und des Fernsehens.[1423] Die Untersuchung gliederte sich in zwei Schritte: Zunächst wurde festgestellt, ob die separaten Inhalte und Funktionen der Internetangebote als Tele- oder Mediendienst einzuordnen

---

1420 Siehe Kap. 6.2.3, Kap. 2, Kap. 6.4

1421 Siehe Kap. 6.2.3; Beispiele: Im Vordergrund der Internetangebote „GMX.de", „Web.de" oder „Hotmail.com" steht der individualkommunikative E-Mail-Dienst, zugleich werden aber auch publizistische Inhalte sowie Werbung angeboten, die sich an die Allgemeinheit richten. Umgekehrt bieten z.B. die Internetangebote der klassischen Medien neben an die Allgemeinheit gerichteten publizistisch relevanten Inhalten auch individualkommunikative Dienste wie etwa kostenfreie SMS (RTL.de), E-Mail (FAZ.net) oder personalisierte Laufbänder mit Börsenkursen (n-tv.de) an.

1422 Siehe Kap. 6.4

1423 Siehe Kap. 2

sind. Sofern die Internetangebote im Rahmen einer Gesamtbetrachtung als Mediendienst zu klassifizieren waren, wurde im zweiten Schritt untersucht, ob das Angebot als „rundfunkähnlich“ im Sinne der Parameter Breitenwirkung, Aktualität und Suggestivkraft zu bezeichnen ist und somit nach § 20 Abs. 2 RStV dem einfachgesetzlichen Rundfunkbegriff zuzuordnen ist.[1424]

Das Ergebnis der Untersuchung zeigt, dass alle Internetangebote der klassischen Medien Inhalte und Funktionen in ihrem Angebot integrieren, die in der separaten Betrachtung zum Teil als Teledienst, zum Teil als Mediendienst einzuordnen sind. Im Rahmen der gebotenen Gesamtbetrachtung ist festzustellen, dass die redaktionelle Gestaltung zur Meinungsbildung für die Allgemeinheit im Vordergrund aller untersuchten Angebote steht. Somit ist aus Anbietersicht eine Einstufung der Angebote als Mediendienst vorzunehmen. Aus Nutzersicht ist jedoch zu konstatieren, dass nicht zwangläufig der meinungsrelevante Inhalt rezipiert werden muss, sondern auch die ausschließliche Nutzung der interaktiven und individualkommunikativen Dienste (z.B. kostenfreies SMS-Versenden, E-Mail oder Diskussionsforen) oder der Inhalte ohne Meinungsrelevanz (z.B. Telespiele, Börsenkurse, Wetter) im Vordergrund stehen kann. In diesem Fall wäre das Angebot aus Nutzersicht als Teledienst zu klassifizieren. In der ambivalenten angebots- oder nachfrageorientierten Betrachtung der Internetangebote zeigt sich die ungelöste Problematik der kompetenzrechtlichen Abgrenzung zwischen MDStV (Länder) und TDG (Bund).[1425]

Die Prüfung der Internetangebote auf die sog. „Soweit-Klausel“ ergibt, dass keines der untersuchten Internetangebote aufgrund seiner Inhalte und Dienste nach § 20 Abs. 2 RStV als Rundfunk zu qualifizieren ist. Die Untersuchung der Faktoren, die nach der Judikatur des Bundesverfassungsgerichts als konstitutive Merkmale zur Feststellung von rundfunkspezifischer Meinungsmacht gelten, ergibt, dass das Merkmal der Aktualität von nahezu allen Angeboten erfüllt wird. Das Merkmal der Breitenwirkung hingegen, dessen Anwendbarkeit auf Abrufdienste in der wissenschaftlichen Literatur grundsätzlich umstritten ist, scheidet für die Internetangebote der klassischen Medien aus, da keine gleichen Inhalte im Sinne des Multiplikationseffekts zeitgleich an eine beliebige Öffentlichkeit verteilt werden. Das Merkmal der Suggestivkraft, das auf die rundfunkspezifische, audiovisuelle und authentisch wirkende Darbietung abstellt, wird weder in technischer noch in funktionaler Hinsicht von den Internetangeboten der klassischen Medien erfüllt.[1426] Auch der Sonderfall des sog. Internet-TV, das die Übertragung des Rundfunkprogramms mittels Streaming-Technologie ermöglicht, ist abgesehen von technischen, internetbedingten Defiziten[1427] auch unter funktionalen Aspekten nicht als Rundfunk zu bewerten,

[1424] Siehe Kap. 6.4.1 zur Systematik der medienrechtlichen Prüfung
[1425] Siehe Kap. 6.4.1, 6.4.2, 6.4.3
[1426] Siehe ebd., insb. Kap. 6.4.3; zur Diskussion um die Internetangebote der öffentlichen-rechtlichen Sender siehe auch Kap. 6.5, insb. 6.5.3
[1427] Siehe Kap. 1.3, 1.4

da das Angebot im Rahmen einer Gesamtbetrachtung lediglich ein Randangebot der Nutzung darstellt und keinesfalls im Vordergrund steht.[1428]

9.3.2 Teilergebnis der presserechtlichen Untersuchung

Analog zur rundfunkrechtlichen Betrachtung wurde in Kap. 7 unter presserechtlichen Aspekten geprüft, ob der verfassungsrechtliche Pressebegriff und das einfachgesetzliche Presserecht auf die neuen Dienste, insb. auch das Internetangebot der Presse, anwendbar ist und inwieweit presserechtliche Regelungen zur Auslegung des MDStV herangezogen werden können. Nachfolgend werden die Ergebnisse der Untersuchung des Pressebegriffs (1) und der Auswirkungen auf die Auslegung des MDStV (2) dargestellt.

1.

Die Untersuchung des verfassungsrechtlichen Pressebegriffs ergibt, dass eine Subsumtion von Mediendiensten, insb. auch von Internetangeboten der Presse, unter den Pressebegriff mangels „verkörperter" Darbietung der Inhalte ausscheidet.[1429] Der Pressebegriff ist weder verfassungsrechtlich noch einfachgesetzlich definiert. Somit wird dem verfassungsrechtlichen Pressebegriff analog zum verfassungsrechtlichen Rundfunkbegriff zunächst eine Entwicklungsgarantie zugesprochen, die den Schutz der Pressefreiheit möglicherweise auf „presseähnliche" Angebote im Sinne einer teleologischen Auslegung übertragen lässt. Die Auslegung des verfassungsrechtlichen Pressebegriffs stützt sich neben der historischen und publizistikwissenschaftlichen Begriffsbestimmung auf den einfachgesetzlich definierten Begriff des „Druckwerks" gemäß § 7 Abs. 1, 2 LPG. Demnach ist es konstitutives Merkmal des Presseprodukts, Tatsachenberichte und Meinungen der Öffentlichkeit in materialisierter (verkörperter) Form zugänglich zu machen. Die Verbreitung publizistischer Inhalte mittel elektromagnetischer Schwingungen i.S.d. §§ 2 Abs. 1 RStV und MDStV ist somit vom Pressebegriff ausgeschlossen. Aufgrund der fehlenden Materialisierung handelt es sich selbst bei journalistisch-redaktionellen Presseinhalten, die wortgleich oder ähnlich über das Internet verbreitet werden, nicht um Presse i.S.d. „Druckwerks", sondern um Mediendienste gemäß § 2 Abs. 2 Nr. 4 MDStV in Verbindung mit den besonderen Bestimmungen nach § 6 Abs. 2 S. 1 HS. 1, 1. Alt. MDStV. Eine Mindermeinung in der wissenschaftlichen Literatur befürwortet im Rahmen einer teleologischen Auslegung die Subsumtion der „elektronischen Presse" unter den Pressebegriff.[1430] Dem ist entgegen zu halten, dass eine Subsumtion der elektronischen Dienste mit publizistischem Inhalt zur Folge hätte, dass sich die Regelungsregime der Landespressegesetze und des MDStV unzulässig überschneiden. Weiterhin zeigt die inhaltlich-funktionale A-

---

[1428] Bisher wird das tatsächliche Fernsehprogramm von zwei Fernsehsendern (n-tv, Phoenix) im Internet zur Nutzung angeboten.

[1429] Siehe Kap. 7.1

[1430] Siehe ebd.

nalyse der Internetangebote der Presse, dass die tatsächlich bereitgestellten Inhalte und Funktionen weit über die „klassische" Presse hinausgehen und vielmehr einem komplementär angelegten, internetspezifischen Angebot mit teils presseähnlichen, teils pressefremden Inhalten entspricht.[1431]

2.

Presserechtliche Bestimmungen, die den verfassungsrechtlichen Schutz der Pressfreiheit i.S.d. Art. 5 Abs. 1 S. 2 GG sowie die Schranken der Pressefreiheit gemäß Art. 5 Abs. 2 GG einfachgesetzlich ausgestalten, sind zwar nicht unmittelbar auf die elektronischen Dienste im Konvergenzbereich von Internet und klassischen Medien anwendbar,[1432] wirken sich jedoch sowohl auf die Ausgestaltung als auch auf die Auslegung der Bestimmungen des MDStV aus.[1433] Insb. die Bestimmungen der §§ 6-11 MDStV basieren zum überwiegenden Teil auf presserechtlichem, teils auch auf rundfunkrechtlichem Vorbild. Besonders deutlich wird die Nähe zum Presserecht in den Bestimmungen des MDStV, die gemäß § 6 Abs. 2 MDStV für „journalistisch-redaktionell gestaltete Angebote" gelten, die „vollständig oder teilweise Inhalte periodischer Druckerzeugnisse in Text oder Bild wiedergeben." Zu den besonderen Bestimmungen des MDStV für die sog. „elektronische Presse" gehören die Anbieterkennzeichnung nach § 6 Abs. 2 MDStV, die Sorgfaltspflichten nach § 7 Abs. 2 MDStV, das Gegendarstellungsrechts gemäß § 10 MDStV sowie der Auskunftsanspruchs analog § 11 Abs. 1 MDStV. Die Nähe dieser Bestimmungen zum Presserecht ermöglicht dort, wo der MDStV Regelungslücken aufweist oder auslegungsbedürftig ist, das Presserecht heranzuziehen.[1434] Somit bilden die besonderen Rechte und Pflichten für Dienste i.S.d. § 6 Abs. 2 MDStV eine rechtliche Schnittstelle zwischen Presserecht und MDStV, ohne diese (im Gegensatz zum Rundfunk und des § 20 Abs. 2 RStV) zu normieren.

Die medienrechtlichen Sonderregelungen für Dienste i.S.d. § 6 Abs. 2 MDStV führen jedoch zu ungerechtfertigten Unterschieden in der Regulierungsdichte von Mediendiensten, die anhand der Internetangebote der klassischen Medien deutlich werden: Die inhaltlich-funktionale Analyse der einzelnen Internetangebote ergibt zahlreiche Parallelen im journalistisch-redaktionellen Angebot zwischen den Internetangeboten von Presse, Hörfunk und Fernsehen.[1435] Im Vordergrund nahezu *aller* untersuchten Angebote stehen publizistisch relevante Inhalte in Wort und Bild, die eine unterschiedliche Behandlung der Dienste von Presse und Rundfunk analog §§ 6 Abs. 2; § 7 Abs. 2, § 10, § 11 Abs. 1 MDStV nicht rechtfertigen.

[1431] Kap. 2.1, insb. Kap. 2.1.1.3, 2.1.2.3, 2.1.3.3
[1432] Siehe Kap. 7.2, 7.3
[1433] Siehe Kap. 7.4
[1434] Siehe im einzelnen Kap. 7.4.1, 7.4.2, 7.4.3, 7.4.4
[1435] Siehe Kap. 2.1, insb. Kap. 2.1.1.3, 2.1.2.3, 2.1.3.3, siehe Anhang: Inhaltsanalyse II.-VII.

Zusammenfassend ist festzustellen, dass die Internetangebote der Presse, die sog. „elektronische Presse“, durch die besonderen Bestimmungen der §§ 6 Abs. 2, § 7 Abs. 2, § 10, § 11 Abs. 1 MDStV einem engeren Regelungskorsett unterzogen werden als die übrigen Internetangebote der klassischen Medien. Daraus ergeben sich sowohl Rechte als auch Pflichten für die Internetangebote der Presse. Der Gesetzgeber hat somit die besondere inhaltlich-funktionale Nähe von klassischen Presseprodukten und den elektronischen Angeboten der Presse unterstrichen. Die tatsächliche Ausgestaltung der Internetangebote der klassischen Medien lässt jedoch *keine* relevanten Unterschiede der inhaltlich-funktionalen Angebotsstrukturen zwischen Presse und Rundfunk erkennen, von deren Entwicklung der Gesetzgeber scheinbar ausgegangen war. Die besonderen Rechte und Pflichten sollten demnach entweder auf alle Angebote angewendet werden, die die Absicht haben, Tatsachenberichte wie auch Meinungen der Öffentlichkeit zugänglich zu machen, oder gestrichen werden. Da sich die publizistisch relevanten Dienste zu einem eigenständigen Angebot entwickelt haben, scheitert der Versuch, weiterhin durch das nationale Rundfunkrecht oder Presserecht auf bestimmte Internetangebote – sei es des Rundfunks oder der Presse – zugreifen zu wollen. Vielmehr ist zu erwägen, die publizistischen Internetangebote, die sich im Zweifelsfall ohnehin der nationalen Gesetzgebung durch das Globalitäts-Paradigma des Internets entziehen können, im europäischen Kontext, z.B. eines europäischen MDStV, zu regeln. Unter Beibehaltung der normativen Vorgaben für die Medien wäre eine neue Regelung unter Anwendung wettbewerbsrechtlicher und selbstregulativer Prinzipien sinnvoll.

9.3.3 Teilergebnis der gemeinschaftsrechtlichen Untersuchung

In Folge der Konvergenzentwicklung von Internet und klassischen Medien gerät auch die traditionelle Kompetenzsystematik zwischen Europäischer Union und dem Bund (nach Art. 23 GG in Vertretung der Länder) in zusätzliche Abgrenzungsschwierigkeiten. Die graduellen Überschneidungen zwischen Medien und Telekommunikation, die sich exemplarisch in den internetbasierten IuK-Diensten zeigen, führen zur Diskussion unterschiedlicher Kompetenzgrundlagen, aus denen sich eine Regelungskompetenz der EU für die neuen Dienste ergeben könnte. Die gemeinschaftsrechtliche Betrachtung in Kap. 8 konzentrierte sich zunächst auf die Prüfung der primärrechtlichen Kompetenzlage für den Medienbereich (insb. Rundfunk) und den Telekommunikationssektor. Weiterhin wurde untersucht, inwieweit sich sekundärrechtliche Bestimmungen unmittelbar auf die einzelstaatliche Ordnung der Medien und der Kommunikation auswirken. Nachfolgend werden zunächst die Ergebnisse der primärrechtlichen Betrachtung der Kompetenzlage insb. für die IuK-Dienste im Spannungsfeld von Medien und Telekommunikation dargestellt (1). Anschließend wird der Geltungsbereich der einschlägigen Richtlinien hinsichtlich der IuK-Dienste diskutiert (2).

1.

Die primärrechtliche Untersuchung der medienpolitischen Kompetenzlage zwischen EU und Bund ergibt, dass die europäische Kompetenzsystematik grundsätzliche Parallelen zur föderalen Kompetenzzuweisung zwischen Bund und Ländern aufweist.[1436] Auch auf europäischer Ebene basiert die Kompetenzzuordnung für die Medien, insb. den Rundfunk, auf der Trennung in eine kulturelle Komponente und eine telekommunikationsrechtliche, bzw. wirtschaftsrechtliche Komponente. Analog zur kompetenzrechtlichen Diskussion im deutschen Recht geraten die publizistisch relevanten IuK-Dienste in das Spannungsfeld von europäischen Wirtschaftskompetenzen und einzelstaatlichen Kulturkompetenzen, namentlich der europäisch geregelten Dienstleistungsfreiheit und der Kulturhoheit der Mitgliedstaaten. Da die IuK-Dienste nicht ausdrücklich im EGV genannt werden, sind die unterschiedlichen Kompetenzgrundlagen der EU für den Bereich der Medien, insb. für den Rundfunk, und der Telekommunikation heranzuziehen:

Die Untersuchung der kompetenzrechtlichen Grundlagen für die Massenmedien, insb. den *Rundfunk*, ergibt, dass der EU mangels ausdrücklicher Kompetenzzuweisung gemäß der begrenzten Einzelermächtigung keine allgemeine Regelungskompetenz für den Medienbereich zusteht.[1437] Somit basieren die medienpolitischen Aktivitäten der EU auf der Anwendung anderer Grundlagen, etwa der Dienstleistungsfreiheit nach Art. 49 ff. EGV (ex-Art. 59 ff. EGV), der Warenverkehrsfreiheit nach Art. 28 EGV (ex-Art. 30 EGV), den wettbewerbsrechtlichen Vorschriften nach Art. 81 ff. EGV (ex-Art. 85 ff. EGV), der Vorbehaltsregelung (Art. 86 Abs. 2 EGV), den Beihilfebestimmungen nach Art. 87 ff. EGV (ex-Art. 92 EGV) i.V.m. Art. 86 EGV (ex-Art. 90 EGV) sowie der begrenzten Kulturkompetenz nach Art. 3 lit. q EGV und Art. 151 EGV (ex-Art. 128 EGV).[1438] Weiterhin gilt auch das sog. Subsidiaritätsprinzip nach Art. 5 Abs. 2 EGV nicht nur als kompetenzbeschränkend für die EU, sondern kann im Sinne des Effektivitätsprinzips gemäß Art. 5 Abs. 2 S. 2 EGV auch als kompetenzerweiternd ausgelegt werden.[1439] Besondere Bedeutung kommt der verbindlichen Rechtsprechung des EuGH zu, die analog zum Bundesverfassungsgericht u.a. für die Auslegung und Fortbildung des geltenden Europarechts heranzuziehen ist.[1440] Die Kompetenzgrundlagen im EGV sowie relevante Urteile des EuGH zeigen, dass der EU zumindest eine Teilkompetenz für den Medienbereich zukommt, die jedoch ausschließlich die technische und wirtschaftliche Komponente des Rundfunks und der Presse berührt.[1441]

[1436] Siehe Kap. 8.1, 8.2
[1437] Siehe Kap. 8.2, insb. 8.2.2
[1438] Siehe Kap. 8.2.2
[1439] Siehe Kap. 8.2.2.1, 8.2.2.2, 8.2.2.3
[1440] Siehe Kap. 8.1.2, insb. 8.1.2.4, sowie Kap. 8.2.2, insb. Kap. 8.2.10
[1441] Siehe Kap. 8.2.1

Die Untersuchung der kompetenzrechtlichen Grundlagen für die *Telekommunikation* ergibt, dass der EU eine umfassende, primär wirtschaftlich begründete Regelungskompetenz für den Telekommunikationssektor zukommt.[1442] Die bereits abgeschlossene Liberalisierung des Telekommunikationssektors basierte im wesentlichen auf der Liberalisierungskompetenz gemäß Art. 86 Abs. 3 EGV (ex-Art. 90 Abs. 3 EGV), der Kompetenz zur Angleichung nationalstaatlicher Regelungen im Binnenmarkt analog Art. 95 EGV (ex-Art. 100 a EGV) und der Infrastrukturkompetenz nach Art. 154 ff. EGV (ex-Art. 129 b EGV). Nach Abschluss der Liberalisierung konzentriert sich die kommunikationspolitische Arbeit der EU auf die Wettbewerbsaufsicht, die sich auf die wettbewerbsrechtlichen Vorschriften nach Art. 81 ff. EGV (ex-Art. 85 ff. EGV) stützt.[1443]

Das primäre Gemeinschaftsrecht unterscheidet im Gegensatz zum deutschen Recht nicht expressis verbis zwischen Telekommunikation und Rundfunk. Die elektromagnetische Übermittlung von Information gleich welcher Art fällt somit zunächst unter die europäische Dienstleistungsfreiheit nach Art. 49 ff. EGV (ex-Art. 59 ff. EGV) und unterliegt den Wettbewerbsregeln nach Art. 81 ff. EGV (ex-Art. 85 ff. EGV). Demnach ist der EU auch für die IuK-Dienste, z.B. Internetangebote der klassischen Medien, eine Regelungskompetenz zuzusprechen. Eine Beschränkung der wirtschaftlichen Regelungskompetenz der EU durch einzelstaatliche Regelungswerke (etwa durch den RStV) sind nur durch zwingende Gründe des Allgemeininteresses gerechtfertigt. Dieses Allgemeininteresse wird im Fall des Rundfunks durch seine besondere kulturelle und meinungsbildende Funktion im demokratischen Rechtsstaat begründet.

IuK-Dienste stehen sowohl technisch als auch inhaltlich-funktional zwischen Rundfunk und Telekommunikation. Somit führt die europäische Kompetenzsystematik zu Abgrenzungs- und Zuordnungsproblemen.[1444] Da das Gemeinschaftsrecht die IuK-Dienste im Unterschied zum deutschen Recht nicht in Teledienste i.S.d. TDG (Art. 1 IuKDG) und Mediendienste i.S.d. MDStV unterscheidet, stellt sich die Frage, ob der EU eine umfassende Regelungskompetenz für IuK-Dienste im Sinne der Telekommunikation zukommt oder ausgewählte Dienste mit publizistisch relevanten Inhalten als Rundfunk zu behandeln sind und der EU demnach lediglich eine Teilkompetenz zusteht. Vor allem die Internetangebote der klassischen Medien, die publizistische Inhalte und interaktive sowie individualkommunikative Funktionen untrennbar in einem Angebot vereinen, lassen sich keiner Kompetenzlage eindeutig zuweisen. Diese Problematik setzt sich in den unterschiedlichen Begriffsbestimmungen und Abgrenzungsversuchen auf der sekundärrechtlichen Ebene fort.

[1442] Siehe Kap. 8.2, insb. 8.2.3
[1443] Siehe Kap. 8.2.3.4
[1444] Siehe Kap. 8.2.1, Kap. 8.4.1

2.

Europäische Medienpolitik wirkt sich durch die Verabschiedung von Richtlinien unmittelbar auf das einzelstaatliche Recht aus. Zu den einschlägigen Richtlinien, die auf den Konvergenzbereich von Internet und klassischen Medien Einfluss nehmen, zählen die EG-Fernsehrichtlinie (1989/1997), die Transparenzrichtlinie für Dienste der Informationsgesellschaft (1998), die E-Commerce-Richtlinie (2000), die Urheberrichtlinie zur Informationsgesellschaft (2001) sowie einzelne Aspekte der insgesamt 22 Richtlinien zur Telekommunikation (1988-1999), die zukünftig durch ein Richtlinienpaket für Kommunikationsnetze und –dienste ersetzt werden.[1445] Im Vordergrund der Untersuchung standen weniger einzelne Bestimmungen der Richtlinien, sondern vielmehr definitorische Unterschiede elektronischer Dienste im europäischen und deutschen Recht sowie der damit verbundene grundlegende Geltungsbereich des sekundären Gemeinschaftsrechts.

Die Untersuchung der einschlägigen Richtlinien führt zum Ergebnis, dass bislang aufgrund der dargestellten begrenzten Kompetenzlage kein kohärenter europäischer Ordnungsrahmen für die elektronischen Dienste zu erkennen ist.[1446] Die fehlende umfassende Kompetenz im Medienbereich drückt sich vor allem in der Fernsehrichtlinie aus, die analog der Teilkompetenzen aus Art. 49 ff., 81 ff EGV und Art. 151 EGV lediglich auf die wirtschaftliche Funktion des Rundfunks sowie die Förderung des audiovisuellen Bereichs abstellt. Die kulturrechtliche Komponente des Rundfunks bleibt weiterhin der einzelstaatlichen Ausgestaltung überlassen.[1447] Im Gegensatz zum klassischen Medienbereich drückt sich in der Quantität und Qualität der Richtlinien zur Telekommunikation die umfassende Regelungskompetenz der EU aus.[1448] Die IuK-Dienste, die technisch und inhaltlich-funktional im Konvergenzbereich von Telekommunikation und Rundfunk stehen, ermöglichen keine eindeutige oder allgemeingültige Abgrenzung einer technischen, wirtschaftlichen und kulturellen Komponente. Dieses wesens-immanente Abgrenzungsproblem, das in den Internetangeboten der klassischen Medien aufgrund ihrer integrativen Verwendung von massen- und individualkommunikativen Inhalten besonders ersichtlich wird, spiegelt sich auch in den europäischen Richtlinien wieder. Während die Fernsehrichtlinie alle IuK-Dienste ausdrücklich aus ihrem Geltungsbereich ausschließt, beziehen sich die Transparenzrichtlinie, die E-Commerce-Richtlinie und die Urheberrichtlinie ausdrücklich auf den Bereich der elektronischen Dienste außerhalb des Rundfunks.[1449] Problematisch erscheint dabei die Frage der Abgrenzung zur Telekommunikation, für die der EU eine umfassende Regelungskompetenz zusteht.

[1445] Siehe Kap. 8.3
[1446] Siehe ebd., siehe auch Kap. 8.4
[1447] Siehe Kap. 8.3.1, Kap. 8.4.2.1
[1448] Siehe Kap. 8.3.5, 8.3.6, Kap. 8.4.2.5, 8.4.2.6
[1449] Siehe Kap. 8.3.2, 8.3.3, 8.3.4

Besonders deutlich zeigt sich die Abgrenzungsproblematik der elektronischen Dienste in den unterschiedlichen Begriffsbestimmungen sowie der Abgrenzungssystematik, die aus dem Anwendungsbereich der jeweiligen Richtlinie hervorgeht: Die Einteilung der elektronischen Dienste führt sowohl zu legaldefinitorischen Divergenzen zwischen sekundärem Gemeinschaftsrecht und deutschem Medien- und Telekommunikationsrecht als auch zu widersprüchlichen Begriffsbestimmungen innerhalb des sekundären Gemeinschaftsrechts. Die Transparenzrichtlinie, die E-Commerce-Richtlinie und die Urheberrichtlinie verwenden den Begriff „Dienste der Informationsgesellschaft".[1450] Im Unterschied zur deutschen Abgrenzungssystematik, die explizit zwischen Telekommunikationsdiensten und IuK-Diensten trennt und die IuK-Dienste in die Kategorien Tele- und Mediendienste unterteilt, unterscheidet der europäische Begriff „Dienste der Informationsgesellschaft" weder zwischen Telekommunikationsdienstleistungen (z.B. Zugangsdienste zum Internet) und inhaltlich-funktional geprägten IuK-Diensten, noch differenziert der europäische Begriff im inhaltlich-funktionalen Bereich zwischen Tele- und Mediendiensten. Weiterhin wird der Teletext, der im deutschen Recht ausdrücklich gemäß § 2 Abs. 2 Nr. 3 MDStV in den Bereich der sog. Mediendienste fällt, nach der europäischen Begriffsbestimmung ausdrücklich von den „Diensten der Informationsgesellschaft" ausgeschlossen und dem Rundfunkbereich zugeordnet. Die Möglichkeit der Grenzaufhebung zwischen Rundfunk und elektronischen IuK-Diensten, die im deutschen Medienrecht durch die umstrittene Regelung des § 20 Abs. 2 RStV unter bestimmten Voraussetzungen möglich ist, wird durch die legaldefinitorischen Bestimmungen der Transparenz-, E-Commerce- und Urheberrichtlinie ausgeschlossen, indem sie den Rundfunk, namentlich das Fernsehen und den Hörfunk, ausdrücklich vom Anwendungsbereich ausnimmt. Durch eine Ausschlussklausel (Art. 1 Abs. 6 E-Commerce-Richtlinie), die im Zuge des europäischen Rechtsetzungsverfahrens nachträglich eingefügt wurde, bleiben einzelstaatliche Maßnahmen unberührt, die unter Wahrung des Gemeinschaftsrechts der Förderung der kulturellen und sprachlichen Vielfalt dienen. Aus dieser Kulturklausel ist zu schließen, dass die Kulturhoheit und somit die Regelungskompetenz der Bundesländer für die Medien im Grundsatz unberührt bleibt. Ob publizistisch relevante IuK-Dienste, etwa die Internetangebote der klassischen Medien, von dieser Klausel erfasst werden, ist angesichts der unklaren Kompetenzlage strittig.

Neben dem Begriff „Dienste der Informationsgesellschaft" wird in den jüngsten Richtlinienvorschlägen der EU zur Schaffung eines „gemeinsamen Rechtsrahmens für elektronische Kommunikationsnetze und –dienste" der

[1450] Richtlinie 98/48/EG, Abl. L 037 vom 12.02.2000, S. 35; Richtlinie 2000/31/EG, ABl. L 178 vom 17.07.2000, S. 1; Richtlinie 2001/29/EG, ABl. L 167 vom 22.06.2001, S. 10; siehe Kap. 8.3, Kap. 8.4.2, insb. 8.4.2.2, 8.4.2.3, 8.4.2.4

Begriff „Kommunikationsdienste" verwendet.[1451] Während im ersten Richtlinienvorschlag vom 23.08.2000 eine Trennung zwischen übertragungstechnischen und inhaltlich-funktionalen Diensten nicht eindeutig vollzogen wurde, sieht der geänderte Vorschlag vom 4.07.2001 eine legaldefinitorische Abgrenzungssystematik der Dienste anhand der Kategorien Übertragung und Inhalt vor. Somit ist zunächst anzunehmen, dass der Begriff des „Kommunikationsdienstes" mit dem Begriff des „Telekommunikationsdienstes" nach § 3 Nr. 16, 17 des deutschen TKG korreliert, das ebenfalls sämtliche Arten der elektromagnetischen Übertragung, nicht aber ihre Inhalte umschließt.[1452] Dem widerspricht jedoch, dass sich der Richtlinienvorschlag auf die elektronischen Kommunikationsnetze und – dienste im allgemeinen bezieht und ausdrücklich über die herkömmliche Telekommunikation hinausgeht. Weiterhin wird die Abgrenzungssystematik nach Übertragung und Inhalt in Erwägungsgrund Nr. 7 des Vorschlags relativiert, indem es heißt, dass „die Regulierung der Übertragung von der Regulierung von Inhalten zu trennen ist" und „bei der Trennung der Regulierung von Übertragung und Inhalten dennoch Verbindungen zwischen beiden zu berücksichtigen sind, insb. um Wettbewerb, Medienpluralismus, kulturelle Vielfalt und Verbraucherschutz zu gewährleisten."[1453] In den ambivalenten Formulierungen der Richtlinie spiegelt sich die ungelöste Abgrenzungs- und Kompetenzproblematik zwischen Bund und EU im Konvergenzbereich von Telekommunikation und Rundfunk wieder.

Zusammenfassend ist festzustellen, dass die EU keineswegs ihren Mitgliedstaaten die alleinige Ausgestaltung der Medien überlässt, sondern die Medienpolitik durch eine Reihe von EU-Richtlinien und Empfehlungen mittelbar und unmittelbar mitgestaltet. Mangels ausdrücklicher Ermächtigung beschränkt sich die Regelungskompetenz der EU dabei auf die wirtschaftliche und übertragungstechnische Komponente des Rundfunks. In Folge der Konvergenz von Internet und klassischen Medien unterlaufen die publizistisch relevanten Internetangebote diese Kompetenzverteilung. Einerseits beansprucht der Bund (nach Art. 23 GG in Vertretung der Bundesländer) die Regelungskompetenz für elektronische Dienste mit publizistisch relevanten Inhalten, andererseits fallen interaktive und individualkommunikative Dienste in die Regelungskompetenz der EU.

[1451] Geänderter Vorschlag für eine Richtlinie, KOM (2001) 380 endg., 2000/0184 (COD), siehe Kap. 8.3.6, Kap. 8.4.2.6

[1452] Siehe Kap. 6.2.4

[1453] Geänderter Vorschlag für eine Richtlinie, KOM (2001) 380 endg., 2000/0184 (COD); siehe Kap. Kap. 8.4.2.6;

10 Schlussfolgerung: Konvergenz – Konkurrenz oder Komplementierung?

Entgegen vieler Prognosen und Annahmen zur Konvergenz zwischen Internet und klassischen Medien zeigt die tatsächliche Entwicklung, dass bislang weder das gedruckte Wort in der Tageszeitung noch die audiovisuelle Darbietung über den Fernseher durch das Internet verdrängt oder substituiert wurden. Vielmehr ist durch die Konvergenz von Internet und Medien eine neue Angebotsform entstanden, die das traditionelle Mediensystem inhaltlich-funktional komplementiert: Diese Angebotsform manifestiert sich in den Internetangeboten der klassischen Medien. Unter den Begrifflichkeiten „elektronische Zeitung" oder „Online-Rundfunk" wurde zunächst indiziert, dass es sich bei diesen Angeboten um einen Annex des klassischen Mediums handelt, der im Zuge seiner Entwicklung möglicherweise in Konkurrenz zum klassischen Medium tritt und als inhaltliche Alternative genutzt wird. Diese Annahme spiegelt sich in medienrechtlichen Bestimmungen wieder, die den Bezug zwischen klassischem Medium und Internetangebot herstellen. So ist es rechtlich möglich, ein Internetangebot nach § 20 Abs. 2 RStV dem einfachgesetzlichen Rundfunkbegriff zuzuordnen, während die Internetangebote der Presse besonderen, an das Presserecht angelehnten Bestimmungen analog §§ 6 Abs. 2, § 7 Abs. 2, § 10, § 11 Abs. 1 MDStV unterliegen.[1454]

Die tatsächliche inhaltlich-funktionale Struktur der Internetangebote zeigt jedoch, dass sich die Angebote weder als Annex noch als Substitut des klassischen Mediums entwickelt haben. So bestehen „*intra*mediär" nur geringfügige inhaltlich-funktionale Unterschiede zwischen den Internetangeboten von Presse und Rundfunk, während „*inter*mediär" erhebliche Unterschiede in der Nutzung von Internetangeboten und klassischen Medien festzustellen sind. Internetangebote besitzen grundsätzlich einen stärkeren individualkommunikativen Charakter als klassische Medien und folgen einer eigenen Nutzungslogik, die im interaktiven, selektiven und individuellen Abruf der Inhalte durch den Nutzer liegt. Das Wesensmerkmal der Integration ermöglicht dabei, die publizistischen Inhalte entweder in Wort und Bild oder auditiv oder audiovisuell darzubieten und darüber hinaus individualkommunikative Funktionen (z.B. SMS, E-Mail, Chat) in das Angebot zu integrieren. Während der Markenname des klassischen Mediums von großer Bedeutung für publizistisch relevante Internetangebote ist, um Bekanntheit und auch Glaubwürdigkeit zu vermitteln, stehen die publizistischen Inhalte des klassischen Mediums *nicht* im Vordergrund der Angebote. Weder wird ein langer Zeitungsartikel am Bildschirm gelesen, noch ein 90-minütiger Spielfilm vor dem Computermonitor angeschaut. Vielmehr sind diejenigen Internetangebote erfolgreich, die ihre publizistischen Inhalte interspezifisch aufbereiten und den Nutzungsparadigmen des Internets anpassen. Somit ist der klassische Inhalt, ob Presse oder Rundfunk, lediglich als Annex

---

[1454] Siehe Kap. 9.3.1, 9.3.2

der Internetangebote einzuordnen. Es bleibt festzustellen, das sich die publizistischen Internetangebote als eigenständige Dienste im Konvergenzbereich von Individual- und Massenkommunikation etabliert haben und weder als (Online-)Rundfunk noch als (elektronische) Presse zu bezeichnen sind.[1455]

Die Untersuchung der medienrechtlichen Ordnungsstruktur hat gezeigt, dass gerade diejenigen Dienste nicht eindeutig in die bestehende Rechtssystematik einzuordnen sind, die untrennbar publizistische Inhalte, interaktive Funktionen und individualkommunikative Dienste in einem Angebot integrieren. Als Musterbeispiel für das Versagen der medienrechtlichen Klassifikationsschemata sind die „IuK-Dienste mit publizistischem Inhalt" anzuführen, die in Form der Internetangebote der klassischen Medien bereits massenhaft genutzt werden.[1456] Die medienrechtliche Abgrenzungsproblematik wird an unterschiedlichen Schnittstellen ersichtlich: In der verfassungsrechtlichen Betrachtung, die sich bisher auf die Unterscheidung von Individual- und Massenkommunikation, respektive Telekommunikation und Rundfunk, Bund- und Länderkompetenzen gründet, sind die Angebote nicht eindeutig der einen oder anderen Seite zuzuweisen.[1457] In der einfachgesetzlichen Betrachtung der deutschen Ordnungssystematik, die nach Auslegung des Grundgesetzes die Bereiche Rundfunk, Presse und Mediendienste der Kompetenz der Bundesländer zuordnet sowie die Telekommunikations- und Teledienste der Zuständigkeit des Bundes, setzt sich die medienrechtliche Abgrenzungsproblematik fort.[1458] Darüber hinaus ist auf gemeinschaftsrechtlicher Ebene eine divergierende Begriffs- und Abgrenzungssystematik festzustellen. Bislang ist somit nicht eindeutig klar, inwieweit der EU bei der Schaffung einer europäischen Kommunikationsordnung auch Kompetenzen für inhaltlich relevante Dienste außerhalb des Rundfunks zustehen.[1459]

Die rechtstheoretische Abgrenzungsproblematik, die aus der abgestuften Regulierungstruktur von RStV, MDStV, IuKDG (insb. TDG) und TKG hervorgeht, führt zur Zersplitterung der Aufsichtsstrukturen zwischen Ländern, Bund und EU einerseits sowie zwischen einzelnen zuständigen Institutionen andererseits: Da nach geltendem deutschen Medienrecht die IuK-Dienste mit publizistischem Inhalt als Mediendienst klassifiziert werden können, gelten zunächst die besonderen Aufsichtsbestimmungen analog §§ 18 ff. MDStV. Zu den relevanten Aufsichtsorganen zählen Landesbehörden für Jugendschutz, Kontrollbehörden für die allgemeinen Datenschutzgesetze der Länder und des Bundes sowie nach Landesrecht bestimmte Aufsichtsbehörden. Weiterhin ergibt sich aus der „Soweit-Klausel" des § 20 Abs. 2 RStV, dass die Landesmedienanstalten eben-

---

[1455] Siehe Kap. 9.1

[1456] Siehe Kap. 2, vgl. IVW (Hrsg.): Monatliche Online-Reichweiten. Im Internet unter: http://www.ivw.de

[1457] Siehe Kap. 9.3.1, 9.3.2, Kap. 6.1, 7.1

[1458] Siehe Kap. 9.3.1, 9.3.2, Kap. 6.2, 6.3, 7.3

[1459] Kap. 9.3.3, Kap. 8

falls eine Kontrollfunktion einnehmen, um alle Mediendienste fortlaufend auf ihre mögliche Zuordnung zum Rundfunk zu überprüfen. Darüber hinaus unterliegen die Dienste neben der spezifischen Kontrolle durch die genannten Institutionen auch der allgemeinen wettbewerbs- und kartellrechtlichen Aufsicht auf Bundes- und EU-Ebene. Im Rahmen der Kriminalitätsbekämpfung im Internet werden pubizistisch relevante Internetangebote zusätzlich von Verfassungsschutz und BKA beobachtet.

Die strittige Kompetenzproblematik sowie die daraus folgende Zersplitterung der Aufsichtstrukturen führen in der praktischen Betrachtung zu dem Ergebnis, dass eine vernünftige, koordinierte Regulierung, Aufsicht und Kontrolle *nicht* stattfindet. Weder sind die Landesbehörden institutionell und personell in der Lage, die Vielfalt im Internet zu beaufsichtigen, noch ist die Koordination zwischen den genannten Behörden mangels institutionalisierter Abstimmung gegeben. Hinzu kommt das häufig vernachlässigte Globalitätsparadigma des Internets, demzufolge Angebote sowohl für Nutzer als auch für Anbieter standortunabhängig sind.

Aufgrund der divergierenden medienpolitischen Interessen[1460] sowie der Kompetenzstreitigkeiten zwischen den Regulierungs- und Aufsichtsebenen ist eine Überwindung der Abgrenzungsproblematik im Konvergenzbereich von Internet und klassischen Medien schwierig. Hinzu kommen verfassungsrechtliche Vorgaben, etwa die Entwicklungsgarantie von Rundfunk und Presse oder die kulturrechtliche Kompetenzzuweisung an die Bundesländer, die eine Lösung ohne eine (nicht anzustrebende) Verfassungsänderung erschweren. Zwar ist es nicht Aufgabe und Ziel der vorliegenden Arbeit, einen Ordnungsvorschlag zu unterbreiten, doch ergibt sich aus der Untersuchung eine Reihe möglicher Ansätze und Handlungsalternativen: Besonders interessant und zeitgemäß erscheint aufgrund der inhaltlich-funktional komplementären Entwicklung der publizistischen IuK-Dienste und aufgrund ihrer weltweiten, standortunabhängigen Verfügbarkeit eine Lösung auf europäischer Ebene. Im legaldefinitorischen Geltungsbereich der „Dienste der Informationsgesellschaft“, der bereits aus drei europäischen Richtlinien hervorgeht,[1461] wird ausdrücklich zwischen Rundfunk und IuK-Diensten unterschieden, während keine Unterteilung in Tele- und Mediendienste vorgenommen wird. Auf der Grundlage dieser eindeutigen Abgrenzung zum Rundfunk ist möglicherweise ein europäischer Ordnungsrahmen für alle IuK-Dienste zu diskutieren.[1462]

1460 Siehe Kap. 5.2

1461 Siehe Kap. 8.3.2, 8.3.3, 8.3.4

1462 Vgl. auch Christian Koenig / Ernst Roeder: Plädoyer zur Überwindung der zersplitterten Aufsicht über neue Informations- und Kommunikationsmedien. a.a.O., S. 417 ff.; Dietrich Beese / Jutta Merkt: Europäische Union zwischen Konvergenz und Re-Regulierung. Die neuen Richtlinienentwürfe der Kommission. In: MMR Nr. 9 (2000), S. 532-537, S. 534; Robert Klotz: Auf dem Weg zu einem europäischen Multimediarecht. a.a.O., S. 446; Erkki Liikanen: The European U-

Mit dem normativen Ziel, die Pluralität des publizistischen Angebots in *allen* Medien zu gewährleisten, ist eine Überführung der publizistischen Internetangebote in ein europäisches Ordnungsmodell aller IuK-Dienste mit außenpluralistischer, wettbewerbsorientierter Selbstregulierung zu erwägen. Möglicherweise bildet das Subsidiaritätsprinzip, insb. das Effektivitätsprinzip gemäß Art. 5 Abs. 2 S. 2 EGV, eine Kompetenzgrundlage für die EU, um eine koordinierte Aufsicht der standortunabhängigen IuK-Dienste sowie die Sicherung entwicklungsoffener Rahmenbedingungen und freier Zugangsmöglichkeiten zu schaffen.[1463] Die regionale und nationale Vielfalt der europäischen Kulturen (Art. 151 EGV) wäre demnach weiterhin durch privaten und öffentlich-rechtlichen Rundfunk sowie durch die freie Presse gesichert, während als Gegenpol die publizistischen IuK-Dienste der Integration der Kulturen und der Überwindung sprachlicher Barrieren dienten. Dieser Integrationsfunktion auf europäischer Ebene sowie der Möglichkeit, sich individuell über Staatsgrenzen hinaus zu informieren, sollte eine europäischer Rahmen entsprechen. Vielleicht wird die Entwicklung des europäischen Integrationsprozesses und die fortschreitende Harmonisierung des Rechts in weiter Zukunft zu einem einheitlichen Rahmen für sämtliche Formen der Kommunikation führen. Bis dahin wäre ein einheitlicher Rahmen für die IuK-Dienste als Prototyp einer wettbewerbsrechtlichen und europäischen Vielfaltsicherung der ungefährliche Versuch, einzelstaatliche Regulierung abzubauen, ohne an publizistischer Meinungsvielfalt einzubüßen. Im Rahmen des europäischen Integrations- und Harmonisierungsprozesses sollte das Internet - insbesondere die publizistischen Angebote – als Chance begriffen werden, den Einigungsprozess voranzubringen.

nion Telecommunications Policy. Speech SPEECH/01/356 of Member of the European Commission. Speech on Telecommunications Seminar. 16.07.2001, Sarajevo

1463 Siehe Kap. 8.2, insb. Kap. 8.2.2.2

ANHANG: INHALTSANALYSE DER INTERNETANGEBOTE DER KLASSISCHEN MEDIEN

I. Methodik, Vorgehensweise und Umfang der Inhaltsanalyse

Die vorliegende Inhaltsanalyse der Internetangebote klassischer Medien wurde zwischen 1. Dezember 2000 und 31. Januar 2001 durchgeführt. Untersucht wurden jeweils sechs Internet-Angebote der klassischen Medien Tageszeitung, Publikumszeitschrift, Fachzeitschrift, öffentlich-rechtliches und privates Fernsehen, öffentlich-rechtlicher und privater Hörfunk. Die Auswahl der untersuchten Medientitel wurde nach den Reichweiten vorgenommen, die das jeweilige Internetangebot im Dezember 2000 laut IVW[1464] erreichte. Die unterschiedlichen Dienste der Internetangebote klassischer Medien wurden zur Untersuchung in die vier Hauptkategorien „Publizistisches Angebot", „Interaktive Dienste", „Werbung" und „E-Commerce" klassifiziert:

Die Kategorie *„Publizistisches Angebot"* beinhaltet die journalistischen, redaktionellen oder publizistischen Inhalte der Internetangebote. Analysiert wurde, inwieweit und in welchem Umfang die Inhalte des klassischen Mediums im Internet angeboten wurden und ob eigenständige, Internet-exklusive Inhalte vorhanden waren. Die Subkategorien des „publizistischen Angebots" wurden den Wesensmerkmalen des klassischen Mediums angepasst, um Unterschiede und Gemeinsamkeiten zwischen klassischem Medium und Internetangebot herauszustellen. Zu den Subkategorien gehören beispielsweise Aktualität des Internetangebots, ersichtliche Trennung der klassischen und Internet-exklusiven Inhalte, nicht-selektierte Information durch Nachrichtenagenturen (Tageszeitung), programmbegleitende Information (TV, Hörfunk) sowie komplementierende Medienformen (z.B. Internet-Radio auf den Websites der Tageszeitungen).

Die Kategorie *„Interaktive Dienste"* umfasst Leistungen, die über den publizistischen Inhalt oder über die Möglichkeiten des klassischen Mediums hinaus auf der jeweiligen Website angeboten werden. Hierzu zählen funktionsbezogene und rein individualkommunikative Dienste: Zu den funktionsbezogenen Diensten zählen Angebote, die die publizistischen Inhalte in einen neuen funktionalen Kontext stellen (etwa Recherche- und Such-Funktionen, personalisierte Startseite, Informationen per E-Mail-Newsletter). Die sog. funktionsbezogenen Dienste erweitern den individuellen Spielraum, den das Internet beim Abruf von Informationen ermöglicht. Im Vordergrund dieser Dienste steht folglich nicht der publizistische Inhalt, sondern die individuelle Nutzung. Die (rein) individualkommunikativen Dienste umfassen Angebote, die fern von publizisti-

---

[1464] Soweit das jeweilige Angebot gemeldet wurde bei: Interessensgemeinschaft zur Feststellung der Verbreitung von Werbeträgern IVW (Hrsg.): Online-Nutzungsdaten Dezember 2000. Bonn, Januar 2001, im Internet unter: http://www.ivw.de/data Stand: 10.10.2001

scher Relevanz zusätzliche Funktionen im Bereich der individuellen Kommunikation ermöglichen (etwa Diskussionsforen und Chatrooms, personalisierte Bereiche oder personalisierte Startseiten, individualkommunikative Dienste wie E-Mail, Free-SMS, Fax).[1465] Unter der Kategorie „Interaktive Dienste" wurde die Verfügbarkeit der genannten funktionsbezogenen und rein individualkommunikativen Angebote untersucht.

Die Kategorien *„Werbung"* und *„E-Commerce"* dienen der Untersuchung der Finanzierungsquellen durch Werbe- oder Verkaufserlöse: Die Kategorie „Werbung" untersucht, ob und welche Internet-spezifischen Werbeformen auf der jeweiligen Website verwendet wurden. Zu den Subkategorien gehören Banner-Werbung, Pop-up-Werbung, Kleinanzeigen und Personalanzeigen. Die Kategorie „E-Commerce" analysiert, ob und welche Form des Verkaufs über das Internet angeboten wurden. Dabei wurde nach eigenen Kaufangeboten, zum Beispiel Merchandising-Produkten oder verlagseigenen Publikationen, und Angeboten, die auf Kooperations- bzw. Provisionsbasis über Fremdanbieter vertrieben werden, unterschieden.[1466]

Die Vorgehensweise der inhaltlichen Untersuchung gliedert sich in drei Schritte:

Zunächst wurden jeweils sechs Internetangebote anhand der Online-Reichweiten im Dezember 2000 (IVW) ermittelt und nach Mediengattung geordnet. In einigen Fällen wurde das Internet-Angebot auch ohne veröffentlichte Online-Reichweiten in die Untersuchung aufgenommen, sofern dem klassischen Medium eine besondere Bedeutung zukommt. Im Fall der öffentlich-rechtlichen Internet-Angebote, die sich gemäß RStV nicht durch Werbung finanzieren, sind keine Reichweiten bekannt. Anschließend wurde das dargestellte Kategorisierungssystem zwischen im Januar 2001 auf die sechs Internet-Angebote jeder Mediengattung angewandt und die entsprechenden Angebote (einmalig) auf ihren Inhalt geprüft. Die Ergebnisse der Inhaltsanalyse wurde in tabellarischer Form aufgelistet, um das Internet-Angebot der einzelnen Medientitel vergleichen und auswerten zu können. Abschließend wurde zur weiteren Dokumentation die „Homepage", also die jeweilige Startseite der Website, als „Screenshot"[1467] aufgenommen, um den Status Quo der visuellen Darstellung festzuhalten. Diese Abbildung der jeweiligen Homepage ist dienst nicht nur als Beispiel für den Aufbau der Startseite, sondern auch als Indiz für etwaige zukünftige Veränderungen.

[1465] Siehe oben Kapitel 3.1 und Anhang

[1466] Anm. Als Beispiel läßt sich die Kooperation zwischen der Zeitung „Die Welt" (Axel Springer Verlag) und dem Internet-Buchhändler bol.de (Bertelsmann) anführen. Auf der Website der „Welt" werden themenbezogen Bücher zum Kauf angeboten, die dann direkt über bol.de bestellt werden können. Bei erfolgtem Buchkauf erhält die „Welt" eine Vermittlungsprovision von bol.de.

[1467] „Screenshot" bezeichnet das digitale Fotografieren des PC-Bildschirms.

II. Internetangebote der überregionalen Tageszeitungen

ABB. 44: ONLINE-REICHWEITEN ÜBERREGIONALER TAGESZEITUNGEN

INTERNETANGEBOT	DOMAIN-ADRESSE	PAGE-VISITS 12/00[1)]	PAGE-IMPRESSIONS 12/00[2)]
FAZ.NET	WWW.FAZ.NET	406.587[3)]	923.243[3)]
SÜDDEUTSCHE ZEITUNG ONLINE	WWW.SUEDDEUTSCHE.DE	3.479.455	9.276.708
DIE WELT ONLINE	WWW.WELT.DE	2.914.036	7.300.097
HANDELSBLATT	WWW.HANDELSBLATT.COM	2.126.068	6.266.917
FRANKFURTER RUNDSCHAU ONLINE	WWW.F-R.DE	518.744	2.363.891
TAGESSPIEGEL ONLINE	WWW.TAGESSPIEGEL.DE	(NICHT GEMELDET)	(NICHT GEMELDET)

Quelle: IVW (Hrsg.): Online-Reichweiten, Dezember 2000. Im Internet unter: http://www.ivw.de Stand: 10.10.2001; 1) Page-Visits geben die Anzahl der Besuche einer Website an; 2) Page-Impressions geben die Anzahl der einzelnen abgerufenen Webseiten innerhalb eines Internet-Angebots (Website) an; 3) Das Internet-Angebot "faz.net" der Frankfurter Allgemeinen Zeitung wurde erst im Januar 2001 publiziert und wird internen Unternehmensangaben zufolge die Reichweitentabelle der Tageszeitungen anführen. Die angeführten Reichweiten-Zahlen beziehen sich auf die vorhergehende Website "faz.de" im Dezember 2000, die sich nicht an ein Massenpublikum richtete und keine journalistischen Inhalte enthielt.

ABB. 45: ONLINE-ANGEBOTE ÜBERREGIONALER TAGESZEITUNGEN IM INTERNET (2001)

ONLINE-ANGEBOTE DER TAGESZEITUNGEN	FAZ	SÜD-DEUTSCHE	DIE WELT	HANDELSBLATT	FR. RUNDSCHAU	DER TAGESSPIEGEL
PUBLIZISTISCHES ANGEBOT						
BEREITSTELLUNG DER GEDRUCKTEN AUSGABE	JA	JA	JA	JA	JA	JA, EINGESCHRÄNKT
BEREITSTELLUNG DER GEDRUCKTEN AUSGABE VOR ERSCHEINEN	JA, FÜR ABONNENTEN	NEIN	NEIN	NEIN	NEIN	NEIN
REDAKTIONELL EIGENSTÄNDIGE BEITRÄGE (ONLINE-REDAKTION)	JA	JA	JA	JA	JA	NEIN
TAGESAKTUALITÄT	JA	JA	JA	JA	JA	NEIN
NEWSTICKER (DURCH NACHRICHTENAGENTUR)	NEIN	NEIN	JA	JA	JA	JA
ERSICHTLICHE TRENNUNG VON PRINT- UND ONLINE-BEITRÄGEN	JA	JA	NEIN	JA	NEIN	JA
AKTUELLE BÖRSENDATEN	JA	JA	JA	JA	JA	JA
INTERNET-RADIO	JA	NEIN	NEIN	NEIN	NEIN	NEIN
INTERNET-VIDEO	NEIN	NEIN	NEIN	NEIN	NEIN	NEIN
AKTUELLES WETTER	JA	JA	JA	JA	JA	JA
ENGLISCHE VERSION	JA	NEIN	NEIN	JA	JA	NEIN
INTERAKTIVE DIENSTE						
RECHERCHEMÖGLICH-	JA	JA	JA	JA	JA	JA

KEIT						
ARCHIV (KOSTENFREI)	NEIN	JA	JA	JA	JA	JA
VOLLTEXT-ARCHIV (KOSTENPFLICHTIG)	JA	JA	NEIN	JA	JA	JA
PERSONALISIERTER BEREICH (Z.B. PORTFOLIO, E-MAIL, FAX U.A.)	JA	NEIN	NEIN	JA	NEIN	NEIN
PERSONALISIERTE STARTSEITE	JA	NEIN	NEIN	NEIN	NEIN	NEIN
FOREN UND CHAT	JA	NEIN	NEIN	NEIN	NEIN	JA
NEWSLETTER PER E-MAIL	JA	JA	JA	JA	NEIN	NEIN
WERBUNG						
BANNER-WERBUNG	JA	JA	JA	JA	JA	JA
POP-UP WERBUNG	NEIN	NEIN	NEIN	NEIN	NEIN	NEIN
KLEINANZEIGEN	NEIN	JA	NEIN	NEIN	JA	JA
PERSONALANZEIGEN	NEIN	JA	JA	JA	JA	JA
ECOMMERCE						
EIGENE SHOPPING-ANGEBOTE	NEIN	JA	NEIN	JA	JA	NEIN
SHOPPING-ANGEBOTE VON FREMDANBIETERN	JA	JA	JA	JA	NEIN	NEIN

Quelle: Eigene Recherche / Eigene Darstellung

III. Internetangebote der Publikumszeitschriften

ABB. 46: ONLINE-REICHWEITEN PUBLIKUMSZEITSCHRIFTEN (DEZEMBER 2000)

INTERNET-ANGEBOT	DOMAIN-ADRESSE	PAGE-VISITS 12/00[1)]	PAGE-IMPRESSIONS 12/00[2)]
TV SPIELFILM	WWW.TVSPIELFILM.DE	11.105.208	18.225.011
FOCUS ONLINE	WWW.FOCUS.DE	10.002.653	33.124.153
TV TODAY NETWORK	WWW.TVTODAY.DE	8.834.019	34.681.447
PRALINE INTERAKTIV	WWW.PRALINE.COM	8.139.285	42.884.258
SPIEGEL ONLINE	WWW.SPIEGEL.DE	7.957.584	24.770.272
STERN.DE	WWW.STERN.DE	3.202.937	13.193.842

Quelle: IVW (Hrsg.): Online-Reichweiten, Dezember 2000.

ABB. 47: ONLINE-ANGEBOTE DER PUBLIKUMSZEITSCHRIFTEN IM INTERNET (2001)

PUBLIKUMS-ZEITSCHRIFTEN	TV SPIELFILM	FOCUS	TV TODAY	PRALINE INTERAKTIV	DER SPIEGEL	STERN.DE
PUBLIZISTISCHES ANGEBOT						
BEREITSTELLUNG DER GEDRUCKTEN AUSGABE	NEIN	JA	JA	NEIN	JA	JA
REDAKTIONELL EIGENSTÄNDIGE BEITRÄGE (ONLINE-REDAKTION)	JA	JA	JA	JA	JA	JA
TAGESAKTUALITÄT	JA	JA	JA	NEIN	JA	JA

NEWSTICKER (NACHRICHTENAGENTUR)	NEIN	NEIN	JA	NEIN	NEIN	NEIN
ERSICHTLICHE TRENNUNG VON PRINT- UND ONLINE-BEITRÄGEN	NEIN	JA	JA	NEIN	JA	JA
AKTUELLE BÖRSENDATEN	NEIN	JA	NEIN	NEIN	JA	JA
INTERNET-RADIO	NEIN	NEIN	NEIN	NEIN	NEIN	NEIN
INTERNET-VIDEO	JA	JA	NEIN	NEIN	JA	JA
AKTUELLES WETTER	NEIN	JA	NEIN	NEIN	JA	JA
ENGLISCHE VERSION	NEIN	NEIN	NEIN	NEIN	NEIN	NEIN
INTERAKTIVE DIENSTE						
RECHERCHE-MÖGLICHKEIT	JA	JA	JA	JA	JA	JA
ARCHIV (KOSTENFREI)	NEIN	JA	NEIN	JA	JA	JA
VOLLTEXT-ARCHIV (KOSTENPFLICHTIG)	NEIN	NEIN	NEIN	JA	NEIN	NEIN
PERSONALISIERTER BEREICH (Z.B. PORTFOLIO, E-MAIL, FAX U.A.)	JA	JA	JA	NEIN	NEIN	NEIN
PERSONALISIERTE STARTSEITE	NEIN	NEIN	NEIN	NEIN	NEIN	NEIN
FOREN UND CHAT	JA	JA	JA	JA	JA	JA
NEWSLETTER PER E-MAIL	NEIN	JA	NEIN	JA	JA	JA
WERBUNG						
BANNER-WERBUNG	JA	JA	JA	JA	JA	JA
POP-UP WERBUNG	JA	NEIN	JA	JA	NEIN	JA
KLEINANZEIGEN	JA	NEIN	JA	NEIN	NEIN	NEIN
ECOMMERCE						
EIGENE SHOPPING-ANGEBOTE	NEIN	NEIN	NEIN	JA	JA	JA
SHOPPING-ANGEBOTE VON FREMDANBIETERN	JA	JA	NEIN	JA	JA	JA

Quelle: Eigene Recherche / Eigene Darstellung

IV. Internetangebote der Fachzeitschriften

ABB. 48: ONLINE-REICHWEITEN AUSGEWÄHLTER FACHZEITSCHRIFTEN (DEZEMBER 2000)

INTERNET-ANGEBOT	DOMAIN-ADRESSE	PAGE-VISITS 12/00	PAGE-IMPRESSIONS 12/00
KRESS REPORT ONLINE	WWW.KRESS.DE	348.687	805.361
WERBEN & VERKAUFEN ONLINE	WWW.WUV.DE	313.743	1.048.718
LEBENSMITTELZEITUNG NET	WWW.LZ-NET.DE	208.025	703.820
ÄRZTE ZEITUNG ONLINE	WWW.AERZTEZEITUNG.DE	205.199	699.141
HORIZONT NET	WWW.HORIZONT.DE	190.509	635.196
PLATOW ONLINE	WWW.PLATOW.DE	137.674	458.932

Quelle: IVW (Hrsg.): Online-Reichweiten, Dezember 2000.

ABB. 49: ONLINE-ANGEBOTE AUSGEWÄHLTER FACHZEITSCHRIFTEN (2001)

ONLINE-ANGEBOTE DER FACHPRESSE	KRESS REPORT	WERBEN & VERKAUFEN	LEBENSMITTEL ZEITUNG	ÄRZTE ZEITUNG	PLATOW BRIEF	HORIZONT
PUBLIZISITSCHES ANGEBOT	MEDIEN	MARKETING &WERBUNG	CHEMIE, ERNÄHRUNG	MEDIZIN	WIRTSCH. & FINANZEN	MARKETING &WERBUNG
BEREITSTELLUNG DER AKTUELLEN, GEDRUCKTEN AUSGABE	NEIN	NEIN	NEIN	NEIN	NEIN	NEIN
REDAKTIONELL EIGENSTÄNDIGE BEITRÄGE (ONLINE-REDAKTION)	JA	JA	JA	JA	JA	JA
TAGESAKTUALITÄT	JA	JA	JA	JA	JA	JA
AKTUELLE FACHINFORMATION	JA	JA	JA	JA	JA	JA
ERSICHTLICHE TRENNUNG VON PRINT- UND ONLINE-BEITRÄGEN	JA	JA	NEIN	NEIN	NEIN	JA
INTERNET-RADIO	NEIN	NEIN	NEIN	NEIN	NEIN	NEIN
INTERNET-VIDEO	JA	NEIN	NEIN	NEIN	NEIN	NEIN
ENGLISCHE VERSION	NEIN	NEIN	JA	NEIN	NEIN	NEIN
INTERAKTIVE DIENSTE						
RECHERCHEMÖGLICHKEIT	JA	JA	JA	JA	JA	JA
ARCHIV (KOSTENFREI)	JA	NEIN	NEIN	NEIN	NEIN	JA
VOLLTEXT-ARCHIV (KOSTENPFLICHTIG)	NEIN	JA	JA	JA	JA	JA
PERSONALISIERTER BEREICH (Z.B. PORTFOLIO, E-MAIL, FAX U.A.)	NEIN	JA	JA, KOSTENPFLICHTIG	JA, KOSTENPFLICHTIG	JA, KOSTENPFLICHTIG	NEIN
PERSONALISIERTE STARTSEITE	NEIN	NEIN	NEIN	NEIN	NEIN	NEIN
FOREN UND CHAT	JA	JA	NEIN	NEIN	JA	JA
NEWSLETTER PER E-MAIL	JA	JA	JA	JA	KOSTENPF.	JA
WERBUNG						
BANNER-WERBUNG	JA	JA	JA	JA	JA	JA
POP-UP WERBUNG	NEIN	NEIN	NEIN	NEIN	NEIN	NEIN
KLEINANZEIGEN	NEIN	NEIN	NEIN	NEIN	NEIN	NEIN
PERSONALANZEIGEN	JA	JA	JA	NEIN	NEIN	JA
ECOMMERCE						
EIGENE SHOPPING-ANGEBOTE	JA	JA	NEIN	NEIN	JA	NEIN
SHOPPING-ANGEBOTE VON FREMDANBIETERN	JA	JA	NEIN	NEIN	JA	JA

Quelle: Eigene Recherche / Eigene Darstellung

V. Internetangebote des klassischen Rundfunks: Fernsehen

ABB. 50: ONLINE-REICHWEITEN PRIVATSENDER / SENDUNGEN

INTERNET-ANGEBOT	DOMAIN-ADRESSE	PAGE-VISITS 12/00	PAGE-IMPRESSIONS 12/00
RTL WORLD	WWW.RTL.DE	47.300.834	136.953.221
SAT1 ONLINE	WWW.SAT1.DE	5.932.734	29.021.671
PRO SIEBEN ONLINE	WWW.PRO7.DE	3.347.738	13.997.706
RTL 2	WWW.RTL2.DE	2.518.741	6.776.538
N-TV	WWW.N-TV.DE	2.071.708	5.000.869
MTV HOME	WWW.MTV.DE	760.700	1.935.712

Quelle: IVW (Hrsg.): Online-Reichweiten, Dezember 2000

ABB. 51: ONLINE-REICHWEITEN DER ÖFFENTLICH-RECHTLICHE SENDER

INTERNET-ANGEBOT	DOMAIN-ADRESSE	PAGE-VISITS 12/00	PAGE-IMPRESSIONS 12/00
ZDF ONLINE	WWW. ZDF.DE	-	-
DAS ERSTE ONLINE (ARD)	WWW.DAS-ERSTE.DE	-	-
3SAT.DE	WWW.3SAT.DE	-	-
ARTE.DE	WWW.ARTE.DE	-	-
PHOENIX.DE	WWW.PHOENIX.DE	-	-
KINDERKANAL ONLINE	WWW.KIKA.DE	-	-

Quelle: IVW (Hrsg.): Online-Reichweiten, Dezember 2000

ABB. 52: INTERNET-REICHWEITEN EINZELNER SENDEFORMATE

INTERNET-ANGEBOT	DOMAIN-ADRESSE	PAGE-VISITS 12/00	PAGE-IMPRESSIONS 12/00
BIG BROTHER (RTL WORLD)	WWW.BIGBROTHER.DE	12.735.775	25.468.688
TV TOTAL (PRO SIEBEN)	WWW.TVTOTAL.DE	5.932.734	29.021.671
NBC (GIGA)	WWW.NBC-GIGA.DE	4.016.043	20.455.517
ETAGE ZWO (ZDF)	WWW.ETAGEZWO.DE	-	-
TAGESSCHAU (ARD)	WWW.TAGESSCHAU.DE	-	-
HEUTE / ZDF.MSNBC	WWW.ZDF.MSNBC.DE	KEINE ANGABEN	KEINE ANGABEN

Quelle: IVW (Hrsg.): Online-Reichweiten, Dezember 2000

ABB. 53: INTERNETANGEBOTE PRIVATER TV-SENDER IM INTERNET (2001)

ONLINE-ANGEBOTE DER PRIVATEN TV-SENDER	RTL	SAT.1	PRO SIEBEN	RTL 2	N-TV	MTV
PUBLIZISTISCHE INHALTE						
LIVE-ÜBERTRAGUNG DES PROGRAMMS (INTERNET-TV / STREAMING)	NEIN	NEIN	NEIN	NEIN	JA	JA
INTERNET-VIDEO	NEIN	NEIN	NEIN	NEIN	JA	JA
PROGRAMMBEGLEITENDE TEXT-INFORMATION (LIVE)	JA	JA	JA	JA	JA	JA
PROGRAMMBEGLEITENDE INFORMATION (GUIDE) ZU SENDUNGEN / FORMATEN	JA	JA	JA	JA	JA	JA
REDAKTIONELL EIGENSTÄNDIGE BEITRÄGE (ONLINE-REDAKTION)	JA	JA	NEIN	NEIN	JA	JA
TAGESAKTUELLE NACHRICHTEN/INFORMATIONEN	ZUM TEIL	JA	NEIN	NEIN	JA	JA
INTERNET-EXKLUSIVE FORMATE (WEBSOAPS, WEB-SHOWS)	JA	NEIN	NEIN	NEIN	NEIN	JA
ERSICHTLICHE TRENNUNG VON TV- UND ONLINE-BEITRÄGEN	JA	NEIN	JA	NEIN	NEIN	NEIN
INTERNET-RADIO	NEIN	JA	NEIN	NEIN	NEIN	JA
ENGLISCHE VERSION	NEIN	NEIN	NEIN	NEIN	NEIN	JA
INTERAKTIVE DIENSTE						
RECHERCHEMÖGLICHKEIT	JA	JA	JA	JA	JA	JA
VIDEO-ARCHIV	NEIN	NEIN	NEIN	NEIN	JA	NEIN
TEXT-ARCHIV	NEIN	NEIN	NEIN	NEIN	JA	NEIN
PERSONALISIERTER BEREICH (Z.B. SMS, FAX U.A.)	JA	JA	JA	NEIN	JA	JA
PERSONALISIERTE STARTSEITE	NEIN	NEIN	NEIN	NEIN	NEIN	NEIN
FOREN UND CHAT	JA	JA	JA	NEIN	JA	JA
AUKTIONEN (MIT KOOPERATIONSPARTNER)	JA	NEIN	NEIN	NEIN	NEIN	NEIN
NEWSLETTER PER E-MAIL	JA	JA	JA	NEIN	JA	JA
WERBUNG						
BANNER-WERBUNG	JA	JA	JA	JA	JA	JA
POP-UP WERBUNG	JA	NEIN	NEIN	NEIN	NEIN	NEIN
KLEINANZEIGEN	NEIN	NEIN	NEIN	NEIN	NEIN	NEIN
ECOMMERCE						
EIGENE SHOPPING-ANGEBOTE	NEIN	NEIN	JA	NEIN	JA	NEIN
SHOPPING-ANGEBOTE VON FREMDANBIETERN	JA	JA	JA	JA	JA	JA

Quelle: Eigene Recherche / Eigene Darstellung

ABB. 54: INTERNETANGEBOTE ÖFFENTLICH-RECHTLICHER TV-SENDER (2001)

ÖFFENTLICH-RECHTLICHE ANGEBOTE	ARD	ZDF	3SAT	ARTE	PHOENIX	KINDER-KANAL
PUBLIZISTISCHE INHALTE						
LIVE-ÜBERTRAGUNG DES PROGRAMMS (INTERNET-TV / STREAMING)	NEIN	NEIN	NEIN	NEIN	JA	NEIN
INTERNET-VIDEO	JA	JA	NEIN	JA	JA	NEIN
PROGRAMMBEGLEITENDE TEXT-INFORMATION (LIVE)	NEIN	NEIN	JA	JA	NEIN	NEIN
PROGRAMMBEGLEITENDE INFORMATION (GUIDE) ZU SENDUNGEN / FORMATEN	JA	JA	JA	JA	JA	JA
REDAKTIONELL EIGENSTÄNDIGE BEITRÄGE (ONLINE-REDAKTION)	JA	JA	JA	JA	JA	NEIN
TAGESAKTUELLE NACHRICHTEN/INFORMATIONEN	JA	JA	JA	NEIN	JA	NEIN
INTERNET-EXKLUSIVE FORMATE (WEBSOAPS, WEB-SHOWS)	NEIN	JA	NEIN	NEIN	NEIN	NEIN
ERSICHTLICHE TRENNUNG VON TV- UND ONLINE-BEITRÄGEN	JA	JA	JA	NEIN	NEIN	NEIN
INTERNET-RADIO	JA	NEIN	NEIN	NEIN	NEIN	NEIN
ENGLISCHE VERSION	NEIN	NEIN	NEIN	FRANZ.	NEIN	NEIN
INTERAKTIVE DIENSTE						
RECHERCHEMÖGLICHKEIT	JA	JA	JA	JA	JA	NEIN
VIDEO-ARCHIV	JA	NEIN	JA	NEIN	JA	NEIN
TEXT-ARCHIV	JA	JA	NEIN	JA	JA	NEIN
PERSONALISIERTER BEREICH (Z.B. SMS, E-MAIL, FAX U.A.)	NEIN	NEIN	NEIN	NEIN	NEIN	NEIN
PERSONALISIERTE STARTSEITE	NEIN	NEIN	NEIN	NEIN	NEIN	NEIN
FOREN UND CHAT	JA	JA	NEIN	JA	JA	NEIN
AUKTIONEN (MIT KOOPERATIONSPARTNER)	NEIN	NEIN	NEIN	NEIN	NEIN	NEIN
NEWSLETTER PER E-MAIL	JA	JA	NEIN	NEIN	NEIN	NEIN
WERBUNG						
BANNER-WERBUNG	NEIN	NEIN	NEIN	NEIN	NEIN	NEIN
POP-UP WERBUNG	NEIN	NEIN	NEIN	NEIN	NEIN	NEIN
KLEINANZEIGEN	NEIN	NEIN	NEIN	NEIN	NEIN	NEIN
ECOMMERCE						
EIGENE SHOPPING-ANGEBOTE	JA	JA	NEIN	JA	NEIN	NEIN
SHOPPING-ANGEBOTE VON FREMDANBIETERN	NEIN	NEIN	NEIN	NEIN	NEIN	NEIN

Quelle: Eigene Recherche / Eigene Darstellunghomepage

ABB. 55: INTERNETANGEBOTE AUSGEWÄHLTER TV-FORMATE (2001)

INTERNETANGEBOTE EINZELNER TV-FORMATE	BIG BROTHER (RTL)	TV TOTAL (PRO 7)	NBC GIGA (NBC)	ETAGE ZWO (ZDF)	TAGESSCHAU (ARD)	HEUTE / ZDF.MSNBC
PUBLIZISTISCHE INHALTE						
LIVE-ÜBERTRAGUNG / TV-SENDUNG IM INTERNET	NEIN	NEIN	JA	NEIN	NEIN	NEIN
SENDUNGSBEGLEITENDE TEXT-INFORMATION	JA	JA	JA	JA	JA	JA
INTERNET-EXKLUSIVE LIVE-ÜBERTRAGUNG	JA	NEIN	JA	NEIN	NEIN	NEIN
INTERNET-EXKLUSIVE BEITRÄGE	JA	JA	JA	JA	JA	JA
INTERNET-VIDEO	JA	JA	JA	JA	JA	JA
TAGESAKTUELLE NACHRICHTEN	JA	JA	JA	NEIN	JA	JA
INTERAKTIVE FUNKTIONEN (VOTING, EMAIL ETC.)	JA	JA	JA	JA	NEIN	NEIN
ERSICHTLICHE TRENNUNG VON TV- UND ONLINE-BEITRÄGEN	NEIN	NEIN	NEIN	NEIN	JA	NEIN
INTERNET-RADIO	JA	NEIN	NEIN	NEIN	NEIN	NEIN
ENGLISCHE VERSION	JA	NEIN	NEIN	NEIN	NEIN	NEIN
INTERAKTIVE DIENSTE						
RECHERCHEMÖGLICHKEIT	JA	JA	JA	JA	JA	JA
VIDEO-ARCHIV	JA	JA	JA	NEIN	JA	NEIN
TEXT-ARCHIV	JA	NEIN	NEIN	JA	JA	JA
PERSONALISIERTER BEREICH (Z.B. SMS, E-MAIL, FAX U.A.)	NEIN	NEIN	JA	NEIN	NEIN	NEIN
PERSONALISIERTE STARTSEITE	NEIN	NEIN	NEIN	NEIN	NEIN	JA
INTERNET-SPIELE	JA	JA	JA	JA	NEIN	NEIN
FOREN UND CHAT	JA	JA	JA	JA	JA	JA
AUKTIONEN (MIT KOOPERATIONSPARTNER)	NEIN	NEIN	NEIN	NEIN	NEIN	NEIN
NEWSLETTER PER E-MAIL	JA	JA	JA	NEIN	JA	JA
WERBUNG						
BANNER-WERBUNG	JA	JA	JA	NEIN	NEIN	JA
POP-UP WERBUNG	NEIN	NEIN	JA	NEIN	NEIN	NEIN
KLEINANZEIGEN	NEIN	NEIN	NEIN	NEIN	NEIN	NEIN
ECOMMERCE						
EIGENE SHOPPING-ANGEBOTE	JA	NEIN	NEIN	JA	NEIN	JA
SHOPPING-ANGEBOTE VON FREMDANBIETERN	JA	NEIN	NEIN	NEIN	NEIN	NEIN

Quelle: Eigene Recherche / Eigene Darstellung

VI. Internetangebote des Rundfunks: Hörfunk

ABB. 56: INTERNET-REICHWEITEN PRIVATER UND ÖFFENTLICH-RECHTL. HÖRFUNKSENDER

INTERNET-ANGEBOT	DOMAIN-ADRESSE	PAGE-VISITS 12/00	PAGE-IMPRESSIONS 12/00
ANTENNE BAYERN	WWW.ANTENNE.DE	2.705.801	5.345.450
HIT RADIO ANTENNE	WWW.ANTENNE.COM	NICHT GEMELDET	NICHT GEMELDET
KLASSIK RADIO ONLINE	WWW.KLASSIKRADIO.DE	NICHT GEMELDET	NICHT GEMELDET
DEUTSCHE WELLE	WWW.DWELLE.DE	737.261	1.820.251
DEUTSCHLANDRADIO	WWW.DRADIO.DE	NICHT GEMELDET	NICHT GEMELDET
SWR	WWW.SWR.DE	NICHT GEMELDET	NICHT GEMELDET

Quelle: IVW (Hrsg.): Online-Reichweiten, Dezember 2000

ABB. 57: ANGEBOTE PRIVATER / ÖFFENTLICH-RECHTLICHER HÖRFUNKSENDER (2001)

INTERNETANGEBOTE DER RADIOSENDER	ANTENNE BAYERN	HIT RADIO ANTENNE	KLASSIK RADIO	DEUT-SCHE WELLE	DEUTSCH L. RADIO	SWR (RA-DIO)
PUBLIZISTISCHE INHALTE						
LIVE-PROGRAMM (AUDIO-STREAMING)	JA	NEIN	JA	JA	JA	JA
AUDIO-DOWNLOADS	JA	JA	NEIN	JA	JA	JA
PROGRAMMBEGLEITENDE TEXT-INFORMATION (LIVE)	JA	NEIN	JA	NEIN	NEIN	JA
RADIO-PROGRAMM	JA	JA	JA	JA	JA	JA
REDAKTIONELL EIGEN-STÄNDIGE BEITRÄGE	JA	JA	NEIN	JA	JA	JA
TAGESAKTUELLE NACH-RICHTEN/INFORMATIONEN	JA	NEIN	NEIN	JA	JA	JA
INTERNET-EXKLUSIVE AU-DIO-INHALTE	NEIN	NEIN	NEIN	JA	NEIN	NEIN
TRENNUNG VON RADIO- UND ONLINE-BEITRÄGEN	JA	NEIN	JA	JA	JA	JA
INTERNET-VIDEO	NEIN	NEIN	NEIN	JA	NEIN	NEIN
ENGLISCHE VERSION	NEIN	NEIN	NEIN	JA	NEIN	NEIN
INTERAKTIVE DIENSTE						
RECHERCHEMÖGLICHKEIT	JA	NEIN	NEIN	JA	JA	JA
AUDIO-ARCHIV	NEIN	NEIN	NEIN	JA	JA	JA
TEXT-ARCHIV	NEIN	NEIN	NEIN	NEIN	JA	JA
PERSONALISIERTER BE-REICH	JA	JA	NEIN	NEIN	NEIN	JA
PERSONALISIERTE START-SEITE	NEIN	NEIN	NEIN	NEIN	NEIN	NEIN
FOREN UND CHAT	JA	JA	NEIN	NEIN	NEIN	JA
AUKTIONEN	NEIN	JA	NEIN	NEIN	NEIN	NEIN
NEWSLETTER PER E-MAIL	NEIN	NEIN	NEIN	NEIN	NEIN	JA
WERBUNG						
BANNER-WERBUNG	JA	JA	NEIN	JA	NEIN	NEIN

POP-UP WERBUNG	NEIN	NEIN	NEIN	NEIN	NEIN	NEIN
KLEINANZEIGEN	NEIN	NEIN	NEIN	NEIN	NEIN	NEIN
ECOMMERCE						
SHOPPING-ANGEBOTE	NEIN	JA	NEIN	NEIN	JA	JA
SHOPPING-ANGEBOTE VON FREMDANBIETERN	JA	JA	NEIN	NEIN	NEIN	NEIN

Quelle: Eigene Recherche / Eigene Darstellung

VII. Internetexklusive Angebote

Neben dem Angebot der klassischen Medien im Internet exisitieren eine unüberschaubare Vielzahl von Internetangeboten, die keinem klassischen Medium zuzuordnen sind, aber publizistisch relevante Inhalte bereitstellen. Kein Angebot erreicht jedoch die Reichweite und publizistische Bedeutung der Internetangebote klassischer Medien.

ABB. 58: INTERNET-TV-ANGEBOTE[1468]

INTERNET-ANGEBOT	DOMAIN-ADRESSE	UNTERNEHMEN/VERANSTALTER
TV1.DE	WWW.TV1.DE	TV1 AG-DER INTERNETSENDER GMBH
EI-VISION ENTERTAINMENT	WWW.EI-VISION.DE	TISCALI DEUTSCHLAND GMBH
BOBTV	WWW.BOBTV.DE	BOBTV WEB ENTERTAINMENT GMBH
NET-TV24.DE	WWW. NET-TV24.DE	VERLAGSGRUPPE WIECK & PARTNER
WEB62.COM	WWW.WEB62.COM	UNBEKANNT
WEBFREETV	WWW.WEBFREETV.COM	WEBFREETV.COM MULTIMEDIA-DIENSTLEISTUNGS AG, WIEN

Quelle: Eigene Recherche / Darstellung

[1468] Der Begriff „Internet-TV-Angebote" bezeichnet hier Internetangebote, die Ähnlichkeit zum Internetangebot der Fernsehsender aufweisen und ist nicht synonym mit dem Begriff „Internet-TV", der die Übertragung audiovisueller Inhalte über das Internet mittels Live-Streaming bezeichnet. Die in der (wissenschaftlichen) Literatur uneinheitlich verwendeten Begriffe wie „Internet-Streaming", „Interaktives TV", „Web-TV", „Enhanced TV", „Internet-TV",„Internet-Video" sowie „Video-on-Demand" werden hier nicht weiter diskutiert..[1468] Vgl. weiterführend: Eckhard Eckstein: Wettlauf mit Hindernissen. Interaktives Fernsehen in Deutschland: Ist der Markt schon reif dafür? In: Tendenz. Magazin für Funk und Fernsehen der Bayerischen Landeszentrale für neue Medien. Nr. 4 (2000), S. 4-9, S. 5 f.; Wolgang Hoffmann-Riem / Wolfgang Schulz / Thorsten Held: Konvergenz und Regulierung. Optionen für rechtliche Regelungen und Aufsichtsstrukturen im Bereich Information, Kommunkation und Medien. Baden-Baden 2000, S. 21; Axel Zerdick / Arnold Picot / Klaus Schrape / Alexander Artopé / Klaus Goldhammer / Ulrich Lange / Eckhart Vierkant / Esteban López-Escobar / Roger Silverstone: European Communication Council Report. Die Internet Ökonomie. Strategien für die digitale Wirtschaft. Berlin, Heidelberg, New York 1999, S. 236 ff.; Craig A. Copetas: Web Jolts Sports World. Sports' Business Leaders to Open Conference on Internet Broadcasts. In: The Wall Street Journal Europe, 04.12.2000, S. 25-28, S. 25; Sandra Eschenbach: Unser Hemmschuh ist derzeit noch die Technik. der Internet-Sender TV1.de bietet Spartenprogramme und überträgt Firmenveranstaltungen ins Web. In: Tendenz. Magazin für Funk und Fernsehen der Bayerischen Landeszentrale für neue Medien. Nr. 4 (2000), S. 36-37

ABB. 59: INTERNET-RADIO-ANGEBOTE[1469]

INTERNET-ANGEBOT	DOMAIN-ADRESSE	UNTERNEHMEN/VERANSTALTER
WEBRADIO.DE	WWW.WEBRADIO.DE	WEBCAST MEDIA GROUP AG
YOU WANT	WWW.YOUWANT.COM	YOUWANT.COM GMBH
CHARTRADIO	WWW.CHARTRADIO.DE	NICHT GENANNT (KEIN IMPRESSUM)
EJAY	WWW.EJAY.DE	EJAY AG
INTERNETRADIO	WWW.INTERNETRADIO.DE	TV1.DE-DER INTERNETSENDER GMBH
CYBERCHANNEL	WWW.CYBERCHANNEL.DE	VALCAST STREAMING GROUP GMBH

Quelle: Eigene Recherche / Darstellung

ABB. 60: INTERNET-ZEITUNGS-ANGEBOTE[1470]

INTERNETANGEBOT	DOMAIN-ADRESSE	UNTERNEHMEN/VERANSTALTER
NZ NETZZEITUNG.DE	WWW.NETZEITUNG.DE (NUR EIN „Z"!)	NZ NETZEITUNG GMBH
THEMA1	WWW.THEMA1.DE	THEMA 1 MEDIEN GMBH
CITYWEB	WWW.CITYWEB.DE	CITYWEB NETWORK GMBH & CO KG
ACTUELL24	WWW.ACTUELL24.DE	STEDLER NEW MEDIA VERLAG
BUSINESS CHANNEL	WWW.BUSINESSCHANNEL.DE	GRUNER+JAHR BUSINESS CHANNEL
NETZPRESS	WWW.NETZPRESS.DE	DIE BASLER INTERNET ZEITUNG VERLAG

Quelle: Eigene Recherche

[1469] Der Begriff „Internet-Radio", auch „Web-Radio" oder „Online-Radio", bezeichnet die Übertragung von live-gesendeten Audio-Inhalten über das Internet mittels Streaming-Technologie. Der Abruf von gespeicherten Audio-Inhalten (wie z.B. MP3-komprimierte Musiktitel oder Interviews) ohne Live-Programm ist nicht als Internet-Radio zu klassifizieren, da die zeitliche Abfolge fehlt. Im Segment der internetexklusiven Hörfunkangebote schließen Barth und Münch in ihrer Studie zum Hörfunk im Internet im Dezember 2000 auf etwa 2507 (laut MIT-Liste) bis 3763 (laut Radio-Directory) registrierte Webradios weltweit und verweisen sowohl auf die Abgrenzungsprobleme als auch auf die unüberschaubare Dunkelziffer nicht registrierter Angebote. Vgl. im Internet: http://www.radio-locator.com; http://www.radio-directory.com Stand: 22.02.2001; Vgl. Christof Barth / Thomas Münch: a.a.O, S. 43; Thomas Mrazek: Rundfunk vom PC. In: Journalist Nr. 1 (2000), S. 67-68, S. 68; Jürgen Doetz: Der Zuschauer ist mündig genung. In: Wirtschaftwoche, 16.11.2000, o.S.

[1470] Als „Internet-Zeitung" ist ein Internetangebot zu bezeichnen, dass die Merkmale Aktualität, Periodizität, Universalität und Publizität erfüllt und ausschließlich über das Internet publiziert wird. Vgl. Walter J. Schütz: Zeitungen in der Bundesrepublik Deutschland. a.a.O., S. 23 f.; Hans Bohrmann: a.a.O., S. 356 ff.; Fatina Keilani: Printprofis machen News im Netz. Onlinetageszeitungen. In: Net-Business 20.07.2000, S. 49; Jörg Thomann: Selbst im Internet gehört man schnell zum alten Papier. In: FAZ Nr. 263 (2000), S. 45

LITERATURVERZEICHNIS

I. Literatur (Buchpublikationen)

Auswärtiges Amt (Hrsg.): Der Vertrag von Amsterdam. Ein neuer Meilenstein für die Europäische Union. Berlin 1999

Bähler, Konrad: Internet Domainnamen – Funktion, Richtlinien zur Registrierung, Rechtsfragen. Zürich 1997.

Barton, Dirk-M.: Multimedia-Strafrecht. Ein Handbuch für die Praxis. Neuwied, Kriftel 1999

Bartsch, Michael / Bernd Lutterbeck (Hrsg.): Neues Recht für neue Medien. Informationstechnik und Recht. Schriftenreihe der Deutschen Gesellschaft für Recht und Informatik e.V. Köln 1998

Baumann, Heide / Clemens Schwender (Hrsg.): Kursbuch Neue Medien 2000. Stuttgart, München 2000

Beck, Hanno / Aloys Prinz: Ökonomie des Internet. Eine Einführung. Frankfurt/Main, New York 1999

Beck, Klaus / Peter Glotz / Gregor Vogelsang: Die Zukunft des Internet. Internationale Delphi-Befragung zur Entwicklung der Online-Kommunikation. Konstanz 2000

Bergmann, Fridhelm / Hans-Joachim Gerhardt (Hrsg.): Taschenbuch der Telekommunikation. München, Wien 1999

Bertelsmann AG: Geschäftsbericht 1998/1999. Gütersloh 1999

Bertelsmann Stiftung (Hrsg.): Kommunikationsordnung 2000. Grundsatzpapier der Bertelsmann Stiftung zu Leitlinien der zukünftigen Kommunikationsordnung. Gütersloh 1997

Bertelsmann Stiftung (Hrsg.): Kommunikationsordnung 2010. Ein Zukunfstpapier der Stiftung Bertelsmann. Gütersloh 2000

Beyme, von Klaus / Manfred G. Schmidt (Hrsg.): Politik in der Bundesrepublik. Opladen 1990.

BITKOM Bundesverband Informationswirtschaft, Telekommunikation und neue Medien e.V. (Hrsg.): Wege in die Informationsgesellschaft. Status Quo und Perspektiven Deutschlands im internationalen Vergleich. Edition 2001. Berlin, Frankfurt 2001

Black, Uyless: Internet-Technologien der Zukunft (Original: Advanced Internet Technologies), München 1999

Bleisteiner, Stephan: Rechtliche Verantwortlichkeit im Internet – unter besonderer Berücksichtigung des Teledienstesgesetzes und des Mediendienste-Staatsvertrags. Köln, Berlin, Bonn, München 1999

Bollmann, Stefan (Hrsg.): Kursbuch Neue Medien. Trends in Wirtschaft und Politik, Wissenschaft und Kultur. Reinbek bei Hamburg 1998

Bohrmann, Hans: Zeitschrift. In: Werner Faulstich (Hrsg.): Kritische Stichwörter zur Medienwissenschaft. München 1979

Booz, Allen & Hamilton (Hrsg.) in Zusammenarbeit mit dem Büro für Technikfolgen-Abschätzung beim Deutschen Bundestag: Zukunft Multimedia. Grundlagen, Märkte und Perspektiven in Deutschland. Frankfurt am Main 1997

Booz, Allen & Hamilton / Bundesministerium für Wirtschaft und Technologie BMWi (Hrsg.): Multimedia: Potentiale nutzen – Beschäftigung schaffen. Deutschland im internationalen Vergleich. Berlin 1999

Booz, Allen & Hamilton / Bundesministerium für Wirtschaft und Technologie BMWi (Hrsg.): Durchbruch Multimedia: Deutschland im internationalen Vergleich. Bonn 1999

Booz, Allen & Hamilton / Bundesministerium für Wirtschaft und Technologie BMWi / Lehrstuhl für Kommunikationswissenschaft der Universität Erfurt (Hrsg.): Der Computer als Medium der Medienintegration. Ergebnisse einer internationalen Delphi-Umfrage. Kurzbericht für die Teilnehmer des International Senior Expert Forum 22.-23. April 1999. München 1999

Borchardt, Klaus-Dieter: Die rechtlichen Grundlagen der Europäischen Union. Heidelberg 1996

Böttcher, Winfried / Johanna Krawczynski: Europas Zukunft: Subsidiarität. Aachen 2000

Brauner, Jürgen Detlef / Robert Raible-Besten / Martin M. Weigert: Multimedia-Lexikon. München, Wien, Oldenbourg 1998

Brecht, Berthold: Gesammelte Werke. Bd. 8. Frankfurt am Main 1975

Breunig, Christian: Kommunikationsfreiheiten. Ein internationaler Vergleich. Konstanz 1994

Büllesbach, Alfred (Hrsg.): Datenschutz im Telekommunikationsrecht. Deregulierung und Datensicherheit in Europa. Köln 1997

Buhlmahn, Edelgard / Kurt van Haaren / Detlef Hensche / Manuel Kiper / Herbert Kubicek / Rainer Rilling / Rudi Schmiede (Hrsg.): Informationsgesellschaft – Medien – Demokratie. Kritik – Positionen – Visionen. Marburg 1996

Bullinger, Martin / Ernst-Joachim Mestmäcker: Multimediadienste. Struktur und staatliche Aufgaben nach deutschem und europäischem Recht. Baden-Baden 1997

Bullinger, Martin: Die Aufgaben des öffentlichen Rundfunks. Wege zu einem Funktionsauftrag. Gütersloh 1999

Bundesamt für Verfassungsschutz (Hrsg.): Extrimistische Bestrebungen im Internet. Köln 1999

Bundesamt für Verfassungsschutz (Hrsg.): Rechtsextremismus in Deutschland. Ein Lagebericht zu Beobachtungsschwerpunkten des Verfassungsschutzes. Köln 2000

Bundesministerium des Innern (Hrsg.): Verfassungsschutzbericht 1998. Berlin 1999

Bundesministerium des Innern (Hrsg.): Verfassungsschutzbericht 1999. Berlin 1999

Bundesministerium des Innern (Hrsg.): Verfassungsschutzbericht 2000. Pressefassung. Berlin 2000

Bundesministerium für Wirtschaft BMWi (Hrsg.): Die Informationsgesellschaft. Fakten, Analysen, Trends. Bonn 1995

Bundesministerium für Wirtschaft BMWi (Hrsg.): Gutachten über eine „Offene Medienordnung". Berlin 2000

Bundesministerium für Wirtschaft BMWi (Hrsg.) / Bericht der Bundesregierung: Info 2000. Deutschlands Weg in die Informationsgesellschaft. Bonn 1996

Bundesministerium für Wirtschaft BMWi / Bundesministerium für Bildung und Forschung (Hrsg.): Innovation und Arbeitsplätze in der Informationsgesellschaft des 21. Jahrhunderts. Aktionsprogramm der Bundesregierung. Bonn, Berlin 1999

Bundesministerium für Bildung, Wissenschaft, Forschung und Technologie / Rat für Forschung, technologie und Innovation (Hrsg.): Informationsgesellschaft. Chancen, Innovationen und Herausforderungen. Feststellungen und Empfehlungen. Bonn 1995

Bundesministerium für Bildung, Wissenschaft, Forschung und Technologie (Hrsg.): Förderprogramm Informationstechnik. Innovationen für die Wissensgesellschaft. Bonn 1998

Bundesministerium für Bildung und Forschung (Hrsg.): Zur technologischen Leistungsfähigkeit Deutschlands. Zusammenfassender Endbericht 1998. Bonn 1999

Bundesregierung, Die (Hrsg.): Stellungnahme der Bundesrepublik Deutschland zum Grünbuch der EU-Kommission „Konvergenz der Branchen Telekommunikation, Medien und Informationstechnologie und ihre ordnungspolitischen Auswirkungen. Bonn 1998

Bundesregierung, Die (Hrsg.): Bericht der Bundesregierung über die Lage von Presse und Rundfunk in der Bundesrepublik Deutschland 1978. Medienbericht – Deutscher Bundestag. Bonn 1978

Bundesregierung, Die / Initiative Informationsgesellschaft Deutschland (Hrsg.): Info 2000. Deutschlands Weg in die Informationsgesellschaft. Bonn 1996

Bundesregierung, Die / Presse- und Informationsamt (Hrsg.): Medienkompetenz. Qualifikation für die Zukunft. Bonn 1997

Bundesregierung, Die / Presse- und Informationsamt (Hrsg.): Bericht der Bundesregierung über die Lage der Medien in der Bundesrepublik Deutschland 1998. Medienbericht 1998. Bonn 1998

Bundesregierung, Die / Presse- und Informationsamt (Hrsg.): Europa 2002. Die Europäische Union wird größer. Berlin 2000

Bundesregierung, Die / Presse- und Informationsamt (Hrsg.): Geschäftsbericht der Bundesregierung 2000/2001. Berlin 2001

Bundesstelle für Außenhandelsinformation (Hrsg.): Internationales und ausländisches Wirtschafts- und Steuerrecht: Europäische Union. Umstellung auf den Euro – Checklisten, Vertragsgestaltung, Internet-Adressen, Materialien. Köln 1999

Bündnis 90 / Die Grünen-Parteivorstand: grün 2020. Entwurf für das Grundsatzprogramm. Berlin 2001

CDU-Parteivorstand (Hrsg.): Zukunftsprogramm. Beschluss des 10. Parteitages der CDU Deutschland vom 17.-19. Mai 1998 in Bremen. Bonn 1998

Charissé, Peter: Die Rundfunkveranstaltungsfreiheit und das Zulassungsregime der Rundfunk- und Mediengesetze. Eine verfassungs- und europarechtlicherechtliche Untersuchung der subjektiv-rechtlichen Stellung privater Rundfunkanbieter. Frankfurt / Main 1999

Degenhart, Christoph: Online-Angebote öffentlich-rechtlicher Rundfunkanstalten. Frankfurt am Main 1998

Delbrück, Jost: Die Rundfunkhoheit der deutschen Bundesländer im Spannungsfeld zwischen Regelungsanspruch der Europäischen Gemeinschaft und nationalem Verfassungsrecht. Rechtsgutachten im Auftrag der deutschen Bundesländer. Frankfurt am Main 1986

Deutscher Bundestag (Hrsg.): Erster Zwischenbericht der Enquete-Kommission zum Thema Meinungsfreiheit, Meinungsvielfalt, Wettbewerb – Rundfunkbegriff und Regulierungsbedarf bei den neuen Medien.", BT-Drs. 13/6000 vom 07.11.1996, Bonn 1996

Deutscher Bundestag (Hrsg.): Dritter Zwischenbericht der Enquete-Kommission zum Thema Kinder- und Jugendschutz im Multimediazeitalter. BT-Drs. 13 /11001 vom 04.05.1998. Bonn 1998

Deutscher Bundestag (Hrsg.): Schlußbericht der Enquete-Kommission „Zukunft der Medien in Wirtschaft und Gesellschaft. Deutschlands Weg in die Informationsgesellschaft." BT-Drs. 13/11004 vom 22.06.1998. Bonn 1998

Deutscher Bundestag (Hrsg.): Bericht der Bundesregierung über die Erfahrungen und Entwicklungen bei den neuen Informations- und Kommunikationsdiensten im Zusammenhang mit der Umsetzung des Informations- und Kommunikationsdienste-Gesetzes (IuKDG). BT-Drs. 14/1191 vom 18.06.1999. Berlin/Bonn 1999

Deutscher Presserat (Hrsg.): Jahrbuch 1998. Konstanz 1999

Deutscher Städtetag / Bundesministerium für Wirtschaft und Technologie BMWi (Hrsg.): Digitale Signatur auf der Basis multifunktionaler Chipkarten. Ein Leitfaden. Köln 1999

Deutsche Telekom (Hrsg.): Vernetzt denken. Global handeln. Das Geschäftsjahr 1998. Bonn 1999

Di Fabio, Udo: Der Schutz der Menschenwürde durch Allgemeine Programmgrundsätze. Rechtsgutachten. München 2000

Donges, Patrick / Otfried Jarren, Heribert Schatz (Hrsg.): Globalisierung der Medien? Medienpolitik in der Informationsgesellschaft. Opladen, Wiesbaden 1999

Dörr, Dieter / Reinhold Kopp / Wolfgang Closs: Die Rechtsstellung der Landesmedienanstalten. Berlin 1996

Dörr, Dieter: Die Rolle des öffentlich-rechtlichen Rundfunks in Europa: Rechtsgutachten, erstattet im Auftrag der Arbeitsgemeinschaft der Öffentlich-Rechtlichen Rundfunkanstalten der Bundesrepublik Deutschland (ARD). Baden-Baden, 1997

Dörr, Dieter: Programmvielfalt im öffentlich-rechtlichen Rundfunk durch funktionsgerechte Ausstattung. Rechtsgutachten zum Anspruch kleiner Rundfunkanstalten auf funktionsgerechte Ausstattung am Beispiel des Saarländischen Rundfunks unter Einbeziehung politikwissenschaftlicher und ökonomischer Aspekte. Baden-Baden 1997/1998

Dörr, Dieter: Die verfassungsrechtliche Stellung der Deutschen Welle: Rechtsgutachten im Auftrag der Deutschen Welle. München 1998

Dörr, Dieter (Hrsg.): www.otello.de - Klassik nur noch im Internet oder per pay? Symposium aus Anlass des 85. Geburtstages von Professor Dr. Heinz Hübner. Frankfurt am Main, u.a. 2000

Dörr, Dieter: Big Brother und die Menschenwürde: Die Menschenwürde und die Programmfreiheit am Beispiel eines neuen Sendeformats. Frankfurt am Main, Berlin u.a. 2000

Drüke, Helmut: Regulierungssysteme in der internationalen Telekommunikation. Deregulierung und Regulierung in Zeiten der technologischen Konvergenz. Berlin 1999

Dührkoop, Tim: Medienwandel aus betriebswirtschaftlicher Sicht. Vorstudie zur Dissertation. St. Gallen 1998

Eberenz, Mathias: Internet. Erfurt 1998

Eichborn, Bert: Internet-Recht. Ein Lehrbuch für das Recht im World Wide Web. Köln 2000

Eisel, Stephan / Mechthild Scholl: Internet und Politik. Sankt Augustin 1998

Eisenblätter, Tanja: Regulierung in der Telekommunikation. Frankfurt / Main 2000

Engel-Flechsig, Stefan / Alexander Roßnagel (Hrsg.): Multimedia-Recht. Gesetze, Rechtsverordnungen, EU-Richtlinien, Empfehlungen. München 1998

Enquete Kommission und Deutscher Bundestag (Hrsg.): Zukunft der Medien in Wirtschaft und Gesellschaft. Deutschlands Weg in die Informationsgesellschaft. Bonn 1997

Esser, Frank: Die Kräfte hinter den Schlagzeilen.Englischer und deutscher Journalismus im Vergleich. Freiburg (Breisgau), München 1998

Esser, Josef / Boy Lüthje / Ronald Noppe (Hrsg.): Europäische Telekommunikation im Zeitalter der Deregulierung. Infrastruktur im Umbruch. Münster 1997

ETSI (Europäisches Institut für Telekommunikationsnormen): Jahresbericht 1999. o.O. 2000

Europäische Audiovisuelle Informationsstelle (Hrsg.): Statistisches Jahrbuch 2000. Filmindustrie, Fernsehen, Video und neue Medien in Europa. Baden-Baden 1999

Europäische Kommission: *Die Publikationen aller EU-Institutionen sowie die Rechtsdokumente finden sich in Kapitel V. des Literaturverzeichnisses.*

FDP-Parteivorstand (Hrsg.): Wahlprogramm 1998. Bonn 1998

Fischer, Bernhard / Thomas Straubhaar (Hrsg.): Ökonomische Konvergenz in Theorie und Praxis. Baden-Baden 1998

Fischer, Heinz-Dietrich / Olaf Jubin (Hrsg.): Privatfernsehen in Deutschland. Konzepte, Konkurrenten, Kontroversen. Frankfurt am Main 1996.

Flusser, Vilém: Medienkultur. Frankfurt/Main 1997

Forschungsgruppe Telekommunikation Universität Bremen / Landesanstalt für Rundfunk Nordrhein-Westfalen LfR (Hrsg.): Synopse nationaler und internationaler Multimedia-Projekte. Bd. 25. Düsseldorf 1998

Forum Info 2000 (Hrsg.): Nachhaltige Entwicklung und Informationsgesellschaft. Bonn 1998

Foscht, Thomas: Interaktive Medien in der Kommunikation. Verhaltenswissenschaftliche und systemtheoretische Analyse der Wirkung neuer Medien. Wiesbaden 1998

Frey, Dieter: Fernsehen und audiovisueller Pluralismus im Binnenmarkt der EG. Baden-Baden 1999

Fries, Cornelia / Franz Büllingen: Offener Zugang privater Nutzer zum Internet – Konzepte und regulatorische Implikationen unter Berücksichtigung ausländischer Erfahrungen. Bad Honnef 1998

Fröhlich Stefan / H. Bader: Einführung in die Mathematik für Volks- und Betriebswirte. München 1973

Frühschütz, Jürgen: Lexikon der Medien-Ökonomie. Beschaffung. Produktion. Absatz. Frankfurt am Main 2000

Frühschütz, Jürgen: E-Commerce-Lexikon. Frankfurt am Main 2001

Fünfgeld, Hermann / Claudia Mast (Hrsg.): Massenkommunikation. Ergebnisse und Perspektiven. Opladen 1997

Fünfgeld, Hermann / Claudia Mast (Hrsg.): Massenkommunikation. Ergebnisse und Perspektiven. Opladen 1997

Fuhr, Ernst W. / Walter Rudolf / Klaus Wasserburg (Hrsg.): Recht der Neuen Medien. Heidelberg 1989

Funk-Rüffert, Petra: Kooperation von Europäischem Gerichtshof und Bundesverfassungsgericht im Bereich des Grundrechtschutzes. Berlin 1999

Germann, Michael: Gefahrenabwehr und Strafverfolgung im Internet. Berlin 2000

Gersdorf, Hubertus: Der verfassungsrechtliche Rundfunkbegriff im Lichte der Digitalisierung der Telekommunikation. Berlin 1995

Goldhammer, Klaus / Axel Zerdick: Rundfunk Online. Entwicklung und Perspektiven des Internets für Hörfunk- und Fernsehanbieter. Schriftenreihe der Landesmedienanstalten Bd. 14. Berlin 1999

Götting, Horst-Peter (Hrsg.): Multimedia, Internet und Urheberrecht. Dresden 1998

Gounalakis, Georgios: Funktionsauftrag und wirtschaftliche Betätigung des Zweiten Deutschen Fernsehens. Rechtsgutachten. Mainz 2000

Groß, Rolf: Presserecht. Einführung in Grundzüge und Schwerpunkte des deutschen Presserechts. Wiesbaden 1987

Grothe, Thorsten: Restriktionen politischer Steuerung des Rundfunks. Systemtheoretische und handlungstheoretische Analysen. Wiesbaden 2000

Gruber, Barbara: Medienpolitik der EG. Konstanz 1995

Gruhler, Alexander K. A.: Das Ende der „totalen“ Freiheit im Internet. Die Auswirkungen inkriminierter Inhalte auf die Informationsgesellschaften. Marburg 1998

Gstaltmeyr, Martin: Bewehrung von EG-Richtlinien. Sanktionssysteme bei fehlender oder fehrlerhafter Umsetzung durch die Mitgliedsstaaten. München 1998

Hachmeister, Lutz / Rager, Günther: Wer beherrscht die Medien? Die 50 größten Medienkonzerne der Welt. Jahrbuch 2000. München 2000

Hackenbroch, Rolf: Verbände und Massenmedien. Öffentlichkeitsarbeit und ihre Resonanz in den Medien. Wiesbaden 1998

Härting, Niko: Internetrecht. Köln 1999

Hagen, Lutz M.: Online-Medien als Quellen politischer Information. Empirische Untersuchungen zur Nutzung von Internet und Online-Diensten. Opladen, Wiesbaden 1998

Hain, Karl-Eberhard: Rundfunkfreiheit und Rundfunkordnung. Baden-Baden 1993

Hamm, Ingrid (Hrsg.): Verantwortung im freien Medienmarkt. Internationale Perspektiven zur Wahrung professioneller Standards. Gütersloh 1996

Hamm, Ingrid (Hrsg.): Fernsehen auf dem Prüfstand. Aufgaben des dualen Rundfunksystems. Internationale Studien im Rahmen der Kommunikationsordnung 2000. Gütersloh 1998

Hamm, Ingrid: Die Zukunft des dualen Systems: Aufgaben des dualen Rundfunkmarktes im internationalen Vergleich. Gütersloh 1998

Hamm, Ingrid / Jens Waltermann (Hrsg.): Kommunikationsordnung 2000 - Innovation und Verantwortung in der Informationsgesellschaft. Bd. 1: Ergebnisse der Recherche. Gütersloh 1998

Hans-Bredow-Institut für Medienforschung an der Universität Hamburg (Hrsg.): Internationales Handbuch für Hörfunk und Fernsehen 2000/2001. Baden-Baden 2000

Hans-Brewdow-Institut für Medienforschung, Universität Hamburg / Institut für Rundfunkökonomie, Universität Köln (Hrsg.): Von der dualen Rundfunkordnung zur dienstespezifisch diversifizierten Informationsordnung? Diskussionpapiere für das Symposium am 25. Februar 2000. Hamburg, Köln 2000

Hartstein, Reinhard u.a.: Rundfunkstaatsvertrag. Kommentar. München 1999

Henning, Peter A.: Taschenbuch Multimedia. Leipzig 2000

Herrmann, Günter: Rundfunkrecht: Fernsehen und Hörfunk mit Neuen Medien. München 1994

Hertling, Susanne: Das Internet als Wirtschaftsfaktor in Deutschland. Leipzig 1999

Hesse, Albrecht: Rundfunkrecht. München 1999

Hinden von, Michael: Persönlichkeitsverletzungen im Internet. Das anwendbare Recht. Tübingen 1999

Höflich, Joachim R.: Technisch vermittelte interpersonale Kommunikation. Opladen 1996

Hoffman-Riem, Wolfgang: Erosionen des Rundfunkrechts. Tendenzen der Rundfunkrechtsentwicklung in Westeuropa. München 1990

Hoffmann-Riem, Wolfgang: Rundfunkrecht neben Wirtschaftsrecht. Baden-Baden 1991

Hoffmann-Riem, Wolfgang: Innovation und Telekommunikation. Rechtliche Steuerung von Innovationsprozessen in der Telekommunikation. Baden-Baden 2000

Hoffmann-Riem, Wolfgang: Regulierung der dualen Rundfunkordnung. Grundfragen. Baden-Baden 2000

Hoffmann-Riem, Wolfgang / Wolfgang Schulz / Thorsten Held: Konvergenz und Regulierung. Optionen für rechtliche Regelungen und Aufsichtsstrukturen im Bereich Information, Kommunkation und Medien. Baden-Baden 2000

Holtz, Uwe (Hrsg.): 50 Jahre Europarat. Baden-Baden 2000

Holzinger, Andreas: Basiswissen Multimedia. Bd. 1: Technik. Würzburg 2000

Holznagel, Bernd: Rundfunkrecht in Europa. Auf dem Weg zu einem Gemeinrecht europäischer Rundfunkordnungen. Tübingen 1996

Holznagel, Bernd: Der spezifische Funktionsauftrag des Zweiten Deutschen Fernsehens (ZDF). Bedeutung, Anforderungen und Unverzichtbarkeit unter Berücksichtigung der Digitalisierung, der europäischen Einigung und der Globalisierung der Informationsgesellschaft. Mainz 1999

Holznagel, Bernd / Axel Bysikiewicz / Christoph Enaux / Christian Niehaus: Grundzüge des Telekommunikationsrechts. Münster 2000

Intveen, Carsten: Internationales Urheberrecht und Internet. Zur Frage des anzuwendenden Urheberrechts bei grenzüberschreitenden Datenübertragungen. Baden-Baden 1999

Jarras, Hans D.: Online-Dienste und Funktionsbereich des Zweiten Deutschen Fernsehens. Mainz 1997

Kelly, Kevin: New Rules for the New Economy. 10 Ways the Network Economy is Changing Everything. London 1998

Kepplinger, Hans Mathias: Die Demontage der Politik in der Informationsgesellschaft. München 1998.

Keusen, Peter: Studien zur Medienpolitik in Europa. Die Deregulierung der Fernsehsysteme in Grossbritannien und Frankreich bis Mitte der 90er Jahre. Alfeld 1997

Klau, Peter: Das Internet. Bonn 1998

Klett, Alexander: Urheberrecht im Internet aus deutscher und amerikanischer Sicht. Baden-Baden 1998

Knoche, Manfred / Gabriele Siegert (Hrsg.): Strukturwandel der Medienwirtschaft im Zeitalter digitaler Kommunikation. München 1999

Koch, Alexander / Frank Koch: Internet-Recht. München 1998

Koch, Frank A.: Internet-Recht. Praxishandbuch mit dem neuen Medien- und Telediensterecht, Checklisten und Musterverträgen. München, Oldenburg 1998

Koenig, Christian / Matthias Pechstein (Hrsg.): Entscheidungen des EuGH. Studienauswahl. Tübingen 1998

Koenig, Christian / Andreas Haratsch: Europarecht. Tübingen 1998

König, Doris: Die Übertragung von Hoheitsrechten im Rahmen des europäischen Integrationsprozesses – Anwendungsbereich und Schranken des Art. 23 des Grundgesetzes. Berlin 2000

Kops, Manfred / Wolfgang Schulz / Thorsten Held (Hrsg.): Von der dualen Rundfunkordnung zur dienstespezifisch diversifizierten Informationsordnung? Baden-Baden 2001

Korn, Peter / DIHT (Hrsg.): Erweiterung der Europäischen Union. Strategie, Maßnahmen, Stand. Berlin 2000

Koszyk, Kurt / Karl Hugo Pruys (Hrsg.): Handbuch der Massenkommunikation. München 1981

Krämer, Sybille: Medien, Computer, Realität. Wirklichkeitsvorstellungen und Neue Medien. Frankfurt am Main 1998.

Kressin, Roger: Neue Medien zwischen Rundfunk und Individualkommunikation. Frankfurt am Main 1998

Kröger, Detlef / Marc A. Gimmy (Hrsg.): Handbuch zum Internetrecht. Electronic Commerce – Informations-, Kommunikations- und Mediendienste. Berlin, Heidelberg 2000

Kroll, Ed: Die Welt des Internet. Handbuch und Übersicht. Bonn 1995

Kubicek, Herbert / Dieter Klumpp / Günter Müller / Werner Neu / Eckart Raubold / Alexander Roßnagel (Hrsg.): Jahrbuch Telekommunikation und Gesellschaft 1997. Die Ware Information – auf dem Weg zu einer Informationsökonomie. Heidelberg 1997

Kuhlenkampf, Gabriele: Der Markt für Internet-Telefonie – Rahmenbedingungen, Unternehmensstrategien und Marktentwicklung. Bad Honnef 2000

Kühner, Anja / Thilo Sturm: Das Medien-Lexikon. Fachbegriffe von A-Z aus Print, Radio, TV und Internet. Landsberg / Lech 2000

Kunczik Michael / Uwe Weber (Hrsg.): Fernsehen. Aspekte eines Mediums. Köln 1999

Laga, Gerhard: Internet im rechtsfreien Raum? Dissertation. Wien 1998

Landesanstalt für Rundfunk Nordrhein-Westfalen LfR (Hrsg.): Gemeinsame Richtlinien der Landesmedienanstalten für die Werbung, zur Durchführung der Trennung von Werbung und Programm und für das Sponsoring im Fernsehen. Düsseldorf 1997

Landesanstalt für Rundfunk Nordrhein-Westfalen LfR (Hrsg.): Rundfunkrechtliche Grundlagen der Landesanstalt für Rundfunk Nordrhein-Westfalen. Düsseldorf 1998

Landesanstalt für Rundfunk Nordrhein-Westfalen LfR (Hrsg.): Medienkompetenz. Düsseldorf 1998

Landesanstalt für Rundfunk Nordrhein-Westfalen LfR (Hrsg.): Richtlinien der Landesmedienanstalten zur Gewährleistung des Jugendschutzes (Jugendschutzrichtlinien). Düsseldorf 1998

Landesanstalt für Rundfunk Nordrhein-Westfalen LfR (Hrsg.): Medienforschungsprojekte der Landesmedienanstalten. Düsseldorf 1999

Landesmedienanstalten, Die (Hrsg.): Die Sicherung der Meinungsvielfalt. Berichte, Gutachten und Vorschläge zur Fortentwicklung des Rechts der Medienkonzentrationskontrolle. Berlin 1995

Landeszentrale für private Rundfunkveranstalter Rheinland-Pfalz LPR (Hrsg.): Privater Rundfunk in Rheinland-Pfalz. Kleine Vorschriftensammlung. Ludwigshafen 1999

Läufer, Thomas (Hrsg.): Vertrag von Amsterdam. Texte des EU-Vertrages und des EG-Vertrages. Mit deutschen Begleitgesetzen. Bonn 1999

Latzer, Michael: Mediamatik – Die Konvergenz von Telekommunikation, Computer und Rundfunk. Opladen 1997

Löffler, Martin / Reinhart Ricker: Handbuch des Presserechts. 4., neu bearbeitete Auflage von Reinhart Ricker. München 2000

Mahrdt, Niklas: Strategische Allianzen bei digitalen Informations- und Kommunikationsdiensten: Eine wettbewerbspolitische Untersuchung. Baden-Baden 1998

Mailänder, Peter: Konzentrationskontrolle zur Sicherung von Meinungsvielfalt im privaten Rundfunk. Eine vergleichende Untersuchung der Rechtslage in Deutschland, Frankreich, Italien, Großbritannien, Spanien, Österreich sowie den Niederlanden und im Europäischen Recht. Baden-Baden 2000

Maletzke, Gerhard: Psychologie der Massenkommunikation. Theorie und Systematik. Hamburg 1978

Manssen, Gerrit: Telekommunikations- und Multimediarecht. Ergänzbarer Kommentar zum Telekommunikationsgesetz, Mediendienste-Staatsvertrag, Teledienstegesetz, Teledienstedatenschutzgesetz, Signaturgesetz einschließlich Gesetzes- und Verordnungstexten und europäischen Vorschriften. Berlin 1999

Maunz / Dürig / Herzog / Scholz: Grundgesetz. Kommentar. Loseblattsammlung. München 1989

Mes, Peter (Hrsg.): Prozeßformularhandbuch. Bd. 4. Gewerblicher Rechtsschutz, Urheber- und Presserecht. München 2000

Meyn, Herrmann: Massenmedien in Deutschland. Neuauflage 2001. Konstanz 2001

Middelhoff, Thomas: Strategien für einen Medienkonzern im 21. Jahrhundert. Rede auf dem 7. Deutschen Multimedia-Kongreß. Stuttgart 1999

Mikos, Lothar: Im Auge der Kamera – Das Fernsehereignis „Big Brother". Berlin 2000

Mosdorf, Siegmar: Bausteine für einen Masterplan für Deutschlands Weg in die Informationsgesellschaft. Bonn 1998

Müller, Günter / Ulrich Kohl / Ralf Strauß (Hrsg.): Zukunftsperspektiven der digitalen Vernetzung. Heidelberg 1996

Müller-Michaelis, Wolfgang: Die Informationsgesellschaft im Aufbruch. Perspektiven für Wachstum, Beschäftigung und Kommunikation. Frankfurt am Main 1996.

Müncher Gesellschaft für Kabel-Kommunikation (Hrsg.): Dokumentation der Medientage München und Werbegipfel München 1998. Baden-Baden 1999

Neuberger, Christoph / Jan Tonnemacher (Hrsg.): Online – Die Zukunft der Tageszeitung? Das Engagement deutscher Tageszeitungen in Internet. Opladen, Wiesbaden 1999.

Nickel, Volker / ZAW (Hrsg.): Zukunft produziert Druck. Perspektiven für die Druckindustrie in Deutschland. Vortrag auf dem Druckforum 2000 am 11.02.2000 in Stuttgart. Bonn 2000

Noelle-Neumann, Elisabeth / Winfried Schulz / Jürgen Wilke (Hrsg.): Fischerlexikon Publizistik/ Massenkommunikation. Frankfurt am Main 1989, 1994, 2000.

OECD (Hrsg.): Telecommunications and Broadcasting: Convergence or Collision? Reihe ICCP Information, Computer and Communications Policy. Bd. 29. Paris 1992

OECD (Hrsg.): Leitlinien für den Verbraucherschutz im Zusammenhang mit dem elektronischen Geschäftsverkehr. 2000

Oppermann, Thomas: Europarecht. Ein Studienbuch. München 1999

Orlamünder, Harald: High-Speed-Netze. Kommunikationsinfrastruktur der Zukunft: Internet, ATM, Multimedia. Heidelberg 2000

Petschke, Christian / KPMG (Hrsg.): Online-Publishing – Business der Zukunft? Profile und Perspektiven. Frankfurt 1998

Peters, Kay / Sönke Albers / Michel Clement (Hrsg.): Marketing mit interaktiven Medien. Strategien zum Markterfolg. Frankfurt/Main 1998

Pfammater, Rene: Multi Media Mania. Reflexionen zu Aspekten neuer Medien. Konstanz 1998

Prütting, Hanns / Reiner Hochstein / Hans Hege / Bernd Holznagel / Thomas Hoeren / Ulrich Preis / Helmut Köhler: Die Zukunft der Medien – Rechtlicher Rahmen und neue Teledienste im Digitalzeitalter. München 1998

Rager, Günther / Bernd Weber (Hrsg.): Publizistische Vielfalt zwischen Markt und Politik. Düsseldorf, Wien, New York, Moskau 1992

Rank, Gerhard: Entwicklung und Akzeptanz multimedialer Zeitschriften. München 1999

Recke, Martin: Medienpolitik im digitalen Zeitalter. Zur Regulierung der Medien und der Telekommunikation in Deutschland. Berlin 1998

Reich, Dietmar O.: Rechte des Europäischen Parlaments in Gegenwart und Zukunft. Berlin 1999

Ress, Georg / Jürgen Bröhmer: Europäische Gemeinschaft und Medienvielfalt. Die Kompetenzen der Europäischen Gemeinschaft zur Sicherung des Pluralismus im Medienbereich. Frankfurt am Main 1998

Ricker, Reinhart: Freiheit und Aufgabe der Presse. Freiburg, München 1983

Ricker, Reinhart: Privatrundfunk-Gesetze im Bundesstaat. Zur Homogenität der Mediengesetze und Mediengesetzentwürfe. Rechtsgutachten. München 1985

Ricker, Reinhart: Rundfunkkontrolle durch Rundfunkteilnehmer? Opladen 1992

Ricker, Reinhart: Im Zweifel für die Freiheit. Marburg 1994

Ricker, Reinhart / Martin Löffler: Handbuch des Presserechts. München 2000

Ricker, Reinhart / Peter Schiwy: Rundfunkverfassungsrecht. München 1997

Ring, Wolf-Dieter: Medienrecht – Rundfunk, Neue Medien, Presse. München, Berlin. Loseblattsammlung. Stand: Nov. 2000

Ritz, Dorothee: Inhalteverantwortlichkeit von Online-Diensten. Frankfurt am Main 1998

Roegele, Otto B.: Medienpolitik und wie man sie macht. Osnabrück 1973

Ronneberger, Franz: Kommunikationspolitik. Mainz 1978, 1980, 1986

Rosenthal, Michael: Die Kompetenz der Europäischen Gemeinschaft für den rechtlichen Rahmen der Informationsgesellschaft. Mainz 1997

Rössler, Patrick (Hrsg.): Onlinekommunikation. Beiträge zur Nutzung und Wirkung. Opladen 1998

Rössler, Patrick / Werner Wirth (Hrsg.): Glaubwürdigkeit im Internet. Fragestellungen, Modelle, empirische Befunde. München 1999

Rübenach, Heinz-Uwe: Europäisches Presserecht. Stuttgart 2000

Schanze, Helmut / Manfred Kammer (Hrsg.): Interaktive Medien und ihre Nutzer. Bd. 1. Voraussetzungen, Anwendungen, Perspektiven. Baden-Baden 1998

Schanze, Helmut / Manfred Kammer (Hrsg.): Interaktive Medien und ihre Nutzer. Bd. 2. Zugangsoberflächen: Türen zum Netz. Baden-Baden 1998

Scharping, Rudolf (Hrsg.): Demokratische Medien – der Mensch im Mittelpunkt. Für eine humane und soziale Informationsgesellschaft. Marburg 1995

Schauer, Bernd: Electronic Commerce in der EU. Wien 1999

Schauer, Martin: Schengen – Maastricht – Amsterdam. Auf dem Weg zu einer flexiblen Union. Wien 2000

Scherer, Joachim / Frank Hölscher: Gestaltungsspielräume für eine Reform der Organisation der Telekommunikations- und Medienaufsicht unter dem Grundgesetz. Rechtsgutachten im Auftrag der Bertelsmann Stiftung. Gütersloh 1999

Schildknecht, Urs: Grundrechtsschranken in der Europäischen Gemeinschaft. Eine Untersuchung der Rechtsprechung des Europäischen Gerichtshofs. Frankfurt am Main u.a. 2000

Schiwy, Peter / Walter J. Schütz (Hrsg.): Medienrecht. Stichwörter für die Praxis. Neuwied, Kriftel, Berlin 1994

Schlattmann, Gabriele: Multimedia im Buch- und Filmmarkt. Eine sozioökonomische Analyse. Wiesbaden 1998

Schote, Matthias: Die Rundfunkkompetenz des Bundes am Beispiel bundesstaatlicher Kulturkompetenz in der Bundesrepublik Deutschland. Frankfurt / Main 1999

Schrape, Klaus: Digitales Fernsehen. Marktchancen und ordnungspolitischer Regelungsbedarf. Ein Bericht der Prognos AG im Auftrag der Bayerischen Landeszentrale für Neue Medien (BLM) und der Landesanstalt für Rundfunk Nordrhein-Westfalen (LfR). München 1995

Schrape, Klaus: Kabelfernsehmarkt Deutschland im Umbruch. Neue Geschäftsmodelle für Breitbandnetze. München 2000

Schulz, Rolf S.: Presserecht. Percha am Starnberger See 1985

Schulz, Wolfgang: Rechtsfragen des Datenschutzes bei Online-Kommunikation. Expertise zum Datenschutz im Rahmen des Projektes InfoCity NRW. Düsseldorf 1998

Schulz, Wolfgang: Stellungnahme zur Anhörung „Konvergenz und Medienordnung" des Unterausschusses für Kultur und Medien. Berlin 2000

Schumann, Matthias / Thomas Hess (Hrsg.): Medienunternehmen im digitalen Zeitalter. Neue Technologien, neue Märkte, neue Geschäftsansätze. Wiesbaden 1999

Schütz, Walter J.: Zeitungen in der Bundesrepublik Deutschland. In: Bundeszentrale für politische Bildung (Hrsg.): Die Presse in der deutschen Medienlandschaft. Bd. 6. Bonn 1985

Schütz, Walter J.: Medienpolitik. Dokumentation der Kommunikationspolitik in der Bundesrepublik Deutschland von 1945 bis 1990. Konstanz 1999

Schwarze, Jürgen (Hrsg.): Werbung und Werbeverbote im Lichte des europäischen Gemeinschaftsrecht. Baden-Baden 1999

Schwarze, Jürgen (Hrsg.): Die Entstehung einer europäischen Verfassungsordnung. Das Ineinandergreifen von nationalem und europäischem Verfassungsrecht. Baden-Baden 2000

Schwarze, Jürgen (Hrsg.): Rechtsschutz gegen Urheberrechtsverletzungen und Wettbewerbsverstöße in grenzüberschreitenden Medien. Baden-Baden 2000

Schwarze, Jürgen (Hrsg.): Die Entstehung einer europäischen Verfassungsordnung. Das Ineinandergreifen von nationalem und europäischem Verfassungsrecht. Baden-Baden 2000.

Schwarze, Jürgen (Hrsg.): Europäisches Wettbewerbsrecht im Wandel. Baden-Baden 2001.

Schwarzkopf, Dietrich (Hrsg.): Rundfunkpolitik in Deutschland. Wettbewerb und Öffentlichkeit. Bd. 1. München 1999

Schwarzkopf, Dietrich (Hrsg.): Rundfunkpolitik in Deutschland. Wettbewerb und Öffentlichkeit. Bd. 2. München 1999

Schwarz-Schilling, Christian: Grenzenlose Kommunikation. Bilanz und Perspektiven der Medienkommunikation. Frankfurt / Main 1993

Sembach, Matthias: Wege in die Informationsgesellschaft – eine kritische Analyse am Beispiel des liberalisierten Marktes für Mehrwertdienste in Deutschland. Freiburg i.Ue. 1997

Sennewald, Nicola: Massenmedien und Internet. Zur Marktentwicklung in der Pressebranche. Wiesbaden 1998.

Siegert, Gabriele: Medien Marken Management: Relevanz, Spezifika und Implikationen einer medienökonomischen Profilierungsstrategie. München 2000

SPD-Parteivorstand: Grundsatzprogramm der Sozialdemokratischen Partei Deutschlands. Beschlossen vom Programm-Parteitag der SPD am 20. Dezember 1989 in Berlin, geändert auf dem Parteitag in Leipzig am 17.04.1998. Berlin 1998

Spinner, Helmut F.: Die Architektur der Informationsgesellschaft. Entwurf eines wissensorientierten Gesamtkonzeptes. Bodenheim 1998

Stamm, Peter: Entwicklungsstand und Perspektiven von Powerline Communications. Bad Honnef 2000

Stamm, Peter / Franz Büllingen: Das Internet als Treiber konvergenter Entwicklungen – Relevanz und Perspektiven für die strategische Positionierung der TIME-Player. Bad Honnef 1999

Steinhaus Ingo / Ray Mary Rosdale / Dirk de Pol / Rene Schauecker: Basiswissen Internet. München 1999

Stöber, Rudolf: Deutsche Pressegeschichte. Einführung, Systematik, Glossar. Konstanz 2000

Stolte, Dieter / Peter Bubmann / Petra Müller u.a. (Hrsg.): Die Zukunft des Fernsehens. Beiträge zur Ethik der Fernsehkultur. Stuttgart, Berlin, Köln 1996

Stolte, Dieter / ZDF (Hrsg.): Die Dynamik nationaler und internationaler Zusammenschlüsse auf dem Medien- und Kommunikationssektor und ihre Be-

deutung für den öffentlich-rechtlichen Rundfunk. Vorlage an der Fernsehrat. Mainz 2000
Streinz, Rudolf: Europarecht. Heidelberg 1999
Strömer, Tobias H.: Online-Recht. Rechtsfragen im Internet. Heidelberg 1999
Tauss, Jörg / Johannes Kollbeck / Jan Mönikes (Hrsg.): Deutschlands Weg in die Informationsgesellschaft. Herausforderungen und Perspektiven für Wirtschaft, Wissenschaft, Recht und Politik. Baden-Baden 1996
Thiel, Elke: Die Europäische Union. München 1999
Tonnemacher, Jan: Kommunikationspolitik in Deutschland. Eine Einführung. Köln 1996
Verband Deutscher Zeitschriftenverleger VDZ (Hrsg.): Die Zeitschriften 1999. Themen, Thesen, Standpunkte. Bonn 1998
Verband Deutscher Zeitschriftenverleger VDZ (Hrsg.): Die Zeitschriften 2000. Themen, Thesen, Standpunkte. Bonn 1999
Verband Deutscher Zeitschriftenverleger VDZ (Hrsg.): Rede von Karl Dietrich Seikel, Vorsitzender der Publikumszeitschriften im VDZ und Geschäftsführer des SPIEGEL-Verlages Rudolf Augstein GmbH & Co. Thesen zur Medienentwicklung. Berlin 1999
Vesper, Sebastian: Das Internet als Medium. Auftrittsanalysen und neue Nutzungsoptionen. Bardowick 1998
Vester, Frederic: Unsere Welt – ein vernetztes System. München 1983, 1996
Vesting, Thomas: Zur Zukunft und Konstruktion des Medien- und Telekommunikationsrechts in den hybriden Beziehungsnetzwerken der „Informationsgesellschaft“. (Bislang) unveröffentlichtes Manuskript. Augsburg 2000
VPRT (Hrsg.): Diskussionspapier des VPRT-Vorstandes zum Rahmenkonzept einer Medienordnung 2000 plus. Bonn 1997
VPRT (Hrsg.): Jahresbericht 1998/1999. (interne Mitgliederinformation) Bonn 1999
VPRT (Hrsg.): Kommunikationspolitische Leitlinien des VPRT 1999/2000. Beschluss der Mitgliederversammlung. Bonn 1998
VPRT (Hrsg.): Stellungnahme des VPRT zum 4. Rundfunkänderungsstaatsvertrag. Bonn 1999
VPRT (Hrsg.): Anhörung des Ausschusses für Kultur und Medien des Deutschen Bundestages (Unterausschuss „Neue Medien“) zum Thema Konvergenz und Medienordnung. Stellungnahme des Verbandes Privater Rundfunk und Telekommunikation VPRT. Bonn 2000
VPRT (Hrsg.): Staatsvertrag für elektronische Medien - Medienstaatsvertrag, MStV. Eckwerte eines einheitlichen Regulierungsrahmen für private elektronische Medien. Bonn 2000
VPRT (Hrsg.): Welchen Rahmen braucht eine „offene Medienordnung“? Anmerkungen zum Gutachten des Wissenschaftlichen Beirats des Bundesministeriums für Wirtschaft und Technologie aus Sicht des VPRT. Bonn 2000

Wagner, Franc: Sind Printmedien im Internet Online-Medien? In: Rene Pfammatter (Hrsg.): Multi Media Mania. Reflexionen zu Aspekten Neuer Medien. Konstanz 1998.

Widmer, Ursula / Konrad Bähler: Rechtsfragen beim Electronic Commerce: Sichere Geschäftstransaktionen im Internet. Bern 1997

Wilke, Jürgen (Hrsg.): Fortschritte der Publizistikwissenschaft. Freiburg, München 1993

Wilmer, Cutler & Pickering (Hrsg.): Telekommunikations- und Medienrecht in den USA. Heidelberg 2000

Wirth, Werner / Wolfgang Schweiger (Hrsg.): Selektion im Internet. Empirische Analysen zu einem Schlüsselkonzept. Opladen 1999

Wittkämper, Gerhard W. / Anke Kohl (Hrsg.): Kommunikationspolitik. Einführung in die medienbezogene Politik. Darmstadt 1996

Wössner, Mark: Vorlesungen zur Medienwirtschaft. (Slg. der Präsentationsfolien). St.Gallen 1999

Zehnder, Matthias W.: Gefahr aus dem Cyberspace? Das Internet zwischen Freiheit und Zensur. Basel, Boston, Berlin 1998

Zentralverband der deutschen Werbewirtschaft ZAW (Hrsg.): Zukunft produziert Druck. Perspektiven für die Druckindustrie in Deutschland. Vortrag von Volker Nickel 11.02.2000. Stuttgart, Bonn 2000

Zerdick, Axel / Arnold Picot / Klaus Schrape / Alexander Artopé / Klaus Goldhammer / Ulrich Lange / Eckhart Vierkant / Esteban López-Escobar / Roger Silverstone: Die Internet Ökonomie. Strategien für die digitale Wirtschaft. European Communication Council Report. Berlin, Heidelberg, New York 1999

Zerdick, Axel / Klaus Goldhammer: Rundfunk online. Entwicklung und Perspektiven des Internets für Hörfunk- und Fernsehanbieter. Schriftenreihe der Landesmedienanstalten. Berlin 1999

Zielinski, Siegfried: Audiovisionen. Kino und Fernsehen als Zwischenspiel in der Geschichte. Hamburg 1994

Zimmer, Jochen: Die Entwicklung von Internet und Onlinediensten in globaler Perspektive. In: Hans-Bredow-Institut für Medienforschung an der Universität Hamburg (Hrsg.): Internationales Handbuch für Hörfunk und Fernsehen 2000/2001. Baden-Baden 2000. S.46-61

Zweites Deutsches Fernsehen (Hrsg.): Werbung im öffentlich-rechtlichen Rundfunk. Mainz 1994

Zweites Deutsches Fernsehen (Hrsg.): Rechtsvorschriften für das ZDF. Mainz 1995

II. Aufsätze und Fachartikel aus Büchern, Fachzeitschriften und Tageszeitungen

Altes, Bärbel: Paradigmenwechsel in der europäischen Fusionskontrolle? Steigende Medienkonzentration in Deutschland und Europa: Gefahr für den Pluralismus. In: Media Perspektiven Nr. 11 (2000), S. 482-490

ARD/ZDF-Arbeitsgruppe Multimedia: Nichtnutzer von Online: Einstellungen und Zugangsbarrieren. Ergebnisse der ARD/ZDF-Online-Studie 1999. In: Media Perspektiven Nr. 8 (1999), S. 415-422

Bamberger, Christian: Sicherung der Meinungsvielfalt durch die Landesmedienanstalten. In: ZUM Nr. 7 (2000), S. 551-555

Barth, Christof / Thomas Münch: Webradios in der Phase der Etablierung. Angebote, Nutzung und Inhalte des Hörfunks im Internet. In: Media Perspektiven Nr.1 (2000), S. 43-50

Bartosch, Andreas: Das Grünbuch über Konvergenz: Ein Beitrag zur Diskussion auf dem Weg in die Informationsgesellschaft. In: Zeitschrift für Urheber- und Medienrecht (ZUM) 1998, S. 209

Baumann, Michael: Kostenlos surfen. Machtkampf um das Internet. Wirtschaftswoche Nr. 33 (1999), o.S.

Baumgärtel, Tilman: Exkurs über Zlatko. Fernsehwissenschaftler beschäftigen sich mit dem Phänomen „Big Brother“. In: Berliner Zeitung Nr. 222 (2000), S. 21

Beckert, Bernd / Herbert Kubicek: Multimedia möglich machen: Vom Pilotprojekt zur Markteinführung. In: Media Perspektiven Nr. 3 (1999), S. 128-143

Beese, Dietrich / Jutta Merkt: Europäische Union zwischen Konvergenz und Re-Regulierung. Die neuen Richtlinienentwürfe der Kommission. In: MMR Nr. 9 (2000), S. 532-537

Bechtold, Rainer: Medienkartellrecht. In: AfP Nr. 2 (2001), S. 115-116

Blechner, N. / Johannes Klostermeier: Statt grauer PC-Monitore leuchten UMTS-Displays. In: Cebit 2001 Special, Net Business, 12.03.2001, S. 41-42

Bredow von, Rafaela / Alexander Jung: Internet. Die Online-Revolution. In: Der Spiegel Nr. 3 (2000), S. 92-101

Breithaupt, Karl / Erich Fletterer: Der digitale Hörfunk – Stand und künftige Entwicklungen. In: Hans-Bredow-Institut für Medienforschung an der Universität Hamburg (Hrsg.): Internationales Handbuch für Hörfunk und Fernsehen 2000/2001. Baden-Baden 2000. S. 201-207

Breunig, Christian: Programmbouquets im digitalen Fernsehen. Marktübersicht, Inhalte und Akzeptanz von digitalem Free-TV und Pay-TV in Deutschland. In: Media Perspektiven Nr. 9 (2000), S. 378-394

Breyer, Jürgen: Datenverkehr mit Lichtgeschwindigkeit. In: Beilage Telekommunikation der FAZ Nr. 253 (2000). S. B15

Brockmeyer, Dieter: Mehr als Flimmern in der Kiste. Der Weg in die digitale und interaktive Fernsehwelt. In: Kommunikation und Medien, Beilage der FAZ Nr. 200 (2000), S. B9

Brühann, Ulf: Der Gemeinsame Standpunkt des Rates der EU zur Telekommunikationsrichtlinie. In: Alfred Büllesbach (Hrsg.): Datenschutz im Telekommunikationsrecht. Deregulierung und Datensicherheit in Europa. Köln 1997, S. 31-39

Borutta, André: Vielversprechende Ehe auf dem Kommunikationsmarkt. UMTS und WAP: Die Handys der Zukunft sind im Internet schneller als jeder PC. In: Finanzmärkte, Beilage der FAZ Nr. 219 (2000), S. B16

Bourgeois, Isabelle: Privatrechtliches Fernsehen. In: Schwarzkopf, Dietrich (Hrsg.): Rundfunkpolitik in Deutschland. Wettbewerb und Öffentlichkeit. Bd. 1. München 1999, S. 436-502

Buchwald, Manfred: Öffentlich-rechtlicher Rundfunk: Institutionen – Auftrag – Programme. In: Dietrich Schwarzkopf (Hrsg.): Rundfunkpolitik in Deutschland. Wettbewerb und Öffentlichkeit. Bd. 1. München 1999, S. 316-407

Büllesbach, Alfred: Telekommunikation und Recht. In: Alfred Büllesbach (Hrsg.): Datenschutz im Telekommunikationsrecht. Deregulierung und Datensicherheit in Europa. Köln 1997, S. 11-30

Bullinger, Martin: Der Rundfunkbegriff in der Differenzierung kommunikativer Dienste. In AfP Nr. 1 (1996), S. 1-8

Busch, Holger: Den Online-Markt strategisch erschließen. In: VDZ (Hrsg.): Die Zeitschriften 1999. Themen, Thesen Standpunkte. Bonn 1998, S. 36-37

Bysikiewicz, Axel: Zulassung und Aufsicht von Tele- und Mediendiensten. In: Detlef Kröger / Marc A. Gimmy (Hrsg.): Handbuch zum Internetrecht. Electronic Commerce – Informations-, Kommunikations- und Mediendienste. Berlin, Heidelberg 2000, S. 257-287

Castendyk, Oliver: Werbung nach der Fernsehrichtlinie. In: Jürgen Schwarze (Hrsg.): Werbung und Werbeverbote im Lichte des europäischen Gemeinschaftsrecht. Baden-Baden 1999, S. 151-169

Christiansen, Per: Selbstregulierung, regulatorischer Wettbewerb und staatliche Eingriffe im Internet. In: MMR Nr.3 (2000), S. 123-129

Cichon, Caroline: Musikpiraterie im Internet. In: K&R Nr. 12 (1999), S. 547-553

Cole, Tim: Der Kongreß tanzt im Netz. Virtuelle Events im Netz. In: Kommunikation und Medien, Beilage der FAZ Nr. 200 (2000), S. B7

Degenhart, Christoph: Wirtschaftliche Betätigung öffentlich-rechtlicher Rundfunkanstalten: Der Medienpark des ZDF. In: ZUM Nr. 5 (2001), S. 357-373

Delbrück, Jost / Christian Tietje: Grundzüge und rechtliche Probleme der internationalen Informationsebene. In: Hans-Bredow-Institut für Medienforschung an der Universität Hamburg (Hrsg.): Internationales Handbuch für Hörfunk und Fernsehen 2000/2001. Baden-Baden 2000, S. 15-31

Dittl, Stefan: Die Umsetzung der Free-TV-Schutzliste der TV-Richtlinie in den EU-Mitgliedstaaten. In: AfP Nr. 2 (2001), S. 98-101

DLM (Direktorenkonferenz der Landesmedienanstalten): Neuer EU-Rechtsrahmen für die Kommunikationsinfrastruktur muss gesellschaftliche Funktion des Rundfunks berücksichtigen. Pressemitteilung vom 21.12.2000

Dörr, Dieter: Möglichkeiten und Grenzen europäischer Medienpolitik: Konvergenz und Kompetenz. In: K&R Nr. 3 (1999), S. 97-103

Dörr, Dieter: Europäische Medienordnung und -politik. In: Hans-Bredow-Institut für Medienforschung an der Universität Hamburg (Hrsg.): Internationales Handbuch für Hörfunk und Fernsehen 2000/2001. Baden-Baden 2000, S. 65-89

Doetz, Jürgen: Der Zuschauer ist mündig genung. In: Wirtschaftwoche, 16.11.2000, o.S.

Donsbach, Wolfgang / Rainer Mathes: Rundfunk. In: Elisabeth Noelle-Neumann / Winfried Schulz, Jürgen Wilke (Hrsg.): Fischerlexikon Publizistik/ Massenkommunikation. Frankfurt am Main 1994, S. 475-518

Droste, Peter Mark: Das Internet inder Hand. Mit mobilen Endgeräten durch den Cyberspace. In: In: M-Business, Beilage der FAZ Nr. 74 (2001), S. B3

Eckstein, Eckhard: Wettlauf mit Hindernissen. Interaktives Fernsehen in Deutschland: Ist der markt schon reif dafür? In: Tendenz. Magazin für Funk und Fernsehen der Bayerischen Landeszentrale für neue Medien Nr.4 (2000), S. 4-9

Ehlers, Renate: Öffentlich-rechtlicher Rundfunk und Multimedia. Strategie und Organisation am Beispiel des Hessischen Rundfunks. In: Media Perspektiven Nr. 8 (2000). S. 369-374

Ehrenberg: Rundfunkgebühren fürs Internet. In: Der Tagesspiegel. 22.10.2000, S. 38

Eifert, Martin / Wolfgang Hoffmann-Riem: Die Entstehung und Ausgestaltung des dualen Rundfunksystems. In: Schwarzkopf, Dietrich (Hrsg.): Rundfunkpolitik in Deutschland. Wettbewerb und Öffentlichkeit. Bd. 1. München 1999, S. 50-116

Eifert, Martin: Die Zuordnung der Säulen des Dualen Rundfunksystems. In: ZUM Nr. 8/9 (1999), S. 595-603

Eimeren van, Birgit: Online oder „On air“? Rundfunk und Internet – konkurrierend oder komplementär? In: Neuberger, Christoph / Jan Tonnemacher (Hrsg.): Online – Die Zukunft der Tageszeitung? Das Engagement deutscher Tageszeitungen in Internet. Opladen, Wiesbaden 1999, S. 219-239

Eimeren van, Birgit / Brigitte Maier-Lesch: Internetnutzung: Sufen statt fernsehen? Sonderauswertung aus der ARD/ZDF-Online-Studie 1999. In: Media Perspektiven Nr. 11 (1999), S. 591-598

Elitz, Ernst: Radio – so alt und doch wie neu. In: Kommunikation und Medien, Beilage der FAZ Nr. 200 (2000), S. B2

Elsen, Yves: Von Broadcast zu Multicast: Der Infrastrukturwettbewerb wird härter. In: Medien-Dialog Nr. 10 (1998), S. 24-27

Engel-Flechsig, Stefan: Zusammenarbeit und Abgrenzung von Telekommunikationsgesetz, Informations- und Kommunikationsdienstegesetz des Bundes und Mediendienstestaatsvertrag der Länder. In: Alfred Büllesbach (Hrsg.): Datenschutz im Telekommunikationsrecht. Deregulierung und Datensicherheit in Europa. Köln 1997, S. 83-110

Engel-Flechsig, Stefan: Das Informations- und Kommunikationsdienstegesetz des Bundes und der Mediendienstestaatsvertrag der Bundesländer. In: ZUM Nr. 6 (1997), S. 231-239

Engel-Flechsig, Stefan: Die neue Medienordnung. In: Michael Bartsch / Bernd Lutterbeck (Hrsg.): Neues Recht für neue Medien. Informationstechnik und Recht. Schriftenreihe der Deutschen Gesellschaft für Recht und Informatik e.V. Köln 1998, S. 60-81

Eschenbach, Sandra: Unser Hemmschuh ist derzeit noch die Technik. der Internet-Sender TV1.de bietet Spartenprogramme und überträgt Firmenveranstaltungen ins Web. In: Tendenz. Magazin für Funk und Fernsehen der Bayerischen Landeszentrale für neue Medien Nr. 4 (2000), S. 36-37

Fabio Di, Udo: Persönlichkeitsrechte im Kraftfeld der Medienwirkung. In: AfP Nr. 2 (1999), S. 126-132

Frey, Dieter: Die europäische Fusionskontrolle und die Medienvielfalt. In: ZUM Nr. 11 (1998), S. 985-992

Freytag, Stefan: Urheberrechtliche Haftung im Netz. Zur dogmatischen Einordnung und praktischen Umsetzung von § 5 TDG und § 5 MDStV bei Urheberrechtsverletzungen im Internet. In: ZUM Nr. 3 (1999), S. 185-195

Fromm, Guido: Vergangene Zukunft – die neuen Medien der „ersten generation“ in Deutschland. Ein Rückblick auf die Prognosen und Entwicklungen der 70er und 80er Jahre. In: Media Perspektiven Nr. 6 (2000), S. 258-276

Fürstner, Wolfgang: König des Inhalts. Herausforderungen und Chancen für Zeitschriftenverlage. In: Kommunikation und Medien, Beilage der FAZ Nr. 193 (2001), S. B8

Gelinsky, Katja: Gesetz und Gegenrede. Wie man in Amerika gegen Rechtsextremisten kämpft. In: FAZ Nr. 210 (2000), S. 12

Gersdorf, Hubertus: Multi-Media: Der Rundfunkbegriff im Umbruch? Insbesondere zur verfassungsrechtlichen Einordnung der Zugriffs- und Abrufdienste. In: AfP Nr.11 (1995), S. 565-574

Giani, Paul Leo: Regulierung der Medien. In: Müller, Günter / Ulrich Kohl / Ralf Strauß (Hrsg.): Zukunftsperspektiven der digitalen Vernetzung. Heidelberg 1996, o.S.

Glatt, Christoph: Vertragsschluß im Internet. Die Artikel 9 bis 11 der E-Commerce-Richtlinie und ihre Umsetzung im deutschen Recht. In: ZUM Nr. 5 (2001), S. 390-397

Gleich, Uli / ARD-Forschungsdienst (Hrsg.): Entwicklung und Nutzung neuer Medien. In: Media Perspektiven Nr. 7 (2000), S. 326-333

Gleich, Uli / ARD-Forschungsdienst (Hrsg.): Informations- und Wissensvermittlung durch das Fernsehen. In: Media Perspektiven Nr. 12 (2000), S. 581-586

Glotz, Peter / Hugo Pruys: Kommunikationspolitik. In: Kurt Koszyk / Karl Hugo Pruys (Hrsg.): Handbuch der Massenkommunikation. München 1981, S. 117-122

Glotz, Peter: Informationsgesellschaft, Medien, Demokratie. In: Buhlmahn, Edelgard / Kurt van Haaren / Detlef Hensche / Manuel Kiper / Herbert Kubicek

/ Rainer Rilling / Rudi Schmiede (Hrsg.): Informationsgesellschaft – Medien – Demokratie. Kritik – Positionen – Visionen. Marburg 1996

Goldhammer, Klaus: Konvergenz ist ein Mythos. In: Tendenz Nr.1 (2001), S.20-21

Gounalakis, Georgios: Der Mediendienste-Staatsvertrag. In: NJW (1997), S. 2993-3000

Gounalakis, Georgios: Kommunikationsnetze und –dienste: Konvergenz in der Wettbewerbsaufsicht. In: K&R Nr. 12 (1999), S. 541-547

Gounalakis, Georgios / Lars Rhode: Elektronische Kommunikationsangebote zwischen Telediensten, Mediendiensten und Rundfunk. CR (1998), S. 487-492

Gounalakis, Georgios / Lars Rhode: Unentgeltlicher Zeitungsvertrieb – modernes Medienkonzept oder Marktstörung? In: AfP Nr.4 (2000), S. 321-329

Grothe, Thorsten: Marktnahe Selbstregulierung statt marktferner Überformung. In: Manfred Kops / Wolfgang Schulz / Thorsten Held (Hrsg.): Von der dualen Rundfunkordnung zur dienstespezifisch diversifizierten Informationsordnung? Baden-Baden 2001, S. 181-196

Gürtler, Detlef: Thesen für ein Medium. Stärken-Schwächen-Analyse des Medienkanals Internet. In: Net-Business, 03.08.2001, S. 21

Haack, Johannes: Interaktivität als Kennzeichen von Multimedia und Hypermedia. In: Ludwig J. Issing / Paul Klimsa (Hrsg.): Information und Lernen mit Multimedia. Weinheim 1995, S. 152-199

Hacker, Tobias: Vernetzung und Modularisierung – (Re-)Organisation von Medienunternehmen. In: Matthias Schumann / Thomas Hess (Hrsg.): Medienunternehmen im digitalen Zeitalter. Neue Technologien, neue Märkte, neue Geschäftsansätze. Wiesbaden 1999, S. 155-175

Hagen, Lutz M.: Onlinenutzung und Nutzung von Massenmedien. In: Patrick Rössler (Hrsg.): Onlinekommunikation. Beiträge zur Nutzung und Wirkung. Opladen 1998, S. 105-122

Hagen, Lutz M.: Onlinemedien: Substitut oder Komplement? Zusammenhänge mit Nutzungsintensitäten und Reichweiten von Massenmedien. In: Manfred Knoche / Gabriele Siegert (Hrsg.): Strukturwandel der Medienwirtschaft im Zeitalter digitaler Kommunikation. München 1999, S. 125-146

Hain, Karl-Eberhard: Vorherrschende Meinungsmacht i.S.d. §26 Abs. 1, 2 RStV. Die Kontroverse um „quantitative" oder „qualitative" Bestimmung. In: MMR Nr. 9 (2000), S. 537-544

Hain, Karl-Eberhard: Die Europäische Transparenz-Richtlinie und der öffentlich-rechtliche Rundfunk in Deutschland. In: MMR Nr. 4 (2001), S. 219-224

Hamann, Andreas: Der Entwurf der E-Commerce-Richtlinie unter rundfunkrechtlichen Gesichtspunkten. In: ZUM Nr. 4 (2000), S. 290-297

Hart, Thomas: Neue Regulierungsprinzipien für eine neue Ökonomie. Bertelsmann stellt Studie für eine „Kommunikationsordnung 2010" vor. Pressemitteilung der Bertelsmann Stiftung. Gütersloh 30.10.2000

Hege, Hans: Zugang zu den Medien und das Recht auf Grundversorgung. In: Hanns Prütting / Reiner Hochstein / Hans Hege / Bernd Holznagel / Thomas Hoeren / Ulrich Preis / Helmut Köhler: Die Zukunft der Medien – Rechtlicher Rahmen und neue Teledienste im Digitalzeitalter. München 1998, S. 21-36

Held, Thorsten / Wolgang Schulz: Überblick über die Gesetzgebung für elektronische Medien von 1994-1998: Aufbau auf bestehende Regelungsstrukturen. In: Rundfunk und Fernsehen Nr. 1 (1999), S. 78-118

Helle, Jürgen: Begrenzung der Gegendarstellung im MDStV. Zugleich eine Anmerkung zum Urteil des LG Düsseldorf vom 29.4.1998. In: CR (1998), S. 672-676

Hepach, Stefan: Die Kommission zur Ermittlung der Konzentration im Medienbereich: Verselbständigungstendenzen eines Orgnas unter Berufung auf das rundfunkspezifische Gebot einer effizienten Konzentrationskontrolle. In: ZUM Nr. 8/9 (1999), S. 618-614

Hess, Thomas / Matthias Schumann: Das Internet setzt die Verlage unter Zugzwang. Mehrfachverwendung und Individualisierung der Inhalte. Internetökonomie (13). In: FAZ Nr. 33 (2001), S. 27

Hesse, Albrecht: Der Vierte Rundfunkänderungsstaatsvertrag aus der Sicht des öffentlich-rechtlichen Rundfunks. In: ZUM Nr. 3 (2000), S. 183-194

Hesse, Albrecht: Von der pluralen Rundfunkordnung zur dienstespezifisch diversifizierten Informationsordnung? Möglichkeiten der öffentlich-rechtlichen Rundfunkanstalten. In: Manfred Kops / Wolfgang Schulz / Thorsten Held (Hrsg.): Von der dualen Rundfunkordnung zur dienstespezifisch diversifizierten Informationsordnung? Baden-Baden 2001, S. 265-274

Heyl von, Cornelius: Teledienste und Mediendienste nach Teledienstegestz und Mediendienste-Staatsvertrag. In: ZUM Nr. 2 (1998), S. 115-120

Hickethier, Knut: Rundfunkprogramme in Deutschland. In: Hans-Bredow-Institut für Medienforschung an der Universität Hamburg (Hrsg.): Internationales Handbuch für Hörfunk und Fernsehen 2000/2001. Baden-Baden 2000, S. 208-222

Hochstätter, Matthias: Macht am Markt. In: Journalist Nr.1 (2000), S. 44-46

Hochstein, Reiner: Teledienste, Mediendienste und Rundfunkbegriff – Anmerkungen zur praktischen Abgrenzung multimedialer Erscheinungsformen. In: NJW (1997), S. 2977-2981

Hoeren, Thomas: Vorschlag für eine EU-Richtlinie. Eine erste kritische Analyse. In: MMR Nr. 4 (1999), S. 192-199

Hoeren, Thomas: Entwurf einer EU-Richtlinie zum Urheberrecht in der Informationsgesellschaft. Überlegungen zum Zwischenstand der Diskussion. In: MMR Nr. 9 (2000), S. 515-521

Hoffman-Riem, Wolfgang: Aufgaben zukünftiger Medienregulierung. In: Jörg Tauss / Johannes Kollbeck / Jan Mönikes (Hrsg.): Deutschlands Weg in die Informationsgesellschaft. Herausforderungen und Perspektiven für Wirtschaft, Wissenschaft, Recht und Politik. Baden-Baden 1996, S. 568-583

Hoffman-Riem, Wolfgang: Der Rundfunkbegriff in der Differenzierung kommunikativer Dienste. In: Tauss, Jörg / Johannes Kollbeck / Jan Mönikes (Hrsg.): Deutschlands Weg in die Informationsgesellschaft. Herausforderungen und Perspektiven für Wirtschaft, Wissenschaft, Recht und Politik. Baden-Baden 1996, S. 584-607

Hoffman-Riem, Wolfgang: Der Rundfunkbegriff in der Differenzierung kommunikativer Dienste. In: AfP Nr. 1 (1996), S. 9-21

Hoffman-Riem, Wolfgang: Rundfunkrecht im Wandel. Überlegungen zur Aufgabe des Rundfunkrechts und zur Rolle des öffentlich-rechtlichen Rundfunks im Multimediazeitalter. In: Hermann Fünfgeld / Claudia Mast (Hrsg.): Massenkommunikation. Ergebnisse und Perspektiven. Opladen 1997, S. 269-280

Hoffman-Riem, Wolfgang: Zur Innovationstauglichkeit der Multimedia-Gesetze-Vorüberlegungen. In: K&R Nr. 11 (1999), S. 481-488

Hoffman-Riem, Wolfgang: Thesen zur Regulierung der dualen Rundfunkordnung. In: Medien & Kommunikationswissenschaft (M&K). Nr. 48 (1/2000)

Hoffmann-Riem, Wolfgang / Martin Eifert: Regelungskonzepte des Telekommunikationsrechts und der Telekommunikationspolitik: Innovativ und innovationsgeeignet? In: Hoffmann-Riem, Wolfgang: Innovation und Telekommunikation. Rechtliche Steuerung von Innovationsprozessen in der Telekommunikation. Baden-Baden 2000, S. 9-56

Hoffmann-Riem, Wolfgang: Von der dualen Rundfunkordnung zur dienstespezifisch diversifizierten Informationsordnung. Eine Einführung. In: Manfred Kops / Wolfgang Schulz / Thorsten Held (Hrsg.): Von der dualen Rundfunkordnung zur dienstespezifisch diversifizierten Informationsordnung? Baden-Baden 2001, S. 7-18

Holoubeck, Michael: Die Organisationsstruktur der Regulierung audiovisueller Medien – Typologie und Entwicklungstendenzen. In: ZUM Nr.10 (1999), S. 665-672

Holznagel, Bernd: Multimedia zwischen Regulierung und Freiheit. In: ZUM Nr. 6 (1999), S. 425-435

Holznagel, Bernd: Weiterverbreitung und Zugangssicherung beim digitalen Fernsehen. Aufgaben der Landesmedienanstalten bei der Umsetzung der §§ 52, 53 RStV. In: MMR Nr. 8 (2000), S. 480-486

Holznagel, Bernd: Verantwortlichkeiten im Internet und Free Speech am Beispiel der Haftung für illegale und jugendgefährdende Inhalte. In: ZUM Nr. 12 (2000), S. 1007-1028

Holznagel, Bernd / Ina Holznagel: Zukunft der Haftungsregeln für Internet-Provider. Eine Kritik des Electronic Commerce-Richtlinienentwurfs vom 18.11.1998. In: K&R Nr. 3 (1999), S. 103-112

Hopf, Kristina: Jugendschutz im Rundfunk und das verfassungsrechtliche Zensurverbot des Art. 5 Abs. 1 Satz 3 GG. In: ZUM Nr. 8/9 (2000), S. 739-748

Horndasch, Jochen: Die letzte Meile. Internetanschluß direkt aus der Steckdose. In: Energie, Beilage der FAZ Nr. 271 (2000). S. B10

Hühn, Walter: Was bringt UMTS? Hohe Übertragungsraten machen neue Dienste möglich. In: Telekommunikation, Beilage der FAZ Nr. 253 (2000), S. B11

Hufnagel, Frank-Erich / Norbert Nolte: Multimedia und Telekommunikation. In: AfP Nr. 2 (2001), S. 112-114

Janik, Viktor: Der deutsche Rundfunkbegriff im Spiegel technischer Entwicklungen. In: AfP Nr. 1 (2000), S. 7-16

Jarass, Hans D.: Rundfunkbegriffe im Zeitalter des Internet. In: AfP (1998), S. 133-141

Jarren, Otfried / Patrick Donges: Ende der Massenkommunikation – Ende der Medienpolitik? In: Hermann Fünfgeld / Claudia Mast (Hrsg.): Massenkommunikation. Ergebnisse und Perspektiven. Opladen 1997, S. 231-252

Jarren, Otfried: Netzkommunikation: Von Institutionalisierungs- und notwendigen Regulierungsprozessen. Schlussbemerkungen. In: Manfred Kops / Wolfgang Schulz / Thorsten Held (Hrsg.): Von der dualen Rundfunkordnung zur dienstespezifisch diversifizierten Informationsordnung? Baden-Baden 2001, S. 307-316

Jochimsen, Reimut: Medienaufsicht in der Kontroverse – Konzentration, Kontrolle und KEK. In: K&R Nr. 10 (1999), S. 433-444

Jörn, Fritz: Das Handy ist entscheidend, nicht die Datentechnik. In FAZ Nr. 218 (2000), S. T11

Jörn, Fritz / Michael Spehr: Neues Datenprotokoll für das D- und E-Netz. Der Mobilfunk wird multimedial. GPRS macht die Funknetze flink. In: FAZ Nr. 170 (2000), S. T1

Kaderali, Firoz / Markus Schneider: Die Nutzerrolle bei der Entwicklung neuer Netze und Dienste. In: Helmut Schanze / Manfred Kammer (Hrsg.): Interaktive Medien und ihre Nutzer. Bd. 1. Voraussetzungen, Anwendungen, Perspektiven. Baden-Baden 1998, S. 47-50

Kammann, Uwe: Just in time?- Zur Fusionsankündigung von AOL / Time Warner. In: epd-Medien Nr. 2 (2000), S. 3-5

Kaspar, Franz: Die Heckenschere und das braune Netz. Der Fall Petersen und die Folgen. In: FAZ Nr. 183 (2000), S. 12

Keilani, Fatina: Printprofis machen News im Netz. Onlinetageszeitungen. In: Net-Business, 20.07.2000, S. 49

Kepplinger, Hans Mathias: Kommunikationspolitik. In: Elisabeth Noelle-Neumann / Winfried Schulz / Jürgen Wilke (Hrsg.): Fischerlexikon Publizistik / Massenkommunikation. Frankfurt am Main 1989, 1994, 2000, S. 116-140

Kepplinger, Hans Mathias: Nonverbale Kommunikation: Darstellungseffekte. In: Elisabeth Noelle-Neumann / Winfried Schulz / Jürgen Wilke (Hrsg.): Fischerlexikon Publizistik / Massenkommunikation. Frankfurt am Main 1989, 1994, 2000, S. 337-365

Kepplinger, Hans Mathias: Wirkung von Gewaltdarstellungen in den Massenmedien. In: Elisabeth Noelle-Neumann / Winfried Schulz / Jürgen Wilke

(Hrsg.): Fischerlexikon Publizistik/ Massenkommunikation. Frankfurt am Main 1989, 1994, 2000, S. 571-583

Killius, Nelson / Jens Mueller-Oerlinghausen: Der Medienstandort Deutschland holt rasant auf. In: Faz Nr. 181 (2000), S. 25

Killius, Nelson / Jens Mueller-Oerlinghausen: Innovative Geschäftsmodelle in digitalen Medien. In: Matthias Schumann / Thomas Hess (Hrsg.): Medienunternehmen im digitalen Zeitalter. Neue Technologien, neue Märkte, neue Geschäftsansätze. Wiesbaden 1999, S. 139-153

Kissler, Alexander: Mein Cola-Automat fühlt sich heute nicht so. Daumenkino mit Standleitung: Die Internet-Soaps von ZDF, RTL und T-Online ködern uns kräftig. In: FAZ Nr. 271 (2000), S. 62

Kissler, Alexander: Ist Polen nun offen –oder was? Sex im Aquarium und ab nach Kenia: Das Ende des Reality-Wahns. In: FAZ Nr. 42 (2001), S. 48

Kleinsteuber, Hans J.: Kommunikationspolitik: Herangehensweisen und Theorien. In: Gerhard W. Wittkämper / Anke Kohl (Hrsg.): Kommunikationspolitik. Einführung in die medienbezogene Politik. Darmstadt 1996, S. 17-37

Kleinsteuber, Hans J. / Barbara Thomaß: Der deutsche Rundfunk auf internationaler Ebene. In: Dietrich Schwarzkopf (Hrsg.): Rundfunkpolitik in Deutschland. Wettbewerb und Öffentlichkeit. Bd. 1. München 1999, S. 1008-1071

Kleinwächter, Wolfgang: ICANN: „Blaupause" für ein neues Politikmodell? In: MMR Nr. 9 (2000), S. 313-314

Klotz, Robert: Auf dem Weg zu einem europäischen Multimediarecht. Gesetzgebung und Wettbewerbsaufsicht durch die Europäische Union. In: ZUM Nr. 6 (1999), S. 443-454

Knieps, Günter: „Review 1999" der EU-Kommission: Überregulierung ohne Ende? In: MMR Nr. 11 (2000), S. 641-641

Knopp, Carsten: Der Sieger im Rennen um die Gigabits. In: FAZ Nr. 248 (2000), S. 24

Knothe, Matthias / Julia Lebens: Rundfunkspezifische Konzentrationskontrolle des Bundeskartellamts. In: AfP Nr. 2 (2000), S. 125-131

Koenig, Christian / Ernst Roeder: Plädoyer zur Überwindung der zersplitterten Aufsicht über neue Informations- und Kommunikationsmedien. In: K&R Nr. 10 (1998), S. 417-421

Koenig, Christian / Jürgen Kühling: Reformansätze des deutschen Telekommunikationsrechts in rechtsvergleichender Perspektive. In: MMR Nr. 2 (2001), S. 80-86

Köster, Thomas: Urheberkollisionsrecht im Internet – Aufweichung des „Territorialitätsprinzips" durch das europäische „Ursprungslandprinzip"? In: Horst-Peter Götting (Hrsg.): Multimedia, Internet und Urheberrecht. Dresden 1998, S. 153-168.

Kogeler, Ralf / Jens Müffelmann: Multimedia und die Zukunft der Printmedien aus der Sicht des Axel-Springer-Verlags. In. Matthias Schumann / Thomas

Hess (Hrsg.): Medienunternehmen im digitalen Zeitalter. Neue Technologien, neue Märkte, neue Geschäftsansätze. Wiesbaden 1999, S. 219-232

Kops, Manfred: Von der dualen Rundfunkordnung zur dienstespezifisch diversifizierten Informationsordnung? Alternative Verfahren zur Bereitstellung von Informationsgütern. In: Hans-Brewdow-Institut für Medienforschung, Universität Hamburg / Institut für Rundfunkökonomie, Universität Köln (Hrsg.): Von der dualen Rundfunkordnung zur dienstespezifisch diversifizierten Informationsordnung? Diskussionpapiere für das Symposium am 25. Februar 2000. Hamburg, Köln 2000, o.S.

Kops, Manfred: Diversifizierte Verfahren zur Bereitstellung von Informationsgütern. In: Manfred Kops / Wolfgang Schulz / Thorsten Held (Hrsg.): Von der dualen Rundfunkordnung zur dienstespezifisch diversifizierten Informationsordnung? Baden-Baden 2001, S. 57-110

Kose, Matthias: Mit 2 Megabits ans Ziel. Kabel und Mobilfunk werden sich ergänzen. In: Kommunikation und Medien, Beilage der FAZ Nr. 193 (2001), S. B5

Kröger, Detlef / Flemming Moos: Mediendienst oder Teledienst? Zur Aufteilung der Gesetzgebungsmaterie Informations- und Kommunikationsdienste zwischen Bund und Ländern. In: AfP Nr. 4 (1997), S. 675-680

Kröger, Detlef / Flemming Moos: Regelungsansätze für Multimediadienste – Mediendienstestaatsvertrag und Teledienstegesetz. In: ZUM Nr. 5 (1997), S. 462-471

Krotz, Friedrich: Mediennutzung in der Bundesrepublik. In: Hans-Bredow-Institut für Medienforschung an der Universität Hamburg (Hrsg.): Internationales Handbuch für Hörfunk und Fernsehen 2000/2001. Baden-Baden 2000, S. 223-237

Kuch, Hansjörg: Lizenzrecht und Internet. In: ZUM Nr. 10 (2000), S. 801-802

Kubicek, Herbert / Stefan Welling: Interent für alle durch institutionelle Förderung. Zur Rolle von Stiftungen, öffentlichen Bibliotheken und anderen gemeinnützigen Einrichtungen in einer dienstespezifisch diversifizierten Informationsordnung. In: Manfred Kops / Wolfgang Schulz / Thorsten Held (Hrsg.): Von der dualen Rundfunkordnung zur dienstespezifisch diversifizierten Informationsordnung? Baden-Baden 2001, S. 217-248

Kübler, Friedrich: Der 4. Rundfunkänderungsstaatsvertrag: Permanenz der kleinen Schritte. In: K&R Nr. 10 (1999), S. 1

Kutsch, Arnulf / Marianne Ravenstein: Kommunikationspolitik. Die Akteure. In: Gerhard W. Wittkämper / Anke Kohl (Hrsg.): Kommunikationspolitik. Einführung in die medienbezogene Politik. Darmstadt 1996, S. 64-89

Ladeur, Karl-Heinz: Die Regulierung von Multi-Media als Herausforderung des Rechts. In AfP Nr. 3 (1997), S. 597-603

Ladeur, Karl-Heinz: Neue Werbeformen und der Grundsatz der Trennung von Werbung und Programm. Virtuelle Werbung, Split Screen und Vernetzung von Medien als Herausforderung der Rundfunkregulierung. In: ZUM Nr. 10 (1999), S. 672-682

Ladeur, Karl-Heinz: Der „Funktionsauftrag" des öffentlich-rechtlichen Rundfunks – auf „Integration" festgelegt oder selbst definiert. Anmerkungen zu drei Rechtsgutachten. In: M&K Nr. 48 (2000)

Ladeur, Karl-Heinz: Innovation der Telekommunikation durch Regulierung – Monitoring und Selbstrevision als Formen einer Prozeduralisierung des Telekommunikationsrechts. In: Wolfgang Hoffmann-Riem: Innovation und Telekommunikation. Rechtliche Steuerung von Innovationsprozessen in der Telekommunikation. Baden-Baden 2000, S. 57-76

Lammers, Konrad: Wirtschaftliche Konvergenz in der wirtschaftspolitischen Diskussion. In: Bernhard Fischer / Thomas Straubhaar (Hrsg.): Ökonomische Konvergenz in Theorie und Praxis. Baden-Baden 1998, S. 195-205

Lange, Bernd-Peter: Ökonomie der Kommunikation. In: Gerhard W. Wittkämper / Anke Kohl (Hrsg.): Kommunikationspolitik. Einführung in die medienbezogene Politik. Darmstadt 1996, S. 130-145

Lange, Dieter / Eva Adelsgruber: Schwierige Bedingungen. Nach der UMTS-Versteigerung: Wie geht's weiter? In: Beilage Telekommunikation der FAZ Nr. 253 (2000), S. B13

Langenbucher, Wolgang R.: Rundfunk und Gesellschaft. In: Dietrich Schwarzkopf (Hrsg.): Rundfunkpolitik in Deutschland. Wettbewerb und Öffentlichkeit. Bd. 1. München 1999, S. 149-315

Lehmann, Michael: Rechtsgeschäfte und Verantwortlichkeit im Netz – Der Richtlinienvorschlag der EU-Kommission. In: ZUM Nr. 3 (1999), S. 180-184

Lerch, Janusz-Alexander: Der Gegendarstellungsanspruch im Internet. Findet der Gegendarstellungsanspruch auch auf die elktronische Presse Anwendung? In: CR (1997), S. 261-269

Lewinski von, Silke: Die Multimedia-Richtlinie. Der EG-Richtlinienvorschlag zum Urheberrecht in der Informationsgesellschaft. In: MMR (1998), S. 115-119

Libertus, Michael: Kommunikationsrechtliche Einordnung neuer nicht-linearer digitaler Dienste. In: ZUM Nr. 7 (2000), S. 555-563

Libertus, Michael: Rechtsschutz gegen die staatsvertragliche Gebührenfestsetzung. In: AfP Nr. 1 (2001), S. 23-28

Libertus, Michael: Das britische Whitepaper „A New Future for Communications". Inhalte und Implikationen für die Regulierung elektronischer Kommunikation. In: MMR Nr. 5 (2001), S. 292-298

Liesching, Marc / Thomas Günter: Verantwortlichkeit von Internet-Café-Betreibern. Besonderheiten bei pornografischen oder sonstigen jugendgefährdenden Inhalten. In: MMR Nr. 5 (2000), S. 260-266

Lilienthal, Volker: Die Rolle des ZDF: Kontraste – Konkurrenz – Kooperation. In: Dietrich Schwarzkopf (Hrsg.): Rundfunkpolitik in Deutschland. Wettbewerb und Öffentlichkeit. Bd. 1. München 1999, S. 408-435

Löding, Torge: Ein Standard für alle: TV und Internet aus einer Box. In: Net-Business Nr. 15 (2000), S. 14

Löding, Torge: Interaktives Fernsehen. Durchbruch, zweiter Anlauf. In: Net-Business Nr. 11 (2001), S. 31

Löw, Helmut: Keine Datenstaus im Glasfaser-Netz. Das Hochgeschwindigkeits-Internet wird Realität. In: Beilage Telekommunikation der FAZ. Nr. 253 (2000), S. B8

Ludwig, Johannes: Vom Buchdruck zum Internet. Gesellschaftliche Emanzipationsprozesse als Folge ökonomischer Entwicklungen. In: Rundfunk und Fernsehen Nr. 3 (1999), S. 341-367

Luther, Jörg: Kino auf Mausklick. In: internet world, Nr. 7 (2000), S. 52-54

Magin, J. / U. Ende.: Fernsurfen und Websehen. Konvergenz von Web und TV. In: FAZ, Nr. 195 (1999), S. 11

Maennel, Frithjof: Elektronischer Geschäftsverkehr ohne Grenzen – der Richtlinienvorschlag der Europäischen Kommission. In: MMR Nr. 4 (1999), S. 187-191

Marquardt, Angela: Neue Medien – Chancen in der Informationsgesellschaft. Bundestagsrede vom 20.01.2000, PlPr. 14/81, TOP 4, S. 7472-7474

Marschall, Stefan: Das Internet als globaler Raum öffentlicher Kommunikation? In: Patrick Donges / Otfried Jarren / Heribert Schatz (Hrsg.): Globalisierung der Medien? Medienpolitik in der Informationsgesellschaft. Opladen, Wiesbaden 1999, S. 151-169

Martenczuk, Bernd: Die Haftung für Mediendienste zwischen Bundes- und Landesrecht. Zur kompetenzrechtlichen Problematik des §5 Mediendienste-Staatsvertrag. In: ZUM Nr. 2 (1999), S. 103-112

Mast, Claudia: Massenkommunikation – quo vadis? Grenzaufhebungen markieren den Weg nach Multimedia. In: Hermann Fünfgeld / Claudia Mast (Hrsg.): Massenkommunikation. Ergebnisse und Perspektiven. Opladen 1997, S. 213-228

Maur, auf der, Rolf: Cyberspace – ein rechtsfreier Raum? In: Rene Pfammatter (Hg.): Multi Media Mania. Reflexionen zu Aspekten Neuer Medien. Konstanz 1998

Mayerle, Barbara: Wie die Bilder laufen lernen. Streaming – Die Technik, die das Netz bewegt. In: Net-Business, 3.08.2001, S. 20

Mestmäcker, Ernst-Joachim: Unternehmenskonzentration und Urheberrechte in der alten und „neuen" Musikwirtschaft. In: ZUM Nr. 3 (2001), S. 185-194

Michel, Eva-Maria: Rundfunk und Internet. Die Zulässigkeit von Internet-Aktivitäten der öffentlich-rechtlichen Rundfunkanstalten. In: ZUM Nr. 3 (1998), S. 350-357

Michel, Eva-Maria: Rechtsfragen von Rundfunk und Printmedien im Internet. Ein Beitrag aus Sicht der Rundfunkanstalten. In: ZUM Nr. 6 (2000), S. 425-432

Middelhoff, Thomas: Entwicklung einer Multimedia-Strategie für Medienunternehmen. In: Die Betriebswirtschaft, Bd. 57, Nr.57 (1997), S. 411-422

Middelhoff, Thomas: Strategien für einen Medienkonzern im 21. Jahrhundert. Rede auf dem 7. Deutschen Multimedia Kongreß, Stuttgart, April 1999

Mobley, Warren: Wir sind keine Kabelfernsehgesellschaft mehr. Ein epd-Interview mit dem eKabel/iesy-Geschäftsführer. In: epd-Medien Nr. 46/47 (2001), o.S.

Möschel, Wernhard: Wettbewerbssicherung versus Vermachtung in der Informationsgesellschaft. In: MMR Nr. 1 (2001), S. 3-8

Möschel, Wernhard: Die Öffnung der Breitbandkabelnetze für den Wettbewerb. Die Sicht der Monopolkommission. In: MMR Nr. 2 (2001), S. 13-19

Morhart, Claus: Damit „Big Brother" läuft wie geschmiert. In: FAZ Nr. 218 (2000), S. 62

Moos, Flemming: Die Unterscheidung der Dienstformen Teledienst, Mediendienst und Rundfunk. In: Detlef Kröger / Marc A. Gimmy (Hrsg.): Handbuch zum Internetrecht. Electronic Commerce – Informations-, Kommunikations- und Mediendienste. Berlin, Heidelberg 2000, S. 37-62

Mrazek, Thomas: Rundfunk vom PC. In: Journalist Nr. 1 (2000), S. 67-68

Müller, Mirjam: Von Avataren und Agenten. Die Bewohner des Cyberspace und ihre Schöpfer. In: Kommunikation und Medien, Beilage der FAZ Nr. 200 (2000), S. B7

Müller, Peter: Ein Eigentor der öffentlich-rechtlichen Rundfunkanstalten? In: FAZ Nr. 79 (2001), S. 16

Müller von Blumencron, Mathias: Hacker. Dämonen im Datennetz. In: Der Spiegel Nr. 7 (2000), S. 108-110

Neft, Hans: KEK und KDLM – unorthodoxe Organkonfigurationen zur Sicherung der Meinungsvielfalt im Fernsehen. In: ZUM Nr. 2 (1999), S. 97-103

Neuberger, Christoph: Nachrichten-Recycling oder Online-Journalismus? Print- und Onlineversion von Tageszeitungen im Vergleich. In: Christoph Neuberger / Jan Tonnemacher (Hrsg.): Online – Die Zukunft der Tageszeitung? Das Engagement deutscher Tageszeitungen in Internet. Opladen, Wiesbaden 1999, S. 265-281

Neuberger, Christoph / Florian Dötterl / Jan Pawlofsky: Statistik der Webangebote von Tageszeitungen. Methodenprobleme und erste Ergebnisse. In: Christoph Neuberger / Jan Tonnemacher (Hrsg.): Online – Die Zukunft der Tageszeitung? Das Engagement deutscher Tageszeitungen in Internet. Opladen, Wiesbaden 1999, S. 242-264

Neuberger, Christoph: Massenmedien im Internet 1999. Angebote, Strategien, neue Informationsmärkte. In: Media Perspektiven Nr. 3 (2000), S. 102-109

Noelle-Neumann, Elisabeth: Wirkung der Massenmedien auf die Meinungsbildung. In: Elisabeth Noelle-Neumann / Winfried Schulz / Jürgen Wilke (Hrsg.): Fischerlexikon Publizistik / Massenkommunikation. Frankfurt am Main 1989, 1994, 2000, S. 518-571

Oehmichen, Ekkehardt / Christian Schröter: Fernsehen, Hörfunk, Internet: Konkurrenz, Konvergenz oder Komplement? Schlussfolgerungen aus der ARD/ZDF-Online-Studie 2000, S. 359-368

Olthaus, Wolf: Die Renaissance des Privatrechts im Cyberspace. In: AfP Nr. 1 (2001), S. 13-20

Ory, Stephan: Impressum und Gegendarstellung bei Mediendiensten. In: AfP Nr. 11 (1998), S. 465-475

Ory, Stephan: Kompetenzen der Landesmedienanstalten für Mediendienste. In: AfP Nr. 2 (1999), S. 132-138

Ossenbühl, Fritz: Medienfreiheit und Persönlichkeitsschutz. In: ZUM, Nr. 7 (1999), S. 505-512

Peiser, Wolfram: Folgen der Digitalisierung aus kommunikationswissenschaftlicher Sicht. In: Schumann, Matthias / Hess, Thomas (Hrsg.): Medienunternehmen im digitalen Zeitalter. Neue Technologien, neue Märkte, neue Geschäftsansätze. Wiesbaden 1999, S. 123-136

Pfeifer, Hans-Wolfgang: Die Zukunft der Medien – Medien der Zukunft. Verdrängen die elektronischen Medien das gedruckte Wort? In: Volker Beuthien / Georgios Gounalakis / Frank Meik (Hrsg.): Marburger Medienbeiträge. Frankfurt/Main 1997

Picot, Arnold: Die Bedeutung von Standards in der Internet-Ökonomie. Selbstorganisation ersetzt den hoheitlichen Akt. Internet-Ökonomie (3) In: FAZ Nr. 267 (2000), S. 30

Pieper, Antje / Wiechmann: Der Rundfunkbegriff. Änderungen durch Einführung des interaktiven Fernsehens? In: ZUM Nr. 2 (1995), S. 82-91

Pini, Rebecca: Deutsche Fachverlage. Für viele ist es fünf vor zwölf. In: Net-Business, 29.05.2000, S. 73

Pleitgen, Fritz: WDR will künftig auch über das Internet senden. In: epd-Medien Nr. 55 (2000), S. 16

Podehl, Jörg: Interentportale mit journalistisch-redaktionellen Inhalten. Anbieterpflichten und Haftungsrisiken. In: MMR Nr. 1 (2001), S. 17-23

Raff, Fritz: „Teilweise tief greifende Ausienandersetzungen." Ein epd-Interview mit SR-Intendant Fritz Raff zu ARD-Online-Aktivitäten. In: epd-Medien Nr.8 (2001), o.S.

Rath-Glawatz, Michael / Christian Dietrich: Die Verwertung urheberrechtlich geschützter Printartikel im Internet. In: AfP Nr. 3 (2000), S. 222-230

Rayport, Jeffrey / Bernd Wirtz: „Vergessen wir das „E" und kehren zum Business zurück, um erfolgreich zu sein." Neuere Entwicklungen im elektronischen Handel / Tendenzen und Strategien in der Internet Economy. In: FAZ Nr. 69 (2001), S. 30

Recke, Martin: Frequenzsammler von der „FAZ" In: Net Business, 19.02.2001, S. 34

Reimers, Ulrich: Rundfunkpolitik und Technik. In: Dietrich Schwarzkopf (Hrsg.): Rundfunkpolitik in Deutschland. Wettbewerb und Öffentlichkeit. Bd. 1. München 1999, S. 550-613

Rhein, Tilman: Das Breitbandkabelnetz der Zukunft – der Business Case. In: MMR Nr. 2 (2001), S. 3-12

Richtberg, Walter: Informationen ohne Grenzen. Die Nachrichtenagentur im Internetzeitalter. In: CeBIT 2001, Beilage der FAZ Nr. 67 (2001), S. B29

Ricker, Reinhart: Der Fernsehmarkt vor einer neuen Ordnung. In: Die Welt 15.07.1996

Ricker, Reinhart: Gleichwertig. Gleichberechtigt. Grundversorgung durch private Veranstalter. In: epd-Medien Nr. 35 (1996), S. 5-9

Ricker, Reinhart: Rundfunkgebühren für Computer mit Internetzugang? In: NJW (1997), S. 3199-3205

Ricker, Reinhart: Chancengleicheit und Multimedia. In: Herbert Kubicek / Dieter Klumpp / Günter Müller / Werner Neu / Eckart Raubold / Alexander Roßnagel (Hrsg.): Jahrbuch Telekommunikation und Gesellschaft 1997. Die Ware Information – auf dem Weg zu einer Informationsökonomie. Heidelberg 1997, S. 240-245

Ricker, Reinhart: Digitalisierung und interaktive Medienangebote – Grenzen für ARD und ZDF? In: AfP Nr. 5 (1998), S. 437-446

Ricker, Reinhart: Im Ausland darf das ZDF nicht in die erste Reihe. Das Projekt „German TV" wäre eine rechtlich unzulässige Programmexpansion. In: Die Welt, 14.10.1999

Ricker, Reinhart: Medienrecht. In: Elisabeth Noelle-Neumann / Winfried Schulz / Jürgen Wilke (Hrsg.): Fischerlexikon Publizistik / Massenkommunikation. Frankfurt am Main 1994, 2000, S. 244-245

Ricker, Reinhart: Meinungsvielfalt gibt es nicht gratis. Kostenlose Tageszeitungen als Gefahr für die Pressefreiheit. In: Die Welt, 10.02.2000

Ricker, Reinhart: Die Nutzung des Internets als dritte Säule des öffentlich-rechtlichen Rundfunks. In: ZUM Nr. 1 (2001), S. 28-34

Riehm, Ulrich: Notwendigkeit und Möglichkeit einer „Internetpolitik". In: Rene Pfammater (Hrsg.): Multi Media Mania. Reflexionen zu Aspekten neuer Medien. Konstanz 1998, S. 213-248

Rieß, Joachim: Anwendbarkeit des TKG und des IuKDG auf Telekommunikationsdiensteanbieter, Service Provider und Telediensteanbieter. In: Michael Bartsch / Bernd Lutterbeck (Hrsg.): Neues Recht für neue Medien. Informationstechnik und Recht. Köln 1998, S. 277-292

Ring, Wolf-Dieter: Ausgewählte Rechtsfragen der aktuellen Rundfunkpolitik. In: Hermann Fünfgeld / Claudia Mast (Hrsg.): Massenkommunikation. Ergebnisse und Perspektiven. Opladen 1997, S. 253-267

Ring, Wolf-Dieter: Rundfunk und Internet. In: ZUM Nr. 10 (1998), S. 358-361

Ring, Wolf-Dieter: Der Vierte Rundfunkstaatsvertrag – Rechtsfolgen für die Praxis. In: ZUM Nr. 3 (2000), S. 177-183

Röbel, Udo im Interview mit Konstantin von Hammerstein: „Ich wechsle in die Zukunft." Bild-Chef Udo Röbel über seine neue Aufgabe als Chefredakteur des Online-Angebots bild.de. In: Der Spiegel Nr. 44 (2000), S. 190

Röper, Horst: Formationen deutscher Medienmultis 1998/1999. Entwicklungen und Strategien der größten deutschen Medienunternehmen. In: Media Perspektiven Nr. 7 (1999), S. 345-378

Röper, Horst: Formationen deutscher Medienmultis 1999/2000. Entwicklungen und Strategien der größten deutschen Medienunternehmen. In: Media Perspektiven Nr. 1 (2001), S. 2-30

Rosedale, Ray Mary: Das WWW. Ein neues Informationssystem. In: Ingo Steinhaus / Ray Mary Rosdale / Dirk de Pol / Rene Schauecker (Hrsg.): Basiswissen Internet. München 1999

Rossen-Stadtfeld, Helge: Medienaufsicht unter Konvergenzbedingungen. In: ZUM Nr. 1 (2000), S. 36-46

Schächter, Markus im Interview mit Rainer Tittelbach: Wie Programmchef Markus Schächter das ZDF modernisieren will. In: Berliner Morgenpost, 21.02.2000

Schäfer, Eike: ICANN vor der Qual der Wahl. In: Net-Business. 09.10.2000, S. 9

Schatz, Heribert / Christopher Habig / Nikolaus Immer: Medienpolitik. In: Klaus von Beyme / Manfred G. Schmidt (Hrsg.): Politik in der Bundesrepublik. Opladen 1990. S. 331-359

Schaub, Alexander: Europäische Wettbewerbsaufsicht über die Telekommunikation. In: MMR Nr. 4 (2000), S. 211-214

Scheja, Katharina: Das Grünbuch der Konvergenz. In: Computer und Recht CR (1998), S. 358-363

Scherer, Joachim: Das deutsche Telekommunikationsgesetz und sein europarechtlicher Rahmen. In: Alfred Büllesbach (Hrsg.): Datenschutz im Telekommunikationsrecht. Deregulierung und Datensicherheit in Europa. Köln 1997, S. 59-82

Schlueter-Langdon, Christoph: Eletronische Märkte und Netze ändern Industriestrukturen. Internet-Ökonomie (9). In: FAZ Nr. 9 (2001), S. 23

Schmidt, Holger: Die wahre digitale Revolution steht noch bevor. Die Cebit zeigt den Weg: Das Internet ist immer und überall. In: FAZ Nr. 69 (2001), S. 1-2

Schmundt, Hilmar: Internet. Guerillakrieg im Netz. In: Der Spiegel Nr. 15 (2000), S. 266-268

Schneider, Hans-Peter: Viel Rauch um nichts? Verfall der Rechtskultur: Kommission, Parlament und Rat halten den Europäischen Gerichtshof zum Narren. In: FAZ Nr. 169 (2001), S. 8

Schneider, Norbert: „Verständigter Dritter“. Ein epd-Interview mit dem DLM-Vorsitzenden Nobert Schneider. In: epd-Medien Nr. 58 (2000), o.S.

Schneider-Freyermuth, Georg: Einge Aspekte zur Auswirkung des Gbeots der Staatsfreiheit der öffentlich-rechtlichen Rundfunkanstalten. In: ZUM Nr. 7 (2000), S. 564-571

Schneiders, Sigrid: Internet der nächsten Generation. Die Verschmelzung von Web und Telefonnetz sorgt für neue Applikationen. In: Beilage CeBIT 2001, FAZ Nr. 67 (2001), S. B30

Scholz, Joachim: Neue Zahlen für Europa. Der Pan European Internet Monitor liefert Daten zur Internet-Nutzung für 15 Länder. In: e-Market Nr. 22 (2000), S. 30-32

Schrape, Klaus: Hoffnung der Netzbetreiber richtet sich auf Internet und Online-Dienste. In: Tendenz. Magazin für Funk und Fernsehen der Bayerischen Landeszentrale für neue Medien Nr. 4 (2000), S. 28-31

Schreiber, Andreas Gerhard: New Media im Süddeutschen Verlag. In: Matthias Schumann / Thomas Hess (Hrsg.): Medienunternehmen im digitalen Zeitalter. Neue Technologien, neue Märkte, neue Geschäftsansätze. Wiesbaden 1999, S. 233-256

Schreier, Bernhard: Zeitungen werden weiter beim Frühstück rascheln. Die klassische Druckindustrie auf dem Weg ins digitale Zeitalter. In: CeBIT 2000, Beilage der FAZ Nr. 44 (2000), S. B34

Schütz, Raimund / Peter Rädler: Sendernetzbetrieb der öffentlich-rechtlichen Rundfunkanstalten. Telekommunikationsrechtlicher Status. In: ZUM Nr. 10 (1999), S. 682-707

Schuler-Harms, Margarete: Die Rundfunkordnung der Bundesrepublik Deutschland. In: Hans-Bredow-Institut für Medienforschung an der Universität Hamburg (Hrsg.): Internationales Handbuch für Hörfunk und Fernsehen 2000/2001. Baden-Baden 2000, S. 139-159

Schulz, Rüdiger: Die Zukunft der Zeitung. In: 150 Jahre Allgemeine Zeitung. Beilage der Allgemeinen Zeitung Mainz (2000), S. 40

Schulz, Winfried: Kommunikationsprozeß. In: Elisabeth Noelle-Neumann / Winfried Schulz / Jürgen Wilke (Hrsg.): Fischerlexikon Publizistik / Massenkommunikation. Frankfurt am Main 1994, S. 140-170

Schulz, Wolfgang / Utz Wassner: Rundfunkrechtlich relevante Fragen der Lizensierung und Frequenzverwaltung nach dem TKG. In: ZUM Nr. 7 (1999), S. 513-542

Schulz, Wolfgang / Thorsten Held: Schnittstellen (3). Neue Rezepte, frische Zutaten. Was die Konvergenz erfordert. In: epd-Medien. Nr. 30 (2000), S. 8-13

Schulz, Wolfgang / Thorsten Held: Verfassungsrechtliche Rahmenbedingungen einer dienstespezifisch diversifizierten Informationsordnung. In: Manfred Kops / Wolfgang Schulz / Thorsten Held (Hrsg.): Von der dualen Rundfunkordnung zur dienstespezifisch diversifizierten Informationsordnung? Baden-Baden 2001, S. 111-152

Schulz, Wolfgang / Thorsten Held: Von der dualen Rundfunkordnung zur dienstespezifisch diversifizierten Informationsordnung? Juristische Betrachtung der Zielvorgaben. In: Hans-Brewdow-Institut für Medienforschung, Universität Hamburg / Institut für Rundfunkökonomie, Universität Köln (Hrsg.): Von der dualen Rundfunkordnung zur dienstespezifisch diversifizierten Informationsordnung? Diskussionpapiere für das Symposium am 25. Februar 2000. Hamburg, Köln 2000, o.S.

Schulze, Gernot: Rechtsfragen von Printmedien im Internet. In: ZUM Nr. 6 (2000), S. 432-454

Schütz, Raimund: Nutzung von Breitbandkabelnetzen im Spannungsfeld von Netzbetreiberfreiheit, offenem Netzzugang und hoheitlicher Kabellokation. In: MMR Nr. 2 (2001), S. 20-27

Schütz, Walter J.: Deutsche Tagespresse 1999. Ergebnisse der fünften gesamtdeutschen Zeitungsstatistik. In: Media Perspektiven Nr. 1 (2000), S. 8-24.

Schwarze, Jürgen: Medienfreiheit und Medienvielfalt im Europäischen Gemeinschaftsrecht. In: ZUM Nr. 10 (2000), S. 779-800

Schwarzkopf, Dietrich: Das duale System in der sich verändernden Medienordnung. In: Dietrich Schwarzkopf (Hrsg.): Rundfunkpolitik in Deutschland. Wettbewerb und Öffentlichkeit. Bd. 2. München 1999, S. 1140-1189

Schweiger, Wolfgang: Medienglaubwürdigkeit – Nutzungserfahrung oder Meidenimage? Eine Befragung der Glaubwürdigkeit des World Wide Web im Vergleich mit anderen Medien. In: Patrick Rössler / Werner Wirth (Hrsg.): Glaubwürdigkeit im Internet. Fragestellungen, Modelle, empirische Befunde. München 1999, S. 89-110

Schweinsberg, Klaus: Zeitung und Internet. Navigator durch das Datenmeer. In: Financial Times Deutschland, 21.02.2000, S.10

Seeger, Peter: Rundfunk, Telekommunikation und Elektronische Datenverarbeitung – Konvergenzpotentiale und Gestaltungsperspektiven. In: Jörg Tauss / Johannes Kollbeck / Jan Mönikes (Hrsg.): Deutschlands Weg in die Informationsgesellschaft. Herausforderungen und Perspektiven für Wirtschaft, Wissenschaft, Recht und Politik. Baden-Baden 1996, S. 337-356

Seidel, Norbert: Privatrechtliche Beteiligungen öffentlich-rechtlicher Rundfunkanstalten. In: ZUM Nr.1 (2001), S. 13-19

Seikel, Karl Dietrich: Thesen zur Medienentwicklung. Rede auf der Mitgliederversammlung des Verbands Deutscher Zeitschriftenverleger VDZ. Berlin 23.11.1999

Seikel, Karl Dietrich: Vermeintliche Totengräber. Online-Medien: Ohne Print keine starke Marke. In: Kommunikation und Medien, Beilage der FAZ Nr. 200 (2000), S. B4

Sell, Friedrich L.: Wirtschaftliche Konvergenz in der wirtschaftstheoretischen Diskussion. In: Bernhard Fischer / Thomas Straubhaar (Hrsg.): Ökonomische Konvergenz in Theorie und Praxis. Baden-Baden 1998, S. 33-48

Seufert, Wolfgang: Auswirkungender Digitalisierung auf die Entwicklung der Medienmärkte. In: Matthias Schumann / Thomas Hess (Hrsg.): Medienunternehmen im digitalen Zeitalter. Neue Technologien, neue Märkte, neue Geschäftsansätze. Wiesbaden 1999, S. 109-122

Siegl, Jochen A.: Cybercinema. Kino mit der Maus. In: Internet World Nr. 7 (2000), S. 46-50

Sjurts, Insa: Chancen und Risiken im globalen Medienmarkt – Die Strategien der größten Medien-, Telekommunikations- und Informationstechnologiekonzerne. In: Hans-Bredow-Institut für Medienforschung an der Universität Hamburg (Hrsg.): Internationales Handbuch für Hörfunk und Fernsehen 2000/2001. Baden-Baden 2000, S. 31-45

Sondermann, Joachim: UMTS. Videokonferenz aus dem Auto und interaktive Stadtführung. In: Der Tagesspiegel Nr. 17444 (200), S. 19

Spehr, Michael: Erste Schritte mit dem neuen Datenprotokoll. GPRS macht die Funknetze schneller. In: FAZ Nr. 212 (2000), S. T6

Spindler, Gerhard: Verantwortlichkeit von Diensteanbietern nach dem Vorschlag einer E-Commerce-Richtlinie. In: MMR Nr. 4 (1999), S. 199-207

Spindler, Gerhard: Konvergenz der Medien – Divergenz im Recht! Editorial. In: MMR Nr. 7 (1999), S. 377-378

Sommer, Ron (im Interview mit Heinz Stüwe): AOL möchte sein Risiko bei uns abladen. In: FAZ Nr. 268, S. 19

Stadik, Michael: Der Fernseher macht TV-Zeitschriften überflüssig. Digitale TV-Guides sollen den Zuschauer durch das Sender-Dickicht leiten. In: Financial Times Deutschland, 26.04.2000, S. 5

Stark, Birgit / Michael Schenk: Die Rezeption der Online-Medien-Angebote – erste Trends. In: Matthias Schumann / Thomas Hess (Hrsg.): Medienunternehmen im digitalen Zeitalter. Neue Technologien, neue Märkte, neue Geschäftsansätze. Wiesbaden 1999, S. 91-108

Staudt, Erwin: Mobiler Hypermarkt. Konvergenz von Internet und Mobilfunk wird Angebot enorm erweitern. In: CeBIT 2001, Beilage der FAZ Nr. 67 (2001), S. B6

Stein, Frieder: Demokratie, Konvergenz, und Koexistenz – Die Leitbegriffe für Medien im 20. Jahrhundert. In: Verband Deutscher Zeitschriftenverleger VDZ (Hrsg.): Die Zeitschriften 2000. Themen, Thesen Standpunkte. Bonn 1999, S. 6-7

Steinbeis, Maximilian: Triumph des Hackers. In: Handelsblatt, Montags-Extra Netzwert. 04.09.2000, S. N10

Stipp , Horst: Nutzung alter und neuer Medien in den USA. Neue Erkenntnisse über die Wechselwirkung zwischen Online- und Fernsehkonsum. In: Media Perspektiven Nr. 3 (2000), S. 127-137

Stipp , Horst: Warten auf die ITV-Revolution. In: Horizont, Beilage Konvergenz und Medien Nr. 26 (2001), S. 64-66

Stock, Martin: Eine Grundrechtscharta für die Europäische Union: Wie sollte die Medienfreiheit darin ausgestaltet sein? In: ZUM Nr. 7 (2000), S. 533-536

Stradtmann, P. / C. Welzel: ICANN-Wahlen. Kandidaten bringen sich in Stellung. In. Net-Business. 24.07.2000, S. 8

Stransfeld, Reinhard: Rechtliche Herausforderungen der Informationsgesellschaft. In: Jörg Tauss / Johannes Kollbeck / Jan Mönikes (Hrsg.): Deutschlands Weg in die Informationsgesellschaft. Herausforderungen und Perspektiven für Wirtschaft, Wissenschaft, Recht und Politik. Baden-Baden 1996, S. 684-708

Straubhaar, Thomas: Wirtschaftliche Konvergenz: Was, wie, wozu? In: Bernhard Fischer / Thomas Straubhaar (Hrsg.): Ökonomische Konvergenz in Theorie und Praxis. Baden-Baden 1998, S. 9-31

Tenzer, Gerd: Breitbandig in die Zukunft. Ob Mobil- oder Festnetz – der Bedarf an Übertragungskapazität explodiert. In: CeBIT 2001, Beilage der FAZ Nr. 67 (2001), S. B16

Tettenborn, Alexander: Europäische Union: Rechtsrahmen für die Informationsgesellschaft. In: MMR Nr. 1 (1998), S. 19-23

Tettenborn, Alexander: Europäischer Rechtsrahmen für den elektronischen Geschäftsverkehr. In: K&R Nr. 6 (1999), S. 252-258

Theilmann, Rüdiger: Individuell, aber unverständlich? Eine Untersuchung zur Rezeption von Online-Nachrichten. In: Werner Wirth / Wolfgang Schweiger (Hrsg.): Selektion im Internet. Empirische Analysen zu einem Schlüsselkonzept. Opladen 1999, S. 200-219

Theurer, Marcus: In Deutschland läßt die fernsehzukunft auf sich warten. Interaktive Dineste eröffnen Umsatz-Chancen. In: FAZ Nr. 275 (2000), S. 24

Thomann, Jörg: Selbst im Internet gehört man schnell zum alten Papier. In: FAZ Nr. 263 (2000), S. 45

Thomann, Jörg: Hohlraum. Aktenzeichen ungelöst: Die neue Gebühr und viele Details. In: FAZ Nr. 250 (2001), S. 46

Tiersch, Stefan: Ein Strom von Bild- und Tondaten. „Streaming Media" – Motor der Medienkonvergenz. In: Kommunikation und Medien, Beilage der FAZ Nr. 200 (2000), S. B10

Trepte, Sabine / Eva Baumann / Kai Borges: „Big Brother": Unterschiedliche Nutzungsmotive des Fernseh- und Webangebots? Ergebnisse einer Studie zu Substitutions- und Komplementärbeziehungen der Fernseh- und Online-Nutzung. In: Media Perspektiven Nr. 12 (2000), S. 550-561

Tschentscher, Axel: Gebührenpflichtigkeit des Internet- und Handy-Rundfunks? In: AfP Nr. 2 (2001), S. 93-97

Twele, K.-H.: ICANN, EU-Domain und die Demokratiefarce im Netz. In: Net-Business. 09.10.2000, S. 12

Tuma, Thomas: Internet: „Brust" raus! Der Spiegel Nr. 38 (1999)

Tunze, Wolfgang: 10 Jahre Medientechnik sind eine halbe Ewigkeit. In: FAZ Nr. 61 (2001), S. T1

Ulbrich, Martin: Konvergenz der Medien auf europäischer Ebene. In: K&R (1998), S. 100-109

Veit, Lars: Rechtsfragen von Rundfunk und Printmedien im Internet. In: ZUM Nr.6 (2000), S. 455-457

Vesting, Thomas: Das Internet als Herausforderung des „dualen Rundfunksystems". Zur Umstellung des Rundfunks auf Selbstregulierung und privatöffentliche Kooperation. In: Manfred Kops / Wolfgang Schulz / Thorsten Held (Hrsg.): Von der dualen Rundfunkordnung zur dienstespezifisch diversifizierten Informationsordnung? Baden-Baden 2001, S. 275-306

Vogel, Andreas: Verlage und Electronic Publishing. Stand, Trends, und Konsequenzen des Offline- und Onlineengagements. In: Media Perspektiven Nr. 2 (1999), S. 73-81

Virtel, Martin: Tempolimit fürs Netz. Schärfere gesetze nutzen nichts – nur bessere Software kann Viren ihren Schrecken nehmen. In: Financial Times Deutschland. 9.05.2000, S. 35

Volpers, Helmut / Christian Salwiczek / Detlef Schnier: Kulturradioangebote der ARD im Internet. Ein medialer Verbund mit Zukunft. In: Media Perspektiven Nr. 1 (2001), S. 31-42

Wachtel, Hans: Entwicklung des Online-Markts. In: VDZ (Hrsg.): Die Zeitschriften 2000. Themen, Thesen Standpunkte. Bonn 1999, S. 14-15

Wagner, Christoph: Wettbewerb in der Kabekommunikation zwischen Transport- und Vermarktungsmodell. In: MMR Nr. 2 (2001), S. 28-33

Wagner, Franc: Sind Printmedien im Internet Online-Medien? In: Rene Pfammater (Hrsg.): Multi Media Mania. Reflexionen zu Aspekten neuer Medien. Konstanz 1998, S. 191-211

Waldenberger, Arthur: Teledienste, Mediendienste und die „Verantwortlichkeit" ihrer Anbieter. In: MMR Nr. 2 (1998), S. 124-129

Waldenberger, Arthur / Dirk Hoß: Das Recht der „elektronischen Presse". In: AfP Nr. 3 (2000), S. 327-248

Waldleitner, Peter: Im mobilen Wunderland. UMTS revolutioniert die Telekommunikation. In: Kommunikation und Medien, Beilage der FAZ Nr. 200 (2000), S. B6

Waldleitner, Peter: König Blauzahn. Direkte Netzwerke machen dem Kabelsalat ein Ende. In: M-Business, Beilage der FAZ Nr. 74 (2001), S. B5

Warlimont, Guido: Gekabbel ums Kabel. In: Financial Times Deutschland, 11.05.2000, S. 33

Werle, Raymund: Innovationspotenziale im Internet – Selbstregelung auf Strukturebene. In: Hoffmann-Riem, Wolfgang: Innovation und Telekommunikation. Rechtliche Steuerung von Innovationsprozessen in der Telekommunikation. Baden-Baden 2000, S. 141-160

Wilhelm, Bernhard: Medienpolitik. In: Peter Schiwy / Walter J. Schütz (Hrsg.): Medienrecht. Stichwörter für die Praxis. Neuwied, Kriftel, Berlin 1994, S. 228-234

Wilke, Jürgen: Presse. In: Elisabeth Noelle-Neumann / Winfried Schulz / Jürgen Wilke (Hrsg.): Fischerlexikon Publizistik/ Massenkommunikation. Frankfurt am Main 1994, S. 382-417

Winkelhage, Johannes: Computer und Netz sind untrennbar miteinander vereint. Zur Cebit 2001. In: FAZ Nr. 67 (2001), S. 17

Wirtz, Bernd W.: Markteintritts- und Migrationsstrategien bei Neuen Medien – Theoretische und empirische Aspekte zu neueren strategischen Verhaltensweisen. In: D. Oelsnitz (Hrsg.): Markteintrittsmanagement. Stuttgart 2000, o.S.

Wischmeyer, Wolfgang: Die Betreiber von „Haß-Seiten" springen routiniert von einem Server zum anderen. In: FAZ Nr. 198 (2000), S. 3

Wischmeyer, Wolfgang: Umbau im Cyberspace. Kritik an der ersten großen Domain-Erweiterung seit Mitte der achtziger Jahre. In: FAZ Nr. 272 (2000), S. 13

Wissmann, Matthias: Jeder wird zum Global Player. Reformbeschleunigung durch E-Commerce. Europäische Regelung notwendig. In: FAZ Nr. 112 (2000), S. 23

Wittkämper, Gerhard W.: Kommunikationspolitik: Eine Grundlegung. In: Gerhard W. Wittkämper / Anke Kohl (Hrsg.): Kommunikationspolitik. Einführung in die medienbezogene Politik. Darmstadt 1996, S. 1-16

Wolfert, Hans (im Interview mit Lukas Weber): Der Leipziger Fernsehzuschauer als versuchskaninchen. Primacom-Musterprozeß um die Kanalbelegung. In: FAZ Nr. 266 (2000), S. 56

Wüst, Heiko J.: Luftbrücke ins Festnetz. Richtfunktechnik als kostengünstige Umgehung der „letzten Meile". In: Beilage CeBIT 2001, FAZ Nr. 67 (2001), S. B9

Zekri, Sonja: Das Ende der geschichten ist nahe. Wie im deutschen Fernsehen Quizshows und Reality-TV die Fiktion verdrängen. In: FAZ Nr. 25 (2001), S. 54

Zekri, Sonja: Die Linse Gottes. www.execution.com oder Die Reinigung in Furcht und Schrecken: Wird man Timothy McVeighs Hinrichtung im Internet sehen? In: FAZ Nr.57 (2001), S. 51

Zimmer, Jochen: Interaktives Fernsehen – Durchbruch via Internet? In: Media Perspektiven Nr. 3 (2000), S. 110-126

o.V.: Wirtschaft setzt beim Internet auf Selbstverpflichtung. Industrie plant inter-nationale Standards für E-Commerce. Handelsblatt 13.08.1999, o.S.

o.V.: Vom digitalen Kaffeeklatsch zum wichtigen Kommunikationsmittel. Streit um einen Standard beim Instant Messaging. In: FAZ Nr. 211 (2000), S. 24

o.V.: Zahl der Internetnutzer hat sich binnen Jahresfrist fast verdoppelt. In: Handelsblatt, 22.08.2000, o.S.

o.V.: Ungebrochenes Wachstum der Internet-Nutzung in Deutschland. In: FAZ Nr. 194 (2000), S. 18

o.V.: 21 Prozent der Deutschen haben einen Zugang zum Internet. In: FAZ Nr. 112 (2000), S. 24

o.V.: WDR-Rundfunkrat fordert „offensives Engagement". In: epd-Medien Nr. 52 (2000), S. 17

o.V.: BR-Rundfunkrat ist für Internet als neuen Verteilweg. In: epd-Medien Nr. 55 (2000), S. 20

o.V.: HR will „Multimedia" zur dritten Programmsäule ausbauen. In: epd-Medien Nr. 69 (2000), S. 15

o.V.: Wachstum des Internets erfordert leistungsfähigere Glasfaserkabel. In: FAZ Nr. 258 (2000), S. 24

o.V.: Schnell Internet-Zugänge werden günstig wie noch nie. In: FAZ Nr. 211 (2000), S. 26

o.V.: Schnelle Datenübertragung stark gefragt. In: FAZ Nr. 259 (2000), S. 21

o.V.: Kommt bald der Internet-Zugang über das Stromkabel? In: FAZ Nr. 229 (2000), S. 24

o.V. : Powerline noch nicht startklar. In Telecom Investor Nr. 11 (2000), S. 10

o.V.: Internet aus der Steckdose. In: FAZ Nr. 197 (2000), S. 24
o.V. Die neuen Lizenznehmer gehen auf Partnersuche für die UMTS-Dienste. In: FAZ Nr. 192 (2000), S. 16
o.V.: Erster Vertrag über Kabelnetze unterzeichnet. In: FAZ Nr. 45 (2000), S. 20
o.V.: Kirch New Media investiert dreistelligen Millionenbetrag in Internet-Portal. In: Handelsblatt, 26.07.2000
o.V.: ZDF liefert exklusiv Nachrichten für T-Online. Eigenes Portal. In: FAZ Nr. 68 (2001), S. 22
o.V.: Auch die ARD schließt Online-Partnerschaften nicht aus. Öffentlich-rechtlichen Anstalten fehlt das Geld für ihre Internet-Pläne. Kritik der privaten Sender. In: FAZ Nr. 139 (2001), S. 20
o.V.: Die Landesmedienanstalten suchen ihren gemeinsamen Weg. Wandel von Rundfunk-Zulassungsbehörden zur Multimedia-Aufsicht. In: FAZ Nr. 157 (2001), S. 15
o.V.: Jugendliche ersetzen das Fernsehen durch das Internet. In: FAZ Nr. 162 (2001), S. 2

III. Englischsprachige Literatur

Baldwin, Thomas F. / D. Stevens McVoy / Charles Steinfield: Convergence: Integrating Media, Information & Communication, Chicago 1996
Bane, P.W. / S.P. Bradley / D.J. Collis: Winners and losers – Industry structure in the converging world of Telecommunications, Computing and Entertainment. In: D.B. Yoffie (Hrsg.): Competing in the age of digital convergence. Boston 1997
Beardsley, Scott C. / Pär Edin / Patrick Loulou / Wilhelm A. Mohn: Europe's high-speed mosaic. In a few years' time, Europe's broadband landscape may well be balkanized. In: The McKinsey Quarterly Nr. 1 (2001), S. 189-193
Berners-Lee, Tim / Mark Fischetti: Weaving the Web. San Francisco 1999
Bickerstaff, Steve: Risks for the Internet: the Era of Network Computing. In: MMR Nr. 6 (2000), S. 321-322
Bickerstaff, Steve: Telecommunications and Internet Law. Recent Developments in United States. In: MMR Nr. 2 (2001), S. 72-80
Copetas, Craig A.: Web Jolts Sports World. Sports, Business Leader to Open Conference on Internet Broadcasts. In: The Wall Street Journal Europe, 04.12.2000, S. 25-28
Covell, Andy: Digital Convergence. How the Merging of Computers, Communications, and Multimedia is Transforming Our Lives. Newport/Rhode Island 2000
Department of Commerce U.S. / NTIA: Statement of Policy: Management of internet names and addresses. In: Federal Register. Vol. 63, Nr. 111, 10.06.1998, S. 31741

Dominick, Joseph R. / Barry L. Sherman / Fritz Messere (Hrsg.): Broadcasting, Cable, the Internet, and Beyond. An Introduction to Modern Electronic Media. Boston 2000

Dowling, Michael/ Christian Lechner/ Bodo Thielmann: Convergence – Innovation and Change of Market Structures between Television and Online Services. In: EM-Electronic Markets. Vol. 8, Nr. 4 (1998), S. 31-35

Dyson, Esther: Release 2.1 – Die Internet-Gesellschaft. Spielrgeln für unsere digitale Zukunft. New York 1998, München 1999

Edwards, Lilian / Charlotte Waelde (Hrsg.): Law and the Internet. A Framework for electronic commerce. Oxford / Portland (Oregon) 2000

Ferguson, Douglas / Elizabeth M. Perse : The World Wide Web as an alternative to television. In: Journal of Broadcasting & Electronic Media, Spring (2000), S. 155-174

Fitzsimmons, James A. / Mona J. Fitzsimmons: Service Management, Operations, Strategy and Information Technology. Boston, Singapur 1998

Foster, Ian / Carl Kesselmann (Hrsg.): The Grid: Blueprint for a New Computing Infrastructure. San Francisco 1999

Furth, Borivoje (Hrsg.): Handbook of Internet and Multimedia: Systems and Applications. Boca Raton / Florida 2000

Garcia, Jon C. / Jon Wilkins: Cable is too much better to lose. In: The McKinsey Quarterly Nr. 1 (2001), S. 185-188

Gates, Bill: Business at the speed of thought. Using a digital nervous system. New York 1999

Goldsmith, Jack: What Internet Gambling Legislation Teaches About Internet Regulation. In: The International Lawyer. Vol. 32, Nr. 4 (1998)

Grant, A.E. / S.A. Shamp: Will TVs and PCs Converge? Point and Counterpoint. In: New Telecom Quarterly Nr. 2 (1997), S. 31-37

Greenstein, S. / T. Khanna: What does industry convergence mean? In: D.B. Yoffie (Hrsg.): Competing in the age of digital convergence. Boston 1997

Hagel III, John / Arthur G. Armstrong and McKinsey Company: Net Gain. Expanding markets through Virtual Communities. Harvard Business School Press. Boston / Massachusetts 1997

Heath, Steve: Multimedia and Communications Technology. Oxford 1999

Information Society Forum (Hrsg.): A European Way for the Infromation Society. Brüssel 1999

Kelly, Kevin: New Rules for the New Economy. 10 Ways the Network Economy is changing everything. London 1998

Kleinsteuber, Hans J. / Marcel Rosenbach: Regulation in the USA – Lessons for Europe? In: European Communication Council ECC (Hrsg.): Report 1997. Exploring the Limits. Europ's Changing Communication Environment. Berlin / New York 1997, S. 229-236

Kotler, Philip: Marketing Management. Analysis, Planning, Implementation and Control. Upper Saddle River, New Jersey 1997

Latour, Almar: Have a Ball – If You Pay. Philips and Others plan Shows as Lucrative Web-TV bridges. In: The Wallstreet Journal Europe. 07.12.2000, S. 23

Lazarsfeld, Paul / Bernard Berelson / Hazel Gaudet: The People's Choice. How the Voter makes up his mind in a presidential campaign. New York, London 1944

Leiner, Barry M./ Vinton G. Cerf / David D. Clark / Robert E. Kahn u.a.: A Brief History of the Internet. In: Internet Society (ISOC), o.O., USA, August 2000

Levy, David A. L.: Europe's digital revolution.Broadcasting regulation, the EU and the nation state. London 1999

Lichtenberg, Lou: Influende of Electronic Developments on the Role of Editors and Publishers – Strategic Issues. In: The International Journal on Media Management. Nr.1 (1999), S. 23-29

Lin, Carolyn A.: Exploring personal computer adoption dynamics. In: Journal of Broadcasting and Electronic Media Nr. 42 (1998), S. 95-112.

Lin, Carolyn A.: Online Service Adoption Likelihood. In: Journal of Advertising Research Nr. 39 (1999), S. 79-89

Mandel, Michael J. / Robert D. Hof: Rethinking the Internet. Special Report. In: Business Week. 26.03.2001, S. 43-61

Meeker, Mary / Mark Mahaney: Internet: New media and eCommerce and PC Software. In: Morgan Stanley Dean Witter (Hrsg.): The Global Internet Primer. Vol. 1 (2000), S. 11-26

Morgan Stanley Dean Winter (Hrsg.): The European Internet Report. Multi-Industry Overview and Equity Research. New York, London, Tokyo, Hong Kong, Juni 1999

Mueller, Milton: ICANN and the Internet Governance. Sorting through the debris of self-regulation. In: info. Journal of Policy, Regulation and Strategy for Telecommunications, Information and Media. Vol. 1, Nr. 6 (1999), S. 497-520

Munson, Gillian: Internet Devices and PC Hardware. In: Morgan Stanley Dean Witter (Hrsg.): The Global Internet Primer. Vol. 1 (2000), S. 309-320

O'Connor, John / Galvin Eamonn: Marketing and Information Technology. The Strategy, Application and Implementation of IT in Marketing. London 1997

OECD (Hrsg.): Telecommunications and Broadcasting –Convergence or Collision? Paris 1992

OECD (Hrsg.): Cross Ownership and Convergence: Policy Issues. Working Party on Telecommunication and Information Services Policy. November 1998

OECD (Hrsg.): Communications Outlook 1999. Telecommunications: Regulatory Issues in Germany. August 1998

OECD (Hrsg.): Communications Outlook 1999. Broadcasting: Regulatory Issues in Germany. October 1998

Pagani, Margherita: Interactive Television: A Model of Analysis of Business Economic Dynamics. In: The International Journal on Media Management Vol. 2, Nr. 1 (2000), S. 25-37

Palmer, Jonathan W.: Digital News – Paper, Broadcast and More. Convergence on the Internet. In: The International Journal on Media Management. Nr. 1 (1999), S. 31-34

Perrit, Henry H., Jr.: Will the Jugdement-Proof Own Cyberspace? In: The International Lawyer Vol. 32, Nr. 4 (1998)

Perse, Elizabeth M. / Debra Greenberg Dunn: The utility of home computers and media use: Implications of multimedia and connectivity. In: Journal of Broadcasting and Electronic Media Nr. 42 (1998), S. 435-456

Rawolle, Joachim / Thomas Hess: New Digital Media an Devices. An Analysis for the Media Industry. In: The International Journal on Media Management, Vol. 2, Nr. 2 (2000), S. 89-99

Roche, Paul J.: DSL will win where it matters. In: The McKinsey Quarterly 2001. Nr. 1 (2001), S. 180-184

Salus, P.H.: Casting the Net. From Arpanet to Internet and beyond. Reading, Massachusetts 1995

Shah, Alkesh: Internet Telecom Equipment. Wireless/Wireline. In: Morgan Stanley Dean Witter (Hrsg.): The Global Internet Primer Vol. 1 (2000), S. 244-270

Shannon, C./ W. Weaver: The Mathematical Model of Communication. Urbana / Illinois 1949

Shapiro, Carl / Varian Hal R.: Information Rules. A Strategic Guide to the Network Economy. Boston / Massachusetts 1998

Shepard, Steven: Telecommunications Convergence: How to Profit from the Convergence of Technologies, Services, and Companies. Upper Saddle River / New Jersey 2000

Shyam, Sundar S.: Exploring receivers‘ criteria for perception of print and online news. In: Journalism Quaterly Nr. 76 (1999), S. 373-386

Steib, Michael / Sarah Simon: Internet Europe. In: Morgan Stanley Dean Witter (Hrsg.): The Global Internet Primer Vol. 1 (2000), S. 563-587

Stein, Allan R.: The Unexceptional Problem of Jurisdiction in Cyberspace. In: The International Lawyer Vol. 32, Nr. 4 (1998)

Stipp, Horst: Convergence Now? In: The International Journal on Media Management. Nr.1 (1999), S. 10-13

Swire, Peter P.: Of Elephants, Mice, And Privacy: International Choice of Law and the Internet. In: The International Lawyer Vol. 32, Nr. 4 (1998)

Tanenbaum, Andrew S.: Computer Networks. Upper Saddle River, New Jersey 1996

Thielmann, Bodo / Michael Dowling: Convergence and Innovation Strategy for Service Provision in Emerging Web-TV Markets. In: JMM. The International Journal on Media Management. Nr. 1 (1999), S. 4-9

Wirtz, Bernd W.: Convergence Processes, Value Constellations and integration. Strategies in the Multimedia Business. In: The International Journal on Media Management Nr. 1 (1999), S. 14-22

Wu, Chwan-Hwa / David J. Irwin: Emerging Multimedia Computer Communication Technologies. Upper Saddle River 1998
Yoffie, D.B. (Hrsg.): Competing in the age of digital convergence. Boston 1997
Yu, Tai-Ping / David Wu / Ketan Mayer-Patel / Lawrence A. Rowe: A Live Webcast Control System. In: Berkeley Multimedia Research Center, University of California, USA 2000

IV. Internet-Publikationen[1471]

Address Supporting Organization (ASO) / ICANN: Memorandum of Understanding. 19.10.1999. Im Internet unter: www.aso.icann.org/docs/aso-mou.html Stand: 28.10.2000
Ahlert, Christian: ICANN ist die Uno des Informationszeitalters. 16.05.2000. Im Internet unter: www.spiegel.de/netzwelt/politik/0,1518,76492,00.html Stand: 28.10.2000
Ahlert, Christian: Eine Regierung für das Internet. Im Internet unter: www.politik-digital.de/text/netzpolitik/icann/regierung.shtml St.: 29.10.2000
Ahlert, Christian: Interview mit ICANN-Direktor Kraaijenbrink – „ICANN soll keine repräsentative Demokratie sein.“. 20.06.2000. Im Internet unter: www.spiegel.de/netzwelt/politik/0,1518,81720,00.html Stand: 25.10.2000
Ahlert, Christian: ICANN-Treffen in Yokohama. Ein erfolgreiches Desaster? 19.07.2000 Im Internet unter: www.spiegel.de Stand: 28.10.2000
Arbeitsgemeinschaft der Landesmedienanstalten in der Bundesrepublik Deutschland ALM / Direktorenkonferenz der Landesmedienanstalten DLM (Hrsg.): Erstes Strukturpapier über die Unterscheidung von Rundfunk und Mediendiensten. Aktualisierte Fassung. 9. Dezember 1998. Im Internet unter: www.alm.de/aktuelles/presse/struktur2.htm Stand: 02.05.2001
Arbeitsgemeinschaft der Landesmedienanstalten in der Bundesrepublik Deutschland ALM (Hrsg.): Medienregulierung im Wandel - Zum Rang und zur Rolle der Landesmedienanstalten. Ein Positionspapier der ALM. 23. März 1999. Im Internet unter: www.alm.de/index2.htm Stand: 02.05.2001
Arbeitsgemeinschaft der Landesmedienanstalten in der Bundesrepublik Deutschland ALM (Hrsg.): "Kompetenter Mediengebrauch ist wirksamer als Verbote". Positionspapier der Landesmedienanstalten zur Medienregulie-

1471 Die angeführten Quellen beziehen sich auf Publikationen, die ausschließlich im Internet veröffentlicht wurden. Die bibliografische Aufnahme der Internet-Publikationen soll den Besonderheiten des Mediums Internet als wissenschaftlicher Quelle gerecht werden und wird daher wie folgt wiedergegeben: Autor (falls angegeben) und/oder Herausgeber, Titel der Publikation, Erscheinungsdatum der Publikation (Tag/Monat/Jahr, falls vermerkt), genaue Domain-Adresse der Publikation, Tag der Recherche oder letzten Überprüfung der Domain-Adresse (Stand). Seitenzahlen lassen sich nicht angeben, weil die Textdarstellung (Layout) auf jedem Computer individuell angezeigt wird. Häufig fehlt das exakte Erscheinungsdatum der Online-Publikation. Der Vermerk „Stand“ bezieht sich auf den letzten Abruf des Dokuments unter der angegebenen Domain-Adresse.

rung und Programmaufsicht. Pressemitteilung vom 28.03.2000. Im Internet unter: www.alm.de/aktuelles/presse/p280300.htm Stand: 30.08.2001

Arbeitsgemeinschaft der Landesmedienanstalten in der Bundesrepublik Deutschland ALM (Hrsg.): Stellungnahme der Direktorenkonferenz der Landesmedienanstalten in der Bundesrepublik Deutschland (DLM) zu den unter dem 27.04.2000 von der Generaldirektion Informationsgesellschaft der Europäischen Kommission vorgelegten Arbeitspapieren für einen Rechtsrahmen für Kommunikationsinfrastrukturen und zugehörige Dienste. Kiel, den 19.05.2000. Im Internet unter: www.alm.de/index2.htm Stand: 02.05.2001

Arbeitgemeinschaft der Landesmedienanstalten in der Bundesrepublik Deutschland ALM (Hrsg.): Stellungnahme der DLM zu den Vorschlägen der EU-Kommission für einen neuen Rechtsrahmen für elektronische Kommunikationsnetze und –dienste. Kiel, Dezember 2000. Im Internet unter: www.alm.de/aktuelles/presse/dlm_stellungnahme.doc Stand: 02.05.2001

Arbeitsgemeinschaft der Landesmedienanstalten in der Bundesrepublik Deutschland ALM (Hrsg.): „Kompetenter Mediengebrauch ist wirksamer als Verbote". Positionspapier der Landesmedienanstalten zur Medienregulierung und Programmaufsicht. Hamburg, 28. März 2000. Im Intern unter: www.alm.de/index2.htm Stand: 02.05.2001

Borchardt, Klaus-Dieter: Das ABC des Gemeinschaftsrechts. 2000. Im Internet unter: www.eu-kommission.de Stand: 1. Juni 2001

Bundesverband Deutscher Zeitungsverlegr BDZV (Hrsg.): Online-Zeitungen. 15.12.2000. Im Internet unter: www.bdzv.de/online/index.htm Stand: 04.01.2001

Carpenter, Brian: What Does the Internet Architecture Board (IAB) Do? 1996. Im Internet unter: www.iab.org/connexions.html Stand: 09.10.2000

Carpenter, Brian: Charter of the Internet Architecture Board (IAB). May 2000. Im Internet unter: www.rfc-editor.org/rfc/rfc2850.txt Stand: 16.10.2000

Cerf, Vinton G.: The Internet Activities Board (IAB). May 1990. Im Internet unter: www.rfc-editor.org/rfc/rfc1160.txt Stand: 09.10.2000

Cerf, Vint G.: Internet Engineering Task Force (IETF) and Internet Society (I-SOC). 18.7.1995. Im Internet unter: www.isoc.org/isoc/related/ietf Stand: 08.07.2000

Cerf, Vinton G.: The Internet is for Everyone. April 1999. Im Internet unter: www.isoc.org/isoc/media/speeches/foreveryone.shtml Stand: 08.07.2000

Cerf, Vinton G.: Computer Networking. Global Infrastructure for the 21st Century. www.cs.washington.edu/homes/lazwska/cra/networks.html, Stand: 16.08.2000

Dilk, Heiko: „SZ“ im Netz nur schwer verkäuflich. 28.03.2001. Im Internet unter: www.netzeitung.de Stand: 28.03.2001

Marcel Machill / Abteilung Medienpolitik der Bertelsmann Stiftung / Democratic Internet (Hrsg.): Was ist ICANN? Im Internet unter: www.democratic-internet.de/pages/deutsch/was_ist_icann.html

Democratic Internet / Stiftung Bertelsmann: Was ist ICANN? Im Internet unter: www.democratic-internet.de/pages/deutsch/was_ist_icann.html Stand: 09.10.2000

Democratic Internet / Stiftung Bertelsmann: Weitere Informationen über I-CANN. Der Root-*Server*. Im Internet unter: www.democratic-internet.-de/pages/deutsch/weitere_infos.html Stand: 28.10.2000

Denic (Hrsg.): Deutsche Domainnamen überschreiten Drei-Millionen-Grenze. Presseerklärung vom 31. August 2000. Im Internet unter: www.de-nic.de/doc/DENIC/presse/three_million_do-mains.html Stand: 6.10.2000

Dilk, Heiko: Neues news-Portal des ZDF in der Kritik. 23.03.2001. Im Internet unter: www.netzeitung.de Stand 23.03.2001

DNSO (Domain Name Supporting Organisation): Constitution of the Domain name Supporting Organisation (DNSO) of ICANN. Im Internet unter: www.dnso.icann.org/dnso/aboutdnso.html Stand: 10.10.2000

Eder, Jürgen: ICANN-Forum. Neuregelung im Domain-System.17.07.2000. Im Internet unter: www.icann-forum.de/foren/index.php Stand: 10.08.1999

Europäische Kommission (Hrsg.): Schaffung von .EU als Internet-Bereichsnamen oberster Stufe. 02.02.2000. Im Internet unter: www.icann-forum.de/inhalte/Dokumente/EU-ISPO/doteu-de.pdf Stand: 09.10.2000

Hanloser, Stefan: Die ICANN – Legislative, exekutive und judikative Selbstverwaltung im Internet. In: Herberger, Maximilian (Hrsg.): JurPC. Internet-Zeitschrift für Rechtsinformatik. Web.Dok 158/2000, 28.08.2000. Im Internet unter: www.jurpc.de/aufsatz/20000158.htm Stand: 28.10.2000

Hart, Thomas: Kommunikationsorsnung 2010. Im Internet unter: www.bertelsmann-stiftung.de Stand: 6. August 2001

Heyer, Axel: Verlage Online. Im Internet unter: www.vdz.de Stand: 6.12.2000

Heyer, Axel / Friederike Einig: Offline in die Internet-Zukunft? Der EU-Sondergipfel in Lissabon, Portugal 2000. Im Internet unter: www.politik-digital.de/text/europa/euonline/lisbgipfel.shtlm Stand: 29.10.2000

Howe, Walt: A Brief History of the Internet. 24.10. 1998. Im Internet unter: www.delphi.com/navnet/faq/history.html Stand: 10.05.2000

ICANN (Internet Corporation for Assigned Names and Numbers): Supporting Organisations. Background. Im Internet unter: www.icann.org/support-orgs.htm Stand: 09.10.2000

ICANN: Bylaws for ICANN. A California Nonprofit Public Benefit Corporation. Letzte Fassung vom 16.07.2000. Im Internet unter: www.icann.org/general/bylaws.htm Stand: 28.10.2000

ICANN: Structural Overview. Im Internet unter: www.icann.org/general/structure.htm Stand: 09.10.2000

ICANN: The Creation of the .EU Internet Top Level Domain. Analysis of Responses to Commission Working Paper. 02.02.2000. Im Internet unter: www.icann-forum.de/inhalte/Dokumente/EU-ISPO/Analysis_of_responses.html Stand: 09.10.2000

ICANN-Forum: Fakten zur ICANN. Im Internet unter: www.icann-forum.de/inhalte/icann.html Stand: 10.10.2000

ICANN: Articles of Incorporation of Internet Corporation for Assigned Names and Numbers. 21.11.2000. Im Internet unter: www.icann.org/general/articles.htm Stand: 25.10.2000

IETF (Internet Engineering Task Force): Overview of IETF. Im Internet unter: www.ietf.org/overview.html Stand: 09.10.2000

IRTF (Internet Research Task Force): Overview of IRTF. Im Internet unter: www.irtf.org Stand: 09.10.2000

ISOC (Internet Society): All about the Internet Society. Im Internet unter: www.isoc.org/isoc/general Stand: 09.10.2000

ISOC (Internet Society): ISOC Internet Standards and Protocol Programs. Im Internet unter: www.isoc.org/standards Stand: 17.10.2000

ISOC (Internet Society): Internet Society Mission Statement. June 1999. Im Internet unter: www.isoc.org/isoc/mission Stand: 09.10.2000

ISOC (Internet Society) German Chapter: Satzung ISOC.DE e.V. 09.11.1999. Im Internet unter: www.isoc.de/Welcome.html Stand: 30.10.2000

ISTF (Internet Societal Task Force): All about ISTF. Im Internet unter: www.istf.org/istf.shtml Stand: 09.10.2000

ITU (International Telecommunications Union): What is the International Telecommunications Union (ITU)? 22.10.1999 Im Internet unter: www.itu.int/-publications/catalog/itupub_b.htm Stand: 11.10.2000

Kleinwächter, Wolfgang: ICANN-Infos. Election-Spezial. Im Internet unter: www.kommunikationsrecht.com/ICANN-Infos.htm Stand: 28.10.2000

Lemke, Stefan: Die E-Mail lernt sprechen. 10.10.2000. Im Internet unter: www.spiegel.de/netzwelt/telekommunikation/0,1518,97390,00.html Stand: 25.10.2000

Löffler, Joachim: Rundfunk auf der Datenautobahn? Medienrechtliche und medienpolitische Perspektiven der Online-Dienste in der Bundesrepublik Deutschland. Im Internet unter: home.t-online.de/home/Dr.Joachim.Loeffler/-recht.htm Stand: 25.01.2000

Malkin, Gary / IETF (Internet Engineering Task Force): The Tao of IETF – A Guide for New Attendees of the Internet Engineering Task Force. Im Internet unter: www.ietf.org/tao.html#What_Is_IETF Stand: 09.10.2000

MMXI (Hrsg.): TV-Websites konnten ihre Besucherzahlen in den vergangenen 11 Monaten um bis zu 400% erhöhen. 10.10.2000. Im Internet unter: www.gfk.de Stand: 04.12.2000

Müller, Marion G.: Das ICANN-Wahlverfahren. Im Internet unter: www.politik-digital.de/text/netzpolitik/icann/wahlverfahren.shtml Stand: 28.10.2000

NASA (National Aeronautics and Space Administration): History of NASA. Im Internet unter history.nasa.gov Stand: 28.02.2000

Netzeitung.de (Hrsg.): Öffentlich-rechtliches Internet rechtswidrig? 27.03.2001 Im Internet unter: www.netzeitung.de Stand: 28.03.2001

Niedlich, Florian: Das ICANN-Direktorium. Im Internet unter: www.politik-digital.de/text/netzpolitik/icann/direktorium.shtml Stand: 28.10.2000

Niedlich, Florian: Interview mit Wolfgang Kleinwächter – „ICANN musste sich vom ersten Tag an die Schuhe im Laufen zubinden." Im Internet unter: www.politik-digital.de/netzpolitik/icann/eindruck.shtml Stand: 28.10.2000

Patalong, Frank: ICANN-Direktor Müller-Maguhn – „Ich habe den Nerv der Leute getroffen." Im Internet unter: www.spiegel.de/netzwelt/politik Stand: 25.10.2000

Post, David im Interview mit Christian Ahlers: ICANN wird die Zukunft des Internet gestalten. 26.07.1999. Im Internet unter: www.heise.de/tp/deutsch/inhalt/te/5110/1.html Stand: 28.10.2000

Protocol Supporting Organization (PSO) / ICANN: Memorandum of Understanding. 14.07.1999 Im Internet unter: www.icann.org/pso/pso-mou.htm Stand: 28.10.2000

Reuters (Hrsg.): Wordl's 30 millionth Net name registered. 05.10.2000 Im Internet unter: www.totaltele.com/vprint.asp?txtID=32426 Stand: 30.10.2000

Ricker, Reinhart: Beitrag zur Forumsdiskussion zu den Schwerpunkten Rundfunk, Presse und Mediendienste. 2. Thüringer Mediensymposium der Thüringer Staatskanzlei „Medienkompetenz und Medienrecht". Im Internet unter: www.thueringen.de/tkm/hauptseiten/grup_thmedien/medsymp2.htm Stand: 06.01.2001

Ripe NCC (Réseaux IP Européens Network Coordination Center): About RIPE NCC. Global Structure and History. Im Internet unter: www.ripe.net/-ripe/about/index.html Stand: 28.10.2000

Schulz, Rüdiger: Internet statt Zeitung. In: Das Pfeifen der Blattmacher. 18.10.2000. Im Internet unter: www.spiegel.de/netzwelt/medien/0,1518,-98555,00.html Stand: 25.10.2000

Tauss, Jörg: ICANN. Der Flaschenhals im Internet. 02.05.2000 Im Internet unter: www.spiegel.de/netzwelt/politik/0,1518,74759,00.html Stand: 28.10.2000

Unfried, Andreas: United Nations statt ICANN. 12.05.2000 Im Internet unter: www.spiegel.de/netzwelt/politik/0,1518,76246,00.html Stand: 28.10.2000

U.S. Department of Commerce / ICANN: Memorandum of Understanding between the U.S. Department of Commerce and ICANN. Im Internet unter: www.ntia.doc.gov/ntiahome/domainname/icann-memorandum.htm Stand: 25.10.2000

Verband Deutscher Zeitschriftenverleger (VDZ): Wichtige Definitionen. Im Internet unter: www.vdz.de/daten/fachpresse/definitionen.html, Stand: 10.10.2000

Weinrib, Abel / Jon Postel: IRTF Research Group Guidelines and Procedures. Im Internet unter: ftp://ftp.isi.edu/in-notes/rfc2014.txt Stand 17.10.2000

Weizel, Carolin: ICANN – he can. Müller-Maguhn macht das Rennen in Europa. 11.10.2000 Im Internet unter: www.politik-digital.de/netzpolitik/icann/wahlergebnis.shtml Stand: 29.10.2000

Weyandt, Hans-Jost: Neuer Standard für digitales Fernsehen. 15.03.2001. Im Internet unter: www.net-business.de/service Stand: 20.03.2001

W3C (World Wide Web Consortium): About the World Wide Web Consortium W3C. Im Internet unter: www.w3.org/Consortium Stand: 28.10.2000

Zakon, Robert H.: Hobbes' Internet Timeline v5.1. 1993-2000. Im Internet unter: www.isoc.org/guest/zakon/Internet/History/HIT.htm Stand: 20.03.2001

Zeitungs Marketing Gesellschaft ZMG (Hrsg.): Zeitungen im Internet. Im Internet unter: www.zmg.de/homepage/Produkte_und_Services/Zeitungen_im_-Internet Stand: 16.01.2001

O.V.: Streit um die Öffentlich-Rechtlichen. 21.06.2001. Im Internet unter: www.manager-magazin.de/ebusiness/artikel/0,2828,1409944,00.html Stand: 22.06.2001;

O.V.: ARD/ZDF. Gebühren für das Internet? 02.07.2001. Im Internet unter: www.manager-magazin.de/ebusiness/artikel/0,2828,142897,00.html Stand: 03.07.2001

V. Rechtsprechung des BVerfG

BVerfGE 12, 205 (Fernsehurteil; Erstes Rundfunkurteil)
BVerfGE 31, 314 (Mehrwertsteuerurteil; Zweites Rundfunkurteil)
BVerfGE 57, 295 (FRAG-Urteil; Drittes Rundfunkurteil)
BVerfGE 73, 118 (Niedersachsen-Urteil; Viertes Rundfunkurteil)
BVerfGE 74, 297 (Baden-Württemberg-Beschluß; Fünftes Rundfunkurteil)
BverfGE 75, 223
BVerfGE 83, 238 (WDR-Urteil; Sechtes Rundfunkurteil)
BVerfGE 87, 238 (Hessen-3-Beschluß; Siebtes Rundfunkurteil)
BVerfGE 89, 144 (Konkurs-Urteil)
BVerfGE 90, 27 (Informationsfreiheit und Rundfunkempfang)
BVerfGE 90, 60 (Gebührenurteil; Achtes Rundfunkurteil)
BVerfGE 92, 203 (EG-Fernsehrichtlinie)
BverfGE 95, 220 (Radio Dreyeckland)
BverfGE 97, 228 (Kurzberichterstattung)
BverfGE 97, 298 (Extra Radio Hof)

VI. EuroparechtlicheRechtsachen, Rechtsakte und Dokumente

a) Rechtsprechung des EuGH

EuGH Slg. 1974, 409 (Sacchi-Urteil, Rs. 155/73)
EuGH Slg. 1980, 833 (Debauve-Urteil, Rs. 52-80)
EuGH Slg. 1980, 881 (Coditel I-Entscheidung)
EuGH Slg. 1982, 2245
EuGH Slg. 1988, 2085 (Kabelregeling-Urteil)
EuGH Slg. 1991, I-2223

EuGH Slg. 1991, I-2925 (Elliniki Radiophonia Tileorassi – ETR-Urteil, Rs. C-260/89)
EuGH Slg. 1991, I-4007 (Stichting Collectieve Antennevoorziening Gouda, Rs. C-288/89)
EuGH Slg. 1991, I-4069 (Kommission./.Niederlande-Urteil, Rs. C-353/89)
EuGH Slg. 1991, I-6757 (Kommission./.Belgien-Urteil)
EuGH Slg. 1993, I-2533 (Corbeau-Urteil, Rs. C-320/91)
EuGH Slg. 1994, I-4795 (TV10 SA-Urteil, Rs. C-23/93)
EuGH Slg. 1997, I-3689 (Vereinigte Familiapress./.Heinrich Bauer Verlag, Rs. C-368/95)
EuGH Slg. 1997, I-3875 (Rs. C-34/95, C-35/95 und Rs. C-36/95)
EuGH Slg. 1997, I-5815 (Kommission./.Frankreich, Rs. C-159/94)

b) Dokumente der EU-Kommission[1472]

Arbeitsdokument der Kommission - Zusammenfassung der Ergebnisse der öffentlichen Konsultation zum Grünbuch der Konvergenz der Branchen Telekommunikation, Medien und Informationstechnologien. SEC (1998) 1284
Arbeitsdokument der Kommissionsdienststellen vom 18.10.1998 – Europas lineralisierter Telekommunikationsmarkt – Ein Leitfaden zu den Spielregeln. o.A.
Arbeitsdokument der Kommission zu dem künftigen Rechtsrahmen für elektronische Kommunikationsnetze und -dienste - Entwurf von Leitlinien zur Marktanalyse und Ermittlung beträchtlicher Marktmacht nach Artikel 14 des Vorschlags für eine Richtlinie über einen gemeinsamen Rechtsrahmen für elektronische Kommunikationsnetze und –dienste, KOM (2001) 175 endg.
Bericht der Kommission über die Umsetzung der Grundzüge der Wirtschaftspolitik 2000, KOM (2001) 105 endg.
Europäische Kommission (Hrsg.) / Informationsstelle: Information, Kommunikation, Kultur, Audiovisuelle Medien: Der Vertrag von Amsterdam. Was sich in Europa geändert hat. Brüssel 1999
Europäische Kommission (Hrsg.) / Informationsstelle: Die Wettbewerbspolitik der Europäischen Gemeinschaft – 1999. Luxemburg 2000
Grünbuch – Urheberrecht und verwandte Schutzrechte in der Informationsgesellschaft, KOM (1995) 382 endg.
Grünbuch zur Konvergenz der Branchen Telekommunikation, Medien und Informationstechnologien und ihre ordnungspolitischen Auswirkungen. KOM (1997) 623 endg.
Grundsätze und Leitlinien für die audiovisuelle Politik der Gmeinschaft im digitalen Zeitalter. Mitteilung der Kommission an den Rat und das Europäische Parlament, den Wirtschafts- und Sozialausschuss und den Ausschuss der Regionen. KOM (1999) 657 endg.

[1472] In alphabetischer Reihenfolge sind die Arbeitsdokumente, Berichte, Grünbücher, Mitteilungen und Richtlinienvorschläge der EU-Kommission aufgeführt, auf die sich in der vorliegenden Arbeit explizit bezogen wurde.

Mitteilung der Kommission an den Rat, das Europäische Parlament, den Wirtschafts- und Sozialausschuss und den Ausschuss der Regionen - Illegale und schädigende Inhalte im Internet, KOM (1996) 487 endg.

Mitteilung der Kommission an das Europäische Parlament, den Rat, den Wirtschafts- und Sozialausschuss und den Ausschuss der Regionen – Fünfter Bericht über die Umsetzung des Reformpakets für den Telekommunikationssektor, KOM (1999) 537 endg.

Mitteilung der Kommission an den Rat, das Europäische Parlament, den Wirtschafts- und Sozialausschuss und den Ausschuss der Regionen - Entwicklung neuer Rahmenbedingungen für elektronische Kommunikationsinfrastrukturen und zugehörige Dienste - Kommunikationsbericht 1999, KOM (1999) 539 endg.

Mitteilung der Kommission an den Rat, das Europäische Parlament, den Wirtschafts- und Sozialausschuss und den Ausschuss der Regionen über Grundsätze und Leitlinien für die audiovisuelle Politik der Gemeinschaft im digitalen Zeitalter, KOM (1999) 657 endg.

Mitteilung der Kommission über die Ergebnisse der öffentlichen Anhörung zum Kommunikationsbericht 1999 und Leitlinien für den neuen Rechtsrahmen, KOM 2000 (239) endg.

Mitteilung der Kommission an den Rat und das Europäische Parlament - eEurope 2002 - Aktueller Stand Vorlage der Europäischen Kommission für die Tagung des Europäischen Rates am 7./8. Dezember 2000 in Nizza, KOM (2000) 783 endg.

Mitteilung der Kommission an den Rat, das Europäische Parlament, den Wirtschafts- und Sozialausschuss und den Ausschuss der Regionen – Sechster Bericht über die Umsetzung des Reformpakets für den Telekommunikationsektors. KOM (2000) 814 eng.

Mitteilung der Kommission an den Rat und das Europäische Parlament - eEurope 2002: Auswirkungen und Prioritäten. Eine Mitteilung an die Frühjahrstagung des Europäischen Rates in Stockholm am 23.- 24. März 2001, KOM (2001) 140 endg.

Vorschlag für eine Richtlinie des Rates zur Koordinierung bestimmter Rechts- und Verwaltungsvorschriften der Mitgliedstaaten über die Ausübung der Rundfunktätigkeit, KOM (1986) 146 endg.

Vorschlag für eine Richtlinie des Europäischen Parlaments und des Rates zur Harmonisierung bestimmter Aspekte des Urheberrechts und der verwandten Schutzrechte in der Informationsgesellschaft, KOM (1997) 628 endg., 1997/0359 (COD)

Vorschlag für eine Richtlinie des Europäischen Parlaments und des Rates über den Zugang zu elektronischen Kommunikationsnetzen und zugehörigen Einrichtungen sowie deren Zusammenschaltung, KOM (2000) 384 endg., 2000/0186 (COD)

Vorschlag für eine Richtlinie des Europäischen Parlaments und des Rates über die Verarbeitung personenbezogener Daten und den Schutz der Privatsphäre in der elektronischen Kommunikation, KOM (2000) 385 endg., 2000/0189 (COD)

Vorschlag fuer eine Richtlinie des Europäischen Parlmanents und des Rates über die Genehmigung elektronischer Kommunikationsnetze und -dienste, KOM (2000) 386 endg., 2000/0188 (COD)

Vorschlag fuer eine Richtlinie des Europäischen Parlaments und des Rates über den Universaldienst und Nutzerrechte bei elektronischen Kommunikationsnetzen und -diensten, KOM (2000) 392 endg., 2000/0183 (COD)

Vorschlag für eine Richtlinie des Europäischen Parlaments und des Rates über einen gemeinsamen Rechtsrahmen für elektronische Kommunikationsnetze und -dienste, KOM (2000) 393 endg., 2000/0184 (COD)

Geänderter Vorschlag für eine Richtlinie des Europäischen Parlaments und des Rates zur Harmonisierung bestimmter Aspekte des Urheberrechts und der verwandten Schutzrechte in der Informationsgesellschaft, KOM (1999) 250 endg., 97/0359 (COD)

Geänderter Vorschlag für eine Richtlinie des Europäischen Parlaments und des Rates über den Zugang zu elektronischen Kommunikationsnetzen und zugehörigen Einrichtungen sowie deren Zusammenschaltung (von der Kommission vorgelegt gemäß Art. 250 Abs. 2 EGV), KOM (2001) 369 endg., 2000/0186 (COD)

Geänderter Vorschlag für eine Richtlinie des Europäischen Parlaments und des Rates über die Genehmigung elektronischer Kommunikationsnetze und -dienste (von der Kommission vorgelegt gemäß Art. 250 Abs. 2 EGV), KOM (2001) 372 endg., 2000/0188 (COD)

Geänderter Vorschlag für eine Richtlinie des Europäischen Parlaments und des Rates über einen gemeinsamen Rechtsrahmen für elektronische Kommunikationsnetze und -dienste (von der Kommission vorgelegt gemäß Art. 250 Abs. 2 EGV), KOM (2001) 380 endg., 2000/0184 (COD)

Presse-Mitteilung IP/98/733 der Kommission vom 29.07.1998 über ein Arbeitspapier mit den Ergebnissen der Konsultation über das Grünbuch zur Konvergenz der Branchen Telekommunikation, Medien und Informationstechnologien

Presse-Mitteilung IP/99/164 der Kommission vom 10.03.1999 über die Ergebnisse der öffentlichen Konsultationen zum Grünbuch über die Konvergenz von Telekommunikation, Medien und Informationstechnologien

Presse-Mitteilung der Kommission IP/01/528 der Kommission vom 9.04.2001 – Kommission begrüßt Richtlinie zum Urheberrecht der Informationsgesellschaft.

Speech SPEECH/01/356 of Member of the European Commission Erkki Liikanen: The European Union Telecommunications Policy. Speech on Telecommunications Seminar. 16 July 2001, Sarajevo

Vorlage der Europäischen Kommission für die Tagung des Europäischen rates am 7./8. Dezember 2000 in Nizza. eEurope 2002. Aktueller Stand. KOM (2000) 783 endg.

c) Beschlüsse, Entscheidungen, Entschließungen und Verordnungen

Beschluss 89/337/EWG des Rates vom 27.04.1989 über das hochauflösende Fernsehen, ABl. L 142 vom 25.05.1989, S. 1

Entscheidung 710/97/EG des Europäischen Parlaments und des Rates vom 24.03.1997 über ein koordiniertes Genehmigungskonzept für satellitengestützte persönliche Kommunikationsdienste in der Gemeinschaft, ABl. L 105 vom 23.04.1997

Entscheidung 1999/297/EG des Rates vom 26.04.1999 zur Errichtung einer gemeinschaftlichen Infrastruktur für statistische Informationen für die audiovisuelle Industrie, die audiovisuellen Märkte und verbundene Branchen, ABl. L 117 vom 05.05.1999, S. 39

Entscheidung 1999/841/EG der Kommission vom 24.11.1999 zur Durchfuehrung der Entscheidung 1999/297/EG des Rates zur Errichtung einer gemeinschaftlichen Infrastruktur für statistische Informationen für die audiovisuelle Industrie, die audiovisuellen Märkte und verbundene Branchen, K (1999) 3872, ABl. L 326 vom 18.12.1999

Entscheidung 128/1999/EG des Europäischen Parlaments und des Rates vom 14.12.1998 über die koordinierte Einführung eines Drahtlos- und Mobilkommunikationssystems (UMTS) der dritten Generation in der Gemeinschaft, ABl. 17 vom 22.01.1999, S. 1

Entscheidung 94/922/EG der Kommission vom 9.11.1994 in einem Verfahren nach der Verordnung (EWG) Nr. 4064/89 des Rates (Sache IV/M.469 - MSG Media Service), ABl. EG L 364 vom 31.12.1994, S. 1

Entscheidung 1999/153/EG der Kommission vom 27.05.1998 in einem nach der Verordnung (EWG) Nr. 4064/89 des Rates (Sache IV/M.993 - Bertelsmann/Kirch/Premiere), ABl. EG L 53 vom 27.02.1999, S. 1

Entscheidung 1999/154/EG der Kommission vom 27.05.1998 in einem Verfahren nach der Verordnung (EWG) Nr. 4064/89 des Rates (Sache IV/M.1027 - Deutsche Telekom/BetaResearch), ABl. EG L 53 vom 27.02.1999, S. 31

Entschließung der Vertreter der Regierungen der Mitgliedstaaten vom 24.07.1984 betreffend die Bekämpfung der widerrechtlichen Verwertung audiovisuellen Materials, ABl. C 204 vom 03.08.1984, S. 1

Entschließung der Vertreter der Regierungen der Mitgliedstaaten vom 24.07.1984 betreffend Maßnahmen zur Gewährleistung eines angemessenen Platzes für audiovisuelle Programme mit Ursprung in Europa, ABl. C 204 vom 03.08.1984, S. 2

Verordnung EWG/4064/89 des Rates vom 21.12.1989 ueber die Kontrolle von Unternehmenszusammenschlüssen, ABl. L 395 vom 30.12.1989, S. 1

Schlussfolgerungen des Vorsitzes des Europäischen Rates: Nizza. 7., 8. und 9. Dezember 2000. SN 400/40 (2001)

d) Richtlinien

Richtlinie 83/189/EWG vom 23.03.1983 des Rates über ein Informationsverfahren auf dem Gebiet der Normen und technischen Vorschriften, geändert durch Richtlinie 98/34/EG vom 22.06.1998, ABl. EG L 204, S. 37

Richtlinie 86/529/EWG des Rates vom 3. November 1986 über die Annahme gemeinsamer technischer Spezifikationen der MAC/Pakete-Normenfamilie für die Direktausstrahlung von Fernsehsendungen über Satelliten , ABl. L 311 vom 06.11.1986, S. 28

Richtlinie 88/301/EWG der Kommission vom 16.03.1988 über den Wettbewerb auf dem Markt für Telekommunikations-Endgeräte, ABl. L 131 vom 27.05.1988, S. 73

Richtlinie 89/552/EWG des Rates vom 3.10.1989 zur Koordinierung bestimmter Rechts- und Verwaltungsvorschriften der Mitgliedstaaten über die Ausübung der Fernsehtätigkeit, ABl. L 298 vom 17.10.1989, S. 23 (Fernsehrichtlinie)

Richtlinie 90/388/EWG der Kommission vom 28. Juni 1990 über den Wettbewerb auf dem Markt für Telekommunikationsdienste, ABl. L 192 vom 24.07.1990, S. 10

Richtlinie 92/44/EWG des Rates vom 5.06.1992 zur Einführrung des offenen Netzzugangs bei Mietleitungen, ABl. L 165 vom 19.06.1992, S. 27

Richtlinie 92/100/EWG des Rates vom 19.11.1992 zum Vermietrecht und Verleihrecht sowie zu bestimmten dem Urheberrecht verwandten Schutzrechten im Bereich des geistigen Eigentums, ABl. L 346 vom 27.11.1992, S. 61

Richtlinie 93/83/EWG des Rates vom 27.09.1993 zur Koordinierung bestimmter urheber- und leistungsschutzrechtlicher Vorschriften betreffend Satellitenrundfunk und Kabelweiterverbreitung, ABl. L 248 vom 06.10.1993, S. 15

Richtlinie 93/98/EWG des Rates vom 29.10.1993 zur Harmonisierung der Schutzdauer des Urheberrechts und bestimmter verwandter Schutzrechte, ABl. L 290 vom 24.11.1993, S. 9

Richtlinie 94/46/EG der Kommission vom 13.10.1994 zur Änderung der Richtlinien 88/301/EWG und 90/388/EWG, insbesondere betreffend die Satelliten-Kommunikation, ABl. L 268 vom 19.10.1994, S. 15

Richtlinie 95/51/EG der Kommission vom 19.10.1995 zur Änderung der Richtlinie 90/388/EWG hinsichtlich der Aufhebung der Einschränkungen bei der Nutzung von Kabelfernsehnetzen für die Erbringung bereits liberalisierter Telekommunikationsdienste, ABl. L 256 vom 26.10.1995, S. 49

Richtlinie 96/2/EG der Kommission vom 16.01.1996 zur Änderung der Richtlinie 90/388/EWG betreffend die mobile Kommunikation und Global Communications, ABl. L 20 vom 26.1.1996, S. 13

Richtlinie 96/64/EG der Kommission vom 23.06.1996 zur Änderung der Richtlinie 90/388/EWG hinsichtlich der Einführung des vollständigen Wettbewerbs auf den Telekommunikationsmärkten, ABl. L 74 vom 22.03.1996, S. 13

Richtlinie 97/13/EG des Europäischen Parlaments und des Rates vom 10.04.1997 über einen gemeinsamen Rahmen für Allgemein- und Einzelgenehmigungen für Telekommunikationsdienste, ABl. L 117 vom 07.05.1997, S. 15

Richtlinie 97/33/EG des Europäischen Parlaments und des Rates vom 30.06.1997 über die Zusammenschaltung in der Telekommunikation im Hinblick auf die Sicherstellung eines Universaldienstes und der Interoperabilität durch Anwendung der Grundsätze für einen offenen Netzzugang (ONP), ABl. L 199 vom 26.07.1997, S. 32

Richtlinie 97/36/EG des Europäischen Parlaments und des Rates vom 30.06.1997 zur Änderung der Richtlinie 89/552/EWG, ABl. L 202 vom 30.07.1997, S. 60 (Änderung der Fernsehrichtlinie)

Richtlinie 97/51/EG des Europäischen Parlaments und des Rates vom 6.10.1997 zur Änderung der Richtlinien 90/387/EWG und 92/44/EWG des Rates zwecks Anpassung an ein wettbewerbsorientiertes Telekommunikationsumfeld, ABl. L 295 vom 29.10.1997, S. 23

Richtlinie 97/66/EG des Europäischen Parlaments und des Rates vom 15.12.1997 über die Verarbeitung personenbezogener Daten und den Schutz der Privatsphäre im Bereich der Telekommunikation, ABl. L 24 vom 30.01.1998, S. 1

Richtlinie 98/10/EG des Europäischen Parlaments und des Rates vom 26.02.1998 über die Anwendung des offenen Netzzugangs (ONP) beim Sprachtelefondienst und den Universaldiensten im Telekommunikationsbereich in einem wettbewerbsorientierten Umfeld (ersetzt die Richtlinie 95/62/EG des Europäischen Parlaments und des Rates), ABl. L 101 vom 01.04.1997, S. 41

Richtlinie 98/34/EG des Europäischen Parlaments und des Rates vom 22.06.1998 über ein Informationsverfahren auf dem Gebiet der Normen und technischen Vorschriften und der Vorschriften für die Dienste der Informationsgesellschaft, ABl. L 204 vom 21.07.1998, S. 37 (Transparenzrichtlinie)

Richtlinie 98/48/EG des Europäischen Parlaments und des Rates vom 20.07.1998 zur Änderung der Richtlinie 98/34/EG über ein Informationsverfahren auf dem Gebiet der Normen und technischen Vorschriften, Abl. L 037 vom 12.02.2000, S. 35 (Änderung der Transparenzrichtlinie)

Richtlinie 98/84/EG des Europäischen Parlaments und des Rates vom 20.11.1998 über den rechtlichen Schutz von zugangskontrollierten Diensten und von Zugangskontrolldiensten, ABl. L 320 vom 28.11.1998, S. 54

Richtlinie 1999/64/EG der Kommission vom 23. Juni 1999 zur Änderung der Richtlinie 90/388/EWG im Hinblick auf die Organisation ein- und demselben Betreiber gehörender Telekommunikations- und Kabelfernsehnetze in rechtlich getrennten Einheiten, ABl. L 175 vom 10.07.1999, S. 39

Richtlinie 2001/29/EG des Europäischen Parlaments und des Rates vom 22.05.2001 zur Harmonisierung bestimmter Aspekte des Urheberrechts und der verwandten Schutzrechte in der Informationsgesellschaft, ABl. L 167 vom 22.06.2001, S. 10

Richtlinie 2000/31/EG des Europäischen Parlaments und des Rates über bestimmte rechtliche Aspekte der Dienste der Informationsgesellschaft, insbesondere des elektronischen Geschäftsverkehrs, im Binnenmarkt vom 8.06.2000, ABl. L 178 vom 17.07.2000, S. 1

VII. Studien

Allensbacher Institut für Meinungsforschung (Hrsg.): Allensbacher Werbeträgeranalyse (AWA) 1999 / 2000

Allensbacher Institut für Meinungsforschung (Hrsg.): Allensbacher Computer- und Telekommunikationsanalyse (ACTA) 2000

Andersen Consulting (Hrsg.): Your Choice. How eCommerce Could Impact Europe's Future. 1998

ARD/ZDF (Hrsg.) / Enigma Institut für Sozialforschung: ARD/ZDF-Online-Studie 1998, o.O.

ARD/ZDF (Hrsg.) / Enigma Institut für Sozialforschung: ARD/ZDF-Online-Studie 1999, o.O.

ARD/ZDF (Hrsg.): ARD/ZDF-Online-Studie 2000. Gebrauchswert entscheidet über Internetnutzung. Entwicklung der Online-Medien in Deutschland. In: Media Perspektiven Nr. 8 (2000). S. 338-349

ARD/ZDF (Hrsg.): ARD/ZDF-Offline-Studie 2000. Nichtnutzer von Online: Zugangsbarrieren bleiben bestehen. Entwicklung der Online-Medien in Deutschland. In: Media Perspektiven Nr. 8 (2000). S. 350-358

Booz, Allen & Hamilton Consulting / Ministry of Economic Affairs, The Netherlands (Hrsg.): The Competitiveness of Europe's ICT Markets. The Crisis Amid the Growth. Ministerial Conference Portugal 2000. March 2000. Amsterdam 2000

Boston Consulting Group (Hrsg.): The State of Online Retailing. November 1998. London 1999

Deutsche Fachpresse (Hrsg.) / Forschungsinstitut Emnid: Fachpresse-Statistik. Trendumfrage. 1999

Diebold Unternehmensberatung (Hrsg.) / Marc Ziegler / Andreas Becker: Studie - Strategiekompass für erfolgreiches Internet-Business im Verlagsumfeld. September 1999

EITO (Hrsg.): European Information Technology Observatory. Frankfurt am Main 1998

European Commission / Achieve / KPMG (Hrsg.): Economics of New Media. Best Practice in Online Publishing. Mai 1998. Berlin/Zürich 2000

Frauenhofer Institut für Systemtechnik und Innovationsforschung et al. (Hrsg.): Medienzukunft 1995/2005. Mediennutzung der Zukunft im privaten Sektor. Karlsruhe 1998

GfK (Gesellschaft für Konsumforschung): GfK-Online-Monitor. Ergebnis der 6. Untersuchungswelle. August 2000. Nürnberg 2000

GfK (Gesellschaft für Konsumforschung): GfK-Online-Monitor. Ergebnis der 7. Untersuchungswelle. März 2001. Nürnberg 2001

GWP Online-Marketing (Hrsg.): Handelsblatt Internet-Trend I/2001. Die wichtigsten Trends und Zeitreihen der WWW-Benutzer-Analyse W3B. Düsseldorf 2001

Institut de l'audivisuel et des télécommunications en europe IDATE: Development of Digital TV in Europe. 2000 Report Germany. Dezember 2000

Interessensgemeinschaft zur Feststellung der Verbreitung von Werbeträgern IVW (Hrsg.): Online-Nutzungsdaten August 2001. Bonn 2001

KPMG (Hrsg.): Public Policy Issues. 1996

KPMG Management Consulting (Hrsg.): Electronic Commerce 1998. London 1999

MediaGruppe Digital (Hrsg.): @facts - Newsletter vom 06.12.1999: Online-Nutzung in den Sinus-Milieus. München 1999

MediaGruppe München (Hrsg.): TV Guide. Zahlen, Fakten, Hintergründe. 2000

MediaGruppe Digital (Hrsg.): @facts - Basics IV. Quartal 1999. München 2000

MediaGruppe Digital (Hrsg.): @facts Monthly - Januar - September 2001. München 2001

MMXI Europe (Hrsg.): MMXI-Multi-Country-Report, März 2000 . München 2000

Morgan Stanley Dean Witter (Hrsg.): The European Internet Report. Multi-Industry Overview, Juni 1999. London 1999

Morgan Stanley Dean Witter (Hrsg.): The Technology Primer. Vol. VII, Mai 2000. London 2000

Morgan Stanley Dean Witter (Hrsg.): The e-Marketing Report. Mai 2000. London 2000

Morgan Stanley Dean Witter (Hrsg.): The Internet Company Handbook - v.2.0, Juni 2000. London 2000

Morgan Stanley Dean Witter (Hrsg.): The Global Internet Primer. Vol. 1, Juni 2000. London 2000

Ovum Ldt. UK (Hrsg.): Global Internet Growth 1998-2005. London 1999

Price Waterhouse Coopers / Deutsche Revision (Hrsg.): Der Breitbandkabel-Markt Deutschland- Vom Kabelnetz zum Full-Service-Network - Eine Industriestudie. Frankfurt am Main, 2000

FSC
www.fsc.org
MIX
Papier | Fördert gute Waldnutzung
FSC® C083411

Kolibri 360 GmbH
Ferdinand-Jühlke-Straße 7
99095 Erfurt, Deutschland
produktsicherheit@kolibri360.de

Druck:
CPI Druckdienstleistungen GmbH
im Auftrag der
Kolibri 360 GmbH
Ferdinand-Jühlke-Str. 7
99095 Erfurt